U0884833

2021 年度國家古籍整理出版資助項目
2013 年度四川省哲學社會科學重點研究項目（SC12E013）
2023 年度西華師範大學科研成果出版資助項目
2023 年度國家社科基金項目（23XZX005）

任瀚集校注

金生楊　校注

上册

巴蜀書社

圖書在版編目(CIP)數據

任瀚集校注 / 金生楊校注. —成都:巴蜀書社,2023.12
ISBN 978—7—5531—2147—5

Ⅰ. ①任… Ⅱ. ①金… Ⅲ. ①任瀚(1502—1592)—文集 Ⅳ. ①Z424.8

中國版本圖書館 CIP 數據核字(2023)第 247440 號

任瀚集校注

RENHANJI JIAOZHU

金生楊 校注

責任編輯 徐慶豐 易欣韡
責任印製 田東洋 谷雨婷
特約編輯 吴珍華
封面設計 編悦文化
出　　版 巴蜀書社
成都市錦江區三色路 238 號新華之星 A 座 36 層
郵編 610023 總編室電話:(028)86361843
網　　址 www.bsbook.com
發　　行 巴蜀書社
發行科電話:(028)86361852
經　　銷 新華書店
照　　排 成都完美科技有限責任公司
印　　刷 成都東江印務有限公司
版　　次 2023 年 12 月第 1 版
印　　次 2023 年 12 月第 1 次印刷
成品尺寸 170mm×240mm
印　　張 48
字　　數 650 千
書　　號 ISBN 978—7—5531—2147—5
定　　價 280.00 圓(全二册)

本書若有印裝質量問題,請與印刷廠調换

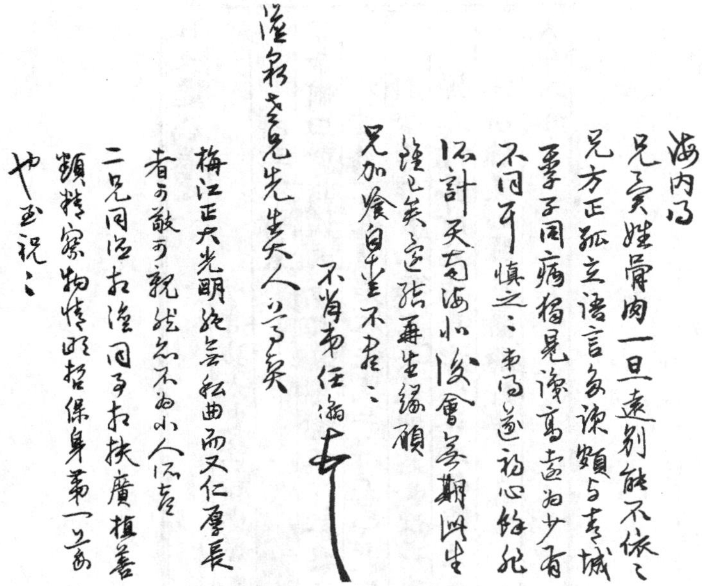

任瀚尺牘（上海圖書館藏）

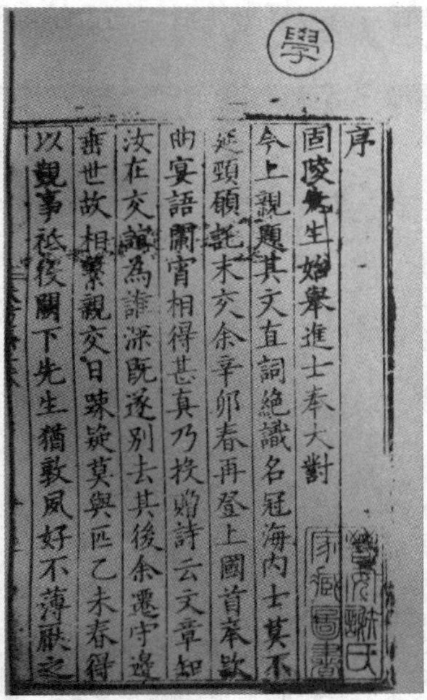

序

固陵先生始舉進士奉大對

今上親題其文直詞絶識名冠海内士莫不

延頸願託末交余辛卯春再登上國首奉欵

晤宴語譚宵相得甚真乃投贈詩云文章知

汝在交誼為誰深既遂別去其後余還守邊

垂世故相繫親交日踈旋莫與匹乙未春得

以觀事祗役闕下先生猶敦夙好不薄厭之

任瀚《春坊集》二卷（日本東京尊經閣文庫藏明嘉靖刻本）

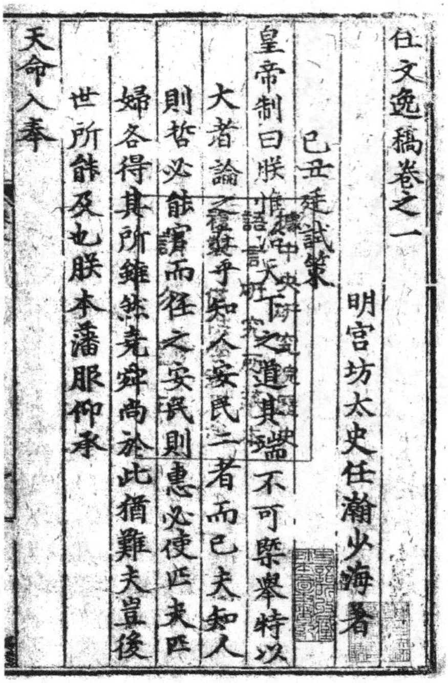

任瀚《任文逸稿》六卷（臺灣傅斯年圖書館藏明萬曆刻本）

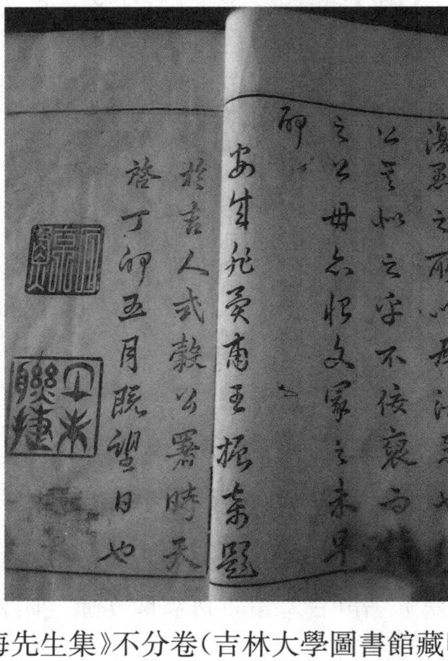

任瀚《任少海先生集》不分卷（吉林大學圖書館藏明天啓刻本）

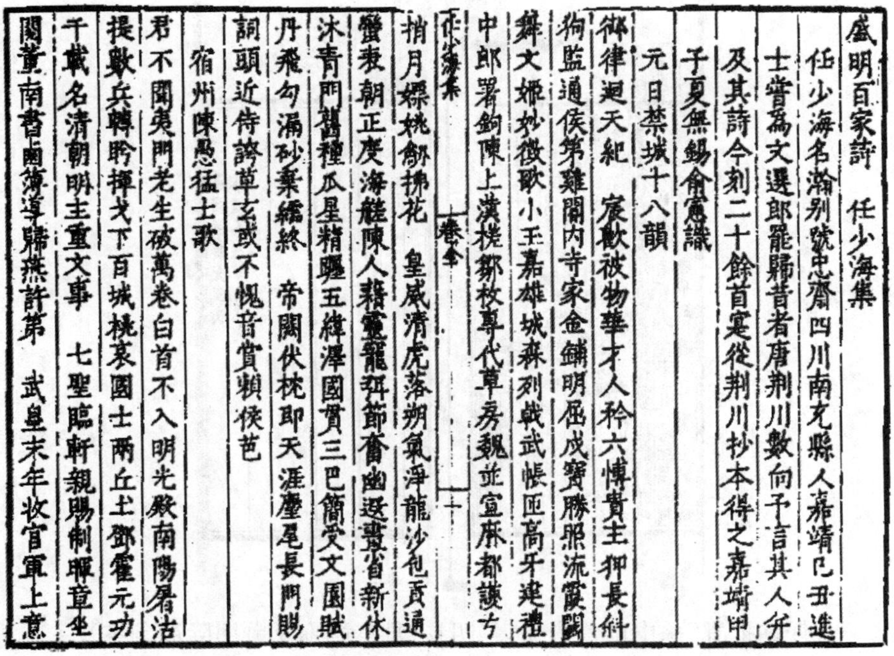

盛明百家詩　任少海集

任少海名瀚別號忠齋四川南充縣人嘉靖己丑進士嘗爲文選郎罷歸昔者唐荊川數向予言其人并及其詩今刻二十餘首寔從荊川抄本得之嘉靖甲子夏無錫俞憲識

元日禁城十八韻

御律迴天紀　宸歡被物華才人矜六博貴主狎長斜狗監通侯第雞闌內寺家金鋪明屈戍寶勝照流霞闕舞文姬妙歌徵小玉嘉雄城森列戟武帳匝高牙建禮中郎署鉤陳上漢槎鄒枚專代草房魏並宣麻都護方捐月嫖姚飾拂花　皇威清虎落朔氣淨龍沙包貢通蠻表朝正度海艖陳人矜寵龍拜節奮幽遐書省新休沐青門舊種瓜星精聯五緯澤國貫三巴簡受文園賦丹飛勾漏砂棄繻終　帝闕伏枕即天涯壘尾長門賜詞頭近侍誇草玄或不愧音賞賴侯芭

宿州陳思猛士歌

君不聞夷門老生破萬卷白首不入明光殿南陽屠沽提數兵轉盻揮戈下百城桃園國士兩丘土鄧霍元功千載名清朝明主重文事　七聖臨軒親賜制聯章坐閣董南書國簿導歸燕許第　武皇末年收官軍上意

任少海集　卷全　十

任瀚《任少海集》一卷（俞憲輯《盛明百家詩》本）

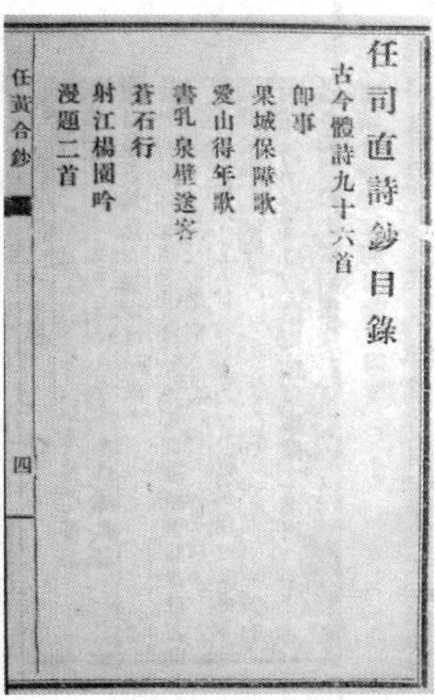

任司直詩鈔目錄

古今體詩九十六首

即事

果城保障歌

愛山得年歌

書乳泉壁送客

蒼石行

射江楊園吟

漫題二首

任黃合鈔　四

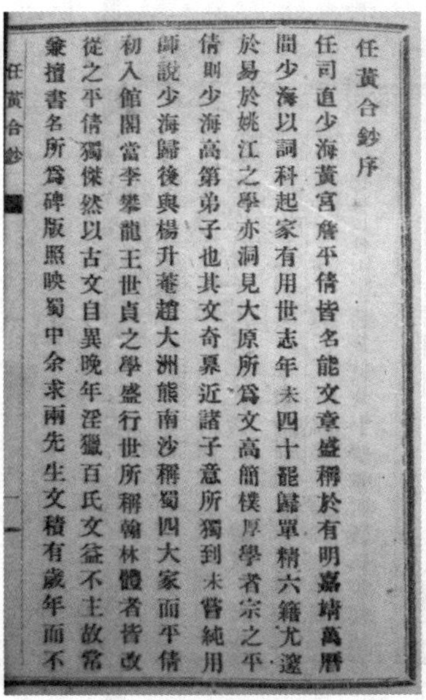

任黃合鈔序

任司直少海黃宮庶平倩皆名能文章盛稱於有明嘉靖萬曆間少海以詞科起家有用世志年未四十罷歸覃精六籍尤邃於易於姚江之學亦洞見大原所爲文高簡樸厚學者宗之平倩則少海高第弟子也其文奇㬥近諸子意所獨到未嘗純用師說少海歸後與楊升菴趙大洲熊南沙稱蜀四大家而平倩初入館閣當李攀龍王世貞之學盛行世所稱翰林體者皆改從之平倩獨傑然以古文自異晚年淫獵百氏文益不主故常竊擅書名所爲碑版照映蜀中余求兩先生文稿有歲年而不

任黃合鈔　一

曾世禮編輯《任黃合鈔》[民國九年(1920)南充盛克勤鉛印本]

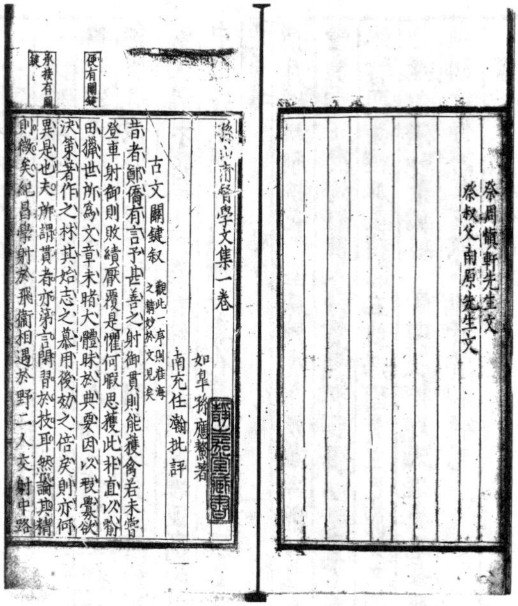

任瀚批評《孫山甫督學文集》四卷（日本靜嘉堂藏明隆慶刻本）

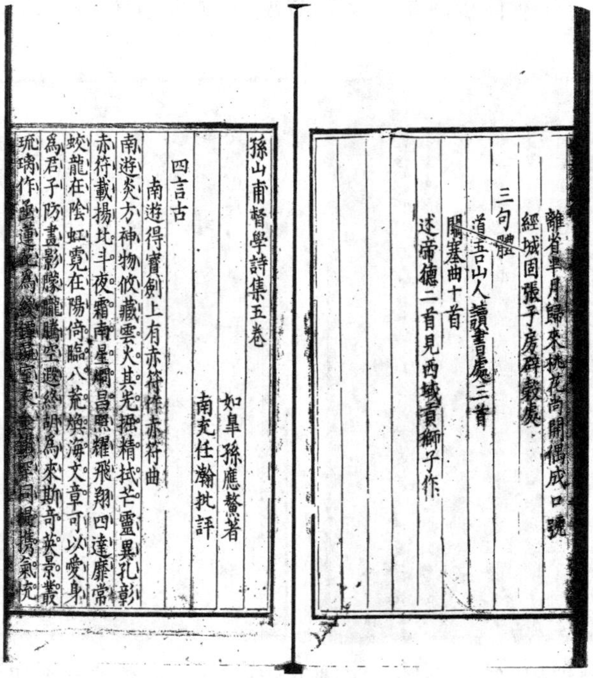

任瀚批評《孫山甫督學詩集》四卷（日本靜嘉堂藏明隆慶刻本）

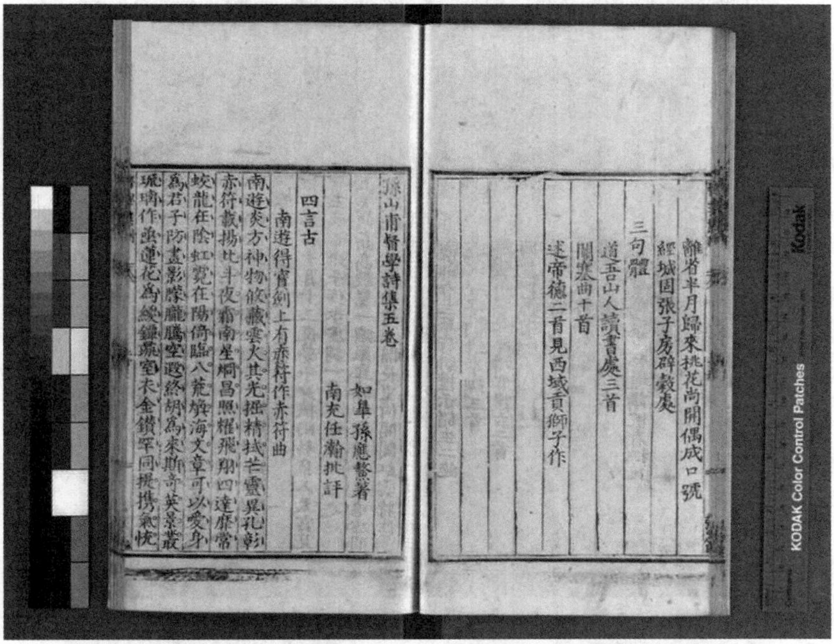

任瀚批評《孫山甫督學詩集》四卷（臺北故宫博物院藏明隆慶刻本）

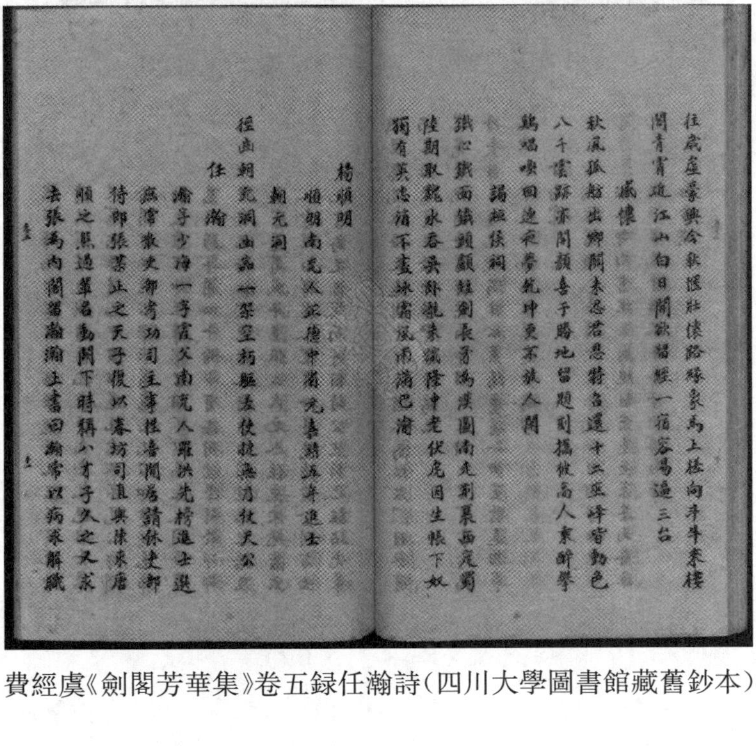

費經虞《劍閣芳華集》卷五録任瀚詩（四川大學圖書館藏舊鈔本）

任瀚墓志碑及拓片(南充市順慶區文管所藏)

任瀚墓(今南充市西山上)

任瀚“讀易洞”(今南充市西山上)

又稱“棲霞洞”,洞額有任瀚朋友劉天民書“飛僊洞”,洞内有任瀚塑像

任瀚“讀易亭”（今南充市西山上）

任瀚“讀易亭”内崖壁所刻任瀚《棲霞山讀易記》

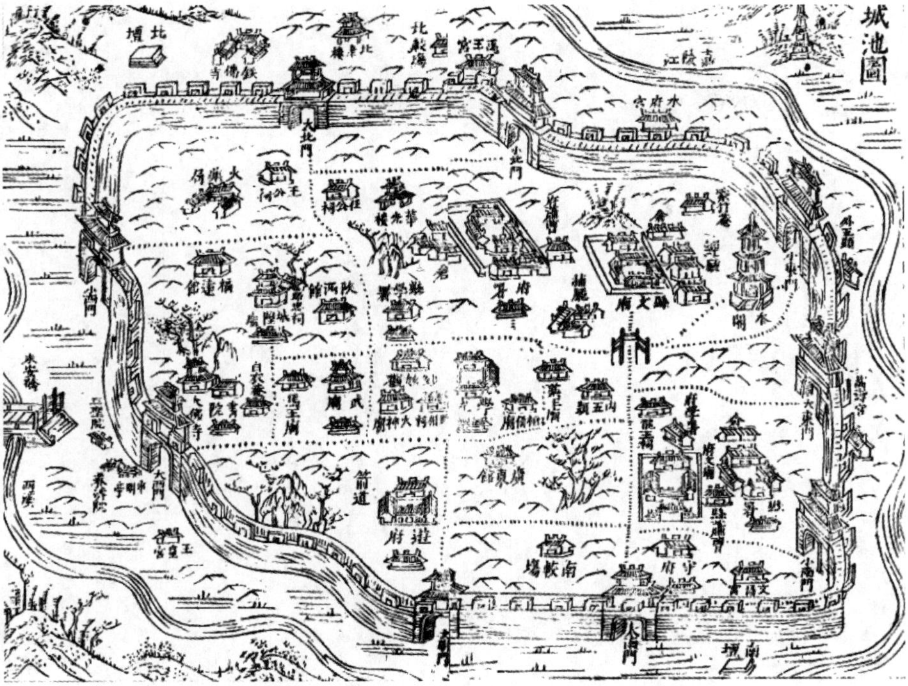

《(嘉慶)南充縣志》卷首《城池圖》,上有“任公祠”

前言

任瀚（1502－1592），字少海，號忠齋，又號五嶽山人、霞父、鸿濛处士、岷峨樵父、愚洵父、巢虚子、釣臺叟、青城季子等，人稱固陵先生，明朝四川順慶府南充縣（今四川省南充市）人。嘉靖元年（1522）舉人，八年（1529）以第二甲第三名賜進士出身，選庶吉士，未上，授吏部主事，歷吏部文選清吏司主事、員外郎、稽勛司署郎中事，屢遷吏部考功清吏司郎中。十八年（1539），簡宫僚，改左春坊左司直兼翰林院檢討，引疾請歸，不報，復引還。因得罪權臣夏言，爲給事中周采所劾，嘉靖十九年（1540），詔革爲民，年甫四十而已。二十七年（1548），夏言被戮，任瀚“函辭數千里，使人投鄱湖水上弔之”①。遇赦，復官致仕。任瀚獨居林下五十餘年，雖經嘉靖二十六年（1547）四川巡撫張時徹、隆慶六年（1572）四川巡撫劉斯潔、萬曆元年（1573）四川巡撫曾省吾先後疏薦，朝廷“但優旨報聞而已”②。

一、任瀚的學術思想與成就

任瀚學重事功，一心建功立業，以忠報主，至老不忘修齊治

① （明）王九德：《任文逸稿敘》，（明）任瀚《任文逸稿》卷首。

② （清）萬斯同：《明史》卷三八四《任瀚傳》，《續修四庫全書》第331册，上海：上海古籍出版社，2002年，第111頁。

平之道。他“少有用世之志”[①]，“讀戎書，竊長老之傳，將以籌邊報主”[②]，一生注重軍事，撰《平蠻碑》《三司馬祠堂記》《雪山三鎮平羌記》等多篇文字，記録當時平定西南夷的軍事活動。在《己丑廷試策》中，任瀚有感於“千古人臣獻款攄忠之一遇”[③]，竭其所慮，盡忠獻言，提出以仁、智、敬治天下的思想，認爲治理天下，帝王應該行仁與智，而敬以終之，稱“聖王保天下之道存乎仁，而其行仁之道存乎智，其合智與仁而成之之道存乎敬”[④]。嘉靖帝御批其策：“勉吾求敬一之爲主，忠哉!”[⑤]萬曆十四年（1586），周光鎬往平建越彝，先後急切地請教任瀚軍事謀略，得成其功。任瀚還曾研討天文、占算，以爲“天之文日覆乎其上，而儒不知，可恥也”，因“訪諸靈臺五官氏”而有所得[⑥]。嘉靖十四年（1535），任瀚“分校禮闈”[⑦]，擬作《乙未會試策》，大談天文學源流變遷。遷翰林院檢討之後，任瀚更“校書臺觀，靈文竇讖，雠講略遍”[⑧]。

任瀚爲人正直，爲官清廉，不逢迎權貴，不貪贓枉法。他任職吏部十年，以“清修方正”著聞，“骨鯁自持，不與權貴人通關節”[⑨]。任瀚自稱：“在吏部十年來，絶無分寸補益，唯一意守

① （清）費密：《任司直傳》，（清）李成林總裁、張鳳翩總修《（康熙）順慶府志》卷九《藝文》，第 38 頁。

② （明）任瀚：《任文逸稿》卷一《戊戌武舉會試策》。

③ （明）任瀚：《任文逸稿》卷一《己丑廷試策》。

④ （明）任瀚：《任文逸稿》卷一《己丑廷試策》。

⑤ （明）任瀚：《任文逸稿》卷一《己丑廷試策》。

⑥ （明）任瀚：《任文逸稿》卷一《乙未會試策》。

⑦ （清）費密：《任司直傳》，（清）李成林總裁、張鳳翩總修《（康熙）順慶府志》卷九《藝文》，第 38 頁。

⑧ （明）任瀚：《任文逸稿》卷二《易統序》。

⑨ （明）王九德：《任文逸稿敘》，（明）任瀚《任文逸稿》卷首。

官，無顧忌，不與權貴人通關節，得罪當世，以爲莫可原赦。”①他特别反感權貴的請托，稱自己“少年時負氣任俠，不自貶損，長宜狷急無器度，少所詘下”，對於“今時士大夫遇權貴人，息累累不敢出入。頤指氣使，則顙加膝而應。所不得見，雖暮夜必束帶叩閽，務求望見權貴人顔色，伺候其喜怒，以保無恐”，托以“疏懶”，而“不能强起效之”②。在吏部，經“其考察去者，多勢力門下人，或嘗先事以姓名相請托者，一切皆罷去不問，以故權門多按劍，疾之如仇”③。在日常交往中，任瀚也注重人品的正直無私，“操持砥礪，其交游必類己者，於浮沉巧宦，削觚而圓轉，坦外而深中，阿隨人意，頡頏以取世資者，相疾視如仇”④。任瀚的剛正無私，深得嘉靖皇帝的器重，“魚水投合，近古罕遘”⑤。但不幸的是，他最終還是得罪權臣，被詔革爲民。歸里後，任瀚“居林下五十餘年，未嘗通謁時貴”⑥。終其一生，任瀚“憂時悼俗，憤頑嫉邪”⑦，“生不媚世以取用，没亦不以文媚人”⑧。

任瀚學凡三變，融貫儒釋道，兼擅文史哲，而以儒學爲要。後學羅爲賡稱：“明任少海先生當嘉、隆間，與趙文肅公（貞吉）

---

① （明）任瀚：《任文逸稿》卷二《復許松皋太宰書》。

② （明）任瀚：《任文逸稿》卷二《復渭厓霍詹事書》。

③ （明）王九德：《任文逸稿敘》，（明）任瀚《任文逸稿》卷首。

④ （明）歐陽德：《歐陽南野先生文集》卷二〇《任宫坊集序》，《四庫全書存目叢書》集部第80册，第655頁。

⑤ （明）陳文燭：《二酉園尺牘選》卷三《報任少海司直書》，《明别集叢刊》第三輯第92册，合肥：黄山書社，2015年，第262頁。

⑥ （清）費密：《任司直傳》，（清）李成林總裁、張鳳翮總修《（康熙）順慶府志》卷九《藝文》，第38頁。

⑦ （明）歐陽德：《歐陽南野先生文集》卷二〇《任宫坊集序》，《四庫全書存目叢書》集部第80册，第655頁。

⑧ （明）王振奇：《任少海文集序》，（明）任瀚《任少海先生文集》卷首。

齊名。先生穎異夙成，然學亦經三變而後抵於醇：其始以辭章自雄；後入青城，遇異人授以鴻寶修煉訣，即參少室大意，遂留心二氏；居官翰林，及與鄒守益輩相往復，從王氏門人得陽明的旨，始復一意聖賢之學。”①

任瀚十年内三議館職，晚以太史自命，長於文史。他詩文俱佳，與唐順之、王慎中、陳束、熊過、李開先、趙時春、吕高等人合稱“嘉靖八才子”，又與熊過、趙貞吉、楊慎并稱“西蜀四大家”。任瀚初仕，便與唐順之、陳束、李開先等“肆力爲詩文”②，與熊過、王慎中等人“相切劘爲詩古文”③，“咸相與綜理文藝，啓發微言，一朝大振”④；罷歸後，“時從幽人文士徜徉山水，摛藻鑄辭，益工益富，憂憤之情，浸爲恬夷”⑤。任瀚的詩作“音節抗朗，在嘉靖八子中自爲一派，與前後七子略近”⑥，屬於“嘉靖初爲初唐者”⑦。高叔嗣稱其“雍容謙和，聲華益遠，制行以周、孔爲師，陳詞與《詩》《書》比軌，不激而高，不刻而

---

① （清）羅爲賡：《與陳秀才書》，《（康熙）順慶府志》卷一〇《藝文》，第 54 頁。

② （清）錢謙益輯：《列朝詩集》丁集第一《任瀚》，北京：中華書局，2007 年，第 3988 頁。

③ （清）萬斯同：《明史》卷三八四《任瀚傳》，《續修四庫全書》第 331 册，第 111 頁。

④ （明）高叔嗣：《蘇門集》卷五《任吏部集序》，《景印文淵閣四庫全書》第 1273 册，臺北：臺灣商務印書館股份有限公司，1986 年，第 621 頁。

⑤ （明）歐陽德：《歐陽南野先生文集》卷二〇《任宫坊集序》，《四庫全書存目叢書》集部第 80 册，第 655 頁。

⑥ （清）陳田輯：《明詩紀事》戊籤卷九，《續修四庫全書》第 1711 册，第 182 頁。

⑦ （明）胡應麟：《詩藪》續編卷二《國朝下·正德、嘉靖》，上海：上海古籍出版社，1979 年，第 363 頁。

工，治世之音於斯以備，明王之佐舍是焉適”①。任瀚“工於文，尤善自秘，海内慕其文者接踵於路”②。“其爲古文亦高簡踔厲，有西漢風”③。王振奇稱任瀚文集“殷殷脈脈，侃侃諤諤，峭直孤貴”④。陳文燭則稱任瀚《張愈光詩序》“其言雄渾有力，在先秦、兩漢之間”⑤，又稱其論文“自司馬子長之後，獨取韓昌黎有氣力，昭代尚無柳柳州”，以“傳後世”相期⑥。

任瀚在文學理論上也頗有建樹。他“常思盡蒐海内諸名家詩，取次編題，以供石渠一代藝文騷雅之選”⑦，而自詡“於漢魏以後千百載，體裁風格，頗能一見了了，如浮丘相鶴，九方皋相馬，毛骨立辨”⑧，至今還完整地保存有他關於孫應鰲詩文集的批評。任瀚明確提出“文章無古今，安有時代”⑨，反對“體以代變”“格以代降”之説。他重視事功，認爲文學應有爲而發，詩貴“澤於道”“文章無骨不經世”⑩，“若徒以詩名代，而無澤於道，即能奔走漢魏，而稱雄於李唐諸大家之前，知篤行君子不以

---

① （明）高叔嗣：《蘇門集》卷五《任吏部集序》，《景印文淵閣四庫全書》第1273册，第621—622頁。

② （清）黄廷桂等監修：《（雍正）四川通志》卷八《人物·任瀚》，《景印文淵閣四庫全書》第559册，第367頁。

③ （清）佚名：《明外史·儒林傳·任瀚》，（清）陳夢雷《古今圖書集成》第117册《理學彙編·經籍典》卷三五六《經學部·傳經名儒列傳三十》，第306—307頁。

④ （明）王振奇：《任少海文集序》，（明）任瀚《任少海先生文集》卷首。

⑤ （明）陳文燭：《二酉園尺牘選》卷三《報任少海司直書》，《明别集叢刊》第三輯，第92册，第262頁。

⑥ （明）陳文燭：《任文逸稿序》，（明）任瀚《任文逸稿》卷首。

⑦ （明）任瀚：《任文逸稿》卷五《吴紹溪詩序》。

⑧ （明）任瀚：《任文逸稿》卷五《題陳于韶〈卧雲樓摘稿〉》。

⑨ （明）任瀚：《任文逸稿》卷二《禹同山人文集敘》。

⑩ （明）任瀚：《任少海集·梁園行贈友人》，（明）俞憲編《盛明百家詩》，《四庫全書存目叢書》集部第306册，第90—91頁。

爲得也”①。對於詩文，任瀚頗持負面的看法，以爲詩文無益於修養，“人噓氣成聲，聲之精者爲詩，人豈詩所能使爲聖賢君子者哉”②。人發而爲聲（口頭語言），聲之精華聚而爲詩文（書面語言），所以詩文是聲之精華，能在一定程度上反映人的道德修養，但詩文本身卻不能使詩人成爲有道德修養的聖賢君子。他甚至認爲藝文有害於性命，稱“天下藝文之學，虧神氣、伐性命者，莫毒乎詩”，要將心思用於功名、大道上，以爲“丈夫生世，不患不能樹勛立名，患不聞道，詩胡以爲哉”③。任瀚這樣的思想有强烈的理學情結在裏面，大概是受到程頤“作文害道”“爲文亦玩物”的影響，認爲同樣屬於“玩物喪志”④。

任瀚儒學思想主要源自王門，大體近於王學修正派鄒守益、歐陽野的思想，但又受到吕柟、湛若水等的影響，并且他與楊慎、李元陽等也過從甚密。在仕宦期間，任瀚“曾游姚江之門”⑤，與鄒守益、歐陽德、唐順之、羅洪先等往復論學，與南中王門薛應旂更有師徒之分，而東林之學實導源於薛氏。罷歸後，任瀚“益反求六經，闡明聖學。晚尤潛心於《易》，深有所得”⑥。任瀚遠溯陳摶、邵雍，闡發環中之學，探尋《易》之統

---

① （明）任瀚：《任文逸稿》卷五《吴越詩引》。

② （明）任瀚：《孫山甫督學詩集序》，（明）何喬遠《明文徵》卷四五，《四庫全書存目叢書》集部第329册，第66頁。

③ （明）任瀚：《任文逸稿》卷四《五嶽陳公升福建按察使序》。

④ （宋）程顥，（宋）程頤：《河南程氏遺書》卷一八《伊川語四》，《二程集》，北京：中華書局，1981年，第239頁。

⑤ （清）趙燮元：《楊愧庵（甲仁）先生傳》，（清）楊甲仁《愧庵遺集》卷首，同治三年（1864）赤城葉氏刻本。

⑥ （清）佚名：《明外史·儒林傳·任瀚》，（清）陳夢雷《古今圖書集成》第117册《理學彙編·經籍典》卷三五六《經學部·傳經名儒列傳三十》，第306—307頁。

緒，發明易道[①]。羅洪先以爲“往聖繼天立極，所以成變化而行鬼神者，其精藴在《易》，其費隱在《中庸》”[②]，任瀚“居劍南，墨然思，噤然訥，將無庶幾其有聞乎”[③]，勸弟子胡直往而問之。蔡汝楠邀約任瀚著圖四幅並賦詩，趙貞吉、胡直與之往復討論。楊慎、李元陽的門人吴懋來順慶府任通判，任瀚“暇日”爲之“著《易通小説》相印可”。吴懋“不惟直下承當，且爲磨厓刻石西山，以示賞鑒”[④]。任瀚以爲“靈闕原有著書人”[⑤]，“一點靈明真更真”[⑥]，“以誠意、慎獨爲堤防，以窮理盡性至命爲彼岸，闔家國天下以成其身，合内聖外王以成其學爲結局”[⑦]，批評“今世論學者，一切從念頭起處著力，而不及事功”，認爲“善學者，且須以事功觀聖賢，然後聖賢之學可考而知也”[⑧]。任公祠有任瀚遺聯稱“修身齊家而治國，存心養性以事天”[⑨]，反映了任瀚合内外、同物我、并身心家國天下爲一的思想。就境界而論，任瀚認爲“大丈夫處心當如青天白日，應事當如流水行雲”，以爲“前輩得力處正在此”[⑩]。

---

① 金生楊：《南充任瀚易學考論》，舒大剛主編《儒藏論壇》第七輯，成都：四川大學出版社，2014年，第1—25頁。

② （明）任瀚：《任文逸稿》卷四《鴻濛游送胡廬山提學歸豫章》。

③ （明）任瀚：《任文逸稿》卷四《鴻濛游送胡廬山提學歸豫章》。

④ （明）任瀚：《任文逸稿》卷四《送郡司馬吴德懋刺階州序》。

⑤ （明）任瀚：《友道足振頽風，因賦此志感》之二，（民國）曾世禮編輯《任黄合鈔·任司直詩鈔》，民國九年（1920）鉛印本。

⑥ （明）任瀚：《友道足振頽風，因賦此志感》之三，（民國）曾世禮編輯《任黄合鈔·任司直詩鈔》，民國九年（1920）鉛印本。

⑦ （明）任瀚：《任文逸稿》卷三《壽王卓峰少參八十序》。

⑧ （明）任瀚：《任文逸稿》卷四《譚二守考績序》。

⑨ （民國）李良俊修，（民國）王荃善等纂：《（民國）新修南充縣志》卷五《輿地志·祠》，《中國地方志集成·四川府縣志輯》第55册，成都：巴蜀書社，1992年，第191頁。

⑩ （明）任瀚：《任文逸稿》卷五《川北分憲王用吾升廣東少參序》。

任瀚既有强烈的事功思想，又有濃鬱的歸隱意識，加上時政的不堪，任職吏部時就汲汲於歸隱，所謂“疏野情性，不堪吏職，積懷沉欝，違己交病”①。他曾多次以病請辭，歸隱後，又時常尋醫訪藥，雲游四方。任瀚“少懷用世志，百家二氏之書，罔不蒐討”②，與富順熊過皆以深精道教修煉知名，以至於“蜀人談玄怪者皆本任氏（瀚）、熊氏（過）”③。在入仕期間，任瀚受世宗寵渥，嘗“蒙恩趨侍玄極殿”④。玄極殿與雨花閣、寶華殿同稱“玄宫三大殿”，是明世宗朱厚熜供奉道教三清諸神，與衆道士打坐修道，導引吐納，崇通道教的地方。世宗好長生術，於内殿設齋醮，“詞臣以青詞結主知”⑤。任瀚曾爲兩庠諸生求取功名而作《文昌宫爲兩庠諸生保舉醮疏》，又稱《保舉疏》《祈文昌文》，是流行較廣的一篇醮疏文字。任瀚的好道之名甚至遠勝於其他，以至於隱居後拜望者多爲其道學而來。他曾歲暮采藥，經行普州道中，有感於陳摶，贊嘆其易學，又曾題陳摶睡像，討論其睡法，還曾作詩送華陽陳煉師。任瀚沉醉於佛道二教，自稱：“某嘗抱琴出關游黄葉寺，坐聽梵塔風鈴，如聞天樂，持斗酒相勞，三日不能歸。又嘗欲掛冠宣武門，浮海上尋安期生，是其所短，而時人未之知也。”⑥ 他游歷各地，“半生足跡所到，如咸陽

① （明）任瀚：《任文逸稿》卷二《復甬川張學士書》。

② （清）佚名：《明外史·儒林傳·任瀚》，（清）陳夢雷《古今圖書集成》第117册《理學彙編·經籍典》卷三五六《經學部·傳經名儒列傳三十》，第306—307頁。

③ （清）錢謙益輯：《列朝詩集》丁集第一《任瀚》，北京：中華書局，2007年，第3988頁。

④ （明）任瀚：《漫題》之二，（民國）曾世禮編輯《任黄合鈔·任司直詩鈔》，第13頁。

⑤ （明）張廷玉等：《明史》卷一九三《顧鼎臣傳》，北京：中華書局，1974年，第5115頁。

⑥ （明）王九德：《任文逸稿敘》，（明）任瀚《任文逸稿》卷首。

畢郢之原、襄樊大堤之阿，昔從先皇巡謁陵寢，未暇究論，只自還山後，涉越江淮河洛，歷覽名山故都”①。歸隱後的任瀚，似若神仙，爲人所艷羡和崇敬。陳文燭初“訪任先生于青居釣臺，先生年近百齡，耳目聰明，肌膚若冰雪，綽約若處子”②。李元陽贊其“望比瓊瑶潔，身甘麋鹿群”，稱其“修仙棄朱紱，十載不相聞”③。蔡汝楠專門來訪，稱其“坐轉金丹不老身，水晶宫裹駐芳春。誰言學士焚魚早，還道青山不負人”④。趙貞吉讀任瀚《河關留著集》，嘆其“逸哉，其老氏之流風乎”⑤。王漸逵讀其《菖蒲傳》，發願“好將少海菖蒲訣，爲向羅浮刻石經”⑥。周光鎬則批評任瀚“述作多秘”，認爲“尊生業成乃閲人間世”，不然“後無來者，英雄欺人耳”⑦。萬曆十四年（1586）秋，建越彝叛，周光鎬由順慶府知府遷四川按察副使、建昌兵備道，領征南軍監軍事，“每於劍南入邛笮者，則首詢丈人動定。雲霞居丹室，即不奉顔色，然諗其僊僊無恙也，則不佞喜。顧痞寐思之，知丈人澄神玄默，餐採芝霞，雖容裔塵寰，若赤斧山圖者，旦暮遇之”⑧。

① （明）任瀚：《任少海先生文集·祖塋記》。

② （明）陳文燭：《任文逸稿序》，（明）任瀚《任文逸稿》卷首。

③ （明）李元陽：《中谿家傳彙稿》卷一《懷任忠齋》，《叢書集成續編》第115冊，上海：上海書店，1994年，第649—650頁。

④ （明）蔡汝楠：《自知堂集》卷七《贈翰林任固陵先生》，《四庫存目叢書》集部第97冊，第524頁。

⑤ （明）趙貞吉：《趙文肅公文集》卷二三《周南留著圖録序》，《四庫全書存目叢書》集部第100冊，第605頁。

⑥ （明）王漸逵：《喜李三洲自蜀回》，中山大學中國古文獻研究所編《全粤詩》卷二一九《明王漸逵》，廣州：嶺南美術出版社，2009年，第7冊，第457頁。

⑦ （明）周光鎬：《明農山堂彙草》卷二二《報任少海宫詹》之一，《明別集叢刊》第三輯第88冊，合肥：黄山書社，2015年，第407頁。

⑧ （明）周光鎬：《明農山堂彙草》卷二二《報任少海宫詹》之二，《明別集叢刊》第三輯第88冊，合肥：黄山書社，2015年，第407頁。

戎马倥偬，瞬息萬變，間不容髪，他爲此急切難耐，請求雲游無定所的任瀚授以長策："不佞以犄角再出師，每以持重相左，尚未知税駕何如，丈人何與人間事。然寧無素書鴻術，可以指授孺子爲長往計者？望之望之！會郡史還，敬附以候，敢布腹心。"①

任瀚重視教育，以成就子弟爲人生不朽事，將之作爲僅次於事功後的大事。他説："桃李不言，其下成蹊。陳摶、种放不出終南、少室，海内望之如神。濂溪（周敦頤）爲主簿，明道（程顥）爲條例司，王公大夫皆師宗之"，"取諸文翁之化蜀，安定（胡瑗）之化蘇湖，自可不朽"②；如果宦海不如意，無法致君堯舜，就應"聚里中少年，講論心學，明先王之道，成就良子弟，爲國家用"③。任瀚"性方嚴，耄勤不倦，因人造就，諄諄誘迪"，但"不事標榜，期於實踐"，陳以勤"建金泉書院，延之講學，亦堅辭之"，而成就弟子衆多，"從公學者甚衆，李竹、張鑑、陳于陛、王纘之、杜翼所、文衡、李益、索儁、楊文舉、黄輝、羅仲元兄弟皆出其門"④。其中，陳于陛、黄輝尤爲知名。陳于陛（1545—1597）字元忠，别號玉壘，南充縣人，大學士陳以勤子。隆慶二年（1568）進士，選翰林院庶吉士，授編修，侍父回蜀。萬曆初預修世、穆兩朝實録，充日講官，累遷侍講學士，擢詹事，掌翰林院，疏請早建東宫。十九年（1591），拜禮部右侍郎，領詹事府事。明年改吏部，進左侍郎，教習庶吉士，奏請册立太子、神宗早朝勤政，皆不報。又明年，進禮部尚

---

① （明）周光鎬：《明農山堂彙草》卷二二《報任少海宫詹》之二，《明别集叢刊》第三輯第88册，合肥：黄山書社，2015年，第407頁。

② （明）任瀚：《與薛方山書》其四，（民國）曾世禮編輯《任黄合鈔·任司直文鈔》卷下，民國九年（1920）鉛印本。

③ （明）任瀚：《任文逸稿》卷五《吴越詩引》。

④ （清）費密：《任司直傳》，（清）李成林總裁、張鳳翮總修《（康熙）順慶府志》卷九《藝文》，第38頁。

書，仍領詹事府事。二十二年（1594），疏請修本朝正史，詔從之，充任副總裁。尋兼東閣大學士，入參機務，疏陳政事，不納，加太子少保。改文淵閣大學士，進太子太保。以萬曆皇帝拒諫，憂形於色，病卒，贈少保，謚文憲。所著有《萬卷樓稿》《意見》等。黄輝（1555－1612）字平倩，一字昭素，號慎軒、鐵菴，又號無知、幻如、無諍等，南充縣人。萬曆十七年（1589）進士，選翰林院庶吉士，授編修。遷右春坊右中允，任太子講官。後升少詹事兼侍讀學士，卒於官。黄輝長於書法與詩，其詩清新輕俊，自抒性靈，狀景抒情，真切動人，與公安派主將陶望齡齊名；其書法"佈局疏朗，行氣脱落，韻致瀟灑，墨法圓潤"，與當時大書法家董其昌齊名，人稱"詩書雙絶"。所著有《鐵菴集》《平倩逸稿》《怡春堂集》《慎軒文集》等。

二、任瀚的著述

任瀚本欲有所論撰，"所恨丈夫生世四十年，銖累寸緝，未成片段，而中道爲奸邪所壞"，歸隱後又受文禁，珍惜羽毛，而辭編修南充地方志之任。儘管如此，他還是撰著了大量的詩文著述，廣佈於世，唯世所流傳者少耳。

明王兆雲《皇明詞林人物考》稱任瀚"有文名，但僻在蜀都，流布甚少，往往見之，雖隻字片言，亦可占知其爲鳳毛麟角矣。尤長於對聯，動輒數十字，皆雄壯鏗鏘，爲士林所誦"。明代萬曆四十七年《四川總志》稱其"所著有《春坊集》《釣臺集》《河關留著録》《任文逸稿》《任詩逸草》《海鶴雲巢對聯》諸書，行于世”[①]。《（康熙）順慶府志》的記載與此相同[②]。《（嘉慶）南充縣志》卷六《藝文志・典籍》著録多出《少海文集》一種。其按語稱：“天啓時，四川學使王振奇選刻《少海文集》，有策、疏、賦、書、記、序、辨、題、説、墓志銘、祭文各名目，今行於世。”[③]《（光緒）西充縣志》卷十二《藝文志・書籍》著録爲“《忠齋稿》《海鶴雲巢集》《春坊集》《釣臺集》《河東留著録》《任文逸稿》《任詩逸草》”，多《忠齋稿》一種。

綜合各方面信息，任瀚著作有《吏部集》《考功集》《任宫坊集》《五嶽集》《春坊集》《釣臺集》《河關留著集》《任文逸稿》《任詩逸草》《海鶴雲巢對聯》《任少海先生文集》《任文鈔略》《任少海集》《忠齋集》《忠齋稿》《忠齋詩》《任司直文鈔》《任司直詩鈔》以及《孫山甫督學集》任瀚的批評。這當中不乏一書異名或不同選本、鈔本。其中，《吏部集》《考功集》《任宫坊集》《五嶽集》《釣臺集》《河關留著集》《任詩逸草》《海鶴雲巢對聯》《任文鈔略》《忠齋集》《忠齋稿》《忠齋詩》今皆佚，所存者《春坊集》二卷、《任文逸稿》六卷、《任少海先生文集》一卷、《任少海集》一卷、《任司直文鈔》二卷、《任司直詩鈔》一卷，以及《孫山甫督學集》任瀚批評八卷[④]。此外，清費經虞輯《劍閣芳華集》《蜀詩》、傅增湘輯鈔明曹學佺《石倉十二代詩選》而成的

---

① （明）吴之皞，（明）杜應芳等纂：《（萬曆）四川總志》卷一〇《順慶府志》，明萬曆四十七年（1619）刻本，中國國家圖書館編《原國立北平圖書館甲庫善本叢書》第356册，北京：國家圖書館出版社，2010年，第326頁。

② （清）蔡毓榮等修，錢受祺等纂：《（康熙）四川總志》卷一五《人物上・順慶府》，清康熙十二年（1673）刻本，第80—81頁。

③ （清）袁鳳孫修，（清）陳榕等纂：《（嘉慶）南充縣志》卷六《藝文志》七之十《典籍》，第40頁。

④ 金生楊：《任瀚著述新考》，蜀學研究中心主辦《蜀學》第九輯，成都：巴蜀書社，2015年，第127—141頁。

《明蜀中十二家詩鈔》，以及《（康熙）順慶府志》《（嘉慶）南充縣志》《民國新修南充縣志》等較爲集中地選録了任瀚詩文，而他書散見者相對較少，但輯録實屬不易。

《春坊集》上下二卷，嘉靖二十四年（1545）跋刊本。卷首有歐陽德《任宫坊集序》，已殘。卷端有花端明識語一則，説明編刻緣由。卷末殘存跋文三篇：丘子跋，後脱一葉；李時達跋，後脱一葉；陸體仁跋。據葉碼及各跋文字看，丘子跋殘；李時達跋未知篇首完否，跋後脱完整一葉，當爲另一跋文；陸體仁跋當爲完篇。卷中混編詩文，編次無法，亦間有脱頁，已非全本。卷上主要收録文章，間雜詩，包括《己丑廷試策》《乙未會試策》（失題，文字多異，末脱一葉）、《答龍湖學士問攻守》（即《戊戌武舉會試策》）、《送唐漁石歸養序》《禺山文敘》《送華陽陳鍊師得藥還山》（詩）、《丁酉養病疏》《雜説》《己亥養病疏》《己亥乞休疏》《答渭厓霍詹事書》《答甬川張學士書》《奉許松皋太宰書》《答玉溪張少宰論交書》，共計文十三篇、詩一首。卷下以詩爲主，亦間雜賦和文，包括《海隱賦》《杪秋書懷》《别林汝雨》《題顧舍人汝嘉來雁軒》《趙良歌》《早朝奉天殿》《湯録事舞劍行》《游仙曲（有序）》《送空同門人蘇太華守定州》《和李、夏二閣老九日游郡園用韻》《送胡立之中翰奉使孝陵》《匡廬山人來宛京作》《次韻許松皋太宰扈駕朝陵（三首）》《送赤礁江陳生聞訃還閩》《東方道人席上》《文選周主事母張太安人卒將歸葬於史梁之原乃工部侍郎江曉等相與函束帛俎牲載酒弔於其舍使任瀚爲文以祭之》《水頭送陳約之》《送胡仲望還蜀（二首）》《送崔懋德赴定遠》《送皇甫子循謫黄州》《聽秋江道人彈琴》《送三壺道人游西山》《寄唐興楊道人》《贈李都司（三首）》《送秦司訓》《跋張含詩扇》（文）、《雪山吟送嚴茂州》《書白雲觀》《題順慶志》（文）、《明荆州通判王公墓表》（文）、《今昔行》《吴越詩引》（文，末殘，後脱二葉）、失題殘詩、《謝自然》《中秋阻雨溪上書懷（二首）》《送工侍韓石溪還朝》《江上簡趙孟靜（二首）》《釣臺雜詠（十首）》、《代楊受甫爲尊翁上壽序》（文）、《山中感拙齋明府題扇見懷用韻呈謝（二首）》《送張鐸鑒試禮部》《哭亡女文》（文）、《祭丹泉王諫議文》（文），共計文七篇、賦一篇、詩四十八首殘一首。全書編印時間早，其中多有他集未曾收録詩文，但流傳甚稀。明焦竑《國史經籍志》卷五、朱睦㮮《萬卷堂書目》卷四、萬斯同《明史·藝文志》均著録有索儁《春坊集》二卷。今本任瀚《春坊集》，卷端題"門索儁、花端明校録"，故學者不察，徑屬爲索儁之作。索儁者，南充人，孝廉，嘉靖二十五年（1546）舉人。今藏於日本東京尊經閣文庫，爲傳世孤本。美國哈佛大學圖書館藏有複印本。

《任少海集》一卷，明無錫俞憲輯《盛明百家詩》本，選任瀚詩十九篇二十六首。卷端有嘉靖四十三年（1564）夏俞氏識語，稱："昔者唐荆川數向予言其人並及其詩，今刻二十餘首，寔從荆川抄本得之。"可見此乃俞氏單獨據唐順之抄本輯刻者。至於唐氏抄本爲何，是抄自任氏定稿的本子，還是隨時傳抄的零散詩文，不得而知。唯此集時間甚早，可視爲單書。清錢謙益輯《列朝詩集》丁集卷一、清朱彝尊編《明詩綜》卷四十六所録詩文皆出其中，蓋就此選輯而成。今有明隆慶五年（1571）序刊本。全集目録如下：《元日禁城十八韻》《宿州陳愚猛士歌》《壩底平》《病懷五首》《縛月歌送田希古之湖南》《梁園行贈友人》《聞邊報》《關中得盧北紀書》《留别岐州翟千户》《五丁峽别衡崑》《邯鄲姬》《叢臺》《諸陵望幸》《入關示諸鎮將帥三首》《蒼石行送楊子》《晚次閬州滕王臺》《陳使君招飲閬州王宫》《固陵避暑西使至簡宋伯清都憲二首》《咸陽東樓望闕》。日本尊經閣文庫所藏明曹學佺《石倉十二代詩選·四集》卷四十六收録"江陰薛甲應登《畏齋集》"，附有任瀚詩，計《壩底平》《邯鄲姬》《宿州陳愚猛士歌》《蒼石行送楊子》《病懷（三首）》《聞邊報》

《關中得盧北紀書》《留别岐州翟千户》《五丁峽别衡崑》《叢臺》《晚次閬州滕王臺》《陳使君招飲閬王宫》《固陵避署西使至簡宋伯清都憲》《咸陽東樓望闕》，凡十四篇十六首，均不出俞憲所輯《任少海集》範圍，雖各詩順序不同，但不能排除曹學佺即從此録出的可能性。

《任文逸稿》六卷，明萬曆年間（1573—1619）刻本，凡二册。卷首有萬曆十八年庚寅（1590）王九德序、萬曆十九年辛卯（1591）陳文燭序，刊刻時間當在萬曆十九年。卷端題署“明宫坊太史任瀚少海著”。鈐印有“古潭州袁卧雪廬收藏”印記，是該書曾爲清代著名藏書家袁芳瑛（1814—1859）收藏。全書録文凡八十篇，各體雜揉，編排甚亂。此書目録多有著録。明焦竑《國史經籍志》卷五載：“《任瀚逸稿》六卷。”《内閣藏書目録》卷三載：“《任文逸稿》四册，全，嘉靖間太史固陵任瀚撰。”清黄虞稷《千頃堂書目》卷二十三别集類著録：“《任瀚逸稿》六卷，字少海，南充人，春坊司直郎兼翰林檢討。一作《忠齋稿》。”清張廷玉等《明史·藝文志四》載：“《任瀚逸稿》六卷。”今僅臺灣“中央”研究院歷史語言研究所傅斯年圖書館有藏，爲傳世孤本。

《任少海先生文集》一卷，天啓七年丁卯（1627）四川學使王振奇選刻。卷首有天啓丁卯王振奇《選任少海文集敘》，卷末“附原刻”王九德《任文逸稿敘》。今藏於吉林大學圖書館，爲傳世孤本。此集目録與正文嚴重不符，目録列文五十九篇，但正文實際僅存三十四篇。另外，正文有《送太守周君入覲序》《祭丹泉諫議文》《祭亡甥杜諫議文》三篇，但目録中卻没有著録。正文三十四篇的順序也與目録有所不同，且有缺頁。

《任司直詩鈔》一卷、《任司直文鈔》二卷，民國蓬溪曾世禮輯《任黄合鈔》本，民國九年（1920）南充盛克勤鉛印。卷首有民國九年（1920）冬十月蓬溪曾世禮撰《任黄合鈔序》，序後録

《明史・文苑傳・任瀚》，並附有《陳束傳》中與任瀚相關的部分内容。《任司直詩鈔》收録“古體詩九十六首”，《任司直文鈔》分上下卷，共收賦及文三十五篇。上卷收賦兩篇、序八篇，下卷收書信十篇、碑兩篇、墓志銘一篇、記六篇、策兩篇、祭文一篇，另有題一篇，以及《壽卦》《七引》兩篇。今天津圖書館、南京圖書館、復旦大學圖書館、南充市圖書館等地有藏。

費經虞《劍閣芳華集》卷五收録任瀚詩，首有任瀚小傳，末有按語，共收詩三十七篇四十三首，多爲他書所不載者。其選目如下：《早朝奉天殿》《和李夏二閣老九日游邵園用韻》《次韻許松皋太宰》《送胡仲望還蜀》《釣臺雜詠（三首）》《關中得盧北紀書》《留别岐州翟千户》《邯鄲姬》《叢臺》《諸陵望幸》《入關示諸鎮將帥》《晚次閬州滕王臺》《陳使君招飲閬州王宫》《園林避暑簡朱伯清都憲》《送别分訓朱》《聽秋江道人彈琴》《送華陽陳鍊師得藥還山》《雪山吟送嚴茂州》《别林汝雨》《匡廬山人來宛京作》《水頭送陳約之》《湯録事舞劍行》《元日禁城十八韻》《縛月歌》《今昔行》《懷遠詩》《游仙曲（三首）》《咸陽東樓望闕》《杪秋書懷》《送同年曹令之官》《春野》《五丁峽别衡崑》《題華清宫妃子石》《寄唐興楊道人》《陳愚猛士歌》《書乳泉壁送客》《歲暮采藥徑行普州道中感圖南老人故墟把酒酹於其社悵然書懷二首》。

《孫山甫督學集》八卷，如皋孫應鰲著，南充任瀚批評，隆慶元年（1567）刻本。卷一至四爲《孫山甫督學文集》，卷首有“嘉靖丙寅（四十五年，1566）孟冬十月之吉友弟廬陵胡直書”《刻孫山甫督學文集序》；卷五至八爲《孫山甫督學詩集》，卷首有“鴻濛處士任瀚著”《刻孫山甫督學詩集序》，“嘉靖甲子（四十三年，1564）至後大理高河後學吴懋謹書”《督學詩集序》，“嘉靖乙丑（四十四年，1565）冬十二月關中門生喬因羽撰”《督學詩集序》，卷末附“嘉靖丙寅夏四月霞父任瀚少海著”《淮海操有敘》、“左春坊太子司直兼翰林院檢討奉政大夫南充任瀚書”《送淮海孫公陞觀察使序》、“隆慶元年歲在丁卯一陽月之吉欽差提督學校湖廣等處提刑按察司副使前山西道監察御史奉勅提督北畿學慈谿顔鯨頓首書”《贈淮海先生拜大中丞節制三藩序》。今臺北故宫博物院藏詩集四卷，源自天一閣，并曾輾轉收藏於北平圖書館、美國國會圖書館、臺北圖書館。日本静嘉堂文庫藏兩部，一部八卷，一部僅存詩集四卷；日本京都大學人文科學研究所藏兩部八卷本。今有趙廣升點校《孫應鰲集》本（人民文學出版社 2016 年）、趙廣升編校整理《孫應鰲全集》本（貴州民族出版社 2016 年），均未收録任瀚批評語。吴懋序則稱：“先生文不在斯集，詩略具斯集中……懋以諗諸太子司直任少海公。公曰：‘是必傳之作也，本朝又添一名家矣。盍梓之郡齋，爲西南天地增光。’於是懋遂謀於任公，相校評畢，選梓之。”可見，《孫山甫督學詩集》乃因任瀚提議，由吴懋、任瀚校評，首刻於順慶郡齋。喬因羽序稱：“先生去關中，參蜀政。二年，乃自蜀中寄所爲諸體詩四卷，題曰《督學集》。……羽以關中士日思見先生，乃遂自刻先生集。刻成以藏之正學書院，令關中士讀此者，因以識先生之遺教云。”胡直序稱：“孫子督學關西，門人嘗刻其詩曰《督學集》。今臺山邵子刻藏保寧者皆文類，復仍其名，豈不以孫子寤道，得一自居，關中寖盛也。”可見，孫應鰲門人喬因羽繼吴懋而後再刻《孫山甫督學詩集》，藏於關中正學書院，而文集乃臺山邵子刻藏保寧府者，文集爲任瀚批評者，蓋緣自臺山邵子之請。任瀚往往於標題下總評，而對其贊許的詩文中字、詞、句、段落有針對性地批評於頁眉（天頭）上，時或於詩文末再加批評。除批評外，任瀚在正文旁有對應的圈點，也有僅圈點而未加批評者。任瀚的批評大致重在詩文創作、意藴及用典上，鮮明地反映了其文學批評思想，但也偶涉其儒學思想等。

三、整理説明

此次整理，考慮到現存任瀚詩文集編次無序，又復輯録詩文不少，故根據詩文本身情況，重加編校爲十二卷，又廣輯唱和寄懷詩、書信、序跋題記、履歷、志銘、傳記、相關雜録、著録等資料，編爲附録四卷。

任瀚詩賦主要以《任黄合鈔》本《任司直詩鈔》一卷爲主，校補《春坊集》《任少海集》所載任瀚詩，《劍閣芳華集》《蜀詩》選録《任詩逸草》、《明蜀中十二家詩鈔》選録《忠齋詩》、清錢謙益輯《列朝詩集》丁集卷一選録任瀚詩、清朱彝尊編《明詩綜》卷四十六選録任瀚詩，以及《（康熙）順慶府志》《（嘉慶）南充縣志》等其他史書收録的任瀚詩。

任瀚文集主要以《任文逸稿》六卷爲底本，校補《春坊集》《任少海先生文集》《任司直文鈔》所載任瀚文，以及明人别集、《（康熙）順慶府志》《（嘉慶）南充縣志》等其他史書收録的任瀚文。

日本靜嘉堂文庫及京都大學人文科學研究所所藏任瀚“批評”《孫山甫督學集》“附有任瀚所作的評點文字 610 餘條，從語言形式、思想内容、意境、風格諸方面做了精到的分析和點評"①，與原詩文相配合，内容分散。此次整理僅摘録其批評文字，對其批評和圈點的孫應鼇詩文原句，不再摘録。

由於總集、選集、方志等史書在收録詩文時有或多或少的偏差，張冠李載，時有發生。在輯録時，儘可能辨其真僞或誤會，但難於肯定其絶對是真。比如明朱之蕃選《盛明百家詩選》卷二十二收録任瀚詩《晚次閬州滕王閣》《固陵避暑西使至簡宋伯清都憲》二首，其後接續録有《碧窗小坐》《鶴樊》《嘉遯山居》《閒適》四首，并未署名。按慣例，此四首詩應屬於承前省，仍爲任瀚之作。然而經比對查證，此四首乃明人薛章憲之作，并非任瀚的詩。其中前二首收録於薛章憲《鴻泥堂小稿》卷四，後二首收録薛章憲《鴻泥堂續稿》卷七，明嘉靖間刻本。又如《蜀詩》收録任瀚詩作，較之他書所録差異較大，即同爲費經虞所輯《劍閣芳華集》，也是如此。經校勘發現，《劍閣芳華集》同於他書，而《蜀詩》獨異，而與《蜀詩》同者，大體是轉録《蜀詩》者，時代較晚。據此可見，《蜀詩》一書大有問題，似不可信，但爲何如此，是費經虞教費密改易，還是其後張澍校刻而改，實不可知。

---

① 趙廣升，朱崇先：《〈孫山甫督學集〉版本考述》，《文獻》2016年1期。《静嘉堂文庫漢籍分類目録》："《孫山甫督學文集》四卷，明孫應鼇撰，任瀚評，明嘉靖刊。林家舊藏。敬。同，同。《詩集》四卷。"［昭和五年(1930)，第732頁］按，"林家"即日本江户時代林家學派創始人林羅山及其後裔。"敬"指日本學者中村敬宇。"同，同"指複本《孫山甫督學文集》四卷，孫應鼇撰，任瀚評。嚴紹璗《日藏漢籍善本書録》："《孫山甫督學文集》四卷，（明）孫應鼇撰，任瀚評。明嘉靖年間刊本，静嘉堂文庫藏本。按静嘉堂文庫藏此同一刊本兩部。一部原係江户時代林氏大學頭家舊藏，後歸中村敬宇。一部共八册。"（中華書局，2007年，第1700頁）日本《京都大學人文科學研究所漢籍目録》："《孫山甫督學文集》，一二六六上；《孫山甫督學文集》《詩集》，五一一上；《孫山甫督學詩集》，一一一上。"（同朋舍，1981年）

凡　例

一、本書以任瀚所著《春坊集》《任少海集》《任文逸稿》《任少海先生文集》《任司直詩鈔》《任司直文鈔》爲基礎，廣泛輯録任瀚詩文而成。

二、由於現存任瀚詩文集皆不完備，原著編次也不嚴密，故本集重新整理，分爲十二卷，不再據依各書著體例。

三、每篇詩文之末，先標“輯録”，注其原始出處；再標“校勘”，校其文字；末標“注釋”，選注詩文個别字詞句。校勘、注釋者，分别於正文相應文字後上標“〔校〕”“〔注〕”并序號。

四、“輯録”先注所用詩文底本，再注其他文獻出處。“校勘”以輯録所標首出文本爲據，參考其他文獻，加以校勘。“注釋”以注解詩文中疑難字詞句爲主，間注史源，儘可能疏通文義。注釋爲便參考，不避重複，但首次詳注，次後略注。注釋主要參考《漢語大詞典》等工具書，根據詩文選擇義項，并對工具書查不到或工具書不翔實者，另做考證，特此説明和致謝。

五、任瀚批評《孫山甫督學集》，與孫氏詩文緊密關聯，孫氏全集整理者未及之，在此僅摘録任氏批評之語，不再摘録圈點原文。

六、本集之末附唱和寄懷詩、書信、序跋題記、履歷、志銘、傳記、雜録、著録等與任瀚相關記録，以爲閲讀研究之助。

目　録

任瀚集校注卷一

賦

海上草堂圖賦爲邱中丞〔注一〕作〔校一〕

圖，史陶父〔注二〕見而悦之，神游者三日，而後怳然息曰：“清微哉，島潊縈紆，圜壁蓬壺〔注三〕，殆天人之居耶！唐、虞、夏后時，仁圖聖在位，百辟咸序，遠方窮谷殊聲之士，海濱至人，莫不裒然起，願崛共曲職。乃許由〔注四〕、務光〔注五〕之高明，逃隱自放，義在謝天下，不受不聞，且有所憂憤，而思與超蹈河海，環顧其墟莽林壑，以希逸樂爲也。周衰，禮樂陵遲，王道廢缺，賢智悠悠，無所表見，然後考槃〔注六〕、白駒〔注七〕之徒，守死衡門，相戒無出。仲尼行老不遇而爲之歌，其辭曰：‘涸澤而漁，蛟龍不游。覆巢毀卵，鳳不翔留〔注八〕。吾將歸來乎，復我舊廬，從吾所好，其樂只且〔注九〕。盍退而作《春秋》。’云大夫正道直行，竭忠盡智，雖離世中傷，海内傾嚮，既舊國是還自定，宜及盛年，策勳中外，圖形闕庭，用光昭後來無窮，不當緬然自圖其林莽墟落，貌其形於而官。其將往而不返，以謝時人乎！網羅在天，吾將安之？鴻蜚冥冥，弋人何慕〔注一〇〕焉？悲夫！已夫！魚見影則沈，鳥逢彈射繒繳則高舉而不下，況於明修達人，豈得無憂患於時哉！”大夫曰：“止止！吾愛吾廬而圖之，吾卧游焉已，不知吾廬之爲圖，圖之爲吾廬也，顧安有遠思

乎。”陶父曰：“曠哉！請爲大夫賦之。”[校二]

何赫胥[注一一]、尊盧[注一二]之遠世兮，挾重華[注一三]與高馳[校三][注一四]。夔[注一五]冉冉升而旁游兮，遏咎繇[注一六]使不得來叶[校四]。天地黯慘玄雲[注一七]沍[注一八]兮，八鴻[校五][注一九]暝其晝昏。海澰空濛[校六]不辨人兮曷[校七]明修。反以爲家璚之宫兮，璇題瑶華[注二〇]。錯落曼東序[校八][注二一]兮闢玉除[注二二]。吾誰與居，綺疏丹雘[注二三]。光景射上下兮，旁結璘與鬱儀[注二四]。榑桑[校九]若木[注二五]前後蔽虧[注二六]兮，般吾意僊靈之所都。敞蘂房乎彭涪之嶼兮，褰蕙帷[注二七]與望蓬壺。海若[注二八]忽其上奔兮，禺强[注二九]騁而在下。天吴[注三〇]怒耽耽兮，馮夷[注三一]起舞。蹇[校一〇]明修[注三二]兮將歸，紛横陳兮極浦[注三三]。媒陽侯[注三四]使[校一一]愬帝兮，握玄珠以如斗。侯醉夭嬌[注三五]而忘天路兮，顧問修胡以愁苦？修曰：嘅[注三六]乎吾生之逢戾兮，羌獨處此裔荒。海上精靈衆多兮，合沓變而周章。食啖恣睢不禀帝命兮，囁吾將誰以表明。叶[校一二]。侯曰：咄哉！異物眇不足憑[校一三]兮，鬼神不足爲戮。歎人世之讒賊兮，何魍魎[校一四]之比毒。手不刃而洞胸兮，口不炎而銷骨。謂巢隨[注三七]濁溷[注三八]不如跖蹻[注三九]兮，龍逢[注四〇]死爲不忠。上官宰嚭[注四一]謂方正兮，謂[校一五]胥原[注四二]脂韋[注四三]以苟容。聖狂倒置[校一六]，賢人伏竄兮，職讒賊之相蒙。若將比毒於厲鬼兮，何啻犀象之與蚊蠓。

亂曰：白日落兮嚮暮[校一七]，渚冥冥兮吾誰語。修蹇産[注四四]兮焉如，隘此世兮不可與處。盍整駕[注四五]兮天外，期汗漫[注四六]兮容與[注四七]。導[校一八]韓終[注四八]與驂乘兮羨門[注四九]，爲御飲沆瀣[注五〇]兮玄之圃[注五一]。將子尚見三十六帝兮，莽不知修之舊所。

輯録

（民國）曾世禮輯《任黄合鈔·任司直文鈔》卷上，民國九年（1920）

鉛印本，第37—39頁。又見於（明）任瀚《春坊集》卷下，題作《海隱賦》，無序文，日本東京尊經閣文庫藏明嘉靖二十四年（1545）跋刻本。

校勘

〔一〕海上草堂圖賦爲邱中丞作：《春坊集》題作“海隱賦”。

〔二〕“圖，史陶父見而悦之”至“請爲大夫賦之”：《春坊集》無此序文。

〔三〕馳：原本作“肥”，據《春坊集》改。

〔四〕叶：原本脱，據《春坊集》補。

〔五〕八鴻：原本作“入鴻”，據《春坊集》改。

〔六〕空濛：《春坊集》作“空蒙”。

〔七〕曷：原本作“昌”，據《春坊集》改。

〔八〕東序：原本作“廡”，據《春坊集》改。

〔九〕桑：原本作“耽”，據《春坊集》改。

〔一〇〕蹇：原本作“謇”，據《春坊集》改。

〔一一〕使：原本脱，據《春坊集》補。

〔一二〕叶：原本脱，據《春坊集》補。

〔一三〕憑：《春坊集》作“馮”。

〔一四〕魍魎：《春坊集》作“罔兩”。

〔一五〕謂：原本脱，據《春坊集》補。

〔一六〕置：《春坊集》作“寘”。

〔一七〕暮：《春坊集》作“莫”。

〔一八〕導：原本作“道”，據《春坊集》改。

注釋

〔一〕邱中丞：邱養浩，字以義，號集齋，福建泉州府晉江縣人，邱璦子。明正德十六年（1521）進士，授餘姚知縣。嘉靖四年（1525），擢浙江道監察御史，謫永平府推官。未行，賜還職。巡視兩關，督學南畿。嘉靖十七年（1538），陞南京大理寺右寺丞，二十一年（1542）陞左，尋陞左少卿。二十三年（1544），擢都察院右僉都御史，巡撫四川。官終江西巡撫。其人蜀，力持風裁，以振廢墜，痛懲墨吏。所著有《集齋類稿》十八卷、《中丞輯録》，事迹詳《本朝分省人物考》《國朝列卿紀》《西園聞見録》《閩大記》《（萬曆）泉州府志》等。嘉靖三年（1524），刊刻王守仁謫黔中所作詩文《居夷集》三卷《附集》一卷，又謝遷、馮蘭《湖山唱和》二卷附《湖山聯句》一卷。

〔二〕史陶父：任瀚自稱。嘉靖十八年（1539），任瀚出任左春坊左司直兼翰林院檢討，故以太史自稱。任瀚隱居陶父釣臺，其《順慶府志序》署稱“郡人任瀚少海書於嘉陵陶父釣臺”。

〔三〕蓬壺：即蓬萊，傳説中的海中仙山，形如壺器，故稱蓬壺。晉王嘉《拾遺記·高辛》：“三壺則海中三山也。一曰方壺，則方丈也；二曰蓬壺，則蓬萊也；三曰瀛壺，則瀛洲也。形如壺器。”

〔四〕許由：亦作許繇，傳説中的隱士。相傳堯讓以天下，不受，遁居于潁水之陽，箕山之下。堯又召爲九州長，不願聞，洗耳於潁水濱。事見《莊子·逍遥游》《史記·伯夷列傳》。

〔五〕務光：古代隱士，相傳湯讓位給他，不肯受，負石沉水而死。《莊子·外物》：“堯與許由天下，許由逃之。湯與務光，務光怒之。”《史記·伯夷列傳》：“及夏之時，有卞隨、務光者，此何以稱焉？……余以所聞，由、光義至高，其文辭不少概見，何哉？”

〔六〕考槃：《詩經·衛風》有《考槃》一詩，共三章，描繪閒散、疏放的隱士形象。《詩序》：“考槃，刺莊公也。不能繼先公之業，使賢者退而窮處。”故後世用以喻隱居。

〔七〕白駒：《詩經·小雅》有《白駒》一詩，乃周宣王時懇切挽留賢客的惜别詩。《詩序》：“《白駒》，大夫刺宣王也。”鄭玄箋：“刺其不能留賢也。”後用作贈别賢士之辭。

〔八〕涸澤而漁，蛟龍不游。覆巢毁卵，鳳不翔留：古所謂《息陬操》，又稱《槃操》。《史記》卷四七《孔子世家》：“孔子既不得用於衛，將西見趙簡子。至於河而聞竇鳴犢、舜華之死也，臨河而歎曰：‘美哉水，洋洋乎！丘之不濟此，命也夫！’子貢趨而進曰：‘敢問何謂也？’孔子曰：‘竇鳴犢、舜華，晉國之賢大夫也。趙簡子未得志之時，須此兩人而後從政；及其已得志，殺之乃從政。丘聞之也，刳胎殺夭則麒麟不至郊，竭澤涸漁則蛟龍不合陰陽，覆巢毁卵則鳳皇不翔。何則？君子諱傷其類也。夫鳥獸之於不義也尚知辟之，而况乎丘哉！'乃還息乎陬鄉，作爲《陬操》以哀之。"

〔九〕吾將歸來乎，復我舊廬，從吾所好，其樂只且：古所謂《將歸操》，事詳《孔叢子》卷二《記問》。

〔一〇〕鴻蜚冥冥，弋人何慕：冥冥，高遠；弋人，射獵之人。大雁飛向遠空，獵人没法射獵而得。比喻隱者遠走高飛，全身避害。或比喻隱者高遠其蹤跡。揚雄《法言·問明》："或問：'君子在治曰若鳳，在亂曰若鳳，或人不諭。'曰：'未之思矣。曰治則見，亂則隱。鴻飛冥冥，弋人何慕焉。"'慕"一作"篡"，取也。元陶宗儀《南村輟耕録》卷二五《論秦蜀》："如兩生、四皓、伏生之流，鴻飛冥冥，弋人何慕，肯摇脣鼓吻，自投于陷穽哉！"

〔一一〕赫胥：傳説中的古代帝王。《莊子·馬蹄》："夫赫胥氏之時，民居不知所爲，行不知所之，含哺而熙，鼓腹而游，民能以此矣。"

〔一二〕尊廬：傳説中的古代帝王。《莊子·胠篋》："昔者容成氏、大庭氏、伯皇氏、中央氏、栗陸氏、驪畜氏、軒轅氏、赫胥氏、尊盧氏、祝融氏、伏戲氏、神農氏。當是時也，民結繩而用之，甘其食，美其服，樂其俗，安其居，鄰國相望，雞狗之音相聞，民至老死而不相往來。"

〔一三〕重華：即舜，傳説中的五帝之一。

〔一四〕高馳：嚮高處遠處飛馳。《楚辭·惜誦》："世溷濁而莫余知兮，吾方高馳而不顧。"《楚辭·離騷》："抑志而弭節兮，神高馳之邈邈。"

〔一五〕夔：舜帝時的賢臣，掌管樂舞，事詳《尚書·舜典》。

〔一六〕咎繇：即皋陶，舜時賢臣，事詳《尚書·皋陶謨》。

〔一七〕玄雲：黑雲，濃雲。

〔一八〕沍：寒凝。

〔一九〕八鴻：八方。晉王嘉《拾遺記》卷一《高辛》："八鴻者，八方之名。鴻，大也。"

〔二〇〕璇題瑶華：璇題，亦作"琁題"，玉飾的椽頭。《文選·揚雄〈甘泉賦〉》："珍臺閒館，琁題玉英。"李善注引應劭曰："題，頭也。榱椽之頭，皆以玉飾，言其英華相爛也。"瑶華，亦作"瑶花"，玉白色的花，借指仙花。《楚辭·九歌·大司命》：“折疏麻兮瑶華，將以遺兮離居。”王逸注：“瑶華，玉華也。”

〔二一〕東序：古代宫室的東廂房，爲藏圖書、秘籍之所。《尚書·顧命》：“西序，東嚮……東序，西嚮。”孔傳：“東西廂謂之序。”

〔二二〕玉除：玉階，用玉石砌成或裝飾的臺階。

〔二三〕綺疏丹雘：綺疏，窗上的雕飾花紋。丹雘，本指塗飾的色彩或紅色顔料，喻指藻飾。

〔二四〕結璘與鬱儀：結璘，月神。鬱儀，亦稱“鬱華”，日神。《雲笈七籤》卷一二《上清黄庭内景經·高奔章第二十六》：“鬱儀，奔日之仙。結璘，奔月之仙。”明董斯張《廣博物志》卷一引《太洞經》：“日一名鬱儀，月一名結璘。”

〔二五〕榑桑若木：榑桑，亦作“扶桑”，傳説中的神木。《淮南子·覽冥訓》：“朝發榑桑。”若木，古代神話中的樹名。《山海經·大荒北經》：“大荒之中，有衡石山、九陰山、洞野之山，上有赤樹，青葉，赤華，名曰若木。”郭璞注：“生昆侖西附西極，其華光赤下照地。”清段玉裁《説文·木部》“榑”字注稱即扶桑。《楚辭·離騷》：“折若木以拂日兮，聊逍遥以相羊。”

〔二六〕蔽虧：因遮蔽而半隱半現。

〔二七〕蕙帷：用香草薰過的帷帳。蕙，香草。

〔二八〕海若：傳説中的海神。《莊子·秋水》有“北海若”。

〔二九〕禺强：傳説中的海神，又作“禺京”“禺彊”。《山海經·大荒北經》：“北海之渚中，有神，人面鳥身，珥兩青蛇，踐兩赤蛇，名曰禺彊。”《大荒東經》：“黄帝生禺䝞，禺䝞生禺京。禺京處北海，禺䝞處東海，是爲海神。”郭璞注：“禺京即禺彊也。”《莊子·大宗師》：“北海之神，名曰禺强，靈龜爲之使。”“禺强得之，立乎北極。”成玄英疏：“禺强，水神名也，亦曰禺京，人面鳥身，乘龍而行，與顓頊并軒轅之胤也。”

〔三〇〕天吴：水神名。《山海經·海外東經》：“朝陽之谷，神曰天吴，是爲水伯。”《大荒東經》：“有神人，八首人面，虎身十尾，名曰天吴。”

〔三一〕馮夷：傳説中的黄河之神，即河伯。泛指水神。《莊子·大宗師》："馮夷得之，以游大川。"成玄英疏："姓馮名夷，弘農華陰潼鄉堤首里人也。服八石，得水仙。大川，黄河也。天帝錫馮夷爲河伯，故游處盟津大川之中也。"

〔三二〕蹇明修：蓋指蹇修，又作"蹇脩"，傳説中伏羲之臣，古之賢者。《楚辭・離騷》："解佩纕以结言兮，吾令蹇脩以爲理。"王逸注："蹇脩，伏羲氏之臣也……言已既見宓妃，則解我佩帯之玉，以結言語，使古賢蹇脩而爲媒理也。"

〔三三〕極浦：遥遠的水濱。

〔三四〕陽侯：古代傳説中的波濤之神。《戰國策・韓策二》："塞漏舟而輕陽侯之波，則舟覆矣。"鮑彪注："説陽侯多矣。今按《四八目》，伏羲六佐，一曰陽侯，爲江海，蓋因此爲波神歟?"《淮南子・覽冥訓》："武王伐紂，渡於孟津，陽侯之波，逆流而擊。"《楚辭・九章・哀郢》："凌陽侯之氾濫兮，忽翱翔之焉薄。"

〔三五〕夭嬌：屈曲貌。

〔三六〕嘅：同"慨"，嘆息。

〔三七〕巢隨：有巢氏、卞隨。有巢氏，傳説中原始部落聯盟首領。唐張九齡《龍池聖德頌》："巢燧之前，寂寥無紀；書契而後，焕炳可觀。"卞隨，湯時廉士，湯以天下讓而不受。賈誼《弔屈原文》："世謂隨夷溷兮，謂跖蹻廉。"

〔三八〕濁溷：污濁。《漢書・諸葛豐傳》："邪穢濁溷之氣上感于天，是以災變數見，百姓困乏。"

〔三九〕跖蹻：盗跖、莊蹻，古代大盗。盗跖，秦大盗。莊蹻，楚之大盗。

〔四〇〕龍逢：關龍逢，夏朝人，因進諫忠言而被夏桀所殺，後世用爲忠臣的代稱。《莊子・胠篋》："昔者龍逢斬，比干剖。"

〔四一〕上官宰嚭：靳尚、太宰嚭。靳尚，戰國時楚懷王侍臣上官大夫，得懷王夫人鄭袖信任，嘗譖屈原。劉向《新序・節士》："秦欲吞滅諸侯，并兼天下。屈原爲楚東使於齊，以結强黨。秦國患之，使張儀之楚，貨楚貴臣上官大夫靳尚之屬，上及令尹子蘭、司馬子椒，内賂夫人鄭袖，共譖屈原。"宰嚭，太宰嚭，本名伯嚭，春秋時楚伯州犂之孫。楚誅伯州犂，伯嚭奔吴，吴以爲大夫，後任太宰，故稱太宰嚭。善逢迎，深得吴王夫差寵信。吴破越，受越賄賂，許越媾和，屢進讒言，譖殺伍子胥。吴亡後，降越爲臣，一説爲越王勾踐所殺。

〔四二〕胥原：伍子胥、屈原。

〔四三〕脂韋：油脂和軟皮。《楚辭·卜居》："寧廉潔正直以自清乎？將突梯滑稽如脂如韋以絜楹乎？"後因以脂韋比喻阿諛或圓滑。

〔四四〕蹇産：思緒鬱結，不順暢。《楚辭·九章·橘頌》："思蹇産之不釋兮，曼遭夜之方長。"王逸章句："蹇産猶詰屈也，言已乘水蹈波，乃愁而恐懼，則心懸結詰屈而不可解。"

〔四五〕整駕：備好車馬，準備出發。漢張衡《思玄賦》："將答賦而暇兮，爰整駕而亟行。"

〔四六〕汗漫：廣大，漫無邊際。

〔四七〕容與：安閑自得。

〔四八〕韓終：即韓衆，古代傳説中的仙人。《楚辭·遠游》："奇傅説之託辰星兮，羨韓衆之得一。"王逸注："衆，一作終。"洪興祖補注引《列仙傳》："齊人韓終，爲王採藥，王不肯服，終自服之，遂得仙也。"

〔四九〕羨門：墓門。

〔五〇〕沆瀣：露氣。《楚辭·遠游》："餐六氣而飲沆瀣兮，漱正陽而含朝霞。"

〔五一〕玄之圃：玄圃，傳説中神仙居住的地方，在昆侖山頂。

釣臺雲水賦

陶父釣臺〔注一〕，其下有神物焉，涵泳太虚，脈裂〔注二〕坤與〔校一〕〔注三〕，浮沈萬象，沃日〔注四〕以趋，雷硠菈攋〔校二〕〔注五〕，飛鳥不可以徑度。瀐瀐〔注六〕乎其將下，氾乎無底之谷，而莫竟其所如。其神曰天吴〔注七〕。釣臺之上有神物焉，貫漻泬〔注八〕，伏景光〔注九〕，幽參無極，明懸象罔〔注一〇〕。問其道，將埏埴〔注一一〕混沌，垢坋八荒〔注一二〕，陶范鴻濛，穅秕〔校三〕〔注一三〕百王。冉冉乎，巏嵍糺紛〔注一四〕，橤〔校四〕化來往，殆將與淪陰〔注一五〕沆瀣〔注一六〕，薈蔚〔注一七〕出没，而吾莫窺其嚮。其神曰雲將〔注一八〕。

天吴與雲將欻然〔注一九〕相遇于澗瀁〔注二〇〕之野，弭節〔注二一〕横殳，程能伉德〔注二二〕，比竑〔注二三〕功力，盱衡〔注二四〕厲色，搹持〔校五〕〔注二五〕不相下。天吴曰："五運〔注二六〕恢恢，豈不大哉？自禹略鴻水，隨山浚川，任土作貢〔注二七〕，辨方考躔〔校六〕〔注二八〕，通九道，陂九澤〔校七〕，正九野，諸夏乂安〔注二九〕。方其南浮震澤〔注三〇〕，沈璧琮玉，遂至于會稽，升禋塗山，覲朝〔校八〕百靈〔注三一〕。綜覈上玄〔注三二〕，署童律〔注三三〕乎高丘之阻〔注三四〕，泗支祈乎淮渦之淵〔注三五〕。於是太皇即敘，彭蠡底平，潛、沱、湘、漢，河、淮、洞庭，東注滄海十萬八千里，長與蓬壺、弱水翕赫〔注三六〕通雲煙。爾迺召陽侯疏畎澮，使馮夷通溝洫，輓欅椑〔注三七〕以連蜷〔注三八〕，嬹〔注三九〕穲稏〔注四〇〕之稫稄〔注四一〕。當淫澇〔校九〕〔注四二〕則甌窶森晶〔注四三〕，豫乾封〔注四四〕則汙邪湁潗〔注四五〕。冰鑿離堆〔注四六〕，望嘉陵以躊躇〔注四七〕；豹引濁漳〔注四八〕，指漱湏〔校一〇〕爲之太息。雖鄭囡渠〔校一一〕溉關東赤鹵田四萬頃，號陸海神洲者尚不能過，豈汾陰陂〔注四九〕，破商顔〔注五〇〕，決龍首〔注五一〕，稱宣房麦軹〔注五二〕者，可能上下其丕績？故令艅艎〔注五三〕霧湊，颿檣〔注五四〕林立，海錯江鮮〔注五五〕，陵駢阜積〔注五六〕。若迺瑶華繽紛，僊甤葯歷〔注五七〕，露菡垂房〔注五八〕，霜蘋吐實〔注五九〕，戛鵁鶄〔注六〇〕，泳瀉鳿〔注六一〕，鷗鷺窺春，鶩凫〔注六二〕狎日，音中宫商，魚龍〔注六三〕動色。迺有羽人〔注六四〕來下班坐〔注六五〕，騷墨俯藉蔫緜〔注六六〕，流觴促節〔注六七〕，劍倚喔空〔校一二〕，琴横島月。斯則證萬象如蜉蝣〔注六八〕，傲今古之一息，猶然泓噌〔校一三〕〔注六九〕寓内，莫足稱雄于峋嶁之碣〔注七〇〕者哉！"雲將曰："烏唏虖而不見之，鬱鬱玢玢〔注七一〕，無象無門，去來無端，惚恍昆侖者乎？是類氣母，爲天地根。山川藪澤，各歸化原。化化者不能不化，不生者故能生生。是以處必巉巘崒𢕟〔注七二〕，出則熏蒿歊烝〔注七三〕。《連山》者聖，《歸藏》者神。散入毫芒，與鬼爲隣。應時從龍，而天宇充盈。而不見之闌陵之亂〔注七四〕乎？忽兮其邇儵〔注七五〕，其遠也蠡蠡〔注七六〕兮，其相逐而反也纍兮。天下將咸蹇也，此出入〔校一四〕郄罅〔注七七〕而不偪，巡乘六合而不可託訊者與？能風能雨，能寒能暑，員者中規，方者中矩，而不可與處者與？若迺元后御極，禨祥告徵，太史掌故，雲物是登。故有秦雲若練，楚雲若旌；嵩高、三河〔注七八〕若偃蓋〔注七九〕，勃、碣、海、岱〔注八〇〕若纛〔注八一〕若輪；齊、魯若騶牙犍特〔注八二〕，燕、趙、常山若蒙倛虎賁〔注八三〕；北翟〔注八四〕若穹閭〔校一五〕豢豕〔注八五〕，南夷若幡幢羽旍〔注八六〕；勝國之雲若騰若陟，亡國之雲若墮若崩。蚩尤見而假王〔注八七〕出，卿雲〔注八八〕爛則泰階平。蓋天下鑒之者昌，不鑒者傾，况乎炳明離章，伍色淳光。神戰于玄〔注八九〕，其陳陰陽。陰陽龢同，經緯廼通。經則有南有北，緯則有西有東。隨所屏翳〔注九〇〕，而百穀時雍〔注九一〕。帝嘉玄德〔注九二〕，錫朕休名，曰常豐隆。朕辭不可，孫諸窅冥〔注九三〕；三讓而不獲，逃之江濆〔注九四〕，憩而蒹葭菰菰，風露莽蒼〔注九五〕之下，不自爲忤。而方以蹏涔么𪖷〔注九六〕，欲抗德于熿侖扶摇〔注九七〕之上，不已聽熒〔注九八〕乎？”天吴迺錯愕失據，嗒然〔注九九〕喪其嵤心〔注一〇〇〕焉。

亂曰：時運曭㬯〔注一〇一〕兮，欲去無所。舉世皆劻勷〔注一〇二〕兮，獨誰語？望黔嬴〔注一〇三〕兮不來，怊惝怳〔注一〇四〕兮愁予。逝將排天閶〔注一〇五〕兮，問故太微〔注一〇六〕，緬邈〔注一〇七〕兮，不如寧余之嶼浦〔注一〇八〕。于是雲讓德，川〔校一六〕讓能，將以歸諸川上之嚴陵〔注一〇九〕。山川雲物，靈氣薄塞九天上。釣臺千古，屴崱〔注一一〇〕垂鴻名。

輯録

（明）任瀚《任文逸稿》卷二，臺灣傅斯年圖書館藏明萬曆年間

(1573—1619) 刻本。又見於（明）任瀚《任少海先生文集》，目録存，正文脱，吉林大學圖書館藏明天啓七年（1627）四川學使王振奇選刻本；（清）袁鳳孫修，（清）陳榕等纂《（嘉慶）南充縣志》卷四《藝文志》七之三《賦》，清咸豐七年（1857）增刻本，第6—8頁；（民國）曾世禮《任黄合鈔·任司直文鈔》卷上，第35—37頁；（民國）李良俊修，（民國）王荃善等纂《（民國）新修南充縣志》卷一二《藝文志》，民國十八年(1929) 刻本，第29—31頁。

校勘

〔一〕與：“輿”的異體字，《（嘉慶）南充縣志》《任黄合鈔》作“輿”。

〔二〕菈擸：原本作“菈鬣”，《（嘉慶）南充縣志》同，《任黄合鈔》作“莅鬣”，按左思《吴都賦》“菈擸雷硠”，據改。

〔三〕穅秕：《任黄合鈔》作“糠粃”。

〔四〕椉：古同“乘”，《（嘉慶）南充縣志》即作“乘”字。

〔五〕掮持：《（嘉慶）南充縣志》《任黄合鈔》作“揭持”。

〔六〕躔：原本作“纏”，《（嘉慶）南充縣志》同，據《任黄合鈔》改。

〔七〕九澤：《（嘉慶）南充縣志》《任黄合鈔》作“九川”，按《禹貢》“九澤既陂”，作“九澤”爲當。

〔八〕覲朝：《（嘉慶）南充縣志》《任黄合鈔》作“朝覲”。

〔九〕浫滂：《（嘉慶）南充縣志》《任黄合鈔》作“洚滂”。

〔一〇〕潄澒：《（嘉慶）南充縣志》《任黄合鈔》作“灂澒”。

〔一一〕鄭囻渠：《（嘉慶）南充縣志》《任黄合鈔》作“鄭國渠”。

〔一二〕暒空：《（嘉慶）南充縣志》《任黄合鈔》作“晴空”。

〔一三〕泓噌：《（嘉慶）南充縣志》《任黄合鈔》作“汯噌”。

〔一四〕出入：原本作“夫入”，據《（嘉慶）南充縣志》《任黄合鈔》改。

〔一五〕穹間：《（嘉慶）南充縣志》《任黄合鈔》作“窮間”，訛。

〔一六〕川：《（嘉慶）南充縣志》《任黄合鈔》作“水”。

注釋

〔一〕陶父釣臺：任瀚晚年隱居地，在今南充市清泉山下雙女石嘉陵江岸邊，任瀚常垂釣於此，今湮。陶父，任瀚自號。舜嘗陶于河濱，又東漢嚴子陵隱居垂釣，任瀚蓋取意于此。任瀚《順慶府志序》自署“郡人任瀚少海書於嘉陵陶父釣臺”。

〔二〕㽡裂：㽡，“劈”的異体字。劈裂，亦作“劈烈”，剖裂分開。

〔三〕坤與：即坤輿，大地。《易・説卦》：“坤爲地……爲大輿。”孔穎達疏：“爲大輿，取其能載萬物也。”後因以坤輿指代大地。《宋史・樂志八》：“昭靈積厚，混混坤輿。配天作極，陰慘陽舒。”

〔四〕沃日：衝蕩日頭。晉木華《海賦》：“濯汭濩渭，蕩雲沃日。”

〔五〕雷硠菈䶕：雷硠，崩潰，殘破。蔡寅《瞻園次漸庵韻》：“雷硠世局不堪論，勝地重經弔白門。”菈䶕，即“菈擸”，崩裂之聲。左思《吴都賦》：“菈擸雷硠，崩巒弛岑。”李善注：“菈擸雷硠，崩弛之聲。”

〔六〕濊濊：魚網入水聲。《詩・衛風・碩人》：“施罛濊濊，鱣鮪發發。”毛傳：“濊，施之水中。”朱熹集傳：“濊濊，罛入水聲也。”

〔七〕天吴：水神名。

〔八〕漻泬：即“漻泬”，空曠虚靜貌。南朝梁何遜《七召・宫室》：“既臨下以漻泬，亦憑高而泱漭。”

〔九〕景光：祥光。《史記・孝武本紀》：“脩祀泰一，若有象景光，屑如有望。”

〔一〇〕象罔：《莊子》中寓言人物，有無心、無形跡之意。《莊子・天地》：“黄帝游乎赤水之北，登乎崑崙之丘而南望，還歸，遺其玄珠。使知索之而不得，使離朱索之而不得，使喫詬索之而不得也。乃使象罔，象罔得之。”

〔一一〕埏埴：和泥製作陶器，泛指陶冶、培育。《荀子・性惡》：“故陶人埏埴而爲器。”

〔一二〕垢坋八荒：垢坋，即“垢坌”，污垢灰塵。元劉壎《隱居通義・理學一》：“即無往以生心者，時相與游，亦足以徵汰滓薉，洗滌垢坌。”八荒，八方邊遠地區，泛指天下。賈誼《過秦論》：“有席卷天下，包舉宇内，囊括四海之意，并吞八荒之心。”

〔一三〕穅秕：亦作“糠粃”“糠秕”，穀皮和癟穀，比喻粗劣而無價值之物，引申爲視作穅秕。《晉書·孫綽傳》：“綽性通率，好譏調，嘗與習鑿齒共行，綽在前，顧謂鑿齒曰：‘沙之汰之，瓦石在後。’鑿齒曰：‘簸之颺之，穅秕在前。’”

〔一四〕皬黸糺紛：白黑糾纏混雜。皬，白；黸，黑。

〔一五〕淪陰：晚霞。《楚辭·遠游》：“漱正陽而含朝霞。”王逸注引《陵陽子明經》：“春食朝霞。朝霞者，日始欲出赤黄氣也。秋食淪陰。淪陰者，日没以後赤黄氣也。”

〔一六〕沆瀣：露氣。

〔一七〕薈霨：即“薈蔚”，雲霧彌漫貌。《詩·曹風·候人》：“薈兮蔚兮，南山朝隮。”木華《海賦》：“瀝滴滲淫，薈蔚雲霧。”

〔一八〕雲將：寓言中稱雲的主將。《莊子·在宥》：“雲將東游，過扶摇之枝，而適遭鴻濛。”成玄英疏：“雲將，雲主將也。”

〔一九〕欻然：亦作“歘然”，忽然。《莊子·庚桑楚》“出無本，入無竅”，晉郭象注：“欻然自生，非有本。欻然自死，非有根。”

〔二〇〕泂瀁：即“汪洋”，水勢浩大貌。

〔二一〕弭節：駐車，停車。節，車行的節度。《楚辭·離騷》：“吾令羲和弭節兮，望崦嵫而勿迫。”洪興祖補注：“弭，止也。”馬茂元注：“弭節，猶言停車不進。”

〔二二〕程能伉德：衡量才能，比伉德性。

〔二三〕比竑：比較量度。

〔二四〕盱衡：揚眉舉目。《漢書·王莽傳上》：“當此之時，公運獨見之明，奮亡前之威，盱衡厲色，振揚武怒。”

〔二五〕捐持：握持。

〔二六〕五運：金、木、水、火、土五行的輪轉運動。《素問·天元紀大論》：“五運相襲而皆治之，終朞之日，周而復始。”

〔二七〕隨山浚川，任土作貢：《尚書·禹貢序》文。順山之高下而深其流，任其土地所有以定貢賦之差。

〔二八〕辨方考躔：辨方，辨别四方。《周禮·天官冢宰》：“辨方正位。”鄭玄注：“辨，别也。鄭司農云：‘别四方，正君臣之位。君南面，臣北面之屬。’玄謂：考工匠人建國水地以縣置槷，以縣視以景爲規，識日出之景與日入之景，晝參諸日中之景，夜考之極星，以正朝夕，是别四方。”考躔，考辨星之躔次。

〔二九〕通九道，陂九澤，正九野，諸夏乂安：《漢書》卷二九《溝洫志》：“隨山浚川，任土作貢，通九道，陂九澤，度九山……九川既疏，九澤既陂，諸夏乂安。”顔師古注：“通九州之道及鄣遏其澤，商度其山也。”

〔三〇〕震澤：湖名，即今太湖。《尚書·禹貢》：“三江既入，震澤底定。”

〔三一〕百靈：百神，各種神靈。班固《東都賦》：“禮神祇，懷百靈。”

〔三二〕上玄：上天。

〔三三〕童律：傳説中助大禹治水的神仙。《太平廣記》卷五六《女仙一·雲華夫人》：“時大禹理水，駐山下，大風卒至，崖振谷隕，不可制。因與夫人相值，拜而求助。即敕侍女授禹策，召鬼神之書，因命其神狂章、虞余、黄魔、大翳、庚辰、童律等助禹斵石，疏波決塞，導阨以循其流。”

〔三四〕高丘之阻：楚國高丘山之險阻。《楚辭·離騷》：“忽反顧以流涕兮，哀高丘之無女。”王逸注：“楚有高丘之山。”《文選·宋玉〈高唐賦〉》：“妾在巫山之陽，高丘之阻。”李善注：“山南曰陽，土高曰丘。《漢書》注曰：‘巫山在南郡巫縣。阻，險也。”

〔三五〕泗支祈乎淮渦之淵：泗渡淮渦水神無支祁于淮渦淵。《太平廣記》卷四六七《水族四水怪·李湯》引唐韋絢《戎幕閑談》：“禹因囚鴻蒙氏章商氏、兜盧氏、犁婁氏，乃獲淮渦水神，名無支祁。善應對言語，辨江淮之淺深，原隰之遠近。形若猿猴，縮鼻高額，青軀白首，金目雪牙，頸伸百尺，力踰九象。搏擊騰踔，疾奔輕利，倏忽聞視，不可久。”

〔三六〕蓬壺、弱水翕赫：蓬壺，海中仙山蓬萊。弱水，古水名，《尚書·禹貢》“黑水西河惟雍州，弱水既西”，“導弱水至于合黎，餘波入于流沙”，上源即今甘肅山丹河，下游即今山丹河與甘州河合流後的黑河，入内蒙古境後稱額濟納河。翕赫，盛大。《文選·揚雄〈甘泉賦〉》：

“翕赫曶霍，霧集蒙合兮，半散照爛，粲以成章。”李善注：“翕赫，盛貌。”

〔三七〕槔橰：即“桔槔”，又作“桔皋”，井上汲水的工具。

〔三八〕連蜷：長曲貌。《楚辭·九歌·雲中君》：“靈連蜷兮既留，爛昭昭兮未央。”《文選·揚雄〈甘泉賦〉》：“蛟龍連蜷於東厓兮，白虎敦圉乎崑崙。”李善注：“連蜷，長曲貌也。”

〔三九〕嬹：古同“興”，喜愛，喜歡。

〔四〇〕穲稏：亦作“罷亞”，稻名，又稻多貌。宋李廷忠撰、明孫雲翼注《橘山四六》卷九《嚴府判》：“户豐穲稏，悉由康海之功。”注：“穲稏，通作‘罷亞’，稻多貌，又稻名。杜牧詩：‘罷亞百頃稻，西風吹半紅。’六一居士詩：‘罷亞霜前稻，鉤輈竹上禽。’東坡詩：‘翠浪舞翻紅穲稏。’”

〔四一〕稫稄：莊稼茂密貌。

〔四二〕淫澇：淫雨水澇。

〔四三〕甌窶淼皛：甌窶，亦作“甌樓”，狹小的高地。《史記·滑稽列傳》：“見道傍有禳田者，操一豚蹄，酒一盂，祝曰：‘甌窶滿篝，汙邪滿車。’”張守節正義：“窶音樓。篝音溝，籠也。甌樓謂高地狹小之區，得滿篝籠也。”淼，水大之貌。皛，白也，明也。

〔四四〕乾封：曬乾新築的祭壇，後泛指天旱。封，封禪時所建的祭壇。《史記·孝武本紀》：“夏，旱。公孫卿曰：‘黄帝時，封則天旱，乾封三年。’上乃下詔曰：‘天旱，意乾封乎？其令天下尊祠靈星焉。’”

〔四五〕汙邪湁潗：汙邪，污穢邪惡。《荀子·君道》：“修道之人，汙邪之賊也。今使汙邪之人論其怨賊而求其無偏，得乎哉！”湁潗，水沸湧貌。《文選·司馬相如〈上林賦〉》：“潏潏淈淈，湁潗鼎沸。”李善注引周成《雜字》：“湁潗，水沸貌也。”

〔四六〕冰鑿離堆：秦昭王時蜀郡太守李冰開鑿離堆，引岷江之水灌溉農田。

〔四七〕躊踷：即躊躇，亦作“躊躕”，徘徊不進。《楚辭·東方朔〈七諫·沈江〉》：“驥躊躇於弊輂兮。”王逸注：“躊躇，不行貌。”

〔四八〕豹引濁漳：戰國魏文侯時鄴令西門豹發民鑿十二渠，引漳水灌田。

〔四九〕汾陰陂：《爾雅·釋水》“瀵大出尾下”，郭璞注：“今河東汾陰縣有水，口如車輪許，濆沸涌出，其深無限，名之爲瀵。馮翊郃陽縣復有瀵，亦如之，相去數里而夾河，河中陼上又有一瀵，瀵源皆潛相通。在汾陰者，人壅其流以爲陂，種稻，呼其本所出處爲瀵魁，此是也。”

〔五〇〕商顏：《漢書·溝洫志》：“發卒萬人，穿渠自徵引洛水至商顔。”應劭曰：“商顔，山名也。”顔師古注：“商顔，商山之顔也。謂之顔者，譬人之顔額也，亦猶山領象人之頸領。”

〔五一〕龍首：山名，在陝西省長安縣北，一名龍首原。蕭何營未央宫于此。張衡《西京賦》：“疏龍首以抗殿，狀巍峨以岌嶪。”

〔五二〕宣房夌軹：宣房，宫名。西漢元光中，黄河決口于瓠子，二十餘年不能堵塞。漢武帝親臨決口處，發卒數萬人，并命群臣負薪以填，功成之後，築宫其上，名爲宣房宫。《漢書·溝洫志》“塞宣房”，注：“蘇林曰：‘隄名，在東郡界。’李斐曰：‘決河上宫名也。’張晏曰：‘瓠子隄名。’師古曰：‘蘇、張二説皆是。’”漢桓寬《鹽鐵論·力耕》：“洪水滔天，而有禹之績，河水泛濫，而有宣房之功。”後泛指防河治水。夌軹，不詳。按漢有關中輔渠靈軹，漢武帝穿。

〔五三〕艅艎：吴王大艦名。後泛指大船、大型戰艦。晉郭璞《江賦》：“漂飛雲，運艅艎。”

〔五四〕颿檣：帆檣。指帆船。

〔五五〕海錯江鮮：種類錯雜的海産、江里出産的魚蝦等水産品，即江海中的水産品。南朝梁沈約《究竟慈悲論》：“秋禽夏卵，比之如浮雲；山毛海錯，事同於腐鼠。”唐李群玉《沅江漁者》：“倚櫂汀洲沙日晚，江鮮野菜桃花飯。”

〔五六〕陵駢阜積：陵駢，陵積駢列。阜積，堆積如山，極言其多。《三國志·魏志·董卓傳》“遂殺卓，夷三族”，裴松之注引王粲《英雄記》：“珠玉錦綺奇玩雜物皆山崇阜積，不可知數。”

〔五七〕僊甤菂歷：僊甤，即仙蕤。蕤，草木花下垂的樣子。菂，古代指蓮子。歷，清楚明白。

〔五八〕露菡垂房：意指顯露花蕾。

〔五九〕霜蘋吐實：白色的蘋葉上吐露果實。

〔六〇〕鵁鶄：一種水鳥，即赤頭鷺。

〔六一〕鸂鳿：亦作"鸂鶒""鸂鵣"，一種水鳥，形似鴛鴦而稍大，多紫色，雌雄偶游，亦稱紫鴛鴦。

〔六二〕鶖鳧：鶖，秃鶖，一種頭頸無毛而性貪饞的水鳥。鳧，水鳥，俗稱野鴨。

〔六三〕魚龍：魚和龍，泛指鱗介水族。唐杜甫《秋興》之四："魚龍寂寞秋江冷，故國平居有所思。"

〔六四〕羽人：仙人，因有羽可飛翔，故稱。《楚辭·遠游》："仍羽人於丹丘兮，留不死之舊鄉。"

〔六五〕班坐：列班而坐，依次而坐。《後漢書·來歙傳》："於是置酒高會，勞賜歙，班坐絶席，在諸將之右。"

〔六六〕蔫緜：即"蔫綿"，柔美的樣子。宋王安石《寄蔡氏女子》詩之一："柳蔫綿兮含姿，松偃蹇兮獻秀。"

〔六七〕流觴促節：流觴，古代習俗，每逢夏曆三月上旬巳日，三國魏以後定爲夏曆三月初三日，人們于水邊相聚宴飲，認爲可以祓除不祥。後人仿行，于環曲水流旁宴集，在水上流放置酒杯，任其順流而下，杯停在誰的面前，誰就取飲，稱爲流觴曲水。晉王羲之《蘭亭集序》："又有清流激湍，映帶左右，引以爲流觴曲水。"促節，急促的節奏。晉陸機《擬東城一何高》："長歌赴促節，哀響逐高徽。"

〔六八〕蜉蝤：亦作"蜉蝣"，蟲名，長六七分，頭似晴蛉而略小，有四翅，體細而狹。

〔六九〕泓噌：聲量宏大。《晉書·文苑傳·王沈》："至乃空囂者以泓噌爲雅量，瑣慧者以淺利爲鎗鎗。"

〔七〇〕峋嶁之碣：峋嶁碑，即禹碑，原在湖南衡山雲密峰，早佚。昆明、成都、紹興及西安碑林等處皆有摹刻，字似繆篆，又似符籙。相傳爲夏禹所寫，實後世僞托。韓愈《峋嶁山》："峋嶁山尖神禹碑，字青石赤形模奇。"

〔七一〕鬱鬱翂翂：鬱鬱，形容草木茂盛的樣子。《文選·古詩十九首·青青河畔草》："青青河畔草，鬱鬱園中柳。"翂翂，形容鳥飛得緩慢的樣子。《莊子·山木》："其爲鳥也，翂翂翐翐，而似無能。"

〔七二〕巉巗崒嵂：巉巗，危峻的巖石。李白《蜀道難》："問君西游何時還，畏途巉巖不可攀。"崒嵂，高峻。宋陸游《大寒》："爲山儻勿休，會見高崒嵂。"

〔七三〕熏蒿歊烝：熏蒿，亦作"薰蒿"，氣蒸騰貌。漢董仲舒《雨雹對》："運動抑揚，更相動薄，則薰蒿歊蒸，而風雨雲霧電雷雪雹生焉。"歊烝，上騰的水氣。《漢書·揚雄傳下》："泰山之高，不嶕嶢，則不能浡滃雲而散歊烝。"顔師古注："歊烝，氣上出也。"

〔七四〕闌陵之亂：闌陵即蘭陵。荀子在齊被讒，乃適楚，春申君以爲蘭陵令。春申君死而荀卿廢，因家焉，著數萬言，卒後葬蘭陵。

〔七五〕邇儵：邇，近。儵，極快地，忽然。

〔七六〕蠡蠡：行列整齊分明的樣子。《楚辭·劉向〈九歎·惜賢〉》："登長陵而四望兮，覽芷圃之蠡蠡。"王逸注："蠡蠡，猶歷歷，行列貌也。"

〔七七〕郄罅：亦作"隙罅"，孔隙。宋蘇軾《白水山佛跡巖》："至今餘隙罅，流出千斛乳。"

〔七八〕嵩高、三河：嵩高，河南登封嵩山。三河，漢代以河内、河東、河南三郡爲三河，即今河南省洛陽市黄河南北一帶。《史記·天官書》："嵩高三河之郊，氣正赤。"《史記·貨殖列傳》："昔唐人都河南，殷人都河内，周人都河南。夫三河，在天下之中，若鼎足，王者所更居也。"

〔七九〕偃蓋：車蓬或傘蓋，比喻圓形覆罩之物。

〔八〇〕勃、碣、海、岱：渤海、碣石山、泰山、東海。《史記·天官書》："勃、碣、海、岱之間，皆氣黑。"

〔八一〕轓：畫車輪。

〔八二〕騶牙犍特：騶牙，獸名，即騶虞。《史記·滑稽列傳》："建章宫後閣重櫟中有物出焉，其狀似麋。……於是（東方）朔乃肯言，曰：'所謂騶牙者也。遠方當來歸義，而騶牙先見。其齒前後若一，齊等無牙，故謂之騶牙。'"犍特，公牛，借指雄性牲畜。

〔八三〕蒙倛虎賁：蒙倛，亦作"蒙箕"，古時臘月驅逐疫鬼或出喪時所用之神像。《荀子·非相》："仲尼之狀，面如蒙倛。"虎賁，勇士之稱。

賁，通“奔”。《尚書·牧誓序》：“武王戎車三百兩，虎賁三百人，與受戰于牧野。”孔傳：“勇士稱也。若虎賁獸，言其猛也。皆百夫長。”

〔八四〕北翟：北狄，北方少數民族。

〔八五〕穹閭豢豕：穹閭，穹廬，氈帳。《史記·天官書》：“北夷之氣如群畜穹閭。”司馬貞索隱：“《天文志》作‘弓’字，音穹。蓋謂以氈爲閭，崇穹然。”豢豕，豢養的豬。

〔八六〕幡幢羽旍：幡幢，即幢幡。唐黄滔《辭府相》：“今朝拜彆幡幢下，雙淚如珠滴不休。”羽旍，即“羽旌”，用翠羽裝飾的旌旗。

〔八七〕假王：暫署的王，權宜自封的王號。《史記·陳涉世家》：“乃以吴叔爲假王。”

〔八八〕卿雲：祥雲。

〔八九〕玄：北方。

〔九〇〕屏翳：古代傳説中的神名，或指雲神，或指雨師，或指雷師，或指風師。

〔九一〕時雍：是和，調和。《漢書·成帝紀》：“故《書》云‘黎民於蕃時雍’。”應劭曰：“黎，衆也。時，是也。雍，和也。言衆民於是變化用是太和也。”

〔九二〕玄德：高深、幽潛的德性。《尚書·舜典》：“玄德升聞，乃命以位。”

〔九三〕窅冥：深邃貌。《文選·劉孝標〈辯命論〉》：“則未消達窅冥之情，未測神明之數。”

〔九四〕江瀆：江岸，沿江一帶。

〔九五〕莽蒼：迷茫的郊野或原野。唐柳宗元《邕州柳中丞作馬退山茅亭記》：“是山崒然起於莽蒼之中。”

〔九六〕蹏涔么麿：蹏涔，亦作“蹄涔”，獸蹄跡中的積水，形容水量極少，比喻處在不能有所作爲的地位。《淮南子·氾論訓》：“夫牛蹏之涔，不能生鱣鮪。”高誘注：“涔，雨水也，滿牛蹏跡中，言其小也。”么麿，微小之稱。么，“幺”的俗字。《漢書·敘傳上》：“勇如信、布，彊如梁、籍，成如王莽，然卒潤鑊伏質，亨醢分裂，又況幺麿尚不及數子。”注：“鄭氏曰：‘麿音幺，小也。’晉灼曰：‘此骨偏麿之麿也。’師古曰：

‘鄭音是也。幺、麿皆微小之稱也。幺音一堯反，麽音莫可反。骨偏麿自音麻，與此義不相合，晉説失之。’”

〔九七〕熉侖扶摇：熉侖，即“焚輪”，旋風，龍卷風。《爾雅・釋天》：“焚輪謂之穨。”郭璞注：“暴風從上下。”《詩・小雅・穀風》：“維風及頹。”毛傳：“頹，風之焚輪者也。”孔穎達疏引李巡曰：“焚輪，暴風從上來降謂之頹。頹，下也。”扶摇，自下而上的暴風。《爾雅・釋天》：“扶摇謂之猋。”郭璞注：“暴風從下上。”

〔九八〕聽熒：亦作“聽營”“聽瑩”，惶惑。《莊子・齊物論》：“是皇帝之所聽瑩也，而丘也何足以知之！”成玄英疏：“聽熒，疑惑不明之貌也。”

〔九九〕嗒然：形容身心俱遣、物我兩忘的神態。唐白居易《隱几贈客》：“有時猶隱几，嗒然無所偶。”

〔一〇〇〕醟心：醟，淫醟，酗酒。醟心，當指自我沉醉之心。

〔一〇一〕曭瞞：亦作“曭莽”“曭漭”，晦暗朦朧貌，不明貌。《楚辭・遠游》：“時曖曃其曭莽兮，召玄武而奔屬。”洪興祖補注：“曭……日不明也。”《集韻》卷六《上聲下・蕩第三十七》：“瞞，曭瞞，不明也。”

〔一〇二〕勔勸：急走貌，遽貌，迫貌。

〔一〇三〕黔嬴：神名。《楚辭・遠游》：“召黔嬴而見之兮，爲余先乎平路。”王逸注：“問造化之神以得失。”

〔一〇四〕怊惝怳：怊，怊悵，悲傷失意貌。惝怳，亦作“惝恍”，惆悵失意貌。《楚辭・遠游》：“步徙倚而遥思兮，怊惝怳而乖懷。”王逸章句：“惆悵失望，志乖錯也。”洪興祖補注：“怊，音超，恨恨也。”

〔一〇五〕天閶：天上的門。

〔一〇六〕太微：太微星，三垣之一，位于北斗之南，軫翼之北，大象之西，軒轅之東。諸星以五帝座爲中心，作屏藩狀，故用以指代朝廷或帝王之居。

〔一〇七〕緬邈：久遠，遥遠。

〔一〇八〕嶼浦：島嶼水邊。

〔一〇九〕嚴陵：即嚴光，字子陵，東漢會稽餘姚人。少與漢光武帝劉秀同游學，秀稱帝，變姓名隱遁不仕。秀遣人尋訪，徵召至京，授諫議大夫，不受，退隱於富春山。後人稱其所居游之地爲嚴陵山、嚴陵瀨、嚴隱釣臺等。

〔一一〇〕屴崱：高聳的樣子。

四言古詩

趙良歌

趙俠，死士也，而酗于酒，善騎射，王愛幸之。其友數諫，王不聽，去而之楚，行且戒死士曰："而飲毋射，而射毋騎，而騎毋飲。不然，王㠯〔注一〕若潤鼎〔注二〕，無悔也。"士改行，卒爲名俠。君子曰：趙良交絶，不廢德音。

絡緯〔注三〕有絲，顛當〔注四〕組之。蟨有卉而，駏虛〔注五〕負之。台不躲〔注六〕㠯酗，良則去之。

輯録

（明）任瀚《春坊集》卷下。

注釋

〔一〕㠯：同"以"。

〔二〕潤鼎：脂潤鼎鑊，比喻殺身。明姚涞《顯忠祠記》："國家當興廢之際，必有抗節秉志之士，潤鼎齒劍，視死如歸，出於橫流烈焰之中，以明委質無二之義。"明《高麗史》卷一二七《叛逆列傳一》："叛逆者未有不脂潤鼎鑊，赤其族而覆其祀者，可不戒哉！"

〔三〕絡緯：蟲名，即莎雞，俗稱絡絲娘、紡織娘。夏秋夜間振羽作聲，聲如紡綫，故名。唐李白《長相思》："絡緯秋啼金井闌，微霜淒淒簟色寒。"

〔四〕顛當：昆蟲名，即螲蟷，一種生活在地下的小蜘蛛。

〔五〕駏虚：亦作“駏驉”，獸名，似騾，可供乘騎。《文選·枚乘〈七發〉》：“前似飛鳥，後類駏虚。”張銑注：“駏虚，獸名，善走。”

〔六〕䠶：同“射”。

五言古詩

杪秋書懷

白露下叢薄，曾城〔校一〕〔注一〕回夕陰。冉冉歲華晏，浩予憂緒〔校二〕深。時運既苦促，誰免年鬢侵。不見〔校三〕昭王臺〔注二〕，登臨〔校四〕成古今。吾將泛江海，從此謝朝簪〔校五〕〔注三〕。

輯録

（明）任瀚《春坊集》卷下。又見於（清）費經虞撰、（清）費密補《劍閣芳華集》卷五，四川大學圖書館藏舊鈔本，第23頁；（清）費經虞輯《蜀詩》卷三，鵝溪孫氏古棠書屋清道光十三年（1833）刻本，第6頁。

校勘

〔一〕曾城：《蜀詩》作“層城”，“曾”“層”通。

〔二〕憂緒：《劍閣芳華集》作“幽緒”，《蜀詩》作“幽趣”。

〔三〕不見：《蜀詩》作“零落”。

〔四〕登臨：《蜀詩》作“黄金”。

〔五〕吾將泛江海，從此謝朝簪：《蜀詩》無。

注釋

〔一〕曾城：層城，高城。此代指朝廷。傳説昆侖山爲神仙所居之處，一名靈山，分三層，下層樊桐，中層玄圃，上層即曾城。

〔二〕昭王臺：即黄金臺，又稱燕臺、金臺。相傳戰國燕昭王築臺，置千金於上，延請天下士，故址在今河北易縣東南。《戰國策·燕策》："燕昭王收破燕後即位，卑身厚幣以招賢者，欲將報讎。故往見郭隗先生……郭隗先生曰：'臣聞古之君人有以千金求千里馬者，三年不能得。涓人言於君曰：請求之。君遣之。三月，得千里馬。馬已死，買其首五百金，反以報君。君大怒曰：所求者生馬，安事死馬而捐五百金？涓人對曰：死馬且買之五百金，况生馬乎？天下必以王爲能市馬，馬今至矣。於是不能期年，千里之馬至者三。今王誠欲致士，先從隗始。隗且見事，况賢於隗者乎？豈遠千里哉？'於是昭王爲隗築宮而師之。"

〔三〕朝簪：朝廷官員的冠飾，常代指京官。

邯鄲姬〔注一〕

十四理紅妝，十五侍王昌〔注二〕。王昌古蕩子，轉戰出河陽。舞袖閒春綺，歌鐘虛夜堂。不落平原〔注三〕寵，空令文信〔注四〕傷。愁見關山道，萋萋烟草長。

輯録

（明）任瀚《任少海集》，（明）俞憲輯《盛明百家詩》，國家圖書館藏明嘉慶隆慶刻本，《四庫全書存目叢書》集部第306册，第91頁。又見於（明）曹學佺《石倉十二代詩選·四集》卷四六《畏齋集》附，日本尊經閣文庫藏明崇禎年間刻本，第10頁；（清）費經虞撰、（清）費密補《劍閣芳華集》卷五，第15頁；（清）費經虞輯《蜀詩》卷三，第6頁；（民國）傅增湘輯鈔《明蜀中十二家詩鈔》，成都：巴蜀書社，1986年，第309—310頁。

注釋

〔一〕邯鄲姬：又稱趙姬、子楚夫人，戰國時秦莊襄王妻、秦始皇嬴政生母。本爲戰國時邯鄲豪家女，善歌舞，商賈吕不韋娶以爲姬妾，獻秦國公子嬴子楚，生嬴政，子楚立爲夫人。子楚爲太子，與歸。子楚立，是爲莊襄王，成王后。嬴政繼位，爲王太后。秦王政十九年（前 228）去世，尊爲“帝太后”，與莊襄王子楚合葬茝陽。事迹詳司馬遷《史記·秦始皇本紀》《吕不韋列傳》、高誘《吕氏春秋序》。

〔二〕王昌：又稱王郎，趙國邯鄲人。初以卜相爲業，自稱成帝之子劉子輿，以圖大事。更始元年（23）十二月，漢宗室劉林和趙郡豪族李育等擁立王郎爲帝，定都邯鄲，史稱趙漢。更始二年（24）五月，劉秀聯軍攻破邯鄲，王昌兵敗被殺。

〔三〕平原：平原君趙勝，戰國時趙國宗室大臣、趙武靈王之子、趙惠文王之弟，事迹詳《史記·平原君虞卿列傳》。

〔四〕文信：文信侯吕不韋。

别林汝雨〔注一〕

顥氣〔注二〕肅西原，百卉莽銷落〔校一〕。促織〔注三〕鳴前除，流螢〔注四〕綴絶閣〔校二〕。美人發皇甸〔校三〕〔注五〕，揚舲〔注六〕向京落〔校四〕〔注七〕。輪幰〔注八〕集中野，惆悵臨當别〔校五〕。念子〔校六〕遺世姿，行去焉栖託。杜蘅〔注九〕與江華〔校七〕〔注一〇〕，棄捐終馥郁〔校八〕〔注一一〕。玉壺〔注一二〕擲可碎〔校九〕，清聲〔校一〇〕諒難歇。古有王子喬〔注一三〕，飛仙振寥廓。予亦厭塵鞅〔校一一〕〔注一四〕，所思在五嶽。遠心貴休㓾〔校一二〕，何用罥〔校一三〕好爵。願言葆靈真〔注一五〕，相將採薇蕨〔校一四〕。

輯録

（明）任瀚《春坊集》卷下。又見於（清）費經虞撰，（清）費密補《劍閣芳華集》卷五，第 18 頁；（清）費經虞輯《蜀詩》卷三，題作《别林女雨》，第 6 頁。

校勘

〔一〕銷落：《蜀詩》作“消落”

〔二〕綴絶閣：《蜀詩》作“照高閣”。

〔三〕皇甸：《蜀詩》作“堯甸”。

〔四〕京落：《蜀詩》作“周洛”，《劍閣芳華集》作“京洛”。

〔五〕臨當别：《劍閣芳華集》作“臨當路”，《蜀詩》作“命蘭酌”。

〔六〕子：《劍閣芳華集》《蜀詩》作“予”，訛。

〔七〕江華：《蜀詩》作“江蘺”。

〔八〕棄捐終馥郁：《劍閣芳華集》脱“郁”字，《蜀詩》作“芳馨遠蕭索”。

〔九〕擲可碎：《蜀詩》作“抱冰心”。

〔一〇〕清聲：《蜀詩》作“清華”。

〔一一〕予亦厭塵鞅：《蜀詩》作“塵纓厭世鞅”，既訛且倒。

〔一二〕遠心貴休兦：《蜀詩》作“達人有本性”。

〔一三〕罥：《劍閣芳華集》《蜀詩》作“縻”。

〔一四〕願言葆靈真，相將採薇蕨：《蜀詩》作“柴門昨寄書，空山長薇蕨”。

注釋

〔一〕林汝雨：林雲同（1500—1577），字汝雨，號退齋，莆田人。嘉靖五年（1526）進士，改翰林院庶吉士，授户部山西司主事。七年（1528），以京官出主廣西鄉試，榷税江西九江，旋擢禮部祠祭司員外郎。十二年（1533）二月，轉浙江按察司僉事，提調學校。忤宰相張璁意，以艱歸。服闋，補河南按察司僉事。十九年（1540）九月，陞廣東按察司提學副使。二十二年（1543）十一月，陞浙江布政使司右參政。二十四年（1545）四月，遷湖廣提刑司按察使，尋轉浙江左布政使。二十七年（1548）三月，擢都察院右副都御史，巡撫湖廣，忤嚴世蕃，坐聽勘回籍。隆慶元年（1567）二月，起復爲刑部左侍郎，十月轉南京都察院右都御史，掌院事。三年（1569）正月，陞南京工部尚書。萬曆二年（1574）六月，轉南京刑部尚書。萬曆五年（1577）五月初八日卒，贈太子少保，謚端簡。所著有《退齋文集》《藥洲雅集》《讀書園詩集》等。

〔二〕顥氣：明潔清新之氣。班固《西都賦》：“軼埃堨之混濁，鮮顥氣之清英。”《文選》張銑注：“鮮，潔也；顥，白也。言過埃塵之上以承潔白清英之露。”

〔三〕促織：蟋蟀，蛐蛐。

〔四〕流螢：飛行不定的螢火蟲。

〔五〕皇甸：帝王所治之地，即京師。甸，治。《詩・小雅・信南山》：“信彼南山，維禹甸之。”毛傳：“甸，治也。”

〔六〕舲：小船。

〔七〕向京落：指離開京師。

〔八〕輪幰：施有簾幔的輪車。

〔九〕杜蘅：多年生草本植物，野生在山地裏，開暗紫色小花。

〔一〇〕江華：即江花，江邊生長的花草。

〔一一〕馥郁：香氣濃厚。

〔一二〕玉壺：玉製的壺形佩飾，由皇帝頒發，寓敬老、表功之意。

〔一三〕王子喬：神話傳説中的仙人。

〔一四〕塵鞅：塵世鞅掌，意指世俗事務的束縛。鞅，套在馬頸上的皮帶。

〔一五〕靈真：靈動的天性本原。

題顧舍人汝嘉〔注一〕來鴈軒〔注二〕

吴脩託嘉運，秉翰奉宸居〔注三〕。容與〔注四〕承華側，便娟〔注五〕侍帝書。高館〔注六〕臨尚蘭，中霄〔注七〕結綺疏〔注八〕。倉駉本靈匹，曾城〔注九〕蹔來徂。北風揚哀音，霜露苦霑濡〔注一〇〕。雲天一垂翅，永路傷羈孤。豈無畏人海，終然隘堂除〔注一一〕。寄謝宦游子，晚世多羅虞。願言長冥冥，永保金石軀。

輯録

（明）任瀚《春坊集》卷下。

注釋

〔一〕顧舍人汝嘉：顧汝嘉，蘇州長洲人，以能書受上知賞，嘗官翰林院庶吉士，署詹事府，中書舍人。詳楊本仁《少室山人集》卷二〇《顧母七十壽序（代作）》（明嘉靖刻本）、張袞《張水南文集》卷一《來鴈賦》（明隆慶刻本）。

〔二〕來鴈軒：顧汝嘉軒名，因一日有來鴈之祥，事尤異，爲縉紳所盛歌，故以名軒，張袞因作《來鴈賦》。

〔三〕宸居：帝王居所，借指帝王。

〔四〕容與：從容閑適貌。《楚辭·九歌·湘夫人》："時不可兮驟得，聊逍遥兮容與。"

〔五〕便娟：輕盈美好貌。《楚辭·大招》："豐肉微骨，體便娟只。"

〔六〕高館：高大的館舍。

〔七〕中霄：中天，空中。

〔八〕綺疏：雕刻成空心花紋的窗户。《後漢書·梁冀傳》："窻牖皆有綺疏青瑣，圖以雲氣仙靈。"李賢注："綺疏謂鏤爲綺文。"

〔九〕曾城：高大的城闕。晉陶潛《游斜川》："臨長流，望曾城。"

〔一〇〕霑濡：沾濕。《楚辭·賈誼〈惜誓〉》："觀江河之紆曲兮，離四海之霑濡。"王逸注："遇四海之風波，衣爲濡溼。"

〔一一〕堂除：堂下的臺階。

壩底〔注一〕平

招摇〔注二〕指輿鬼〔注三〕，星弧〔注四〕怒天狼〔注五〕。彭濾〔注六〕陣虎落，越嶲〔注七〕通雄王〔注八〕。陰風動幕府，部曲盟臂張。大將肅鞮鍪〔注九〕，銀韉〔注一〇〕紫游韁。鐎斗〔注一一〕三四鳴，數音促〔校一〕。進七郡良。熊渠出輕騎，礫虜千仞岡。飛羽報漢捷，策勳歸明光〔注一二〕。遮道留嫖姚〔注一三〕，終古綏夷荒。

輯録

（明）任瀚《任少海集》，（明）俞憲輯《盛明百家詩》，《四庫全書存目叢書》集部第306册，第90頁。又見於（明）曹學佺《石倉十二代詩選·四集》卷四六《畏齋集》附，日本尊經閣文庫藏明崇禎年間刻本，第9—10頁；（民國）傅增湘輯鈔《明蜀中十二家詩鈔》，第309頁。

校勘

〔一〕音促：《明蜀中十二家詩鈔》無。

注釋

〔一〕壩底：壩底土司，明朝初年在今北川縣境中所設小土司，以彈壓壩底堡，管理壩底一帶番寨。《（嘉慶）四川通志》卷二八《輿地·關隘》："壩底堡在（石泉）縣西北四十里，與茂州接界。其地東抵東寧堡，西連白草番，南距石泉堡，北通青片堡。明成化後爲由壩底，而戍守要地。南十五里爲石板關，關東十五里爲石泉堡，又東五里爲白印墩。壩底將分兵戍守。"《蜀中廣記》卷三三《邊防記三》："（石泉縣）北四十里爲壩底。其地東抵通寧，西連白草，南距石泉，北通青片堡。其南十五里爲石板關，東十五里爲石泉堡，又五里爲白印墩。壩底把守指揮提調。"《（道光）龍安府志》卷五《武備志·土司·石泉土司興革》："石泉之番於唐曰吐蕃，貞觀二年始通中國，歷代以來叛服不常。明初始設土司二員，彈壓艾林、壩底二堡，子孫世襲。及白草蠻亂，官軍討平之，以艾林土官任厚、壩底土官唐敖撫番無術，黜之，擢李世選爲艾林土官，唐裔爲壩底土官，仍聽世襲。"《（乾隆）石泉縣志》卷三《邊防》："萬曆五年，番蠻犯松潘，巡撫王廷瞻、副使楊一桂、總兵劉顯勦之，殲其魁，群蠻納款。""萬曆七年三月初一日，據安綿兵備黄德洋據石泉縣報稱，熟番全保等説各番不曾窩藏丢骨、人荒、没舌三寨蠻子（俱属松潘），今與齊風、村顛等十一寨前來投降，願做百姓。"

〔二〕招摇：星名，在北斗杓端第七星摇光，亦借指北斗。

〔三〕輿鬼：鬼宿，二十八宿中南方七宿之一。《吕氏春秋·有始》：

"南方曰炎天，其星輿鬼、柳，七星。"《史記·天官書》："輿鬼，鬼祠事；中白者爲質。"

〔四〕星弧：指弧矢星，又名天弓。在天狼星東南，共九星，八星如弓形，外一星如矢，指向天狼星。星弧射狼，喻指出師征討。

〔五〕天狼：天狼星。

〔六〕彭瀘：彭水、瀘縣。

〔七〕越嶲：西南夷邛都國地，漢元鼎元年（111）置郡，治邛都縣（今西昌市東南），轄今峨邊、冕、越西縣地南，雲南省大姚以北，雲寧、木里等縣以東至金沙江地區。晉徙郡治會無縣（今會理縣西），南朝宋因之。南朝齊謂之獠郡，北周置嚴州，隋改西寧州，後復爲嶲州，治越嶲縣。大業三年（607）改爲越嶲郡，治越嶲縣（今西昌市）。唐武德元年（618）復改爲嶲州。天寶元年（742）又改爲郡。至德初没于吐蕃。貞元中收復，太和中徙治臺登縣。懿宗時爲蒙詔所據，改此城爲建昌府。元至元間置建昌路，又立羅羅斯宣慰司以統之，隸四川行省。尋改隸雲南行省。明洪武中罷宣慰司，置建昌衛，隸四川都司；改建昌路爲府，隸四川布政司。後廢府改建昌衛爲軍民指揮使司，尋置行都司，領建昌衛、建昌前衛、寧番衛、越嶲衛、鹽井衛、會川衛。趙嶲縣，北周天和五年（570）置，治今西昌市。唐咸通二年（861）廢。越嶲衛，明洪武二十五年（1392）置，治今越西縣，轄境相當于今越西、甘洛、美姑三縣，峨邊縣西部，漢源、石棉二縣大渡河南地。

〔八〕雄王：其先專指南越交趾之地的君長，後泛指少數民族的首領。《舊唐書·地理志四》："《南越志》：交趾之地最爲膏腴，舊有君長曰雄王，其佐曰雄侯。後蜀王將兵三萬討雄王，滅之。蜀以其子爲安陽王，治交趾。"

〔九〕鞮鍪：亦作鞮瞀，即兜鍪，古代戰士的頭盔。

〔一〇〕銀韉：襯托馬鞍的銀色坐墊。

〔一一〕鐎斗：銅製三足有柄的金屬器皿，可容一斗。本用以炊煮，後世軍中每在夜間敲擊，作爲警衆的信號。

〔一二〕明光：漢代宫殿名，後世泛指朝廷宫殿。

〔一三〕嫖姚：嫖姚校尉。漢代霍去病曾爲嫖姚校尉，後世代指將軍。

即事

吾性耽岑寂〔注一〕，不願入城府。頭面少洗沐，一月當四五。昨枉廟廊〔注二〕書，濫擬復收取。人生貴適意，胡用見明主？承相〔注三〕亦無奇，細唾但吴語。賀監〔注四〕乞骸骨〔注五〕，本意在神遇。么麽〔注六〕齊東生〔注七〕，那得知其故？

輯録

（民國）曾世禮輯《任黄合鈔·任司直詩鈔》，第9頁。

注釋

〔一〕岑寂：寂寞，孤獨冷清。

〔二〕廟廊：朝廷，借指天子。

〔三〕承相：即丞相。據後文“細唾但吴語”，以及任瀚經歷等方面來看，可能指永嘉人張璁。

〔四〕賀監：唐賀知章嘗官秘書監，晚年自號秘書外監，故稱。唐劉禹錫《洛中寺北樓見賀監草書題詩》：“高樓賀監昔曾登，壁上筆蹤龍虎騰。”

〔五〕乞骸骨：因年老請求致仕，即告老還鄉。《舊唐書·賀知章傳》：“天寶三載，知章因病恍惚，乃上疏請度爲道士，求還鄉里，仍捨本鄉宅爲觀。上許之，仍拜其子典設郎曾爲會稽郡司馬，仍令侍養。”宋尤袤《全唐詩話》卷一《賀知章》：“賀知章年八十六，卧病，冥然無知。疾損，上表乞爲道士還鄉。明皇許之，捨宅爲觀，賜名千秋，命其男曾子會稽郡司馬，賜鑑湖剡川一曲。（元乞官湖一曲爲放生池，因賜剡川一曲。）詔令供帳東門，百僚祖餞，御製送詩并序云：‘天寶三年，太子賓客賀知章鑒止足之分，抗歸老之疏，解組辭榮，志期入道。朕以其年在遲暮，用循掛冠之事，俾遂赤松之游。正月五日，將歸會稽，遂餞東路。乃命六卿庶尹大夫供帳青門，寵行邁也。豈惟崇德尚齒，抑亦勵俗勸人，無令二疏獨光漢册。乃賦詩贈行。'詩云:'遺榮期入道,辭老竟抽簪。豈不惜賢達,其如高尚心。環中得祕要,方外散幽襟。獨有青門餞,群英悵别深。'又云:'筵開百壺餞,詔許二疏歸。仙記題金籙,朝章换羽衣。悄然承睿藻,行路滿光輝。'"

〔六〕么麽:微小,小東西,含貶義。么,"幺"的俗字。明康海《中山狼·第四摺》:"若没有個天公算計,險些兒被么麽得意。"

〔七〕齊東生:齊東地區的人,又稱齊東野人。《孟子·萬章上》載弟子齊人咸丘蒙問孟子曰:"語云:'盛德之士,君不得而臣,父不得而子。舜南面而立,堯帥諸侯北面而朝之,瞽瞍亦北面而朝之。舜見瞽瞍,其容有蹙。孔子曰:於斯時也,天下殆哉,岌岌乎!'不識此語誠然乎哉?"孟子曰:"否。此非君子之言,齊東野人之語也。"後以"齊東生"喻識見不廣之人。明胡應麟《少室山房集》卷一一七《燕中與祝生雜柬八通》之八:"足下齊東生,計想益就秋成在目,異時學稼,吾子雖尼父,自謂弗如何,可以老農少也。"

五言律詩

送空同門人蘇太華守定州

不見空同〔注一〕老,徒聞太華〔注二〕賢。名兼五馬著,詩與萬人傳。郡堞〔注三〕平臨宋,譙鐘〔注四〕北到燕。行看二千石,明主賜金還。

輯録

(明)任瀚《春坊集》卷下。

注釋

〔一〕空同:李夢陽(1472－1529),字天賜,又字獻吉,號空同子，慶陽（今屬甘肅）人。後徙河南扶溝。弘治七年（1494）進士，授戶部主事，因忤宦官劉瑾，下獄。瑾死，起官江西提學副使，以事奪職家居。他反對臺閣體，與何景明等提出“文必秦漢，詩必盛唐”的口號，倡導文學復古，爲文壇前七子領袖。所著有《空同集》。

〔二〕太華：蘇清，河南祥符縣人，正德十四年（1519）己卯科解元，定州知州。詳明李開先《李中麓閑居集》卷四《六十子詩（有序）》。

〔三〕郡堞：郡城上的矮牆。

〔四〕譙鐘：即譙樓與鐘樓。

江上簡趙孟静〔注一〕二首

其一

江水涵青天，雲澹水瀰瀰。青天有時到，江流下無底。南風吹帆檣，因之泛彭蠡。長揖謝神堯〔注二〕，耳污不得洗〔注三〕。

其二

江上懸初月，冰壺浸玉鈎。初月應時滿，長江無盡流。人事去不返，浮雲信悠悠。達哉王子喬〔注四〕，永與鴻濛游。

輯録

（明）任瀚《春坊集》卷下。

注釋

〔一〕趙孟静：趙貞吉（1508－1576），字孟静，號大洲，四川内江人。嘉靖十四年（1535）進士，選翰林院庶吉士，授編修。上疏求真儒，遷右春坊右中允，管國子司業事。二十九年（1550），俺答汗迫近都城，廷議合旨，擢左春坊左諭德兼監察御史，奉旨宣諭諸軍。忤嚴嵩，廷杖謫荔波（今屬貴州）典史。稍遷徽州（今甘肅徽縣）通判，不久遷南京吏部文選司主事。四十年（1561），晉户部右侍郎。復因忤嚴嵩，奪職。隆慶元年（1567），起吏部左侍郎，兼翰林院學士，掌詹事府事。以原官攝國子監祭酒事，遷南京禮部尚書。隆慶三年（1569）秋，兼文淵閣大學士，參預機務。次年，與高拱不合，辭官歸隱。卒贈少保，謚文肅。所著有《趙文肅先生文集》。

〔二〕神堯：唐堯，上古賢名帝王，禪位于虞舜，事詳《尚書·堯典》《史記·五帝本紀》。

〔三〕耳污不得洗：相傳堯讓許由以天下，許由不受，遁居于潁水之陽、箕山之下。堯又召爲九州長，不願聞，洗耳于潁水濱。事見《莊子·逍遥游》《史記·伯夷列傳》。

〔四〕王子喬：神話中的仙人。漢劉向《列仙傳》卷上《王子喬》："王子喬者，周靈王太子晉也。好吹笙，作鳳凰鳴。游伊洛之間，道士浮丘公接以上嵩高山。三十餘年後，求之於山上，見栢良，曰：'告我家，七月七日待我於緱氏山巔。'至時果乘白鶴駐山頭，望之不得到，舉手謝時人，數日而去。亦立祠於緱氏山下及嵩高首焉。"顧希佳編纂《中國古代民間故事長編》（先秦兩漢卷）有詳細考論，杭州：浙江大學出版社，2012年，第108—110頁。

中秋阻雨谿上書懷四首〔校一〕

其一

徒旅慘不悦，雨聲無罷休〔校二〕。蜀天難見日〔注一〕，江樹易成秋。客鬢〔注二〕添〔校三〕衰謝，雲林阻放游。終然畏城府，還作瀼西〔注三〕留。

其二

中秋不見月，溪塢坐含情。借問銀河上，蟾蜍〔注四〕幾夜清。人間〔校四〕那免晦，天外即須明。但着〔校五〕冰輪〔注五〕滿，何妨照帝城。

其三

好月不到地〔校六〕，陰雲常在天。關心郫縣〔注六〕酒，極目錦江〔注七〕船。樂事有今夕，浮生無百年。前溪渾欲露，倚杖〔校七〕宿鷗邊。

其四

人代不可住，流光能幾何。燕昭靈氣少，漢武俗情多。玩世東方朔〔注八〕，逃名張志和〔注九〕。兩賢有靈軌，方駕許誰過。

輯録

（民國）曾世禮輯《任黄合鈔・任司直詩鈔》，第 17－18 頁。（明）任瀚《春坊集》卷下依次録“其二”“其三”“其一”三首。

校勘

〔一〕中秋阻雨谿上書懷四首：原本作“中秋阻雨山中四首”，《春坊集》作“中秋阻雨谿上書懷三首”，未録其四，然其詩名與詩文更切，故據以改題。

〔二〕罷休：《任黄合鈔》作“時休”。

〔三〕添：《任黄合鈔》作“漆”，訛。

〔四〕人間：《任黄合鈔》作“水間”。

〔五〕着：《任黄合鈔》作“看”。

〔六〕好月不到地：《任黄合鈔》作“到月不地好”，倒。

〔七〕倚杖：《任黄合鈔》作“偏仗”。

注釋

〔一〕蜀天難見日：蜀地多陰，很難見到日出，故有“蜀犬吠日”之説。

〔二〕客鬢：旅人的鬢髮。唐杜甫《早花》：“直苦風塵暗，誰憂客鬢催。”

〔三〕瀼西：今重慶市奉節縣，因在瀼水之西，故名。

〔四〕蟾蜍：亦作“蟾蠩”“蟾諸”，兩棲動物，俗稱癩蛤蟆。《後漢書・天文志上》“言其時星辰之變”，南朝梁劉昭注：“羿請無死之藥於西王母，姮娥竊之以奔月……姮娥遂託身于月，是爲蟾蠩。”後用以代指月亮。

〔五〕冰輪：指明月。唐王初《銀河》："歷歷素榆飄玉葉，涓涓清月溼冰輪。"

〔六〕郪縣：漢置，屬廣漢郡，以郪江水爲名，今四川省三臺縣南。東漢屬益州廣漢郡。南朝宋、南齊因之。隋徙置故北伍城縣地。宋爲潼川府路潼川府治。元爲四川省潼川府治。明省入潼川州。

〔七〕錦江：岷江支流，今府河，位于成都平原。傳説蜀人織錦濯其中則錦色鮮艷，濯于他水則錦色暗淡，故稱。《文選·左思〈蜀都賦〉》"百室離房，機杼相和；貝錦斐成，濯色江波"，劉逵注引譙周《益州志》："成都織錦既成，濯於江水，其文分明，勝於初成；他水濯之，不如江水也。"

〔八〕東方朔：（前154—前93）字曼倩，西漢平原厭次（今山東惠民）人。武帝時爲太中大夫。性詼諧滑稽，善辭賦。因始終不受重用，作《答客難》賦，以抒發才智無由施展的苦悶。《漢書·藝文志》雜家著録《東方朔》20篇。《隋書·經籍志》著録有集二卷，已散佚。明人輯有《東方大中集》。此外，《神異經》《海内十洲記》等書乃託其名之作。事迹詳《史記·滑稽列傳·東方朔》。

〔九〕張志和：（約730—約810）字子同，初名龜齡。唐婺州金華（今浙江金華）人。年十六舉明經。肅宗時，待詔翰林，任左金吾衛録事参軍，賜名志和。後坐事貶南浦尉，遇赦還，遂隱居江湖，自號煙波釣徒，著《玄真子》，亦以自號。又著《太易》15篇。工詩詞，善畫山水，能擊鼓吹笛。李德裕《元真子漁歌記》稱其"隱而有名，顯而無事，不窮不達，嚴光之比"。《全唐詩》録其詩詞九首，《全唐文》録其文二篇。《新唐書》卷一九六有傳。

病懷五首

其一

杪秋霜露至，暮夜極蕭森。别館砧聲切，嚴城寒氣〔校一〕深。盧龍〔注一〕邊月苦，涿鹿〔注二〕陣雲沉〔校二〕。牢落江關夢，摧傷鴻雁音。

其二

江門〔注三〕懸白帝〔注四〕，玉塞〔注五〕接長安。巫峽秋摇落，關山月苦寒。從軍金甲敝，歸釣水雲殘。缺計洗兵馬，傷心行路難。

其三

茂陵〔注六〕已多病，宋玉〔注七〕復悲秋。江遠音書斷，天寒鴻雁愁。霜燈見黄葉，隋開皇寺名，今爲天寧〔校三〕。風露下長楸。永夜那能寐，含悽吟白頭。

其四

海甸逢南菊，殊方也自花。江淹〔注八〕新卧病，王粲〔注九〕老無家。皓月千門夜〔校四〕，秋風雙鬢〔校五〕華。還持《石函記》〔注一〇〕，勾漏〔校六〕訪丹砂。

其五

高館秋陰肅，前除玉露新。花欺元亮〔注一一〕瘦，鬼嘯伯龍〔注一二〕貧。通藉明光署〔注一三〕，栖神清海濱。還當御黄鵠，息景紫微宸〔注一四〕。

輯録

（明）任瀚《任少海集》，（明）俞憲輯《盛明百家詩》，《四庫全書存目叢書》集部第306册，第90頁。（明）朱之蕃選《盛明百家詩選》卷一六録“其三”“其四”兩首，《四庫全書存目叢書》集部第331册，第458頁；（明）曹學佺《石倉十二代詩選·四集》卷四六《畏齋集》附任瀚詩録“其二”“其三”“其四”三首，日本尊經閣文庫藏明崇禎年間刻本，第11—12頁；（清）費經虞輯《蜀詩》卷三録“其四”一首，第8頁；（清）錢謙益編《列朝詩集》丁集第一録“其四”一首，北京：中華書局，2007年，第3989頁；（清）朱彝尊編《明詩綜》卷四六録“其四”一首，《景印文淵閣四庫全書》第1460册，第121頁；（清）陳田輯《明詩紀事》戊籤卷九録“其一”“其三”兩首，《續修四庫全書》第1711册，第182頁；

（清）彭孫貽《茗齋集》附《明詩鈔·明詩五言律》録“其三”“其四”兩首，《四部叢刊續編》第604册，北京：中央編譯出版社，2015年，第4098—4099頁；（民國）傅增湘輯鈔《明蜀中十二家詩鈔》録“其二”“其三”“其四”三首，第312—313頁；（民國）曾世禮輯《任黄合鈔·任司直詩鈔》録“其四”，題名譌作“病慢”，目録無譌，第18頁。

校勘

〔一〕寒氣：原本作“御氣”，據《明詩紀事》改。

〔二〕沉：《明詩紀事》作“深”。

〔三〕隋開皇寺名，今爲天寧：《明蜀中十二家詩鈔》無。

〔四〕夜：《蜀詩》作“敞”。

〔五〕雙鬢：《蜀詩》作“兩鬢”，《明蜀中十二家詩鈔》作“雙鬓”。

〔六〕勾漏：《蜀詩》作“句漏”。

注釋

〔一〕盧龍：盧龍縣，今河北省秦皇島市屬縣。隋置，屬北平郡，唐、遼、金時屬平州，元時爲永平路治所，明清爲永平府首縣，屬直隸省所轄。

〔二〕涿鹿：涿鹿縣，今河北省張家口市屬縣。

〔三〕江門：即夔門，赤甲、白鹽兩山夾江對峙，形成長江上一道天然的門户，一經此門即進入長江三峽。

〔四〕白帝：白帝城，東漢初公孫述所築，遺址在重慶市奉節縣東白帝山。

〔五〕玉塞：玉門關，漢武帝開通西域、設河西四郡時置，是漢時通往西域各地的門户，因西域和田玉經此關流入中原，故名。

〔六〕茂陵：漢武帝劉徹的陵墓，位於今陝西省興平縣東北南位鎮。

〔七〕宋玉：又名子淵，戰國時鄢（今襄樊宜城）人，相傳爲屈原弟子。曾事楚頃襄王，好辭賦，戰國後期楚國辭賦家，與唐勒、景差齊名。所作辭賦甚多，《漢書·藝文志》著録賦十六篇，今多亡佚。流傳作品有《九辨》《風賦》《高唐賦》《登徒子好色賦》等，但後三篇有人懷疑不是他所作。

〔八〕江淹：(444－505) 字文通，濟陽考城（今河南蘭考）人。歷仕南朝宋、齊、梁，官至金紫光禄大夫，封醴陵伯。兼擅詩、賦、文，尤以《恨賦》《别賦》爲著。晚年詩文不及前作，故有“江郎才盡”之説。所著有《江文通集》。

〔九〕王粲：(177－217) 字仲宣，山陽高平（今山東鄒縣西南）人。建安七子之一。東漢末避難荆州，依劉表。建安十年（205)，歸附曹操。辟丞相掾，賜爵關内侯。十六年（211)，遷軍謀祭酒。十八年（213)，拜侍中。建安二十一年（216)，隨軍征吴。次年，病卒。

〔一〇〕《石函記》：道教著作，二卷九篇，托名西晉許遜，實爲南宋道流之作。

〔一一〕元亮：陶淵明，又名潛，字元亮，晉詩人。曾任彭澤令，不願爲五斗米折腰，遂隱居不仕。

〔一二〕伯龍：劉伯龍。《南史》卷一七《劉粹（族弟損）傳》：“（劉）損同郡宗人有劉伯龍者，少而貧薄，及長，歷位尚書左丞、少府、武陵太守，貧窶尤甚。常在家慨然，召左右，將營十一之方，忽見一鬼在傍撫掌大笑。伯龍歎曰：‘貧窮固有命，乃復爲鬼所笑也。’遂止。”

〔一三〕明光署：即明光殿，泛指朝廷宫殿。

〔一四〕紫微宸：即紫微殿，泛指帝王宫殿。

五言排律

元日〔注一〕禁城十八韻

御律迴天紀，宸歡被物華。才人矜六博〔校一〕〔注二〕，貴主狎長斜。狗監〔注三〕通侯第，雞閣内寺家。金鋪明屈戍，寶勝照流霞。鬭舞文姬〔注四〕妙，徵歌小玉〔注五〕嘉。雄城森列戟〔校二〕，武帳匝高牙〔校三〕。建禮中郎署，鉤陳上漢槎。鄒、枚〔注六〕專代草，房、魏〔注七〕並宣麻。都護〔注八〕弓捎〔校四〕月，嫖姚〔注九〕劍拂花。皇威清虎落，朔氣淨龍沙。包貢通蠻表，朝正度海艖。陳人藉靈寵，弭節奮幽遐。晝省新休沐，青門舊種瓜。星精躔五緯，澤國貫三巴〔注一〇〕。簡受文園賦〔注一一〕，丹飛勾漏砂。棄繻終帝闕，伏枕即天涯。麈尾長門賜，詞頭近侍誇。草《玄》或不愧〔注一二〕，音賞賴侯芭〔注一三〕。

輯録

（明）任瀚《任少海集》，（明）俞憲編《盛明百家詩》，《四庫全書存目叢書》集部第306册，第89頁。又見於（清）費經虞撰、（清）費密補《劍閣芳華集》卷五，第20頁；（清）錢謙益輯《列朝詩集》丁集第一，第3988頁；（清）范與良《詩苑天聲館課集》卷四，《四庫全書存目叢書補編》第38册，第284頁；（清）孫承澤纂《天府廣記》卷四四《詩》，北京：北京古籍出版社，1982年，第725頁；（清）陳夢雷編纂《古今圖書集成》第12册《方輿彙編·職方典》卷六《京畿總部藝文二》，揚州：廣陵書社，2011年，第76頁。

校勘

〔一〕六博：《劍閣芳華集》作“陸博”。

〔二〕列戟：《劍閣芳華集》作“畫戟”，與“高牙”對，當是。

〔三〕武帳匝高牙：《劍閣芳華集》作“玉帳雜高牙”。

〔四〕捎：《劍閣芳華集》作“稍”。

注釋

〔一〕元日：陰曆正月初一日。

〔二〕六博：《天府廣記》作“大博”。六博又稱陸博，中國古代一種擲采行棋的博戲類游戲，以喫子爲勝。因使用六根博箸，所以稱爲六博，其中的古玩法大博，與象棋一樣要殺掉特定棋子爲獲勝，是很早期的兵種棋戲，因此有推論説象棋類游戲從大博演變而來。

〔三〕狗監：漢代内官名，主管皇帝獵犬。《史記·司馬相如列傳》：“蜀人楊得意爲狗監，侍上。上讀《子虚賦》而善之曰：‘朕獨不得與此人同時哉！’得意曰：‘臣邑人司馬相如自言爲此賦。’”司馬相如因狗監楊得意薦引而名顯，故後常用以爲典。

〔四〕文姬：蔡文姬（約177—?），名蔡琰，字文姬，東漢末年女詩人，陳留（今河南杞縣南）人。其父蔡邕，東漢著名文學家、書法家。

〔五〕小玉：白居易詩：“吴妖小玉飛作煙，越艷西施化爲土。”注：“小玉，夫差女名。”

〔六〕鄒、枚：鄒陽、枚乘。鄒陽，齊人，西漢時期著名文學家。文帝時，爲吴王劉濞門客，以文辯著名於世。吴王謀叛，鄒陽上書諫止，吴王不聽，因此與枚乘、嚴忌等離吴去梁，爲景帝少弟梁孝王門客。鄒陽“爲人有智略，慷慨不苟合”，後被人誣陷入獄，險被處死。他在獄中上書梁孝王，表白自己的心跡。梁孝王見書大悦，立命釋放，並尊爲上客。鄒陽有文七篇，現存《上書吴王》《於獄中上書自明》兩篇。枚乘（?—前140），字叔，西漢辭賦家，古淮陰人。枚乘因七國叛亂前後兩次上諫吴王而顯名。《漢書·藝文志》著録“枚乘賦九篇”。

〔七〕房、魏：唐太宗時名相房玄齡、魏徵，二人皆出河汾門下，並爲唐初敢於直諫的大臣。唐杜甫《折檻行》：“嗚呼！房魏不復見，秦王學士時難羨。”

〔八〕都護：李廣。李廣出獵，看到草叢中的一塊石頭，以爲是老虎，張弓而射，一箭射去，把整個箭頭都射進了石頭裏。仔細看去，原來是石頭，過後再射，就怎麽也射不進石頭裏去了。

〔九〕嫖姚：代指霍去病。

〔一〇〕三巴：東漢末劉璋將益州巴郡分爲巴、巴東、巴西三郡，簡稱三巴。轄境相當於今四川嘉陵江、綦江流域以東大部分地區。此指任瀚家鄉。

〔一一〕文園賦：指司馬相如之賦。相如拜孝文園令，明人張溥輯有《司馬文園集》，收入《漢魏六朝百三家集》。

〔一二〕《玄》：《太玄》，揚雄仿《易經》而作。

〔一三〕侯芭：又稱侯铺子，一説字子常，西漢鉅鹿人，揚雄弟子。

揚雄以病免，復召爲大夫。家素貧，嗜酒，人希至其門。鉅鹿侯芭常從雄居，受其《太玄》《法言》焉。

評論

（清）范與良《詩苑天聲館課集》評："末幅具見少海自寫。"

七言古詩

雪山吟〔校一〕送嚴茂州〔注一〕

雪山冰凌寒刮骨〔校二〕，茂州〔校三〕城下鬼夜哭。都護營門野火〔校四〕青，雄王〔校五〕氊帳蕃〔校六〕姬宿。胡頭軍吏氆氌〔注二〕氅，伐鼓椎牛獻官長〔校七〕。刺史行營大點兵，戍樓畫角〔注三〕千山響。李廣〔注四〕在邊君〔校八〕莫愁，贈君寶玦珊瑚鈎。君能提攜長劍拔萬虜〔校九〕，立取〔校一〇〕中原萬户侯，不能胡不拂衣炅炅〔注五〕歸去休。時嚴横被口語，又母老思歸，恐其不決。

輯録

（明）任瀚《春坊集》卷下。又見於（清）費經虞撰、（清）費密補《劍閣芳華集》卷五，第17頁；（清）費經虞輯《蜀詩》卷三，第7頁。

校勘

〔一〕吟：《蜀詩》作"歌"。

〔二〕冰凌寒刮骨：《劍閣芳華集》作"冰冷寒刮骨"，《蜀詩》作"風嚴寒刺骨"。

〔三〕茂州：《蜀詩》作"繩州"，訛。

〔四〕野火：《蜀詩》作"燐火"。

〔五〕雄王：《蜀詩》作"名王"。

〔六〕蕃：《劍閣芳華集》作“番”，訛。

〔七〕官長：《蜀詩》作“酋長”。

〔八〕君：《蜀詩》作“軍”，訛。

〔九〕提攜長劍拔萬虜：《劍閣芳華集》作“提攜長劍拔髳濮”，《蜀詩》作“提劍拔髳濮”。

〔一〇〕立取：《蜀詩》作“直取”。

〔一一〕不能胡不拂衣炅炅歸去休：《蜀詩》作：“烽煙遠靖青海頭，歸來畫像麒麟樓，功勳史策萬年留。”無注文。

注釋

〔一〕茂州：唐貞觀八年（634）改南會州置，以郡界茂濕山爲名，治汶山縣（今茂縣）。天寶元年（742）改通化郡，乾元元年（758）復爲茂州。宋屬成都府路，元屬土蕃宣慰司。明洪武中省汶山縣入州，屬成都府。

〔二〕氆氇：藏語音譯。藏族人手工生産的一種羊毛織品，是加工藏裝、藏靴、金花帽等的主要材料。《正字通・毛部》：“氆氇，西番絨毛織者。”明湯顯祖《邯鄲記・大捷》：“氆氇登臺，繡帽獅蠻帶，與中華門將材。”又《紫釵記・河西款檄》：“俺帽結朝霞，袍穿氆氇。”明宋應星《天工開物・褐毡》：“其氍毹、氆氇等名稱，皆華夷各方語所命。”《西藏記・生育》：“女子則教識戥稱，作買賣，紡毛綫，織氆氇。”

〔三〕畫角：古代塗有彩繪的軍中樂器，相傳創自黄帝，或曰傳自羌族。其形如竹筒，以竹木或皮革製成，外加彩繪。一般在黎明和黄昏時吹奏，類似于出操或休息的信號。其聲音淒厲高亢。

〔四〕李廣：西漢名將，隴西成紀（今甘肅秦安縣北）人。善騎身。漢文帝十四年（前166），從軍擊匈奴，因功授中郎將。景帝時，先後任北部邊域七郡太守。武帝即位，召爲中央宫衛尉。元光六年（前129），任驍騎將軍，領萬餘騎出雁門擊匈奴，負傷被俘，佯死逃回。召爲右北平太守，與匈奴戰皆捷，匈奴稱之爲“飛將軍”，不敢犯境。元狩四年（前119），任前將軍，從大將軍衛青擊匈奴，因迷失道路，未能參戰，憤愧自殺。事迹詳《史記・李將軍列傳》。

〔五〕炅炅：同"炯炯"，明亮貌。

射江〔注一〕楊園〔注二〕吟

崐崙昔震蕩，仙聖無甯居。上觸天帝怒，流竄崐崙西。海隅洪崖〔注三〕、羨門〔注四〕各遷播，偓佺〔注五〕坎壈〔注六〕逃成都。至今金華山〔注七〕谷裏，疑有白鹿韓衆〔校一〕〔注八〕徒。不知何王代鬼斧，劈斷雙蓬壺，中開紫庭朱明〔注九〕洞天三十六。樓閣宛轉凌清虛，羽甍鱗瓦照萬壑，玉床冰井清珊瑚。天葩爛熳冷空翠，錦石錯落環楸梧。瑶缾〔注一〇〕盜江江水枯，入谷淼漭成鏡湖。沙棠作舟木蘭槳，簫鼓殷殷索菰蒲。神明來去不可測，雲昏雨黑難招呼。人生快意安所須，聞説楊園天下無。何當割取水雲深處壺天八萬頃，誅茆遠結匡山廬〔注一一〕。彈琴薜蘿〔注一二〕細著書，餌芝拾朮困復蘇，千秋起舞歡相娱。君不見，習家池〔注一三〕上月，曾照黄公舊酒壚〔注一四〕。酒壚未换豪華盡，月明空照楚山孤。嗚呼，楊園天下無！

輯録

（民國）曾世禮編輯《任黄合鈔·任司直詩鈔》，第11—12頁。

校勘

〔一〕韓衆：原本作"韓仲"，據《楚辭·遠游》《神仙傳·劉根》改。

注釋

〔一〕射江：即梓潼水。《元和郡縣志·劍南道三·射洪縣》：射洪縣"有梓潼水，與涪江合，流急如箭，奔射涪江口。蜀人謂水口曰洪，因名射洪"。

〔二〕楊園：楊氏之園，任瀚有《楊園小引》文。

〔三〕洪崖：三皇時樂人，後登仙。揚雄《甘泉賦》："近則洪崖旁皇，儲胥弩陆。"蔡邕《郭有道太原郭林宗碑》："將蹈洪崖之遐跡，紹巢由之絶軌。"郭璞《游仙詩》："左挹浮丘袖，右拍洪崖肩。"

〔四〕羡門：古代仙人，應劭稱名子高。柳宗元《桂州裴中丞作訾家洲亭記》："若與安期、羡門接于物外，則凡名觀游于天下者，有不屈服退讓以推高是亭者乎？"

〔五〕偓佺：傳説中的古代仙人。劉向《列仙傳》卷上："偓佺者，槐山採藥父也。好食松實，形體生毛，長數寸，兩目更方。能飛行，逐走馬。以松子遺堯，堯不暇服也。松者，簡私也。時人受服者，皆至二三百歲焉。"

〔六〕坎壈：不得志。劉向《怨思》："惟鬱鬱之憂毒兮，志坎壈而不違。"

〔七〕金華山：在今四川省遂市射洪城北二十里金華鎮涪江之濱，即陳子昂讀書處，有"上拂霄漢，下瞰涪江"之勢。

〔八〕韓衆：古代傳説中的神仙。《楚辭·遠游》："奇傅説之託辰星兮，羨韓衆之得一。"王逸注："衆，一作'終'。"洪興祖補注："《列仙傳》：'齊人韓終爲王採藥，王不肯服，終自服之，遂得仙也。'"晉葛洪《神仙傳》卷八《劉根》："少室廟掾王珍數得見根顔色懽悦之情，伏地叩頭，請問根從初得道之由。根説：'昔入山，精思無處不到，後入華陰山，見一人乘白鹿，從千餘人，玉女左右四人，執彩旄之節，年皆十五六。余再拜頓首，求乞一言。神人乃住告余曰："汝聞昔有韓衆否乎？"答曰："嘗聞有之。"神人曰："即我是也。"余自陳："少好長生不死之道，而不遇明師，頗習方書，按而爲之，多不驗，豈根命相不應度世也？今日有幸逢大神，是根宿夜夢想，從心所願。願見哀憐，賜其要訣。"'"唐李白《古風》之四："惟應清都境，長與韓衆親。"

〔九〕朱明：傳説中的火神祝融。

〔一〇〕瑶缾：玉瓶。

〔一一〕匡山廬：即廬山，在今江西省九江市南。古名南嶂山，又名匡山、廬阜，總稱匡廬。相傳周朝匡俗兄弟結廬居此山，因而得名。

〔一二〕薜蘿：薜荔和女蘿，皆野生植物，常攀緣于山野林木或屋壁之上。屈原《九歌·山鬼》："若有兮山之阿，被薜荔兮帶女蘿。"後世以薜荔、薜蘿指隱士服裝。

〔一三〕習家池：别名高陽池，古代私家園林，在湖北省襄陽市南五公里處。明錢錞《習家池》稱："鳳凰亭枕峴山頭，燕自飛飛客自游。獨有習家池上月，不隨江水嚮東流。"

〔一四〕黄公舊酒壚：黄公開的舊酒館，借以傷逝憶舊、悼念亡友。《世説新語·傷逝》："王濬沖爲尚書令，著公服，乘軺車，經黄公酒壚下過。(韋昭《漢書注》曰：壚，酒肆也。以土爲墮，四邊高似壚也。)顧謂後車客：'吾昔與嵇叔夜、阮嗣宗共酣飲於此壚，竹林之游，亦預其末。自嵇生夭、阮公亡以來，便爲時所羈紲。今日視此雖近，邈若山河。"

喜雨吟贈李太府〔注一〕

君不見，先秦李冰蜀太守，鑿破岷江開灌口。澆灌成都萬頃田，陸海名傳天地久。嘉陵巖谷不受溉，野田亢旱成枯朽。三峨太守囚龍術，掘取方塘大如斗。劍南節度更好奇，繞塘拔劍蛟龍吼。天吴夜走高唐雲，雷電霍翾生兩肘。怒飛峽水灌桑田，緑野春田十萬畝。吾聞山東峽路大旱正三春，河水成墟多散走。誰當一夕御風草，疏奏天子與君遥藉回天手。

輯録

(民國)曾世禮編輯《任黄合鈔·任司直詩鈔》，第16頁。

注釋

〔一〕李太府：不詳。考萬曆初有順慶知府李蘇，襄陽人，進士，繼周光鎬任，事迹不詳，或即其人。

聽秋江道人〔注一〕彈琴歌

彈琴秋江上，虬鬟〔校一〕不知名。侍兒有麻姑〔注二〕，似言此是王方平〔注三〕。別去人間五百載〔注四〕，來過洛陽宮殿改。道逢小友青童君〔注五〕，手把珊瑚〔校二〕話〔校三〕東海。琴終問年謝〔校四〕不知，曾見明皇〔注六〕學語〔校五〕時。神龍自有〔校六〕風雲氣，珍重還山鍊五芝〔校七〕〔注七〕。

輯録

（明）任瀚《春坊集》卷下。又見於（清）費經虞撰、（清）費密補《劍閣芳華集》卷五，第 17 頁；（清）費經虞輯《蜀詩》卷三，第 7 頁；（民國）曾世禮編輯《任黄合鈔・任司直詩鈔》，題作“秋江道人彈琴歌”，第 17 頁。

校勘

〔一〕虬鬢：《劍閣芳華集》作“冉冉”。

〔二〕珊瑚：《任黄合鈔》作“芙蓉”。

〔三〕話：《劍閣芳華集》作“畫”。

〔四〕謝：《任黄合鈔》作“似”。

〔五〕學語：《劍閣芳華集》作“嬰孺”。

〔六〕自有：《劍閣芳華集》作“各有”。

〔七〕五芝：《任黄合鈔》作“玉枝”。

注釋

〔一〕秋江道人：不詳。

〔二〕麻姑：道教所尊女仙。葛洪《神仙傳》卷三《王遠傳》：“……須臾，引見經父母兄弟，因遣人召麻姑相問，亦莫知麻姑是何神也。……麻姑至，蔡經亦舉家見之，是好女子，年十八九許，於頂中作髻，餘髮散垂至腰，其衣有文章而非錦綺，光彩耀日，不可名字，皆世所無有也。……曰：麻姑神人也。”

〔三〕王方平：王遠字方平，道教傳説中的神仙。葛洪《神仙傳》卷三《王遠傳》載：“王遠字方平，東海人也。舉孝廉，除郎中，稍加至中散大夫。博學五經，尤明天文圖讖、河洛之要，逆知天下盛衰之期，九州吉凶觀諸掌握。後棄官入山修道。道成，漢孝桓帝聞之，連徵不出。使郡牧逼載以詣京師，遠低頭閉口不肯答詔，乃題宫門扇板四百餘字，皆説方來之事。帝惡之，使人削之。外字始去，内字復見，字墨皆徹入板裏。方平無復子孫，鄉里人累世相傳共事之。同郡故太尉公陳耽爲方平架道室，旦夕朝拜之，但乞福消灾，不從學道。方平在耽家四十餘年，耽家無疾病死喪，奴婢皆然，六畜繁息，田蠶萬倍，仕宦高遷。後語耽云：'吾期運將盡，當去不得復停，明日日中當發也。'至時，方平死。耽知其化去，不敢下著地，但悲涕歎息曰：'先生捨我去耶？我將何如？'具棺器燒香，就床上衣裝之。至三日三夜，忽失其尸，衣帶不解，如蛇蜕耳。……其後方平欲東之括蒼山，過吴，往胥門蔡經家。……經父母私問經曰：'王君是何神人？復居何處？'經答曰：'常治崑崙山，往來羅浮山、括蒼山。此三山上皆有宫殿，宫殿一如王宫。王君常任天曹事，一日之中與天上相反覆者數遍。地上五嶽生死之事，悉關王君。王君出時或不盡將百官，惟乘一黄麟，將士數十人侍，每行常見山林在下，去地常數百丈，所到山海之神皆來奉迎拜謁，或有千道者。"

〔四〕五百載：五百年。

〔五〕青童君：亦稱青童大君、東華大神，道教傳説中的神仙，居東海。《太平經鈔》甲部卷一："後聖李君上相方諸宫青童君。"南朝梁陶弘景《真誥》卷一〇："《東海小童口訣》：道士求仙，勿與女子交，一交而傾一年之藥力。若無所服而行房内，減算三十年。（此上相青童君之别號也。）"《黄庭内景經序》務成子注："東華者，方諸宫名也，東海青童君所居也。"

〔六〕明皇：唐明皇，即唐玄宗。

〔七〕五芝：方術家所傳説的五種神芝，色彩各不相同，服之可以長生不死。《神農本草經》："赤芝一名丹芝，黄芝一名金芝，白芝一名玉芝，黑芝一名玄芝，紫芝一名木芝。"

宿州〔校一〕陳愚猛士歌

君不聞夷門〔校二〕〔注一〕老生破萬卷，白首不入明光殿〔校三〕〔注二〕。

南陽屠沽提數兵〔校四〕，轉盼〔校五〕揮戈下百城。桃、哀〔注三〕國士兩丘〔校六〕土，鄧、霍〔注四〕元功千載名。清朝明主重文事，七聖臨軒親賜制〔校七〕。暉章〔校八〕坐閲董南書，鹵簿導歸燕許第。武皇末年收官軍，上意不喜談空文〔校九〕。江東諸兒始講武，撚〔校一〇〕箭颯沓〔校一一〕〔注五〕愁胡〔校一二〕雲。宿州陳愚萬人敵，陰山射雕〔校一三〕回〔校一四〕霹靂。野戰才空百將壇〔校一五〕，名家世捧〔校一六〕降王檄。腥風西吹酒泉郡〔校一七〕，胡沙〔校一八〕犯月三重暈。安得突出一騎殺萬虜〔校一九〕，生奪班超〔注五〕虎頭印。

輯録

（明）任瀚《任少海集》，（明）俞憲編《盛明百家詩》，《四庫全書存目叢書》集部第306册，第89—90頁。又見於（明）曹學佺《石倉十二代詩選·四集》卷四六《畏齋集》附，日本尊經閣文庫藏明崇禎年間刻本，第10頁；（清）費經虞撰、（清）費密補《劍閣芳華集》卷五，題作《陳愚猛士歌》，第24—25頁；（清）費經虞輯《蜀詩》卷三，題作《陳愚猛士歌》，第7—8頁；（清）錢謙益輯《列朝詩集》丁集第一，第3989頁；《（光緒）宿州志》卷三四，第20—21頁；（民國）傅增湘輯鈔《明蜀中十二家詩鈔》，第310—311頁。

校勘

〔一〕宿州：《劍閣芳華集》《蜀詩》無。

〔二〕夷門：《蜀詩》作“杜陵”。

〔三〕明光殿：《宿州志》作“光明殿”。

〔四〕提數兵：《宿州志》作“數提兵”。

〔五〕盼：《蜀詩》作“眄”。

〔六〕丘：《劍閣芳華集》作“邱”，《蜀詩》作“坵”，異體字。

〔七〕制：《石倉十二代詩選·四集》作“製”，訛。

〔八〕暉章：《列朝詩集》作“輝章”。

〔九〕上意不喜談空文：《蜀詩》作“意旨不許談空文”。

〔一〇〕撚：《列朝詩集》訛作“拈”。

〔一一〕沓：《列朝詩集》作“遝”，通假字。

〔一二〕胡：《宿州志》作“邊”。

〔一三〕雕：《劍閣芳華集》《蜀詩》《石倉十二代詩選·四集》作“鵰”，異體字。

〔一四〕回：《劍閣芳華集》同，《蜀詩》作“聞”。

〔一五〕野戰才空百將壇：《劍閣芳華集》同，《蜀詩》作“野戰才高上將壇”。

〔一六〕捧：《劍閣芳華集》同，《蜀詩》作“領”。

〔一七〕腥風西吹酒泉郡：《石倉十二代詩選·四集》作“腥風西來吹酒泉”。

〔一八〕胡沙：《劍閣芳華集》《蜀詩》作“龍沙”，似不通；《宿州志》作“黄沙”。

〔一九〕虜：《劍閣芳華集》《蜀詩》《宿州志》作“人”。

注釋

〔一〕夷門：《史記》卷七七《魏公子列傳》：“太史公曰：吾過大梁之墟，求問其所謂夷門。夷門者，城之東門也。”

〔二〕明光殿：漢代宫殿名，後泛指宫殿。明嘉靖三十六年（1557）始建大光明殿，似非任瀚詩意所及。

〔三〕桃、哀：左伯桃、羊角哀。唐李賢注《後漢書》卷二九《申屠剛傳》引劉向《烈士傳》：“羊角哀、左伯桃二人爲死友，欲仕於楚，道阻，遇雨雪，不得行，飢寒，自度不俱生。伯桃謂角哀曰：‘俱死之後，骸骨莫收，内手捫心，知不如子。生恐無益，而棄子之能，我樂在樹中。’角哀聽之。伯桃入樹中而死。楚平王愛角哀之賢，以上卿禮葬伯桃。角哀夢伯桃曰：‘蒙子之恩而獲厚葬，正苦荆將軍冢相近。今月十五日，當大戰以決勝負。’角哀至期日，陳兵馬詣其冢，作三桐人，自殺，下而從之。此歿身不負然諾之信。”

〔四〕鄧、霍：鄧禹、霍光。

〔五〕颯沓：迅疾貌。漢應瑒《西狩賦》：“按轡清途，颯沓風翔。屬車轇轕，羽騎騰驤。”

〔六〕班超：字仲升，漢扶風平陵（今陝西咸陽東北）人。東漢明、章兩帝時，出使西域，西域五十多國歸附漢王朝，爲民族融合做出了巨大貢獻。

縛月歌送田希古〔注一〕之湖南

憶昔長安城東〔校一〕秋夜月如練，共君把酒登樓雙舞劍。酒闌並卧建章臺〔注二〕，詩成各獻麒麟殿〔注三〕。意氣豪華天下聞，誰知歡宴更離群。十年江海兩黄鵠，雙飛隔散洞庭雲。洞庭雲，渺愁絶〔校二〕。借君馬上紫游韁，爲我天邊縛明月。側挂湖南黄鶴樓，千秋照酒懷王闕〔校三〕〔注四〕。月行不可縛，君行那可留，島門東望江悠悠。

輯録

（明）任瀚《任少海集》，（明）俞憲編《盛明百家詩》，《四庫全書存目叢書》集部第306册，第90頁。又見於（明）朱之蕃選《盛明百家詩選》卷一三，《四庫全書存目叢書》集部第331册，第361頁；（清）費經虞撰、（清）費密補《劍閣芳華集》卷五《任瀚·縛月歌》，第20—21頁。

校勘

〔一〕東：《劍閣芳華集》無。

〔二〕洞庭雲，渺愁絶：《劍閣芳華集》無。

〔三〕王闕：《劍閣芳華集》作“玉闕”。

注釋

〔一〕田希古：田頊（1495—1562），字希古，號秬山，大田（今屬福建）人。正德十一年（1516）領鄉薦，計偕不赴，讀書秬麓。正德十六年（1521）進士，選翰林院庶吉士，與張治、廖道南、王用賓、鄭善夫輩以文章相砥礪。嘉靖七年（1528），授南京兵部武選清吏司主事、榷税九江，還改禮部員外郎，陞郎中。嘉靖十四年（1535）二月，陞任按察使僉事，督學湖廣，闢濂溪書院，規飭諸生，先行後文，相與講明性命經濟之學。拔張居正，置第三。遷貴州按察司提學副使，仍督兩省學政。後居正貴，漸大用，頊即以母老力疏乞養，時年四十餘而已。撫按交薦不起，家居三十年，絶迹城府。所著有《太素集》2卷。（明）朱凘《天馬山房遺稿》卷三《秬山壽言》記其行事，傳見《（民國）大田縣志》卷六《列傳》。

〔二〕建章臺：漢代建章宫之神明臺。

〔三〕麒麟殿：漢代宫殿，在未央官內。李白《流夜郎贈辛判官》："文章獻納麒麟殿，歌舞淹留玳瑁筵。"

〔四〕懷王闕：楚懷王宫闕。

果城保障歌頌朱拙齋〔注一〕太守隄工〔注二〕也〔校一〕。

嘉陵江水中天來，千谿萬壑奔如雷。果州之城横江直上三百尺，半墮不墮孤崔巍。波濤齧根石齒齒，城中父老生愁哀。太守無歡色辛苦，欲攀天關〔注三〕嗷神禹〔注四〕，百州破漏不得補。檄取巴賨〔注五〕壯士八十萬，排山塞江山鬼〔注六〕怒。長隄拍浪一日成，眼底神功捷風雨。

嘗記正德〔注七〕中，水没城南楓樹顛〔校二〕。安漢〔注八〕城下著大網，相如琴臺〔注九〕深刺船，縣廳往往黿鼉〔注一〇〕入。馮夷〔注一一〕擊鼓湘妃〔注一二〕泣，茆屋朱門〔注一三〕半死生，鯨吞蛟噬何嗟及。當時早得山陰賢，咫尺隄成大勳集。江翻石鬬百不憂，竹筏桐槽豈所急。濟川本合英雄人，君侯有此真絶倫。薦紳公議久缺略，難令渤海終沈淪。丈夫努力在晚節，所貴身後名益振。君不見，秦時蜀太守〔注一四〕，漢時人與勒碑今不朽。

輯録

《（民國）新修南充縣志》卷一《輿地志・城市》，末注"任詩逸草”，第46頁。又見於（民國）曾世禮編輯《任黄合鈔·任司直詩鈔》，第9頁。

校勘

〔一〕頌朱拙齋太守隄工也：《任黄合鈔》無。

〔二〕顛：《任黄合鈔》作“巔”。

注釋

〔一〕朱拙齋：朱簠，字守晦，號拙齋，浙江山陰人。嘉靖四年(1525)進士，知峽江縣。嘗任職方清吏司郎中。知順慶，振廢典，勵人文，文學、政事，人咸稱頌。嘉靖二十一年（1542），朱簠創修石梁於城東嘉陵江岸小北門東北里餘，北起北津渡山崖，南入江中，以捍水。二十二年（1543）梁成。二十三年（1544）復續而南之，曰小石梁，并延正德中勞氏所築護城隄至大東門，築兩抵腦於大小東門外，爲城近護，稱爲近梁。兩梁間爲石子隄三道，横土隄一道，以抑沙排水。隄成，城垣獲安者五六十年。二十二年（1543），編成《順慶府志》八卷。二十四年（1545）陞四川建昌兵備兼管分巡上川南道副使。

〔二〕隄工：修隄的功勞。《（民國）新修南充縣志》卷一《輿地志·城市》：“城東偪嘉陵沙岸不固，江齧城根。明正德中，節推勞某築護城隄於小北門之艮隅，擬修長梁，不果。嘉靖中，水齧小北門。二十一年壬寅，知府朱簠創遥梁於小北門東北里餘，北起北津渡山崖，南入江中以捍水。癸卯梁成，時稱石梁。甲辰，復續而南之，曰小石梁，並延勞隄至大東門，築兩抵腦（今俗稱魚翅隄是也。）於大小東門外，爲城近護，稱爲近梁。兩梁間爲石子隄三道，横土隄一道，以抑沙排水。隄成，垣獲安者五六十年。萬曆初，太守周光鎬稍續小石梁崇東門抵腦，然石梁蟻穴寖巨，梁内皆水，近梁抵腦圮壞者十二三。萬曆三十二年，十屬議隄工，邑人黄輝議撥三千金築横梁，與新石梁逼江水東向鶴鳴山麓，竟不果行。”

〔三〕天關：天門。

〔四〕神禹：夏禹的尊稱。《莊子·齊物論》：“無有爲有，雖有神禹且不能知，吾獨且奈何哉。”

〔五〕巴賨：巴地，亦指巴地之人。漢揚雄《蜀都賦》："東有巴賨，綿亘百濮。"古代巴人呼所交納賦税爲賨，故地稱巴賨，人稱賨民。

〔六〕山鬼：山中鬼神。明高啓《陪臨川公游天池》："客來豈先知，定有山鬼報。"

〔七〕正德：明武宗朱厚照年號（1505—1521）。

〔八〕安漢：古縣名，任瀚《南充志序》稱紀信死，漢世高其勛，以勞名國，置安漢縣。縣治在今南充市清泉壩五里店，屬巴郡。王莽篡漢，改名安新。東漢建立，復名安漢，後爲巴郡治所。隋開皇十八年(598)，改縣名曰南充。

〔九〕相如琴臺：西漢賦家司馬相如撫琴之臺，爲司馬相如所建。史載蜀有三琴臺：一在成都少城笮橋北郊，一在邛崍縣里仁街，一在安漢縣九節龍山麓（今南充高坪區江陵鎮琴臺村小學校）。此指末者。

〔一〇〕黿鼉：大鱉和豬婆龍。《國語·晉語九》："黿鼉魚鱉，莫不能化。"

〔一一〕馮夷：河神，河伯。《楚辭·遠游》："使湘靈鼓瑟兮，令海若舞馮夷。"東漢王逸注："馮夷，水仙人。《淮南》言：'馮夷得道以潛于大川也。'"《莊子·大宗師》："馮夷得之，以游大川。"唐陸德明《經典釋文》引晉司馬彪《清泠傳》："馮夷，華陰潼鄉堤首人也，服八石，得水仙，是爲河伯。"故馮夷爲神話中之水仙，即河伯。三國魏曹植《洛神賦》："馮夷鳴鼓，女媧清歌。"

〔一二〕湘妃：帝堯二女，長曰娥皇，少曰女英。堯以妻舜于嬀汭。舜既爲天子，娥皇爲后，即湘君；女英爲妃，即湘夫人、湘妃。相傳二妃没于湘水，遂爲湘水之神。屈原有《湘君》《湘夫人》二篇。

〔一三〕茆屋朱門：貧賤富貴之家。"茆屋"亦作"茅屋"，用茅草蓋的屋，指貧賤人家。朱門，漆上紅色的大門，指富貴人家。

〔一四〕秦時蜀太守：指李冰，嘗修建都江堰，排除成都水患，使成都平原水旱從人，成爲天府之國。

愛山得年歌

愛冰得寒，愛日得暄。愛山得年有至理，世人那得窺其原。

王烈〔注一〕愛山不愛水，入山遇仙逢石髓〔注二〕，攬之一掬餉嵇康〔校一〕〔注三〕，化作白石不中餌。由來年命存短長，君看上壽無中士。我昔乘槎〔注四〕上玉京〔注五〕，山人〔注六〕載酒邀同行。十日大笑九日醉，冷然四座春風生。提壺更上會江樓〔注七〕，七十二峰鎖我愁。山人對月彈箜篌，大絃小絃聲啾啾。峽雲低飛不得遇，兩岸猿狖啼暮秋。當時聚散安可説，無端又作渝州别。輕帆柔櫓風力緊，淚灑江皋聲斷絶。江水無情道路長，音書徒勞寸心折。十年關塞遠思君，君在滄浪卧白雲。年年愛山不知老，東方爽氣常氛氳。自説少壯時，曾騎大宛馬。長安花柳舊知名，臂鷹挾彈章臺〔注八〕下。如今老去心尚雄，反覆萬事如飄瓦。五陵豪貴何足問，君家兄弟才華盛。兒孫爛熳羅綺筵，老人半是神仙分。我身最苦烟霞〔注九〕癖，欲到三山訪金液〔注一〇〕。中途若遇愛山人，依然醉倒盤陀石，青天長青海長碧。

輯録

（民國）曾世禮編輯《任黄合鈔·任司直詩鈔》，第9—10頁。

校勘

〔一〕嵇康：原本作“稽康”，據唐房玄齡等《晉書》卷四九《嵇康傳》改。

注釋

〔一〕王烈：晉葛洪《神仙傳》卷六《王烈》：“王烈，字長休，邯鄲人。常服黄精，并鍊鉛，年二百三十八歲，有少容，登山如飛。少爲書生，嵇叔夜與之游。烈嘗入太行山，聞山裂聲，往視之，山斷數百丈，有青泥出如髓。取摶之，須臾成石，如熱臘之狀。食之，味如粳米。《仙經》云：‘神仙五百歲輒一開，其中有髓，得服之者，舉天地齊畢。’”

〔二〕石髓：即石鐘乳。古人用于服食，也可入藥。《晉書·嵇康傳》：

“康又遇王烈，共入山。烈嘗得石髓如飴，即自服半，餘半與康，皆凝而爲石。”

〔三〕嵇康：（223—263）字叔夜，譙郡銍縣（今安徽宿州西南）人。早孤，有奇才，美詞氣，有風儀，學不師授，博覽無不該通，尤喜《老》《莊》。與魏宗室婚，拜中散大夫，世稱嵇中散。常修養性服食之事，彈琴詠詩，自足於懷，以爲神仙禀之自然，非積學所得，至於導養得理，則安期、彭祖之倫可及，著《養生論》。又以君子無私，胸懷所寄，高契難期，所與神交者惟阮籍、山濤、向秀、劉伶、阮咸、王戎，遂爲竹林之游，世稱“竹林七賢”。嘗至汲郡見孫登，孫氏以爲其性烈而才俊，終不能免。又遇王烈，共入山，得石髓如飴，自服半，餘與康，皆凝而爲石。烈又於石室中見一卷素書，遽呼康往取，輒不復見。烈以爲“叔夜趣非常而輒不遇，命也”。善詩文，尤以散文見長，魯迅稱其文“思想新穎，往往與古時舊説反對”。明人輯有《嵇中散集》10 卷。爲人剛腸疾惡，性不偶俗，非湯武而薄周孔，鍾會譖之，爲司馬昭殺害。《晉書》有傳。

〔四〕乘槎：乘坐竹、木筏，後喻奉使。

〔五〕玉京：道家所謂天庭，常借指京師。

〔六〕山人：指仙家、道士之流。

〔七〕會江樓：即重慶合州會江門城樓。唐杜甫《短歌行（送祁録事歸合州因寄蘇使君）》：“前者途中一相見，人事經年記君面。後生相動（一作勸）何寂寥，君有長才不貧賤。君今起柂春江流，余亦沙邊具小舟。幸爲達書賢府主，江花未盡會江樓。”

〔八〕章臺：漢時長安城有章臺街，是歌妓聚居之所。《漢書・張敞傳》：“時罷朝會，過走馬章臺街，使御吏驅，自以便面拊馬。”顔師古注：“便面所以障面，蓋扇之類也。不欲見人，以此自障面，則得其便。”

〔九〕煙霞：煙霧、雲霞，泛指山水、山林。

〔一〇〕金液：古代方士煉的一種丹液，謂服之可以成仙。

松菴王壽夫〔注一〕，里中仁厚君子，年七十，諸相與爲壽，投之短歌

北郭老人斷塵鞅，高林長夏〔注二〕何蕭爽〔注三〕。古屋寂歷〔注四〕

屯白雲，華園碧草蔫緜長。從容杖策入烟霧，神氣遠薄羲皇上。爾家六郎人所羡，二郎落筆驚雷電。漢法養老求典型，周王饋酳〔注五〕開便殿。君今七十更强健，日會諸儒敞高讌〔注六〕。何不爲君早晚飛書報天子，東膠〔注七〕賜食大官饍。嗚呼！東膠何必榮，大官何必好，松陰結茆儘可住，蒟醬露葵亦安飽。城頭落日墜江波，原上英雄宿草多。看君合享喬松壽，慎莫輕身出薜蘿。

輯録

（民國）曾世禮編輯《任黄合鈔·任司直詩鈔》，第13－14頁。

注釋

〔一〕松庵王壽夫：南充人，事迹不詳。

〔二〕長夏：由夏天而延展出來的夏，與五行土相配，代指三伏天。《素問·六節藏象論》王冰次注云："長夏者，六月也。土生於火，長在夏中，既長而旺，故云長夏也。"《素問·藏氣法時論》王冰次注云："長夏，謂六月也。夏爲土母，土長于中，以長而治，故云長夏。"

〔三〕蕭爽：凉爽，凄清。宋陸游《感秋》："秋堂露氣清，蕭爽入毛骨。"

〔四〕寂歷：寂静，冷清。

〔五〕饋酳：指賜予酒食養老。《禮記·大学》《祭义》："食三老五更於大學，天子袒而割牲，執醬而饋，執爵而酳，冕而揔干，所以教諸侯之弟也。"

〔六〕高讌：亦作"高宴"，盛大的宴會。《隋書·音樂志下》："載擇良辰，式陳高宴。"

〔七〕東膠：《禮記·王制》："夏后氏養國老於東序，養庶老於西序……周人養國老於東膠。"鄭玄注："東序、東膠亦大學，在國中王宫之東。"

淮海操有敘

始吾游關東，宴兩崤，問關西學政，聞淮海之名在天上。既吾浮江漢，歸休敝廬，挹淮海之容，不似從人中來，疑乘煙霧墮耶？其人炯炯，如清冰出萬壑，置玉壺中，神采映射天地。琅琅然詠其詩，呻其文辭，如升清都，聆廣樂，萬籟俱廢。于于然與之談道德性命，如披鴻濛，飲沆瀣，而消摇乎葛天陰康之世也。淮海其天之徒耶！思其人，不堪其行，黯然銷魂，爲作《淮海操》。

古有神帝，怒撼天闕。天傾西北，地缺東南。至今洪濤浸白日，乃在渚宫之下秦淮間。長淮泂泂海波立，中有老蛟啼煙獨抱玄珠泣。玄珠錯落，夜吐光怪八萬丈，直上射天天爲赤。北斗愬帝南斗瞋，帝曰："咄哉！此是歲星精。五緯未生時，爐冶走百靈。太乙煉陽燧，元君飛黄銀。大者埏型笵日月，小者鑄瀉團星辰。乾坤既荒且老，此物下駛淪滄溟。"帝乃勑天吴，詔陽侯，謫送西極之神州。幽閉昆崚王母閬風之窟，蹙沓五城十二樓。猰貐〔注一〕磨牙舐睒不得出，神物汩没飲憤三千秋。母曰："歲星之精三千年，下爲帝者師。吾當返汝黄金闕，借汝五斗風雲姿，瀝丹事明主，琱龍掞雄辭，横經白虎觀，才名蚤受丞相知。"

前年提印過秦關，太華低頭不敢睹。今年仗劍奪取蓬婆雪外城，馬前立斬三大虜。旂梟蔡假王，轞送薛宣撫。白骨如山鬼夜哭，蜀天破漏要君補。天子開明堂，發德音："我欲取之還玉京。"世上只聞淮海名，誰知淮海是星精。星精明透天，淮海清徹地。何當飛去還復來，莫使峴山之石笑人惆悵煙江，長墮思君淚。

嘉靖丙寅夏四月，霞父任瀚少海著。

輯録

（明）孫應鰲著、任瀚批評《孫山甫督學集》卷末附，明隆慶元年（1567）刻本，日本靜嘉堂文庫藏本。

注釋

〔一〕猰㺄：亦作"猰貐"，古代傳説中的食人猛獸。《淮南子·本經訓》："逮至堯之時，十日並出，焦禾稼，殺草木，而民無所食，猰貐、鑿齒、九嬰、大風、封豨、修蛇皆爲民害。堯乃使羿誅鑿齒於疇昔之野，殺九嬰於兇水之上，繳大風於青邱之澤，上射十日而下殺猰貐，斷修蛇於洞庭，禽封豨於桑林，萬民皆喜，置堯以爲天子。"高誘注："猰貐，獸名也，狀若龍首，或曰似貍，善走而食人，在西方。"

今昔行

中丞〔注一〕昔在御史臺，文采聲華滿天地。九衢傳呼驄馬〔校一〕過，五侯七貴俱辟易。鮑高〔注二〕絶倫不敢指，回紇來朝識名字。建康〔注三〕水國人氣浮，江表〔注四〕文章最輕膩。自公奉勅提嚳校〔注五〕，六朝風流頗捐棄。秦鍾漢鐸振淮海，冰壺玉衡照幽薊。豈止權奸憚老成，轉聞臺諫持清議。

今年歲星出太微〔注六〕，還次輿鬼超璿璣。天子軫念西南維，詔遣中丞賜羽旂〔注七〕。殺氣三秋動坤軸，先聲萬里張皇威。吐蕃卻走名王死，雪山三城亦破圍。烏蠻象犀久寥落，近日包貢奔如飛。松州將士膂力緊，進尅八寨熊虎饑。鄉縣誅求官長怒，連坐盡法淫訟稀。東川南浦各蘇復，行旅野宿盜息機。文武才雄古來少，如公社稷真馮依。

嗚呼！聖意終難知〔注八〕，移鎮洪都〔注九〕又相違。來何遲暮去何速，前者襦袴愁無衣。閶闔可叫阻煙霧〔校二〕，頭白父老長歔欷。劍外逐臣病枯槁〔校三〕，行拾橡栗採蕨薇。賴蒙尺書〔注一〇〕慰幽獨，岷峨江漢〔校四〕生光輝。樓船捩柁不得住，使我惆悵將安歸？

憶昔晨趨奉天殿，殿前省識中丞面。鐵冠撐霄毛髮竪，炯炯雙瞳掣流電。朝回駐馬揖鞭轡，馬上寒温〔校五〕更堪戀。倏歘十年〔注一一〕重回首，反覆萬事如霜霰。想見當時意氣豪，誰知在野形容變。聖躬勤勞安穩否，儲宫講讀應須遍。城狐社鼠諒雖存，日照月臨久當見。海内即今正愁苦，況説邊軍猶轉戰。明公康濟要戮力，整頓乾坤辭賞眷。吾衰潦倒望河清，留滯周南〔校六〕〔注一二〕命如綫。

輯録

（明）任瀚《春坊集》卷下。又見於（清）費經虞撰、（清）費密補《劍閣芳華集》卷五，第21—22頁。

校勘

〔一〕驄馬：原本作“總馬”，據《劍閣芳華集》改。

〔二〕煙霧：《劍閣芳華集》作“煙霞”。

〔三〕枯槁：原本作“枯稿”，據《劍閣芳華集》改。

〔四〕江漢：《劍閣芳華集》作“漢江”。

〔五〕寒温：《劍閣芳華集》作“寒光”。

〔六〕周南：《劍閣芳華集》作“終南”

注釋

〔一〕中丞：張時徹（1500—1577），字惟靜，一字九一，號東沙，鄞縣（今浙江寧波）人。少師事張邦奇。嘉靖二年癸未（1523）進士。授南京禮部膳司主事，進兵部武庫員外郎，改禮部儀制郎中。嘉靖十年（1531），以按察副使督江西學政。歷官臨清兵備副使、福建右参政、雲南按察使、山東右布政使、湖廣右布政使、河南左布政使。嘉靖二十四年（1545）七月，擢右副都御史，巡撫四川。復官江西巡撫，陞南京刑部右侍郎、南京兵部右侍郎，累官至南京兵部尚書。嘉靖三十三年（1554），倭寇犯東南，次年七月，自太平流竄南京，張時徹閉城不出，遭御史奏劾，復受嚴世蕃排擠，罷歸家居。寄情文酒，肆力著述，而不忘用世之志，并治農事，自稱上農夫。編《急救良方》2卷、《攝生衆妙方》11卷、《寧波府志》42卷、《定海縣志》13卷，著《奏議》5卷、《善行録》8卷、《芝園定集》51卷、《别集》10卷、《外集》24卷、《皇明文範》68卷、《東沙史論》4卷等。事迹詳（明）沈一貫《喙鳴文集》卷一八《南京兵部尚書東沙張公行狀》、（明）王世貞《弇州續稿》卷九四《資德大夫南京兵部尚書參贊機務東沙張公墓誌銘》、（明）徐象梅《兩浙名賢録》卷一八《兵部尚書張惟靜時徹》、（清）傅維鱗《明書》卷一三〇《張時徹傳》。

〔二〕鮑高：鮑照、高適。

〔三〕建康：今江蘇南京，代指東晉。

〔四〕江表：長江以南地區，代指南朝宋、齊、梁、陳。

〔五〕提黌校：提督學政，指張時徹提督江西學政。

〔六〕歲星出太微：歲星即木星，亦稱太歲。因其公轉一周爲十二年，每年相當於歲行一次，故干支紀年法即源於歲星紀年。太微，三垣之一，諸星以五帝座爲中心，作屏藩狀，故用指朝廷或皇帝之居。《史記·天官書》："衡，太微，三光之廷。匡衛十二星，藩臣；西，將；東，相；南四星，執法；中，端門；門左右，掖門。"《宋書·符瑞志上》："歲星入太微，内有兵亂，人主以弱。"

〔七〕詔遣中丞賜羽旂：嘉靖二十五年（1546），張時徹以右副都御史巡撫四川，進討四川白草羌之亂。

〔八〕聖意終難知：指張時徹中蜚語歸。

〔九〕移鎮洪都：張時徹復起任江西巡撫。《明世宗實録》卷三四六：嘉靖二十八年（1549）三月戊子，"起兵部右侍郎張時徹以原職兼都察院右僉都御史，巡撫江西"。

〔一〇〕尺書：即書信，指張時徹仕蜀來信，任瀚答以《與張東沙》，稱"山居且八載"，時在嘉靖二十六年（1547）。

〔一一〕十年：約數，實指十餘年。張時徹嘉靖十年（1531）以按察副使督江西學政，此時已在嘉靖二十八年（1549），則有十八年之久。

〔一二〕周南：周南山，又稱終南山，在陝西省境秦嶺中段，古城長安之南，道教名山，"壽比南山""終南捷徑"皆指此地。《史記·太史公自序》："是歲天子始建漢家之封，而太史公留滯周南，不得與從事。"後因以喻滯留而毫無建樹。唐楊炯《百泉縣令李君神道碑》："無階封禪，空嘆息於周南；絶望夏臺，竟棲遲於漢北。"

湯録事〔注一〕舞劍行

録事十五學劍術，獨上樓蘭觀月窟。道逢漁陽老騎將，手傳劍法三十六。承平猛士不在邊，歸來江東私自憐。擊劍悟得草書訣，神氣遠奮鍾王前。去年客星入車府，倒騎箕尾見明主。供奉引上金馬門，坐近天閶〔注二〕隔雲雨。八百才人不稱意，九嬪宫中天子氣。國法建〔校一〕儲先建宫〔校二〕，春坊首進湯録事。漢家賓客誰最良，園綺〔注三〕談笑安儲皇。劉向校書當建禮，枚皋正字在明光。後朝喪亂輕文史，狗監雞坊〔注四〕教胄子。新豐〔注五〕帳殿打毬場，南内錦繃蹴踘使。祇今朝廷思正臣，獻納不救蒼生貧。京師宂食塞天地，臺諫欲説中貴瞋〔校三〕。征人玉關來，吉囊屯哈密。自從失陰山，胡兒百道出。廣陵部下殺主將，朵顔〔注六〕城頭吹觱篥。至尊朝陵稱聖孝，黄華白楊愁不測。撫軍監國在東宫，可獨録事無危色。君歸江海烈士孤，借君老劍西擊胡，斬刺蒙蔽開天樞。骨肉願葬長城隅，不願得官家斗大銅虎符。

輯録

（明）任瀚《春坊集》卷下。又見於（清）費經虞撰、（清）費密補《劍閣芳華集》卷五，第19—20頁。

校勘

〔一〕建：原本作"見"，據《劍閣芳華集》改。

〔二〕宫：原本作"官"，據《劍閣芳華集》改。

〔三〕瞋：《劍閣芳華集》作"嗔"，同。

注釋

〔一〕録事：即録事参軍。晉置，爲公府官，掌總録文簿。其後刺史掌軍而開府署者亦置，職任甚爲親重。隋爲州郡官，掌糾正各曹職事。宋代州置録事参軍，府置司録参軍。元廢。明代州吏目擬唐宋州録事参軍官稱。

〔二〕天閶：本指天上的門，此處指皇宫的大門。

〔三〕園綺：商山四皓中的東園公和綺里季的合稱。漢初，四皓一度出山，支持劉邦之子劉盈，鞏固其太子地位。《史記·留侯世家》："四人從太子，年皆八十有餘，鬚眉皓白，衣冠甚偉。上怪之，問曰：'彼何爲者?'四人前對，各言名姓，曰東園公，角里先生，綺里季，夏黄公。上乃大驚，曰：'吾求公數歲，公辟逃我，今公何自從吾兒游乎?'四人皆曰：'陛下輕士善駡，臣等義不受辱，故恐而亡匿。竊聞太子爲人仁孝，恭敬愛士，天下莫不延頸欲爲太子死者，故臣等來耳。'上曰：'煩公幸卒調護太子。'四人爲壽已畢，趨去。上目送之，召戚夫人指示四人者曰：'我欲易之，彼四人輔之，羽翼已成，難動矣。吕后真而主矣。'戚夫人泣，上曰：'爲我楚舞，吾爲若楚歌。'……竟不易太子者，留侯本招此四人之力也。"

〔四〕狗監雞坊：狗監，漢代掌皇帝獵犬的内官。蜀人楊得意爲狗監，因其薦舉，司馬相如得以入朝，事見《史記·司馬相如列傳》。後世因以指薦舉人才的人。雞坊，宫廷養雞之所。唐陳鴻《東城老父傳》："玄宗在藩邸時，樂民間清明節鬭雞戲。及即位，治雞坊於兩宫間。索長安雄雞，金毫鐵距，高冠昂尾千數，養於雞坊，選六軍小兒五百人，使馴擾教飼。上之好之，民風尤甚，諸王世家、外戚家、貴主家、侯家傾帑破産市雞，以償雞值，都中男女以弄雞爲事，貧者弄假雞。"

〔五〕新豐：故址在今陝西臨潼東北，本秦酈邑。劉邦定都關中，太公思歸故里豐邑（今江蘇豐縣），邦乃因秦酈邑，仿沛縣豐地建新城，故稱新豐，并遷其故舊居之，以娱太公。《西京雜記》卷二："太上皇徙長安，居深宫，悽愴不樂。高祖竊因左右問其故。以平生所好皆屠販少年，酤酒賣餅，鬭鷄蹴踘，以此爲懽；今皆無此，故以不樂。高祖乃作新豐，移諸故人實之，太上皇乃悦。故新豐多無賴，無衣冠子弟故也。”王維《少年行》：“新豐美酒斗十千，咸陽游俠多少年。”

〔六〕朵顔：明代兀良哈三衛之一。洪武二十二年（1389），以兀良哈族所居朵顔山地區置朵顔衛。因與福餘、泰寧兩衛毗連，合稱朵顔三衛，或兀良哈三衛。事詳《明史》卷三二八《外國傳九》。在明代，朵顔常犯邊，成爲明代的重要邊患之一。

蒼石行送楊子〔注一〕

上皇神武開八荒，島夷〔注二〕日出歸封疆〔校一〕。人言交廣〔注三〕距南極，土圭三十六度强。毒龍吐霧瘴溟海〔注四〕，山鬼調嘯行人僵〔校二〕。前年桂林獻翠羽〔注五〕，鳥面勃窣〔注六〕驚天王。古來此地禦魑魅，柳州逋客〔注七〕九回腸〔注八〕。蒼石山人去何苦，無乃薄惡〔注九〕傾賢良？汝兄況復選〔校三〕部郎，忍使愛弟趨炎方〔校四〕〔注一〇〕？頗聞全州萬户待蘇息，不然遣汝出令恢天綱〔注一一〕。彩珠〔校五〕投浦還夜光，厲石磨劍終冰霜。丈夫豈困百寮底，異物有時登廟廊。君不如長安惡少公侯廕〔校六〕〔注一二〕，錦袍坐雨秋花並。君不能鳴笳躍馬陰山雪，驕歌醉飲胡雛血。徒然讀書萬卷獵神異，文章絶代誰相悦？丹王〔注一三〕夜合雞舌香〔注一四〕，草聖〔注一五〕春飛虎頭墨。楊子精醫藥，兼善書，故兩及之〔校七〕。平明掃室〔校八〕下國愁〔校九〕，西南暴骨無人收。安得倒取君囊藥一粒，早見生回萬髑髏，坐令四海歌楊侯。

輯録

（明）任瀚《任少海集》，（明）俞憲編《盛明百家詩》，《四庫全書存目叢書》集部第306册，第92頁。又見於（明）曹學佺《石倉十二代詩選·四集》卷四六《畏齋集》附，日本尊經閣文庫藏明崇禎年間刻本，第10—11頁；（民國）傅增湘輯鈔《明蜀中十二家詩鈔》，第311—312頁；

（民國）曾世禮編輯《任黄合鈔·任司直詩鈔》，題作《蒼石行》，第11頁。

校勘

〔一〕疆：《任黄合鈔》作“彊”。

〔二〕僵：《石倉十二代詩選·四集》作“彊”。

〔三〕選：《任黄合鈔》作“還”。

〔四〕炎方：《任黄合鈔》作“遐方”。

〔五〕彩珠：《任黄合鈔》作“採珠”。

〔六〕蘼：《任黄合鈔》作“蔭”。

〔七〕楊子精醫藥，兼善書，故兩及之：《石倉十二代詩選·四集》《任黄合鈔》無。

〔八〕室：《任黄合鈔》作“石”。

〔九〕愁：《任黄合鈔》作“愀”。

注釋

〔一〕楊子：不詳。

〔二〕島夷：居島之夷。《尚書·禹貢》：“恒衛既從，大陸既作。島夷皮服，夾右碣石入于河。”又“島夷卉服，厥篚織、貝，厥包橘、柚，錫貢。”

〔三〕交廣：交州、廣州。

〔四〕溟海：大海。

〔五〕翠羽：翠鳥。

〔六〕勃窣：亦作“勃崒”，匍匐而行，跛行。《文選·司馬相如〈子虛賦〉》：“於是乃相與獠於蕙圃，媻珊勃窣上金堤。”李善注引韋昭曰：“媻跚勃窣，匍匐上也。”

〔七〕柳州逋客：逋客，逃亡之人，後指避世隱者。柳州逋客或指唐柳宗元（773—819），字子厚，河東解縣（今山西運城）人。德宗貞元時進士，官至監察御史。後被貶爲永州司馬，遷柳州刺史，故又稱爲“柳柳州”。

〔八〕九回腸：愁腸反復翻轉，比喻憂思鬱結難解。司馬遷《報任少卿書》："是以腸一日而九迴。"

〔九〕薄惡：風俗等澆薄，不淳厚。《漢書·禮樂志》："習俗薄惡，民人抵冒。"

〔一〇〕炎方：泛指南方炎熱之地，南方。

〔一一〕天綱：朝廷的綱紀。《後漢書·陳蕃傳贊》："陳蕃蕪室，志清天綱。"

〔一二〕公侯廕：以公侯之後而獲得恩蔭。

〔一三〕丹王：丹藥之王。

〔一四〕雞舌香：香料之一，宋代沈括《夢溪筆談》以爲即丁香。古代尚書上殿奏事，口含此香。《初學記》卷一一引漢應劭《漢官儀》："尚書郎含雞舌香伏奏事，黄門郎對揖跪受，故稱尚書郎懷香握蘭，趨走丹墀。"

〔一五〕草聖：草書之聖，古代對草書有高度成就者的稱呼，因時代不同而所稱有異。三國魏韋誕稱東漢張芝爲草聖；唐李嗣真《書後品》稱晉王羲之"草行雜体，如清風出神，明月入盃"，爲"草之聖也"；唐杜甫《飲中八仙歌》稱唐張旭爲草聖，"張旭三盃草聖傳，脱帽露頂王公前，揮毫落紙如雲煙"。

梁園〔注一〕行贈友人〔注二〕

梁園賦客爭長雄，上皇賜制承光宫。舍人灑翰傾四海，墨池畫捲龍圖風。崆峒〔注三〕紫髯坐揮霍，天馬食電行烟空。東昏尚書老臺諫，岸幘狂歌凌五公。鄴渠武庫森劍戟，九日對蝕天葱蒙。憶昔彤庭〔注四〕駐驕虜，東觀老儒譯胡譜。吴元年〔注五〕秋封列侯，海内圖書半蒿土。文章無骨不經世，江星岸莽誰復數。國初饒稱高季迪〔注六〕，英廟〔注七〕頗重林子羽〔注八〕。懷麓學士〔注九〕終破碎，可惜後宫傳樂府。使君崛起潁汝瀆，地下燕許徒紛紛。金戈霓旌赤日動，蕭韶玉壺清秋聞。手銘周敦繼聖作，野鑿禹甸窺皇墳。天子親留考功部，殿最萬國恢人文。山公古靈喪顏色，掉頭筆落生風雲。誰憐一斥四千里，蛟龍雨黑呼不起。同官少年多列卿，滯閏黃楊〔注一〇〕百寮〔注一一〕底。風流儒雅翻蹭蹬〔注一二〕，明月蚌胎〔注一三〕困泥滓。劍佩曉發三閭〔注一四〕城，樓船夜泊五谿〔注一五〕水。丈夫勳名小戰場，朝爲醜虜暮侯王。寰中梁肉厭豺虎，大内綵幣供天狼。明時補闕須至計，尺簡奏帝天爲霜。君行好醜繫社稷，濟世反覆思陶唐。

輯録

（明）任瀚《任少海集》，（明）俞憲編《盛明百家詩》，《四庫全書存目叢書》集部第306冊，第90—91頁；國家圖書館藏明嘉慶隆慶刻本，第34冊，第3—4頁。

注釋

〔一〕梁園：一名梁苑，西漢梁孝王都睢陽（今河南商丘），爲接待賓客而興建的三百里林園，延辭賦家司馬相如、枚乘等居園中。

〔二〕友人：指陳束，時出任河南提學副使。

〔三〕崆峒：崆峒子，即廣成子。古代傳説，廣成子居崆峒山，黄帝曾往問道，故稱。事見《莊子·在宥》。此當指李夢陽。

〔四〕彤庭：本指漢代宫廷，因以朱漆塗飾，故稱。此後泛指皇宫。

〔五〕吴元年：元至正二十七年（1367），朱元璋稱帝建國前一年所定年號。

〔六〕高季迪：高啓（1336—1374），字季迪，號青邱子，元末明初平江路長洲縣人。有詩才，其詩清新超拔，雄健豪邁，尤長於七言歌行，爲明初十才子之一，後人推許爲明三百年詩壇巨擘。《四庫全書總目》稱高啓“詩天才高逸，實據明一代詩人之上。其於詩，擬漢魏似漢魏，擬六朝似六朝，擬唐似唐，擬宋似宋，凡古人之所長，無不兼之”。所著有《吹臺集》《江館集》《風臺集》《婁江吟稿》《姑蘇雜詠》等，詩凡二千餘首，自選定爲《缶鳴集》12卷，共録詩九百餘首。景泰初，徐庸掇拾遺佚，合爲一編，題名《高太史大全集》，凡18卷。

〔七〕英廟：明英宗朱祁鎮（1427－1464），明宣宗朱瞻基長子，明代宗朱祁鈺異母兄，明憲宗朱見深之父，明朝第六任（1435－1449）、第八任皇帝（1457－1464），廟號英宗。

〔八〕林子羽：林鴻，字子羽，福清縣人。洪武初，以《龍池春曉》《孤雁》兩詩得太祖賞識，薦授將樂訓導。洪武七年（1374）拜禮部精膳司員外郎，年未四十自免歸。善詩，詩法盛唐，爲"閩中十才子"之首。《四庫全書總目》稱其"時繞清韻"。

〔九〕懷麓學士：李東陽（1447－1516），字賓之，號西涯，長沙府茶陵州人，明代中後期茶陵詩派代表人物。李東陽重視樂府詩的創作，將其編輯成册，並撰《擬古樂府引》以傳世。明英宗天順八年（1464）進士，官至禮部尚書兼文淵閣大學士，著有《懷麓堂集》100卷。

〔一〇〕滯閏黄楊：即黄楊厄閏。舊時傳説黄楊難於生長，遇閏年不僅不長，反要縮短，故以黄楊厄閏比喻境遇困難。宋蘇軾《監洞霄宫俞康直郎中所居四詠・退圃》："園中草木春無數，衹有黄楊厄閏年。"自注："俗説，黄楊一歲長一寸，遇閏退三寸。"

〔一一〕百寮：即百僚，百官。

〔一二〕蹭蹬：困頓，失意。唐杜甫《上水遣懷》："蹭蹬多拙爲，安得不皓首。"

〔一三〕明月蚌胎：明月，明月珠。蚌胎，珍珠。唐高適《和賀蘭判官望北海作》："日出見魚目，月圓知蚌胎。"

〔一四〕三閭：指屈原。《後漢書・孔融傳》："忠非三閭，智非鼂錯。"李賢注："即屈原也，掌王族三姓，曰昭、屈、景，故曰三閭。"此蓋指屈原所居之地。

〔一五〕五谿：即五溪，地名，指雄溪、樠溪、無溪、西溪、辰溪。北魏酈道元《水經注・沅水》："武陵有五溪，謂雄溪、樠溪、無溪、西溪、辰溪其一焉。"一説指雄溪、蒲溪、西溪、沅溪、辰溪。唐李白《聞王昌齡左遷龍標遥有此寄》："聞道龍標過五溪。"楊齊賢注："武陵有五溪，曰雄溪、蒲溪、西溪、沅溪、辰溪。"漢屬武陵郡，爲少數民族聚居地，在今湖南西部、貴州東部。

孝子行

范孝廉〔注一〕四海尋父，精誠動天地。江門晤語，歷歷如見古人。原野蕭條，悲風落木，其誰無皋魚之思〔注二〕者？委身求仁，子殆不朽。吾老矣，采薇空山，與猿鳥爲群，英英白雲，不堪持贈，惘然擊石，水上作歌，謳爲别。

湖霜飛凍海冰結，行子履霜面積鐵。瘐馬骨折死路衢，麻衣縷割沖冰雪。去冬見我滄海渚，神氣慘悴皮肉折。天寒木落生愁酸，躑躅傷心淚凝血。自説阿爺老明經，中路蹭蹬忍斷決。北走京華叩帝閽，蓬萊宫殿煙霞隔。權門威武賤文史，王公傲岸禮數絶。九關虎豹晝齧人，四郊營壘道梗塞。阿母悲號無時休，灑泣雲天競摧折。爺聞母死暫歸來，遲回去住生計拙。吞聲且出辭墳墓，欲行不行暗嗚咽。兒女牽衣衣袖絶，踟躕毒痛肝腸熱。飄零一去海江長，消息虚傳向湖浙。孤雛忍死隨猿狖，竄入寒林拾橡栗。敲鐮篝火呻殘經，哀聲直上於寥泬〔注三〕。辛苦成名爺不歸，委軀陵谷分所屑。將孥荷擔走八極，炎海窮荒資蒐閲。神州赤縣書姓名，牓揭闤闠〔注四〕致惋切。求哀逆旅拜行蹤，有時叩搕延臧獲〔注五〕。陰房取瓦數枕籍，手足皸瘃魂怵掣。記爺别時懷丹砂，三韓勾漏〔注六〕形影滅。疑仙歘登風雨岑，訪怪下搏蛟龍穴。烏鳶啄處毛髮掇，溝壑罅中眶眥裂。排幽觸暗披荆杞，身上豈有完衣袂。蒼梧瘴高熊虺怒，猩猩夜唬山雨黑。秦嶺崆峒不見人，長城戰骨堆如截。陰山鬼哭月黄昏，孥驚墮澗雙脛絶。青徐孟門〔注七〕風土異，鄉縣征兵芻糗缺。淮上見兒誇身手，窘辱唾駡並污蔑。物色所向無嶮巇，腳繭洞穿筋髓竭。五載奔波百計窮，襄鄧天高萬峰列。蒼茫還聞道旁語，太古精靈玄武闕。溪毛可羞水可酌，禋薦神明問行轍。南崖卻轉紫霄宫，山椒突兀見一堞。豈謂爺死埋異壤，宫中掌事藏遺訣。摩挲淚眼認點畫，掘取遺骸尚存舌。刺臂瀝血血模糊，下滲髑髏暈紅徹。野哭向天蹶復蘇，海日無光北風冽。青幢丹旐〔注八〕幕江漢，游魂飛渡愁巀嶪。我聞此語重慘傷，誰無父子君臣列。爲君勒石岷峨天，萬古乾坤不磨滅。〔注九〕

輯録

（民國）趙芹署《蒙化范氏族譜》卷四《詩》，楊世鈺、趙寅松主編，雲保華、阿惟愛分册主編《大理叢書·族譜篇》，昆明：雲南民族出版社，2009年，第1628頁。

注釋

〔一〕范孝廉：范運吉，字用修，雲南蒙化（巍山）人。嘉靖二十八年己酉（1549）舉人。父寅好爲方外游。吉病且少，不克從。及長，好學力行，補弟子員，以詠白菊詩，受知於巡撫應大猷，許妻以兄女。及登賢書，應促其完娶。吉誓不見父，不肯娶，遂書尋父狀，負於背，遍歷天下，跋涉五載，辛苦萬狀。至楚襄陽，行哭於市。有知其父者，云在武當榔梅園，至則已歿。吉刺血認屍，扶櫬歸，廬墓三年，方赴京完娶。事聞，詔旌其門。吉慟父歿於外，遂終身不仕。明徐養正《旌表孝子舉人范運吉公傳》詳記其事，有明嘉靖刻本，國家圖書館、北京大學圖書館等藏，並收録于《藜照廬叢書》《滇南碑傳集》。

〔二〕皋魚之思：指人子思孝養親而不及。《韓詩外傳》卷九："孔子行，聞哭聲甚悲。孔子曰：'驅！驅！前有賢者。'至則皋魚也。被褐擁鐮，哭於道傍。孔子辟車與之言曰：'子非有喪，何哭之悲也？'皋魚曰：'吾失之三矣：少而學，游諸侯以後吾親，失之一也；高尚吾志，間吾事君，失之二也；與友厚而小絶之，失之三矣。樹欲静而風不止，子欲養而親不待也，往而不可得見者親也，吾請從此辭矣。'立槁而死。孔子曰：'弟子誡之，足以識矣。'於是門人辭歸而養親者有三人。"

〔三〕寥泬：指天空。《太平廣記》卷一〇二引《三寶感通記·新繁縣書生》："每至齋日，村人四遠就設佛供。常聞天樂，聲震寥泬，繁會盈耳。”

〔四〕闤闠：街市，街道。《文選·左思〈魏都賦〉》：“班列肆以兼羅，設闤闠以襟帶。”吕向注：“闤闠，市中巷繞市，如衣之襟帶然。”

〔五〕臧獲：古代對奴婢的賤稱。《荀子·王霸》：“大有天下，小有一國，必自爲之然後可，則勞苦秏顇莫甚焉；如是，則雖臧獲不肯與天子易埶業。”

〔六〕勾漏：亦作“勾屚”，山名，在今廣西北流縣東北，有山峰聳立如林，溶洞勾曲穿漏，故名。爲道家所傳三十六小洞天的第二十二洞天。漢置勾漏縣，隋廢。

〔七〕孟門：古山名，一在今河南輝縣西，春秋時爲晉國要隘；一在陝西宜川東北、山西吉縣西，綿亘黄河兩岸，又稱龍門上口。

〔八〕青幢丹旐：青幢，青色的旗幡或車蓋，古時官員出行時的儀仗之一。唐白居易《和東川楊慕巢尚書府中獨坐感戚在懷見寄十四韻》：“紫綬黄金印，青幢白玉珂。”丹旐，猶丹旌，喪家用來題死者名銜的紅色銘旌。南朝梁何遜《王尚書瞻祖日》：“昱昱丹旐振，亭亭素蓋上。”

〔九〕按：全詩據范運吉行實而作，明徐養正《旌表孝子舉人范運吉公傳》、任瀚弟子文衡《明葫芦山人范公墓表》詳记其事。今附徐作於下，以明其詩意。《旌表孝子舉人范運吉公傳》：“范運吉者，滇之蒙化人也。其先合肥五世祖成，以軍功授指揮衛于蒙，遂麗籍焉。四傳生端，端生運吉父寅。寅自幼時，孝友知義，年十三，痛父端罹屯量獄，愬得代縶，斷髪授《春秋》于獄中。侵尋二年，間關完逋以釋，益折節讀書，補學宫餼廪。計當貢，會同學史官父子，爲讐家誣以盗，死於非刑。寅或激之，執其冤以鳴，得罪，竟被擯黜。入奏，不能達以歸。寅有感於母之喪也，妻之亡也，四子之孱焉未立也，茫無所依，遂決意去之四方以自放。時運吉爲郡庠生，號泣諫止之，弗獲。欲從之游，母且未殯，乃謀脱婦左氏簪珥，置僕以隨。嘉靖二十二年六月一日，寅遽長往。往後幾六月，運吉婦左氏並一女胥淪喪，家徒壁立，鄉人舉之以殮，且給之，克襄事。二十五年三月終制，隨入省試不遇，然痛父客游成疾，不能躡父行。撫臺應公聞其事，憐之，款以精舍，俾肄習焉。運吉每日夜稽首誓天曰：‘吉有志功名，無心尋父，幽遭暴譴，明當刑戮，惟神鑒之。’且禱于城隍，哭祈見父。二十八年春，疾漸愈，迺製衲衣，辭所親而行。憲學胡公復慰留。秋試與薦，即攜子潤，不抵家而出。歷五載，果得父骸歸葬云。初，寅與運吉别，謂曰：'汝好放我，他日尋我於葫蘆山。'運吉不知所云，追跡父，經蜀夔州南山，見方士家有所懸剌，曰：'滇葫蘆山人范寅拜。'始悟爲父出游號也，益戚戚痛恨奔訪，書其背曰：'雲南蒙化府不孝子舉人范運吉尋父。有報父生者，父子與之爲奴；報父死者，與之爲子。'日負之行。又爲尋父狀，刻之，布諸人人，庶幾遇焉。所遇神祠，且哀且禱，宛轉想像，未及應驗。由是適荆州，赴襄陽，入京師，導淮泝汴，入山東，至太平寺，叩神祈夢。是夜，夢父執其手，指一大石曰：'我死此石中矣。'石宛類葫蘆。運吉大哭，圖石形負之。過臨清，又夢父曰：'兒何不信我，我死四川河南之中矣。'運吉未喻，見一老人，偵以夢。老人曰：'四川河南之中，川河之南也。'因復入太平寺。值應公再撫山東，元日出，見吉尋父狀，乃訪諸寺中，邀入爲發狀覈報，不獲。又苦男范潤覆車湯陰折肱，及遇應公，治之，顧得如舊，由是父子得以相依爲命。應公尋内召少宰，吉固辭去。公曰：'吾見汝形神俱悴，萬一不諱，我之責也。汝父既去，致汝父子有今日之苦。汝若不痊，其如汝宗祀何？盍轉移調息自愛，再爲圖之。'因攜吉父子一僕入京，日尋訪便。吉至京，夜忽夢人謂曰：'汝當死也。'吉曰：'死生有命，但恨未見父而死，不瞑目耳。'屬子潤曰：'我若不幸，汝當繼我之志，以尋汝祖。至我死，應公必有以處，非所知也。'言未畢，應公適過，聞之，哭謂吉曰：'汝若不幸，當必無負汝。汝病愈，我當以兄子妻汝，成汝之志。'乃書以慰之曰：'惺其心，以省知慮，以顯親揚名者，孝子也。昏其心，以損知慮，以捐軀辱親者，愚人也。每見自古豪傑之士，樹功名，顯父母，躋壽考，以無忝所生者，多自尤戚困苦中來。方其不自遣之時，匪不欲奮一死以自快，而此身所繫，則有重於泰山，所以寧忍隱而不敢失此身，爲此故也。今見子，行若思，坐若癡，惽侗不知所之，雖爲親委身溝壑，於親已失所望，又誰爲子表揚耶？慎須保愛此身，以圖大事。念之哉！念之哉！'無何，吉少瘥，應公請於家廟，以兄女許妻之。吉不忍，强之再三，吉姑唯唯。復爲吉移檄四方，求寅。未踰月，公以致仕去，乃語吉父子曰：'汝大事如定，慎勿吾負，但有消息，即須相報，吾佇目望也。'遂與吉相泣而别。

公既去，吉病尋愈，再刻尋父狀，無慮數千楮。出京，路逢人輒拜給之，誓不得父不有生。聞陝西有葫蘆山，欲往而誤由武當道。遂上紫霄宫，過榔梅園一大石邊，肉瞤，馬蹶，既還復如之，莫知其故。夜夢池荷無水而開，覺而訊之人，曰：'傷哉！荷無水而必死。'吉泣曰：'父豈死太和乎？'復訪黄鶴，登岳陽樓，道出京山，渡赤河，趨承天。時背尋父字，所過皆聚觀，有疑心，吉即出所刻尋父狀，遍給之。會庠生陳良士同門烏慈僕得之，持入學宫。良士適在學，見所布狀。驚曰：'此非葫蘆山人子乎？若不吾遇，雖奔走老死，無益也。'即遣弟良臣追吉，款於家。吉因問良臣兄弟所以知父之故，良臣曰：'二十五年春，有内使廖彬遇一老人於豐樂河，不下驢，怪而詰之。老人曰：我雲外人，非汝可頓挫也。内使怒縛之，老人夜不絶詈。内使復令人棄之於溝中。良臣夜過，聞溝中有聲，就而扶之出，延以歸，師事焉。始知爲葫蘆山人，及其姓名。半月餘乃去。踰年，良臣上武當，過榔梅園，見葫蘆山人，不火食，坐樹下，嘗自稱曰：好快活！好快活！又踰年，再上武當，至前所過，樹已倒，無人。問之路人，曰：死矣！死之日，坐雪中，飲水一盂而逝。弟子陳憲服其行義，掩之石洞中，計嘉靖二十七年十月初四五也。'運吉聞之，大哭。良士母在内，言曰：'此必葫蘆山人之子。不然，何其聲之相似也。'運吉於是拜陳母爲母，而兄事良士、良臣，急要臣同趨武當。良臣亦迷其處，遇道士王崇舉，指示石洞，儼即所夢葫蘆狀。運吉嚮洞大哭，幾絶。外若有牽其衣者，遽欲啓之。或言曰：'此禁山也，奈何可輕啓？且果爲汝父，紫霄宫住持鄒厚先生，其弟子也，而翁必有手跡存焉。據是爲佐證，乃可啓耳。'運吉與良臣同往哀求之，始得。遂於牽衣處，掘得二骸，已爲人移出洞矣。先是，運吉之欲渡漢江也，水且泛，不得渡。寓柴店，舍宿，見有小書一帖，凡父子兄弟相認真實者，刺血入骨。至是得骸，真贋莫辨，遂禱於天地，沃水刺血試之。其一枯者，刺得入，新者不入也。衆皆異之。吉痛哭，入棺扶歸。其新者，祭而葬之，並以鏹負謝良臣。臣堅不受，强之受其半，且爲運吉備行裝以送之。提學太和雷公、兵憲張公、參戎李公、鈞州范守聞之，爲之立碑石旁，曰：'雲南蒙化府舉人范運吉，領男范潤尋父五載，感天，得見骸骨，刺血收斂還鄉之處。'方運吉之過荆州也，夜入遠安，值虎噬人，背有言者曰：'有虎！有虎！’運吉避之，得免。已而視其人不見。渡楊惱，爲舟人所紿，入叢葦中，四面皆水。夜深，雷雨大作，水漸泛，知無可生。適漁艇人，渡之而出。其饑凍流漓，困辱迷踣，幾死者屢矣。而卒以獲免，徜所謂感天者，非耶？出五載，家人邈不相聞，父之骸，已無所歸矣，而獲舁以葬，至自萬里之外，豈人力能致然哉？時撫臺孫公、前巡臺黄公廉其事，會聞於皇朝，巡臺劉繼至，共樂成之。左方伯汪公、右方伯范公、太參汪公、少參趙公、總憲郝公、副憲李公、周公、范公、僉憲歐公，大書‘孝通神明’，置匾表其宅焉。孫公世祐占，江西豐城人，己丑進士；黄公中，浙江遂昌人，辛卯鄉進士；劉公涇，河南懷慶人，丁未進士；汪公尚寧，直隸歙縣人，己丑進士；趙公崇信，廣東東莞人，乙未進士；郝公維嶽，四川敘州人，己丑進士；汪公倈江，西貴溪人，戊戌進士；李公樂，湖廣沅陵人，乙未進士；周公復俊，直隸崑山人，壬辰進士；范公之箴，浙江秀水人，乙未進士；歐公禮，湖廣彬縣人，乙酉鄉進士；應公大猷，浙江仙居人，甲戌進士；胡公堯時，江西太和人，丙戌進士；雷公賀，江西豐城人，辛丑進士；張公景覽，四川眉州人，戊戌進士；范守大儒，山東霑化人，庚戌進士；同司副憲蔣公宗魯屬予作傳，以風示學者。公，貴州普安人，戊戌進士。後先樂助者，訓導李茂，土舍左應元、左承恩、楊文聰、楊於東；同事周旋者，舉人劉師顔、劉維藩，皆郡人，其周急好義，足紀云。論曰：運吉其赤子之心乎！夫出入顧，若遠若近，若喜若慕，若隘若踣，盤折牽繫，不忍去此孩提狀也。以予觀於運吉，殆能充是心者耶！其人之長而少也，視其父之死而生也，歷百折而不改其初。孔子曰：‘孝弟之道，通於神明。’其得父骸歸葬也宜哉！大明嘉靖甲寅四月朔後一日，賜進士出身、奉勅提學雲南按察司僉事、前翰林院庶吉士、户科右給事中、馬平蒙泉徐養正撰。”

任瀚集校注卷二

七言古詩

東方道人席上

東方别有靈光洞，火養青霞〔注一〕三百甕。飡霞坐見海水枯，爛漫滄洲騎白鳳〔注二〕。有時招飲六神君〔注三〕，略記安期〔注四〕吴世雲〔注五〕。舞陳《集羽》〔注六〕三天〔注七〕喜，樂奏《霓裳》〔注八〕九地聞。燕〔注九〕罷從予訪金液〔注一〇〕，媧皇正煉補天石。爲君剪取清微天上虚無雲母精〔注一一〕，摶來擣和扶桑〔注一二〕日餌之，千秋萬歲生羽翼。

輯録

（明）任瀚《春坊集》卷下。

注釋

〔一〕青霞：青雲。

〔二〕白鳳：傳説中的神鳥。《洞冥記》："帝既耽於靈怪，常得丹豹之髓，白鳳之膏。"北周庾信《象戲賦》："白鳳遥臨，黄雲高映。"

〔三〕六神君：六宗之神。《楚辭·九章·惜誦》："令五帝以枏中兮，戒六神與嚮服。"王逸注："六神，謂六宗之神也。"

〔四〕安期：即安期生，神仙名。秦漢間齊人，一説琅琊阜鄉人。從河上丈人習黄帝、老子之説，賣藥東海邊。秦始皇東游，與語三日夜，賜金璧數千萬，皆置之阜鄉亭而去，留書及赤玉舄一雙爲報。始皇遣使入海求之，未至蓬萊山，遇風波而返。後世方士、道家謂其爲居海上之神仙。事見《史記·樂毅列傳》、漢劉向《列仙傳》。《史記·封禪書》："安期生仙者，通蓬萊中，合則見人，不合則隱。"

〔五〕吴世雲：吴猛，字世雲，晉豫章人。少有孝行，恣蚊飽血以侍親。年四十，邑人丁義授其神方，還豫章，以白羽扇畫水而渡。世雲以道授許遜，許遜得諶母至道，復授於吴，其後皆得道成仙。《晉書·藝術傳》有傳，干寶《搜神記》、《正統道藏·譜録類·許真君八十五化録》亦有記載。又唐吉州刺史吴世雲，貞觀七年（633）罷政，隱於吉水玉笥山，修道成仙。天寶中，張九章守吉，爲立廟，賜額雲儲，大順中改曰雲騰廟。

〔六〕《集羽》：舞名。《拾遺記》卷四《燕昭王》："廣延國来獻善舞者二人"，"其舞一名《縈塵》，言其體輕與塵相亂；次曰《集羽》，言其婉轉若羽毛之從風；末曰《旋懷》，言其支體纏曼若入懷袖也"。

〔七〕三天：道教稱清微天、禹餘天、大赤天爲三天。

〔八〕《霓裳》：樂曲名，唐代宫廷舞曲《霓裳羽衣曲》的簡稱。

〔九〕燕：即"宴"，宴飲。

〔一〇〕金液：古代方士煉的一種丹液，謂服之可成仙。晉葛洪《抱朴子·金丹》："金液太乙所服而仙者也，不減九丹矣。"

〔一一〕雲母精：亦稱雲精，一種礦石。宋蘇軾《濠州七絶·彭祖廟》："空餐雲母連山盡，不見蟠桃著子時。"

〔一二〕扶桑：古代神話中的海外神木。

送胡立之〔注一〕中翰〔注二〕奉使孝陵〔注三〕

高皇至正〔注四〕舉義兵，淮海群雄鼓譟起。武寧開平最驍健，醉怒横戈奪袍璽〔注五〕。東南軍中賴高后，出入營門半生死。洪武事定都建康，擘裂宇縣封諸王。晉代遼齊〔注六〕盡隆隼〔校一〕，燕室〔注七〕神聖承天潢〔注八〕。九朝〔注九〕衮冕遍萬國，王孫豈思高后力。孝陵梓宫愁狐兔〔注一〇〕，高廟玉環防盗賊。鍾山寢殿霜露深，白頭中官薦寒食。先帝警蹕〔注一一〕雖望幸，翠華〔注一二〕冥冥指八極〔注一三〕。至尊臨御數感慨，殿前手降中書勅。舍人意氣當代奇，扈勅〔注一四〕金陵振羽儀。樓船旌旆下北固，天書壓海蛟龍饑。聖祖艱難重開國，淮南土腥多戰血。斷戈折戟尚殷紅，濠梁〔注一五〕老父能饒舌。經過白下〔注一六〕長千里，百拜民間求野史，馬上題封〔注一七〕報天子。

輯録

（明）任瀚《春坊集》卷下。

校勘

〔一〕隆隼：疑爲“隆準”之訛。隆準，高鼻。《史記·高祖本紀》：“高祖爲人，隆準而龍顔。”此當借以贊諸王之特殊相貌，暗指其高貴血統。

注釋

〔一〕胡立之：胡植（1508—?），字立之，江西南昌府南昌縣人。嘉靖十四年（1535）進士。由御史任南畿提學。二十九年（1550）升大理寺右寺丞。三十一年（1552）任大理寺右少卿，三十三年（1554）轉左。三十四年（1555）陞治河僉都御史。三十五年（1556）丁憂。四十年（1561）再任，尋陞右副都御史，總督漕運，調南光禄寺卿。四十二年（1563）閑住。

〔二〕中翰：明代中書舍人的别稱。明沈德符《萬曆野獲編》卷一八《梁文康子殺人》：“嘉靖以來，閣臣任子，非璽丞即中翰。”同書卷一一《任子爲郎署》：“首揆一品恩蔭，例拜尚寶司丞，次揆與六卿至一品者，得拜中書舍人。”

〔三〕孝陵：明太祖朱元璋與皇后馬氏合葬的陵寢，在今南京市玄武區紫金山南麓獨龍阜玩珠峰下。

〔四〕至正：元惠宗年號（1341－1368）。

〔五〕袍璽：皇袍玉璽。

〔六〕晉代遼齊：晉王朱棡、齊王朱榑，詳《明史》卷一一六《諸王傳一·太祖諸子一》；代王朱桂、遼王朱植，詳《明史》卷一一七《諸王傳一·太祖諸子二》。

〔七〕燕室：燕王室，即朱棣。

〔八〕天潢：皇族，帝王宗室。

〔九〕九朝：指燕王朱棣稱帝後傳九代，即明成祖、明仁宗、明宣宗、明英宗、明代宗、明憲宗、明孝宗、明武宗、明世宗九朝。

〔一〇〕狐兔：狐和兔，喻指小人、壞人。

〔一一〕警蹕：帝王出入時，于所經路途警戒，清道阻止行人。晉崔豹《古今注·輿服》："警蹕，所以戒行徒也。《周禮》蹕而不警。秦制出警入蹕，謂出軍者皆警戒，入國者皆蹕止也，故云出警入蹕也。至漢朝梁孝王，王出稱警，入稱蹕，降天子一等焉。一曰，蹕，路也，謂行者皆警于塗路也。"

〔一二〕翠華：天子出行時所使用的翠羽所作的旗飾。

〔一三〕八極：八方至遠之地。

〔一四〕扈勅：奉勅扈從。

〔一五〕濠梁：濠水上的橋梁。《莊子·秋水》："莊子與惠子游於濠梁之上。莊子曰：'儵魚出游從容，是魚樂也。'惠子曰：'子非魚，安知魚之樂？'莊子曰：'子非我，安知我不知魚之樂？'"後世用"濠梁"比喻隱士悠然自得，閑適游樂。

〔一六〕白下：古地名，在今江蘇省南京市西北，唐移金陵縣於此，改名白下縣，後因用作南京的別稱。

〔一七〕題封：封緘題簽。

水頭送陳約之〔注一〕

烈士碎玉斗，哀響激雲天。陳王〔注二〕詞賦裂金石，謔浪已博聲名懸。使星〔注三〕辭闕下江海，南箕北斗遥相待。文章有神能妬人，皮骨盡空毛髮改。阿奴〔注四〕嘆〔校一〕卿騎土牛，七年留滯武昌樓〔注五〕。承明學士半宫保，空爾石渠同校讐。天王仲春巡楚甸〔注六〕，𣮅蹕襄樊不相見。已聞抗旌轉南越〔注七〕，感我泣下灑行殿。拚作秋花竟飄散，何期夜月還京縣〔注八〕。驚喜疑從烟霧來，日上青天敞高讌〔注九〕。赤墀捧來拜〔校二〕至尊，夢底來過金馬門。群公〔注一〇〕目送色沮喪，有才藞落〔注一一〕哀王孫。起舞謝上客，聽我歌嗚咽。周南太史〔注一二〕頭盡白，杜陵野老〔注一三〕骨欲折。禰衡〔注一四〕愁對漢江雲，李廣羞歸灞亭月〔注一五〕。五陵〔注一六〕豪貴多屠沽，建牙裂組吹噓枯。老儒奏對不稱旨，罷還空同采薇死。卿到南洲〔注一七〕怨陸沈，我留塞北少知音。關山萬楊柳，懸絲牽客心。沙昏野曠不得住，日莫相思湖水深。

輯録

（明）任瀚《春坊集》卷下。又見於（清）費經虞撰、（清）費密補《劍閣芳華集》卷五，第19頁。

校勘

〔一〕嘆：《劍閣芳華集》作“笑”。

〔二〕來拜：《劍閣芳華集》作“表拜”，其後文字俱脱。

注釋

〔一〕陳約之：陳束（1511－1543），字約之，號後岡，浙江鄞縣人。嘉靖八年（1529）進士，授翰林院庶吉士，除禮部祠祭司主事，遷員外郎，改翰林院編修，乃日與熊過、屠文升、唐順之、田叔禾、王道思數子更相過從，考鏡鴻濛，陳説藝文，競爲古詩文。不附權貴，出注湖廣僉事，分司辰沅。上書乞休，不報，陞福建參議。李開先爲文選，徙爲河南提學副使，因鄉試期迫而卒於官，年僅三十三歲。所著有《后岡集》。事迹詳李開先《李中麓閒居集》卷一〇《后岡陳提學傳》。

〔二〕陳王：三國魏曹植（192－232），字子建，沛國譙（今安徽亳州市）人。曹操子，封陳王，謚思，故又稱陳思王，建安文學代表人物，代表作有《洛神賦》《白馬篇》《七步詩》等，後人輯爲《曹子建集》10卷。

〔三〕使星：天節八星主使臣事，故稱帝王使者爲使星或星使。《晉書》卷一一《天文志上》："畢附耳南八星曰天節，主使臣之所持者也。"《後漢書》卷八二上《方術傳上·李郃》："使者二人當到益部，投郃候舍。時夏夕露坐，郃因仰觀，問曰：'二君發京師時，寧知朝廷遣二使邪?'二人默然，驚相視曰：'不聞也。'問何以知之。郃指星示云：'有二使星向益州分野，故知之耳。'"

〔四〕阿奴：對自己的謙稱。

〔五〕七年留滯武昌樓：嘉靖十四年（1535），陳束出爲湖廣僉事。

〔六〕天王仲春巡楚甸：嘉靖十八年（1539）二月，世宗南巡。

〔七〕抗旌轉南越：嘉靖十七年（1537）夏，陳束陞福建參議，冬抵閩。

〔八〕何期夜月還京縣：嘉靖十八年（1539）秋，陳束病後還朝。

〔九〕高讌：盛大的宴會。嘉靖十八年（1539），陳束留京待職，與李開先、吕高、熊過等飲於任瀚寓所。陳束《同屠六宫諭、胡用甫侍講、李伯華文選、吕大車駕、熊叔仁武選飲任二司直宅，醉後話舊，席上輒成口號相贈》。

〔一〇〕群公：任瀚、熊過等，陳束有《出都酬謝任、熊二兄兼柬李伯華文選》詩。

〔一一〕藷落：即零落，飄零，流落。

〔一二〕周南太史：指司馬遷。漢武帝封禪，司馬遷滯留周南，不得與事。《史記·太史公自序》："是歲天子始建漢家之封，而太史公留滯周南，不得與從事。"此或任瀚自喻。

〔一三〕杜陵野老：唐杜甫自稱。杜甫祖籍杜陵，又嘗居住杜陵附近，故常以杜陵野老、杜陵野客、杜陵布衣自稱。

〔一四〕禰衡：（173—198）字正平，平原郡般縣（今山東臨邑東北）人。東漢末年名士，才茂性直，剛貞不阿，傲岸不羈。孔融薦於曹操，自稱狂病不肯往，數有恣言。操辱之爲鼓史，又裸身擊鼓罵操。操怒而遣與荆州牧劉表，復以侮慢不見容，轉至江夏太守黄祖。衡復恃才任氣，出言不遂，爲黄祖所殺，卒年二十六歲。作有《鸚鵡賦》，以鸚鵡自況，嘆其生不逢時。《後漢書》有傳。

〔一五〕李廣羞歸灞亭月：漢衛尉將軍李廣削職爲民後，曾被灞陵尉奚落并呵止夜行。後多用於落職受辱之典。《史記·李將軍列傳》："嘗夜從一騎出，從人田間飲。還至霸陵亭，霸陵尉醉，呵止廣。廣騎曰：'故李將軍。'尉曰：'今將軍尚不得夜行，何乃故也。'止廣宿亭下。"陸游《排悶》："頗思從李廣，小獵聊吐氣；復恐灞亭歸，邂逅逢醉尉。"

〔一六〕五陵：五陵原，西漢高帝長陵、惠帝安陵、景帝陽陵、武帝茂陵、昭帝平陵所在地，今陝西咸陽附近渭水北岸。漢元帝以前，每立陵墓，輒遷外戚及四方豪族居於陵側，以供奉園陵，稱陵縣，因此成爲豪族聚居之地。後世詩文常以五陵指豪族居住地。李白《少年行》："五陵年少金市東，銀鞍白馬度春風。"

〔一七〕南洲：南洲，蓋指河南。嘉靖十八年（1539），陳束出爲河南提學副使。

匡廬山人來宛京作

我聞漢家含元殿〔注一〕前白虎觀〔注二〕，楚王洞庭湖南黄鶴樓〔注三〕，四海經生學士飛仙談客之上游。看君意氣傾九州，生不得珥〔注四〕彤管〔注五〕，賜貂裘〔注六〕，待詔金馬門〔注七〕，校讐天禄閣〔注八〕，亦當坐青霞，横鐵篴〔注九〕，倒吞雲夢澤〔注一〇〕，踏翻鸚鵡洲。胡爲長驅關塞八千里，黄塵京闕〔校一〕來何求？盧龍〔注一一〕春老不歸去，九江蕭瑟〔校二〕廬山愁。廬山懸明月，彭蠡多釣船，網魚沽酒夜霜白〔校三〕。浩歌直上聞青天，好景留君君不住，長安萬事如風雨。五陵屠沽多賢〔注一二〕臣，甲第連雲買歌舞。河東少年奏新賦〔注一三〕，貧賤無階事明主。君知賢人樂，不見貧士苦。古來賢人當亂離，事仇挾主無不爲。貧士有奇誰比數，發憤死節無人悲。君家茆屋在白雲，春來藥草香繽紛。巢父〔注一四〕掉頭向東海，神堯從此斷知聞。

輯録

（明）任瀚《春坊集》卷下。又見於（清）費經虞撰、（清）費密補《劍閣芳華集》卷五，第 18 頁。

校勘

〔一〕京闕：《劍閣芳華集》作“京闕”。

〔二〕蕭瑟：原本作“簫瑟”，據《劍閣芳華集》改。

〔三〕夜霜白：《劍閣芳華集》作“夜露白”。

注釋

〔一〕含元殿：唐長安大明宫丹鳳門内正殿。始建於龍朔二年(662)，三年竣工。殿成，高宗由太極宫移居於此。武后長安元年（701）改稱大明殿。後復稱含元殿。據唐李華《含元殿賦》，“含元”取義於《易》“含弘光大”“元亨利貞”。按，漢無含元殿。

〔二〕白虎觀：東漢宫觀名，在未央宫中。建初四年（79），漢章帝效漢宣帝甘露、石渠故事，會太常博士諸儒於此，講論五經同異，稱制臨決。後世泛指宫廷中校書、講學之所。元代，白虎觀又爲秘書監的别稱。

〔三〕黄鶴樓：古代名樓，位於湖北武昌蛇山黄鶴磯頭，面江而立。與岳陽樓、滕王閣并稱江南三大名樓，有“天下江山第一樓”之稱，歷代文人墨客於此留下許多千古絶唱，而以崔顥“昔人已乘黄鶴去，此地空餘黄鶴樓。黄鶴一去不復返，白雲千載空悠悠”最著名。相傳仙人王子安嘗乘黄鶴過此，故名。

〔四〕珥：插戴。

〔五〕彤管：赤管之筆，古代女史用以記宫中政令及后妃之事。《詩・邶風・静女》：“貽我彤管。”《傳》：“古者后夫人必有女史彤管之法。”《箋》：“彤管，筆赤管也。”《左傳》定公九年：“《静女》之三章，取彤管焉。”注：“彤管，赤管筆，女史記事規誨之所執。”《後漢書・光武郭皇后紀》：“女史彤管，記功書過。”

〔六〕貂裘：有貂皮縫製的皮衣，極其輕暖珍貴，故爲貴者之服。《戰國策・趙策》："李兑送蘇秦明月之珠，和氏之璧，黑貂之裘，黄金百鎰。蘇秦得以爲用，西入于秦。"

〔七〕金馬門：漢代宫門名，學士待詔之處。《史記・滑稽列傳》："金馬門者，宦署門也。門傍有銅馬，故謂之曰金馬門。"

〔八〕天禄閣：漢代閣名。《三輔黄圖》卷六《閣》："天禄閣，藏典籍之所。《漢宫殿疏》云：'天禄、麒麟閣，蕭何造以藏秘書、處賢才也。'"

〔九〕鐵篴：篴，即"笛"。鐵笛，鐵製的笛管。相傳隱者高士善吹此笛，笛音響亮非凡。

〔一〇〕雲夢澤：古澤藪，本爲二澤，分跨長江中游南北，南稱夢，北稱雲，方廣八九百里，包括今湖北省景山縣南、枝江縣東、蘄春縣西及湖南省華容縣以北，後漸成陸地，遂併稱雲夢。戰國時爲楚王游獵之地。

〔一一〕盧龍：縣名，明屬永平府，在今秦皇島市。

〔一二〕賫：同"貴"。

〔一三〕河東少年奏新賦：揚雄作《河東賦》，奏以勸漢成帝。《漢書》卷八七上《揚雄傳上》："將祭后土，上乃帥群臣横大河，湊汾陰。既祭……陟西嶽以望八荒，跡殷周之虚，眇然以思唐虞之風。雄以爲臨川羡魚不如歸而結網，還，上《河東賦》以勸。"

〔一四〕巢父：堯時隱士。漢王符《潛夫論・交際》："巢父木棲而自願。"晉皇甫謐《高士傳・巢父》："巢父者，堯時隱人也，山居不營世利，年老以樹爲巢而寢其上，故時人號曰巢父。"

送皇甫子循〔注一〕謫黄州

君莫笑狹斜奴子〔注二〕當場無賴赭塗面，金張〔注三〕引入合歡殿〔注四〕。君莫羡邯鄲麗人蛾眉皓齒驕春風，漢皇賜死長門宫〔注五〕。人間萬事真朦朧，湘羅屈平〔注六〕，長沙賈生〔注七〕，江夏禰衡〔注八〕，身在且不保，安用身後名。黄州遷客蘇和父〔注九〕，舊巢破碎要君補。楚王宫闕楚天外，湖上游魂隔烟雨。洞庭波浪闊，蛟螭龍蜃無不有。漢沱水弩〔注一〇〕射馬首，岣嶁山都〔注一一〕背人走，天吴、祝融〔注一二〕骨枯朽。白帝〔注一三〕怒，赤帝〔注一四〕惡，二帝群臣竄南嶽，儽乎〔注一五〕歸來，恐爾後時終落莫。

輯録

（明）任瀚《春坊集》卷下。

注釋

〔一〕皇甫子循：皇甫汸（1504—1583），字子循，號百泉，長洲人。嘉靖八年（1529）進士，除工部主事，歷員外郎、郎中。謫黄州推官，改國子博士，召爲南京吏部稽勳司郎中，又謫開州同知，量移處州府同知，陞雲南按察僉事，以計典論黜。父録（1470—1540），弘治九年（1496）進士，任順慶知府。兄沖（1490—1558），字子浚，嘉靖七年（1528）舉人，好騎射，善言兵，撰《幾策》《兵統》《枕戈雜言》三書，凡數十萬言，著有《華陽集》；涍（1497—1546），字子安，嘉靖十一年壬辰（1532）進士，除工部主事，調禮部，歷儀制員外郎、主客郎中，改補右春坊司直兼翰林檢討，左遷廣平通判，量移南京刑部主事，進員外郎，遷浙江按察僉事，大計京官，以南曹事論罷，有《少元集》。弟濂（1508—1564），字子約，一字道隆，嘉靖二十三年甲辰（1544）進士，除工部主事，謫河南布政司理問，遷興化府同知，有《水部集》。兄弟四人并擅才名，時稱四皇甫、皇甫四傑，而汸尤爲出色。汸古體出入二謝，五言律最工，亦在錢起、劉長卿之間，七言次之，有錢、劉風調，文慕稱六朝，然時時失步，與兄涍可云敵手。所著有《司勳集》60卷、《慶曆集》20卷。

〔二〕狹斜奴子：又稱“狹斜子”，指居住陋巷無遠識之人。南朝梁沈約《白馬篇》：“寄言狹斜子，詎知隴道難。”狹斜，小街曲巷，多指妓院。古樂府有《長安有狹斜行》，述少年冶游之事。後稱娼妓居處爲“狹斜”。奴子，僮僕，奴僕，對男子的賤稱。《宋書·王華傳》：“永呵罵云：‘奴子怠懈，行不及我。’”

〔三〕金張：漢時金日磾、張安世二人的并稱。二氏子孫相繼，七世榮顯。後因用爲顯宦的代稱。《漢書·蓋寬饒傳》："上無許史之屬，下無金張之託。"顔師古注引應劭曰："金，金日磾也。張，張安世也。"

〔四〕合歡殿：漢未央宫殿名。《文選·班固〈西都賦〉》："合歡、增城，安處常寧。"唐李善注："長安有合歡殿、披香殿、鴛鸞殿、飛翔殿。"《三輔黄圖》卷三有記載。

〔五〕長門宫：《三輔黄圖》卷三："長門宫，離宫，在長安城。孝武陳皇后得幸，頗妒，居長門宫。"《後漢書·桓譚傳》"譚進説曰：'昔武帝欲立衛子夫，陰求陳皇后之過，而陳后終廢，子夫竟立。'"唐李賢注："子夫，衛皇后也。本平陽主家謳者，得幸於武帝，生男據，遂立爲皇后。陳皇后，武帝姑長公主嫖女也，擅寵十餘年，無子，聞子夫得幸，幾死者數焉。上怒，遂挾婦人媚道，事覺，廢居長門宫。"

〔六〕屈平：即屈原，名平，又名正則，字靈均，戰國時楚人。初任左徒、三閭大夫，主張改革政治。懷王時，遭靳尚等人毁謗，被放逐漢北。頃襄王時召回，又遭上官大夫譖言，被放逐沅湘流域，懷石投汨羅江而死。所著有《離騷》《九章》《天問》等賦。事迹詳《史記·屈原賈生列傳》。

〔七〕賈生：賈誼（前200—前168），西漢洛陽人。文帝時爲博士，遷太中太夫，好議論國事，遭毁忌，出爲長沙王太傅，遷梁懷王太傅。懷王墮馬死，誼自傷無狀，憂鬱而卒，世稱"賈太傅""賈長沙""賈生"。所著有《弔屈原賦》《鵩鳥賦》《陳政事疏》《過秦論》等。事迹詳《史記·屈原賈生列傳》《漢書·賈誼傳》。

〔八〕禰衡：字正平，東漢平原人。詳《水頭送陳約之》注。

〔九〕黄州遷客蘇和父：不詳。按，北宋蘇軾（1036—1101）因烏臺詩案，被貶謫黄州，築室東坡，自號東坡居士。後世以"黄州遷客"稱之。

〔一〇〕水弩：蜮的俗稱，傳説中的一種水中毒蟲，以其在水中含沙射人，故名。《詩·小雅·何人斯》："爲鬼爲蜮"，唐陸德明《釋文》："狀如鼈，三足，一名射工，俗呼之水弩。在水中含沙射人，一云射人影。"唐張祜《寄遷客》："溪行防水弩，野店避山魈。"

〔一一〕山都：古書記載的怪獸，説法不一，一般認爲指狒狒。

〔一二〕天吴、祝融：天吴，水神名。祝融，帝嚳時火官，後尊爲火神。《國語・鄭語》："夫黎爲高辛氏火正，以淳燿敦大，天明地德，光照四海，故命之曰祝融，其功大矣。"《吕氏春秋・孟夏》："其神祝融。"高誘注："祝融，顓頊氏後，老童之子，吴回也，爲高辛氏火正，死爲火官之神。"

〔一三〕白帝：古代神話中五帝之一，指西方之神。按，此或"北帝"之訛，北方水，與上文"天吴"相對。

〔一四〕赤帝：古代神話中五帝之一，指南方之神，即祝融氏，火神。

〔一五〕儽乎：疲憊、頽喪貌。

送秦司訓〔注一〕

郡城紈綺何輕⿺走票〔注二〕，博士弟子日枯槁。青氈〔注三〕多年冷如鐵，白首下幃〔注四〕苦不飽。脣焦舌燥談九經〔注五〕，城中措大〔注六〕皆絶倒。遷得一官已疲憊，日莫〔校一〕塗長安可道。君不見，陶父釣臺老學究〔校二〕〔注七〕，閉門著書肉皴皺〔注八〕。

輯録

（明）任瀚《春坊集》卷下。又見於（民國）曾世禮編輯《任黄合鈔・任司直詩鈔》，第 13 頁。

校勘

〔一〕日莫：《任黄合鈔》作"日暮"，"暮"爲"莫"的通假字。

〔二〕學究：原本作"學臼"，據《任黄合鈔》改。

注釋

〔一〕秦司訓：不詳。司訓，縣學教官的别稱。

〔二〕⿺走票：《説文解字・走部》："輕行也。从走票聲。"

〔三〕青氈：指清寒貧困者。宋王禹偁《求致仕第一表》："豈期陛下軫念青氈，重升黄閣。"

〔四〕下幃：亦作"下帷"，放下室内懸掛的帷幕，指教書。《史記·儒林列傳》："下帷講誦，弟子傳以久次相授業，或莫見其面，蓋三年董仲舒不觀於舍園，其精如此。"《魏書·李謐傳》："遂絶跡下幃，杜門卻掃，棄産營書，手自刪削。"

〔五〕九經：儒家九部經書，即《周易》《尚書》《毛詩》《周禮》《儀禮》《禮記》《左傳》《公羊傳》《穀梁傳》，唐有《九經義疏》，科舉用以取士。

〔六〕措大：舊指貧寒失意的讀書人。唐李匡乂《資暇集》卷下："措大，代稱士流爲醋大，言其峭醋而冠四人之首。一説衣冠儼然，黎庶望之有不可犯之色，犯必有驗，比於醋而更驗，故謂之焉。或云往有士人貧居新鄭之郊，以驢負醋巡邑而賣，復落魄不調。邑人指其醋馱而號之。新鄭多衣冠所居，因總被斯號。亦云鄭有醋溝，士流名家，其州溝之東尤多甲族，以甲乙敘之，故曰醋大。愚以爲四説皆非也，醋宜作措，止言其能舉措大事而已。"

〔七〕學究：本爲科舉中的科目名。唐代取士，明經一科有"學究一經"的科目，宋代稱爲"學究"，爲禮部貢舉十科之一。見《新唐書·選舉志上》《宋史·選舉志一》。此爲讀書人的通稱。宋陸游《自詠》："衣冠醉學究，毛骨病維摩。"

〔八〕皴皺：起皺紋。唐薛逢《老去也》："朝巾暮櫛不自省，老皮皴皺文縱横。"

書乳泉壁〔注一〕送客

青絲絡玉壺，纖杯傳紫椵〔注二〕。誰家俠少年，繫馬山樊〔注三〕花。花飛送春春不顧，千山萬水〔校一〕落紅雨。天香斷盡翠微〔注四〕寒，林深無人子規苦。掃破愁雲望成都〔校二〕，杜陵揚雄〔注五〕今有無？浩歌一聲天地老，麈尾擊斷〔校三〕青珊瑚。黄梓谷〔注六〕、楊方洲〔注七〕，誰爲我楚舞，我爲若楚謳？金罍〔注八〕不比洞庭闊，安能洗君萬斛〔注九〕愁？黄金如山買歌笑，達命豈暇珍王侯？坐來飲酒二三斗，落魄新聲敵璚玖〔注一〇〕。曉來分散各天涯，緑髩〔校四〕〔注一一〕幾時還白首。還白首，爲君忙。君不見，安漢城南陳著作〔注一二〕，萬卷樓〔注一三〕空江水長。江樓破盡寒山在，天陰木落〔校五〕孤墳荒。蓮社〔注一四〕習池〔注一五〕莫作等閒醉，月缺西湖愁鸕鶿〔校六〕〔校七〕。

輯録

（清）費經虞撰、（清）費密補《劍閣芳華集》卷五，第25頁。又見於（民國）曾世禮編輯《任黄合鈔·任司直詩鈔》，第10—11頁；（清）張松孫等纂《（乾隆）遂寧縣志》卷一二《雜記下》，乾隆五十二年（1787）刻本，第38—39頁；《（嘉慶）南充縣志》卷四《藝文志》七之三《詩》，第16頁；（清）阿麟修，王龍勛等纂《（光緒）新修潼川府志》卷三〇《詩文補遺下》，題作《書遂寧乳泉壁送客》；（清）高培穀修，劉藻纂《（光緒）西充縣志》卷一三《藝文中·詩》，清光緒二年（1876）刻本，第6頁；《（民國）新修南充縣志》卷四《輿地志·名勝》，末注“任文逸草”，第57—58頁。

校勘

〔一〕萬水：《任黄合鈔》作“萬山”。

〔二〕成都：《任黄合鈔》作“入都”，《（嘉慶）南充縣志》作“人都”。

〔三〕斷：《任黄合鈔》作“折”。

〔四〕髩：《任黄合鈔》作“髩鬢”，《（嘉慶）南充縣志》作“鬢”。

〔五〕木落：《任黄合鈔》作“水落”。

〔六〕鸕鶿：《（民國）新修南充縣志》作“驌鶿”。

〔七〕“達命豈暇珍王侯”至“月缺西湖愁鸕鶿”：《（嘉慶）南充縣志》《（光緒）西充縣志》訛作“達深意只應孤月共廖廖”。

注釋

〔一〕乳泉壁：《（嘉慶）南充縣志》作“乳壁泉”，誤。按：宋樊汝賢有《滴乳泉》詩：“雲液落山腹，脉與崑崙通，云何山中叟，八十桃顔紅。”明黄輝有《自軍莊尋滴水巖下作》《滴水巖二首》《尋滴水巖將至巖洞口占》（一作《游盤龍巖舊作》）。《（萬曆）四川總志》卷一〇《順慶府志》載：“滴乳泉，府治西二十里。昔有道士何志全飲此泉，年八十，面如桃紅。”《（嘉慶）南充縣志》卷一《輿地志》一之五《山川》：“滴乳泉，在治西二十里。昔有道士何志泉飲此泉，年八十，面如桃紅，宋樊汝賢有詩，見《藝文》。”乳泉山又名小方山，亦名紫雲寨，位于南充市嘉陵區西興鎮東三里。山體由石灰巖、砂巖組成，山頂平緩，南面有兩級崖壁，壁上有兩個大小酷似乳房的乳泉石，順石有山泉流下，當地人視爲神水。小方山與大方山對峙，山下有道觀，與西方佛寺遥相呼應。《（民國）新修南充縣志》卷二《輿地志・山脈》：“小方山又名乳泉山，又名紫雲塞，在西興場東三里馬路旁。巍峨峻險，與大方同，而秀峭過之。上有廟曰紫府觀，創自明時，爲任瀚隱居悟道處。原有丹池石洞，與南北二觀，明末兵亂，南觀燹燬，北觀僅存。”明韓士英《登小方山》：“援蘿直上小方石，乾坤池水流高滴。環觀峰煙疊千萬，坐對仙嶺僅咫尺。春風此時能醒酒，客子何人解吹笛。夕陽古道聯鑣歸，明日西山已陳跡。”

〔二〕紫赮：即紫霞，紫色的彩霞。

〔三〕山樊：山旁，亦指山中茂林。《莊子・則陽》：“冬則擉鼈於江，夏則休乎山樊。”成玄英疏：“樊，傍也，亦茂林也。”

〔四〕翠微：指青翠掩映的山腰幽深處。《爾雅・釋山》：“未及上，翠微。”郭璞注：“近上旁陂。”郝懿行義疏：“翠微者……蓋未及山頂孱顔之間，蔥鬱葐蒀，望之谸谸青翠，氣如微也。”

〔五〕杜陵揚雄：杜陵，地名，在今陝西西安市東南，本名杜原，又名樂游原。西漢宣帝劉詢在此築陵，遂改名杜陵。杜陵東南十餘里有小陵，爲許后葬地，稱少陵。唐杜甫居此，故自稱杜陵布衣、少陵野老。揚雄（前53—前18），字子雲，西漢蜀郡成都人。長於辭賦，博通群籍。所著有《法言》《太玄》《揚雄集》等。

〔六〕黄梓谷：黄華，字秀卿，號梓谷，黄珂子，遂寧人。嘉靖十一年（1532）進士，授户部主事，转郎中。奏上正風俗等十二事，切中時弊。督餉有功，陞直隸松江知府。隆慶元年（1567），遷江西按察副使。二年（1568），陞右布政使。進光禄寺卿。四年（1570），以病告歸。性端嚴正直，以道學爲己任，從游湛甘泉之門，嘗匾其讀書處曰“仁者以天地萬物爲一體”。既告歸，倡明道學，汲引後進甚衆。卒賜葬。所著有《麟經解義》《文集》12卷，祀鄉賢祠。明陸深《儼山集》卷一〇〇《京中家書二十首》之七：“新太守是黄華，字秀卿，號紫谷。其人天下之選也，與新大尹想有更新之政，一郡之福也。”

〔七〕楊芳洲：楊名，字實卿，號芳洲，遂寧人。童子時，督學王廷相奇其語，補弟子員。嘉靖七年（1528）鄉試第一。明年第三人及第，授編修。以大母喪歸，還朝爲展書官。十一年（1532），應詔上修省疏，斥汪鋐、郭勛之姦，乞罷工作、禱祀，語切直，忤旨下詔獄，謫戍編伍瞿塘衛。明年釋還，屢薦，終不復召。嘉靖二十年（1541），川撫劉大謨禮聘楊名、王元正、楊慎纂修《（嘉靖）四川總志》八十卷，俗稱“三太史”。家居二十餘年，奉親孝，親歿，與弟台廬於墓。免喪，疾作，卒。明穆宗登極，准復原官，贈光禄寺少卿。所著有《方洲文集》，祀鄉賢祠。

〔八〕金罍：以黄金爲飾的酒樽。

〔九〕萬斛：極言容量之多。古代以十斗爲一斛，南宋末年改爲五斗。

〔一〇〕璠玖：泛指美玉。璠，赤色的玉。玖，似玉的黑色石。

〔一一〕緑髩：即“緑鬢”，鬢髮烏黑而亮，指年青。

〔一二〕陳著作：陳壽（233－297），字承祚，安漢（今四川南充）人。晉時任著作郎，著有《三國志》，時稱善敘事，有古良史之風。

〔一三〕萬卷樓：陳壽的讀書樓。宋祝穆《方輿勝覽》卷六三《順慶府》：“果山，在南充縣南八里，郡以此名。郡人御史陳壽隱於此，有祠。金泉山，在城西果山之足。”《（嘉靖）四川總志》卷七《順慶府》：“萬卷樓，金泉山下，晉陳壽讀書于此。”明曹學佺《蜀中名勝記》卷二七《川北道・順慶府》：“西北有果山……陳壽有萬卷樓，在山之麓。”唐在樓前建甘露寺，明陳以勤夫婦又在甘露寺增修文昌殿和觀音閣。年久毁棄，1990年代初重建於玉屏山麓。

〔一四〕蓮社：指東晉慧遠的廬山白蓮社。據《高僧傳》卷六記載，慧遠在廬山結立白蓮社，“于是率衆行道，昏曉不絶，釋迦餘化，于斯復興。既而謹律息心之士、絶塵清信之賓，并不期而至，望風遥集。彭城劉遺民、豫章雷次宗、雁門周續之、新蔡畢穎之、南陽宗炳、張萊民、張季碩等，并棄世遺榮，依遠游止。遠乃于精舍無量壽像前建齋立誓，共期西方”。據晉人所撰《東林十八高賢傳》（又名《蓮社高賢傳》），慧遠在廬山東林寺同慧永、慧持、道生、曇順、僧睿、曇恒、道昞、曇詵、道敬、佛駄耶舍、佛駄跋陀羅、劉程之、張野、周續之、張詮、宗炳、雷次宗等結社念佛，世號十八賢。

〔一五〕習池：即習家池，别名高陽池，古代私家園林，在湖北省襄陽城南。東漢初，襄陽侯習鬱建造府第於此，引白馬泉，鑿池養魚，於池中築釣臺，池側建館舍，列植松竹，作爲游宴之所。西晉永嘉年間，征南將軍山簡鎮守襄陽，在此飲宴。東晉時，習鬱後裔習鑿齒讀書於此，并在附近的谷隱寺著成《漢晉春秋》，使此池益負盛名。明清以來曾多次重建。《世説新語·任誕》：“山季倫爲荆州，時出酣暢，人爲之歌曰：‘山公時一醉，徑造高陽池。日莫倒載歸，茗艼無所知。復能乘駿馬，倒著白接䍦。舉手問葛彊，何如并州兒。’高陽池在襄陽，彊是其愛將，并州人也。”注引《襄陽記》曰：“漢侍中習郁於峴山南，依范蠡養魚法作魚池，池邊有高隄，種竹及長楸，芙蓉、蔆芡覆水，是游燕名處也。山簡每臨此池，未嘗不大醉而還，曰：‘此是我高陽池也。’襄陽小兒歌之。”《晉書·山簡傳》：“簡鎮襄陽，諸習氏荆土豪族，有佳園池，簡每出游嬉，多之池上，置酒輒醉，名之曰高陽池。”後多借指園池名勝。

題華清宫妃子石

君不見，姊浮山下螭頭石，明皇徙入華清宫。錦衣朱履下春殿，玉環賜浴三千中。萬錦落紅紅不掃，宫水宫花春易老。御輦西奔羌月寒，怨魂蕪没平陵草。平陵惡少滿胡塵，走馬章臺不避人。入宫爭據浣花石，紅香陵亂驕青春。青春驕不得，緑水愁更愁。翡翠巢空南内月，高梧忽下新豐秋。新豐故豐秋可憐，窮狐格磔叫狼烟。君不見，興慶池頭歌舞盡，歲晚銅駝帶雪眠。歌曰：翠華東幸蘭昌在，紅粉西沉繡嶺空。高唱開元太平曲，精陵猶隱上陽宫。

輯録

（清）費經虞撰、（清）費密補《劍閣芳華集》卷五，第 24 頁。

次韻薛西原〔注一〕題王南岷〔注二〕侍御卷

我昔仗劍游南都〔注三〕，南岷雄豪天下無。壬辰〔注四〕射策奉天殿〔注五〕，聞説辭華氣節可比眉山之二蘇〔注六〕。當時西臺缺御史，詔補直諒敢言士。埋輪都亭〔注七〕肝膽壯，拔劍承明〔注八〕君頗似。鐵冠〔注九〕崱屴〔注一〇〕冰霜寒，炯炯留中多奏議。權奸不逞更相妬，從此播遷州縣吏。早年寄我亳州〔校一〕書，知君數訪西原居。西原四海同調少，罷官學捕潁川魚。潁川巢許〔注一一〕雲霄千仞之孔鸞〔注一二〕，豈若蹄涔〔校二〕〔注一三〕鰍鱓〔注一四〕咫尺不能作波濤，風雲阻絶終泥蟠〔注一五〕。丈夫磊落懷至道，埋没蓬蒿近衰老。低徊且保《玉鈐篇》〔校三〕，清江照影還自憐。卻笑世儒不曉事，夢中説夢誇真傳。不向畫前討心易，誰識陳摶〔注一六〕是列仙。仙人石室在峨眉〔校四〕〔注一七〕。南岷與我同襟期〔注一八〕，海徼烟霄任所之。

輯録

（民國）曾世禮編輯《任黄合鈔·任司直詩鈔》，第 16－17 頁。

校勘

〔一〕亳州：原本作“毫州”，形近而訛，按此代指亳州人薛蕙，故據改。

〔二〕蹄涔：原本作“蹄啐”，據《淮南子・氾論訓》改。

〔三〕玉鈐篇：钤，原本作“鈴”，形近而訛。《後漢書・方術傳》：“緯候之部，鈐決之符。”注：“兵法有《玉鈐篇》及《玄女六韜要決》。”

〔四〕仙人石室在峨眉：原本作正文，據文意及韻，改爲自注。

注釋

〔一〕薛西原：薛蕙（1489－1539），字君采，號西原，晚號大寧居士，亳州人。正德九年（1514）進士，授刑部貴州司主事，病免。十一年（1516）復除刑部福建司主事。十四年（1519），武廟南巡，抗疏力諫。以才調吏部驗封司主事，陞員外郎。嘉靖三年（1524），陞吏部考功司郎中。大禮議起，撰《爲人後解》《爲人後辨》，合數萬言入奏，以忤旨下詔獄。尋復職，但以是忤張璁、桂萼等權貴，爲陳洸所劾，遂解職歸。後屢薦不出，十八年（1539），以病卒於家。所著有《老子集解》《約言》《五經雜録》《大寧齋日録》《考功集》等。王廷有《吏部考功郎中西原薛先生行狀》，唐順之有《吏部郎中薛西原墓誌銘》，文徵明有《吏部郎中西原先生薛君墓碑銘》，《明史》有傳。

〔二〕王南岷：王廷（1505－1589），字子正，號北崖，别號南岷，四川南充人。嘉靖十一年（1532）進士，授户部主事，改監察御史。疏劾吏部尚書汪鋐，謫亳州判官。貧甚，而清節彌堅。關税可榷金錢，公力辭之。於是，薛蕙作詩美之，相與講濂洛之學。由州倅陞崑山知縣，歷長沙同知、工部郎中、蘇州知府、貴州副使，復補陜西副使、山西副使，陞山西参政、山東按察使、右布政使、陜西左布政使、總理河道、右副都御史。三十九年（1560），轉南京户部右侍郎，復補南京工部侍郎，總督糧儲。四十一年（1562），改户部右侍郎兼左僉都御史，總督漕運，兼提督軍務，巡撫鳳陽諸府。轉户部左侍郎，還理部事。四十五年（1566），遷南京禮部尚書，召爲都察院左都御史，奏六事。忤權臣高拱，乞休以避，爲其黨所劾。隆慶四年（1570），被斥爲民。萬曆初，四川巡撫曾省吾奏復官，詔以故官致仕。十七年（1589）卒，贈太子少保，謚恭節，崇祀鄉賢。所著有《附缶集》《兩漢書抄》、奏議詩文若干卷行世。

〔三〕南都：指南京。明朝初年定都南京，永樂年間遷都北平，改稱北京，南京作爲陪都，亦稱南都。嘉靖三十九年（1560），王廷轉南京户部右侍郎，總督糧儲，任瀚亦於是年出游。

〔四〕壬辰：明世宗嘉靖十一年（1532）。

〔五〕奉天殿：北京紫禁城太和殿的前身，俗稱金鑾殿，與其北部的華蓋殿（今中和殿）、謹身殿（今保和殿）稱“三大殿”，皇帝在此舉行登極、朝會、慶壽、頒詔等儀典。

〔六〕二蘇：北宋眉山蘇軾、蘇轍兄弟。

〔七〕埋輪都亭：《後漢書・張綱傳》：東漢順帝漢安元年（142），選遣杜喬、周舉等八使分行州郡，徇行風俗，舉實臧否。餘人受命之部，周舉更劾奏姦猾，表薦公清，朝廷稱之。張綱獨埋其車輪於洛陽都亭，曰：“豺狼當路，安問狐狸？”遂奏大將軍梁冀、河南尹梁不疑無君之心十五事，京師震竦。

〔八〕承明：承明殿，漢未央宫殿名，天子左右路寢，因承接明堂之後，故稱。班固《西都賦》亦云：“承明、金馬，著作之庭。大雅宏達，於兹爲群。元元本本，殫見洽聞。啓發篇章，校理祕文。”漢成帝時，曾詔揚雄“待詔承明之庭”，即指此殿。承明殿又是進行朝政活動的重要殿所。《漢書・霍光傳》載：漢昭帝去世後，即位的昌邑王劉賀淫亂無度。霍光與群臣于長樂宫見太后，“俱陳昌邑王不可以承宗廟狀，皇太后乃車駕幸未央宫承明殿”。“太后被珠襦，盛服坐武帳中，侍御數百人皆持兵，期門武士陛戟，陳列殿下。群臣以次上殿，召昌邑王伏前聽詔”，太后在此宣佈廢黜昌邑王。

〔九〕鐵冠：古代御史所戴法冠，以鐵爲柱卷，故名。《後漢書・方術傳・高獲》：“獲冠鐵冠，帶鈇鑕，詣闕請歙。”

〔一〇〕崱屴：挺拔貌。唐李商隱《驕兒詩》：“豪鷹毛崱屴，猛馬氣佶傈。”

〔一一〕巢許：亦作巢由，巢父、許由的合稱，皆上古傳説中的隱逸之士，後作爲隱士的代稱，或用以稱頌高潔的志向。

〔一二〕孔鸞：孔雀和鸞鳥，喻指美好而高貴者。司馬相如《子虛賦》：“其上則有鵷雛孔鸞，騰遠射干。”張揖曰：“孔，孔雀也。鸞，鸞鳥也。”

〔一三〕蹄涔：亦作“蹏涔”。《淮南子·氾論訓》：“夫牛蹏之涔，不能生鱣鮪。”高誘注：“涔，雨水也，滿牛蹏跡中，言其小也。”後以“蹄涔”指容量、體積等微小。

〔一四〕鰍鱓：亦作“鰍鱔”“鮹鱣”，泥鰍和鱔魚，泛指小魚鮮。

〔一五〕泥蟠：蟠屈在泥污之中，比喻處在困厄之中。漢班固《答賓戲》：“故夫泥蟠而天飛者，應龍之神也。”

〔一六〕陳摶：（872－989）字圖南，號扶摇子，賜號白雲先生、希夷先生，普州崇龕人，一説亳州真源人。好讀《易》，著《指玄篇》八十一章，言導養及還丹之事。又有《三峰寓言》及《高陽集》《釣潭集》、詩六百餘首。陳摶著《易龍圖序》，又傳先天、太極等圖於种放等人，爲宋代易圖學的開拓者。

〔一七〕仙人石室在峨眉：宋張君房《雲笈七籤》卷一〇三録宋王欽若編《翊聖保德真君傳》：“雍熙中，華山希夷先生陳摶卒於張超谷石室中。世多傳其羽化守真，朝禮之次，因焚香啓告曰：‘華山陳摶近卒，時人謂之尸解，未審其人功行證仙階乎？敢希上真，略賜指諭。’真君降言曰：‘摶之鍊氣養神，頗得其要，然及物之功未至，但有所主掌爾。’”宋张方平《乐全集》卷三三《華山重修雲臺觀記》引國史陳摶傳稱：“端拱初，（陳摶）忽謂弟子賈得升曰：‘汝可於張超谷鑿石爲室，吾將憩焉。’二年秋，石室成，手書數百言爲表，其略曰：‘臣摶大數有終，聖朝難戀，已於今月二十二日化形於蓮華峰下張超谷中。’如期而卒。”

〔一八〕襟期：襟懷、志趣。北齊高澄《與侯景書》：“繾綣襟期，綢繆素分。”

書沔陽〔校一〕陳蘇山〔注一〕憲副卷

吾聞先皇耆舊蘇山公，早年奏賦麒麟殿〔注二〕。集賢學士謹避舍，五百英雄爭識面。立馬裁詩捷風雨，險句嶔崎〔注三〕驀雷電。兩京號稱陳武庫，壯節英聲滿行路。提憲關河車馬勞，才高不免鬼神妬。憐君苦抱江海癖，抗疏辭官觸天怒。懸車〔注四〕學著《畔牢愁》〔注五〕，投哀且弔長沙傅〔注六〕。劍南江閣夜吐光怪，九萬里南斗低徊不敢度。君今七十復丁壯，澄湖畫舫何蕭曠。古屋寂歷〔注七〕屯白雲，貞風〔注八〕遠薄羲皇上。郎君五嶽〔注九〕更奇絶，許身自況過夔卨〔注一〇〕。三十才名海内聞，出守長淮凜冰雪。窮幽瞑踏支奇背，嗜古日搨岣嶁碣。閒走梁園歷嵩少〔注一一〕，帝遣鄒枚〔注一二〕護行轍。乘風夜刷玄武宫，豪吟破天金石裂。蠶叢〔注一三〕國遠士氣衰，文翁〔注一四〕去後主者誰。賴有陳王典著作，偉器特受三朝託。手握天關北斗柄，眼夾秦官照膽鏡。低頭頃刻萬卷空，八郡章縫〔注一五〕得司命。早晚詔登石渠閣〔注一六〕，整頓乾坤齊七政〔注一七〕。秦繆〔注一八〕久缺明王酳，蘇山合赴神堯聘。蘇山父子眉山蘇〔注一九〕，眉山蘇山天下無。君不見，漢時老伏勝〔注二〇〕，九十猶能授《尚書》。記取卿家鳳毛入掌絲綸，日坐聽劍南國老颯沓〔注二一〕朝京都。

輯録

（民國）曾世禮編輯《任黄合鈔·任司直詩鈔》，第15—16頁。

校勘

〔一〕沔陽：原本訛作“污陽”，據原書目録改。

注釋

〔一〕陳蘇山：陳栢（1506—1580），字憲卿，一字子堅，别號蘇山，湖廣沔陽（今湖北仙桃）人。童時爲沔守李川甫所贊賞。舉嘉靖七年（1528）鄉試，游太學，肆力於古文詞，交游日益進。困公車者二十有二年，嘉靖二十九年（1550）始成進士。與程文德、鄒守益倡明正學，而信從者衆。授兵部職方司主事，一再徙而掌職方司事。時南倭北敵交警，而严嵩父子又竊柄，每陽順而陰逆之。以忤严嵩，外補按察副使、井陘兵備副使，卓有聲。爲流言所中，坐調，丁母憂歸，遂不出，極意於金石竹素之業，自湖以南，無不知有蘇山先生者。所著有《江閣來青軒詩文選》《借山亭前集》《續集》《退樂軒詩選》《職方奏稿》《大業堂尺牘》《沔陽人物考》《蘇山集》數十百卷，行於世。子陳文燭，能世其家學。事迹詳明吴國倫《甔甀洞稿》卷三五所作墓志銘。

〔二〕麒麟殿：漢代宫殿名，在未央宫内。《三輔黄圖》卷三："未央宫有麒麟殿。"

〔三〕嶔崎：險峻，不平。漢王延壽《王孫賦》："生深山之茂林，處嶃巖之嶔崎。"

〔四〕懸車：致仕。古人一般七十歲辭官家居，廢車不用，故云。又借指隱居不仕。《後漢書·陳寔傳》："時三公每缺，議者歸之，累見徵命，遂不起，閉門懸車，棲遲養老。"

〔五〕《畔牢愁》：漢揚雄所作辭賦篇名，已佚。《漢書·揚雄傳上》："又旁《惜誦》以下至《懷沙》一卷，名曰《畔牢愁》。"顔師古注引李奇曰："畔，離也。牢，聊也。與君相離，愁而無聊也。"後借指離愁之作。

〔六〕長沙傅：漢代長沙王太傅賈誼，世稱賈太傅，西漢洛陽（今河南省洛陽市）人，所著有《過秦論》《論積貯疏》《治安策》等。

〔七〕寂歷：寂静，冷清。

〔八〕貞風：貞潔的風範。晉湛方生《上貞女解》："而彤管未揮，令問不彰，非所以表賢崇善，激揚貞風也。"

〔九〕郎君五嶽：陳栢子陳文燭（1535—1594），字玉叔，號五嶽。

〔一〇〕夔卨：亦作"夔契"，帝舜二賢臣之名。夔典樂，契爲司徒。唐白居易《聞李尚書拜相因以長句寄賀微之》："夔卨定求才濟世，張雷應辯氣衝天。"

〔一一〕嵩少：嵩山少林寺，位於河南省鄭州市登封嵩山五乳峰下，是佛教禪宗祖庭，有"禪宗祖庭，天下第一名刹"之譽。

〔一二〕鄒枚：西漢鄒陽、枚乘，皆以才辯著名當時，後人因并稱以藉指富於才辯之士。

〔一三〕蠶叢：蜀王先祖，教人蠶桑。《藝文類聚》卷六引漢揚雄《蜀王本紀》："蜀始王曰蠶叢，次曰伯雍，次曰魚鳧。"

〔一四〕文翁：漢廬江舒人，景帝末，爲蜀郡守，仁愛教化，於成都市中起學官，入學者免徭役，優者選爲郡縣吏。遣諸生入都學七經，還教于蜀，於是蜀人嚮化，蜀學比於齊蜀。是稱循吏。事詳《漢書·文翁傳》。

〔一五〕章縫：即"章甫縫掖"，又作"章逢"，指儒者或儒家學説。《禮記·儒行》："丘少居魯，衣縫掖之衣；長居宋，冠章甫之冠。"章甫，殷玄冠之名。縫掖，大掖單衣，古儒者所服。

〔一六〕石渠閣：石渠閣，漢代閣名，《三輔故事》稱"在未央殿北，以藏祕書也"。宣帝時，嘗詔諸儒講論五經於石渠，兼平《公羊》《穀梁》同異，宣帝親稱制臨決。

〔一七〕七政：古天文術語，説法不一，或言日月五星，或言天地人及四時，或言北斗七星。《尚書·舜典》："在璿璣玉衡，以齊七政。"

〔一八〕秦繆：秦穆公（？一前621），春秋時秦國君，名任好。前659年至前621年在位，共計三十九年。任用百里奚、蹇叔、由余爲謀臣，擊敗晉國并俘晉惠公，滅梁、芮兩國，後於崤爲晉襲敗，轉而向西發展，攻滅十二國，稱霸西戎。

〔一九〕眉山蘇：指宋眉山三蘇，蘇洵、蘇軾、蘇轍。

〔二〇〕伏勝：秦博士，濟南人，世稱伏生。秦時焚書，伏勝壁藏《尚書》。漢定，求其書，得二十九篇，即以教於齊、魯之間。文帝時，求能治《尚書》者，時伏勝年九十餘，老不能行，朝廷遣太常使掌故晁錯往受之。

〔二一〕颯沓：即"颯沓"，亦作"颭沓"，紛繁、衆多貌。《文選·鮑照〈詠史〉》："賓御紛颭沓，鞌馬光照地。"劉良注："颭沓，衆盛貌。"

七言律詩

早朝奉天殿

曉〔校一〕殿清虚切〔校二〕太微〔注一〕，露臺香靄潤朝衣。簫韶夾陛絲綸静，鼓角中天刻漏稀。日轉九華仙仗合，雲開百子羽林歸。承恩退食慚無補，欲奏甘泉〔注二〕答瑣闈。

輯録

（明）任瀚《春坊集》卷下。又見於（清）費經虞撰、（清）費密補《劍閣芳華集》卷五，第14頁。

校勘

〔一〕曉：《劍閣芳華集》作“晚”，據詩題，知“曉”爲是。

〔二〕切：《劍閣芳華集》作“接”。

注釋

〔一〕太微：古代星官名，三垣之一，用指朝廷或帝皇之居。

〔二〕甘泉：《甘泉賦》。西漢永始四年（前13）正月，揚雄扈從成帝游甘泉，回長安後賦此。全賦鋪張天子郊祀盛況，頌揚漢朝天長地久，旨在諷諫漢成帝郊游之奢。《漢書》卷八七上《揚雄傳上》：“甘泉本因秦離宫，既奢泰，而武帝復增通天、高光、迎風。宫外近則洪厓、旁皇、儲胥、弩陆，遠則石關、封巒、枝鵲、露寒、棠梨、師得，游觀屈奇瑰瑋，非木摩而不彫，牆塗而不畫，周宣所考，般庚所遷，夏卑宫室，唐虞棌椽三等之制也。且爲其已久矣，非成帝所造，欲諫則非時，欲默則不能已，故遂推而隆之，乃上比於帝室紫宫，若曰此非人力之所爲，黨鬼神可也。又是時趙昭儀方大幸，每上甘泉，常法從，在屬車間豹尾中。故雄聊盛言車騎之衆，參麗之駕，非所以感動天地，逆釐三神。又言‘屏玉女，卻虙妃’，以微戒齊肅之事。賦成奏之，天子異焉。”

和李、夏二閣老〔注一〕九日游邵園用韻

上公佳節宴名園，中使傳宣賜御尊。長樂〔注二〕風煙通戚里，承明〔注三〕車騎照江村。霓裳〔注四〕飛動梁王館〔注五〕，錦席淹留

謝傅〔注六〕軒。自掌絲綸少休沐，蹔逢良讌即深恩。

輯録

（明）任瀚《春坊集》卷下。又見於（清）費經虞撰、（清）費密補《劍閣芳華集》卷五，第14頁。

注釋

〔一〕李、夏二閣老：李時、夏言。李時（1471—1538），字宗易，號序庵，河間府任丘縣人。弘治八年（1495）舉人，十五年（1502）進士，改翰林院庶吉士，授編修，充孝廟實録纂修官，歷侍讀、右春坊右諭德兼侍講。正德皇帝朱厚照崩，首倡"兄終弟繼之議"，爲孝慈皇太后及大學士楊廷和采納，故於嘉靖帝有擁戴之功。嘉靖入繼大統，首命充日講官。修武宗實録，充纂修官。嘉靖三年（1524），陞侍讀學士。尋陞吏部右侍郎，仍充講官。服太夫人邊氏喪，七年（1528）服闋，除户部左侍郎，再改禮部。八年（1529）陞禮部尚書。十年（1531）七月加太子太保，九月再加太子太傅，進武英殿大學士，内閣辦事，參贊機務。十三年（1534）五月改吏部尚書，十四年（1535）立中宫，充副使，加少保，復崇爲總視經理官。進太子太傅，加少傅兼謹身殿大學士，加太子太師、華蓋殿大學士。十七年（1538）十二月卒於官，贈太傅，謚文康。事詳趙永《光禄大夫柱國少傅兼太子太師吏部尚書華蓋殿大學士贈太傅謚文康李公時行狀》（焦竑《焦太史編輯國朝獻徵録》卷一六）。夏言（1482—1548）字公謹，號桂洲，江西廣信府貴溪人。正德十二年（1517）進士。嘉靖十五年（1536）晉武英殿大學士，入參機務。十八年（1539），升首輔，累加至少師兼太子太師、吏部尚書、華蓋殿大學士。二十七年（1548）正月以尚書致仕，十月被棄市。隆慶初復官，謚文愍。所著有《桂洲集》十八卷。事迹詳王世貞《大學士夏公言傳》及《明史》卷一九六《夏言傳》。

〔二〕長樂：漢長樂宫，朝會之所。

〔三〕承明：漢承明殿。漢班固《西都賦》："承明金馬，著作之庭。大雅宏達，于兹爲群。"

〔四〕霓裳：飄拂輕柔的舞衣。唐白居易《江南遇天寶樂叟》："冬雪飄飖錦袍煖，春風蕩漾霓裳黏。”

〔五〕梁王館：漢梁孝王劉武之館，即梁園。

〔六〕謝傅：謝安（320－385），東晉名士、宰相，卒贈太傅，故稱。謝安嘗隱居會稽山陰，與王羲之、孫綽等游山玩水，教育謝家子弟。

次韻許松皋〔注一〕太宰扈駕朝陵〔校一〕一首

寢園春薦肅官儀〔校二〕，宸幄傳宣許致詞。北海星辰摇劍履，中山雲霧繞旌旗。三台〔注二〕扈蹕開仙仗，五嶽承鑾獻壽期。聖主欽明重巡幸，甘泉留賞詠歸遲〔校三〕。

輯録

（明）任瀚《春坊集》卷下。又見於（清）費經虞撰、（清）費密補《劍閣芳華集》卷五，第 14 頁。按，原詩本三首，今因體裁之異，别裁另出。

校勘

〔一〕扈駕朝陵：《劍閣芳華集》無。

〔二〕官儀：《劍閣芳華集》作“宫儀”，似當。

〔三〕“聖主”以下：《劍閣芳華集》脱。

注釋

〔一〕許松皋：許讚（1473－1548），字廷美，號松皋，河南府陝州靈寶人。弘治九年（1496）進士，授大名推官，召拜陝西道監察御史，改翰林院編修。劉瑾專權，貶山東臨淄知縣。瑾敗，陞浙江僉事、副使、左布政使。嘉靖六年（1527）任光禄卿。後歷任刑部右侍郎、左侍郎、刑部尚書，改户部尚書，復以吏部尚書兼文淵閣大學士，入參機務。政事一秉嚴嵩，無所可否。久之加少傅。數請致仕，落職歸，卒贈少師，謚文簡。事迹詳《焦太史編輯國朝獻徵録》卷一六《光禄大夫柱國少傅兼太子太傅吏部尚書文淵閣大學士贈少師謚文簡許公讚神道碑》。

〔二〕三台：星名。古代用來比三公。

送崔懋德〔注一〕赴定遠

朝奉傳宣出殿班，夕承嚴譴放江關。明非遷客誰能識，那得浮生大故閑〔校一〕。海甸堠亭迎騎入，漢臣旌節待〔校二〕恩還。西歸早晚青城下，儻爲茅濛〔注二〕訪舊山。

輯録

（明）任瀚《春坊集》卷下。又見於（民國）曾世禮編輯《任黄合鈔·任司直詩鈔》，第27頁。

校勘

〔一〕明非遷客誰能識，那得浮生大故閑："非"，《任黄合鈔》作"菲"。"識""那"二字原本倒，據《任黄合鈔》乙。

〔二〕待：《任黄合鈔》作"侍"。

注釋

〔一〕崔懋德：崔官，字懋德，四川保寧府閬中縣人，進士。

〔二〕茅濛：《太平廣記》卷五《神仙五·茅濛》引《洞仙傳》："茅濛字初成，咸陽南闗人也，即東卿司命君盈之高祖也。濛性慈憫，好行陰德，廉靜博學，逆睹周室將衰，不求進於諸侯。常歎人生若電流，出處宜及其時。於是師北郭鬼谷先生，受長生之術、神丹之方。後入華山靜齋，絶塵修道，合藥，乘龍駕雲，白日昇天。先是，其邑歌謡曰：'神仙得者茅初成，駕龍上昇入太清。時下玄洲戲赤城，繼世而往在我盈。帝若學之臘嘉平。'秦始皇聞之，因改臘爲嘉平。"

送赤礁江陳生聞訃還閩

浮葭〔注一〕既動寒事長，衰衣〔注二〕遠涉愁津梁。徵君老去謝江海，行子野哭逢冰霜。金馬石渠〔注三〕不稱意，赤礁紫塞〔注四〕遥相望。四郊戎馬正揮霍〔注五〕，會須見汝登巖廊〔注六〕。

輯録

（明）任瀚《春坊集》卷下。

注釋

〔一〕葭：初生的蘆葦。

〔二〕衰衣：喪服，有“斬衰”“齊衰”之别，亦謂服喪。

〔三〕金馬石渠：金馬門、石渠閣。金馬門爲漢代宦者署門，武帝時，以銅鑄大宛馬像立於署門，因以爲名，賢良待詔於此。《史記·滑稽列傳》：“朔行殿中，郎謂之曰：‘人皆以先生爲狂。’朔曰：‘如朔等，所謂避世於朝廷間者也。古之人乃避世於深山中。’時坐席中，酒酣，據地歌曰：‘陸沈於俗（司馬彪云：謂無水而沈之），避世金馬門。宫殿中可以避世全身，何必深山之中，蒿廬之下?’金馬門者，宦者署門也，門傍有銅馬，故謂之曰金馬門。”石渠閣爲漢代皇家藏書和校書之所，爲蕭何所造，在長安未央宫北。後世借指翰林院。漢班固《兩都賦》：“内設金馬、石渠之署，外興樂府協律之事。”宋徐鉉《柳枝》詞：“金馬詞臣賦小詩，梨園弟子唱新詞。”

〔四〕赤礁紫塞：赤礁，不詳，福建福清有赤礁。紫塞，泛言邊塞。崔豹《古今注》卷上：“秦築長城，土色皆紫，漢塞亦然，故稱紫塞焉。”唐李白《出自薊北門行》：“列卒赤山下，開營紫塞傍。”

〔五〕揮霍：迅疾貌。漢張衡《西京賦》：“跳丸劍之揮霍，走索上而相逢。”

〔六〕巖廊：高峻的廊廡，借指朝廷。漢桓寬《鹽鐵論·憂邊》：“今九州同域，天下一統，陛下優游巖廊，覽群臣極言。”

送三壺道人〔注一〕游西山

已屬蒼龍守藥欄〔注二〕，聊馮黄鶴上高寒。長庚〔注三〕勸拾金光草〔注四〕，太乙〔注五〕分投玉蘂丹。去日雲封梅福殿〔注六〕，來時松偃善卷壇〔注七〕。何須更問東方朔，仙掌擎回露未乾。

輯録

（明）任瀚《春坊集》卷下。

注釋

〔一〕三壺道人：不詳。三壺，傳説中的海上三神山方丈、蓬萊、瀛洲的合稱。晉王嘉《拾遺記·高辛》：“三壺，則海中三山也。一曰方壺，即方丈也；二曰蓬壺，則蓬萊也；三曰瀛壺，則瀛洲也：形如壺器。”

〔二〕藥欄：芍藥之欄，泛指花欄。南朝梁庾肩吾《和竹齋》：“嚮嶺分花徑，隨階轉藥欄。”

〔三〕長庚：亦作“長賡”“長更”，本指傍晚出現在西方天空的金星，亦名太白星、明星，此指太白星神。

〔四〕金光草：古代傳説中的一種仙草，稱食之可以長壽。唐李白《古風》之七：“願飡金光草，壽與天齊傾。”

〔五〕太乙：亦作“太一”。本爲帝星，又名北極二。後用爲天神名。《史記·封禪書》：“天神貴者太一。”司馬貞《索隱》引宋均云：“天一、太一，北極神之别名。”

〔六〕梅福殿：即梅仙祠，在南昌縣。梅福嘗爲南昌縣尉，後人爲其立祠。唐張喬有《書梅福壁壁二首》。

〔七〕善卷壇：在武陵縣東十五里德山（一作枉山）上。古傳善卷隱此山，後人爲之立觀。宋政和年間，訪天下道跡，賜號曰遁世高蹈先生。郡守李燾嘗有《善卷先生祠堂記》［見《（嘉靖）常德府志》卷一八］。此外，劉禹有《善卷山下作》詩，蔡崑有《善卷先生壇》詩。《莊子·讓王》："舜以天下讓善卷。善卷曰：'余立於宇宙之中，冬日衣皮毛，夏日衣葛絺。春耕種，形足以勞動；秋收斂，身足以休息。日出而作，日入而息，逍遥於天地之間而心意自得，吾何以天下爲哉？悲夫，子之不知余也。'遂不受。於是去而入深山，莫知其處。"

送胡仲望〔注一〕還蜀二首

其一

拾遺海内文章客，草奏承明〔注二〕雨露邊。封事尚留青瑣闥〔注三〕，賜衣先照錦江天。山懸鳥路秦關外，日慘驪歌漢署前。歸去早來人事惡，望君不獨賦甘泉〔注四〕。

其二

黄樞〔注五〕兩疏出明光，紫禁千貂餞夕郎〔注六〕。歸路正愁當太白〔注七〕，侍中那復奏長楊〔注八〕。文昌〔注九〕天府聯丹地〔注一〇〕，井絡〔注一一〕星躔〔注一二〕同故鄉。誰道别離能慷慨，送君魂斷碧雞坊〔注一三〕。

輯録

（明）任瀚《春坊集》卷下。又（清）費經虞撰、（清）費密補《劍閣芳華集》卷五録"其一"，第14頁。

注釋

〔一〕胡仲望：胡汝霖，字仲望，號東岩，四川綿州人。嘉靖十四年（1535）進士，改庶吉士，除户科給事中。二十年（1541）四月，九廟災，偕同官聶靜、御史李乘雲劾文武大臣救火緩慢者二十六人，嚴嵩與焉。帝怒所劾不盡，下詔獄訊治，降級調外，得太平府經歷。請解於嵩，反附以進。三十二年（1553）任廣東提學僉事，三十三年（1554）陞江西提學副事，三十五年（1556）陞江西左參政，再陞太僕寺少卿。三十七年（1558）任右少卿轉左。三十八年（1559）陞巡撫甘肅右僉都御史。四十年九月，調南京右通政。及嵩敗，以嵩黨奪官。《明史》有傳。

〔二〕承明：漢承明廬，侍臣值宿所居之屋稱廬。

〔三〕青瑣闥：宫門，借指皇宫、朝廷。南朝梁范雲《古意贈王中書》："攝官青瑣闥，遥望鳳凰池。"

〔四〕賦甘泉：西漢永始四年（前13）正月，揚雄扈從成帝游甘泉，回長安後賦此，事詳《漢書》卷八七上《揚雄傳上》。

〔五〕黄樞：門下省在漢爲黄門，位居樞要，故稱。唐沈佺期《移禁司刑》："何功游畫省，何德理黄樞。"

〔六〕夕郎：亦稱"夕拜"，黄門侍郎的别稱。漢應劭《漢官儀》卷上："黄門侍郎，每日暮，向青瑣門拜，謂之夕郎。"

〔七〕太白：山名，在今陝西省眉縣東南。唐李白《蜀道難》："西當太白有鳥道，可以横絶峨眉巔。"王琦注引慎蒙《名山記》："太白山，在鳳翔府郿縣東南四十里，鍾西方金宿之秀，關中諸山莫高於此。其山巔高寒，不生草木，常有積雪不消，盛夏視之猶爛然，故以太白名。"

〔八〕長楊：亦作"長揚"，長楊宫的省稱。《漢書·揚雄傳下》："明年，上將大誇胡人以多禽獸。秋，命右扶風發民入南山，西自褒斜，東至弘農，南驅漢中，張羅罔罝罘，捕熊羆豪豬虎豹狖玃狐莵麋鹿，載以檻車，輸長楊射熊館。以罔爲周阹，禽獸其中，令胡人手搏之，自取其獲，上親臨觀焉。是時，農民不得收斂。雄從至射熊館，還，上《長楊賦》，聊因筆墨之成文章，故藉翰林以爲主人，子墨爲客卿以風。"

〔九〕文昌：文昌星、文昌帝君、梓潼帝君。綿陽梓潼有文昌七曲山大廟。

〔一〇〕丹地：古代帝王宫殿中塗飾紅色地面，因用以指朝廷。南朝梁簡文帝《圍城賦》："升紫霄之丹地，排玉殿之金扉。"

〔一一〕井絡：井宿的分野，泛指蜀地。

〔一二〕星躔：日月星辰運行的度次。

〔一三〕碧雞坊：街巷名，在成都，唐詩妓薛濤嘗住此。

山中感拙齋明府〔注一〕題扇見懷用韻呈謝二首

其一

漢宫團扇若爲分，珍重緘題寄白雲。遂有海風侵客座，更無炎熱到江濆〔注二〕。恩暉〔注三〕尚憶天中節〔注四〕，綵縷曾兼刺繡紋。牢落滄洲〔注五〕揮麈〔注六〕後，只從明府問南薰〔注七〕。

其二

城府清微卻衆宣，江門風日静蛟鼉。羊祜〔注八〕剖符臨漢水，劉歆〔注九〕出守近桃源。尋詩遂結耆英社〔注一〇〕，愛客須開吏隱園〔注一一〕。寄與山陰唐待詔〔注一二〕，鱖魚新美未回轅。

輯録

（明）任瀚《春坊集》卷下。

注釋

〔一〕拙齋明府：明府，對知府的尊稱。拙齋，朱篚，字守晦，號拙齋，浙江山陰人。嘉靖四年（1525）進士，知峽江縣。嘗任職方清吏司郎中。知順慶，振廢典，勵人文，文學、政事，人咸稱頌。二十四年（1545）陞四川建昌兵備兼管分巡上川南道副使。

〔二〕江濆：江岸，亦指沿江一帶。晉陸雲《答吴王上將顧處微》："於時翻飛，虎嘯江濆。"

〔三〕恩暉：亦作"恩輝"，即恩澤光輝。

〔四〕天中節：端午節的别稱。

〔五〕滄洲：水濱，借指隱居之地。

〔六〕揮麈：晉人清談時，常揮動麈尾以爲談助，後人因稱談論爲揮麈。宋秦觀《滿庭芳·茶詞》："雅燕飛觴，清談揮麈，使君高會群賢。"

〔七〕南薰：南薰殿，唐宫殿名。唐杜甫《丹青引》："開元之中常引見，承恩數上南薰殿。"此外借指朝廷、皇帝。

〔八〕羊祜：（221—278）字叔子，西晉泰山南城（今山東費縣西南）人。博學能文，善清談，魏末任中領軍，統率禁兵。輔司馬炎稱帝有功，進號中軍將軍。泰始五年（269），以尚書左僕射都督荆州諸軍事，出鎮襄陽，進征南大將軍，封南城侯。在鎮十年，開屯田，儲軍糧，準備滅吴。平日與吴將互通使節，各保分界。屢請出兵滅吴，未成。咸寧四年（278），臨卒，舉杜預自代。事迹詳《晉書》卷三四本傳。

〔九〕劉歆：（前53？—23）字子駿，劉向少子，沛（今屬江蘇）人。漢成帝時爲黄門郎。河平年間（前28—前25），受詔與父領校中秘書。向卒，繼爲中壘校尉。哀帝初立，改名劉秀，爲侍中、太中大夫，遷騎都尉、奉車光禄大夫。因向《别録》而著《七略》。治《春秋左氏傳》，引傳文以解經，轉相發明，由是章句義理始備。好古文，求立《左氏傳》及《毛詩》《逸禮》《古文尚書》於學官，觸怒今文博士及執政大臣，求出補吏，任河内等地太守。新莽立，任國師，封嘉靖公。王莽殺其第三子，遂謀弑莽，事泄自殺。事迹詳《漢書·楚元王傳附劉歆》。

〔一〇〕耆英社：年高德碩者的會社。宋劉克莊《鵲橋仙·林侍郎生日》："出通明殿，入耆英社，誰似侍郎洪福？"

〔一一〕吏隱園：不以利禄縈心、居官猶如隱者的園林。唐宋之問《藍田山莊》："宦游非吏隱，心事好幽偏。"

〔一二〕唐待詔：唐順之（1507—1560），字應德，一字義修，號荆川，江蘇武進（今常州）人。嘉靖八年（1529）會試第一，授兵部武選司主事，以病疏歸，值母艱。壬辰免喪，除吏部稽勳司主事，尋遷考功。拜翰林院編修，與王慎中、陳束、高叔嗣等以詩文名當世。陽明弟子王畿寓京師，盡叩陽明之説，得其傳。稱病求去，權臣以吏部主事致仕，錮不用。十八年（1539），皇太子立，選宫僚，起爲編修兼右春坊司諫。十九年（1540）十二月，上疏請來年朝東宫，被削職爲民。嘉靖三十三年（1554），倭患起，復起授南部車駕主事，陞北職方員外郎、郎中，奉命查勘邊務，視師浙直，陞太僕少卿、右僉都御史，巡撫鳳陽，於東南督師平倭，以疾卒於廣陵舟中。嘉靖八才子之一，又與王慎中、歸有光合稱嘉靖三大家，明代唐宋派文學代表人物之一，倡言學習唐宋古文，以六藝爲旨歸。中年後，受陽明心學影響，直攄胸臆，信手寫出。所著有《荆川先生文集》。事迹詳趙時春《浚谷集》卷十《明督撫鳳陽等處都察院右僉都御史荆川唐先生墓志銘》。

謝自然〔校一〕〔注一〕

華陽仙人〔校二〕謝自然，上朝玉京〔注二〕乘紫煙。下瞰紅塵滿城郭，空聞〔校三〕落日悲黄泉。江花江草莫愁思，丹井丹臺春可憐〔校四〕。白雲〔校五〕且就簷下宿，我欲長嘯飛青天。

輯録

（明）任瀚《春坊集》卷下。又見於《（嘉慶）南充縣志》卷四《藝文志》七之三《詩》，第 16 頁；（民國）曾世禮編輯《任黄合鈔·任司直詩鈔》，第 24 頁；《（民國）新修南充縣志》卷四《輿地志》，第 31 頁。

校勘

〔一〕謝自然：《（嘉慶）南充縣志》《任黄合鈔》作“題謝自然上升”，《任黄合鈔》作“題謝自然井”。

〔二〕仙人：《任黄合鈔》作“山人”。

〔三〕空聞：《（嘉慶）南充縣志》《任黄合鈔》作“空令”。

〔四〕江花江草莫愁思，丹井丹臺春可憐：《（嘉慶）南充縣志》《任黄合鈔》作：“丹井丹臺杳何處？江南江北秋可憐。”

〔五〕白雲：《（嘉慶）南充縣志》《任黄合鈔》作“片雲”。

注釋

〔一〕謝自然：唐代著名女道士，世稱東極真人，孝廉謝寰之女，四川果州（今四川南充）人。七歲從母命，隨女尼越惠、日朗修道，誦讀《道德經》《黄庭經》。十四歲辟穀，修道不食。崇瞻王母、麻姑、南嶽魏夫人諸女神仙。嘗遍游蜀中名山勝地，又遠游京洛，直抵江淮。唐德宗貞元三年（787）三月，於果州開元觀詣絶粒道士程太虛，受《五千文紫靈實録》。九年（793），築室南充縣金泉山修煉。十年（794）十一月十二日辰時，修道功成，於金泉山白日飛昇。郡守李堅以聞，德宗作《敕果州女道士謝自然白日飛昇書》，下詔褒美，一時文人墨客，詩文歌詠不斷。

〔二〕玉京：道家所謂天庭，常借指京師。

送工侍韓石谿〔注一〕還朝〔校一〕

漢家宫闕近蓬萊，卿月光輝接上臺。韓范〔注二〕威名三殿著，西南節鉞〔校二〕〔注三〕五谿回。司空暫借新恩重，密勿〔注四〕兼咨後命催。最是邊庭〔校三〕多難日，好籌中帑〔注五〕罷樓臺。

輯録

（明）任瀚《春坊集》卷下。又見於《（嘉慶）南充縣志》卷四《藝文志》七之三《詩》，第16—17頁；（民國）曾世禮編輯《任黄合鈔·任司直詩鈔》，第24頁；《（民國）新修南充縣志》卷一二《藝文志》，第52頁；《（民國）新修南充縣志》卷一三《藝文志》，第37頁。

校勘

〔一〕送工侍韓石谿還朝：《（嘉慶）南充縣志》《任黄合鈔》作“贈韓石谿起復赴京晉司空”。

〔二〕節鉞：《（嘉慶）南充縣志》《任黄合鈔》作“即鉞”，訛。

〔三〕邊庭：《（嘉慶）南充縣志》《任黄合鈔》作“彊隍”。

注釋

〔一〕韓石谿：韓士英（1486—1561），字廷延，號石谿，四川南充人。正德九年（1514）進士，授禮部主事，轉户部郎中，榷税江西。嘉靖初，以南京户部郎中遷知岳州府。陞岳常道副使。八年（1529），任四川僉事。十二年（1533），由貴州左参政陞貴州按察使。十八年（1539），由雲南布政使陞右副都御史，巡撫貴州。二十年（1541）陞工部右侍郎。二十一年（1542），丁母憂歸。二十三年（1544）起復原官。二十四年（1545），改南京户部右侍郎。二十五年（1546），召爲工部侍郎。二十六年（1547），改户部右侍郎，陞左侍郎兼都察院右副都御史，總督漕運，兼巡撫鳳陽。莅任未踰月，陞南京户部尚書。二十九年（1550），改南京兵部尚書。三十一年（1552），改南京户部尚書，未任。三十五年（1556），年七十，上疏乞休，得旨歸，賦閒家居琴臺村。隆慶三年（1569）正月贈太子少保。曾纂《南充縣志》十卷，今佚。

〔二〕韓范：北宋名臣韓琦和范仲淹的并稱。

〔三〕節鉞：符節和斧鉞。古代授予將帥，作爲加重權力的標志。《孔叢子·問軍禮》："天子當階南面，命授之節鉞，大將受，天子乃東面西向而揖之，示弗御也。"

〔四〕密勿：機要、機密。《三國志·魏志·杜恕傳》："與聞政事密勿大臣，寧有懇懇憂此者乎？"

〔五〕中帑：國庫的錢財。宋蘇舜欽《覽含元殿基》："横賜傾中帑，窮奢役九垓。"

送張鐸、鑑〔注一〕〔校一〕試禮部

澤國〔注二〕才名數二張〔注三〕，牙檣〔注四〕蚤晚下瞿塘。天外漸分吴苑〔注五〕樹，斗邊遥識漢宫香。錦江煙浪通彭蠡〔注六〕，玉壘〔注七〕風雲接建康。聞道郄生〔校二〕能射策〔注八〕，盡收春色向明光。

輯録

（明）任瀚《春坊集》卷下。又見於《（康熙）順慶府志》卷七《藝文》，第 18 頁；《（嘉慶）南充縣志》卷四《藝文志》七之三《詩》，第 17 頁；（民國）曾世禮編輯《任黄合鈔·任司直詩鈔》，第 24 頁；《（民國）新修南充縣志》卷一二《藝文志》，第 52 頁。

校勘

〔一〕張鐸、鑑：《（康熙）順慶府志》《（嘉慶）南充縣志》《任黄合鈔》作“張鑑、張鐸”。

〔二〕郄生：原本作“郗生”，古字通。《（康熙）順慶府志》《（嘉慶）南充縣志》同，據《任黄合鈔》改。

注釋

〔一〕张鐸、鑑：張鐸、張鑑。张鐸，張鑑弟，嘉靖十九年（1540）舉人。張鑑（？—1570），字汝明，號石洲，一號江泉，南充人。受業同邑任瀚，學行著稱。嘉靖十九年（1540）舉人，二十三年（1544）進士，授會稽知縣，履畝一税，削豪右侵占，流民復業者五千家，裁冗署五所，以減濫榷商旅之苦，臨斷簡寬，不妄取一物，不妄撻一人，所舉悉久遠大計。被徵去縣，不踰年，民爭祠之。擢南京監察御史，督視屯田，持法峻厲，貴要所隱奪，輒没入之。出守建寧，兵憲臨清。尋陞山西按察使，遷山東左参政。四十二年（1563），以右僉都御史巡撫山東，行丈糧、墾田、保甲、弭盜法，天下則之。爲吏科都給事中趙灼等所劾，引疾歸。隆慶三年（1569）春，用薦起總督南京糧儲，八年宿蠹盡革。踰年，以病乞歸，未行卒。卒時囊無一金，人比之宋代趙抃。所著有《皇極經世衍義》《賦役法》《屯操奏案》《東安圖議》《石州奏疏》《江泉别集》《中丞遺稿》等，佚。

〔二〕澤國：水鄉。唐李嘉祐《留别毘陵諸公》：“淒凉辭澤國，離亂到鄉山。”此當指江南之地。

〔三〕二張：即張鑑、張鐸。

〔四〕牙檣：象牙裝飾的桅杆，借指舟船。宋曾鞏《送雙漸之漢陽》：“何年南狩牙檣出？六月西來雪浪浮。”

〔五〕吴苑：吴地的園囿，借指吴地或蘇州。唐馬戴《送顧非熊下第歸江南》：“草際楚田雁，舟中吴苑人。”

〔六〕彭蠡：彭蠡澤，古澤藪名，今江西鄱陽湖。

〔七〕玉壘：玉壘山，在四川省理縣東南，多作成都的代稱。晉左思《蜀都賦》：“廓靈關以爲門，包玉壘而爲宇。”劉逵注：“玉壘，山名也。湔水出焉。在成都西岷山界。”

〔八〕郄生能射策：郄生，郄詵，字廣基，晉濟陰單父（今山東菏澤市單縣）人。射策，漢代考試取士方法之一。《漢書·蕭望之傳》："望之以射策甲科爲郎。"顔師古注："射策者，謂爲難問疑義，書之於策，量其大小，署爲甲乙之科，列而置之，不使彰顯。有欲射者，隨其所得而釋之，以知優劣。射之言投射也。"後來泛指應試。郄詵善射策，自言第一。《晉書·郄詵傳》："累遷雍州刺史，武帝於東堂會送，問詵曰：'卿自以爲何如？'詵對曰：'臣舉賢良對策爲天下第一，猶桂林之一枝，崑山之片玉。'帝笑。侍中奏免詵官，帝曰：'吾與之戲耳，不足怪也。'"唐馮贄《雲仙雜記》卷二《龍鬚友》："郄詵射策第一，再拜其筆曰：'龍鬚友使我至此。'"

任瀚集校注卷三

七言律詩

閒居漫興

城南城北多名莊，千花萬花深作行。湖上王孫〔注一〕坐芳草，何處海月流清光。可憐花月爲誰好，長嘆浮雲空自忙。起看衰鳳羽毛在，日暮哀聲聞楚狂〔注二〕。

輯録

（清）費經虞撰、（清）費密補《劍閣芳華集》卷五，第21頁。

注釋

〔一〕王孫：貴族子孫。

〔二〕楚狂：陸通，字接輿，楚人，昭王時被髪佯狂不仕，時人謂之楚狂。後泛指佯狂或狂放不羈之人。《論語・微子》："楚狂接輿歌而過孔子曰：'鳳兮鳳兮，何德之衰！'"邢昺疏："接輿，楚人，姓陸名通，字接輿也。昭王時，政令無常，乃被髪佯狂不仕，時人謂之楚狂也。"李白《廬山謡寄盧侍御虚舟》："我本楚狂人，鳳歌笑孔丘。"

歲暮采藥，經行普州道中，感圖南老人〔注一〕故墟，把酒酹於其社，悵然書懷二首

其一

谿喧岸坼津樹黄，谷日射樓衣擣霜。我行采芝歲月遠，念子不歸關塞長。供張即炊犀浦石〔注二〕，翻飛欲跨綏山〔注三〕羊。瑶草芊〔校一〕綿空〔校二〕憶汝，故城鸞鵠紛相將。

其二

易數鋪張〔校三〕賴有君，何山石室銷靈文。可憐故國空黄葉，曾向新朝出白雲。种放〔注四〕傳經皆〔校四〕自許，羲皇〔注五〕絶學好誰聞。揭〔注六〕來領略河圖意，鑿破乾坤掌上分。

輯録

（清）費經虞撰、（清）費密補《劍閣芳華集》卷五，第25—26頁。又見於（民國）曾世禮編輯《任黄合鈔·任司直詩鈔》，目録題作《歲暮采藥行普州道中感圖南老人故墟命酒醻於其社悵然書懷二首》，正文題中“醻”作“酬”，第22頁；《（乾隆）安岳縣志》卷二《古蹟》，題“明任瀚”，注“渝人”，乾隆五十一年（1786）刻本，第41頁；《（道光）安岳縣志》卷六《古蹟》，第25頁；《（光緒）新修潼川府志》卷八録“其一”，題作《明任瀚書懷詩》，第58—59頁。

校勘

〔一〕芊：《任黄合鈔》作“蔫”。

〔二〕空：《任黄合鈔》作“正”。

〔三〕易數鋪張：《任黄合鈔》作“易緼開張”。

〔四〕皆：《任黄合鈔》作“堪”。

注釋

〔一〕圖南老人：陳摶，字圖南，詳本卷《次韻薛西原題王南岷侍御

卷》注。

〔二〕犀浦石：犀浦，古縣名，在今成都市郫都區東部，傳説秦蜀守李冰治水，沉石犀成浦而得名。《元和郡縣志》卷三二：“犀浦縣，本成都縣之界。垂拱二年，分置犀浦縣。昔蜀守李冰造五石犀，沈之于水以厭怪，因取其事爲名。”

〔三〕綏山：峨眉山西南山名，隋煬帝大業十年（615）置綏山縣，治今峨眉山市東南，屬眉山郡。《元和郡縣志》卷三二：“綏山縣，本漢南安縣地，隋大業十一年，招慰生獠，立以爲縣，因山爲名，屬眉山郡。武德元年割屬嘉州。綏山在縣西南一百一十九里，在峨眉山西南，其高無極。”

〔四〕种放：（955—1015）字明逸，自稱退士，河南洛陽人。初隱居終南山三十年，結草爲廬，以教授爲業。淳化三年（993），被詔至京師，授左司諫，直昭文館。六年（996）春，放歸故山，遷起居舍人。景德初復來朝，擢右諫議大夫。乞于嵩山養疾，許之。大中祥符元年（1008），命判集賢院，從封泰山，拜給事中。明年求歸山，詔許之。四年（1011），隨真宗祭祀汾陰，拜工部侍郎。八年（1015）卒，詔贈工部尚書。放通經史，工詩文，著有《种放集》10卷、《江南小集》2卷等。种放嘗從陳摶學，傳其《河圖》《洛書》等易圖學。

〔五〕羲皇：伏羲，嘗畫八卦，又作結繩而爲網罟，以佃以漁，爲《周易》之創始者。

〔六〕曷：句首助詞，通“曷”，即“何”意。

諸陵望幸

翠華巡幸寢園通，甲帳旌旗御氣中。河嶽萬靈隨駐輦，衣冠千仗扈行宫。詔傳梁甫〔注一〕親埋璧〔校一〕，聞道潯陽自射龍。海國天吴〔注二〕莫愁思，聖躬還似厭東封〔校二〕〔注三〕。

輯録

（明）任瀚《任少海集》，（明）俞憲編《盛明百家詩》，《四庫全書存目叢書》集部第306册，第91頁。又見於（清）費經虞撰、（清）費密補《劍閣芳華集》卷五，第16頁；（清）錢謙益輯《列朝詩集》丁集第一，第3990頁；（清）范與良輯《詩苑天聲館課集》卷五，《四庫全書存目叢書補編》第38册，第311頁；（民國）曾世禮編輯《任黄合鈔·任司直詩鈔》，第23頁。

校勘

〔一〕璧：《劍閣芳華集》《任黄合鈔》作"壁"，訛。

〔二〕聖躬還似厭東封：《劍閣芳華集》作"聖心還似厭州東"。

注釋

〔一〕梁甫：泰山旁山名，古代帝王封泰山而禪梁甫。

〔二〕天吴：水神名。

〔三〕東封：指封泰山。漢司馬相如臨終前作《封禪文》，請武帝東封泰山、禪梁父，以彰功業。相如卒後，武帝從其言，東至泰山行封禪事。後代遂以"東封"指代帝王行封禪，昭告天下太平。

諸葛山〔校一〕〔注一〕

諸葛山前戍壘荒，永安宫〔注二〕外白蘋〔校二〕霜。大江東下古人盡，野戍獨〔校三〕來秋興長。北極旌旗横海岱，南天烽火隔瀟湘。英雄割據終何事，煙鎖寒蕪空夕陽。

輯録

（明）朱篚《（嘉靖）順慶府志》卷一《地理志》，國家圖書館藏明嘉靖刻本膠卷。又見於（明）虞懷忠、郭棐等纂修《（萬曆）四川總志》卷三四，《四庫全書存目叢書》史部第200册，第190頁；《（嘉慶）南充縣志》卷四《藝文志》七之三《詩》，第15頁；《（民國）新修南充縣志》卷二《輿地志·山脈》，第9頁；（民國）曾世禮編輯《任黄合鈔·任司直詩鈔》，第 24 頁。

校勘

〔一〕諸葛山：《（嘉慶）南充縣志》《任黄合鈔》作“諸葛山寺”。

〔二〕白蘋：《（萬曆）四川總志》作“百蘋”。

〔三〕獨：《（嘉慶）南充縣志》《任黄合鈔》作“歎”。

注釋

〔一〕諸葛山：在今南充市高坪區高坪鎮龍頭寺村，距南充城郊約七公里。從南充市至諸葛山，是古代南充至岳池、廣安的通道。諸葛山屬凌雲山脈，山勢陡峭，上有清嘉慶年間所建寨堡。北寨門右側培修碑記稱：“昔武侯上識天文，下明地利，曾覺此山進可以攻，退可以守，因屯兵焉。此諸葛寨所由名也。嘉慶四年創修甚固，然歷年既久，不無崩頹，兹值盜匪猖獗，爰約鄉村，募化補修，迄今工成告竣，特將同志諸公，開列于左。咸豐三年六月。”諸葛山東南側，背靠懸崖，有諸葛寺，創建年月無考，今已毁，惟見山巖孔眼若干而已。今懸崖上仍存有陳以勤《諸葛寺懷古》詩石刻：“山名諸葛地偏幽，異代蕭條悵獨游。陣枕遠流圖未滅，軍過此處跡還留。三分恨永荒山暮，萬灶煙寒野寺秋。惟有行人忘事變，從來相望總悠悠。明萬曆元年秋八月望日，郡人青居陳以勤書。僧法興刻石。”明朱簠《（嘉靖）順慶府志》卷一《地理志》：“在治南二十里，武侯下峽拒吴，屯兵于此。上有建牙石、甘峰堠、走馬嶺，蓋其遺蹟。”《（嘉慶）南充縣志》卷一《輿地志》一之五《山川》：“諸葛山，在治東十五里，昔武侯駐師於此，陣跡猶存。”《（民國）新修南充縣志》卷二《輿地志·山脈》：“在治東十五里，與四方碑相對，并當小佛場大路，武侯昔曾駐師於此，陳跡猶存。”

〔二〕永安宫：三國時劉備所建宫殿，故址在今重市奉節縣城内。章武二年（222），劉備伐吴，猇亭戰敗後，駐軍白帝城，建此宫。次年死于此，托孤諸葛亮。北魏酈道元《水經注·江水一》：“江水以東逕南鄉峽，東逕永安宫南，劉備終於此，諸葛亮受遺處也。”

懷遠詩

漢兒不作中原計，博得孫登〔注一〕長嘯看〔校一〕。東觀〔注二〕老儒文字盡，西京猛將髑髏〔注三〕殘。螟蛾〔校二〕〔注四〕世難江鄉滿〔校三〕，魑魅秋清客鬼〔校四〕寒。千古〔校五〕英雄怨憔悴〔校六〕，晚風〔校七〕和淚讀《周官》〔注五〕。

輯録

（清）費經虞輯、（清）費密補《劍閣芳華集》卷五，第22頁。又見於（清）費經虞輯《蜀詩》卷三，第9頁；（民國）曾世禮編輯《任黄合鈔·任司直詩鈔》，題作"懷遠"，第25頁。

校勘

〔一〕博得孫登長嘯看：《蜀詩》《任黄合鈔》作"空詡奇才異代看"。

〔二〕螟蛾：《蜀詩》《任黄合鈔》作"螟蝗"。

〔三〕滿：《蜀詩》《任黄合鈔》作"遍"。

〔四〕客鬼：《蜀詩》《任黄合鈔》作"戰鬼"。

〔五〕千古：《蜀詩》《任黄合鈔》作"空有"。

〔六〕怨憔悴：《蜀詩》《任黄合鈔》作"憔悴在"。

〔七〕晚風：《蜀詩》《任黄合鈔》作"人前"。

注釋

〔一〕孫登：晉朝隱士，阮籍遇之于蘇門山，與之商略而不應，籍乃長嘯而退。《晉書》卷四九《阮籍傳》："籍嘗於蘇門山遇孫登，與商略終古及棲神導氣之術，登皆不應，籍因長嘯而退。至半嶺，聞有聲若鸞鳳之音，響乎巖谷，乃登之嘯也。遂歸著《大人先生傳》。"孫登嘯，又稱蘇門嘯，後人多用爲游逸山林，長嘯放情的典故。

〔二〕東觀：東漢時皇家藏書、校書、著述和修史之所，在洛陽南宫。

《後漢書》卷五《安帝紀》:“詔謁者劉珍及五經博士，校定東觀五經、諸子、傳記、百家藝術，整齊脱誤，是正文字。”明帝詔班固等撰修《漢記》于此，書成名爲《東觀漢記》。《宋史·辛次膺傳》:“石渠、東觀，圖書府也，武功何與?”後因以稱國史修撰之所爲東觀。唐以後爲秘書監别稱。唐徐堅《初學記》卷一二《秘書監·敘事》:“秘書，即漢之東觀之職。”

〔三〕髑髏：死人頭骨。

〔四〕螟蜮：危害禾苗的兩種害虫。

〔五〕晚風和淚讀《周官》：按，《蜀詩》孫錤曰：“議論實佳，不負遠懷，第王介甫曾爲《周官》誤矣。司直讀之，果能通其意與？抑詩人託爲高致與?”

咸陽東樓望闕

漏下關寒〔校一〕鼓角雄，秋清〔校二〕絲管郡樓風。正思衮冕〔注一〕青天〔校三〕上，細聽簫韶〔注二〕月露〔校四〕中。身世留連〔校五〕雙鳳闕〔注三〕，乾坤衰晚一漁翁〔校六〕。承明宫閣文華〔注四〕署〔校七〕，玉佩遥知委上公〔校八〕。

輯録

（明）任瀚《任少海集》，（明）俞憲編《盛明百家詩》，《四庫全書存目叢書》集部第306册，第92頁。又見於（明）曹學佺《石倉十二代詩選·四集》卷四六《畏齋集》附任瀚詩，日本尊經閣文庫藏明崇禎年間刻本，第14頁；（清）費經虞撰、（清）費密補《劍閣芳華集》卷五，第23頁；（清）陳田輯《明詩紀事》戊籤卷九，《續修四庫全書》第1711册，第182頁；（清）費經虞輯《蜀詩》卷三，第9頁；（民國）傅增湘輯《明蜀中十二家詩鈔》，第317—318頁；（民國）曾世禮編輯《任黄合鈔·任司直詩鈔》，題名中“咸陽”倒作“陽咸”，第25頁。

校勘

〔一〕漏下關寒：《蜀詩》《任黄合鈔》作“天外終南”，《明詩紀事》

作“漏下寒關”，《明蜀中十二家詩鈔》作“漏下關塞”。

〔二〕秋清：《蜀詩》《任黄合鈔》作“清秋”。

〔三〕青天：原本、《明詩紀事》《石倉十二代詩選·四集》《明蜀中十二家詩鈔》作“春天”，據《劍閣芳華集》《蜀詩》《任黄合鈔》改。

〔四〕月露：《蜀詩》《任黄合鈔》作“白”。

〔五〕留連：《劍閣芳華集》《蜀詩》《任黄合鈔》作“淹留”。

〔六〕晚：《劍閣芳華集》《蜀詩》《任黄合鈔》作“老”。

〔七〕宫閣文華署：《劍閣芳華集》作“宫閣文章署”，《蜀詩》《任黄合鈔》作“當日文章署”，《明詩紀事》作“官閣文華署”。

〔八〕遥知委上公：《劍閣芳華集》作“遥應委上公”，《蜀詩》作“承行接上公”，《任黄合鈔》作“承行引上公”。

注釋

〔一〕衮冕：帝王服飾。此代指皇帝。

〔二〕簫韶：帝舜樂名，體現教化之治的完成。《尚書·益稷》：“簫韶九成，鳳皇來儀。”泛指宫廷音樂。

〔三〕雙鳳闕：西漢建章宫門前的望樓，位于今雙鳳村東南，西距建章宫前殿約七百米，是建章宫的東門，因其上裝有兩隻高丈餘的鎏金銅鳳凰而得名，毁于西漢末年戰火。

〔四〕文華：文章才華。

五丁峽〔注一〕別衡峴

峽天〔校一〕猿嘯萬山秋〔校二〕，襆宿相逢轉别愁〔校三〕。後會知誰〔校四〕先白髮，清時勞汝問滄洲。胡牀對月此村夜〔校五〕，霜杵擣衣何郡〔校六〕樓？聞道西京最蕭瑟〔校七〕，可堪歸路曲江頭〔校八〕。

輯録

（明）任瀚《任少海集》，（明）俞憲編《盛明百家詩》，《四庫全書存目叢書》集部第306册，第91頁。又見於（明）曹學佺《石倉十二代詩選·四集》卷四六《畏齋集》附任瀚詩，日本尊經閣文庫藏明崇禎年間刻本，第13頁；（清）費經虞撰、（清）費密補《劍閣芳華集》卷五，第23—24頁；（清）費經虞輯《蜀詩》卷三，第9頁；（清）錢謙益輯《列朝詩集》丁集第一，第3990頁；（清）朱彝尊《明詩綜》卷四六，第121頁；（清）張豫章等奉敕編《御選宋金元明四朝詩·御選明詩》卷八一《七言律詩》，《景印文淵閣四庫全書》第1444册，第93頁；（民國）傅增湘輯鈔《明蜀中十二家詩鈔》，第315頁；（民國）曾世禮編輯《任黄合鈔·任司直詩鈔》，第25頁。

校勘

〔一〕峽天：《蜀詩》《任黄合鈔》作“峽關”。

〔二〕萬山秋：《蜀詩》《任黄合鈔》作“五丁秋”。

〔三〕禦宿相逢轉别愁：《石倉十二代詩選·四集》“禦”作“御”；《劍南芳華集》作“禦宿衡峴也别愁”，《蜀詩》《任黄合鈔》作“落木雲峰旅客愁”。

〔四〕誰：《蜀詩》作“余”，《任黄合鈔》作“予”。

〔五〕胡牀對月此村夜：《蜀詩》《任黄合鈔》作“胡牀對酒此山驛”。

〔六〕郡：《蜀詩》《任黄合鈔》作“處”。

〔七〕最蕭瑟：《劍南芳華集》作“最蕭索”，《蜀詩》作“近蕭索”，《任黄合鈔》作“正蕭索”。

〔八〕可堪歸路曲江頭：《蜀詩》作“遠游煩訊曲江頭”，《任黄合鈔》作“遠逝煩訊曲江頭”。

注釋

〔一〕五丁峽：又名金牛峽，相傳爲秦惠王時蜀王遣五丁力士迎石牛而開山之地。何景明《雍大記》：“金牛峽又名五丁峽，在沔縣西南一百七十里。景泰二年四月初十日，大理寺丞薛瑄奉使過五丁峽，序云：蜀在《禹貢》爲華陽黑水梁州之域，是其道通中國也久矣。世傳惠王以金牛詐蜀，使五丁力士開此峽，皆謬妄不稽。”五丁力士開道，事詳《華陽國志·蜀志》。

晚次閬州滕王臺〔注一〕

蘆荻陰陰王子臺，秋濤冥冥猿嘯哀〔校一〕。黄雲古戍踏歌去〔校二〕，落日千帆賈客來〔校三〕。江鸛倒窺如意舞，岸花斜映接籬開〔校四〕。月明水深不可渡，石壁縈纜魚龍迴〔校五〕。

輯録

（明）任瀚《任少海集》，（明）俞憲編《盛明百家詩》，《四庫全書存目叢書》集部第306册，第92頁。又見於（明）朱之蕃選《盛明百家詩選》卷二二，《四庫全書存目叢書》集部第331册，第616頁；（明）曹學佺《石倉十二代詩選·四集》卷四六《畏齋集》附任瀚詩，日本尊經閣文庫藏明崇禎年間刻本，第13頁；（清）費經虞撰、（清）費密補《劍閣芳華集》卷五，第16頁；（清）費經虞輯《蜀詩》卷三，第8頁；（清）陳田輯《明詩紀事》戊籤卷九，《續修四庫全書》第1711册，第182頁；《（道光）保寧府志》卷六〇《藝文志》，第18頁；（民國）傅增湘輯鈔《明蜀中十二家詩鈔》，第316頁；（民國）曾世禮編輯《任黄合鈔·任司直詩鈔》，第25頁。

校勘

〔一〕蘆荻陰陰王子臺，秋濤冥冥猿嘯哀：《蜀詩》"蘆荻陰陰王子臺，秋臺冥冥嘯猿哀"。《（道光）保寧府志》作："猶有君王舊玉台，可憐金碧認蒼苔。"《任黄合鈔》作："獨有君王舊玉臺，可憐金碧認蒼苔。"

〔二〕黄雲古戍踏歌去：《蜀詩》作"浮雲萬疊巴歌合"。

〔三〕落日千帆賈客來：《蜀詩》作"落照千帆估客來"。

〔四〕江鸛倒窺如意舞，岸花斜映接籬開：《盛明百家詩選》"映"作"暎"。《劍閣芳華集》"斜映"作"斜指"。《明蜀中十二家詩鈔》"籬"作"羅"。《蜀詩》作："石燕側窺江練舞，岸花斜背枳籬開。"《（道光）保寧府志》《任黄合鈔》作："秋老魚龍江水冷，亭空蛺蝶石泉哀。"

〔五〕月明水深不可渡，石壁繫纜魚龍迴：《蜀詩》作："月明繫纜錦屏下，滿眼江山弔劫灰。"《（道光）保寧府志》作："土花剥遍前朝碣，虚閣松聲首重回。"《任黄合鈔》作："土花剥盡前朝跡，虚閣松聲首重回。"

注釋

〔一〕滕王臺：唐滕王李元嬰所築之臺，在玉臺山上。滕王建有玉臺觀、滕王亭。李元嬰，太宗子，封滕王，與魯王靈夔相繼爲閬州刺史，務行寬大，民甚懷之。

陳使君〔注一〕招飲閬州王宫〔注二〕

使君張樂前王地，廢殿秋生淨綺羅。蟲網階除聞玉馬，棘林風露見銅駝。《霓裳》〔注三〕響屧雙成舞，畫舸鳴榔百丈過〔校一〕。正自獨愁愁不歇，江關蕭瑟聽驪歌。

輯録

（明）任瀚《任少海集》，（明）俞憲編《盛明百家詩》，《四庫全書存目叢書》集部第306册，第92頁。又見於（明）曹學佺《石倉十二代詩選·四集》卷四六《畏齋集》附任瀚詩，日本尊經閣文庫藏明崇禎年間刻本，第14頁；（清）費經虞撰、（清）費密補《劍閣芳華集》卷五，第16頁；（清）錢謙益輯《列朝詩集》丁集第一，第3990頁；《（道光）保寧府志》卷六〇《藝文志》，題作《閬州陳使君招飲》，第18頁；（民國）傅增湘輯鈔《明蜀中十二家詩鈔》，第316—317頁；（民國）曾世禮編輯《任黄合鈔·任司直詩鈔》，題作《閬州陳使君招飲》，第25—26頁。

校勘

〔一〕舸：《劍閣芳華集》《（道光）保寧府志》《任黄合鈔》作"舫"。

注釋

〔一〕陳使君：陳文燭（1535—1594），字玉叔，號五嶽，沔陽（今湖北仙桃）人。明世宗嘉靖三十七年（1558）舉人，四十四年（1565）進士，除大理評事。隆慶四年（1570），出守淮安。萬曆二年（1574）以提學副使督學四川。萬曆六年（1578），以參政督漕。萬曆十二年（1584），以按察使入閩。官終南京大理寺卿。致仕歸，建五嶽山園，日率諸友倡和其中。著有《二酉園集》四十九卷。

〔二〕王宫：明蜀藩王壽王宫室。《（嘉靖）重修保寧府志》卷三《建置紀上·遷藩》："壽王府第在府城之中，方四里，弘治九年建。（其地易軍民居室千餘家，徙縣學、寺觀、廟宇、公署數十區爲之。）宫殿房屋八百五十間。（其内周遭五百五十九丈，□其外四面通六百五十四丈。）弘治十一年春，王之國，既而有瘻疾，乃謂水土所致，疏乞改遷。弘治十七年，遷于湖廣德安府。（其所遺地址，嘉靖十九年，知府許詞疏乞撤去宫室，募民居之，尚土其值。遂聽其處，裁爲分守、兵備二道，爲公館一，爲旬宣等街凡十有七。）"《（光緒）保寧府志》卷十五《輿地·古蹟》："壽王府，在府城内。明憲宗第八子封保寧，起第方四里，易民舍千餘家，徙廟觀公署數十區，爲宫殿，房屋八百五十餘間。"

〔三〕《霓裳》：唐代著名法曲《霓裳羽衣曲》的略稱，泛指宫樂。

送同年曹令〔注一〕之官〔注二〕

飛舄欲度岑皋清，江船遠蕭愁旆旌。華月繁砧動霜杵，白楊離亭傷暮征。匣琴雲錦會賢意，慈水吴花空世情。朝省畫廊正憶汝，黄蘆苦竹秋猿聲。

輯録

（清）費經虞撰、（清）費密補《劍閣芳華集》卷五，第23頁。

注釋

〔一〕同年曹令：據《嘉靖八年進士登科録》，任瀚同年曹姓者有二甲四川重慶府巴縣曹汴，三甲福建福州府閩縣曹世盛、直隸蘇州府太倉州曹逵、順天府固安縣曹濡、直隸常州曹察。此當爲曹汴，字子東，治《易經》，嘉靖八年（1529）進士，選庶吉士，改户部給事中。性至孝，能文章，蒞政綽有風裁。劾張璁、桂萼忤旨，逮詔獄，左遷浙江參政，告歸。嘉言懿行，矜式鄉里，學者稱爲自山先生。壽躋九秩，祀鄉賢。事迹詳《（民國）巴縣志》卷一〇《人物中之上》，民國二十八年（1939）刻本。

〔二〕之官：嘉靖十年（1531），曹汴出任揚州府推官，事詳《（萬曆）揚州府志》卷八《秩官志上・推官》，明萬曆間刻本。此詩或任瀚送曹汴赴任之作。

春野

鉅鹿新春接館娃，去年春色上京華〔校一〕。可人蛺蝶在芳草，隔水黄鸝無故家〔校二〕。宫酒憶沾〔校三〕元夕〔注一〕宴，藥欄〔校四〕分植鳳城花〔校五〕。適容南國何多事，腸斷中山〔注二〕聞暮笳〔校六〕〔注三〕。

輯録

（清）費經虞撰、（清）費密補《劍閣芳華集》卷五，第23頁。又見於（清）費經虞輯《蜀詩》卷三，第9頁。

校勘

〔一〕去年春色上京華：《蜀詩》作“王孫走馬向天涯”。

〔二〕可人蛺蝶在芳草，隔水黄鸝無故家：《蜀詩》作“蕪城緑水兼芳草，茂樹黄鸝非故家”。

〔三〕沾：《蜀詩》作“霑”。

〔四〕藥欄：《蜀詩》作"菜畦"。

〔五〕鳳城花：《蜀詩》作"上城花"。

〔六〕適容南國何多事，腸斷中山聞暮笳：《蜀詩》作"江山戎馬何多事，腸斷西風日暮笳"。

注釋

〔一〕元夕：農曆正月十五日上元節，是夜即元夕，又稱"元夜""元宵"。

〔二〕中山：古國名，春秋末年鮮虞人所建，在今河北省定縣、唐縣一帶，後爲趙所滅。此指古中山國地區。

〔三〕暮笳：笳，胡笳，古代北方民族的一種類似笛子的樂器。暮笳，指傍晚邊塞關閉城門時催促百姓進城的笳聲。

聞邊報

青雲〔注一〕鼓角振邊畿，紫塞烽煙赤羽〔注二〕飛。北道將軍揮戰血〔校一〕，中興天子御戎衣。三秋瀚海風傳檄，萬馬陰山夜〔校二〕破圍。願奪單于不受賞，功成歸隱釣魚磯〔注三〕。

輯録

（明）任瀚《任少海集》，（明）俞憲編《盛明百家詩》，《四庫全書存目叢書》集部第306册，第91頁。又見於（明）曹學佺《石倉十二代詩選・四集》卷四六《畏齋集》附任瀚詩，日本尊經閣文庫藏明崇禎年間刻本，第12頁；（民國）傅增湘輯鈔《明蜀中十二家詩鈔》，第313—314頁。

校勘

〔一〕戰血：《明蜀中十二家詩鈔》作"血戰"，訛。

〔二〕夜：《明蜀中十二家詩鈔》作"雪"，訛。

注釋

〔一〕青雲：青色的雲，指天空。

〔二〕赤羽：羽箭名，鐵鏃。《六韜·虎韜》："飛鳧、赤莖、白羽，以銅爲首。電影、青莖、赤羽，以鐵爲首。"

〔三〕釣魚磯：可供垂釣的水邊巖石，又稱"釣磯""魚磯""漁磯"。北周明帝《貽韋居士詩》："坐石窺仙洞，乘槎下釣磯。"宋蘇轍《次韻門下呂相公同訪致政馮宣猷一首》："所至成家即安隱，武昌誰乞釣魚磯。"

關中得盧北紀書〔注一〕

昆吾老去見明時〔校一〕，淮海書來起夢思〔校二〕。庾信〔注二〕飄零知遇少，謝玄〔注三〕英爽論交遲。睿陵〔校三〕日薄王官谷〔校四〕〔注四〕，少華霜清皇子陂〔校五〕〔注五〕。肺病早留丹井在，盟寒〔校六〕應負羡門期〔注六〕。

輯録

（明）任瀚《任少海集》，（明）俞憲編《盛明百家詩》，《四庫全書存目叢書》集部第306冊，第91頁。又見於（明）曹學佺《石倉十二代詩選·四集》卷四六《畏齋集》附任瀚詩，日本尊經閣文庫藏明崇禎年間刻本，第12頁；（清）費經虞撰、（清）費密補《劍閣芳華集》卷五，第15頁；《蜀詩》卷三，第8頁；（民國）傅增湘輯鈔《明蜀中十二家詩鈔》，第314頁。

校勘

〔一〕見：《蜀詩》作"荷"。

〔二〕起：《蜀詩》作"愴"。

〔三〕睿陵：《蜀詩》作"五陵"。

〔四〕王官谷：《劍閣芳華集》《蜀詩》作"上官谷"。

〔五〕皇子陂：《劍閣芳華集》《蜀詩》作“王五陂”。

〔六〕盟寒：《蜀詩》作“早衰”。

注釋

〔一〕盧北紀：盧淮（1498—?），字北紀，浙江慈溪縣人。嘉靖八年（1529）進士。選兵部車駕主事，十二年（1533）改翰林院編修。十三年充經筵展書官、侍書。

〔二〕庾信：（513—581）字子山，南陽新野（今河南省新野縣）人，梁朝宫廷文人庾肩吾之子。早年博覽群書，十五歲任昭明太子蕭統東宫講讀，十九歲任梁簡文帝蕭綱東宫抄撰學士，與徐摛、徐陵父子提倡宫體詩。侯景亂後，任建康令，逃江陵。梁元帝蕭繹時奉命出使西魏，西魏滅梁，因滯留長安，先後仕西魏、北周，官至驃騎大將軍、開府儀同三司，世稱庾開府。《魏書》《北史》有傳。

〔三〕謝玄：（343—388）字幼度，陳郡陽夏（今河南太康）人，謝安之侄。少穎悟，爲安所器重。有經國才略，屢徵不就。以謝安舉薦，鎮禦苻堅，功拜建武將軍、兗州刺史，領廣陵相，督江北諸軍事。苻堅南侵，謝玄以前鋒都督諸軍，與謝石、謝琰共同抗拒，大敗前秦。師還，加都督徐兗青司冀幽并七州諸軍事。後因病改授會稽内史，以疾辭，不准。年四十六卒于官，謚獻武。

〔四〕王官谷：在山西永濟城南中條山中，以漢代王官廢壘得名。山水之盛，甲于河東。唐詩人司空圖（837—908）曾辭官隱居於此。

〔五〕皇子陂：地名，故址在今西安市長安縣附近，因秦皇子葬於此，故稱。北魏酈道元《水經注・渭水下》：“南有泬水注之。水上承皇子陂于樊川。”宋程大昌《雍録》卷六《皇子陂》：“在萬年縣西南二十五里，周七里。《長安志》曰：秦葬皇子，起冢於陂之北原，故曰皇子陂。隋文帝改爲永安陵。杜甫詩曰：‘天寒皇子陂。’或書皇爲黄，誤也。”

〔六〕羨門期：與羨門仙人相約之期。《史記・秦始皇本紀》：“三十二年，始皇之碣石，使燕人盧生求羨門、高誓。”裴駰《集解》引韋昭注：“古仙人。”

留别岐州翟千户〔校一〕〔注一〕

岐侯拔劍舞清宵，秋滿樊川萬木凋〔校一〕。老去自吹秦觱篥〔注二〕，西征曾比漢嫖姚〔注三〕。玉關許割桓伊〔注四〕郡，宣室〔注五〕難容賈誼〔注六〕朝。莫遣音書太寥落，世情人事正蕭條。

輯録

（明）任瀚《任少海集》，（明）俞憲編《盛明百家詩》，《四庫全書存目叢書》集部第306册，第91頁。又見於（明）曹學佺《石倉十二代詩選·四集》卷四六《艮齋集》附任瀚詩，日本尊經閣文庫藏明崇禎年間刻本，第12—13頁；（清）費經虞撰、（清）費密補《劍閣芳華集》卷五，第15頁；（清）錢謙益輯《列朝詩集》丁集第一，第3989頁；（民國）傅增湘輯鈔《明蜀中十二家詩鈔》，第314—315頁。

校勘

〔一〕翟千户：《劍閣芳華集》作“崔千户”。

〔二〕凋：《劍閣芳華集》作“彫”，《列朝詩集》作“雕”，義同。

注釋

〔一〕翟千户：不詳。千户，明武職，千户所長官，有正副二職，正千户正五品，副千户從五品。詳《明史·職官志》。

〔二〕觱篥：又稱觱栗，漢代管樂器，形似喇叭，以蘆葦作嘴，以竹作管。

〔三〕漢嫖姚：霍去病。據《漢書·霍去病傳》，霍去病曾爲嫖姚校尉。杜甫《贈田九判官（梁丘）》：“將軍衹数漢嫖姚。”

〔四〕桓伊：字叔夏，小字野王，譙郡銍縣人。初任淮南太守，遷豫州刺史。晉孝武帝太元八年（383），前秦苻堅南攻，與謝石、謝玄大破秦軍于淝水。官至都督江州、荆州十郡、豫州四郡軍事及江州刺史。擅長音樂，時稱“江左第一”，喜吹笛，據説《梅花三弄》即據其笛曲改編而成。《晉書》有傳。

〔五〕宣室：漢殿閣名，在未央宫殿北。東方朔稱之爲先帝之正處，徐廣稱之爲天子之居，詳宋洪邁《容齋續筆》卷七《宣室》。

〔六〕賈誼：（前200－前168）字仲宣，西漢洛陽（今河南省洛陽市東）人。年十八，以能誦詩書屬文，稱於郡中。文帝初立，召爲博士，超遷太中大夫。議改正朔，易服色制度，定官名，興禮樂，文帝謙讓未皇。爲群臣所忌，貶爲長沙王太傅。歲餘，文帝於宣室召見，問鬼神之本。誼具道所以然之故，文帝不覺前席。拜梁懷王太傅。梁王墜馬死，誼自傷無狀，憂慮以死。

叢臺

梁王宫中春草齊〔校一〕，趙王城下游人歸〔校二〕。上日〔校三〕〔注一〕名姝〔注二〕罷歌舞，千年叢臺今是非。鼓角淒凉關塞遠〔校四〕，河山修阻報書稀〔校五〕。行邊結客終丘墓〔校六〕，倚劍登臺望少微〔校七〕〔注三〕。

輯録

（明）任瀚《任少海集》，（明）俞憲編《盛明百家詩》，《四庫全書存目叢書》集部第306册，第91頁。又見於（明）曹學佺《石倉十二代詩選·四集》卷四六《畏齋集》附任瀚詩，日本尊經閣文庫藏明崇禎年間刻本，第13頁；（清）費經虞撰、（清）費密補《劍閣芳華集》卷五，第15頁；（清）王烔《（乾隆）邯鄲縣志》卷一一《藝文志》，清乾隆二十一年（1756）刻本，第17頁；（民國）傅增湘輯鈔《明蜀中十二家詩鈔》，第315－316頁；梁辰選注《歷代名人詠邯鄲》，北京：國際文化出版公司，1996年，第65頁；陳光唐、謝立新、梁辰選注《趙都詩詞選注》，石家莊：河北人民出版社，1988年，第79頁。

校勘

〔一〕梁、春：《（乾隆）邯鄲縣志》作“趙”“烟”。

〔二〕城、歸：《（乾隆）邯鄲縣志》作“臺”“稀”。

〔三〕上日：《劍閣芳華集》作“昔日”。

〔四〕淒凉關塞遠：《（乾隆）邯鄲縣志》作“遠吹仙夢斷”。

〔五〕河山修阻報書稀：《（乾隆）邯鄲縣志》作“青山長與世情違”。

〔六〕行邊結客終丘墓：《（乾隆）邯鄲縣志》作“珠簾繡柱何時節”。

〔七〕倚劍登臺望少微：《（乾隆）邯單縣志》作“月滿邯鄲雁北飛。”

注釋

〔一〕上日：農曆每月初一。《書·舜典》：“正月上日，受終於文祖（堯）。”《傳》曰：“上日，朔日也。”此處上日作“往日”解。

〔二〕名姝：著名的美女。

〔三〕少微：星座名，共四星，在太微垣西南。《史記·天官書》：“廷藩西有隋星五，曰少微，士大夫。”張守節《正義》：“占以明大黄潤，則賢士舉；不明，反是；月、五星犯守，處士憂，宰相易也。”《晉書·隱逸傳·謝敷》：“初，月犯少微。少微一名處士星，占者以隱士當之。”

入關示諸鎮將帥三首

其一

金書列券傳三輔，銅柱高標限百蠻。行在包茅〔注一〕通海嶠〔注二〕，留都編户過天山。孤危北狩哀中葉，九死東吴失漢關〔校一〕。都護未收龍尾鎮，將軍好破月支〔注三〕還。

其二

乾坤西北舊陵遲，天寶〔注四〕蒙塵四海悲。馮翊寢園留冒頓〔注五〕，明光宫闕奉燕支〔注六〕。總戎河朔推司馬，關塞冰霜正誓師。萬户擣衣深夜月，幾回腸斷望旌旗。

其三

御宿昆吾萬騎來，潼關沙苑兩宫回。廓清華夏天王事，恢復神京主將才。瀚海羽書馳八極，朝廷邊計望三台。已聞破敵飛狐嶺，復道觀兵戲馬臺。

輯録

（明）任瀚《任少海集》，（明）俞憲編《盛明百家詩》，《四庫全書存目叢書》集部第306册，第91－92頁。（清）費經虞撰、（清）費密補《劍閣芳華集》卷五録“其一”，第16頁；（清）費經虞輯《蜀詩》卷三録“其一”，第8頁。

校勘

〔一〕孤危北狩哀中葉，九死東吴失漢關：《劍閣芳華集》作“孤危百獨衣中葉，九死東胡失漢關”，顯係訛誤所致。《蜀詩》作“九邊形勝依秦隴，百二河山枕漢關”，似别有所據。

注釋

〔一〕包茅：古代祭祀時用以濾酒的青茅，因成捆放在匣中，故稱包茅。

〔二〕海嶠：近海山地。王昌齡《觀江淮名勝圖》：“遠公何爲者，再詣臨海嶠。”孟浩然《歸至郢中》：“遠游經海嶠，返棹歸山阿。”

〔三〕月支：即月氏，古族名。秦漢之際，游牧於敦煌、祁連間。漢文帝時遭匈奴攻擊，大部分西遷塞種地區（今新疆伊犁河流域及其迤西一帶），人稱大月氏；少數入南山（今祁連山），與羌人雜居，稱小月氏。

〔四〕天寶：唐天寶年號（742－756）。天寶十四年（755）十一月，范陽三鎮節度使安禄山聯合史思明在范陽起兵，發動叛亂，史稱“安史之亂”。

〔五〕冒頓：西漢初匈奴單于名，姓攣鞮。秦末殺父自立，東滅東胡，北服丁零，西逐月氏，南控樓煩、白羊，勢力十分强大，經常侵擾漢朝西北邊境。詳《史記·匈奴列傳》。

〔六〕燕支：燕支山，又作焉支山、胭脂山，在今甘肅永昌縣西、山丹縣南。西漢屬匈奴，因産燕支草，故名。此代指匈奴。

固陵〔校一〕〔注一〕避暑西使至簡宋伯清〔注二〕都憲二首

其一

王粲〔注三〕征衣剪芰荷〔注四〕，杜陵〔注五〕江檻〔注六〕壓〔校二〕盤渦。藤陰日破疎疎合〔校三〕，花雨天香細細過。佩劍拔來燕將舞，洞簫吹出楚王〔校四〕歌。山都〔校五〕木客〔注七〕還多事，慣聽談經〔校六〕到薜蘿〔注八〕。

其二

籃輿乘興荻花洲，謝遣朝班空復秋。河朔真成避暑宴〔校七〕，穆陵〔注九〕深阻望京樓。漁樵老嬾音書絶，關塞蒼茫氛祲〔注一〇〕收。會倚江風助長嘯，卻須村笛破孤愁。

輯録

（明）任瀚《任少海集》，（明）俞憲編《盛明百家詩》，《四庫全書存目叢書》集部第306册，第92頁。（明）朱之蕃選《盛明百家詩選》卷二二録"其二"，《四庫全書存目叢書》集部第331册，第616頁；（明）曹學佺《石倉十二代詩選·四集》卷四六《畏齋集》附任瀚詩録"其一"，日本尊經閣文庫藏明崇禎年間刻本，第14頁；（清）費經虞撰、（清）費密補《劍閣芳華集》卷五録"其一"，題作《園林避署簡朱伯清都憲》，第16頁；（清）費經虞輯《蜀詩》卷三録"其一"，第8—9頁；（民國）傅增湘輯鈔《明蜀中十二家詩鈔》録"其一"，第317頁。

校勘

〔一〕固陵：《劍閣芳華集》《蜀詩》作"園林"，訛。

〔二〕壓：《明蜀中十二家詩鈔》作"厭"。

〔三〕日破疎疎合：《蜀詩》作“日影遲遲合”，《劍閣芳華集》作“日影疎疎合”。

〔四〕楚王：《蜀詩》作“楚人”。

〔五〕山都：《蜀詩》作“山精”。

〔六〕慣聽談經：《蜀詩》作“日暮窺人”。

〔七〕宴：《盛明百家詩選》作“晏”。

注釋

〔一〕固陵：古聚名，在今河南太康縣南。《史記·魏豹彭越列傳》：“漢王追楚，爲項籍所敗固陵。”《正義》：“固陵，地名，在陳州宛丘縣西北三十二里。”

〔二〕宋伯清：宋滄（1483－1533），字伯清，號有臺，山東鉅野人。正德三年戊辰（1508）進士，授中書舍人。九年（1514），陞刑部山西司員外郎。十年（1515），陞鴻臚寺右少卿。十六年（1521），陞左。嘉靖四年（1525），陞右通政。五年（1526），陞左通政。九年（1530），擢都察院左僉都御史，巡撫四川。十年（1531），陞右副都御史，仍前任。入境，宿神宣驛，夜半有數鬼訴冤。及至成都，乃訪向鬼所訴者，核其情實，置之法，遠近神之。會白草羌劫掠安綿城堡，滄移兵擊滅之，復所侵十八寨。真州流賊周天星嘯聚可三萬人，官兵不能擒制。請於朝，發兵剿平，前後璽書褒賚。陞右副都御史。世宗每念滄功，且熟於禮，嘗曰：“天下巡撫皆如宋滄，朕無憂矣。”一日傳御札，擢滄禮部侍郎，掌鴻臚事。主者奏滄有功方鎮，不宜處以寺卿，遂寢。已而五奏乞休，予告還里，十二年卒。鄉人慕其忠孝，祀之學宫。所著有《臺文稿》十卷、《秉忠定議》十卷。

〔三〕王粲：（177－217）字仲宣，山陽高平（今山東鄒縣西南）人。建安七子之一。避難荆州，依劉表。建安十年（205），歸附曹操。辟丞相掾，賜爵關内侯。十六年（211），遷軍謀祭酒。十八年（213），拜侍中。建安二十一年（216），隨軍征吴。次年，病卒。

〔四〕芰荷：菱和蓮。菱角和蓮子可以食用，芰叶和蓮叶可以做成衣服穿。屈原《離騷》：“製芰荷以爲衣兮，集芙蓉以爲裳。”

〔五〕杜陵：代指杜甫。

〔六〕江檻：江邊防水的欄杆。

〔七〕山都木客：古書記載的怪獸，説法不一。山都，一般認爲指狒狒。木客，傳説山中怪獸，似人形，或指久居深山的野人。

〔八〕薜蘿：薜荔和女蘿，皆野生植物，常攀緣於山野林木或屋壁之上。屈原《九歌·山鬼》："若有兮山之阿，被薜荔兮帶女蘿。"後世以薜荔、薜蘿指隱士服裝。

〔九〕穆陵：即穆陵關，在今山東臨朐縣南大峴山上。春秋時爲齊國南境，地勢險峻，素有齊南天險之稱。齊宣王爲防魯、楚入侵，連接以前零星修築的長城，修成西起平陰，東至琅琊臺，蜿蜒五百多公里的齊長城。穆陵關即爲齊長城上的重要關隘。

〔一〇〕氛祲：不祥的妖氣，多指戰亂。

送别分訓〔注一〕朱

白鹿〔注二〕常懸舊講堂，許將經術事韓王。董生〔注三〕不赴膠西詔，江縣猶傳繁露章〔注四〕。焚魚袋拂朱提〔注五〕月，《相鶴經》〔注六〕横玉壘霜。從此招尋無處所，暮雲烟柳隔滄浪。

輯録

（清）費經虞撰、（清）費密補《劍閣芳華集》卷五，第17頁。

注釋

〔一〕分訓：府、州、縣儒學的輔助教職，即訓導。《明史·職官志四》："儒學：府，教授一人，訓導四人。州，學正一人，訓導三人。縣，教諭一人，訓導二人。教授、學正、教諭，掌教誨所屬生員，訓導佐之。"訓導乃教授、學正、教諭之佐貳，又非一人，故稱爲分訓。

〔二〕白鹿：此當指《白鹿洞書院學規》。

〔三〕董生：董仲舒（前179—前104），西漢廣川（今河北景縣廣川鎮）人。景帝時博士，長於《公羊春秋》。漢武帝元光元年（前134），詔求治國方略，董仲舒上天人三策，提出天人感應、大一統思想。元朔四年（前125），任膠西王相。

〔四〕繁露章：即《春秋繁露》，董仲舒之作。

〔五〕朱提：古縣名，漢屬犍爲郡，治所在今雲南省昭通縣。

〔六〕《相鶴經》：《文選》卷一四《舞鶴賦》李善注："《相鶴經》者，出自浮丘公。公以經授王子晉。崔文子者，學仙于子晉，得其文，藏于嵩高山石室。及淮南八公采藥得之，遂傳于世。"

失題〔校一〕

……（譙）周〔校二〕觀象宅〔注一〕，況依陳壽著書臺〔注二〕。游絲乳燕〔注三〕春兼静，錦席瑶觴〔注四〕晚并催。廊廟有人能勠力，江城無事且啣盃。

輯録

（明）任瀚《春坊集》卷下。

校勘

〔一〕失題：原本殘，今擬。

〔二〕譙周：原本殘作"周"，據文意補。

注釋

〔一〕譙周觀象宅：譙周（201—270），字允南，巴西西充國（今四川省南充市）人。少好讀書，精通六經。蜀漢時任勸學從事、典學從事、中散大夫、光禄大夫。景耀六年（263），魏將鄧艾侵蜀，勸後主劉禪降魏，受封爲陽城亭侯。入晉，任騎都尉、散騎常侍等職。所著有《古史考》，佚，有輯本收在《平津館叢書》。《三國志》有傳。觀象宅即觀星臺，在南充市五里店南譙賢鋪譙周故宅旁，土山高二丈，圓頂坻平，徑三丈餘，傳譙周觀象於此。

〔二〕陳壽著書臺：陳壽（233—297），字承祚，西晉巴西郡安漢縣（今南充市）人。幼好學，師事譙周，研習《尚書》《左傳》《公羊傳》《穀梁傳》，精通《史》《漢》。蜀漢時任衛將軍主簿、東觀秘書郎、散騎黄門侍郎。入晉，舉孝廉，任佐著作郎兼本郡中正、平陽侯相，陞著作郎、治書侍御史、太子中庶子。所著有《益部耆舊傳》《三國志》《官司論》《釋諱廣國論》等。《華陽國志》《晉書》有傳。著書臺，不詳。陳壽有萬卷樓，在果山上，金泉山左側甘露寺旁。

〔三〕游絲乳燕：游絲，飄動的蛛絲。南朝梁沈約《三月三日率爾成篇》："游絲映空轉，高楊拂地垂。"乳燕，雛燕。唐李賀《南園》之八："春水初生乳燕飛，黄蜂小尾撲花歸。"

〔四〕錦席瑶觴：錦席，錦製的坐卧鋪墊之物。瑶觴，美玉做的酒器。

送李三山〔注一〕宰南邑〔注二〕

江門雪片飛寒冰，艇子踏歌愁殺人。三山如烟向東去，悵望不及勞心神。嘉陵桃李已滿縣，河陽萬花仍早春。生受清時各努力，會須報主登楓宸〔注三〕。

輯録

（民國）曾世禮編輯《任黄合鈔·任司直詩鈔》，第 13 頁。

注釋

〔一〕李三山：李茂陽，字三山，昆明人。早喪父，事母至孝，與兄向陽讀書，寒暑不少息。家窘甚，司徒劉輔造訪，贈之金，不受。嘉靖十三年（1534）、二十二年（1543），弟兄相繼舉於鄉。茂陽授四川南充教諭，士類多所成就。遷知大足縣，縣苦盜，撫諭有方，朞年盜遂息。以直忤上官，乞歸終養，還里後杜門不出，惟養親教子，所著有《歸來園集》。

〔二〕南邑：指南充縣。

〔三〕楓宸：朝廷的别稱，皇帝治事之所。明余庭璧《事物異名》卷下《公廨》："朝廷，楓宸，漢前殿多植楓。"

賦得峨眉月送方龍川〔注一〕歸湖南

巫峽秋高江樹紅，峨眉夜郎多烈風。我有峨眉一片月，送君遥挂楚王宫。宫楚秋月正堪憐，偏照歸湖范蠡〔注二〕船。君歸長泛洞庭水，見之頻來訪謫仙。

輯録

（民國）曾世禮編輯《任黄合鈔·任司直詩鈔》，第13頁。

注釋

〔一〕方龍川：不詳。

〔二〕范蠡：字少伯，春秋末期楚國宛地（今河南南陽）人。佯狂倜儻負俗，文種爲宛令，與之交。後與種俱入越事勾踐，爲大夫，佐之伐吴，終成霸業。功成辭官，勾踐表會稽山以爲蠡奉邑。浮海出齊，變姓名，自謂鴟夷子皮，耕于海畔，苦身戮力，父子治産。居無幾何，致産數千萬。齊人聞其賢，以爲相。辭不受，盡散其財以分知友鄉黨，懷其重寶，間行以去，止於陶（今山東菏澤市定陶區）。居無何，則致貲纍巨萬，天下稱陶朱公。三徙成名于天下，卒老逝于陶。事迹詳《史記·貨殖列傳》《史記·越王勾踐世家》《國語·越語》。

贈張地理〔注一〕

明月山人瘦瓊玖〔注二〕，千金不换探天手。�松〔注三〕老朽七百年，原上一澆返魂酒。夜來醉卧青蓮〔注四〕舟，天南起舞萬髑髏〔注五〕。人間齷齪礙雙履，與君同上崐崙丘。

輯録

（民國）曾世禮編輯《任黄合鈔·任司直詩鈔》，第14頁。

注釋

〔一〕張地理：不詳。

〔二〕瓊玖：瓊、玖，美玉，喻賢才。宋葉適《送陳彦群》："雍容入儒雅，磨錯見瓊玖。"

〔三〕筠松：竹子、松樹。

〔四〕青蓮：青色蓮花。佛教以爲蓮花清淨無染。

〔五〕髑髏：死人的頭骨。

題陳松谷〔注一〕少傅江樓〔注二〕

少傅邀我江樓坐，酒酣足〔校一〕踏滄江破。捕得水龍騎上天，奪取元珠斗來大。天風射江江水立，龍飛入海無消息。八荒霖雨來不來，老翁獨抱龍珠泣。

輯録

（民國）曾世禮編輯《任黄合鈔·任司直詩鈔》，第17頁。又見於《（嘉慶）南充縣志》卷四《藝文志》七之三《詩》，第15頁；《（民國）新修南充縣志》卷四《輿地志·古蹟》，第84頁。

校勘

〔一〕足：《（嘉慶）南充縣志》作"脚"。

注釋

〔一〕陳松谷：陳以勤（1511—1586），字逸甫，號松谷，一號青居山人，南充（今四川南充）人。嘉靖二十年（1541）進士，選庶吉士，授檢討，充裕王講官，遷修撰，進洗馬。爲講官九年，有羽翼功。父喪除，還爲侍讀學士，掌翰林院，進太常卿，領國子監，擢禮右侍郎，改吏部，掌詹事府。穆宗即位，以潛邸舊臣，條上謹始十事，又陳時務因循之弊。擢禮部尚書兼文淵閣大學士，入參機務。累加少傅兼太子太傅，改武英殿。同列徐階、高拱、趙貞吉、張居正相互傾軋，恐不爲所容，引疾歸。著有《青居山房稿》。

〔二〕江樓：即陳以勤所建望江樓。《（民國）新修南充縣志》："望江樓，原在北津樓附近，明大學士陳以勤建，今無考。"

射洪劉鳴山初度〔注一〕短述付乃子爲壽

不道長楊〔注二〕奏賦雄，承恩〔注三〕猶記印江東。當時先帝知劉向〔注四〕，北海何人薦孔融〔注五〕。涪水〔注六〕秋花寒自好，射洪春酒〔注七〕緣仍同。佳辰況近清華〔注八〕節，遥借群仙上閬風。

輯録

（民國）曾世禮編輯《任黄合鈔·任司直詩鈔》，第18頁。

注釋

〔一〕劉鳴山初度：不詳。《（乾隆）射洪縣志》《（嘉慶）射洪縣志》無考。

〔二〕長楊：秦、漢時宫名，乃長安附近供皇帝游獵之地，後用爲詠皇帝畋獵的地方。《史記·司馬相如列傳》："（相如）常從上至長楊獵。是時天子方好自擊熊彘，馳逐野獸，相如上疏諫之。"揚雄著有《長楊賦》。

〔三〕承恩：漢臺館名。《漢書·霍光傳》："起三出闕，築神道，北臨昭靈，南出承恩。"服虔曰："昭靈、承恩，皆館名也。"

〔四〕劉向：（前77—前6）字子政，本名更生，西漢楚國彭城（今江蘇徐州）人。楚元王劉交四世孫。以父任爲輦郎，歷散騎諫大夫、散騎宗正、光禄大夫等職，累官至中壘校尉，成帝時受詔領校秘書，撰《别録》，又纂《新序》《説苑》《列女傳》等書，并有辭賦三十三篇，明人輯爲《劉中壘集》，事迹詳《漢書》本傳。

〔五〕孔融：(153－208) 字文舉，魯國（治今山東曲阜）人。孔子二十世孫，歷北軍中候、虎賁中郎將、北海相，時稱孔北海，在任六年，修城邑、立學校，舉賢才、表儒術，劉備薦兼領青州刺史。爲袁譚所敗，徵爲將作大匠，遷少府、太中大夫。時值漢室亂，志在靖難，而才疏意廣，訖無成功。曹操忌其威望，害之。能詩善文，魏文帝深好其文辭，稱爲“揚（雄）才、班（固）儔也”，明人張溥輯有《孔北海集》。

〔六〕涪水：涪江之水，即涪江，嘉陵江下游右岸主要的一級支流，發源于四川省阿壩藏族自治州松潘縣雪寶頂北坡，南流經平武縣、江油市西南部，綿陽市、三臺縣、射洪縣、遂寧市等區域，于重慶市合川縣城南側匯入嘉陵江。

〔七〕春酒：漢族民間歲時交際禮俗，即在春天里設宴延請親朋好友，設酒日期因地域而異，四川一般在元日後到上元節（正月十五日）前，又稱“春宴”“吃春酒”“請春酒”。

〔八〕清華：指景物清幽美麗。

南園竹筍生

城南草堂篁竹深，挂雲胃〔校一〕日長陰陰。臨階着筍礙短屐，過落兩籜抽華簪〔注一〕。已編棉榆防觸折，仍約霜霰〔注二〕同蕭森。東塢藤花總縈蔓，歲晚飄忽徒傷心。

輯録

（民國）曾世禮編輯《任黄合鈔·任司直詩鈔》，第 18 頁。

校勘

〔一〕胃：於意不通，疑爲“冒”之訛。

注釋

〔一〕華簪：華貴的冠簪。古人用簪把冠連綴在頭髮上。華簪爲貴官所用，故常用以指顯貴的官職。晉陶潛《和郭主簿》之一："此事真復樂，聊用忘華簪。"

〔二〕霜霰：霜和霰。晉陶潛《歸園田居》之二："常恐霜霰至，零落同草莽。"

清泉山寺〔注一〕二首

其一

朔風吹葉葉射泥，欲雪不雪寒淒淒。屐齒穿雲夜山黑，榿林夾岸窮猿棲。江城歲晏闕〔校一〕秔稻，關塞霜清長鼓鼙。何當拔劍倚天外，不愁虎豹縱橫啼。

其二

仲冬結茆滄海濆，江風刺腕膚瘃皸〔注二〕。巫峽玄猿噤難嘯，漢宮珥貂〔注三〕誰見分。安得仙人白鸞羽，掃斷隔浦寒山雲。飛取海日挂林薄，坐令萬壑回氤氳。

輯録

（民國）曾世禮編輯《任黄合鈔·任司直詩鈔》，第19頁。《（嘉慶）南充縣志》卷四《藝文志》七之三《詩》録"其一"，仍題《清泉山寺》，第16頁；《（民國）新修南充縣志》卷二《輿地志·山脈》亦録"其一"，第39頁。

校勘

〔一〕闕：原本作"關"，涉下"關"字而訛，據《（嘉慶）南充縣志》改。

注釋

〔一〕清泉山寺：《（民國）新修南充縣志》卷二《輿地志·山脈》："清泉山在治北十五里，雙女石江岸，憑江直上數百尺，與龍門相望，風景甚佳。任瀚祖塋在此，有清泉寺，創於明時。寺側半里有清泉井，山下陶父釣臺，爲瀚隱居游釣處。"

〔二〕膚瘃皸：肌膚上的凍瘡皸裂。瘃，凍瘡。皸，皸裂。

〔三〕珥貂：插戴貂尾。漢代侍中、中常侍於冠上插貂尾爲飾。後借指皇帝近臣。三國魏曹植《王仲宣誄》："載蟬珥貂，朱衣皓帶。入侍帷幄，出擁華蓋。"

聞倭寇報三首

其一

傳聞海寇侵淮甸〔注一〕，鼉帳橫天殺氣昏。萬里鯨鯢吞日月，三年烽火照乾坤。江南漕運半資虜，河朔軍政轉多門。越裳玄菟〔注二〕莫浪喜〔注三〕，古來跋扈非圖存。

其二

日下烏奴〔注四〕天所驕，墨題黥臂不堪招。一乘南國河防闕，坐困中原帑藏彫。珠崖儋耳〔注五〕斷消息，鐘阜〔注六〕秦淮久動搖。安得潯陽射蛟〔注七〕手〔校一〕，射死鯨鯢迴〔校二〕海潮。

其三

自聞海寇犯江表，海運江防轉見踈。嫖姚已無霍去病〔注八〕，登封誰復狼居胥〔注九〕。漁陽驍將〔注一〇〕頗觀望，羽林孤兒〔注一一〕亦次且〔注一二〕。衰晚不成向南國，長江送淚長欷歔。

輯録

（民國）曾世禮編輯《任黄合鈔·任司直詩鈔》，第19頁。

校勘

〔一〕蛟：原本訛作“蚊”，據《漢書・武帝紀》改。

〔二〕迴：原本作“逥”，形近而訛，據文意改。

注釋

〔一〕淮甸：淮河流域。南朝宋鮑照《潯陽還都道中》：“登艫眺淮甸，掩泣望荆流。”

〔二〕越裳玄菟：越裳，古南海國名。相傳周公輔政成王，製禮作樂，越裳氏重譯而獻白雉，見《後漢書・南蠻傳》。玄菟，郡名，漢武帝元封四年（前 107）置，在今朝鮮咸鏡道及吉林南境，治沃沮城。後漢中葉，徙治瀋陽附近。

〔三〕浪喜：無謂地歡喜。唐白居易《自誨謡》：“勿浪喜，勿妄憂；病則卧，死則休。”

〔四〕烏奴：即烏奴國，古代日本領土上的一個小國，詳《三國志・魏志・倭人傳》。

〔五〕珠崖儋耳：漢武帝元封元年（前 110），在原南越國舊址一帶設置的九郡中的兩個郡。珠崖郡在今海南省海口市，儋耳郡在今海南省儋州市。其後歷有廢舉遷移。

〔六〕鐘阜：南京鐘山。

〔七〕潯陽射蛟：《漢書・武帝紀》：元封五年（前 106）冬，武帝“行南巡狩”，“自尋陽浮江，親射蛟江中，獲之”。潯陽即潯陽江，長江流經江西九江的一段。蛟，傳説中龍的一種，無角，能發洪水。

〔八〕嫖姚已無霍去病：漢武帝時，霍去病多次從衛青擊匈奴，屢建戰功，嘗任嫖姚校尉、驃騎將軍。後多以此典入詩，描寫戰功或邊塞。

〔九〕狼居胥：山名，即今狼山，在今内蒙古自治區克什克騰旗西北至阿巴嘎旗一帶。西漢元狩四年（前 119），漢武命帝命衛青、霍去病率兵深入漠北，尋殲匈奴主力。大將霍去病與匈奴左賢王戰，又乘胜追擊至狼居胥山，登山祭天，築土爲封，刻石紀事，以彰漢功。《漢書・武帝紀》：“大將軍衛青將四將軍出定襄，將軍去病出代，各將五萬騎。步兵踵軍後數十萬人。青至幕北，圍單于，斬首萬九千級，至闐顏山乃還。去病與左賢王戰，斬獲首虜七萬餘級，封狼居胥山廼還。”

〔一〇〕漁陽驍將：漁陽即范陽，驍將即勇將。此指唐叛將安禄山。《長生殿》第十七回《合圍》：“等不的宴華清《霓裳》法曲終，早看俺鬧鼓鼙漁陽驍將反。”

〔一一〕羽林孤兒：《漢書・百官公卿表》：漢武帝太初元年（前104），“取從軍死事之子孫養羽林，官教以五兵，號曰羽林孤兒”。

〔一二〕次且：即趑趄，猶豫不進貌。《易・夬》：“九四，臀無膚，其行次且。”孔穎達疏：“次且，行不前進也。”

宫坊留别故舊〔注一〕

春宫〔注二〕百辟奉儲皇，内賜傳宣出建章〔注三〕。劉向校書臨太乙〔注四〕，枚皋〔校一〕〔注五〕正字〔注六〕在明光〔注七〕。地分黄閣〔注八〕絲綸〔注九〕静，天近東華〔注一〇〕雨露香。獨有長沙〔注一一〕官況〔注一二〕薄，早投辭賦弔江湘。

輯録

（民國）曾世禮編輯《任黄合鈔・任司直詩鈔》，第20頁。

校勘

〔一〕枚皋：原本作“枚臯”，形近而訛。

注釋

〔一〕宫坊：東宫諸官署的統稱。

〔二〕春宫：即東宫。太子居東宫，五行春季配東方，故又稱爲春宫。北周王褒《皇太子箴》：“秋坊通夢，春宫養德。”

〔三〕建章：即建章宫，漢代長安宫殿名。《三輔黄圖・漢宫》：“武帝太初元年，柏梁殿災。粵巫勇之曰：‘粵俗，有火災即復大起屋，以厭勝之。’帝於是作建章宫，度爲千門萬户。宫在未央宫西，長安城外。”

〔四〕劉向校書臨太乙：晉王嘉《拾遺記》卷六：“劉向於成帝之末校書天禄閣，專精覃思。夜有老人着黄衣，植青藜杖，登閣而進。見向暗中獨坐誦書，老父乃吹杖端，煙然，因以見向，説開闢已前。向因受《五行洪範》之文。恐辭説繁廣忘之，乃裂裳及紳以記其言，至曙而去。向請問姓名，云：‘我是太一之精。天帝聞金卯之子有博學者，下而觀焉。’乃出懷中竹牒，有天文地圖之事。余略授子焉。至向子歆從向受此術。向亦不悟此人焉。”

〔五〕枚皋：字少孺，枚乘子，西漢淮陰（今屬江蘇）人。武帝時曾詔問乘子有無能文者，皋上書自陳，帝使賦平樂館，善之，拜爲郎。曾出使匈奴。好詼諧，善辭賦，才思敏捷，時人比之東方朔。事迹詳《漢書》本傳。

〔六〕正字：指校正文字。北齊開始置正字官，與校書郎同主讎校典籍，刊正文章。

〔七〕明光：明光殿，漢代宫殿名。《三輔黄圖·漢宫》：“未央宫漸臺西有桂宫，中有明光殿，皆金玉珠璣爲簾箔，處處明月珠，金階玉階，晝夜光明。”後亦泛指宫殿。

〔八〕黄閣：指宰輔官署。漢朝丞相、太尉和漢以後的三公官署避用朱門，廳門涂黄色，以别於天子。衛宏《漢官儀》卷上：“丞相廳事閣曰黄閣，無鍾鈴。”《宋書·禮志》：“三公之與天子，禮秩相亞，故黄其閣以示謙。”而唐時門下省亦省稱黄閣。

〔九〕絲綸：指帝王的詔書。《禮記·緇衣》：“子曰：‘王言如絲，其出如綸。王言如綸，其出如綍。故大人不倡游言。’”

〔一〇〕東華：明清時，中樞官置設在宫城東華門内，故借指中央官署。

〔一一〕長沙：代指漢代賈誼。賈誼爲文帝時博士，陞太中大夫，欲制禮作樂，革新政治，但遭到周勃等的反對，于文帝四年（前 176）貶爲長沙王太傅，渡湘水，歷屈原放逐所經之地，感而作《弔屈原賦》。

〔一二〕官況：居官的境遇。唐李中《贈永真杜翺少府》：“愛静不嫌官況冷，苦吟從聽鬢毛蒼。”

秋日海棠再花

海鶴樓前海棠樹，秋雨秋風還著花。誰傳天上東皇〔注一〕令，仍到江門野老家。誤疑藻火〔注二〕照春殿，不分青藜燃暮棍。殊方靈瑞倘可入，即隨貢篚〔注三〕朝京華。

輯録

（民國）曾世禮編輯《任黄合鈔·任司直詩鈔》，第20頁。

注釋

〔一〕東皇：神話中的天神，即太一神。

〔二〕藻火：古代官員衣服上所繡作爲等差標志作用的水藻和火焰形圖紋，借指官服。《尚書·益稷》："宗彝、藻、火、粉米、黼黻、絺繡，以五采彰施于五色，作服。"孔傳："藻，水草有文者。火爲火字。"

〔三〕貢篚：進貢，貢獻。《尚書·禹貢》："厥貢漆絲，厥篚織文。"孔穎達疏："篚是入貢之時盛在於篚。"

閒居

懷沙蹈海〔注一〕死不報，炙轂談天〔注二〕安所營。堯舜自了兩朝事，夷齊不幸千古名。老去長歌白石爛，生來三見黄河清。丹丘〔注三〕聖人安穩否，獨鶴幾時朝玉京。

輯録

（民國）曾世禮編輯《任黄合鈔·任司直詩鈔》，第20頁。

注釋

〔一〕懷沙蹈海：指投水自殺。《懷沙》乃屈原投汨羅江前的作品，是其臨終前的絶命詞，意指懷抱沙石以自沉。蹈海，即跳海自殺。《史記·魯仲連列傳》記魯仲連稱："彼秦者，棄禮義而上首功之國也，權使其士，虜使其民。彼即肆然而爲帝，過而爲政於天下，則連有蹈東海而死耳，吾不忍爲之民也。"

〔二〕炙轂談天：《史記·孟子荀卿列傳》："騶衍之術，迂大而閎辯；奭也，文具難施；淳于髡久與處，時有得善言。故齊人頌曰：'談天衍，雕龍奭，炙轂過髡。"南朝宋裴駰《史記集解》："劉向《别録》曰：'騶衍之所言五德終始，天地廣大，書言天事，故曰談天。騶奭脩衍之文，飾若雕鏤龍文，故曰雕龍。'《别録》曰：'過字作輠，輠者車之盛膏器也。炙之雖盡，猶有餘流者，言淳于髡智不盡如炙輠也。'左思《齊都賦注》曰：'言其多智難盡，如脂膏過之有潤澤也。'"唐司馬貞《史記索隐》："劉氏云：'轂，衍字也。'今按：文稱炙轂過，過則是器名，音如字，謂盛脂之器名過，與鍋字相近，蓋即指器也。轂即車轂，過爲潤轂之物，則轂非衍字明矣。"

〔三〕丹丘：傳説中神仙居住的地方。《楚辭·遠游》："仍羽人於丹丘兮，留不死之舊鄉。"王逸注："丹丘晝夜常明也。"

改正英烈傳舊詩

十帝〔注一〕相傳向百年，神州萬里屬胡天。可憐漢戍關山月，留照胡兒飲馬泉。世祖〔注二〕廟前雲似墨，文宗〔注三〕陵上草如烟。傷心欲問元朝事，細看皇明太史編。

輯録

（民國）曾世禮編輯《任黄合鈔·任司直詩鈔》，第20頁。

注釋

〔一〕十帝：元代諸帝，即世祖忽必烈、成宗鐵穆耳、武宗海山、仁宗愛育黎拔力八達、英宗碩德八剌、泰定帝也孫鐵木兒、幼主阿速吉八、文宗圖帖睦爾、寧宗懿璘質班、惠宗妥懽帖睦爾。

〔二〕世祖：元世祖忽必烈。

〔三〕文宗：元文宗圖帖睦爾。

書洪芳洲〔校一〕〔注一〕提學〔注二〕卷二首

其一

承明勑使下丹霄〔注三〕，掌領文衡〔注四〕翊聖朝。蜀國英雄新入彀，穆陵臺省舊乘軺。風清夏楚冰霜肅，化洽蠻方雨露遥。早晚聲名動宸眷，可能江漢問漁樵。

其二

皇胥帝鴻〔注五〕不可問，銅鞮伯華〔注六〕誰能酬。南中山海抱靈氣，東觀理窟洪芳洲〔校二〕。金馬石渠待通籍〔注七〕，冰壺〔校三〕水鏡〔注八〕懸清秋。戍關分手野惆悵，江閣對望風烟愁。

輯録

（民國）曾世禮編輯《任黄合鈔·任司直詩鈔》，第20—21頁。

校勘

〔一〕洪芳洲：原本作“洪芳州”，據目録改。

〔二〕洪芳洲：原本作“洪芳州”，據目録改。

〔三〕壺：原本作“壷”，形近而訛，據文意改。

注釋

〔一〕洪芳洲：洪朝選（1516－1582），字舜臣，一字汝尹，號芳洲，别號静庵，幼名天民，福建泉州府同安縣人。嘉靖二十年（1541）進士，授南京户部山西清吏司主事，榷税浙關。二十二年（1543），任南京户部湖廣司署員外郎主事，仍榷税杭州北關。二十四年（1545），陞南京户部山西司署郎中主事。二十五年（1546），陞南京户部郎中，旋調南户部四川司郎中。次年（1547），因病辭。二十七年（1548）返鄉，與鄉賢王慎中論學。二十八年（1549），補南京吏部稽勛司郎中。三十一年（1552），轉考功司郎中。三十二年（1553），陞四川按察副使，督學蜀中。在蜀，正文體，端士範，較藝嚴覈，持法秉公，不徇私情，爲蜀士所賛賞。三十五年（1556），陞廣西布政司署右參政。三十六年（1557），陞山西布政使司左參政。

〔二〕提學：古代負責文化教育的高級地方行政官。宋徽宗崇寧二年（1103）在各路設“提舉學事司”，金設“提舉學校官”，元各行省置“儒學提舉司”。明初置儒學提舉司，英宗正統元年（1436）分派御史爲兩京提學御史，十三布政司以按察使、副使、僉事充任，稱進督學道。清初於各省設督學道，直隸、江南、江北設督學御使，稱學院。雍正四年（1726）改提督學院，長官稱提督學政，簡稱學政。光緒三十一年（1905）罷科舉，興學校，改爲提學使，辛亥革命後廢置。

〔三〕丹霄：帝王居處，朝廷，京都。漢荀悦《漢紀·成帝紀》：“故願一登文石之階，陟丹霄之途。”

〔四〕文衡：判定文章高下以取士的權力。評文如以秤衡物，故云。唐劉禹錫《唐故尚書主客員外郎盧公集紀》：“丞相曲江公方執文衡，揣摩後進，得公深器之。”

〔五〕皇胥帝鴻：皇胥，当即“赫胥”，傳説中的帝王。《莊子·馬蹄》：“夫赫胥氏之時，民居不知所爲，行不知所之，含哺而熙，鼓腹而游。”汉袁康《越绝书·外传記寶劍》：“軒轅、神農、赫胥之時，以石爲兵，斷樹木爲宮室。”帝鴻，黄帝的號。《左傳》文公十八年：“昔帝鴻氏有不才子，掩義隱賊，好行凶德。”杜預注：“帝鴻，黄帝。”

〔六〕銅鞮伯華：羊舌赤，字伯華，春秋時晉國中軍尉，食邑於銅鞮（今山西省襄垣縣虒亭）。《孔子家語》卷三《賢君》：“孔子閒處，喟然而歎曰：‘嚮使銅鞮伯華無死，則天下其有定矣。’子路曰：‘由願聞其人也。’子曰：‘其幼也敏而好學，其壯也有勇而不屈，其老也有道而能下人。有此三者以定天下也，何難乎哉！’”

〔七〕通籍：謂記名於門籍，可以進出宮門。《漢書·元帝紀》：“令從宮給事宮司馬中者，得爲大父母兄弟通籍。”顔師古注引應劭曰：“籍者，爲二尺竹牒，記其年紀名字物色，縣之宫門，案省相應，乃得入也。”

〔八〕冰壺水鏡：借指清靜明平，冰壺表節，水鏡居心。冰壺，盛冰的碧玉壺。鮑照《白頭吟》：“清如玉冰壺。”《蜀志·李嚴傳》：“水至平而邪者取法，鏡至明而醜者無怒，無私故也。”

南湖

南湖薄游不稱意，艓子〔注一〕槳盪驚沙鷗。朱堤〔注二〕恠石欹遠岸，赤甲〔注三〕紅樹摇深秋。過浦鵁鶄〔注四〕遠泛泛，背人鸂鶒〔注五〕故悠悠。西塢横塘〔注六〕野烟水，淘河〔注七〕淩兢〔注八〕何所求。

輯録

（民國）曾世禮編輯《任黄合鈔·任司直詩鈔》，第21頁。

注釋

〔一〕艓子：小船。唐杜甫《最能行》：“富豪有錢駕大舸，貧窮取給行艓子。”

〔二〕朱堤：紅色的堤岸。

〔三〕赤甲：紅色的外甲。

〔四〕鵁鶄：即池鷺。唐杜甫《曲江陪鄭八丈南史飲》：“雀啄江頭黄柳花，鵁鶄鸂鶒滿晴沙。”

〔五〕鸂鶒：即“鸂鶒”，水鳥名，形大於鴛鴦，而多紫色，好并游，俗稱紫鴛鴦。

〔六〕横塘：泛指水塘。

〔七〕淘河：鵜鶘的别名。《爾雅·釋鳥》：“鵜，鴮鸅。”晉郭璞注：“今之鵜鶘也。好群飛，沈水食魚，故名洿澤，俗呼之爲淘河。”唐杜甫《赤霄行》：“江中淘河嚇飛燕，銜泥卻落羞華屋。”

〔八〕淩兢：戰栗、恐懼的樣子。宋王安石《九井》：“飛蟲淩兢走獸駭，霜雪夏落雷冬鳴。”

過武功諸葛祠

風戰寒梢樹有聲，山城孤館月華明。天涯倦鳥投林宿，石上浮雲近水生。慷慨易興今是古，英雄難論敗和成。木牛流馬名千載，未復中原草一莖。

輯録

（民國）曾世禮編輯《任黄合鈔·任司直詩鈔》，第21頁。

舟泊赤壁

同群友北試，舟次赤壁，月夜慕〔校一〕東坡故事，狂歌釀飲〔注一〕，聲達於黄州〔校二〕。守禦者使卒牌拘，即牌陰草律覆云。

舟泊蘆花淺水溪，友人約我泛清巵〔校三〕〔注二〕。高歌〔校四〕赤壁兩篇賦，正是黄州半夜時。城上將軍陰〔校五〕有約，江邊士子總無知。君侯若問真消息，曾有芳名到鳳池〔注三〕。

輯録

（清）李成林總裁，（清）張鳳翩總修《（康熙）順慶府志》卷七《藝文》，第22—23頁。又見於（明）杜應芳、（明）胡承詔輯《補續全蜀藝文志》卷四三《志餘》；《（雍正）四川通志》卷四六《藝文·詩話》；（民國）曾世禮編輯《任黄合鈔·任司直詩鈔》，題作《同群友北上夜游赤壁狂歌釀飲守禦者持牌行拘書此覆之》，第21頁。

校勘

〔一〕月夜慕：原本脱作“月慕”，據《補續全蜀藝文志》《（雍正）四川通志》補。

〔二〕於黄州：原本脱，據《補續全蜀藝文志》《（雍正）四川通志》補。

〔三〕清巵：《任黄合鈔》作“金巵”。

〔四〕高歌：《任黄合鈔》作“因歌”。

〔五〕陰：《任黄合鈔》作“因”。

注釋

〔一〕醵飲：湊錢飲酒。

〔二〕清巵：即“清卮”，清酒。卮，古代酒器。南朝齊謝朓《和伏武昌登孫權故城》：“清卮阻獻酬，良書限聞見。”

〔三〕鳳池：鳳凰池，指禁苑中的池沼，借指中書省或朝廷。《晉書·荀勖傳》：“勖久在中書，專管機事。及失之，甚罔罔悵恨。或有賀之者，勖曰：‘奪我鳳皇池，諸君賀我邪?’”杜甫《早朝大明宮呈兩省僚友》：“共沐恩波鳳池裏，朝朝染翰侍君王。”

南郊小園

怪來銀漢〔注一〕去人低，韋杜〔注二〕城南碧落〔注三〕齊。宇廟江山供漫興，皇王帝霸入留題。衣冠身許麒麟畫〔注四〕，水竹亭分鸞鳳〔注五〕栖。寄興姮娥〔注六〕淨秋月，文光遥射海天西。

輯録

（民國）曾世禮編輯《任黄合鈔·任司直詩鈔》，第22頁。

注釋

〔一〕銀漢：天河，銀河。南朝宋鮑照《夜聽妓》：“夜來坐幾時，銀漢傾露落。”

〔二〕韋杜：唐代韋氏與杜氏的并稱。韋氏居韋曲，杜氏居杜曲，皆在長安城南，世爲望族，時稱“韋杜”。

〔三〕碧落：道教語，天空，青天。

〔四〕麒麟畫：麒麟閣上的功臣畫像。唐杜甫《秋野》之五："身許麒麟畫，年衰鴛鴦群。"

〔五〕鸞鳳：鸞鳥和鳳凰，比喻賢俊之士。《楚辭·賈誼〈惜誓〉》："獨不見夫鸞鳳之高翔兮，乃集大皇之壄。"

〔六〕姮娥：神話中的月中女神。

任瀚集校注卷四

七言律詩

秋日寄和喻吴皋[注一]臺察二首

其一

年華衰謝卻來歸，生事伶俜[注二]漸細微。霜霰早清驄馬路，題封先慰釣魚磯[注三]。承明故舊音書隔，江漢樵蘇[注四]禮數稀。繡斧[注五]遠征那再到，關山空阻淚沾衣。

其二

輶軒[注六]西去萬山寒，野浦[注七]懷人秋事闌。安得雲霄乘羽翼，相將海嶠[注八]恣游般。蹇危莫抗匡衡[注九]疏，牢落[注一〇]虛彈貢禹[注一一]冠。身世只今空白髮，許君惟有寸心丹。

輯録

（民國）曾世禮編輯《任黄合鈔·任司直詩鈔》，第22頁。

注釋

〔一〕喻吴皋：喻時（1506—1571），字中甫，號吴皋，光州（今河南光山縣）人。嘉靖十七年（1538）進士，授吴江縣令，徵拜御史，劾嚴嵩不法事，出視鹺河東。移疾歸，嘉靖三十年（1551），强起按蜀，蜀以大治。還遷應天丞，轉太僕少卿，尋總督陝西三邊軍務，入拜兵部右侍郎，協理戎政。告歸，數年起補南户部侍郎，卒。

〔二〕伶俜：孤單貌。《玉臺新詠·古詩爲焦仲卿妻作》："晝夜勤作息，伶俜縈苦辛。"

〔三〕釣魚磯：可供垂釣的水邊巖石，又稱"釣磯""魚磯""漁磯"。

〔四〕樵蘇：本義砍柴刈草，此指日常生計。《南齊書·東昏侯紀》："郊郭四民皆廢業，樵蘇路斷，吉凶失時。"

〔五〕繡斧：指帝王派遣的執法大員。《漢書·武帝紀》：天漢二年，"泰山琅邪群盗，徐勃等阻山攻城。道路不通，遣直指使者暴勝之等衣繡衣，杖斧，分部逐捕"。

〔六〕輶軒：本爲古代使臣乘坐的一種輕車，此代指使臣。《文選·張協〈七命〉》："語不傳於輶軒，地不被乎正朔。"

〔七〕野浦：野外水邊。

〔八〕海嶠：海邊山嶺。唐張九齡《送使廣州》："家在湘源住，君今海嶠行。"

〔九〕匡衡：字稚圭，西漢東海承人。少時家貧，好學，精習經義，善説《詩》《書》，時引經義以論時政。元帝時任丞相，封樂安侯。成帝時爲司隸校尉王尊所劾，後免官。事見《漢書·匡衡傳》。

〔一〇〕牢落：孤寂，無聊。晉陸機《文賦》："心牢落而無偶，意徘徊而不能揥。"

〔一一〕貢禹：（前124—前44）字少翁，西漢琅琊人。以明經潔行著聞，徵爲博士、凉州刺史，以病去官。復舉賢良爲河南令。歲餘去官。與王吉友善，世稱"王陽在位，貢公彈冠"。元帝即位，徵爲諫大夫，官至御史大夫。多次上書抨擊朝廷奢侈，要求元帝選賢能，誅奸臣，罷倡樂，修節儉，減輕賦役。事詳《漢書·貢禹傳》。

送門人索儁〔注一〕公車〔注二〕二首

其一

虎觀承明〔注三〕須好在，樓船東去關河長。朱提〔校一〕〔注四〕龍起海濤立，赤甲〔注五〕霞烘江樹黄。煙闕〔注六〕傳臚〔注七〕衮冕近，錦袍射日宮荷香。行看天藻〔注八〕下清蹕〔注九〕，坐令被褐〔注一〇〕生煇光。

其二

雨雪關河北雁來，飄檣東下楚雲開。正看海嶠〔注一一〕龍初起，誰管江皋〔校二〕〔注一二〕猿夜哀。劍氣遥吞鳷鵲觀〔注一三〕，文光先繞鳳凰臺〔注一四〕。明年宫柳藏鶯日，好寄傳臚〔校三〕錦字迴。

輯録

（民國）曾世禮編輯《任黄合鈔・任司直詩鈔》，第23頁。

校勘

〔一〕朱提：原本作“朱題”，與“赤甲”相對，知爲長江上游，據歷史地理及文字音、字形關係，知爲“朱提”形近、音近而訛。

〔二〕皋：原本作“臯”，形近而訛。

〔三〕傳臚：原本作“傳臙”，形近而訛，據上文改。

注釋

〔一〕索儁：原本作“索俊”，據《春坊集》改。索儁，南充人，孝廉，嘉靖二十五年（1546）舉人。

〔二〕公車：漢代以公家車馬遞送應徵之人，後因以公車爲舉人應試的代稱。

〔三〕虎觀承明：白虎觀、承明廬。

〔四〕朱提：漢武帝時置縣，治所在今雲南昭通。後立爲郡。南朝梁廢。唐武德初置安上縣，不久復改爲朱提縣。天寶中地入南詔，移治今四川省宜賓市安邊鎮西南。唐末廢。

〔五〕赤甲：亦作“赤岬”，在重慶奉節東。《水經注・江水一》：“江水又東逕赤岬城西，是公孫述所造，因山據勢，周迴七里一百四十步，東高二百丈，西北高千丈，南連基白帝山，甚高大，不生樹木，其石悉赤。土人云如人袒胛，故謂之赤岬山。”

〔六〕熛闕：赤色的宫闕。《文選・揚雄〈甘泉賦〉》：“左欃槍而右玄冥兮，前熛闕而後應門。”李善注引晉灼曰：“熛闕，赤色之闕。”

〔七〕傳臚：科舉時代，殿試揭曉唱名的一種儀式。殿試公布名次之日，皇帝至殿宣布，由閣門承接，傳于階下，衛士齊聲傳名高呼，謂之傳臚。

〔八〕天藻：指天子的文章。唐陳子昂《爲陳御史上奉和秋景觀競渡詩表》：“帝歌爰作，天藻攸彰。”

〔九〕清蹕：帝王出行，清除道路，禁止行人。《文選·顔延之〈應詔觀北湖田收〉》：“帝暉膺順動，清蹕巡廣廛。”李善注引《漢儀注》：“皇帝輦動，出則傳蹕，止人清道。”

〔一〇〕被褐：穿著粗布衣服，指貧賤之人。《墨子·尚賢中》：“傅説被褐帶索，庸築乎傅巖。”

〔一一〕海嶠：海邊山嶺。

〔一二〕江皋：江邊地、江岸。《楚辭·九歌·湘夫人》：“朝馳余馬兮江皋，夕濟兮西澨。”

〔一三〕鳷鵲觀：即鳷鵲樓，南朝宫中樓觀名，故址在今江蘇南京。唐李白《月夜金陵懷古》：“臺傾鳷鵲觀，宫没鳳凰樓。”

〔一四〕鳳凰臺：南朝宋元嘉中建，故址在今南京市南面。唐李白《登金陵鳳凰臺》：“鳳凰臺上鳳凰游，鳳去臺空江自流。”王琦注：“《江南通志》：鳳凰臺，在江寧府城内之西南隅，猶有陂陀，尚可登覽。宋元嘉十六年，有三鳥翔集山間，文彩五色，狀如孔雀，音聲諧和，衆鳥群附，時人謂之鳳凰。起臺于山，謂之鳳凰臺。山曰鳳凰山，里曰鳳凰里。”

寄賀南鄰鄧山人〔注一〕八十壽

徵君第宅近吾廬，卻掃春深共索居。眼中耆舊八十少，海上神仙萬事疎。終符象緯〔注二〕開南嶽，倘述龍韜〔注三〕載後車〔注四〕。廣樂霓裳〔注五〕能聽否，不辭連臂晏清都。

輯録

（民國）曾世禮編輯《任黄合鈔·任司直詩鈔》，第23頁。

注釋

〔一〕鄧山人：生平不詳，南充隱士。

〔二〕象緯：象數讖緯，亦指星象經緯，謂日月五星。晉王嘉《拾遺記·殷湯》："師延者，殷之樂人也。設樂以來，世遵此職。至師延，精述陰陽，曉明象緯，莫測其爲人。"齊治平注："象緯，象數讖緯。象數謂龜筮之類；讖緯謂讖録圖緯、占驗術數之書。"唐杜甫《游龍門奉先寺》："天闕象緯逼，雲卧衣裳冷。"仇兆鰲注："象緯，星象經緯也。"

〔三〕龍韜：太公望兵法《六韜》之一，泛指兵法、戰略。南朝梁江淹《爲蕭讓太傅揚州牧表》："既罕《龍韜》《金匱》之效，又乏楹間帷中之績。"

〔四〕後車：副車，侍從所乘之車。《詩·小雅·綿蠻》："命彼後車，謂之載之。"鄭玄箋："後車，倅車也。"陸德明釋文："倅，七對後，副車。"三國魏曹丕《與朝歌令吴質書》："從者鳴笳以啓路，文學託乘於後車。"

〔五〕廣樂霓裳：廣樂，盛大之樂，多指仙樂。《史記·趙世家》："我之帝所甚樂，與百神游于鈞天，廣樂九奏萬舞，不類三代之樂，其聲動人心。"霓裳，樂曲名，唐代宫廷舞曲《霓裳羽衣曲》的略稱。

寄楊升菴〔注一〕

蕭條别館〔注二〕君爲客，寂寞荒邨我閉關。鸚鵡洲〔注三〕前空作賦，鳳凰池〔注四〕上幾時還。羈身萬里棲滇海〔注五〕，歸夢三更到蜀山。此地斷金〔注六〕多白髮〔校一〕，往游傾蓋〔注六〕正紅顔〔注七〕。

輯録

（民國）曾世禮編輯《任黄合鈔·任司直詩鈔》，第23—24頁。又見於《（嘉慶）南充縣志》卷四《藝文志》七之三《詩》，第15頁；《（民國）新修南充縣志》卷一二《藝文志》，第53頁。

校勘

〔一〕多：《（嘉慶）南充縣志》作“俱”。

注釋

〔一〕楊升菴：楊慎（1488—1559），字用修，號升菴，四川新都（今成都市新都區）人。正德六年（1511）進士第一，授翰林院修撰，預修武宗實録。世宗繼位，任經筵講官。嘉靖三年（1524），以諫大禮，受延杖，謫戍雲南永昌衛，至死不赦。事迹具《明史》本傳。慎博聞强記，著述達百餘種，史稱：“明世記誦之博，著作之富，推慎爲第一。”能詩文詞曲，尤長於考證，後人輯爲《升菴集》等傳世。

〔二〕别館：别墅，本宅以外購建的房屋。唐白行簡《李娃傳》：“翌日，命駕與生先之成都，留娃於劍門，築别館以處之。”

〔三〕鸚鵡洲：在今湖北省武漢市西南長江中。相傳漢末江夏太守黄祖長子射在此大會賓客，有人獻鸚鵡，禰衡作《鸚鵡賦》，故名。後衡爲黄祖所殺，葬此。自漢以後，由于江水衝刷，屢被浸没，今鸚鵡洲已非宋以前故地。唐崔顥《黄鶴樓》：“晴川歷歷漢陽樹，芳草萋萋鸚鵡洲。”

〔四〕鳳凰池：禁苑中池沼。魏晉南北朝時設中書省於禁苑，掌管機要，接近皇帝，故稱中書省爲“鳳凰池”。《晉書·荀勗傳》：“勗久在中書，專管機事。及失之，甚罔罔悵悵。或有賀之者，勗曰：‘奪我鳳凰池，諸君賀我邪！’”

〔五〕滇海：即滇池，又稱昆明湖，在今昆明市南，是雲南最大的湖泊。此指滇池，又代指雲南。

〔六〕斷金：比喻同心協力或情深義厚。語出《周易·繫辭上》：“二人同心，其利斷金。”

〔七〕傾蓋：車上的傘蓋靠在一起，指初次相逢或訂交。《史記·魯仲連鄒陽列傳》：“諺曰：‘白頭如新，傾蓋如故。’何則？知與不知也。”司馬貞索隱引《志林》曰：“傾蓋者，道行相遇，軿車對語，兩蓋相切，小欹之，故曰傾。”

〔八〕紅顔：指年輕人的紅潤臉色。唐杜甫《暮秋枉裴道州手札》：

“憶子初尉永嘉去，紅顏白面花映肉。”

王合川監察〔注一〕母安人壽

劍外〔注二〕行驄奉使勞，海壖〔注三〕回首婺光高。瑶池〔注四〕未去占雙舄，王母〔注五〕由來駕六鰲〔注六〕。翟鞏〔注七〕照春浮御氣，《霓裳》〔注八〕飄月醉仙桃。漢廷〔校一〕有子朱雲〔注九〕在，還上青天振羽毛。

輯録

（民國）曾世禮編輯《任黄合鈔·任司直詩鈔》，第 26 頁。

校勘

〔一〕漢廷：原作“漠廷”，朱雲乃漢代人，據改。

注釋

〔一〕王合川監察：不詳。

〔二〕劍外：唐時稱劍門以南的蜀中地區，置有劍南道。唐杜甫《聞官軍收河南河北》：“劍外忽聞收薊北，初聞涕泣滿衣裳。”

〔三〕海壖：亦作“海堧”，海邊，泛指沿海地區。

〔四〕瑶池：仙界天池，傳説在崑崙山上，周穆王西征，曾在此受西王母宴請。後泛指神仙居住之地。

〔五〕王母：西王母，神話傳説中的女神。唐杜甫《秋興》之五：“西望瑶池降王母，東來紫氣滿涵關。”

〔六〕六鰲：神話中負載五仙山的六隻大龜。《列子·湯問》：“龍伯之國有大人，舉足不盈數步，而暨五山之所，一釣而連六鰲，合負而趣歸其國，灼其骨以數焉。於是岱輿、員嶠二山流於北極，沈於大海，仙聖之播遷者巨億計。”唐李白《登高丘而望遠海》：“登高丘，望遠海，六鰲骨已霜，三山流安在？”

〔七〕翟氅：用雉羽做的大衣。

〔八〕《霓裳》：唐代著名法曲《霓裳羽衣曲》的略稱，泛指宫樂。

〔九〕朱雲：字游，西漢魯（今山東曲阜）人，徙平陵。少任俠，以勇力聞。年四十，變節從博士白子友受《易》，又事蕭望之受《論語》，皆能傳其業。元帝時，華陰守丞嘉薦其可任御史大夫，爲太子少傅匡衡所否。元帝好梁丘《易》，令治其學之五鹿充宗與諸儒辯，諸儒莫能與抗。朱雲入，折之，因此出任博士，遷杜陵令。坐故縱亡命，會赦，舉方正，爲槐里令。因反對石顯，狂直上書，受誣而亡命長安，後下獄爲城旦。成帝時，于帝前指丞相安昌侯張禹爲佞臣。帝怒，欲誅之。朱雲攀折殿檻。左將軍辛慶忌死爭。帝于是恕其直，雖不殺之，棄而弗用。朱雲由是閒居鄠田，教授生徒以終。事迹詳《漢書·朱雲傳》。

真率會〔注一〕飲二首

其一

潦倒行春夜不眠，歸來踏破鏡湖烟。定中自得羲皇趣〔注二〕，覺後隨分先後天。學到《訂頑》〔注三〕無物我，斷除煩惱即神仙。桃哀管鮑〔注四〕當年事，高誼英風萬古傳。

其二

開漢樓〔注五〕前五畝莊，藤花刺竹漫成行。過逢幸接園黄履，引滿漸無琥珀光。散坐湖烟邀月醉，豈教山海笑人忙。興來欲上青天飲，誰道群仙老更狂。

輯録

（民國）曾世禮編輯《任黄合鈔·任司直詩鈔》，第26頁。

注釋

〔一〕真率會：真率，純真率直。萬曆八年（1580），陳于陛集里中太史任瀚、僉事文衡、王廷輩爲高年真率會。

〔二〕羲皇：伏羲，又作宓羲、庖牺、包牺、牺皇、皇羲、太昊等，上古傳説中的帝王，號稱人皇。《周易·繫辭傳》稱其結繩記事，始畫八卦。

〔三〕《訂頑》：宋代理學家張載的名篇。原爲《正蒙·乾稱》首段，張載將其録出貼在西窗上，作爲座右銘，題爲《訂頑》。該篇深受二程賞識，程頤改稱《西銘》。朱熹將其從《正蒙》中分出另注，單獨成篇。全篇首先從天地與個人關係的高度，闡明個人所處的地位，宣揚識大體、顧大局的道德原則；其次，提出"民胞物與"的民主泛愛思想；再次，將家放大爲天下，由孝及天，宣揚倡導孝親思想，并用事親之誠以明事天之道。

〔四〕桃哀管鮑：左伯桃、羊角哀，管仲、鮑叔牙。戰國燕人左伯桃與羊角哀爲死友，俱往仕楚，道遇雨雪，勢難俱生，伯桃入空樹中死。哀獨行仕楚，得厚葬柏桃，後夢伯桃與荆將軍戰，遂自殺從之。事迹詳《後漢書·申屠剛傳》唐李賢注引劉向《烈士傳》。管仲、鮑叔牙相知最深，事迹詳《史記·管晏列傳》，後人用"管鮑"比喻交誼深厚的朋友。晉傅玄《何當行》："管鮑不世出，結交安可爲。"

〔五〕開漢樓：一名安漢樓，在舊南充縣治南。昔紀信誑楚，而漢業以成，故名。郡守楊濟《開漢樓記》云："聖朝褒封綸，有'實開漢業'之語，余摘二字以名是樓。"後樓圮，今位於西山風景區者乃近年重建。

江上示門人

大道微茫何處〔校一〕尋？乾坤海嶽漫登臨。今人不見古人面，後聖方知前聖心。太極一丸〔注一〕成絶響，羲皇千載覓知音。只從領得先天〔注二〕意，卻愛堯夫〔注三〕爛熳吟。

輯録

（民國）曾世禮編輯《任黄合鈔·任司直詩鈔》，第26頁。

校勘

〔一〕何處：原本作“何慶”，形近而訛。

注釋

〔一〕太極一丸：即太極圓圖，任瀚以一〇示之，代表宇宙本源。

〔二〕先天：先天易學，指宋邵雍所言的伏羲易學。

〔三〕堯夫：邵雍（1011－1077），字堯夫，謚康節，稱其居所爲安樂窩，後人稱百源先生。其先范陽（今北涿縣）人，幼隨父遷共城（今河南輝縣）。仁宗嘉祐及神宗熙寧中，與程頤、司馬光、富弼等居于洛陽，多次被薦授官，皆不赴。著《皇極經世書》，闡釋其先後天易學；又著《伊川擊壤集》，吟詠山水，闡發義理，成爲理學詩的代表作。

贈刻圖書

多年離索[注一]嬾如雲，不慣題詩可贈君。自古篆成能泣鬼[注二]，於今刻出更空群。海上銀鈎[校一][注三]時寄字，山中鐵畫爲書裾。不緣漢代圖書在，千里鴻傳誰辨文。

輯録

（民國）曾世禮編輯《任黄合鈔·任司直詩鈔》，第26－27頁。

校勘

〔一〕銀鈎：原本作“銀鈞”。按“銀鈎”與“鐵畫”對，形近而訛。

注釋

〔一〕離索：離群索居。唐杜甫《夜聽許十一誦詩愛而有作》：“離索晚相逢，包蒙欣有擊。”仇兆鰲注：“離索，離群索居，見《禮記》子夏語。”

〔二〕篆成能泣鬼：《輿地紀勝》卷六七《碑記》“李陽冰篆‘鄂州’字”，注：“‘鄂州’二字，唐寳應二年李陽冰篆。世傳初篆時，鬼神泣空中，士大夫爭摹，以致遠謂可禦魑魅。”

〔三〕銀鈎：常與下文“鐵畫”連爲一體作“銀鈎鐵畫”，或作“鐵畫銀鈎”，也作“鐵點銀鈎”，形容書法用筆要方圓周整。晉王羲之《筆勢論十二章·視形章第三》：“播布研精，調和筆墨，鋒纖往來，疏密相附，鐵點銀鈎，方圓周整。”後用以比喻既剛勁又柔媚的書畫用筆。明黄景仁《贈白下周幔亭》：“雄詞艷句萃尺幅，銀鈎鐵畫窮毫纖。”

題吕僊〔注一〕

皇王帝霸〔注二〕漫都休，一片孤雲天下游。爲討石肝〔注三〕逢蜃海，因尋甜雪過麟洲〔校一〕。山川到處壺中〔校二〕〔注四〕放，神鬼閒來匣裏收。滿世度人人不識，也曾三醉岳陽樓。

輯録

（民國）曾世禮編輯《任黄合鈔·任司直詩鈔》，第27頁。

校勘

〔一〕壺中：原本作“壼中”，形近而訛。

〔二〕麟洲：據《全唐詩》卷八五七唐吕岩《七言》之十五“爲討石肝逢蜃海，因尋甜雪過瀛洲”，當爲“瀛洲”之訛。

注釋

〔一〕吕僊：吕嵒（796—?），或作吕岩、吕巖，字洞賓，以字行，永樂縣招賢里（今山西芮城縣永樂鎮招賢村）人。全真道五陽祖師之一，道號純陽子，自稱回道人，傳説中的八僊之一，與鍾離權并爲道教内丹派代表人物。

〔二〕皇王帝霸：伏羲、神農、黄帝三皇，堯、舜、禹、湯、文、武五帝，夏、商、周三王，春秋五霸。北宋邵雍著《皇極經世書》，將皇帝王霸與元會運世相配，以論人類社會歷史的運行狀況，對後世影響至大。

〔三〕石肝：一種礦石，可作美容藥服用。

〔四〕壺中：晉葛洪《神仙傳》卷九《壺公》："公輒轉足跳入壺中，人莫知所在，唯長房於樓上見之……公語長房曰：'卿見我跳入壺中時，卿便隨我跳，自當得入。'長房承公言，爲試展足，不覺已入。既入之後，不復見壺，但見樓觀五色，重門閣道，見公左右侍者數十人。"事迹又載於《後漢書·費長房傳》。後世因以"壺中"指神仙的天地，又稱"壺中天地"。

答王君〔注一〕以詩見懷

東漢王喬〔注二〕葉縣郎，鳧飛去〔注三〕舊臺荒。何年來住王官谷，早有聲名達建章〔校一〕。傾蓋已知人意好，投詩遥見道情長。幾時定作乘雲去，留取清風滿洛陽。

輯録

（民國）曾世禮編輯《任黄合鈔·任司直詩鈔》，第27頁。

校勘

〔一〕建章：原本作"建草"，形近而訛。"荒""章""長""陽"押韻，又"建章"即"建章宫"的省稱，漢代長安宫殿名。《三輔黄圖·漢宫》："武帝太初元年，柏梁殿災。粤巫勇之曰：'粤俗，有火災即復大起屋，以厭勝之。'帝於是作建章宫，度爲千門萬户。宫在未央宫西，長安城外。"

注釋

〔一〕王君：不詳。

〔二〕王喬：東漢河東（今山西）人，顯宗時爲葉令，有神術，逝後，百姓爲立葉君祠，吏人祈禱無不如應。或云即古仙人王子喬。事迹詳《後漢書·方術傳》。

〔三〕還鳧飛去：《後漢書·方術傳》記載："喬有神術，每月朔望，常自縣詣臺朝。帝怪其來數，而不見車騎，密令太史伺望之。言其臨至，輒有雙鳧從東南飛來。於是候鳧至，舉羅張之，但得一隻舄焉。乃詔尚方診視，則四年中所賜尚書官屬履也。"

次箕山〔注一〕

龍漢〔注二〕初年朝玉皇，手攜北斗揮天章〔注三〕。爾家青鳥〔注四〕降王母，夜乘落魄真東方。曉沈金馬〔注五〕已無賴，終隱瑶臺〔注六〕信未夾〔校一〕。傳與群僊借黄鵠，乘風飛去能相將。

輯録

（民國）曾世禮編輯《任黄合鈔·任司直詩鈔》，第 27 頁。

校勘

〔一〕夾：疑爲"浹"之訛。

注釋

〔一〕箕山：河南伏牛山系餘脈之一支，在登封境内與嵩山山脈隔登封城與潁河相望，位於登封市南部。

〔二〕龍漢：道教元始天尊年號之一，又爲五劫之始劫。《隋書·經籍志四》："道經者云有元始天尊，生於太元之先，禀自然之氣，沖虚凝遠，莫知其極。所以説天地淪壞，劫數終盡，略與佛經同。以爲天尊之體，常存不滅。每至天地初開，或在玉京之上，或在窮桑之野，授以祕道，謂之開劫度人。然其開劫，非一度矣。故有延康、赤明、龍漢、開皇，是其年號。其間相去經四十一億萬載。"

〔三〕天章：猶天文，指分布於天空的日月星辰等。泛指好文章。明宋應星《天工開物·丹青》："萬卷横披，墨得朱而天章焕。"

〔四〕青鳥：傳説中西王母的使者。唐孟浩然《清明日宴梅道士房》："忽逢青鳥使，邀入赤松家。"

〔五〕金馬：金馬門，漢代宦者署，武帝時，以銅鑄大宛馬像立於署門，因以爲名。

〔六〕瑶臺：傳説中神仙居住的地方。晉王嘉《拾遺記·崑崙山》："傍有瑶臺十二，各廣千步，皆五色玉爲臺基。"

七言排律

送華陽陳鍊師〔注一〕得藥還山〔校一〕

尋真來過華陽國〔校二〕，下聽〔校三〕海客談瀛洲〔注二〕。雲昏不見〔校四〕穆天子〔注三〕，但見〔校五〕仙人陳虎丘〔校六〕。問之〔校七〕不少亦不老，歲眆〔校八〕青霞〔注四〕種瑶草〔注五〕。人間已過三千〔校九〕霜，上界《霓裳》〔注六〕聽未了。神霄〔注七〕夜冷風露粗，明星墮地〔校一〇〕生白榆〔注八〕。輝輝一粒照八表，餌之可以升清都〔校一一〕〔注九〕。堯舜三皇已老朽〔校一二〕，從今萬事不開口〔校一三〕。直〔校一四〕騎黄鶴入杳冥〔校一五〕〔注一〇〕，世上封侯〔校一六〕付屠狗〔注一一〕。

輯録

（明）任瀚《春坊集》卷上。又見於（清）費經虞撰、（清）費密補《劍閣芳華集》卷五，第17頁；（清）費經虞輯《蜀詩》卷三，第7頁；

校勘

〔一〕得藥還山：《蜀詩》無。

〔二〕來過華陽國：《蜀詩》作"遠溯蓬萊流"。

〔三〕下聽：《蜀詩》作"微聞"。

〔四〕不見：《蜀詩》作“不覩”。

〔五〕見：《蜀詩》作“識”。

〔六〕陳虎丘：《蜀詩》作“陳虎坵”，“坵”爲“丘”的異體字。

〔七〕問之：《蜀詩》作“仙年”。

〔八〕畊：《劍閣芳華集》作“耕”，古同。

〔九〕三千：《劍閣芳華集》作“三十”，訛。

〔一〇〕墮地：《蜀詩》作“隕地”。

〔一一〕清都：《蜀詩》作“元都”。

〔一二〕三皇已老朽：《蜀詩》作“禹湯苦衰朽”。

〔一三〕從今萬事不開口：《劍閣芳華集》“不”作“莫”，《蜀詩》作“鼎湖弓劍在人口”。

〔一四〕直：《蜀詩》作“起”。

〔一五〕杳冥：《蜀詩》作“青冥”。

〔一六〕封侯：《蜀詩》作“功名”。

注釋

〔一〕陳鍊師：陳虎丘，不詳。

〔二〕海客談瀛洲：海客，浪迹海上之人。瀛州，傳説中東海中的三仙山之一。李白《夢游天姥吟留别》：“海客談瀛洲，煙濤微茫信難求。”

〔三〕穆天子：周穆王，《穆天子傳》記其北絶流沙，西登崑崙，游歷四方之事。

〔四〕青霞：青雲。

〔五〕瑶草：仙草。

〔六〕《霓裳》：唐代著名法曲《霓裳羽衣曲》的略稱，泛指仙樂。

〔七〕神霄：仙境，天庭。

〔八〕白榆：白榆星。《古樂府·隴西行》：“天上何所有，歷歷種白榆。”

〔九〕清都：神話傳説中天帝居住的宫闕。《楚辭·遠游》：“集重陽入帝宫兮，造旬始而觀清都。”《列子·周穆王》：“清都、紫微、鈞天、廣樂，帝之所居。”

〔一〇〕杳冥：天空，高遠之處。楚宋玉《對楚王問》："鳳凰上擊九千里，絶雲霓，負蒼天，翱翔乎杳冥之上。"

〔一一〕屠狗：宰狗，泛指出身低微者，或位卑的豪傑之士。唐張説《王氏神道碑》："王侯無種，屠狗起於將軍；戰伐有功，爛羊超於都尉。"

書白雲觀壁〔校一〕〔注一〕

世事浮雲都罷休，綸巾羽扇〔注二〕海山〔校二〕秋。秦宮漢闕何須問，古往今來空謾愁〔校三〕〔注三〕。閒引蒼龍〔校四〕〔注四〕朝碧落〔注五〕，醉騎黄鵠〔校五〕下丹丘。蓬壺〔校六〕去地三千丈，閬苑中天十二樓。獨珮〔校七〕火鈴降鬼國，併縣飛鏡照神州〔校八〕。年光凋换〔校九〕不知老，豈羨君王萬户侯。

輯録

（明）任瀚《春坊集》卷下。又見於《（康熙）順慶府志》卷七《藝文》，無署名，第 22 頁；《（嘉慶）南充縣志》卷四《藝文志》七之三《詩》，署名"王美中"，訛，第 21 頁；《（民國）新修南充縣志》卷一二《藝文志》，署名"王美中"，訛，第 69 頁。按：《縣志》據《府志》録入，署名則據承前省例補爲"王美中"，故訛。

校勘

〔一〕書白雲觀壁：原本"壁"作"璧"，《（康熙）順慶府志》《（嘉慶）南充縣志》《（民國）新修南充縣志》作"題白雲觀壁"。《（康熙）順慶府志》題下小注"南充"。

〔二〕海山：《（康熙）順慶府志》作"海天"。

〔三〕謾愁：《（康熙）順慶府志》作"漫愁"，《（嘉慶）南充縣志》作"慢愁"。

〔四〕蒼龍：《（嘉慶）南充縣志》作"滄龍"，訛。

〔五〕黄鵠：《（康熙）順慶府志》《（嘉慶）南充縣志》作"黄鶴"。

〔六〕蓬壺：原本作“蓬壼”，據《（康熙）順慶府志》《（嘉慶）南充縣志》改。

〔七〕珮：《（嘉慶）南充縣志》作“佩”。

〔八〕神州：《（康熙）順慶府志》《（嘉慶）南充縣志》作“神洲”。

〔九〕凋换：《（康熙）順慶府志》《（嘉慶）南充縣志》作“彫换”。

注釋

〔一〕白雲觀：不詳。明曹學佺《蜀中廣記》卷一八《名勝記》，重慶綦江“縣境去郡百二十里”有瀛山，“唐貞觀置瀛山縣於此”，“其上有白雲觀，觀前石筍參天，有碑名鳥道碑”。《（嘉慶）四川通志》卷三九《輿地志》：“白雲觀在老瀛山，明嘉靖中王白雲建。”

〔二〕綸巾羽扇：頭戴綸巾，手持羽扇，多用以形容飄逸瀟灑或儒雅風流的風度。唐吕岩《雨中花》：“岳陽樓上，綸巾羽扇，誰識天人。”

〔三〕空謾愁：“謾”通“漫”，指白白枉自愁悵。

〔四〕蒼龍：漢宫闕名，在未央宫東。亦借以泛稱宫闕。按《漢書·昭帝紀》：“黄鵠下建章宫太液池中。”注：“黄鵠，大鳥也，一舉千里者，非白鵠也。”故“黄鵠”比喻自由自在的生活。“蒼龍”與“黄鵠”相對，則指居宫中，故詩人要“閒引蒼龍”。

〔五〕碧落：道教語，指天空、青天。唐楊炯《和輔先入昊天觀星瞻》：“碧落三乾外，黄圖四海中。”白居易《長恨歌》：“上窮碧落下黄泉，兩處茫茫皆不見。”

漫題二首

其一

臣昔投書虎觀〔注一〕時，蒙恩數上文華殿〔注二〕。殿中四壁懸丹青〔注三〕，聖作宸翰人難見。最上一圖七寶裝，先皇置之青玉案〔注四〕。宣宗〔注五〕御筆鬼神護，夜吐光怪掣流電。中官展視始一窺，羽毛錯落衆所眩。後來雖有百鳥圖，畫師臨寫終模糊。自臣謝病卧林壑〔注六〕，十年不見心神孤。

其二

我昔待詔金馬門〔注七〕，蒙恩趨侍玄極殿〔注八〕。殿角盤糺兩梅樹，傳自日南王〔注九〕所獻。赤者燭龍啣火齊，白者神虬吐冰片。上皇〔注一〇〕留賞數移晷，六宫昭容求覓遍。勑令先朝老畫師，特寫珍奇萬邦羨。

輯録

（民國）曾世禮編輯《任黄合鈔·任司直詩鈔》，第12—13頁。

注釋

〔一〕虎觀：白虎觀的簡稱，東漢宫中講論經學之所，在未央宫中。

〔二〕文華殿：始建於明初，位於外朝協和門以東，與武英殿東西遥對。初爲皇帝常御的便殿，明天順、成化兩朝，太子踐祚之前，先攝事於文華殿。後因太子大多年幼，不能參與政事，嘉靖十五年（1536）仍改爲皇帝便殿。後爲經筵講所，建築隨之改作黄琉璃瓦頂。明、清兩朝，每歲春秋仲月，都要在文華殿舉行經筵之禮，殿試閲卷也在文華殿進行。

〔三〕丹青：指畫像，圖畫。唐杜甫《過郭代公故宅》："迥出名臣上，丹青照臺閣。"

〔四〕青玉案：青玉所製的短脚盤子，乃名貴的食用器具。《文選·張衡〈四愁詩〉》："美人贈我錦繡段，何以報之青玉案。"劉良注："玉案，美器，可以致食。"李善注爲青玉案几。

〔五〕宣宗：明宣宗朱瞻基，1426—1435年在位，年號宣德。

〔六〕謝病卧林壑：時在嘉靖十九年（1540），任瀚以病辭，詔革爲民。

〔七〕金馬門：漢代宫門名，學士待詔之處。《史記·滑稽列傳》："金馬門者，宦署門也。門傍有銅馬，故謂之曰金馬門。"

〔八〕玄極殿：明成祖永樂二十一年（1423）建成，位於紫禁城西六宫西側，與前殿雨花閣、中殿寶華殿同稱"玄宫三大殿"。此爲後殿，是明世宗朱厚熜供奉道教三清諸神，與衆道士打坐修道，導引吐納，崇信道教的道觀。劉若愚《酌中志》：“玄極寶殿，隆慶元年夏更曰隆德殿，供安玄教三清上帝諸尊神。萬曆四十四年十一月初二日毁。天啓七年三月初二日重修。崇禎五年九月，内將諸像移送朝天等宫安藏。六年四月十五日，更名中正殿。”

〔九〕日南王：日南，唐郡名，屬嶺南道，安南都護府所轄。武德五年（622）置南德州，天寶元年（742）改日南郡，治所在今越南義安省榮市。五代時，安南獨立成國，與中國保持藩屬關係。元朝時，安南國王陳氏受封世爲國王。明永樂六年（1408）八月，安南陳氏舊官簡定，起兵反明，稱日南王，紀元興慶，爲成祖所討平。宣宗時，黎利稱王。正統元年(1436)，明英宗册封其子黎麟爲安南國王。

〔一〇〕上皇：明世宗朱厚熜，1522—1566年在位，年號嘉靖。

七言絶句

次韻許松皋太宰扈駕朝陵〔注一〕二首

其一

宫井飛花送曉行，關山留雪照春明。雲開都護九華帳〔注二〕，日轉昭儀雲母屏〔注三〕。

其二

逶迤行宫接漢都，曈曨〔注四〕初日照金鋪。三千紫袖隨天仗，獨許昭華奉帝輿。

輯録

（明）任瀚《春坊集》卷下。又見於（清）費經虞撰、（清）費密補《劍閣芳華集》卷五，第14頁。

注釋

〔一〕許松皋：許讚（1473－1548），字廷美，號松皋，河南府陜州靈寶人。詳前《次韻許松皋太宰扈駕朝陵》注。

〔二〕九華帳：華麗多彩的帳子。

〔三〕雲母屏：用雲母做的屏風。

〔四〕曈曨：太陽初升時由暗而明的樣子。

寄唐興〔注一〕楊道人〔注二〕

黄陵峽口相逢處，虎嘯猿啼烟霧昏。别後再三霜葉落，南州耆舊幾人存〔校一〕。

輯録

（清）費經虞撰、（清）費密補《劍閣芳華集》卷五，第24頁。又見於（民國）曾世禮編輯《任黄合鈔·任司直詩鈔》，第28頁。《蜀詩》卷三録有同名詩，差異較大，故别録異文於後。

注釋

〔一〕唐興：據《太平寰宇記》卷八七《劍南東道六》，遂州蓬溪縣，本漢廣漢縣地，唐開元二年（714）置唐興縣於此，天寶初改爲蓬溪縣，取邑内蓬溪爲名。此蓋沿用舊名。

〔二〕楊道人：不詳。

【異文】寄唐興楊道人

黄陵廟前烟水昏，鷓鴣啼雨落花繁。三年别後無消息，耆舊南州幾輩存。

輯録

（清）費經虞輯《蜀詩》卷三，第10頁。

贈李都司〔注一〕三首

其一

將軍雄劍倚青天，曾斬强胡過酒泉。殺氣西來清玉壘〔注二〕，高勛北去勒燕然〔注三〕。

其二

提軍出塞定匈奴，百戰勛華〔注四〕滿舊都。面縛雄王〔注五〕歸漢闕，殺聲西震小單于。

其三

三城西戍斷天驕，百伐論功扈聖朝。收拾山河報明主，漢家專待霍嫖姚〔注六〕。

輯録

（明）任瀚《春坊集》卷下。

注釋

〔一〕李都司：不詳。都司，都指揮使司的簡稱，掌一省軍事的最高機構，隸屬于中央五軍都督府，并聽命於兵部，與掌行政的承宣布政使司、掌司法的提刑按察使司合稱“三司”。三司互不統屬，各對中央負責。

〔二〕玉壘：玉壘山，在四川省理縣東南，多作成都的代稱。

〔三〕燕然：燕然山，即今蒙古國境内的杭愛山。東漢永元元年(89)，車騎將軍竇憲領兵出塞，大破北匈奴，登燕然山，刻石勒功，記漢威德。事詳《後漢書·竇憲傳》。2017年7月27日至8月1日，中國内蒙古大學蒙古學研究中心與蒙古國成吉思汗大學合作實地踏察，經認真辯識，確認刻在杭愛山一個支脈向西南突出的紅色巖石上的摩崖石刻爲班固所撰《燕然山銘》。

〔四〕勛華：功勛和榮華。明楊慎《玉岡詩集序》："知其閥閲勛華最悉焉，故概舉屢世功業之大者以終義。"

〔五〕雄王：原指交趾之地的君長。此處泛指少數民族地區君長。

〔六〕霍嫖姚：霍去病。據《漢書·霍去病傳》，霍去病曾爲嫖姚校尉。

釣臺雜詠十首

其一

陶父釣臺清江濆〔注一〕，江頭白浪如浮雲。扁舟繫岸蘆花晚，日落天南不見君。

其二

野寺〔注二〕尋芳趁落暉，松花無數點春衣。洞簫吹起前山月，何處〔校一〕雲深僧未歸。

其三

四十〔注三〕銅龍老秘書，千金收得玉蟾蜍。馱歸江漢無人識，産出青天照夜珠。

其四

吾愛山陰張志和〔注四〕，蚤辭金馬釣煙波。羽衣飛入秋雲去，人世紛紛奈老何。

其五

日落不落江霧黄，榜子蕩槳雙鳴榔。網得白魚判老酒，一夜健倒蘆花霜。

其六

漁伴相將出浦來，恰逢人世問天台。阮郎不語劉郎笑〔注五〕，溪上桃花爛漫開。

其七

茂陵琴臺歸路長，惆悵欲別江蒼茫。虹橋可借中斷絶，贈子玉壺雙鴛鴦。

其八

嘉陵江口百花時，花外垂楊管[校二]別離。折贈一枝無所説，不成飛絮但成思。

其九

岷州石竹種一雙，春來着筍過短囱。會須上篔翲雲日，可能落籜任秋江。

其十

南村老人學無生，不飲美酒持洞經[注六]。我來一見笑絶倒，奈爾愁城百萬兵。

輯録

（明）任瀚《春坊集》卷下。（清）費經虞撰、（清）費密補《劍閣芳華集》卷五録“其二”“其七”“其八”，第14、15頁；《蜀詩》卷三録“其二”，第9—10頁；《任黄合鈔·任司直詩鈔》録“其十”，第30頁。

校勘

〔一〕何處：《劍閣芳華集》同，《蜀詩》作“臺畔”。

〔二〕管：《劍閣芳華集》作“綰”。

注釋

〔一〕濆：水邊，岸邊。

〔二〕野寺：疑即清泉寺，釣臺在清泉寺江邊。

〔三〕四十：嘉靖十九年（1540），任瀚以左春坊左司直郎兼翰林院檢討被劾歸，時年四十。

〔四〕張志和：（約730—約810）字子同，初名龜齡。唐婺州金華（今浙江金華）人。

〔五〕阮郎不語劉郎笑：《太平廣記》卷六一《女仙七·天台二女》引《神仙記》："劉晨、阮肇入天台採藥，遠不得返，經十三日，饑。遥望山上有桃樹子熟，遂躋險援葛至其下，噉數枚，饑止體充。欲下山，以杯取水，見蕪菁葉流下，甚鮮妍，復有一杯流下，有胡麻飯焉。乃相謂曰：'此近人矣。'遂渡山，出一大溪。溪邊有二女子，色甚美，見二人持盃，便笑曰：'劉、阮二郎捉向杯來。'劉、阮驚，二女遂忻然如舊相識，曰：'來何晚耶！'因邀還家。兩壁東壁各有絳羅帳，帳角懸鈴，上有金銀交錯，各有數侍婢，使令其饌，有胡麻飯、山羊脯、牛肉，甚美。食畢行酒，俄有群女持桃子笑曰：'賀汝壻來。'酒酣作樂，夜後各就一帳宿，婉態殊絶。至十日，求還，苦留半年，氣候草木，常是春時，百鳥啼鳴，更懷鄉，歸思甚苦。女遂相送，指示還路。鄉邑零落已十世矣。"

〔六〕洞經：道教著作有三洞四輔之分，洞經乃洞真、洞玄、洞神三洞真經。洞即通、深、幽之意。狹義的洞經是指洞經會談演的經典，内容融會道、釋、儒三教，包括《大洞仙經》《玉皇經》《關帝覺世經》（俗稱武經）、《大乘妙法蓮華談經》《雷經》《明覺經》《報恩經》《宏儒聖經》《孔子覺世經》《孝經》《道德經》《六斗經》《真元應會經》等，主要頌揚文昌、玉皇、關帝等。

訪僧山寺題壁

兩字虚名動五湖，等閒不許俗人呼。山僧若問真消息，天子臺前講御書。

輯録

（明）杜應芳、（明）胡承詔輯《補續全蜀藝文志》卷四三《志餘》。又見於《（雍正）四川通志》卷四六《藝文·詩話》；《（嘉慶）南充縣志》卷六《雜識志》八之三《外紀》，第 94 頁；《（光緒）西充縣志》卷一四《藝文下·外紀》。

郡侯招飲龍門寺〔校一〕〔注一〕

劍外鶯花〔校二〕春可憐，尋芳遥坐翠微烟。君侯未放郎官醉，更上清江〔校三〕載酒舡。

輯録

（明）朱篚《（嘉靖）順慶府志》卷五《祠寺志·寺觀》。又見於（民國）曾世禮編輯《任黄合鈔·任司直詩鈔》，第28頁；（明）杜應芳、（明）胡承詔輯《補續全蜀藝文志》卷八《龍門寺》，《續修四庫全書》第1677册，第54頁；《（康熙）順慶府志》卷七《藝文志》，第18頁；（清）張賡謨纂修《（乾隆）廣元縣志》卷一三上《藝文·詩》，第56頁；《（嘉慶）南充縣志》卷四《藝文志》七之三《詩》，第16頁；《（道光）保寧府志》卷六一《藝文志》；《（民國）新修南充縣志》卷四《輿地志·名勝》，第54頁；（民國）謝開來等修，王克禮、羅映湘纂《（民國）重修廣元縣志稿》第一編卷三《輿地志三·古蹟》，第58頁。

校勘

〔一〕郡侯招飲龍門寺：原本列于“龍門寺”下，無題，首有“邑人任瀚”，據《任黄合鈔》題。《補續全蜀藝文志》《（康熙）順慶府志》《（嘉慶）南充縣志》《（道光）保寧府志》《（民國）新修南充縣志》作“龍門寺”；《（民國）重修廣元縣志稿》作“元任瀚題龍門閣”，朝代訛。

〔二〕劍外鶯花：《補續全蜀藝文志》《（乾隆）廣元縣志》《（民國）重修廣元縣志稿》作“劍外烟花”；《任黄合鈔》《（康熙）順慶府志》《（嘉慶）南充縣志》《（道光）保寧府志》《（民國）新修南充縣志》作“檻外鶯花”。

〔三〕清江：《補續全蜀藝文志》作“清溪”，《（乾隆）廣元縣志》作“淺溪”。

注釋

〔一〕龍門寺：《（康熙）順慶府志》卷六《寺觀》：“龍門寺，治北三十里。邑人柳稷有詩。"《（嘉慶）南充縣志》卷一《輿地志》一之五《山川》："龍門灘，在治東北三十里，其地一山兩斷，象若龍門，爲嘉陵江上游之門户。"明御史楊瞻《龍門寺》："諸山雄聳各争奇，從古騷人費品題。縱壑杉松馮鶴占，插天樓閣許烟迷。雙龍環繞岷峨外，三峽奔騰灎澦西。團寺風光尚嫵媚，不須更到浣花溪。"明順慶知府周光鎬《龍門寺次韻》："東望龍門入紫煙，江行十里到諸天。長林暑盡松風細，匹練晴飛漢水懸。一叩法宫心自遠，況逢珠樹月初圓。宰官現出僧休訝，不爲笙歌載酒船。"

重游黄粱夢〔注一〕二首

其一

別去邯鄲不記年，重來風景尚依然。盧生教醒終難醒，猶睡黄雲古道邊。

其二

不到蓬萊四十秋，芒鞵〔注二〕抛向海東頭。黄粱夢斷煙花破，一笑南天翡翠樓。

輯録

（明）翁相修修，（明）陳棐纂《（嘉靖）廣平府志》卷七《壇宇志·宇類》，第9頁，署"五嶽山人任（翰）〔瀚〕詩"，《天一閣藏明代方志選刊》第5册，上海：上海古籍書店，1981年。又見於陳光唐、李青鋒、梁辰選編《邯鄲名勝古迹歷代詩文選》，河北省邯鄲市文物保管所、圖書館，1979年，第52頁；梁辰、張志東選注《黄粱夢詩詞精選》，北京：中國文聯出版公司，1999年，第38頁；楊剛編著《中國名勝詩詞大辭典（增補本）》，杭州：浙江大學出版社，2000年，第153頁。

注釋

〔一〕黄粱夢：唐沈既濟《枕中記》記載，盧生在邯鄲客店遇道士吕翁，自嘆窮困。翁探囊中枕授之曰，枕此當令子榮適如意。時主人正蒸黄粱，生夢入枕中，享盡富貴榮華。及醒，黄粱尚未熟，怪曰：“豈其夢寐耶？”翁笑曰：“人世之事亦猶是矣。”後因以喻虚幻的事和不能實現的欲望。

〔二〕芒鞵：即“芒鞋”，用芒莖外皮編織成的鞋，亦泛指草鞋。

送姪壻張鉉〔注一〕公車

憑將秋水鴈翎刀〔注二〕，佩出雄都萬騎勞。百戰詞場誰第一，漢宫新賞《鬱輪袍》〔注三〕。

輯録

（民國）曾世禮編輯《任黄合鈔·任司直詩鈔》，第28頁。

注釋

〔一〕張鉉：張鑑弟，南充人。嘉慶二十五年（1546）舉人。

〔二〕鴈翎刀：即“雁翎刀”，一種形似雁翎的短刀。元張憲《我有》之二：“我有鴈翎刀，寒光耀冰雪。”

〔三〕《鬱輪袍》：古曲名，相傳爲唐王維所作。王維未冠而有文名，精音律，能琵琶，爲岐王所重，方將應舉，求岐王庇借。岐王遂引至公主第，使爲伶人。維奏新曲，號《鬱輪袍》，爲公主所激賞，乃爲之説，遂得高中。唐薛用弱《集異記》記其事。

書扇付長子元康〔注一〕省試

犀浦蓉城秋色高，郎騎天駟渡銀濤。碧雞〔注二〕慣使逢金馬，飛薄層霄化鳳毛。

輯録

（民國）曾世禮編輯《任黄合鈔·任司直詩鈔》，第28頁。

注釋

〔一〕長子元康：領嘉靖十六年（1537）丁酉鄉薦，任直隸清豐、滎陽兩縣知縣，後任鞏昌府知府。

〔二〕碧雞：傳説中的益州神物。《漢書·郊祀志下》："或言益州有金馬、碧雞之神，可醮祭而致。"《文選·左思〈蜀都賦〉》："金馬騁光而絶景，碧雞儵忽而曜儀。"吕延濟注："金馬、碧雞，神物也。"

書扇付仲子元爽〔注一〕省試

領得秋花上玉京，燕關雲淨馬蹄輕。九陔楊柳迴春色〔校一〕，又聽臚傳第一聲。

輯録

（民國）曾世禮編輯《任黄合鈔·任司直詩鈔》，第28頁。

校勘

〔一〕迴：原本作"逥"，形近而訛，據文意改。

注釋

〔一〕仲子元爽：任元爽，任瀚仲子，領萬曆歲貢，曾任湖廣夷陵州訓導，署監利、長陽兩縣縣丞。

送張少府〔注一〕二首

其一

高才何地不相容，道在無勞歎未逢。留得賢聲滿江漢，不妨遷播任行踪。

其二

參佐循良賴有君，可憐最久更離群。江門飲罷各分手，悵望秦山隔暮雲。

輯録

（民國）曾世禮編輯《任黄合鈔·任司直詩鈔》，第 28—29 頁。

注釋

〔一〕張少府：不詳。少府，縣尉的别稱。宋趙彦衛《雲麓漫鈔》卷二："唐人則以明府稱縣令……既稱令爲明府，尉遂曰少府。"

贈張斗蓬〔注一〕

海天一鶴張斗蓬，飛來江上西南峰。老仙只恐還飛去，關在寒雲第九重。

輯録

（民國）曾世禮編輯《任黄合鈔·任司直詩鈔》，第 29 頁。

注釋

〔一〕張斗蓬：不詳。

唐荆川〔注一〕年丈武選時〔注二〕以詩見懷，次韻奉答

堯夫〔注三〕心事羲皇上，底用聲名李杜齊。道在畫前須自得，詩從删後豈容題。

輯録

（民國）曾世禮編輯《任黄合鈔·任司直詩鈔》，第 29 頁。

注釋

〔一〕唐荆川：唐順之（1507—1560），號荆川。

〔二〕武選時：據《明嘉靖十七年戊戌科武舉録》，嘉靖十七年秋武舉，奉直大夫吏部考功清吏司署郎中事員外郎任瀚任同考試官。

〔三〕堯夫：邵雍（1011—1077），字堯夫，謚康節，著《皇極經世書》，以先天易學名。

題渭水垂綸〔校一〕〔注一〕畫

英雄避亂起乘時，老去還爲帝者師。且將整頓經綸手，偷向烟波理釣絲。

輯録

（民國）曾世禮編輯《任黄合鈔·任司直詩鈔》，第29頁。

校勘

〔一〕垂綸：原本作“埵綸”，據目録改。

注釋

〔一〕垂綸：釣魚，垂釣。庾信《擬詠懷詩》之二：“赭衣居傅巖，垂綸在渭川。”

題吕仙〔注一〕醉像

儘將東海釀流霞〔注二〕，醉倒西池〔注三〕王母家。卻笑柳精扶不得，月明踏碎碧桃花。

輯録

（民國）曾世禮編輯《任黄合鈔·任司直詩鈔》，第 29 頁。

注釋

〔一〕吕仙：吕洞賓。

〔二〕流霞：傳説中天上神仙的飲料。漢王充《論衡·道虚》："口饑欲食，仙人輒飲我以流霞一杯，數月不饑。"

〔三〕西池：相傳爲西王母所居瑶池的異稱。

贈岳春元〔注一〕公車

少年意氣横九州，落日戰酣西海頭。獻罷平胡二三策，知君談笑取封侯。

輯録

（民國）曾世禮編輯《任黄合鈔·任司直詩鈔》，第 29 頁。

注釋

〔一〕岳春元：不詳。

過南部江邊給孤寺〔注一〕

清江白石祥符寺，錦纜牙檣漢使舟。月滿空山霜夜入，蒹葭猶帶宋時秋。

輯録

《（嘉靖）保寧府志》卷六《名勝紀·寺觀》。又見於（民國）曾世禮編輯《任黄合鈔·任司直詩鈔》，第 30 頁。

注釋

〔一〕給孤寺：在南部縣城東七十里舊新政縣（今儀隴縣城）側，蓋取給孤園之遺意。寺建立較早，據其殘碣所志，宋大中祥符六年（1013）嘗敕賜延福院。清張廷賢有《給孤寺樂樓碑記》，詳《（道光）南部縣志》卷二八《藝文》。

題蟾宫〔注一〕月桂圖

曾上青天跨玉龍，帶烟飛入廣寒宫。歸來掇得嫦娥月，挂向橋南第二峰。

輯録

（民國）曾世禮編輯《任黄合鈔·任司直詩鈔》，第 30 頁。

注釋

〔一〕蟾宫：月宫。

題魚龍〔注一〕變化圖

誰彈雄劍出江南，化得蒼龍海面看。怪得風雲颯悲壯，天南星斗正芒寒。

輯録

（民國）曾世禮編輯《任黄合鈔·任司直詩鈔》，第 30 頁。

注釋

〔一〕魚龍：指古代百戲雜耍中能變化爲魚和龍的猞猁模型。該項百戲雜要亦稱魚龍曼衍。《漢書·西域傳贊》:“設酒池肉林以饗四夷之客,作《巴俞》都盧、海中《碭極》、漫衍魚龍、角抵之戲以觀視之。”顔師古注:“魚龍者,爲舍利之獸,先戲於庭極,畢乃入殿前激水,化成比目魚,跳躍漱水,作霧障日,畢,化成黄龍八丈,出水敖戲於庭,炫燿日光。”

題襄王〔注一〕都護魯將軍〔注二〕園亭五首

晞髮〔注三〕亭

名園敵國人間有,武將能文天下無。不獨此亭好晞髮,饒君兼曬腹中書。

野人居

將軍若侍楚襄王,乞得城南宋玉〔注四〕莊。滿地秋風無一物,茆團〔校一〕東畔是羲皇。

菜畦

護國名園漢水涯,開畦學種故侯瓜。可能拾取金光草〔注五〕,絶勝梁皇〔注六〕萬種花。

酒壚

海内風流殷仲文〔注七〕,酒旗斜挂漢池雲。舊來學釀金莖露,洗琖時時對馬軍〔注八〕。

轆轤井

鑿破乾坤萬頃烟,憑誰識得窟中玄。轆轤轉盡東海水,井底玉龍飛上天。

輯録

(民國)曾世禮編輯《任黄合鈔·任司直詩鈔》,第30—31頁。

校勘

〔一〕茆團:據詩題“園亭”、詩“名園”,似爲“茅園”之訛。

注釋

〔一〕襄王：明朝分封的襄國藩王，凡襄憲王朱瞻墡、襄定王朱祁鏞、襄簡王朱見淑、襄懷王朱祐材、襄康王朱祐櫍、襄恭王朱見澇、襄惠王朱祐楬、襄府宗理朱祐橋、襄莊王朱厚熲、襄敬王朱載堯、襄忠王朱翊銘及末代襄王朱常澄，共十二王。永樂二十二年（1424）封，宣德四年（1429）就藩長沙，正統元年（1436）移襄陽。此不詳具體指何代襄王。

〔二〕魯將軍：不詳。

〔三〕晞髮：曬髮使乾，常用指高潔脱俗的行爲。

〔四〕宋玉：戰國楚人，辭賦家，或稱爲屈原弟子，曾爲楚頃襄王大夫。作品有《九辯》等。《九辯》首句"悲哉秋之爲氣也"，故後人常以宋玉爲悲秋憫志的代表人物。又傳説宋玉才高貌美，故亦爲美男子的代稱。

〔五〕金光草：傳説中的一種仙草。

〔六〕梁皇：梁武帝蕭衍善畫花鳥與走獸。蕭衍《襄陽白銅鞮歌》："草樹非一香，花葉百種色。"白居易《與元九書》："至于梁陳間，率不過嘲風雪，弄花草而已。"

〔七〕殷仲文：東晋詩人，陳郡長平（今河南高平）人。桓玄姐夫。少有才藻，初爲驃騎參軍，後爲征虜長史，貶新安太守。桓玄入京，棄郡投奔，甚得信重。桓玄敗，投劉裕，歷任鎮軍長史、東陽太守等職，後以謀反被誅。向以文才著稱，謝靈運稱不減于班固。《宋書・謝靈運傳論》："仲文始革孫（綽）許（洵）之風。"《晉書》有傳。

〔八〕對馬軍：唐杜甫《謝嚴中丞送青城山道士乳酒一瓶》："洗盞開嘗對馬軍。"原注："軍州謂驅使騎爲馬軍。"

蒙菴王太守〔注一〕年丈題小樓曰"太史〔注二〕讀書樓"，爲八詠詩見贈。深維〔注三〕友道足振頹風，因賦此志感五首

其一

藏書萬卷讀不盡，讀盡還如不讀人。會得讀書三昧法，讀書

不讀自神通。

其二

靈關[注四]原有著書人，總爲相逢認不真。炯炯神光射天地，收來康濟自家身。

其三

一點靈明真更真，生天生地復生人。本來空洞原無物，照破須彌[注五]萬斛塵。

其四

同是江關放逐臣，夢中説夢幾經春。暮濤驚醒夢還覺，醒後方知覺是真。

其五

人世紛華都罷休，對江還是讀書樓。讀書讀到忘言處，纔得羲皇一點頭。

輯録

（民國）曾世禮編輯《任黄合鈔·任司直詩鈔》，第 31—32 頁。

注釋

〔一〕蒙菴王太守：王九德，號蒙菴，河南省祥符（今河南開封）人。隆慶四年庚午（1570）科舉人，仕光州，與學正歐大任交游，歐氏有《光州初雪邀林幹夫王九德二僚飲苜蓿齋》《雪後王九德招飲》《九日王九德崔繼甫沈恩甫見邀同吴虎臣飲八首》詩。萬曆八年（1580），舉庚辰科進士，授主事，遷中大夫。萬曆十七年（1589），出任順慶府知府。

〔二〕太史：官名，明清時，修史之事由翰林院負責，故稱翰林爲太史。任瀚嘉靖八年（1529）中進士，改翰林院庶吉士，未入館。嘉靖十八年（1539），任瀚由吏部考功司郎中任左春坊左司直，兼翰林院檢討。

〔三〕深維：亦作“深惟”，深入思慮。

〔四〕靈關：道教語，指人體内部器官的重要部位。《黄庭内景經·仙人》：“火兵符圖備靈關。”《雲笈七籤》卷五一：“迴降我形，安鎮靈闕，拘魂御魄，萬神自歡。”

〔五〕須彌：佛教傳説中以須彌山爲中心的小世界。須彌山原爲古印度神話中的山名，山頂爲帝釋天所居，山腰爲四天王所居，四周有七山八海、四大部洲。

題羅星士〔注一〕卷

太乙先天造命術，黄帝傳來付鬼谷〔注二〕。鬼谷去後傳者誰，高唐〔注三〕西畔神仙窟。

輯録

（民國）曾世禮編輯《任黄合鈔·任司直詩鈔》，第32頁。

注釋

〔一〕羅星士：姓羅的占星之士，事迹不詳。

〔二〕鬼谷：鬼谷子，戰國楚人，精道、兵、縱横之術，隱於鬼谷，因以自號。後世托其名著《鬼谷子》一書傳世。

〔三〕高唐：戰國時楚國臺觀名，在雲夢澤中。傳説楚襄王游高唐，夢見巫山神女，幸之而去。戰國楚宋玉有《高唐賦》，其序云：“昔者楚襄王與宋玉游於雲夢之臺，望高唐之觀。”後用爲巫山的代稱。

報恩寺留别鄉僧

仲宣樓〔注一〕下水如烟，細草平沙接梵天〔注二〕。老去蜀僧歸未得，清秋魂斷楚雲邊。

輯録

（清）黄仁主持，（清）童巒、（清）郝遴等纂修《（乾隆）當陽縣志》卷九，乾隆五十九年（1794）刻本，第30頁。又見於（清）阮恩光纂

《（同治）當陽縣志》卷一八《藝文·七言絶句》，同治五年（1866）刻本，第21頁。

注釋

〔一〕仲宣樓：王粲字仲宣，東漢建安七才子之首，懷才不遇，嘗登臨襄陽城樓而作《登樓賦》，後人遂以其字名樓。仲宣樓位於湖北襄樊襄陽城東南角城墻上，與黄鶴樓、晴川閣、嶽陽樓齊名，被明代文人袁宏道稱爲“楚天四大名樓”。

〔二〕梵天：佛經中稱三界中的色界初三重天爲“梵天”，有“梵衆天”“梵輔天”“大梵天”。多特指“大梵天”，又泛指色界諸天。

雜體

游仙曲有序

友人將歸南巖，玄夜〔注一〕論别，寒緒既深，驪駒在門，藹然〔注二〕哀時，發庚桑楚〔注三〕抱生之思，便欲置幘官舍，相將拾瑶草〔注四〕，歆日月之光華，共輕舉〔注五〕焉。昔東方生〔注六〕顧瞻海内，無所知我，唯曆官太史〔注七〕知之〔校一〕，今豈期在故舊也？準諸譜，爲《游仙曲》。

神皋陸海切天居，瑶珂玉鞚發雄都。含商流徵歌驪駒，雕輪畫幰臨路衢，冰寒歲晏安所如。一解。

抗旌揚節度金微，繁霜苦霧傷佩褘。勞勞百年春露晞，履珠蹠綺銷容輝，何不還山采蕨薇。二解。

赤城〔校二〕瑶草舒紫華，綺疏文陛天人家。璇房蘂闕高嵯峨，羽衣素女紛嘯歌。千秋萬歲凌朝霞，子之不樂當〔校三〕奈何。三解。

輯録

（明）任瀚《春坊集》卷下。（清）費經虞撰、（清）費密補《劍閣芳華集》卷五，無敘，第22—23頁。

校勘

〔一〕曆：原本作“歷”，據文意改。

〔二〕赤城：《劍閣芳華集》作“崟山”。

〔三〕當：《劍閣芳華集》作“將”。

注釋

〔一〕玄夜：黑夜。

〔二〕薾然：疲憊虚弱的樣子。

〔三〕庚桑楚：《莊子》中的寓言人物，詳《莊子・庚桑楚》，主要講順應自然，“平氣”“順心”的養生之道。

〔四〕瑶草：仙草，泛指珍異之草。詩文中又常用以表現仙境。

〔五〕輕舉：謂飛昇，登仙，又指隱遁避世。

〔六〕陳方生：東方朔。

〔七〕曆官太史：指司馬遷。

秋江款乃曲，爲諸生送司述齋節推〔注一〕之商州

京汴多東南文獻舊家，司最汴中名族。述齋公既以家學取上第，節推果州，常懼闊略，不辦吏事。及臨任摩勘獄情，發摘奸回隱伏，雖在庭文法老吏，莫能探風旨。然政尚寬假，不欲瑣瑣察見淵魚，每有所平反，務從末減，一時被逮者多所全活，劍外藉藉，有惠愛聲。時主上方重才臣，以公銓補商州刺史。郡諸生嘗從長公子游，公暇日則爲雌黄藝文，授之楷範。至是諸生述作，寖有東京數致。長公少年負遠器，燁若天球琳瑯，可薦清

廟，今歸汴久。公行赴商州，諸生罔然，取吾言爲别，將因之寄聲汴州。余爲誦秋江款乃之謡曰〔校一〕：

江風瑟瑟烏夜啼，有美懷人，在汴之湄〔注二〕。漠漠關河，道謂阻長〔校二〕。關月照愁，朔雁警霜。前飛禿鶖後鵁鶄，虎豹號嘯，神龍蟄藏。安得與子乘槎泛烟露兮，款乃相將。

輯録

（民國）曾世禮編輯《任黄合鈔·任司直詩鈔》，第14—15頁。又見於《（民國）新修南充縣志》卷一六《外紀·雜録》，第12—13頁。

校勘

〔一〕“京汴”至“謡曰”：《（民國）新修南充縣志》作“司述齋起汴京名族，取上第，節推果州，有惠政，暇授諸生文範，旋擢商州刺史。將行，諸生丐吾言爲别。謡曰”。

〔二〕謂：《（民國）新修南充縣志》作“路”。

注釋

〔一〕司述齋節推：不詳。節推，節度推官的簡稱，唐朝始置，爲節度使的屬官，位次于判官、掌書記，專掌推勾獄訟之事。明朝爲各府的佐貳官，掌理刑名，贊計典。

〔二〕湄：岸邊，水草交接之地。

夏日同韓石谿〔注一〕、丈似山〔校一〕飲汝憲〔注二〕宅觀蓮〔校二〕，醉後索予〔校三〕題扇，漫成短述

王家銀甃江南春，消暑抃寒粲人横。塘藕花，鴿羽白。露井石，薜龍鱗。新醉老翁翁〔校四〕躁蝌蚪，古來意少圖麒麟。爾甚底用泛江海，滄浪日暮同垂綸。

輯録

（民國）曾世禮編輯《任黄合鈔·任司直詩鈔》，第18—19頁。

校勘

〔一〕丈似山：原本作“仗似山”，據目録改。

〔二〕蓮：原本作“蔽”，據目録改。

〔三〕予：原本作“任”，據目録改。

〔四〕老翁翁：疑“翁”字誤重。

注釋

〔一〕韓石谿：韓士英（1486－1561），字廷延，號石谿，四川南充人。

〔二〕似山：不詳。蔡汝楠《致翰林任固陵先生》稱“不及奉似山、南岷二丈”，則似山、南岷爲二人。

〔二〕汝憲：不詳。

聯語

題清泉寺聯

水國中，孤峰倒影，似青螺浮鏡，雄劍倚空〔校一〕，此江山天南第一；

塵寰〔校二〕外，萬事忘機，但短笛吹雲，素琴彈月，恁〔校三〕漁樵海内無雙。

輯録

（明）朱篚《（嘉靖）順慶府志》卷一《地理志》。又見於（明）杜應芳、（明）胡承詔輯《補續全蜀藝文志》卷四三《志餘》；《（雍正）四川通志》卷四六《藝文・詩話》；《（嘉慶）南充縣志》卷六《雜識志》八之三《外紀》，第 94－95 頁；《（光緒）西充縣志》卷一四《藝文下・外紀》。

校勘

〔一〕倚空：《補續全蜀藝文志》作“插空”。

〔二〕塵寰：《補續全蜀藝文志》作“煙霞”。

〔三〕恁：《補續全蜀藝文志》作“這”。

題浮橋聯

其一

江關雄棧，聯屯畫舫千尋，直穿雲霧通三峽；

天塹長虹，鎖斷江波〔校一〕萬頃，不放春光下五湖。

其二

神京西下八千里，看烏鵲橫江，夾岸煙花迎使節；

閬苑南來第一橋，像螭龍飲渭，中天雲霧擁仙槎。

輯録

（明）杜應芳、（明）胡承詔輯《補續全蜀藝文志》卷四三《志餘》。又見於《（雍正）四川通志》卷四六《藝文・詩話》；《（嘉慶）南充縣志》卷六《雜識志》八之三《外紀》，第 95 頁；《（光緒）西充縣志》卷一四《藝文下・外紀》；《（民國）新修南充縣志》卷三《輿地志・道路》，第 5 頁。

校勘

〔一〕江波：《（嘉慶）南充縣志》作“滄波”。

題書舍聯

杜陵草堂大如斗，海内知名，又何須畫棟飛雲，珠簾捲雨；

王粲江樓不索錢，書中有屋，但願爾門庭奏賦，虎觀横經。

輯録

（明）杜應芳、（明）胡承詔輯《補續全蜀藝文志》卷四三《志餘》。又見於（清）費經虞輯《蜀詩》卷三，題作《題門聯》；《（雍正）四川通志》卷四六《藝文・詩話》；《（嘉慶）南充縣志》卷六《雜識志》八之三《外紀》，第 95 頁；《（光緒）西充縣志》卷一四《藝文下・外紀》。

題别墅聯

其一

大江東去浪，淘盡千古英雄，問樓外青山，山外暮雲〔校一〕，何處是秦宫漢闕；

小院春來〔校二〕鶯〔校三〕，唤起一簾風月，向花邊紅雨，雨邊烟樹〔校四〕，此中有舜日堯天。

其二

大江東下一片石〔校五〕，鏖盡英雄，説甚玉堂金馬；

明月夜來數聲笛，吹散星斗，公然閬苑神仙。

輯録

（明）杜應芳、（明）胡承詔輯《補續全蜀藝文志》卷四三《志餘》。又見於（清）費經虞輯《蜀詩》卷三，題作《題門聯》；《（雍正）四川通志》卷四六《藝文・詩話》；《（嘉慶）南充縣志》卷六《雜識志》八之三《外紀》，第 95—96 頁；《（光緒）西充縣志》卷一四《藝文下・外紀》。

校勘

〔一〕暮雲:《蜀詩》作“白雲”。

〔二〕來:原本作“深”,據《蜀詩》《(嘉慶)南充縣志》改。

〔三〕鶯:《蜀詩》作“燕”。

〔四〕向花邊紅雨,雨邊烟樹:《蜀詩》《(嘉慶)南充縣志》作“看溪邊緑樹,樹邊紅雨”。

〔五〕大:《(嘉慶)南充縣志》作“九”。

題户聯

龐德公衣掛漢江雲,誰知身在風塵表;
魯仲連腳踏滄海水,何用名垂天地間。

輯録

(明)王九德《任文遺稿序》,(明)任瀚《任文遺稿》卷首。

題北津樓〔注一〕聯〔校一〕

小樓外千古〔校二〕此江山,問漢闕秦宫安在?
大夢〔校三〕中一霎如風雨,不燕歌趙舞何爲?〔注二〕

輯録

(明)駱問禮《萬一樓集》卷四九《任考功對聯》,《明别集叢刊》第三輯第45册,合肥:黄山書社,2015年,第517頁。又見於(明)駱問禮《續羊棗集》卷二《任考功對聯》,《續修四庫全書》第1127册,第290頁;《(民國)新修南充縣志》卷四《輿地志·古蹟》,第84頁。

校勘

〔一〕題北津樓聯:原本題作“任考功對聯”,聯首言“任考功翰對聯”，據《（民國）新修南充縣志》改題。

〔二〕千古：《（民國）新修南充縣志》作“萬古”。

〔三〕大夢：《（民國）新修南充縣志》作“大塊”。

注釋

〔一〕北津樓：原在外城魚翅堤内，俗名過江樓。明初徙治時建，臨北津渡，故名。劇臺有任瀚撰聯。民國十七年（1928）修河街馬路，拆毁。

太原府廟扁聯〔校一〕

才兼文武，義重君臣，恥與漢賊同天，戮力遠開新帝業；

威震華夷〔校二〕，氣吞吴魏，能使奸雄喪〔校三〕膽，英魂〔校四〕常〔校五〕繞舊神州〔校六〕。

輯録

（明）穆氏編輯《關帝歷代顯聖志傳》卷首《扁聯》，署“任瀚，洗馬，四川人”，國家圖書館藏明刻本，第43頁。又見於（清）張鎮《關帝志》卷四《藝文下・對聯》，署“郎中任瀚”，乾隆二十一年（1756）本，第53頁；《（嘉慶）南充縣志》卷六《雜識志》八之三《外紀》，第96頁；《（光緒）西充縣志》卷一四《藝文下・外紀》；（清）王培荀《聽雨樓隨筆》卷三《關帝廟聯》，成都：巴蜀書社，1987年，第171頁；（清）李伯元《南亭四話》卷五《莊諧聯語・南充關聯》，上海：上海書店，1985年，第344頁；《（民國）新修南充縣志》卷一六《外紀》，第28頁。

校勘

〔一〕太原府廟扁聯：“南充邑城關廟聯”，《（嘉慶）南充縣志》《（光緒）西充縣志》《（民國）新修南充縣志》作“題關廟長聯”，《聽雨樓隨筆》作“南充縣城内武廟聯”，《南亭四話》作“南充關帝廟聯”。

〔二〕華夷：《關帝志》作“華彝”，避清諱。

〔三〕喪：《關帝志》《南亭四話》《聽雨樓隨筆》《（光緒）西充縣志》《（民國）新修南充縣志》作“破”。

〔四〕英魂：《關帝志》《（嘉慶）南充縣志》《聽雨樓隨筆》《南亭四話》作“忠魂”，《（光緒）西充縣志》《（民國）新修南充縣志》作“精魂”。

〔五〕常：《關帝志》《聽雨樓隨筆》《南亭四話》《（光緒）西充縣志》《（民國）新修南充縣志》作“長”。

〔六〕神州：《聽雨樓隨筆》《南亭四話》作“神京”。《（民國）新修南充縣志》作“神洲”，訛。

題南充總真山觀音禪院

山靜鳥鳴，上下雲移，樹影参差，有色有聲，一片圖畫妙景；

風吟竹韻，淒清月照，溪流淺淡，無垢無住，到處天竺禪機。

輯録

（民國）李良俊修，（民國）王荃善等纂《（民國）新修南充縣志》卷二《輿地志·山脈》，第24頁。又見於《（民國）新修南充縣志》卷一六《外紀》，第29頁。按，聯前有文道：“二郎廟山左側爲總真山。總真山在治西五里二郎岬後，爲二郎廟山之尾峰。舊志云：山勢巍峨，峰巒突兀，環山皆拱面，峙若屏。舊傳一夕風雨，飛觀音石像於此，郡人爲之建庵，祈禱響應。明太史任瀚讀書處，今爲大叢林觀音殿，係順治六年重建，前殿康熙四十八建，上殿乾隆五十二年建。任瀚有聯云。”

任公祠遺聯

修身齊家而治國，

存心養性以事天。

輯録

（民國）李良俊修，（民國）王荃善等纂《（民國）新修南充縣志》卷五《輿地志·祠》，第12頁。

任瀚集校注卷五

試策

己丑廷試策

皇帝制曰：朕惟治天下之道，其端不可概舉，特以大者論之，在乎知人、安民二者而已。夫知人則哲，必能官而任之；安民則惠，必使匹夫匹婦各得其所〔注一〕。雖然，堯舜尚於此猶難，夫豈後世所能及也！朕本藩服，仰承天命，入奉祖宗大統，朝夕戰兢，不遑寧處。何自即位以來，災變頻仍，旱潦相繼，歲復一歲，無處無之？生民流亡，朕甚恐懼。此非朕官非人以虐民歟？或賢與不肖進退倒置歟？或勸懲之典兩失其宜歟？抑爲我選任者失公平之道歟？夫“天聽自我民聽，天視自我民視”〔注二〕，非民不聊生，而天垂深戒者如此，何歟？至於内有盜賊之擾，外有戎狄之患，此亦以爲民之害者。“民爲邦本”〔注三〕，而使饑寒困苦，流離死亡，至於如此，邦欲安而得乎？朕雖存保邦安民之念，求其所以，實無一得。朕欲俾災沴潛消，民生安堵，盜賊息，邊方靖，財充而食足，不知如之何可以臻此？特進爾多士于廷。爾多士明于王道有日矣，且目睹時艱，豈無真實的見以匡我者？當悉心吐露，推衍所以于篇，朕當勉爲親覽焉。勿諂勿憚，勿泛勿略，庶副朕意。嘉靖八年三月十五日〔校一〕。

御批：勉吾求敬一之爲主，忠哉！

臣對[校二]：臣聞聖王保天下之道存乎仁，而其行仁之道存乎智，其合智與仁而成之之道存乎敬。王道之行也，仁、智、敬其爲之端與？仁不足則澤不下究，而民之憔悴困踣者無所與蘇，而其弊也苛；智不足則無以辨賢不肖于天下，賢者不必進，不肖者不必退，於是乎有殘人不德以尸民上，視民之休戚利害若無預己事，甚者或肆其侵漁剥削，一任其凋弊而不爲之所，而其敝也亂。夫是以不爲戎首亦善矣，如天下之治何？此求賢所以安民，而智又所以行乎其仁者也。然是二者，不先之敬，則其智之所及，或至于偏聽獨任，既無以盡吾求賢之誠；而其智之所不及，且至于縱奸長慝，又無以致吾安民之實，仁不可終，而智亦爲之缺然矣。是敬又所以成乎智與仁，而不可一日忘焉者也。敬以養心，心以體道，道以張法，法以盡變，斯海内之化，清和咸理，兵革不試，暴盭不作，物道素朴，獄訟衰息，紀綱正於上，風俗昭明于下，而頌聲作、王道成矣，奚用外焉以取治法爲？

欽惟皇上智以明王度，仁以惠萬物，敬以凝天道而成世務，不自賢聖，詢于寡昧，究觀王道，圖惟化原，此千古人臣獻款攄忠之一遇也。臣聞之孔子曰："事君先資其言，拜[校三]自獻其身，以誠其信。"[注四]臣誠不佞，顧於致身之始，曾無一言可得先資以爲陛下獻哉？謹冒死以對。

臣伏讀聖制，首曰："治天下之道，其大者在乎知人、安民。"蓋"知人則哲，能官人；安民則惠，黎民懷之"。此皋陶陳謨[注五]之深意，而陛下之言及此，天下生人之福也。使愚臣於此有所隱伏回互[注六]，畏罪而不敢言，上以負陛下之盛心，而下以昧天下之至計，四方後代，其謂臣何？臣請披肝瀝膽，爲陛下言之，願試聽焉。

臣竊睹陛下自即位以來，災變頻仍，近古未有。語謂"天心，仁愛之符”〔注七〕，是也。往年下罪己之詔，以爲〔校四〕“政化未臻，民心積怨，上干天和。究其咎本，實予一人所致”〔注八〕。臣時竊伏草茅，每見道路聞者，皆嘆息泣下，願少須臾無死，以觀化理之成。及今三五年來，人心之望已極，猶未見内盡消弭之道，上獲天和之應，使海内曠然升于大猷〔注九〕，臣竊疑之。夫《春秋》以“天反時爲災，地反物爲妖，人反德爲亂，亂則妖災生”〔注一〇〕。陛下之德如天之無不覆，而地之罔不載，臣猶以爲未至，是妄言也。然而天人之交，間不容髮，此在陛下燕閒螻蠖之中，深宫獨運之地，澄神自思而得之耳。

聖制深以任官非人爲懼，且疑賢不肖進退之差，以及于勸懲之失其宜，選任之非其道。此見陛下超然遠覽，神洞物外，直欲秉至公以消弭變異，阜安生民，雖成湯桑林之責〔注一一〕，周宣《雲漢》之憂〔注一二〕，《高宗肜日》〔注一三〕之修省，不是過也。臣聞後漢鄭興〔注一四〕有言：“變咎之來，不可不慎，其要在因人之心，擇人處位而已。”陛下平日宫庭之間，所震怒而賜譴者何人也？合于聖意，誘而進之者何人也？其所賜譴者必當其罪，而其所誘而進之者必當其功，大臣不得寵名譽〔校五〕之人，小臣不得進浮薄之士，如此則變安從生？此其遠百姓、近陛下之耳目者，臣固不得而深言之矣。其有下親于民，而上之所不及知者，泯泯棼棼，可爲流涕太息者不少，臣亦豈得而勿言哉〔校六〕！

臣竊惟勸懲之典莫急于考課，而選任之法當責之銓衡。今之選舉考課，則臣之所嘗竊嘆而深惜之者也。何則？士方窮時讀古書，見《循良傳》，踴躍動色，出死生自誓，願作一良有司謝天下。及反顧，見其家室無長物，展轉歔欷，不能自禁，靡然無復初志。甚者鑽刺孌倖，取中原名郡縣自列。得則凌暴誅求，罔所不至；不則怨且怒，終其身。置此等于民上，而欲民之得其所，辟之愛其羊豚而牧之豺也，世無完蓄矣！故祖宗之於士，養之以節義，而威勸之以賞罰，其用之各盡其才，而其課之也，幽明殿最，各程其實，則善者益勉，而不善者化，能官者上，而不能官者斯下下矣。

若夫選舉之失其平，資格壞之也。國初用人，或舉于畊商，或徵于漁釣，脱去流品，惟其才賢，是猶有古意。語曰："不習爲吏，視〔校七〕已成事。"〔注一五〕蓋言古也。比者稍有兵荒，動闔〔注一六〕入粟買官之令，以爲常制，累世莫能變。臣聞人情所好而爭趨焉者，韓非〔注一七〕有言，"非名之即利之也"。以粟易官之名，豈人所好？而人固趨之。不得于名，彼其不求得于利哉？人人以其利之心上應于國，而國且便之，以布于天下。夫其一人入粟幾何？而其所取諸民者，必十倍而後饜足，是爲天下謀小利而獲大害也。又況高官顯秩，自科甲之外，雖智且賢弗及，則彼修于冥冥無所慕，而爲善者世寧幾人哉？臣故曰：資格壞之，非人才之罪也。

董仲舒〔注一八〕曰："邪氣積于下，怨惡蓄于上，此災異所緣而起矣。"方今天下之衰氣，孰有大于冗員頹吏苟便身圖以誤國家者？而災異實因之。臣願陛下嚴僥倖覬覦之禁，公賞罰黜陟之典，杜買官鬻爵之弊，革年地資望之説，則賢才罔伏，下吏革督，上天之變異可回，生民之流亡可復，而所以爲智之道，莫大于此矣。

聖制又謂："内有盗賊之擾，外有戎狄之患，此亦重爲民之害者。"以陛下愛民之深，憂民之切如此，而陛下之臣，在内者不能消弭寇亂，在外者不能慎固邊圉。天未厭禍也，而又離民以佐災，犬戎樹悖矣，而且觀之兵，則陛下亦豈得晏然已乎？《周官》〔注一九〕大司徒"以荒政聚萬民"，其十有二曰"除盗賊"。夫除盗賊而繫之末者，先王之所甚不得已也。以人情言之，盗賊亦人耳。人有不愛其身與其父母、妻子、居室、蓄産、百物，而喜棄其壤土者乎？愛之而或爲人所奪，其身有困于刑罰、工役不得息，其父母、妻子有苦於流離轉死不得會聚，其居室、蓄産、百物有耗于徵求貢輸不得自奉自娱。是數者皆足以傷于民心。彼其時即不忍捨棄，而一旦奪于有力之强，其不去爲盗奚待也？語曰："德則其人也，不德則其鹿也。"〔注二〇〕人情撫則后，虐則讐，豈有常哉？今西南之國，一遇歉歲即赭衣載道，旌旗翳空。臣愚以爲，在上者有以奪其所愛而激成之，未必吾民之能自爲盗也。

若夫邊事之興，宋人謂出于饕功幸利之徒，黷武玩寇，不以朝廷大計爲念。前日榆林、松茂之役，郡縣嗷嗷，令小吏督罷民，轉餉數千里外，號稱籌邊，亦既左矣，而荏苒衰羸之卒，不經一戰者，又引領待哺，謂足以羽儀塞垣，此何理也？人有病枵腹者，斷肢體、脯筋骸以充之，然而無益于死者，天下之大舛也。先王備邊以衛中國，令邊有莫敵之勢，而中國無聊生之民，可矣乎？此臣謂王者不治夷狄〔注二一〕，趙充國〔注二二〕所爲善之善者。令邊人自給，毋以勤國家也。臣願陛下内擇賢守令以宰治郡邑，外擇良將帥以控制邊鄙，誅有位之盗，去黷武之戎，汰冗兵，抑浮費，則寇亂可弭，戎狄可清，民力可蘇，而所以爲仁之道，莫大於此矣。

然此但就陛下之所以策臣者而論之耳。若以臣愚言之，上天之變未息，是生民未安也；生民之未安，是賢才未盡用也；賢才之未盡用，或者聖心其猶未純乎？然觀陛下覽四方災異奏牘則惕然懼，見古聖賢箴規則泠然省，此其心亦未爲不純矣。而聖制猶謂"保邦安民之念雖存，求其所以，實無一得"者，豈非深憂過計，道愈至而心愈不足，必欲臣愚罄竭私悃而無少隱伏之意乎？臣不敢概舉，請得以敬終之。

堯之言曰："允執厥中。"〔注二三〕謂"執"云者，戰兢持守而不敢縱之辭也。其意曰：天無定命，理無定形，人心無定機，執以定其所無定焉云爾。是故"安汝止，惟幾惟康"，"敕天之命，惟時惟幾"者〔注二四〕，三聖相授受，守一道也。是故堯、舜之世，民罔不安，臣無不可知，而猶曰"帝其難之"〔注二五〕者，不敢以易心乘之，敬之道也。陛下如以前所陳數者爲憂，則孰若取聖制所謂堯、舜者以爲法乎？孔子之後，子順曰："昔者吾先君子欲作文、武而至焉，文、武欲作堯、舜而至焉。"〔注二六〕是故大聖人之道，存乎有作，不可退然而止也。臣願陛下勿以臣言爲迂，留神省覽，益求所謂敬一者而精之，令天下復見唐、虞之治，愚臣幸甚！臣干冒天威，無任隕越之至。臣謹對〔校八〕。

輯録

（明）佚名《嘉靖八年進士登科録》，天一閣藏嘉靖刻本，寧波天一閣博物館《天一閣藏明代科舉録選刊·登科録》，寧波：寧波出版社，2006年。又見於（明）任瀚《任文逸稿》卷一；（明）任瀚《春坊集》卷上；（明）任瀚《任少海先生文集》；《（嘉慶）南充縣志》卷五《藝文志》七之十三《策》，第64—70頁；（民國）曾世禮《任黄合鈔·任司直文鈔》卷下，第23—29頁；《（民國）新修南充縣志》卷一二《藝文志》，第27—32頁；陳文新主編《明代科舉與文學編年》，武漢：武漢大學出版社，2009年，中册第1688、1701—1704頁。

校勘

〔一〕嘉靖八年三月十五日：《任文逸稿》無。

〔二〕臣對：《任文逸稿》無。

〔三〕拜：《任文逸稿》《任少海先生文集》作"後"，據《禮記·表記》改。

〔四〕以爲：《任文逸稿》作"謂"。

〔五〕名譽：《任文逸稿》作"邪佞"。

〔六〕"此其遠百姓"至"而勿言哉"：《任文逸稿》《任少海先生文集》無。

〔七〕視：《任少海先生文集》作"觀"。

〔八〕"臣干冒"至"臣謹對"：《任文逸稿》《春坊集》《任少海先生文

集》無。

注釋

〔一〕《尚書·皋陶謨》："知人則哲，能官人；安民則惠，黎民懷之。"

〔二〕《尚書·泰誓中》："天視自我民視，天聽自我民聽，百姓有過，在予一人。"

〔三〕《尚書·五子之歌》："民爲邦本，本固邦寧。"

〔四〕《禮記·表記》："子言之：'事君先資其言，拜自獻其身，以成其信。是故君有責於其臣，臣有死於其言。故受禄不誣，其受罪益寡。'"

〔五〕皋陶陳謨：皋陶爲帝舜陳其謨，見《尚書·皋陶謨》。僞古文序稱："皋陶矢厥謨，禹成厥功，帝舜申之，作《大禹》《皋陶謀》《益稷》。"

〔六〕回互：曲折委婉。

〔七〕《漢書·董仲舒傳》董仲舒對策："春秋之中，視前世已行之事，以觀天人相與之際，甚可畏也。國家將有失道之敗，而天廼先出災害以譴告之；不知自省，又出怪異以警懼之；尚不知變，而傷敗廼至。以此見天心之仁愛人君，而欲止其亂也。自非大亡道之世者，天盡欲扶持而全安之，事在彊勉而已矣。"

〔八〕（明）佚名輯《皇明詔令》卷二〇《寬恤詔》（明嘉靖十八年刻二十七年浙江布政司增修本）、（明）孔貞運編輯《皇明詔制》卷七《災變寬恤詔》（明崇禎七年刻本），嘉靖六年二月十三日詔曰："夫自即位以來，災變頻仍，而去歲之災尤大且異，豈非政化未臻，民心積怨，上干天和？朕深用驚懼，寢食靡寧。究其咎本，實予一人所致，而内外文武百官亦不無責。"

〔九〕大猷：治國大道。《詩·小雅·巧言》："秩秩大猷，聖人莫之。"鄭玄箋："猷，道也；大道，治國之禮法。"

〔一〇〕《春秋左氏傳》宣公十五年：伯宗曰："……天反時爲災，地反物爲妖，民反德爲亂，亂則妖災生，故文反正爲乏。"

〔一一〕成湯桑林之責：指湯時大旱，湯自責祈雨以舒民，故有成語"桑林祈雨"。《墨子·兼愛下》，子墨子引《湯説》云："湯曰：'惟予小子履，敢用玄牡，告於上天后曰：今天大旱，即當朕身。履未知得罪於上下，有善不敢蔽，有罪不敢赦，簡在帝心。萬方有罪，即當朕身；朕身有罪，無及萬方。’即此言湯貴爲天子，富有天下，然且不憚以身爲犧牲，以祠説於上帝鬼神。”《吕氏春秋·順民》：“湯克夏而正天下，天大旱，五年不收。湯乃以身禱於桑林，曰：‘余一人有罪，無及萬夫，萬夫有罪，有余一人；無以一人之不敏，使上帝鬼神傷民之命。’於是翦其髮，磨其手，以身爲犧牲，用祈福於上帝。民乃甚悦，雨乃大至。”《書傳》：“湯伐桀之後，大旱七年。史卜曰：‘當以人爲禱。’湯乃剪髮斷爪，自以爲牲，而禱於桑林之社，而雨大至，方數千里。”《文選·張平子〈思玄賦〉》：“湯蠲體以禱祈兮，蒙龐褫以拯民。”李善注引《淮南子》：“湯時大旱七年，卜用人祀天。湯曰：‘我本卜祭爲民，豈乎自當之。’乃使人積薪，翦髮及爪，自潔，居柴上，將自焚以祭天。火將然，即降大雨。”《後漢書·鍾離意傳》：明帝永平三年鍾離意因旱上疏曰：“昔成湯遭旱，以六事自責曰：‘政不節邪？使人疾邪？宫室榮邪？女謁盛邪？苞苴行邪？讒夫昌邪？’竊見北宫大作，人失農時，此所謂宫室榮也。”

〔一二〕周宣《雲漢》之憂：西周末期發生一場嚴重的旱災，周宣王爲此愁苦，祭神祈雨。《詩經·雲漢》一詩以詩歌的形式記載了這段歷史。《竹書紀年》記載：“（周宣王）二十五年，大旱，王禱於郊廟，遂雨。”

〔一三〕《高宗肜日》：商高宗武丁祭祀成湯，有野雞飛到鼎耳鳴叫，祖己于是作《高宗肜日》以訓戒高宗，事詳《尚書·高宗肜日》。

〔一四〕鄭興：東漢經學家，字少贛，河南開封人。更始（23—25）時爲諫議大夫，拜涼州刺史。東漢光武時徵爲太中大夫。少習《公羊春秋》，後從博士金子嚴治《左氏春秋》，見稱於劉歆。興治古文經，明於曆數，尤長於《周官》《左傳》，不信讖緯。有《周禮解詁》一書，今佚。引語見《後漢書·鄭興傳》。

〔一五〕語出西漢賈誼《治安策》所引鄙諺，見《漢書·賈誼傳》。

〔一六〕闓：同“開”。

〔一七〕韓非：戰國末期法家思想代表人（約前281—前233），韓國公子，師事荀子，後受秦始皇之召入秦，爲李斯所忌，慘死獄中。著有《韓非子》。引語出《韓非子·内儲説上》：“管仲對曰：‘凡人之有爲也，非名之則利之也。’”

〔一八〕董仲舒：（前179—前104）漢廣川郡（今河北棗强東）人，西漢著名今文經學家，專治《春秋公羊傳》，景帝時任博士，武帝時任江都相、膠西王相。武帝舉賢良文學之士，董仲舒上天人三策，建議罷黜百家，獨尊儒學，又著《春秋繁露》，創立了以天人感應爲中心的封建儒家神學體系，爲後世所繼承。引語出《漢書·董仲舒傳》董仲舒對策。

〔一九〕《周官》：亦稱《周禮》《周官經》，儒家十三經之一，與《儀禮》《禮記》合稱“三禮”。是書記述西周政治制度，傳説爲周公所作，實則出於戰國。全書凡六篇：《天官冢宰》《地官司徒》《春官宗伯》《夏官司馬》《秋官司寇》《冬官司空》。其中《冬官司空》一篇早佚，漢人求之不得，以《考工記》補之。引語出自《周禮·地官·大司徒》：“以荒政十有二聚萬民：一曰散利，二曰薄徵，三曰緩刑，四曰弛力，五曰舍禁，六曰去幾，七曰眚禮，八曰殺哀，九曰蕃樂，十曰多昏，十有一曰索鬼神，十有二曰除盗賊。”

〔二〇〕語出《左傳》文公十七年，鄭子家爲書與晉之趙宣子（趙盾）曰：“小國之事大國也，德則其人也；不德則其鹿也，鋌而走險，急何能擇?”

〔二一〕王者不治夷狄：語出東漢何休《春秋公羊傳解詁》隱公二年，“春公會戎于潛”，何休注云：“王者不治夷狄。録戎者，來者勿拒，去者勿追。”

〔二二〕趙充國：（前137—前52）字翁孫，隴西上邽人（今甘肅省天水市）人。爲人沉勇有大略，熟悉匈奴、氐羌事務。漢武帝時，以假司馬從貳師將軍李廣利出擊匈奴，率壯士百餘人潰圍迴，拜爲中郎，遷車騎將軍長史。昭帝時，以大將軍護軍都尉平氐叛，遷中郎將，屯上谷，還爲水衡都尉，出擊匈奴，獲西祁王，擢後將軍。昭帝去世，與大將軍霍光尊立宣帝，封營平侯。本始年間，以蒲類將軍征匈奴，還爲後將軍、少府。神爵元年（前61），羌人叛，時充國年七十餘，馳至金城，圖上方略，上屯田便宜十二事。羌破，振旅而還，復爲後將軍衛尉。卒謚壯。《漢書》卷六九有傳。

〔二三〕語出《尚書·大禹謨》，宋儒以其“人心惟危，道心惟微，惟精惟一，允執厥中”爲聖人十六字心傳。

〔二四〕語出《尚書·益稷》，前者爲大禹之言，後者爲帝舜之言。

〔二五〕帝其難之：此引嘉靖帝語，源出《尚書·皋陶謨》："皋陶曰：'都！在知人，在安民。'禹曰：'吁！咸若時，惟帝其難之。'"

〔二六〕語出《孔叢子·執節》："魏安釐王問天下之高士。子順曰：'世無其人也，抑可以爲次。其魯仲連乎？'王曰：'魯仲連强作之者，非體自然也。'答曰：'人皆作之，作之不止，乃成君子。文、武欲作堯、舜而至焉。昔我先君夫子欲作文、武而至焉。作之不變，習與體成，則自然矣。"

乙未會試策〔注一〕

問：星官之書，自容成氏〔注二〕有之。顧其法不經見，人無所徵信。南北正〔注三〕以降，其有存者，巫咸、甘石《星經》〔注四〕爾矣。今觀其書，有以赤記星者，有以玄、黄記星者，諸不可少，其概可得聞歟？星一也，有經有緯，有垣有舍，有主有客，有犯有孛〔注五〕，有遲留伏逆、表裏盈縮，有含譽〔注六〕，有格澤〔注七〕，有五殘、六賊〔注八〕，其占步〔注九〕之法當何爲也？夫三垣〔注一〇〕列舍備矣，史家謂明王必占與失軌道則占者，緯其要乎？近代儒臣掌論著天事，上紀五緯之行度，而次第其遲疾，其説甚詳，不知於昔人所著《靈憲論》《法象志》《覆矩圖》《司天考》諸書〔注一一〕，其亦有合乎無也？古有之："通天地人曰儒。"〔注一二〕天之文日覆乎其上，而儒不知，可恥也！其遂陳之，以觀博雅之學。

昔者聖人之作《易》也，觀象于天〔注一三〕；其作《春秋》也，繫王于天〔注一四〕，何也？王者，憲天者也，王不天，不尊；《易》者，明天事者也，天不垂象，無以見吉凶〔注一五〕，則《易》不作可也。是故星官之書，王者所爲測象明天，辨經緯，察機祥，考其順逆、遲留、犯守、陵歷、鬬食〔注一六〕之數，而救之以其事者哉！蓋自黄帝命容成總六術〔注一七〕，時代古遠，莫可紀訓。南北正以降，法不經見，人無所紹述。宣夜〔注一八〕雖稱絶傳，而郗萌〔注一九〕、虞喜〔注二〇〕之徒亦嘗有論著，蓋即南北正之遺法也。《周髀》〔注二一〕蓋天〔注二二〕，其法本出羲皇，古謂玄中，象外别傳，非天事明矣。穹天〔注二三〕、昕天〔注二四〕諸家，崇幻餙怪，窮於所不知，使天下神其説而不可爲據。乃近世所遵用者，則渾天〔注二五〕也。渾天一法，其來已遠，自商巫咸而下，齊有甘德，魏有石申，雖其師授誰何不可知，大都出於黄帝容成之後，而咸爲最著，其視昆吾、梓愼、裨竈、尹皋之倫，真妄淺深，大相縣絶〔注二六〕。故三家書，世爲《星經》祖禰，漢魏六朝諸太史令無不家傳而世守之。隋唐以來，禁邲其書，自經生學士鮮有聞者。吾蓋訪諸靈臺五官氏〔注二七〕而得其説，故嘗有述焉。

謹按：巫咸以黄記星四十四座，凡百有四十四星；甘德以玄記星百一十八座，凡五百十有一星；石申以赤記星百三十八座，凡八百有十星。大率經星常宿自北極，紫微、帝車、三能，下至斗牛、婺女，南極東距周鼎，西絶咸池，中外官可名者三百二十座，計二千五百一星。班固《志》〔注二八〕以爲七百八十三星，尚略也。而變動不居，流行太虚者，則惟五緯星〔注二九〕。星言者，精也。陰陽之精，其本在地，而上發于天者也。經星附天而生，隨天運轉，故謂之經。五星不附于天，而炅然獨運，故謂之緯。緯者言乎其動者也。以五緯常度論之，近日則疾，遠日則遲。遲甚則留，留久而退。漸退漸疾，最疾而復遲。退止而留，留久而順，復從最遲，以至于最疾。最疾則與日同躔也〔校一〕。歲星最疾，約四日行一度。熒惑最疾，約七日行五度。填星最疾，約七日行一度。此三星者，皆行度較少，故伏合以後，日常在前。太白最疾，約四日行五度有餘。辰星最疾，約一日行一度有餘。此兩星皆行度較多，故伏合以後，其行常過於日。歲星八十三年而七周天，與日合度者七十六。熒惑七十九年凡四十二周天，與日合度者凡三十。填星五十九年而再周天，與日合度者五十七。太白辰星與日常相近，故隨日一歲一周天。五星雖炅然獨運，不附於天，而其伏見、順逆、遲留、合散，乃不能不附于日者。

日惟至陽之精，有君道焉，而五星則陰道也，臣道也。臣不能叛君，而有行天之道也。五星不失行，年穀蕃昌，侯王以寧，海内阜康。五星不順軌，國乃後殃。太史公曰〔注三〇〕："五星失軌道則占，謹變也。"是故歲星緩則不行，急則過舍，逆則占；熒惑緩則不出，急則不入，違道則占；填緩則縮而遲，急則趮進，逆則占辰；太白緩則不出，急則不入，非時逆則占。是故天有五星，地應五行，人應五事。國君馳騁田獵，委棄宫室，沈湎酗酒，横繇役，奪甿時，仁虧貌失，逆春令，則木不曲直，其罰見歲星。于是乎有不居之國，有居而復去之國，有贏而見彗，縮而見攙。其下則有死國，有破軍之國。人君棄法律，逐功臣，變禮亂法，厥視荒逆，夏令則火不炎上，其罰見熒惑。于是乎有儵前欻後，欲左忽右，居而去，去而復還，環而守，而芒，而角，而動摇，灼灼于是乎爲寇爲鹵，爲厲疾，爲喪，爲饑，爲兵。人君黷威武，好戰攻，恣睢屠戮，輕蔑民命，飾城郭，侵邊竟，伐義爽言，逆夏令，則金不從革，其罰見太白。于是乎當出不出，不當入而入，回薄格鬭，易暴離宿，怒則經天與日爭明。小國彊，女主昌，天下乃有革民更王。其或簡宗廟，廢祭祀，誅罰絶理，鬼神不下食，智虧聽塞，逆冬令，則水不潤下，其罰見辰星。于是乎出非其時，與太白相持，還遇而鬭其下，亡國喪師，四時不出，天下大饑。若迺浸池沼，飾臺榭，内淫亂，瀆侮耆旧長老，神眊信乖，則稼穡不成，其罰見填星。填，五行主也。四星皆失，填乃爲動。填星所宿，是謂國福。若當居不居，業已居之，又東而去之，國失土；其嬴其縮，侯王辱，敗軍不復。嗟乎！天象去人常在八萬四千里外，了不聞有聲氣、哀感、喜怒，而其菑沴、祆祥、福禍之應，赫赫若在人頭顱間，一毛髮不爽，豈不嚴可畏哉！

吾嘗謂天文之學，玄曠精微，自無神明之士，大抵不能按圖頓悟。北齊張子信〔注三一〕隱居海島，用渾儀〔注三二〕測象積三十餘年，纔得一緯差法。而元公子耶律楚材〔注三三〕不出塵樊朝著間，而作西征元曆，著里差〔注三四〕、歲差〔注三五〕不失分寸。趙緣督〔注三六〕坐芝山酒肆中，遇神丈人，從受天官曆，最稱得算。而西域老胡有札馬魯丁〔注三七〕者，但用十二宫，分三百六十度，略不布算，而占候日月五星，較若畫一，此又誰授之者？

今據元儒許衡、王恂、郭守敬等所定《授時曆》〔注三八〕，本朝實遵用之。上下二百餘年，兩曜五行之差，豈無小變？而靈臺官翫常守故，至衰老不能贊一辭。此豈中國無人，將以爲罪而不敢變也？或者天事幽眇，自非薄日月，淩倒景，雖鬼神不能盡知，而況于人乎？所可馮者，惟有修德正事，以上承天意，不惟可以自信，亦可以回天。彗星見玄枵，齊侯不禳彗而修政〔注三九〕，彗乃自滅。熒惑守心，宋景公有君人之言三，而熒惑果退三舍〔注四〇〕。天人之交，其應如響。是以明王觀象而寤，飭身厲事，亡敢般游暇豫〔注四一〕，以作荒淫，而禍亂滅息。此星官之家所爲有功於侯王帝伯，而不可一日闕廢者也。如執事所問，表裏、盈縮、順逆之數，含譽、格澤、五殘、六賊、禨祥之變，則固有馮相、保章氏〔注四二〕世掌之，雖不能盡知，而亦有所不必知者。若談天以自神，則吾豈敢！

輯録

（明）任瀚《任文逸稿》卷一。又見於（明）任瀚《任少海先生文集》；《（嘉慶）南充縣志》卷五《藝文志》七之十三《策》，第70－75頁；（民國）曾世禮《任黄合鈔·任司直文鈔》卷下，第29－34頁；《（民國）新修南充縣志》卷一二《藝文志》，第32－37頁。按：《春坊集》亦有此文，但無題，且文字多異，未詳其故，别附異文於後。

校勘

〔一〕躔：原本、《任少海先生文集》訛作“纏”，此指日月星辰在黄道上的運行，故據文意改。

注釋

〔一〕乙未：嘉靖十四年（1535）。

〔二〕容成氏：傳説中黄帝時的大臣，或稱爲古代帝王。《上海博物館藏楚竹書》有《容成氏》一篇。《淮南子・本經訓》：“昔容成氏之時，道路雁行列處，託嬰兒於巢上，置餘糧於畮首，虎豹可尾，虺蛇可蹍，而不知其所然。”

〔三〕南北正：南北朝，時南北各方自稱正統，頒正朔。

〔四〕巫咸、甘石《星經》：《隋書・天文志上》：“三國時，吴太史令陳卓始立甘氏、石氏、巫咸三家星官，著於圖録。”《隋書・經籍志》著録：《石氏星簿經讚》一卷、《星經》二卷，《甘氏四七法》一卷，《巫咸五星占》一卷。《史記・天官書》：“昔之傳天數在齊甘公，楚唐昧，趙尹皋，魏石申。”《續漢書・天文志序》：“魏石申夫、齊國甘公，皆掌天文之官，仰占俯視以佐時政，步變擿微，通洞密至，采禍福之原，睹成敗之勢。”後世傳《甘石星經》二卷，乃唐宋人輯録，嘗編入《道藏》，號曰《通占大象曆星經》。

〔五〕有犯有孛：犯，天文現象。日月五星及其他天體運行到恒星附近七寸之内，光芒相及或位置低的天體光芒觸及上面天體時，謂之犯。孛，奇異天象名稱，一般指彗星，有時也可能指新星或超新星。

〔六〕含譽：瑞星之一。《晉書・天文志》：“三曰含譽，光耀似彗，喜則含譽射。”

〔七〕格澤：瑞星之一。《晉書・天文志》：“四曰格澤，如炎火，下大上兑，色黄白，起地而上。見則不種而穫，有土功，有大客。”

〔八〕五殘、六賊：五殘，又稱五殘星、五鋒，古代所稱妖星之一。《史記・天官書》：“五殘星，出正東，東方之野。其星狀類辰星，去地可六丈。”據史書的記載，它可能是一顆具有五條彗尾的彗星。六賊，又稱六賊星、大賊星，古代所稱妖星之一。《史記·天官書》：“六賊星，出正南，南方之野。星去地可六丈，大而赤，數動，有光。”據史書的記載，它可能是一顆無明顯彗尾的彗星。

〔九〕占步：觀測天象，將日月星辰的天象變化與人事吉凶聯繫起來。

〔一〇〕三垣：古代對星空中三個區域即紫微垣（中垣）、太微垣（上垣）和天市垣（下垣）的合稱。

〔一一〕《靈憲論》《法象志》《覆矩圖》《司天考》諸書：《靈憲論》，東漢張衡（78－139）所著天文學著作。《法象志》，唐李淳風所著天文學著作，凡一卷。《覆矩圖》，唐僧一行所著天文著作。《舊唐書·天文志》：“沙門一行因脩《大衍圖》，更爲《覆矩圖》，自丹穴以暨幽都之地，凡爲圖二十四，以考日蝕之分數，知夜漏之短長。”《司天考》，宋歐陽修所著天文學著作，《新五代史》志書之一。

〔一二〕語見漢揚雄《法言·君子》。

〔一三〕《周易·繫辭上》：“古者包犧氏之王天下也，仰則觀象于天。”

〔一四〕繫王于天：胡安國《春秋傳》文公“五年春，王正月，王使榮叔歸含且賵”稱：“不稱天王者，弗克若天也。《春秋》繫王於天，以定其名號者，所履則天位也，所治則天職也，所敕而惇之者則天之所敘也，所自而庸之者則天之所秩也，所賞所刑者則天之所命而天之所討也。”

〔一五〕《周易·繫辭上》：“天垂象，見吉凶。”

〔一六〕鬭食：又作鬭蝕。《吕氏春秋·季夏紀·明理》：“其日有鬭蝕，有倍僪，有暈珥。”高誘注：“鬭食，兩日共鬭而相食。”

〔一七〕六術：指占日、占月、占星氣、律吕、甲子、算數。《晉書·律曆志中》：“逮乎炎帝分八節以始農功，軒轅紀三綱而闡書契，乃使羲和占日，常儀占月，臾區占星氣，伶倫造律吕，大撓造甲子，隸首作算數。容成綜斯六術，考定氣象，建五行，察發斂，起消息，正閏餘，述而著焉，謂之調曆。”

〔一八〕宣夜：古代的一種宇宙學説，相傳出自殷代，認爲天是氣，没有天穹，從在地向上延伸，整個宇宙充滿着氣体，而是日月星辰都漂浮游動于氣體之中。《晉書·天文志》載：“宣夜之書亡，惟漢祕書郎郗萌記先師相傳云：‘天了無質，仰而瞻之，高遠無極，眼瞀精絶，故蒼蒼然也。譬之旁望遠道之黄山而皆青，俯察千仞之深谷而窈黑，夫青非真色，而黑非有體也。日月衆星自然浮生虚空之中，其行其止皆須氣焉。是以七曜或逝或住，或順或逆，伏見無常，進退不同，由乎無所根繫，故各異也。故辰極常居其所，而北斗不與衆星西没也。攝提、填星皆東行，日行一度，月行十三度，遲疾任情，其無所繫著可知矣。若綴附天體，不得爾也。”

〔一九〕郗萌：或作“郄萌”。東漢明帝時著名天文學家，曾任秘書郎、太史令，於永平十七年，與班固、賈逵、傅毅、杜矩、殿隆等召詣雲龍門，著有《春秋災異》十五卷。郗萌記述了先師相傳的宣夜説，是目前所知的最早有關宣夜説的記載。

〔二〇〕虞喜：(281－356）字仲寧，東晉會稽餘姚（今浙江餘姚）人，著名天文學家。東晉初，朝廷以博學徵拜博士、散騎常侍，皆以疾辭，隱居會稽，著述終身，著有《安天論》十二篇、《志林》三十篇，又釋《毛詩略》，注《孝經》，著述數十萬言。虞喜在天文學上首先發現了“歲差”，經推算，求得春分、秋分點每五十年在黄道上西移一度，又稱恒星東行或節氣西退。

〔二一〕《周髀》：中國最古老的天文學著作，作者不詳，約成書於西漢哀平、新莽時期。唐代國子監設算學科，將其列爲十部算經之一，改名《周髀算經》。全書主要闡述蓋天説宇宙理論，也包含了勾股重差等數學内容。

〔二二〕蓋天：中國古代的一种宇宙學説，始於周代，託於《周髀》。《周髀》家認爲“天員（圓）如張蓋，地方如棋局”，認爲天如同懸在空中的圓形車蓋，地如方形的棋盤。其後此説得到進一步闡發。《晉書·天文志上》記載：“天似蓋笠，地法覆槃，天地各中高外下。北極之下爲天地之中，其地最高，而滂沲四隤，三光隱映，以爲晝夜。天中高於外衡冬至日之所在六萬里，北極下地高於外衡下地亦六萬里，外衡高於北極下地二萬里。天地隆高相從，日去地恒八萬里。”

〔二三〕穹天：中國古代論天學説，是天圓地方説的翻版與補充，認爲大地是平的，四周是海，天像半個雞蛋殼倒扣在水上；天地間充滿氣，托著天穹，使之不下沉；北極斜靠北方。其説由東晉虞聳（《天文録》稱虞昺，與虞聳爲兄弟）提出。《晉書·天文志》稱："虞喜族祖河間相聳又立《穹天論》云：'天形穹隆如雞子，幕其際，周接四海之表，浮于元氣之上。譬如覆奩以抑水而不没者，氣充其中故也。日繞辰極，没西而還東，不出入地中。天之有極，猶蓋之有斗也。天北下於地三十度，極之傾在地卯酉之北亦三十度，人在卯酉之南十餘萬里，故斗極之下不爲地中，當對天地卯酉之位耳。日行黄道繞極極。北去黄道百一十五度，南去黄道六十七度，二至之所舍以爲長短也。"

〔二四〕昕天：《晉書·天文志》："吴太常姚信造《昕天論》云：'人爲靈蟲，形最似天。今人頤前侈臨胸，而項不能覆背。近取諸身，故知天之體南低入地，北則偏高。又冬至極低，而天運近南，故日去人遠，而斗去人近。北天氣至，故冰寒也。夏至極起，而天運近北，故斗去人遠，日去人近，南天氣至，故蒸熱也。極之高時，日行地中淺，故夜短；天去地高，故晝長也。極之低時，日行地中深，故夜長；天去地下，故晝短也。"

〔二五〕渾天：中國古代的一種宇宙學説。渾天指天是渾圓的，最早見於西漢揚雄《法言·重黎》，而渾天理論始於西漢落下閎，後經鮮于妄人、耿中丞和張衡等人的進一步研究、補充和完善。張衡製造出水渾天儀，撰《渾天儀注》後，形成了完整的渾天説理論。《渾天儀注》稱："渾天如雞子。天體圓如彈丸，地如雞中黄，孤居於内，天大而地小。天表里有水，天之包地，猶殻之裹黄。天地各乘氣而立，載水而浮。"

〔二六〕縣絶：即"懸絶"，相差很大。

〔二七〕靈臺五官氏：明司天監設有春官正、夏官正、中官正、秋官正、冬官正，又有五官靈臺郎等職。

〔二八〕班固《志》：漢班固《漢書·天文志》。

〔二九〕五緯星：《明史》卷三二《天文志一·五緯》："五緯星曰土，曰木，曰火，曰金，曰水，即日用五府之精也。"

〔三〇〕太史公：指司馬遷。引語見《史記》。

〔三一〕張子信：河内（今河南沁陽）人，北魏、北齊間著名天文學家。性清静，頗涉文學。少以易卜、風角、醫術知名。學藝博通，尤精曆數。後避葛榮兵亂，隱居海島，"專以渾儀測候日月五星差變之數，以算步之”（《隋書·天文志下》），歷三十年，發現太陽視運動的不均匀性、五星運動的不均匀性和視差對於交食的影響。悟得日行有盈縮，冬至前後，地距日最近，行最快；夏至前後，地距日最遠，行最慢，初步發現了日行快慢的規律。

〔三二〕渾儀：即渾天儀，又稱璣衡，中國古代測量天體位置的主要儀器。主要由多個代表天球上坐標圈的同心圓環套疊而成，并有瞄準天體的裝置。圓環上刻有代表圓心角的分畫刻度，可以在瞄準天體後，從相應的圓環上讀取天體的黄道、地平、赤道坐標值。

〔三三〕耶律楚材：（1190－1244）字晉卿，號湛然居士，契丹人，遼皇族後裔，仕金爲左右司員外郎。入元爲成吉思汗近臣，隨軍西征。後官至中書令，對元朝的建立、漢文化的傳播等都起到了重要作用。所著有《湛然居士集》。耶律楚材自幼好學，博覽群書，通曉天文、地理、律曆、術數及儒道、醫卜之學。以西域曆五星密於中法，作麻答把曆，又以日食躔度與中法不同，定其父所撰乙未元曆以行於世，即《西征庚午元曆》。

〔三四〕里差：古代原始的經度概念。金末元初耶律楚材在西域觀察天象時發現。《大明曆》關於月食的預報與月食實際發生的時刻，在中原地區相差較小，在尋斯干（今烏兹别克斯坦撒馬爾罕）相差甚大，於是提出：“以尋斯干城爲準，置相去地里，以四千三百五十九乘之，退位，萬約爲分，曰里差”，“以東加之，以西減之”（《元史·曆志五》）。

〔三五〕歲差：曆法術語，即太陽從某年冬至點出發，在黄道上運行至下一個冬至點時，并没有走滿三百六十度，其間還有一個微小的差數，此差數被稱爲歲差。《宋史·律曆志》：“虞喜云：‘堯時冬至日短星昴，今二十七百餘年，乃東壁中，則知每歲漸差之所至。’”

〔三六〕趙緣督：元末明初道士，宋宗室後裔，德興（今江西境内）人。少習天官遁甲，後游東南海山，注《周易》數萬言，洪武年間卒。所著有《仙佛同源》《金丹正理》《盟天籙》等書，今存《革象新書》。

〔三七〕札焉魯丁：西域波斯人，著有《萬年曆》。

〔三八〕《元史·世祖紀六》：“甲戌（1276），以《大明曆》寖差，命太子贊善王恂與江南日官置局更造新曆，以樞密副使張易董其事。易、恂奏：‘今之曆家徒知曆術，罕明曆理，宜得耆儒如許衡者商訂。’詔衡赴京師。”許衡（1209－1281），字仲平，號魯齋，懷慶路河内（今河南沁陽）人。從姚樞得程朱理學之傳。憲宗四年，忽必烈召爲京兆提學，授國子祭酒，後拜中書左丞，官至集賢大學士兼國子祭酒，又領太史院事，與郭守敬等修《授時曆》。卒謚文正。所著有《讀易私言》《魯齋遺書》等，事迹具《元史》本傳。王恂（1235－1281），字敬甫，中山唐縣（今河北唐縣）人。傳其父理數之學，仕爲太子贊善，累官至太史令，與許衡、郭守敬等定《授時曆》。卒封定國公，謚文肅。郭守敬（1231－1316），字若思，邢州龍崗（今河北邢臺）人。初授提舉諸路河渠，尋加副河渠使，陞都水少監、都水監、太史令，官至昭文館大學士知太史院事。郭守敬與王恂、許衡等人，共同編制出我國古代最先進、施行最久的曆法《授時曆》。

〔三九〕事詳《左傳》昭公二十六年：“齊有彗星，齊侯使禳之。晏子曰：‘無益也，只取誣焉。天道不諂，不貳其命，若之何禳之？且天之有彗也，以除穢也。君無穢德，又何禳焉？若德之穢，禳之何損？《詩》曰：“惟此文王，小心翼翼，昭事上帝，聿懷多福。厥德不回，以受方國。”君無違德，方國將至，何患於彗？《詩》曰：“我無所監，夏後及商。用亂之故，民卒流亡。”若德回亂，民將流亡，祝史之爲，無能補也。’公説，乃止。”

〔四〇〕事詳《淮南子・道應訓》。宋景公之時，熒惑守心。子韋曰：“熒惑，天罰也。心，宋分野也。禍且當君。雖然，可移於宰相。”公曰：“宰相所使治國家也，而移死焉，不祥。”曰：“可移於民。”公曰：“民死，寡人誰爲君乎？寧獨死耳。”曰：“可移於歲。”公曰：“歲，民之命。歲饑，民必死矣。爲人君而欲殺其民以自活也，其誰以我爲君者乎？是寡人之命固已盡矣。”子韋曰：“天處高而听卑，君有君人之言三，天必有三賞君，今夕星必徙三舍，君延年二十一歲。”候之，果徙三舍。

〔四一〕般游暇豫：般游，張衡《歸田賦》：“于時曜靈俄景，係以望舒，極般游之至樂，雖日夕而忘劬。”李善注：“《尚書》曰：‘般游無度。’注曰：‘精神安静，馳騁呼吸，精散氣亡，故發狂。’”暇豫，悠閒逸樂。《國語・晉語二》：“優施起舞，謂里克妻曰：‘主孟啗我，我教兹暇豫事君。’”韋昭注：“暇，閒也；豫，樂也。”

〔四二〕馮相、保章氏：《周禮・春官宗伯》有馮相氏、保章氏。“馮相氏，掌十有二歲、十有二月、十有二辰、十日、二十有八星位，辨其敘事，以會天位。冬夏致日，春秋致月，以辨四時之敘。保章氏，掌天星，以志星辰日月之變動，以觀天下之遷，辨其吉凶。以星土辨九州之地，所封封域皆有分星，以觀妖祥。以十有二歲之相，觀天下之妖祥。以五雲之物辨吉凶、水旱降、豐荒之祲象。以十有二風，察天地之和、命乖別之妖祥。凡此五物者，以詔救政，訪序事。”

【異文】

問：星官之書，自容成氏有之。故其法不經見，人無所徵信。南北以降，其有存者，巫咸、甘石星經爾矣。今觀其書，有以赤紀星者，有以白紀星者，有以玄、黄紀星者，諸不可少，其概可得聞與？星一也，有經有緯，有垣有舍，有主有客，有犯有孛，有遲留伏逆、表裏盈縮，有含譽，有格澤，有五殘、六賊，其占步之法當何爲也？夫三垣列舍備矣，史家謂明王必占與失軌道則占者，緯其要乎？近代儒臣掌論著天事，上紀五緯之行度，而次第其遲疾，其説甚詳，不知與昔人所著《靈憲論》《法象志》《覆矩圖》《司天考》諸書，其亦有合乎不也？古有之："通天地人曰儒。"天之文日覆乎其上，而儒不知，耻也！其遂陳之，以觀博雅之學。

昔者聖人之作《易》也，觀象於天；其作《春秋》也，繫王於天，何也？《春秋》憲天者也，王不天，不尊；《易》也者，則天之象以前民用者也，天無象，則《易》不作可也。是故星官之書，殆昔人所爲佐王欽天，則聖明象，以詔救政，訪序事者與？請陳其略：

自黄帝命容成總六術，時代古遠，莫可紀訓。南北正以降，法不經見，人無所紹述。宣夜、《周髀》，崇亂餙怪，使天下神其事，莫敢以疑，失聖人之情；穹天、昕天諸家，好奇狥異，窮於所不知，不可與天謀矣。乃昆吾、梓慎、子韋、史佚、裨竈、尹臯之徒，雖多所述稱，至其曆運分躔〔校一〕，候禨辨祲，則又不若巫咸、甘德、石申三家者，雅善名數，不可得易也。故三家書，世爲星經祖禰，漢唐諸太史令無北面而神明之。王人應曆興起〔校二〕，禁閟其書，經生博士，鮮有聞者。賴國有掌故籍其書，馮相保章氏世其業，故猶有明焉。

咸，商人也，以黄紀星百四十有四；德，齊人也，以玄紀星五百十有一；申，魏人，以赤紀星八百有十。紫宫以下爲垣三，玄枵以下爲辰十有二，角以下爲宿二十有八。垣峙内主令，宿圜外主應。辰野之辯，森乎備矣。其在池也，中外官不變，則不占經，故無變也。是故占者惟五緯焉。太史公曰："五星失軌道則占，謹變也。"緯曰歲，曰熒惑，曰太白，曰辰，曰填。其在朝出爲贏，贏爲客；夕出爲縮，縮爲主。辰星不出，太白爲客；其出，太白爲主。故法有主客占。五緯之行，或入黄道裏，或出黄道表。出入無常，非可數致，故法有表裏占。其東行曰順，西行曰逆。順則疾，逆則遲，不順不逆曰留，與日相近而不見曰伏，故法有遲、疾，伏、見，順、逆占。夫歲也，熒惑也，填也，其行遲。夜半經天，其初與日合度，而後順行漸遲，追日不及，則晨見東方。行近中則留，留經旦，過中則逆，逆則又順。先遲漸速，以至於夕伏西方，乃更與日合焉。太白也，辰也，行速而不經天，其初與日合，之後疾行而先日，夕見西方，行近南則漸遲，遲極則留，留近日則逆，逆則又遲，去日少遠則疾行以追日。晨伏東方，乃更與日合焉。此五緯之大經也。其在法也，填、歲星緩則不行，急則過分，逆則占；熒惑緩則不入，急則不出，違道則占；辰、太白，緩則不出，急則不入，非時逆則占。是皆變而後占〔校三〕，故曰謹變也。

古曆五緯皆順行〔校四〕，秦曆始注金、火行逆，漢初測候乃知五星皆有逆行，法至詳矣。末術承傳，鮮相密察。至後魏張子信者，隱居海上，測用渾儀，積三十餘年，乃得緯差法。其言五星好、惡之異，辰星見、伏之變，又前古人所未（下脱）。

輯録

（明）任瀚《春坊集》卷上。按：原本無題，《任文遺稿》《任少海先生文集》題作“乙未會試策”，但内容差異較大，又原本脱末葉，故不全。

校勘

〔一〕曆：原本作“歷”，據文意改。

〔二〕曆：原本作“歷”，據文意改。

〔三〕後：原本作“后”，據文意改。

〔四〕曆：原本作“歷”，據文意改。

戊戌〔注一〕武舉會試策〔校一〕

問：兵之情術衆矣，其究不出攻守二道。夫攻者乘敵之弊以致勝，守者持己之勝以拒敵，其謀至不相易矣，而孫子〔注二〕曰“不可勝者守也，可勝者攻也”，何攻守互變而無定歟？吾所欲攻，敵將堅而守之，吾所欲守，敵將專而攻之，其勢至相窮矣，而孫子曰“善攻者敵不知其所守，善守者敵不知其所攻”〔注三〕，何攻守互動而不測歟？以敵不守，决吾之必攻，以敵不攻，度吾之能守，其事又至不相爲用矣，而李靖〔注四〕乃曰“攻者守之機，守者攻之策”，何攻守異事而同計歟？夫不明攻守之道，不可與知兵之情術，期以用兵，難矣！若三者之説，固原始要終以爲質也。古名將已成之迹，往往足符信。諸士月講而歲肄之，必較然有得也，其詳〔校二〕著所合者以明告我，用觀爾略焉。

古之才有力計謀之士，以戰陳顯榮當世、名聞諸侯者，豈其道神聖哉！吾以若攻守觀之，廟算見矣。法有曰：“善守者藏于九地之下，善攻者動于九天之上。”〔注五〕斯誠玄理，不可究詰，漢庭諸將所不得悉聞。吾少乃讀戎書，竊長老之傳，將以籌邊報主，而先辱奉明問，不敢過忌。蓋略聞黄帝曰：“天發殺機，移躔〔校三〕易宿；地發殺機，龍蛇起陸。”〔注六〕恢恢盗機乎？其固攻守之陰符也哉！天有所傷，刑；地有所否，傾。知兵者則天明，遵地軌，動乃不悖。見五賊者昌，辨九地者王。故曰：將帥、侯王，其盗機也夫！是以知微知彰，知柔知剛，知動知静，知存知亡〔注七〕。夫是之謂“神機鬼藏”〔注八〕！法曰“三返晝夜，用師萬倍”〔注九〕，言兵算也。晝夜者，陰陽之道也。殺機者，天地之權也。賊陰陽之道，奪天地之權，勝負不相謀時，死生不相謀地。微乎微乎，非聖且神，其孰能舉之！

孫武之説曰：“不可勝則守，可勝則攻。守則其不足，攻則其有餘。”〔注一〇〕此道兵家之常要，未爲極論。何則？兵事尚詭，窮尚通，其正尚變。窮不能通，正不達變，敵至而不能詭者，死矣。今夫批亢擣虚〔注一一〕，乘勝長驅，空國而之野戰，人謂必攻矣，胡乃有出其不意者，拔趙幟，立漢赤幟，王走死水上，廣武君〔注一二〕所爲痛憤于成安〔注一三〕也？軍志曰：“百里而趨利者蹶上將，五十里而趨利者軍半至。”〔注一四〕泜水之攻〔注一五〕是也。今夫泓塹壁壘，限帶山谷，列障亭自衛，戍徼乘塞，人謂必守矣，胡乃有攻其無備者，通間道，絶江綿，拔新都數十城，致主戲下，蜀姜維〔注一六〕所爲扼腕于京觀也？軍志曰：“將不通于九變之利者，雖知地形，不能得地利。”〔注一七〕劍閣之守是也。是故使維知攻之爲守，漢至今存可也；使成安知守之爲攻，趙若楚後王可也。攻不謀守，將爲敵所誘；守不謀攻，將爲敵所窮。法曰：“攻者守之機，守者攻之策”，言致一也。夫不足則守，將以存國也；徒守而不神其用于攻者，吾懼其失國。故魏伐趙，孫臏〔注一八〕不救趙而攻梁，攻其所必救，則魏去而趙存矣。

説曰：“形格勢禁，使自爲解耳。”〔注一九〕斯巧于守者，敵所不得攻也。有餘則攻，將以致人也。徒攻而不藏其用於守者，則反致于人。故劉曜〔注二〇〕討羌，但堅壁勿戰，候其不戒而出擊之，遂略地以歸。説曰："敵若衆〔校四〕，可使勿鬭。"斯巧于攻者，敵所不得守也。故曰："善攻者，敵不知其所守；善守者，敵不知其所攻。"守而示之不守，攻而示之不攻。彊而示之弱，弱而示之彊。是故難知如陰，不測如淵，寧爲人後，不爲事先。微哉兵乎！乃其無形乎！

蓋又聞黄石之略曰〔注二一〕："攻人者，攻心爲上，攻形次之，城爲下；守國者，守氣爲上，守勢次之，土爲下。"今夫胡越之人不相識，其勢不足以相死生，然同舟而遇風濤，則相應如左右手。何者？其心使然也。攻人者，能使家自爲怒，人自爲鬭，衆寡不相恃，貴賤不相救，將領惡其偏裨，部曲讐其主帥。若是乎，心乃可攻矣。秦以暴戾恣睢，屠六國，蠶食天下。陳勝行戍至于大澤，爲天下先倡，五陵〔注二二〕豪傑響應；劉季偏袒大呼〔注二三〕，而關門不守，材官騎將，奉義來歸。吾固曰：不戰而屈人兵者，攻心之道也。

今夫人情小陷則懼，大陷則怒，無所往則固，困極則合，不得已則鬭。何者？其氣使然也。守國者能使人無天於上，無地於下，無敵于前，無生于後，赴死若脱，從戰若饑渴，若是乎，氣乃可守矣。睢陽食盡矢窮，烹愛姬饗士。南霽雲死即死耳，不敢爲不義屈。朱泚圍奉天，殺傷相藉。渾瑊以大義感率士卒，裹創奮死戰，卒還乘輿。吾固曰：可滅可族而不可降者，守氣之功也。

法曰："三軍可奪氣，將軍可奪心"〔注二四〕，言至正也。乃執事所問，則攻城守土之略，而形與勢具存矣，奇之談也，吾故以正終焉。

輯録

（明）任瀚《任文逸稿》卷一。又見於（明）任瀚《任少海先生文集》；（明）任瀚《春坊集》上卷題作“答龍湖學士問攻守”，僅有對策，無策問。

校勘

〔一〕戊戌武舉會試策：《春坊集》作“答龍湖學士問攻守”。按：“龍湖學士”即張治（1488－1550），字文邦，號龍湖，湖廣茶陵人。正德十五年庚辰（1520）會試第一，選庶吉士，嘉靖五年（1526）授編修。七年（1528）進左春坊左贊善，尋以母喪去位。值張璁、桂萼用事，不樂就職，有超舉之志。十三年（1534）起，尋命主南畿試南士，明年同考會試，又明年進右春坊右諭德。十七年（1538）秋命主考武舉會試，其冬，擢翰林學士。十九年（1540）秋復命主南畿詩南士。明年拜南吏部右侍郎，又明年召改吏部右侍郎。鋭然以辨邪正，明黜陟爲先務。居二年，改吏部左侍郎兼學士掌院事。二十六年（1547）春命主會試。二十七年（1547）陞南京吏部尚書。明年改禮部尚書兼文淵閣大學士，同南渠李公入閣預機務。夏四月至闕，又命與南渠及少湖徐公咸直禁中。二十九年（1550）復典會試，號稱得人，尤喜汲引善類。於權貴視之漠然，不肯阿附以固禄位。秉政日值嚴嵩專權，悒悒不自得，居二年，加太子太保，病卒，謚文隱。隆慶初改謚文毅，萬曆初改謚文肅。事迹詳雷禮《太子太保禮部尚書兼文淵閣大學士贈少保謚文毅張公治傳》（《焦太史編輯國朝獻徵録》卷一六）。張治與任瀚同主嘉靖十七年秋武舉會試，張治擬策，任瀚擬對策，故該文標題兩歧，實取義不同所致。

〔二〕詳：原本作“祥”，據《任少海先生文集》改。

〔三〕躔：原本作“纏”，據《春坊集》《陰符經》改。

〔四〕衆：原本作“驟”。據《孫子·虛實第六》“敵雖衆，可使無鬬”，知“驟”乃形、音近而訛。

注釋

〔一〕戊戌：明世宗嘉靖十七年（1538）。

〔二〕孫子：孫武，春秋末齊人。因亂逃亡吴國，以兵法見於吴王，與伍員輔佐闔閭，西破强楚入郢，北威齊、晉，顯名諸侯。所著有

《孫子兵法》傳世。事迹詳《史記·孫子列傳》。引文見《孫子·軍形》。

〔三〕語見《孫子·虚實》。

〔四〕李靖：（570—649）字藥師，京兆人。姿貌瓌偉，有文武才略。初仕隋爲殿内直，大業末爲馬邑丞。從秦王李世民平王世充，以功授開府。詔拜行軍總管，兼攝趙郡王孝恭行軍長史，從平蕭銑。以功授嶺南撫慰大使、桂州總管。輔公祏反，靖副孝恭討平之。太宗即位，歷兵、刑二部尚書，實封四百户，檢校中書令。太宗圖突厥，以靖爲代州道行軍總管，破之，頡利可汗内附，進封代國公，增户至五百，遷尚書右僕射。吐谷渾寇邊，復拜西海道行軍大總管，率軍平之，改封衛國公，開府儀同三司，圖像凌烟閣。年七十九卒，陪葬昭陵，謚景武。史稱所著兵法，世無完書，惟《通典》中略見大概。宋人輯之，成《李衛公問對》三卷傳世。引文見《李衛公問對》卷下。

〔五〕語見《孫子·軍形》。

〔六〕語見《陰符經》下篇。《陰符經》，舊題黄帝撰，太公姜尚、范蠡、鬼谷子、張良、諸葛亮、李筌六家注，乃糅雜兵家語而成者。

〔七〕《周易·繫辭傳下》："子曰：'知幾其神乎！君子上交不諂，下交不瀆，其知幾乎？幾者，動之微，吉之先見者也。君子見幾而作，不俟終日。《易》曰：介于石，不終日，貞吉。介如石焉，寧用終日？斷可識矣。君子知微知彰，知柔知剛，萬夫之望。"《繫辭傳》："噫！亦要存亡吉凶，則居可知矣。"虞翻曰："謂知存知亡，要終者也。"《周易·艮·彖》："艮，止也。時止則止，時行則行，動静不失其時，其道光明。"

〔八〕《陰符經》："爰有奇器，是生萬象。八卦甲子，神機鬼藏。"

〔九〕語見《陰符經》下篇。

〔一〇〕語見《孫子·軍形》。

〔一一〕批亢擣虚：原義指用手擊其咽喉，攻擊其空虚無防處，比喻抓住敵人的要害，乘虚而入。

〔一二〕廣武君：李左車，西漢柏（今河北邢臺）人。趙國名將李牧之孫，秦漢之際謀士，秦末輔佐趙王歇，封爲廣武君。

〔一三〕成安：陳餘，大梁（今河南開封）人。戰國時魏國名士，與張耳爲刎頸之交。秦末投奔陳勝，因立趙歇爲趙王有功，被封爲成安君。

張耳圍鉅鹿，陳餘不進兵，因而生隙。後因勢利傾奪，隙末成釁。漢王三年，韓信、張耳攻趙，陳餘不接受謀士廣武君李左車之言，兵敗韓信背水陣法，被殺于泜水之南。事迹詳《史記・張耳陳餘列傳》。

〔一四〕孫臏語，見《史記・孫子吴起列傳》。

〔一五〕泜水之攻：漢王三年，韓信于泜水攻滅陳餘之戰。

〔一六〕姜維：（202—264）字伯約，天水冀（今甘肅甘谷）人。初爲魏將，後降蜀漢，爲諸葛亮所稱，拜奉義將軍。亮死，拜大將軍，屢次興兵伐魏。魏軍攻蜀，姜維固守劍閣。魏將鄧艾自陰平，由景谷道傍入，遂破諸葛瞻于緜竹，劉禪降魏。姜維不得已降于魏將鍾會。鍾會謀反，姜維明與之聯合，暗欲復蜀，事敗被殺。事迹詳《三國志・蜀志・姜維傳》。

〔一七〕語見《孫子・九變》。

〔一八〕孫臏：孫武後，嘗與龐涓俱學兵法。涓事魏，得爲惠王將軍，以能不及臏，計斷其兩足而黥之。孫臏以刑徒陰見説齊使，得以入齊，爲齊將田忌客。其後魏伐趙，趙急，請救於齊。齊以田忌爲將，孫臏爲軍師，圍魏救趙，大敗魏軍，殺龐涓。事迹詳《史記・孫子吴起列傳》。

〔一九〕孫臏語，見《史記・孫子吴起列傳》。

〔二〇〕劉曜：（？—329）字永明，匈奴漢國主劉淵族子，新興（今山西忻州北）人。父母早亡，自幼爲劉淵收養。劉淵建漢國，曜以建威將軍率軍攻克西晉泫氏、屯留、中都等地。劉聰繼位，與劉粲入洛川，攻破洛陽，焚毁坊市，俘晉懷帝，以功署車騎大將軍、開府儀同三司、雍州牧，封中山王。奉命進攻關中，克長安，俘晉愍帝，西晉滅亡。劉粲繼位，靳準稱亂，乘機稱尊號，即帝位，然後平亂，處死靳氏一門。南陽王保反，秦隴氐羌多歸之。曜遣其車騎劉雅、平西劉厚攻南陽王大將楊曼于陳倉，先攝圍固壘以待大軍，後乘敵盡衆背城而陣，敗之。長水校尉尹車反，討平之。復進攻凉州張氏政權，迫其稱藩。其後石勒率軍進攻劉曜，終滅之。事迹詳《晉書・劉曜載記》。

〔二一〕黄石之略：黄石公之計略，即漢張良於下邳圯上所得三略，事詳《漢書・張良傳》。

〔二二〕五陵：指漢長安城外五位漢代皇帝陵墓所在地區，即高祖長陵、惠帝安陵、景帝陽陵、武帝茂陵、昭帝平陵。

〔二三〕劉季：劉邦，有兩個哥，排行第三，依孟仲季而論，故稱劉季。

〔二四〕語見《孫子兵法·軍爭》。

奏疏

丁酉[注一]養病後疏

臣聞與死同病者不可生也。臣今與楚子[注二]同病矣，枚乘[注三]之言曰："精神渫越，大命乃傾。"[注四]臣若失今不去，是此生無還期矣。懇乞勅下吏部，再加廉察，及蚤放臣回籍調治，庶幾猶得奉先臣遺體，還見舊山，永受昭代[注五]生成之賜，臣不勝涕泣待命！

輯録

（明）任瀚《春坊集》卷上。

注釋

〔一〕丁酉：嘉靖十六年（1537）。

〔二〕楚子：楚太子，漢枚乘《七發》所擬人物。

〔三〕枚乘：（？一前140）字叔，漢賦名家。枚乘因七國叛亂前後兩次上諫吴王而顯名。《漢書·藝文志》著録"枚乘賦九篇"。

〔四〕引文源自枚乘《七發》："今時天下安寧，四宇和平，太子方富于年。意者久耽安樂，日夜無極，邪氣襲逆，中若節轖。紛屯澹淡，嘘唏煩醒，惕惕怵怵，卧不得瞑。虚中重聽，惡聞人聲，精聲越渫，百病咸生。聰明眩曜，悦怒不平。久執不廢，大命乃傾。太子豈有是乎？"

〔五〕昭代：本意爲政治清明的時代，此用於稱頌本朝。

行在〔注一〕題覆傳奉疏

該司禮監太監張佐傳奉聖諭："朕躬南幸〔注二〕，事重爲親，以各親王迎謁，有旨用勳戚三人，文職三人。溶〔注三〕等恪恭君命，隨處承旨。訖李廷相、張璧、陸深，初因不即趨命，復總著尚書嵩〔注四〕，奉命送王〔注五〕。今都過府〔注六〕，廷相等通似不聞，既不奉命，又不認罪，是人臣之道否？科道官黨同觀聽，全不糾舉，行在吏、禮二部參奏處治。欽此。"

傳奉到臣，除將原奉旨意揭帖具本進繳外，該臣等參看得：太子賓客、行在户部尚書兼翰林院學士李廷相，行在禮部左侍郎、翰林院學士兼詹事府少詹事張璧，行在詹事府詹事兼翰林院學士陸深，並列詞垣，叨陪法駕。清華之遇，莫由圖報；扈從之職，敢不靖恭。况恩禮重在宗藩，故簡命數同勳戚。乃者綸音下宣，不合遲回後至；上廑聖諭，安逃嚴譴。緣各官俱係侍從講幄大臣，承藉寵靈，歷有年所。各該科道官不行糾舉，實因陛下巡幸南服，正屬萬方觀望之時，廣孝覃恩，神人交忭。於此宣威正罰，恐非事宜。所有諸臣罪狀，伏乞聖明原赦。緣係傳奉事理，臣等未敢擅便，謹題請旨。

輯録

（明）任瀚《任文逸稿》卷一。

注釋

〔一〕行在：即"行在所"，天子巡幸所到之地。《史記·衛將軍驃騎列傳》："右將軍蘇建盡亡其軍，獨以身得亡去，自歸大將軍……遂囚建詣行在所。"裴駰集解引蔡邕曰："天子自謂所居曰行在所，言今雖在京師，行所至耳。"《漢書·武帝紀》："諭三老孝弟以爲民師，舉獨行之君子，徵詣行在所。”顔師古注：“天子或在京量，或出巡狩，不可豫定，故言行在所耳，不得亦謂京師爲行在也。”

〔二〕南幸：嘉靖十八年（1539）二月十六寅時，世宗躬詣承天府，巡幸顯陵。

〔三〕溶：張溶。

〔四〕嵩：嚴嵩。

〔五〕奉命送王：《世宗實録》卷二二〇，嘉靖十八年二月乙丑：“赵王厚煜迎駕于磁州，入見行殿。上降旨勞曰：‘王遠来迎迓，首先致敬，忠誠備至，朕甚嘉悦。’明日，遣英國公张溶、禮部尚書嚴嵩送王還國。”

〔六〕府：指順天府。

衛甸行宫〔注一〕火災疏

屬者陛下深惟二聖陵寢之重，不愛宸嚴，遠出數千里，衝冒風露，涉越河關。警蹕所至，百靈感動。而乃是月丁卯，行宫告災〔注二〕。深夜荒陬，保傅不在側，大司馬不守輿仗，左右愛幸之臣安車前適，斷絶知聞，郊原四通，衛士不戒。譬如齎萬金之璧，獨行于野，其事甚危，念之寒栗！臣等去乘輿稍遠，徒跣噭號，馳走道路。比至，行在所已見炎談蓬勃張天，竟不能宣力效死，抗鈎戟，引長綆，追逐火正、司城之後，當殺無赦。

臣聞六沴有主，變不虚生〔注三〕。以陛下仁孝恊極，凖諸神理，當得休徵，而災沴且至，誠所未喻。謹按《春秋》火災書宣榭、御廩、新宫、西宫、桓釐之宫、雉門、兩觀、亳社等災，迭見于成周、齊、魯、宋、衛、陳、鄭之間，不一其書，訖未聞有及天王之行宫者。在法，人火曰火，天火曰災。雖《春秋》事應不同，大都凡以法令弛，讒夫昌，暴亂興，不恤國事而荒于宴游，人勞愁怨之故，則火不災上，菑沴是作。《洪範傳》所言赤青、赤祥，即其事也。

臣愚昧死，敢以今時事勢爲陛下極言，願幸無忽。臣惟高皇帝〔注四〕以百戰之威，縣衡天下，北虜不敢飲牧河湟近地餘三十年，然且數下諭晉、代、遼、谷諸王戮力防戍，經略備至。文皇帝〔注五〕御極，每簡練幽，并死士，邏守北平，雖玄冬苦寒，自出按兵行塞上。所馳至陰山大漠，古黄屋輦轂所不到，必聚圍燔獵鳥獸，勒勛絶㠁，刻石耀武而還。當太祖、成祖不敢〔校一〕以神武自安，後世獨奈何以不思危也？即今花當部落，密近北門，素驃悍不制。吉囊父子曉兵法，練中國事，膂力絶人，控弦之士號數十萬，諸常有異志。頃聞陛下巡幸南服，萬一鹵自將輕騎以來，繇間道，分諸路進東犯遼左，北寇居庸，西絶賀蘭、酒泉，陛下封疆之臣，非有廉頗在漁陽，李廣在西河，衛青在代，能挫之使失氣去乎？假令鹵已得利，出上策，分遣數十百騎，南下江淮，絶我餉道，悉其中堅，内向以决存亡，陛下轉運之臣，即有木牛流馬如諸葛亮，飛空走霧如丁令威，能復移江南之粟，飛輓而北乎？臣固知其必不能也。餉道絶于東南，兵力困於西北，天下之勢中分爲二，剨然瓦解矣。當其時，雖使孫吴副車，良平合謀，臣不能知其後事也。

臣自出京以來，隨陛下至河北，每道傍見田野父老，具言兩河水旱頻仍，鄉縣征需百出，市妻鬻子，取百錢以上不售，行路嗷嗷，轉相啖食。臣聞河北之在内地，勢如建瓴，王不得不王，伯不得不伯，寇盗得之，足以致天下，而今廼困敝若此。自古中原有事，繇兩河盗起，延被山東，漸不可制。蓋南北戎馬之交，人情喜戰鬬，輕生負氣。又其地西連秦晉，北控幽燕，恐不宜使重困，無所存賴，如今之極也。

臣所舉春秋不恤國事，人勞愁怨，則天見火災。頃者衛甸行宫之災，意或類此。陛下孝誠一念，固已通于神明，光於四海，豈待展謁陵寢然後即安？不以此時亟還宫掖，修安攘之策，布告天下，與民休息，尚欲何待？臣聞淮南有採芳者，暮而休于渚，潮四面至不知也，猶鼾齁然。方今事勢，何以異此，竊爲陛下危之！無以巡狩朝諸侯，使强鹵得間，天下幸甚！臣死罪。

輯録

（明）任瀚《任文逸稿》卷一。又見於（明）任瀚《任少海先生文集》。

校勘

〔一〕不敢："不"，原本殘，據《任少海先生文集》補。

注釋

〔一〕衛甸行宫：指明世宗南巡時居住在衛輝的行宫。

〔二〕《明世宗肅皇帝實録》卷二二一，嘉靖十八年（1539）二月丁卯，"駕抵衛輝，汝王祐梈郊迎入朝於行殿"。"夜四更，行宫火。是時法駕已嚴辦，侍衛倉卒不知上所在，獨錦衣衛指揮陸炳負上出御乘輿，後宫及内侍有殞於火者，法物寶玉多毁。行在諸司各上表奉慰。詔右都御史王廷相檢括災所。"

〔三〕語出《漢書·孔光傳》，孔光言："六沴之作，歲之朝曰三朝，其應至重。乃正月辛丑朔日有蝕之，變見三朝之會。上聰明，苟無其事，變不虚生。《書》曰'惟先假王正厥事'，言異變之來，起事有不正也。"

〔四〕高皇帝：明太祖朱元璋。

〔五〕文皇帝：明成祖朱棣，逝後謚曰"體天弘道高明廣運聖武神功純仁至孝文皇帝"。

辭免服色俸級疏

臣自嘉靖八年改翰林院庶吉士，十年以文選主事守制回籍，奉内閣題請欽依，與唐順之[注一]等三人量改編修。及服除，仍補文選員外郎。頃者皇太子出閣講學，復荷聖明，由考功郎中量改左春坊左司直兼翰林院檢討。又念臣犬馬微勞，仍令以四品服色俸級供事者。

臣聞馬融[注二]三入東觀，禮絶漢庭；張華再典秘書，名懸晉室[注三]。况桂坊[注四]主持憲宫掖，比殿中丞[注五]；蘭省[注六]許通籍禁闈，視弘文館[注七]。史魚[注八]不垂繁露，雖布衣亦已爲榮；臣朔[注九]豈羨侏儒，但斗食足以自飽。恭遇皇上仁孝，光天文明，撫運登榮，直諒贊養元儲。如臣學謝丁鴻[注一〇]，不任論思之寄；智慚种暠[注一一]，何堪監護之圖。禄秩既誤冒新恩，冠裳猶忝紆舊物。臣惟周公身臨王會，制不過冕服七章；蘇武名動匈奴，詔才給公田二頃。蓋服色本朝廷名器，俸級繫文武官階。禮愛繁纓，法嚴流貤。二千石已補京兆，耻下仍家令之租；大將軍既拜納言，無復借羽林之紫。奸國典而犯分，是謂臣妖；貪天寵以華躬，終難軌事。

伏望皇上收回成命，容臣止以新銜左司直正六品服色俸級，待罪班行，臣實不勝感激慰藉之至。

輯録

（明）任瀚《任文逸稿》卷一。

注釋

〔一〕唐順之：字應德，武進人，事迹詳《明史》卷二〇五《唐順之傳》。

〔二〕馬融：字季長，扶風茂陵人，漢代著名經學家，事迹詳《後漢書·馬融傳》。

〔三〕張華：字茂先，范陽方城人，事迹詳《晉書·張華傳》。

〔四〕桂坊：唐高宗龍朔二年（662），改司經局爲桂坊，仍隸左春坊。

〔五〕殿中丞：唐改殿内省爲殿中省，屬官殿中丞二人，從五品上。

〔六〕蘭省：即蘭臺，指秘書省。

〔七〕弘文館：官署名，唐武德四年（621）置修文館于門下省。九年（626），改名弘文館，聚書二十餘萬卷，置學士，掌校正圖籍，教授生徒，遇朝有制度沿革，禮儀輕重，得與參議。置校書郎，掌校理典籍，刊正錯謬。設館主一人，總領館務。學生數十名，師事學士，受經史書法。唐中宗神龍元年（705）改曰昭文館。玄宗開元七年（719）仍改弘文館。宋沿唐，爲館閣之一。明初亦設弘文館，不久即廢。宣德間，復建弘文閣，不久并入文淵閣。

〔八〕史魚：名鰌，又名佗，字子魚，春秋時衛國大夫，以正直名。

〔九〕臣朔：東方朔。此任瀚以東方朔自比。

〔一〇〕丁鴻：（？—94）字孝公，潁川定陵（今河南漯河市舞陽縣北）人。《後漢書》卷三七有傳。

〔一一〕种暠：（103—163）字景伯，河南洛陽（今陝西洛陽）人。《後漢書》卷五六有傳。

己亥〔校一〕〔注一〕養病疏

臣本蜀郡諸生，賴蒙嘉運，依附末光，待罪官屬十年于此矣。中間給假葬母，罹父兄之喪，奔走曠廢，實居其半。上之不能贊持國是，爲陛下黜昏陟明，以宣暢休德，下之不能論次《詩》《書》《禮》《樂》，述陳王道，爲一家言，而乃令得備位宫坊，將使與皇太子游處，顧不傷聰明哉！

臣感激恩私，誓當隕首分軀，以忠太子，未足爲報。但臣蚤有疾疢〔注二〕，暗于節宣〔注三〕。今年夏秋以來，漸成委頓〔注四〕，肢體羸劬〔注五〕，骨蒸喘逆，胸膈刺痛不可忍，時復眩暈絶倒，起視一室，皆振盪若水光上下。醫師診察臣脉，謂火上沴〔注六〕金，無以滋水，肝盛忤土，邪氣客于内，而精摇於外，非從山中閉塞視聽，静攝歲時，未見有生理。

臣思方今聖神御宇，明運中興，士大夫莫不養交安禄，表見在位。而臣獨奄奄滯逆旅中，日考方書，辨藥餌，若巘窟野人所爲，棄闕世務。此其姓名豈宜一日使在朝籍？而猶聽其偃然食太庾不去，法當謂何？

伏望皇上憐臣江漢遠人，病情危篤，死則羈魂游氣，不得去歸其社。莫若蚤賜生還，假借丘壑，少幸駐延光景，庶幾復見皇太子左右，勉圖報稱，用昭陛下恢弘之賜。

輯録

（明）任瀚《任文逸稿》卷一。又見於（明）任瀚《春坊集》卷上，題作《己亥養病疏》。

校勘

〔一〕己亥：原本作“庚子”，據《春坊集》改。按，任瀚於嘉靖八年（1529）中進士，嘉靖十八年己亥（1539）剛好十年，故文中有“待罪官屬十年于此”；又任瀚於嘉靖十九年庚子（1540）“詔革爲民”，文中有“今年夏秋以來”，則顯非庚子年事。據《復許松皋太宰書》：“瀚復以抱痾沈菀，請得如清紀郎故事，以病聞。乃自十月待命，出居近郊。”則此疏時在嘉靖十八年十月。

注釋

〔一〕己亥：明世宗嘉靖十八年（1539）。

〔二〕疾疢：疾病。疢，指熱病。

〔三〕節宣：指精神調養之道，勞逸有節，宣散其氣，使得神清氣爽，身體康健。《左傳》昭公元年：“僑聞之，君子有四時，朝以聽政，晝以訪問，夕以修令，夜以安身。於是乎節宣其氣，勿使有所壅閉湫底，以露其體。”

〔四〕委頓：指衰弱不堪，疲憊之極的樣子。

〔五〕羸劬：羸弱倦怠。

〔六〕沴：克，傷害。

己亥〔校一〕乞休疏

臣自少荒劣好游，奉生無節，虧伐神氣，以至沈痼。即今五内糾塞，形容俱敗，病中惘惘，若經墟墓，感慨悲愁，斯死亡之候也。用是力疾，疏求解去，誠非矯異。陛下守法之吏，久不爲表請，使臣困頓狼籍，無由得自免歸，將恐一旦遂同霜露，委棄中野，爲烏鳶食，非所以教臣孝也。

李唐賀知章〔注一〕爲太子賓客，醉狂逃隱，非有善卷。陸通〔注二〕、巢父箕潁之節，人主猶賦詩賞鑒，不奪其去。臣今以病苦，籲天求哀，儻與知章不少異情乎？

伏乞敕下所司，蚤爲廉察〔注三〕，放臣還歸舊墅，力田採藥，以苟餘生，得下從江海垂綸之後，臣死且不朽矣。

輯録

（明）任瀚《任文逸稿》卷一，題作《庚子養病疏》。又見於（明）任瀚《春坊集》卷上，題作《己亥乞休疏》。

校勘

〔一〕己亥：原本作“庚子”，據《春坊集》卷上改。按，《明世宗肅皇帝實録》卷二三四，嘉靖十九年二月，“乙丑（初二），左春坊左司直郎兼翰林院檢討任瀚以病請告，疏上即出城戒行。及再疏不報，又自引還。給事中周采劾瀚去就任情，蔑視官守，得旨令自陳。瀚疏辯，語侵掌府霍韜，謂其勒己，不與保勘。上惡其狂謾，詔革職爲民”。“以病請告”即《己亥養病疏》，“再疏”當即《乞休疏》。又按《復許松皋太宰書》：“瀚復以抱痾沈菀，請得如清紀郎故事，以病聞。乃自十月待命，出居近郊。一幼子客死，悲泫勞傷，前病愈蹙。明公主渭厓先入之説，牢不可破。至十一月中，猶不爲表請。瀚不獲已，年四十以致仕。”是任瀚《養病疏》在嘉靖十八年十月，《乞休疏》則在十一月中。

注釋

〔一〕賀知章：（659－744）字季真，越州永興（今浙江蕭山縣）人。武后證聖元年（695）進士。玄宗開元時，由張説舉薦入麗正殿書院，同撰《六典》《文纂》。十三年，遷禮部侍郎，加集賢院學士，官至秘書監。天寶三年（744），以病請爲道士，還鄉歸隱鏡湖，不久謝世。以文詞名，工書法，尤善草隸，性情曠達，善詼諧，不拘禮法，晚年尤放誕，自號“四明狂客”“秘書外監”，喜獎掖後進，與李白、張旭等友善。

〔二〕陸通：字接輿，春秋時楚國隱士，見前注。

〔三〕廉察：考察、視察。

文昌宫爲兩庠諸生保舉醮疏〔注一〕〔校一〕

明王御曆，六經與日月同懸；文運光天，五緯〔注二〕與〔校二〕奎壁〔注三〕共聚。蓋三蒐藝苑，無非陶汰英雄；百戰辭場，大都奔走豪傑。所以貢舉繫人才司命，文章關世道隆污〔校三〕。謂之文，則上爲星辰，而下爲河嶽；謂之命，則明有君相，而幽有鬼神。

恭惟文昌司禄帝君〔注四〕，道参元化，威制萬靈，節宣雨露，風霆酬酢，皇王帝霸。啓聖圖則恢張龍漢，疏玄範則洞演蒼胡〔校四〕。洗唐日於黄瀾，補蜀天于漏海。奉王詔總領中華文獻，在神霄特稱貢舉真君。且劍閣去参宫尺五，號清河帝子之幽都，矧鳳山〔注五〕與棲欒〔注六〕爭雄，正北郭僊王〔校五〕之舊館。

等〔校六〕託巢黌校〔校七〕，抗籍神鄉。頃當棘闈掄選之秋，正屬草莽飛騰之日。鑒前度摧牙折戟，捲土重來；誓今番奏凱勤王，封侯未晚。所患文不經世，學未通方。識奇字近媿揚雄〔注七〕，讀異書遠慚劉向〔注八〕。《西京賦》〔注九〕十年綴草，空憐倚馬才名〔注一〇〕；東方生〔注一一〕三歲談天，謾挾〔校八〕屠龍〔注一二〕伎倆。

加之[校九]炎竇朔毳，寒暖殊情；越繭吴絲，玄黄異染。故有貪士則狗貨，烈士則狗名。壚土其人柔，窖土其人惡。方正之子，不倔强[校一〇]自可，則傲岸相高；沉濳之輩，非狹量寡容，即險中多忌。豪華輕俊，不無行檢微虧；短褐蕭條，未免風節易喪。多才者或耽吟風月，刺切古今；負氣者或馮藉[校一一]章縫[注一三]，武斷鄉曲。是以高明之家，鬼瞰其室[注一四]；滿盈之府[校一二]，盜阨[校一三]其藏。雲中射鵰手，何知命數當奇；天上玉璽郎[校一四]，不奈陰功未著。

等[校一五]薄陳罪狀，遥控玄聞，禱禊非科，神情俱眩。燭籠爇炬，能消[校一六]長夜重昏；苦海吞天，賴有慈航可渡。伏望明威下鑒，景宥弘開[校一七]。漢高祖[校一八]拔老將于屠門，略其舊染；唐太宗録功臣於敵壘，許以自新。神其使我，城皋[校一九]會江、漢之靈，俎豆奪淵、雲[注一五]之氣。秋簾振藻，萬象齊傾；月觀摛菁，八荒並吐。炎、黄投之矩矱，秦、漢助其波瀾。奇則夏鼎周敦，壯則風檣陣馬[注一六]。倒海[校二〇]洗明月，清瑩絶倫；捲霧掛長虹，光燄萬丈。

由是名飛八郡，牓注[校二一]群僊。龍駒驥子，盡列天閑[注一七]；金薤琳瑯，同登清廟。騎箕尾，上朝碧落；俯塵市[校二二]，便隔煙霞。豈徒張華劍，衝破斗牛宫；要使崆峒履，踏碎賀蘭石。行將許身抗稷、契，出則挽古回唐、虞。庶幾十亂[注一八]乘時，各調風雨；八才[注一九]命世，共整乾坤。但觀意氣摩秋雲[校二三]，誰堪王佐？後來肝膽貫白日，豈負神明？

等不盡皈依瞻望激切待命之至！

輯録

（明）任瀚《任文逸稿》卷三。又見於《（康熙）順慶府志》卷九《藝文》，第18—20頁；《（嘉慶）南充縣志》卷六《雜識志》八之一《雜著》，第48—49頁；《（光緒）西充縣志》卷一四《藝文下》，第1頁。

校勘

〔一〕文昌宫爲兩庠諸生保舉醮疏:《(康熙)順慶府志》作"保舉疏",《(嘉慶)南充縣志》作"祈文昌保舉文",《(光緒)西充縣志》作"祈文昌文"。

〔二〕與:《(康熙)順慶府志》作"偕"。

〔三〕世道隆污:《(康熙)順慶府志》作"世運汙隆"。

〔四〕胡:《(康熙)順慶府志》作"冥"。

〔五〕僊王:《(康熙)順慶府志》作"神王"。

〔六〕等:《(康熙)順慶府志》作"某"。

〔七〕黌校:《(康熙)順慶府志》作"黌序"。

〔八〕挾:《(康熙)順慶府志》作"誇"。

〔九〕加之:《(康熙)順慶府志》無。

〔一〇〕倔强:原本作"屈强",據《(康熙)順慶府志》改。

〔一一〕馮藉:《(康熙)順慶府志》作"馮借"。

〔一二〕府:《(康熙)順慶府志》作"子"。

〔一三〕阨:《(康熙)順慶府志》作"扼"。

〔一四〕玉璽郎:《(康熙)順慶府志》作"修文郎"。

〔一五〕等:《(康熙)順慶府志》作"某"。

〔一六〕消:《(康熙)順慶府志》作"散"。

〔一七〕弘開:《(康熙)順慶府志》作"宏開",避諱。

〔一八〕漢高祖:原本作"漢光武",與史實不符,據《(康熙)順慶府志》改。

〔一九〕城皋:《(康熙)順慶府志》作"神皋",涉上而訛。

〔二〇〕海:《(康熙)順慶府志》作"風"。

〔二一〕注:《(康熙)順慶府志》作"列"。

〔二二〕市:《(康熙)順慶府志》作"世"。

〔二三〕秋雲:《(康熙)順慶府志》作"青雲"。

注釋

〔一〕醮疏:道教打醮祭告天帝的表文。

〔二〕五緯：指太白（金）、歲星（木）、辰星（水）、熒惑（火）、填星或鎮星（土）五星。

〔三〕奎壁：二十八宿中的奎宿與壁宿的并稱，舊謂二宿主文運，故常用以比喻文苑。奎星主文，故有關文章、文筆、文字、文運者，多加奎字。

〔四〕文昌司禄帝君：即文昌帝君、文昌君，又稱梓潼帝君。

〔五〕鳳山：今南充市舞鳳山。《（萬曆）四川總志》卷十《順慶府》："舞鳳山，西北十里，狀若鳳翔。"

〔六〕棲樂：棲樂山，今南充市西山。《（萬曆）四川總志》卷十《順慶府》："棲樂山，治西十里，相傳謝自然昇仙之日，仙樂振響峰頂，因名。上有馭風亭。"

〔七〕揚雄：字子雲，西漢大儒、辭賦家、語言學家。

〔八〕劉向：（約前77—前6）原名更生，字子政，祖籍沛郡（今江蘇徐州）人，西漢經學家、文獻學家。成帝時，任光禄大夫，校閲皇家藏書，撰著《别録》，又著有《説苑》《新序》《列女傳》等，終中壘校尉。

〔九〕《西京賦》：《後漢書·張衡傳》："張衡字平子，南陽西鄂人……衡少善屬文，游於三輔，因入京師，觀太學，遂通五經，貫六藝……衡乃擬班固《兩都》作《二京賦》，因以諷諫，精思傅會，十年乃成。"

〔一〇〕倚馬才名：《世説新語·文學》："桓宣武北征，袁虎時從被責免官，會須露布文，唤袁，倚馬前令作，手不輟筆，俄得七紙，殊可觀。東亭在側，極歎其才。"

〔一一〕東方生：西漢東方朔（前154—前93），本姓張，字曼倩，平原郡厭次縣（今山東惠民縣）人，西漢辭賦家，性詼諧，言詞敏捷，滑稽多智，然時觀察顔色，直言切諫。

〔一二〕屠龍：《莊子·列御寇》："朱泙漫學屠龍於支離益，單千家之家，三年技成而無所用其巧。"

〔一三〕章縫：即章甫縫掖，指儒者或儒家學説。《禮記·儒行》："丘少居魯，衣逢掖之衣；長居宋，冠章甫之冠。"

〔一四〕鬼瞰其室：揚雄《解嘲》："高明之家，鬼瞰其室。"《文選》李善注引李奇曰："鬼神害盈而福謙。"劉良注："是知高明富貴之家，鬼神窺望其室，將害其滿盈之志矣。”

〔一五〕淵、雲：漢王褒、揚雄。王褒字子淵，揚雄字子雲。班固《西都賦》：“秦漢之所極觀，淵雲之所頌嘆，於是乎存焉。”潘雲《西征賦》：“長卿淵雲之文，子長政駿之史。”

〔一六〕風檣陣馬：乘風疾駛的帆船，衝鋒陷陣的戰馬，比喻行動迅速，氣勢雄壯豪邁。

〔一七〕天閑：帝王養馬之地。

〔一八〕十亂：《尚書・泰誓》：“予有亂臣十人，同心同德。”

〔一九〕八才：指高辛氏之八才子。唐楊炯《李懷州墓志銘》：“天下稱其八才，吾家號爲千里。”

任瀚集校注卷六

書信

復渭厓霍詹事〔注一〕書〔校一〕

十一日，聞公使春坊吏言於童庶子，不當爲某署結。庶子畏譴，不能抗違。又明日，以書至吏部，使並取前疏立案，不當聽某去。吏部得此，以爲正論，其誰復有能抗違者？今晨再捧來諭，督責過厚，不敢當！不敢當〔校二〕！任瀚狂劣無忌諱，齟齬不耦當世，所謂木强人〔注二〕耳，何足辱公勉留！即如來諭，是教人臣以九死博一官，終不宜去主生還，以爲負大義，忘天下也。旅人有疾病憂患，則思去歸其竟土，不得去則以爲悲。人情如川，聖王能導之，不能禁也。

瀚家三世業儒，直爲取仕進，行義明志，非求隱逸，得高士名稱。況本劍外孤窮，自出遇聖明以來，前後十年，三議館職〔注三〕，以謂馬融〔注四〕、張華〔注五〕光輝可並，吾豈一日忘報稱也！顧所不利世用，亟宜求去者，其道有四，不可不爲執事言之：

甞考東宮舊事，司直官，自唐龍朔〔注六〕以後特置桂坊〔校三〕，比殿中丞〔校四〕，主以糾察官邪，開張〔校五〕視聽。累朝宫臣，廢闕位置不講，徒冒顯秩，無所建明，終當脂韋汩没，比於仗馬〔注七〕，爲世觀笑，此所宜求去一也。

某少年時負氣任俠，不自貶損，長益狷急，無器度，少所詘下。見今時士大夫遇權貴人，息纍纍不敢出入，頤指氣使則〔校六〕顙加膝而應，所不得見，雖暮夜必束帶叩閽，務求望見權貴人顔色，伺候其喜怒，以保無恐。瀚病踈懶〔校七〕，不能强起效之。人情善反覆中傷，人久且得罪，此所宜求去二也。

往在郎署〔校八〕，與險人同事〔校九〕，不幸得其隱伏〔校一〇〕，雖自保無漏，而其人譸張少藴籍，危不自安。譬如盗憎知聞，無不殺戮以滅其口。語曰："察見淵中魚不祥。"〔注八〕竇参〔注九〕庭樹之客，同事者實爲之，此所宜求去三也〔校一一〕。

東方朔陸沉金馬〔注一〇〕，通籍漢庭，凌厲貴游，狎侮當世，晚節超然遐舉，意氣凌雲，心竊慕之。若乃垂繁露，曳華裾，珥彤筦，坐石渠，紀載天語，追承王會，以相長雄，則吾視之如匡穰〔校一二〕耳。此所宜求去四也〔校一三〕。

瀚聞之，矩不必圓，規〔校一四〕不必方，尺有所短，寸有所長，物情所不逮者，天地將委而聽之。瀚惟不能官，去志已成，留之則狂走叫呼，失次第，驚疑太子，虧損漢官威儀，宮臣之辱不可，唯明公諒察〔校一五〕！

輯録

（明）任瀚《任文逸稿》卷二。又見於（明）任瀚《春坊集》卷上；（明）任瀚《任少海先生文集》，目録存，正文脱；（明）凌迪知《國朝名公翰藻》卷一六，《四庫全書存目叢書》集部第313册，第521—522頁；（明）屠隆編《歷朝翰墨選注》卷六，《四庫全書存目叢書》集部第324册，第469頁；《（嘉慶）南充縣志》卷五《藝文志》七之八《書》，第41—42頁；（民國）曾世禮《任黄合鈔·任司直文鈔》卷下，第1—2頁；《（民國）新修南充縣志》卷一五《藝文志·書》，第6—7頁。

校勘

〔一〕復渭厓霍詹事書：《春坊集》作"答渭厓霍詹事書"；《國朝名公

翰藻》作“答霍渭厓詹事”。《歷朝翰墨選注》分爲三篇：“答霍渭厓”，録“某少年時”至“不能强起效之”；“再答霍渭厓”，録“曩在吏部時”至“此吾以急求去也”；“（再答霍渭厓）又”，録“東方朔”至“此所宜求去也”。

〔二〕“十一日”至“不敢當！不敢當”：《國朝名公翰藻》無。

〔三〕置桂坊：原本訛作“署桂芳”，據《國朝名公翰藻》改。

〔四〕殿中丞：《國朝名公翰藻》作“御史臺”。

〔五〕開張：《國朝名公翰藻》脱作“張”。

〔六〕則：《歷朝翰墨選注》作“舉”。

〔七〕懶：《國朝名公翰藻》脱。

〔八〕往在郎署：《國朝名公翰藻》《歷朝翰墨選注》作“曩在吏部時”。

〔九〕險人同事：《國朝名公翰藻》《歷朝翰墨選注》作“宵人同坐”。

〔一〇〕隱伏：《歷朝翰墨選注》作“隱狀”。

〔一一〕此所宜求去三也：《歷朝翰墨選注》作“此吾以急求去也”。

〔一二〕匡穰：《國朝名公翰藻》《歷朝翰墨選注》作“匡驤”。

〔一三〕此所宜求去四也：《歷朝翰墨選注》作“此所宜求去也”。

〔一四〕規：原本作“視”，據《歷朝翰墨選注》改。《國朝名公翰藻》“矩”“規”二字倒。

〔一五〕諒察：《國朝名公翰藻》作“亮察”。

注釋

〔一〕渭厓霍詹事：霍韜（1487－1540），字渭先，别號渭厓，南海（今廣東佛山）人。正德九年（1514）進士。上疏乞歸，嘉靖元年（1522）始就職禮部職方主事，諫疏“輔臣失參贊之權，近習起于政之漸”。預大禮議，支持尊嘉靖生父帝號，闡述兄終弟及祖訓，爲朝士所劾，告病歸。翌年，擢少詹事兼侍講學士。六年（1527），遷詹事兼翰林學士，進禮部右侍郎。議大禮成，拜禮部尚書，掌詹事府事。嘗薦王守仁、王瓊等，皆成人才。反對首輔夏言天地分祀議，下獄，月餘復職。十二年（1533），任吏部左、右侍郎。十八年（1539），任太子少保、禮部尚書，協掌詹事府事，諫帝南巡，卒於任，謚文敏。著有《詩經注解》《象山學辯》《程朱訓釋》《渭厓集》《西漢書纂評》《霍氏家訓》，後人彙刻爲《霍文敏公全集》。

〔二〕木强人：《漢書·周昌傳贊》："周昌，木强人也。"顔師古注："言其强質如木石然。"

〔三〕三議館職：嘉靖八年（1529），散館授庶吉士，是爲第一次議館職。嘉靖十二年（1533）七月庚午，"上以翰林侍從人少，詔吏部博采方正有學術，爲衆望所歸者充其選，於是部臣疏順之等十人名上"，"其報罷三人者，任瀚、王慎中、曾汴也"，是爲第二次議館職。嘉靖十八年（1539），任左春坊左司直兼翰林院檢討，是爲第三次議館職。

〔四〕馬融：（79—166）字季長，扶風茂陵（今陝西興平東北）人。馬援兄子嚴之子。爲人多辭貌，有俊才。從京兆摯恂學，博通經籍。安帝永初二年（108），大將軍鄧騭聞融名，召爲舍人，非其好，遂不應命，客於涼州武都、漢陽界。會羌亂起，飢困，故往應騭召。四年（110），拜校書郎中，詣東觀典校秘書。元初二年（115），上《廣成頌》以諷諫鄧太后、騭兄弟輔政，以爲文德可興，武功宜廢。忤鄧氏，滯於東觀，十年不得調。因兄子喪自劾歸。太后聞之怒，謂融羞薄詔除，欲仕州郡，遂令禁錮之。安帝親政，召還郎署，復在講部，出爲河間王長史。上《東巡頌》，帝奇其文，召拜郎中。及北鄉侯即位，移病去，爲郡功曹。順帝陽嘉二年（133），詔舉敦樸，岑起舉融，徵詣公車，對策，拜爲議郎。大將軍梁商表爲從事中郎，轉武都太守。桓帝建和元年（147），梁冀使融誣奏李固，固下獄死，又爲冀作《西第頌》。後出爲南郡太守。先是，融有事忤梁冀，冀遂諷有司奏融在郡貪濁，免官髡行朔方。自刺不殊，得赦還，復拜議郎，重在東觀著述，以病去官。延熹九年（166）卒於家。馬融遍注《孝經》《論語》《詩》《易》《三禮》《尚書》《列女傳》《老子》《淮南子》《離騷》，又著《三傳異同説》。以其學教養諸生，常以千數，鄭玄、盧植皆其弟子。融又以文名，所著賦、頌、碑、誄、書、記、表、奏、七言、琴歌、對策、遺令，凡二十一篇。《隋書·經籍志》著録其集九卷，今存文二十二篇。

〔五〕張華：（232—300），字茂先，範陽方城（今河北固安縣）人。

少孤貧，嘗以牧羊爲生。學業優博，辭藻温麗，朗贍多通，圖緯、方伎之書，莫不詳覽。嘗著《鷦鷯賦》以自喻。魏末，被薦爲太常博士。晉武帝時，以主伐吴有功，歷任要職。惠帝時，爲趙王司馬倫和孫秀殺害。所編有《博物志》，分類記載異境奇物、古代瑣聞雜事及神仙方術等，今存。《隋書·經籍志》著有《張華集》十卷，已佚。

〔六〕唐龍朔：唐高宗龍朔年間（661—663）。

〔七〕仗馬：《譚賓録》："李林甫召諫官謂曰：'今明主在上，群臣將順之不暇，何用多言！子不見立仗馬乎？終日無聲而食二品料，及其一鳴即黜之，雖欲勿鳴，其可得乎？'"

〔八〕語出《列子》《韓非子》。《史記·吴王濞列傳》載吴王使者引其言，裴駰《史記集解》："張晏曰：'喻人君不當見盡下之私。'"司馬貞《史記索隱》："案此語見韓子及文子。韋昭曰：'知臣下陰私，使憂患生變爲不祥，故當赦宥使自新也。'"《漢書·荆燕吴傳》亦載吴王使者引其言，王先謙《漢書補注》："沈欽韓曰：《列子·説符篇》趙文子曰：'周諺有言：察見淵魚者不祥，智料隱匿者有殃。'《韓非·説林上》隰子曰：'古者有諺曰：知淵中之魚者不祥。'"

〔九〕竇參：（733—792）字時中，平陵（今陝西咸陽西北）人。刑部尚書誕四世孫，少以門蔭累官爲萬年尉，歷官大理司直、殿中侍御史、刑部郎中、御史中丞，進兼户部侍郎。貞元五年（789），以中書侍郎同中書門下平章事，領度支、鹽鐵轉運使。引用親党，恃權貪利，好惡任情。貶郴州别駕，再貶驩州司馬，賜死於道。《新唐書》卷一四五《竇參傳》："每延英對，它相罷，參必留，以度支爲官，實專政也。然參無學術，不能稽古立事，惟樹親黨，多所詗察，四方畏之。于是淄青李納厚餽參，外示嚴畏，實賂帝親近爲間，故左右爭毁短之。"

〔一〇〕陸沉金馬：《史記·滑稽列傳·東方朔》："如朔等，所謂避世于朝廷間者也。古之人，乃避世于深山中。"又歌曰："陸沈于俗，避世金馬門。宫殿中可以避世全身，何必深山之中、蒿廬之下。"

復甬川張學士〔注一〕書〔校一〕

丙申〔注二〕秋，瀚嘗以病求解去職。唯時我公實爲少宰，勉留備至。瀚不敢辱命，在告甫四月，還即勉强就官。今又三年矣，踈野情性，不堪吏職，積懷沉欝，違己交病。乃者神氣昏亂，視聽蚤衰，脉候不佳，有死亡之憂。兩疏〔注三〕求哀，誠非得已。

再辱書教，遣使慰留。追惟前義，感慨并集。中古以還，此意不見于公卿之間久矣，瀚獨何心，能不依依！鄙語曰："薦龜玉几，不如塗〔校二〕曳尾；餙豹文素，不如生〔校三〕澤霧。"陶弘景〔注四〕，華陽曲士耳，定策蕭梁〔注五〕，辭榮江表，犧牛之喻〔注六〕，君相不以爲狂。人固各有見，明公諒察！

輯録

（明）任瀚《任文逸稿》卷二。又見於（明）任瀚《春坊集》卷上；（明）任瀚《任少海先生文集》；（民國）曾世禮《任黄合鈔·任司直文鈔》卷下，第2—3頁；（明）凌迪知《國朝名公翰藻》卷一六，《四庫全書存目叢書》集部第313册，第522頁；（明）屠隆編《歷朝翰墨選注》卷六，録"再辱書教"至"明公諒察"，《四庫全書存目叢書》集部第324册，第469頁；《（嘉慶）南充縣志》卷五《藝文志》七之八《書》，第42－43頁；《（民國）新修南充縣志》卷一五《藝文志·書》，第7頁。

校勘

〔一〕復甬川張學士書：《春坊集》作"答甬川張學士書"，《國朝名公翰藻》作"答張甬川學士"。

〔二〕塗：《國朝名公翰藻》《歷朝翰墨選注》無。

〔三〕生：《國朝名公翰藻》無。

注釋

〔一〕甬川張學士：張邦奇（1484－1544），字常甫，號甬川，浙江鄞縣人。弘治（1488－1505）中進士，改庶吉士，授翰林院檢討。劉瑾專權，著《張騫乘槎賦》以諷。以養親出爲湖廣提學副使，尋乞致仕。嘉靖初起提學四川、福建，召爲春坊右庶子，升國子祭酒、南京吏部右侍郎、吏部右侍郎，轉左侍郎，徙翰林學士，掌院事，加太子賓客，掌詹事府事，升禮部尚書，以養親改南吏部，再改南兵部而卒，贈太子太保，謚文定。著有《學庸傳》《五經説》《釋國語》《續修兀涯西漢書議》《歷代通鑑纂要》《張文定集》《甬東史説》等。

〔二〕丙申：嘉靖十五年（1536）。

〔三〕两疏：任瀚《庚子养病疏》《庚子乞休疏》。

〔四〕陶弘景：（452－536）字通明，自號華陽隱居，晚號華陽真人，世稱陶隱居，丹陽秣陵（今江蘇南京）人。家傳天師道，年十歲，得葛洪《神仙傳》，晝夜研尋，以求養生之方。善琴棋，自幼讀書萬餘卷。齊高帝蕭道成未帝作相時，曾被引爲諸王侍讀，雖在朱門，閉影不交外物，唯以披閱爲務。後辭官隱居句曲山（茅山），遍歷名山，尋訪仙藥，專事著述和煉丹。梁武帝即位，進獻圖讖，禮聘不出，每有吉凶征討大事，無不前往諮詢，時人稱爲“山中宰相”。明陰陽五行、風角星算、天文地理、方圖産物、醫術本草，所著有《神農本草經集注》《藥總訣》《真誥》等，又嘗整理補充晉葛洪《肘後備急方》爲《肘後百一方》等。

〔五〕蕭梁：南朝梁，蕭衍接受齊和帝禪讓而立國，先後歷武帝蕭衍、簡文帝蕭綱、孝元帝蕭繹、敬皇帝蕭方智四帝，前後五十五年，國姓蕭，故稱蕭梁。

〔六〕犧牛之喻：《莊子·列御寇》：“或聘於莊子，莊子應其使曰：‘子見夫犧牛乎？衣以文繡，食以芻菽。及其牽而入於太廟，雖欲爲楮犢，其可得乎?”

復許松皋〔注一〕太宰書〔校一〕

瀚愚不肖，在吏部十年來，絶無分寸補益，唯一意守官，無顧忌，不與權貴人通關節，得罪當世，以爲莫可原赦。不謂部院大臣〔校二〕視聽堅固，不爲流俗動摇，抗表論薦，因使得備宫寮〔注二〕之選。主上不知其不可使，賁明詔，賜廷見，闢左坊〔注三〕

而進之。一時通人顯士，相賀于朝，以爲真誠有所逢遇。唯後渠崔詹事〔注四〕私謂瀚曰：“朝廷爲〔校三〕太子擇官，不馮用〔校四〕宰執語，而决諸部院。部院仰承上意，不謀諸宰執，而取〔校五〕合于塗人縉紳。事雖奇，選舉雖公，有危道哉！”瀚應曰：“公言危道，獨宰相已乎？前日奏下時，吏人捧除目至，見其疏略曰：‘諸所舉海内儒宗，當朝名宦，正人君子之光，忠良社稷之衛也。’自吾見臺省〔校六〕薦章如此者尠〔校七〕矣！苟不在選中，其誰能帖然安之？名位，造物所忌，況吾同人乎〔校八〕？唯是朝廷意指在得人，部院〔校九〕之職在擇人以報主。進賢受上賞，蔽賢蒙顯戮。進退義也，禍福得喪命也。有義有命，獨何言危道哉？”

居無何，崔公請于上，補南京去，其次清紀郎周鉄〔校一〇〕得告又去。瀚則以爲宫寮官主分坊，限職教太子，不當令違遠闕廷。今二臣者既可去，則是宫寮官皆可得自免，去不爲罪。其次即司直，瀚復以抱痾沈菀，請得如清紀郎故事〔校一一〕，以病聞。乃自十月待命，出居近郊。一幼子客死，悲泫勞傷，前病愈甓。明公主渭厓先入之説，牢不可破。至十一月中，猶不爲表請。瀚不獲已，年四十以致仕。

聞夏桂洲言〔校一二〕于衆曰：“任司直〔校一三〕恃才矜名，傲長老，玩侮行輩，數逃遁官職，不受命出郊，欺罔不敬〔校一四〕，宜有罪！”嗟乎！瀚誠罪人矣，豈其規生還耶？如宰相言，是猶用輕典〔注五〕耳，敢不承謝〔校一五〕。朱元晦〔注六〕嘗説：“近代宫寮之選，唯王十朋〔注七〕、陳良翰〔注八〕號稱正人。”今之十朋、良翰尚未知所出，若復恐懼而束縛之，聲其罪，使不敢去，禁錮〔校一六〕其出入，使不得休暇，恐非所以存國體、重宫臣也。將使後來園綺之徒，有望風辟易，采薇蕨而食，餓且死，終不能爲太子致闕下耳。向來唯不悟後渠長者〔校一七〕言，乃今信前知哉！所望明公爲國遠圖，蚤見疏釋〔校一八〕，無以愚不肖一人之故，驚疑群獻，貽太子孤危，天下幸甚！

輯録

（明）任瀚《任文逸稿》卷二。又見於（明）任瀚《春坊集》卷上；（明）凌迪知《國朝名公翰藻》卷一六，《四庫全書存目叢書》集部第313册，第522—523頁。

校勘

〔一〕復許松皋太宰書：《春坊集》作“奉許松皋太宰書”，《國朝名公翰藻》作“奉許松皋太宰”。

〔二〕部院大臣：《國朝名公翰藻》作“明公”。

〔三〕爲：原本脱，據《國朝名公翰藻》補。

〔四〕用：《國朝名公翰藻》作“同”。

〔五〕“决諸部院部”至“而取”：《國朝名公翰藻》作“聽吏部，吏部建官反宰相，以求”。

〔六〕臺省：《國朝名公翰藻》作“吏部”。

〔七〕尠：《國朝名公翰藻》作“稀”。

〔八〕“名位”至“況吾同人乎”：原本無，據《國朝名公翰藻》補。

〔九〕部院：《國朝名公翰藻》作“太宰”。

〔一〇〕清紀郎周鈇：原本作“趙時春”，據《春坊集》《國朝名公翰藻》改。按：嘉靖十八年（1539）二月，選東宫官屬，趙時春久黜，方起爲翰林編修兼司經局校書，周鈇由山東按察特改右春坊清紀郎兼翰林院侍書，張寅由南京文選郎中改右春坊右司直兼翰林院檢討。據《明世宗肅皇帝實録》卷二三四，任瀚於嘉靖十九年（1540）二月乙丑，被詔革職爲民。而據《明世宗肅皇帝實録》卷二四四，嘉靖十九年十二月壬午，司經局校書趙時春與春坊左贊善羅洪先、春坊右司諫唐順之疏請来歲元日朝賀禮成，請皇太子出御文華殿，受文武百官及朝覲官朝賀。嘉靖帝數稱疾，不視朝，諱言儲貳臨朝事，以羅洪先等狂悖，浮躁不道，俱黜爲民。可見，趙時春是在任瀚去職後方被罢黜。據萬斯同《明史》卷三〇一《周鈇傳》：“會吏部推擇宫僚，以鈇文行高，特改右春坊清紀郎兼翰林院侍書。謝病歸，尋起故官。二十一年（1542），俺答將入寇，總督侍郎翟鵬以聞。鈇以邊臣告警，而中樞初無籌策，請早爲之計。帝以爲浮詞亂政，責降廬州府知事。”因此，周鈇确實在嘉靖十八年任宫僚後告歸一段時間。

〔一一〕瀚復以抱痾沈菀，請得如清紀郎故事：原本作“瀚請得如二臣事”，據《國朝名公翰藻》改，惟“清紀郎”之“清”，《國朝名公翰藻》涉上“請”字而訛作“請”，據實改。

〔一二〕夏桂洲言：《國朝名公翰藻》作“宰相令”。

〔一三〕任司直：《國朝名公翰藻》作“任瀚”。

〔一四〕欺罔不敬：原本無，據《國朝名公翰藻》補。

〔一五〕“豈其”至“敢不承謝”：原本無，據《國朝名公翰藻》補。“宰相”二字，據原本例當改作“夏桂洲”。

〔一六〕禁錮：原本作“禁固”，據《國朝名公翰藻》改。

〔一七〕後渠長者：原本作“后渠”，據《國朝名公翰藻》改。

〔一八〕釋：《國朝名公翰藻》作“醳”。

注釋

〔一〕許松皋：許讃（1473—1548），字廷美，號松皋，河南府陜州靈寶人。詳卷二《次韻許松皋太宰扈駕朝陵》注。

〔二〕宫寮：東宫諸官署官僚的省稱，即東宫官員，輔佐太子與侍候太子的大小官員的總稱。

〔三〕左坊：左春坊的簡稱，東宫官署名。明代設有左春坊大學士、左庶子、左諭德、左中允、左贊善、左司直郎、左清紀郎、左司諫各一人，右春坊亦如之。詳《明史》卷六九《職官志》。

〔四〕崔詹事：崔銑（1476—1539），字子鍾，安陽人。弘治十八年（1505）進士，選庶吉士，授編修。忤劉瑾，修《孝宗實録》成，出爲南京吏部主事。瑾敗，召故官，進侍讀，引疾歸。世宗即位，擢南京國子監祭酒。上疏劾張璁、桂萼，帝覽之不悦，令致仕。閲十五年，起爲少詹事兼侍讀學士，擢南京禮部右侍郎。未幾，病死。《明史》有傳。

〔五〕輊典：降謫的罰典。輊即低、降的意思。

〔六〕朱元晦：朱熹（1130—1200），字元晦、仲晦，號晦庵、晦翁、考亭，祖籍徽州婺源（今江西婺源），生于南劍州尤溪（今福建尤溪）。十九歲登進士第，歷任福建同安縣主簿、江西南康知軍、提舉浙東常平茶鹽公事、漳州知州、湖南潭州知州、侍講兼秘閣修撰。朱熹集宋代理學之大成，所著有《周易本義》《詩集傳》《四書章句集注》《楚辭集注》《晦庵集》等。今人整理彙編爲《朱子全書》，凡二十七册。

〔七〕王十朋：（1112－1171）字龜齡，號梅溪，樂清人。紹興二十七年（1157）進士第一，授紹興府簽判，召爲秘書郎，除著作郎。三十一年（1161）遷大宗正丞，請祠歸。孝宗即位，起知嚴州，遷起居郎、侍御史，出知饒州、夔州、湖州、泉州。除太子詹事，官至龍圖閣學士，卒謚文忠。所著有《梅溪集》。事迹詳《宋史》本傳。

〔八〕陳良翰：（1108－1172）字邦彦，臨海人。南宋紹興五年（1135）進士。歷監察御史、右正言、左司諫、知建寧府、福建轉運副使、提點江東浙西刑獄、宗正少卿、權兵部侍郎、右諫議大夫、給事中，除禮部侍郎，不拜，以敷文閣待制提舉興國宫。召除太子詹事，後除敷文閣直學士，奉前祠。卒贈太中大夫，謚獻肅。

答胡廬山〔注一〕太極圖辨

承示《太極圖辨》〔注二〕，疾中未暇詳論。宋儒以來，多謂此圖是茂叔〔注三〕所自作，不知此一〇者，即伏羲本原。先天河圖〔注四〕員陀陀，赤洒洒，萬象咸備。孔子言“易有太極”〔注五〕，是此〇也。陰陽五行乃其中自然生出者，即非茂叔所能安排。正如堯夫〔注六〕所傳《先天圖》，内外各六十四卦，本其中自有之數。用《易》者因而籌之，亦非陳圖南〔注七〕輩所能造作也。

此一〇號圜中之學，無邊傍，無内外，一中心法，聖聖相傳，萬劫員明，終天不壞。以言乎遠則不禦，以言乎邇則静而正，以言乎天地之間則備矣。《易》曰：“懸象著明莫大乎日月。”〔注八〕日月者，圜中之象也。宋人詩：“象在環中莫外尋，圜中無數亦難憑。欲知象數真消息，只此一圖傳聖心。”堯夫云：

“自從識得環中意。”〔注九〕謂此○耳。黄帝《白澤圖》〔注一〇〕、子雲《太玄圖》〔注一一〕、天貞皇人《大洞隱芝圖》〔注一二〕，一本此局。

《河圖》《洛書》以前，斯道在上而不在下，故帝以傳帝，皇以傳皇；《連山》《歸藏》〔注一三〕以後，斯道在下而不在上，故司寇、柱史〔注一四〕沉淪於衰周，赤松、黄石、河上公〔注一五〕之倫，晦明於秦、漢。此羲皇絶學，子貢所謂“天道不可得而聞”〔注一六〕者。《中庸》“夫婦之愚可以與知”，人道也；“及其至，雖聖人有所不知”，天道也。思知人，不可以不知天。

僕向過洛中，偶因蔡白石〔注一七〕有問，略衍一二畣之，不謂且刊布至此。後來見者轉更多其圖説，畫蛇添足，遂成怪物，信癡人前不可説夢耶。感高義，力疾草草奉復。俟前病少蘇，更當益聞所未聞耳。不宣。

輯録

（明）任瀚《任文逸稿》卷三。又見（明）任瀚《任少海先生文集》；《（嘉慶）南充縣志》卷五《藝文志》七之九《辨》，第48—49頁；《（民國）新修南充縣志》卷一四《藝文志·書》，第39—40頁。

注釋

〔一〕胡廬山：胡直（1517—1585），字正甫，號廬山，山西泰和縣人。父天鳳，王守仁弟子。直少駘蕩，好攻古文詞。嘉靖二十一年（1542），從歐陽德問學，語以道藝之辨。二十六年（1547），往訪羅洪先，師事焉。二十七年（1548），游韶州，知府陳大論聘教明經書院，從陳大論學道，又從鄧魯學禪。秋，王守仁弟子錢德洪到韶，往會請益。游九華，自有所悟，以爲“天地萬物果非在外，印諸子思上下察，孟子萬物皆備，程明道渾然與物同體，陸子宇宙即是吾心，靡不合旨”。三十二年（1553）任句容縣教諭。三十五年（1556）進士及第，初授刑部河南司主事。三十九年（1560）出爲湖廣僉事，領湖北道。四十一年（1562），晉四川參議。四十五年（1566），以副使督四川學政，因請告歸。穆宗隆慶三年（1569），復詔起湖廣督學。四年（1570），移廣西參政。神宗萬曆元年（1573），進廣東按察使。冬，入覲，疏乞終養，家居，著《胡子衡齊》八卷。九年（1581），丁母憂。十二年（1584）冬，再起爲福建按察使。次年五月卒於官。著有《衡廬精舍藏稿》三十卷（含《衡齊》一書）、《衡廬續稿》十一卷。

〔二〕《太極圖辨》：明胡直《衡廬精舍藏稿》卷一三《太極圖説辯》："昔陸子辯無極太極，反覆數千言。予以爲無極可無辯，其不可無辯者，圖與説也。蓋據其説曰無極太極，訓者曰是無形而有理。夫既稱無形之理矣，則惡可以形圖哉？今夫圖天者蒼蒼然，日月著也；圖地者莽莽然，山川布也。而天之上，地之下，可復圖乎？豈惟不可圖，亦有不得而指言之者。假令有人指言天之上何狀，地之下何形，則世必咤爲怪誕人矣。何況太極所以生天地者，而可圖乎？今乃規之而若輪團之，而若鏡與丸也，是孰睹而孰傳之耶？非獨太極，雖陰陽亦不得圖也。據其説曰'太極動而生陽，静而生陰'，則是陰陽特一氣，猶夫水之有寒燠，亦一物也。今乃白而陽之，黑而陰之，外之則左陽而右陰，内之則左陰而右陽，是果然哉？自畫卦者以一爲陽，以一爲陰，其取象亦足矣。今又爲白黑而左右之，不既贅乎？太極陰陽之不可圖明矣，而其説則尤有不可通者。説曰'太極動而生陽，静而生陰'，是則太極先動而後静也。夫先動後静，則未動之先果何爲？即且既穆乎沕乎，其無極矣，而又何動静之可言？又曰'動極而静，静極復動'，當其昆侖未生，七政未立，不知幾何時其爲動之極也？幾何時又爲静之極也？且太極之理，果獨立而動静耶？抑附氣以動静耶？如以其獨立，則穆乎沕乎，固不可以動静言；如以其附氣，則氣之膠轕坱軋，不可停止，謂爲動極猶可言也，至其静極則又何狀？是必凝久爲塊而已，其可通乎？既曰'五行陰陽一太極，太極本無極'，是無極與二五始無不合也，則又何待於'妙合而凝'云者？既曰'五性感動'，是仁、義、禮、智、信始無不定也，則又何待聖人先益以中正，後繼以仁義而後爲定之者也？既曰'中正'，是不可以動静偏言之矣，則又何獨以'主静'云者？至以五性之感屬神發之後，善惡之分出五性之動，則與《書》之恒性，《易》之繼善益遠且誖也。憑其辭，繹其意，非獨是非謬於聖人，即其所自言者，亦首尾衡决，而脉理始不可尋矣，是可謂周子之書哉？古之善言至理者莫若《易》，其次《詩》與《中庸》。《易》止言‘太極生兩儀’，而未言兩儀未生之前有若是次第也。《詩》止言‘維天之命’‘上天之載’。《中庸》止言‘天命之性’，天地之道，而未言天地未生之前有若是之次第也。有問天之外者，或對曰氣也。問氣何所際，際之外又何物焉，則雖伏羲不能以對。非不能對也，不可得而對也。故曰‘六合之外，聖人存而不論’，而况二儀之生，與其未生之故，又可得次第詳言之乎？後世唯《三墳》僞書，則有太始、元胎、太極父母之説，周子豈效之乎？曰：若子之言，則周子手授二程子非歟？曰：然。蓋予嘗逆於心，而求二程子之書，其昆仲師友，天人至理，殆數萬言，獨未一及圖與説者，二程子豈以師之所特授者，而故特遺之與？考之胡邦衡記周子祠，亦未及焉。周子自爲《易》，《通書》言太極而不言無極，言仁義中正而不言中正仁義，則其非出周子亦明矣。或謂出陳希夷爲之，潘興嗣誤取以入誌。予則曰周子必不爲此，希夷亦未可誣。或者希夷之流爲是，以附聖人之教，未可知也。曰：然則朱子表章亦非歟？曰：朱子尊信周子之篤者也。古之傳僞命者，雖忠臣孝子或信奉之，非不察僞命，忠孝至也。朱子其亦猶古之忠孝者與？夫朱子何可尤？”明胡直《衡廬精舍藏稿》卷一三《太極圖説辯後語》：“右辯，予作于蜀臺云。蜀有固陵先生者，讀之語予曰：‘太極未動之先，果何爲耶？此語雖周子復生，無以答。’予曰：‘予非疑周子也，疑此非周子作也。’而從旁者贊曰：此必非周子作。假令出周子，二程何不以示人？程伊川作《易傳》，訓‘易有太極’章未嘗一語及圖，亦未及先動後静之説，伊川豈訓《易》而反秘師説哉？此可知其非矣。予又讀宋末許白雲書，知昔人已疑動静先後之繆，而白雲答之，殊覺矯强。近歸，讀予邑羅文莊《續稿》載《太極述》，其序略曰：‘愚嘗熟玩其圖，詳味其説，雖頗通大義，不能無少疑。’又曰：‘圖之作雖極力模擬，終涉安排，視《先天圖》之易簡精深，恐不可同年語也。豈元公未嘗見耶？’是文莊亦指其非周子作也。又謂：‘天地造化之妙，聖學體用之全，《易》中言之甚悉，於是錯取吾夫子《十翼》中語，組織成篇，以盡愚意，凡皆傳夫子之舊，不妄贊一詞，名其篇曰《太極述》。’直謂朱子表章圖説，而文莊尊信朱子，素若神明，豈故於兹有異同耶？豈亦不得已而爲是耶？學者觀所述，亦可知圖説之贅且謬，其非出周子明矣。其述云：

‘易有太極，是生兩儀。兩儀生四象，四象生八卦。是故剛柔相摩，八卦相盪，鼓之以雷霆，潤之以風雨。日月運行，一寒一暑。乾道成男，坤道成女。天地絪緼，萬物化醇。男女搆精，萬物化生。一陰一陽之謂道，繼之者善也，成之者性也。仁者見之謂之仁，知者見之謂之知。百姓日用而不知，故君子之道鮮矣。君子體仁足以長人，嘉會足以合禮，利物足以和義，貞固足以幹事。君子行此四德者，故曰：乾，元亨利貞。大哉乾元，剛健中正，純粹精也。’”明胡直撰《衡廬精舍藏稿》卷三〇《雜著·續言下》：“問曰：‘昔者羅先生贈子有疑濂溪之語，濂溪可疑乎？’曰：濂溪何可疑也！自孟子後百千年，學者耳目若蒙污墁，得濂溪夫子抉之，人始能張目而睹皎日。故濂溪，近代之祖父也，吾何敢妄疑祖父哉？吾獨疑《太極圖説》非濂溪作也。吾所疑有十不可解者：夫以太極既稱無極，不落形體方所，又何團而圖之，若鏡若環然，果孰睹而孰傳耶？此不可解者一也。《大易》以乾坤言，陰陽取象，奇偶而畫之卦，可謂明矣。今圖則左白而右黑之，右白而左黑之，陰陽果可以左右分而白黑定乎？視《大易》不贅乎？此不可解者二也。説曰‘太極動而生陽’，則未動之先，果何爲耶？亦何似耶？若果有未動，則當謂之静矣，是則先静而生陰也，何得謂之動而生陽？抑何待生陽之後，乃曰静而生陰耶？此不可解者三也。且曰‘動極而静，静極復動’，當其時二儀未分，七政未立，不知幾何時而爲動之極也？幾何時而爲静之極也？昔之言天者莫如《易》《詩》與《中庸》。《易》曰：‘易有太極，是生兩儀。’《詩》曰：‘上天之載，無聲無臭。’《中庸》曰：‘其爲物不貳，則其生物不測。’概未言鴻濛之先，有若是之次第也。且不知動静者，果謂理耶？抑謂氣耶？如以理，則無始無端，不可以動極静極求之。若以氣，則動者謂之紛擾轇轕可也，而静者常謂何狀？其必凝結爲塊而已。此不可解者四也。‘無極之真，二五之精，妙合而凝’，不知未合之前，此精此真，各置之何所？又何以見其有合時耶？此不可解者五也。上言五行之生，各一其性，而下言五性感動，則此五性即五行之性也。此五行之屬於人，果在内耶？抑在外耶？若謂五行之性即五常之性，則何不直以五常言之，不尤爲明且當耶？且五行各一性，特其質耳，於人性何與哉？今言五行而不及人性，此不可解者六也。形既生，神發知，言其始也。方人之始生，而遽有五性之感，善惡之分，則人性果善惡混矣。此與《易·繫》言‘繼善’、《商書》言‘恒性’、《大雅》言‘秉彝’、孟子言‘性善’者，不大爲誖耶？此不可解者七也。‘立人之道曰仁與義’，衆人與聖人同也。聖人特先得人性同然，而身爲之教耳，豈因人性有善惡之混，而待‘聖人定之以中正仁義’哉？且周子《通書》但言仁義中正，未嘗言中正仁義也。中正仁義，果可四分而列言之乎？此不可解者八也。其始言太極也，動静兼之；今特言聖人主静，不爲偏耶？夫心好静而欲擾之，致虚極，守静篤，此老氏家貴静語也。《大學》雖言定而後静，然亦不以静爲主也。若聖人專於主静，則又何嫌虚無寂滅之爲教耶？或謂周子自註曰‘無欲故静’。夫周子《通書》曰‘無欲則静虚動直’，是周子固未嘗以無欲爲静也。此不可解者九也。言者曰：二程子始從周子學，周子手授是圖示之。然考二程子立教數十年，遺書數千萬言，未嘗一語及圖與説也，豈其師特授之而弟子特遺之，與楊、謝之徒豈真無一人可語者與？此其尤最明顯不可解者十也。予有此十不可解，故疑非濂溪作也，非敢疑濂溪也。予昔在蜀時，嘗著之辨。蜀有固陵先生，讀之嘆曰：‘此雖周子復作，不易斯語。’嗚呼！知我罪我，其在斯乎？”

〔三〕茂叔：周敦頤（1017—1073），字茂叔，北宋道州營道（今湖南道縣）人。以舅父鄭向恩蔭出仕，初任分寧主簿，繼知南康軍。築書堂於廬山蓮花峰下小溪旁，以濂溪名之，人稱濂溪先生。人稱其學爲濂學。卒謚元公。所著有《太極圖説》《通書》《周元公集》等。

〔四〕先天河圖：相傳伏羲氏見龍馬負圖出於河，據而畫八卦，稱《河圖》，即《繫辭傳》所謂“河出圖”。邵雍釋之，以爲先天之學。《尚書·顧命》：“太玉、夷玉、天球、河圖，在東序。”孔安國傳：“伏羲王天下，龍馬出河，遂則其文以畫八卦，謂之河圖。”

〔五〕語出《周易·繫辭傳》。

〔六〕堯夫：邵雍（1011—1077），見前詳注。

〔七〕陳圖南：陳摶。

〔八〕語出《周易·繫辭傳》。

〔九〕語出邵雍《擊壤集》卷七《閑行吟》，原詩“識”作“會”。

〔一〇〕黄帝《白澤圖》：指黄帝時神獸白澤所圖鬼神之事。宋張君房

《雲笈七籤》卷一一〇《軒轅本紀》："帝巡狩，東至海，登桓山，於海濵得白澤神獸。能言，達於萬物之情。因問天下鬼神之事。自古精氣爲物，游魂爲變者，凡萬一千五百二十種，白澤言之。帝令以圖寫之，以示天下。帝乃作祝邪之文以祝之。"周西波有《〈白澤圖〉研究》一文，詳項楚主編《中國俗文化研究》第一輯，成都：巴蜀書社，2003 年，第 166—175 頁。

〔一一〕子雲《太玄圖》：漢代揚雄《太玄經》之《太玄圖》篇。

〔一二〕天貞皇人《大洞隱芝圖》：不詳。

〔一三〕《連山》《歸藏》：夏、商二代之《易》，見《周禮·太卜氏》。

〔一四〕司寇、柱史：司寇，指孔子。柱史，指老子。

〔一五〕赤松、黄石、河上公：漢代隱者。

〔一六〕語出《論語·公冶長》："子貢曰：'夫子之文章可得而聞也，夫子之言性與天道，不可得而聞也已矣。"

〔一七〕蔡白石：蔡汝楠（1514—1565），字子木，號白石，明浙江德清人。八歲侍父，聽講於甘泉湛若水座下，輒有解悟。嘉靖十一年（1532）進士，授行人，從王慎中、唐順之及高叔嗣輩學爲詩。陞右司，轉南京刑部員外郎，善皇甫涍兄弟，尚書顧璘引爲忘年友。出守歸德、衡州，歷江西參政、四川按察副使、山東按察使、江西布政使，陞右副都御史，巡撫河南，召爲兵部侍郎，改南京工部侍郎，卒官。所著有《説經劄記》六卷、《自知堂集》二十四卷傳世。汝楠始好爲詩，有重名；中年好經學；及官江西，與鄒守益、羅洪先游，學益進，而詩由此不工。

與薛方山〔注一〕書六首

其一

去之日適有部事，不及奉祖道。都門詩句，緣未脱稿，無以應教，然亦使人求盛介〔注二〕，不見其處，因循以至於今，頹然矣。愚言衰落，顧何足爲仲常軒輊耶！

日來西歸一念，比張季鷹〔注三〕分數更多，深懼知見日昏，氣魄日減，將與澌盡區滅，爲知己憂耳。謝豹〔注四〕有言，不如歸去〔注五〕，愚豈鬱鬱久居於此哉！海内心知平生惟有一應德〔注六〕，近來頗似見疎，不知何故。豈世情到，應德亦不免耶？人便，試爲愚問之。諸惟仲常素位行道〔注七〕，以光南國，不盡不盡。

其二

仲常到慈〔注八〕，因知決有不利，然吾聞忠信篤敬，蠻貊可行〔注九〕，則仲常又宜無不利者。今若此，信古道之不可行於今也，太息太息！

余病且久，五月中疏乞西歸，爲本堂大臣見阻，至九月不得去家。家口先發屋馬皆與人，獨領一内弟、一僕，栖遲逆旅中，形影相弔。聞秋聲，見霜露降，蕭然有江門之思。清時主上明聖，宰執柔且惠，乃使病夫至於如此，誠不知其何以云也。盛介來，久累，勸之去，不從。吾病衰頽，又不能即出。恐仲常念此不置，當遂成病。今盛介之往，病夫意也。吾若遂出，即持以告所司，唯是勤人〔注一〇〕在堂，慈人〔注一一〕在廊，署爲考便耳。作教亦好事，前輩多緣此大有聲稱。此在仲常自裁，人所不能專也。

金子廉夫〔注一二〕，吾同舉友，力能改渠日改之，不能當更有處。

其三

鄙人疎狂戇僻，不能取容於世。頃以病患相仍，遭逢家難，再疏乞休，移疾出城，亦其常理。不謂奸人乘釁隨傍風，梟〔注一三〕甘心假手。一人進退，何足軒輊！獨有識者爲國體惜，爲公議惜，是使鄙人貽君子之憂，蒙離騷之名，爲罪大矣。此豈海内知己所望於鄙人者哉！慚負執事，得南終出忌者之意，天長海闊，後會何時？

願公清心養德，明道俟運，爲朝廷光重，爲鄙人光重，至幸至幸！小介探親之便，令押送圖書數卷，至荆州地方上早入蜀。湖省藩司〔注一四〕有相知人，望作一書寄之，得武昌小船一送，不至淹留，受愛多矣！南望極爲耿耿。

其四

不見吾方山久，大雅之音，不復得聞，可勝懷想。本朝百六十年來，京師人物凋落，莫甚於今。唯鑽刺擠排殺士之家，山魈罔兩之徒，則未嘗凋落，轉更盛耳。方山善自愛。

桃李不言，其下成蹊。陳摶、种放〔注一五〕不出終南、少室，海内望之如神。濂溪〔注一六〕爲主簿，明道爲條例司〔注一七〕，王公大夫皆師宗之。乃所望吾方山，則惟取諸文翁〔注一八〕之化蜀，安定〔注一九〕之化蘇湖，自可不朽。何必效俗子輩，伏謁政府，求爲門館賓客，出入金馬、石渠之署，然後爲樂哉！方山胸次高明，氣象廣大，可以聞此言。故復瑣瑣，遠有所知，見無忘儆予。

其五

避署黄牛峽中，小僕輩來，至得書爲慰。海内有相知心者，雖首邱以死，不朽矣！所恨丈夫生世四十年，銖累寸緝，未成片段，而中道爲奸邪所壞，摧辱至此，仁義忠諒之士，豈其忍聞哉！幸去白帝、青城〔注二〇〕間不遠，得一名山可以誅茆結室，老隱其中，詠歌先王之風，吾志畢矣。努力明時，宣暢休德，自公等事，願公珍重自將，不及多。

其六

别久，相念甚切，想執事亦同此情也。鄙人舉進士十二年，實在朝者七年。偶以不樂仕進，汎汎然有江海之思，抗表辭榮，其志可知也。彭城劉商〔注二一〕、山陰張志和〔注二二〕，彼豈下於許遠游〔注二三〕哉？《伐木》〔注二四〕道喪，同類爲仇，網羅在天，吾將安之？此既一事矣。隱居還山，杜門卻掃，性厭塵鞅，理亦宜然。而尊官大夫，往往不相體諒，至目爲怪異。嗟乎！嗟乎！業已與世決絶，無顧藉人矣。天地久不收管，吾豈能復計世情哉！但念與執事相知甚深，發此爲清時一長嘯耳。嘉陵江上，有陶父釣臺者，鄙人草堂在焉。他時刻石以志其處，得我方山爲之傳曰"明高士"，吾不死矣，更復何言！

輯録

（民國）曾世禮編輯《任黄合鈔・任司直文鈔》卷下，第4—7頁。

注釋

〔一〕薛方山：薛應旂，見前詳注。

〔二〕盛介：對别人的尊稱。

〔三〕張季鷹：張翰，字季鷹，晉吴郡吴縣（今江蘇蘇州）人。有清才，善屬文，縱任不拘，時人比之名士步兵校尉阮籍，故有"江東步兵"之稱。齊王司馬冏掌權，見天下紛紛，禍難未已，遂棄官歸吴，著《首丘賦》以明志。性至孝，喪母丁艱，哀毁過禮，年五十七而卒。事迹詳《晉書》卷九二《文苑傳・張翰》。

〔四〕謝豹：鳥名，杜鵑，亦名杜宇、子規。《禽經》："巂周，子規也，啼必北向。江介曰子規，蜀右曰杜宇。"晉張華注："啼苦則倒懸於樹，自呼曰謝豹。"

〔五〕不如歸去：古人以爲杜鵑啼聲酷似"不如歸去"之聲，故用爲催人歸家之詞。《蜀王本紀》："蜀望帝淫其臣鱉靈之妻，乃禪位而逃，時此鳥適鳴，故蜀人以杜鵑鳴爲悲望帝，其鳴爲'不如歸去'云。"宋謝維新《事類備要别集》卷六八《飛禽門・杜鵑附思歸樂》："杜鵑一名杜宇，一名子規，一名巂周。大如鵲而羽烏。三四月間，夜啼達旦。甌越間曰怨鳥。凡鳴皆北向。其聲哀而吻有血，血漬草木。聞其初聲則主離别之苦。人惡聞之，惟田家候其鳴則興農事。或以爲啼苦則自懸於樹，自呼曰謝豹。思歸樂鳥，狀如鳩而慘色，三月則鳴。陶岳《零陵記》云其音云'不如歸去'，即此。"

〔六〕應德：唐順之（1507—1560），字應德，一字義修，號荆川，江蘇武進（今江蘇常州）人。詳卷三《唐荆川年丈武選時以詩見懷次韻奉答》注。

〔七〕素位行道：指没有官任職位而踐行大道。

〔八〕慈：浙江慈谿縣。

〔九〕語出《論語·衛靈公》："子曰：'言忠信，行篤敬，雖蠻貊之邦，行矣。言不忠信，行不篤敬，雖州裏，行乎哉？立則見其參於前也，在輿則見其倚於衡也，夫然後行。"

〔一〇〕勤人：猶勤民，謂操勞政事，盡力於百姓。《後漢書·章帝紀》："追惟先帝勤人之德，厎績遠圖，復禹弘業。"

〔一一〕慈人：仁慈之人。《文獻通考》卷一二三《王禮考十八·山陵》："慈人短折曰懷。"

〔一二〕金子廉夫：金清，字廉夫，應天上元縣（今南京市江寧區）人。嘉靖八年己丑（1529）進士，改御史，官至河南參政。嘗任精膳司主事、山東副使。事迹見（明）俞汝楫編《禮部志稿》卷四四《歷官表》、《（同治）蘇州府志》卷六〇《選舉二》、《（光緒）上元縣志》卷一〇《選舉·進士》。

〔一三〕臬：臬使、臬憲、臬臺，明清按察使的别稱，主管各省司法的官員。

〔一四〕藩司：明清布政使的别稱，負責各省民政與財政的官員。

〔一五〕种放：（955－1015）字名逸，北宋洛陽人。沉默好學，與母俱隱終南豹林谷之東明峰，自稱退士，結草爲廬，以講習爲業，從學者衆。咸平五年（1002），以張齊賢薦，賜對便殿，授左司諫、直昭文館，常往來於山林朝廷間。景德中，擢右諫議大夫。大中祥符四年（1011），拜工部侍郎。放通經史，七歲能屬文。不喜釋氏，常裂佛書以製帷帳。晚年頗縱酒，盛輿服。王嗣宗知京兆，嘗條上其不法，詔問狀。不娶，無子。《宋史》卷四五七有傳。

〔一六〕濂溪：周敦頤。

〔一七〕明道爲條例司：明道，程顥。條例司，"制置三司條例司"的省稱。宋熙寧二年（1069）年置，掌經畫邦計，議變舊法，以通天下之利。以知樞密院陳升之、參知政事王安石爲之，而蘇轍、程顥等亦皆爲屬官，次年罷歸中書省。詳《宋史·職官志》。

〔一八〕文翁：廬江舒人，少好學，通《春秋》，以郡縣吏察舉。景、武間出爲蜀守，選郡縣小吏開敏有材者，親自飭厲，遣詣京師受業博士，或學律令，還以仕蜀；又修起學官，招下縣子弟爲學官弟子，選補爲吏，於是蜀地大化。事迹詳《漢書·循吏傳》。

〔一九〕安定：胡瑗（933－1059），字翼之，泰州人。世稱安定先生。初以經術教授吴中。范仲淹薦，以布衣召見，論樂，拜校書郎。范仲淹經略陝西，辟爲丹州推官，以保寧節度推官教授湖州。慶曆中，興太學，下湖州取胡瑗教法，著爲令。嘉祐初擢太子中允、天章閣侍講，以太常博士致仕。事迹詳《東都事略》、《宋史》本傳。

〔二〇〕白帝、青城：白帝城、青城山。

〔二一〕彭城劉商：劉商，字子夏，彭城（今江蘇徐州）人。少好學，工文善畫，登大曆進士第，官至尚書虞部郎中，所著有《劉虞部集》十卷。好道術，隱義興胡父渚，世傳其仙去。《全唐詩》録有其詩兩卷。

〔二二〕山陰張志和：張志和（約730－約810），字子同，初名龜齡。唐婺州金華（今浙江金華）人。

〔二三〕許遠游：原名邁，字叔玄，小名映，改名遠游，丹陽句容人，晉太和中隱士。

〔二四〕《伐木》：《詩經·小雅》之一篇，《詩序》稱："《伐木》，燕朋友故舊也。自天子至於庶人，未有不須友以成者。親親以睦，友賢不棄，不遺故舊，則民德歸厚矣。"

答玉溪張少宰〔注一〕論交書〔校一〕

執事不以某抗疏退休，不辭謝官長，抱琴出關以爲有罪，然且辱損誨書，討論朋黨，憂其所不戒。憤世疾邪，高義斬斬，讀之使人茫然。如經行深山大澤，雷雨失道，玄熊、蒼兕怒其前，虎、豹、狨、夔嗥嘯〔校二〕其後，山都木客〔注二〕，魍魎百怪，一時騰躍下上，七聖〔注三〕皆迷，莫測其所從來也。嗚呼，異哉，交道一變至此乎！

某平生屈强歷落，與世俗寡承，其在海内傾心相慕鄉者，纔三五人耳。然皆奔播困窮，有行節可以相死，使其人一日在顯位，恥不能致我阿衡之上，豈暇嘖嘖相讒害也！其在朝著者，亦時有一二人，忘形聚講，陳列世故，商確人才，自納爲談士賓客，誓老死不改節攜貳。顧其人能誦説先王，述稱性命道德，琅琅可聽，尤作意鄉之。豈其以某一朝去位，無氣力，便能轉附津要，媒宰執，選役臺諫，甘心陳人，以希取官職爲也？即有之，是謂東京張禹〔注四〕，漢賊臣妖，滅朋友之倫，負肝膈之義，鴟鴞狗鼠〔注五〕，將不食其餘，何得復齒於人類耶？

執事淵仁長厚，古道古情，反覆至再，以小人樹黨爲憂，或又過計矣。某嘗謂小人無黨，唯君子有之。何以故？今時一命已上，凡束帶佩玉、稱薦紳先生者，其誰獨無羞惡之心哉？人有滅倫負義，行路切齒，不容措法。彼其盗先王口語，而梟獍〔注六〕其心，鷹犬其行，同仕者不能請尚方一劍，磔諸市門，猶當蚤夜扼腕，以爲羞僇〔注七〕，況能以其父母妻子所厚望之身，自甘與禽獸、罔兩植爲黨類助邪！毀善以陷穽他人，天下其誰能與之？鬼神禍福，無則已，有則理豈可得逃耶？鄙諺曰："佐食得嘗，佐刃得傷。"夫刃猶小人耳。人有不幸佐小人者，片言失利，倒柄而中之，不旋踵矣，誰肯樂爲之黨與哉！吾故謂小人無黨，唯君子有之，亦以其利害言也。

某嘗從海上父老游，適所思在方壺、圓嶠〔注八〕，與人世長辭，感激高義，遂成覼縷〔注九〕。諸瑣瑣者終不欲言其姓名，雖復中傷以去，不辨也。市有虎，曾參越人〔注一〇〕，非世道之福。明公方正不回，善自愛。

輯録

（明）任瀚《春坊集》卷上。又見於（明）凌迪知《國朝名公翰藻》

卷一六，《四庫全書存目叢書》集部第313册，第523—524頁；（明）屠隆編《歷朝翰墨選注》卷六，録“執事不以某”至“莫測其所從來也”，《四庫全書存目叢書》集部第324册，第469—470頁。

校勘

〔一〕答玉溪張少宰論文書：《國朝名公翰藻》題作“答玉溪張少宰”。

〔二〕嗥嘯：《歷朝翰墨選注》無。按：“怒其前”與“嘯其後”對仗，“嗥”似衍文。

注釋

〔一〕玉溪張少宰：張潮（1485—1544），字惟信，號亭溪，更號玉溪，四川内江人。正德五年（1510）舉於鄉，次年舉士，授翰林爲庶吉士。八年（1513），授編修。九年（1514），充會試同考試官，教書内館。十六年（1521），充經筵殿書官。嘉靖元年（1522），預修《武廟宗録》。四年（1525），陞侍讀，充經延講官。實録成，陞司經局洗馬，賜金幣。五年（1526），充殿試受卷官。六年（1527），陞侍讀學士兼日講，兼撰誥敕日録國史。時上方鋭意文學，日進儒臣講論經史。七年（1528），主應天鄉試。初下詔變文体，就切實。公殫心校閲，得名士而梓文，詞達理到，士咸服其知言。八年（1529），充殿試讀卷官。九年（1530），奉詔與議郊祀禮。十年（1531），陞翰林院學士，掌院事，尋陞詹事府少詹事兼學士，掌府事。十一年（1532），聘主會試，陞吏部右侍郎。十六年（1537），轉左，仍兼學士與經筵日講。十八年（1539），加秩太子賓客充宫僚。二十年（1541），再掌翰林院事，牧庶吉士。二十一年（1542），陞禮部尚書，掌聲雷動詹事府事，牧庶吉兼官如舊。二十三年（1544），卒於官。所著有《玉溪稿》若干卷。事迹見費寀《資善大夫太子賓客禮部尚書兼翰林院學士掌詹事府事贈資政大夫玉溪張公潮行狀》。

〔二〕山都木客：古書記載的南方山區生活的似人非人的動物。唐徐堅《初學記》卷八：“《異物志》曰：廬陵大山之間有山都，似人裸身，見人便走，自有男女，可長四五尺，能嘯相唤，常在幽昧之中，似魑魅鬼物。又曰：廬陵有木客鳥，大如鵲，千百爲群，不與衆鳥相厠，云是木客所化。”

〔三〕七聖：指黄帝、方明、昌寓、張若、謵朋、昆閽、滑稽等寓言人物。《莊子·徐無鬼》：“黄帝將見大隗乎具茨之山，方明爲御，昌寓驂乘，張若、謵朋前馬，昆閽、滑稽後車，至於襄城之野，七聖皆迷，無所問塗。”

〔四〕東京張禹：西漢張禹（？一前5），字子文，河内軹縣（今河南濟源東）人，至禹父徙家蓮勺。習《易》《論語》，舉爲郡文學，久之試爲博士。初元間（前48一前44），授太子《論語》，遷任光禄大夫，出爲東平内史。成帝即位（前32），徵禹，賜爵關内侯。河平四年（前25），代王商爲丞相，封安昌侯。永始（前16一前13）、元延（前12一前9）間，日蝕地震尤數。吏民多上書言災異之應，譏切王氏專政所致。禹自見年老，子孫弱，又與曲陽侯王根不平，恐爲所怨，謂上曰：“《春秋》二百四十二年間，日蝕三十餘，地震五十六，或爲諸侯相殺，或夷狄侵中國。災變之意深遠難見，故聖人罕言命，不語怪神。性與天道，自子贛之屬不得聞，何况淺見鄙儒之所言？陛下宜修政事以善應之，與下同其福善，此經義意也。新學小生亂道誤人，宜無信用，以經術斷之。”上雅信愛禹，由此不疑王氏。後曲陽侯根及諸王子弟聞知禹言，皆喜説，遂親就禹。

〔五〕鴟鵶狗鼠：泛指禽獸。韓愈《幽州节度判官贈給事中清河張君墓誌銘》：“昨日李師道斬於軍中，同惡者父母妻子皆屠死，肉餵狗鼠鴟鴉。”

〔六〕梟獍：梟是一種與鴟鵂相似的鳥，獍傳説是一種像虎豹的獸，舊説梟生而食母，獍生而食父。後世即用梟獍比喻忘恩負義之徒或狠毒之人。

〔七〕羞僇：羞愧侮辱。

〔八〕方壺、圓嶠：傳説中的海中仙山。宋蔡夢弼箋《杜工部草堂詩箋》卷二九引《列子·湯問》：“渤海之東有大壑名歸墟，中有五山：一曰黛輿，二曰圓嶠，三曰方壺，四曰瀛洲，五曰蓬萊。其上臺觀皆金玉。”

〔九〕覼縷：委曲詳述。

〔一〇〕市有虎，曾参越人：韓愈《釋言》：“市有虎，而曾参殺人，讒者之效也。”“市有虎，聽者庸也；曾参殺人，以愛惑聰也。”市有虎，市本無虎，比喻流言蜚語。《韓非子·内儲説上》："龐恭與太子質於邯鄲，謂魏王曰：'今一人言市有虎，王信之乎?'曰：'不信。''二人言市有虎，王信之乎?'曰：'不信。''三人言市有虎，王信之乎?'王曰：'寡人信之。'龐恭曰：'夫市之無虎也明矣，然而三人言而成虎。今邯鄲之去魏也遠於市，議臣者過於三人，願王察之。'龐恭從邯鄲反，竟不得見。"曾參越人，比喻流言可畏。《戰國策·秦策二》："昔者曾子處費，費人有與曾子同名族者而殺人。人告曾子母曰：'曾參殺人。'曾子之母曰：'吾子不殺人。'織自若。有頃焉，人又曰：'曾參殺人。'其母尚織自若也。頃之，一人又告之曰：'曾參殺人。'其母懼，投杼踰牆而走。夫以曾參之賢與母之信也，而三人疑之，則慈母不能信也（信猶保也）。"

與張東沙〔校一〕〔注一〕

瀚愚不肖，竊以今世文禁方嚴，所至〔校二〕莫不按劍決眥以待。蓋自獲麟〔注二〕以後，文章之不幸，未有甚於南渡〔注三〕與今日者〔校三〕。

瀚山居且八載〔注四〕，抗耜垂綸，絶口不敢道文墨事。不圖良工天啓，芝園〔注五〕發靈〔校四〕，投之琅函〔注六〕，萬寶畢露，遂使石渠亡富，陳留掩袂。世所稱"文起八代之衰，道濟天下之溺"〔注七〕，如我公者，將無所謂其人哉！

昔人謂賢者之必有文章，如名山大川，必興雲雨，隋珠和璞〔注八〕，必露光輝〔校五〕。使孔子不著六經，百世而後亦何由稱述也？我公制行以周、孔爲師，陳詞與《詩》《書》比軌，弘麗精微，瓌奇詰屈〔校六〕，雖〔校七〕不可名狀，而愛君憂國，秉道嫉邪，辭榮獨往之意，炯炯如丹。使獻吉〔注九〕諸人今尚在，當爲〔校八〕走避三舍無疑矣。

瀚倔强寡諧，不能爲佞。兒子元康〔注一〇〕自謂得見明公後，便知脱去凡近，以游高明。蓋公精神意氣，自有繫服人心如此。從事西旋，漫爾附謝高誼。四郊多事，伏惟門人爲國崇護，不宣[校九]。

輯録

（明）凌迪知《國朝名公翰藻》卷一六，《四庫全書存目叢書》集部第313冊，第520—521頁。又見於（明）張時徹《交游書翰》第二册，《北京圖書館古籍珍本叢刊》第120册，北京：書目文獻出版社，1998年，第906頁；（明）張時徹《芝園定集》卷首《諸家評語》，《四庫全書存目叢書》集部第81册，第720頁；《（康熙）順慶府志》卷一〇《藝文》，第47頁；（民國）曾世禮《任黄合鈔·任司直文鈔》卷下，第4頁。

校勘

〔一〕與張東沙：《（康熙）順慶府志》《任黄合鈔》作“與張明徹書”，“明”爲“時”之訛。

〔二〕至：原本作“志”，據《（康熙）順慶府志》《任黄合鈔》改。

〔三〕“瀚愚不肖”至“與今日者”：《芝園定集》無。

〔四〕啓、發：《（康熙）順慶府志》《任黄合鈔》二者倒。

〔五〕光輝：《（康熙）順慶府志》《任黄合鈔》倒。

〔六〕詰屈：《（康熙）順慶府志》《任黄合鈔》訛作“佶屈”。

〔七〕雖：《芝園定集》作“殆”。

〔八〕爲：《芝園定集》作“爲公”。

〔九〕“瀚倔强”至“不宣”：《芝園定集》無。

注釋

〔一〕張東沙：張時徹（1500－1577），字惟静，一字九一，號東沙，鄞縣（今浙江寧波）人。詳卷二《今昔行》注。

〔二〕獲麟：《春秋》哀公十四年，“春，西狩獲麟”。孔子傷之，曰：“吾道窮矣。”此處代指孔子。

〔三〕南渡：指南宋。

〔四〕山居且八載：任瀚於嘉靖十九年（1540）“诏革職为民”，至二十六年（1547），時滿八年。

〔五〕芝園：指張時徹，張氏著有《芝園定集》五十一卷、《别集》十卷、《外集》二十四卷。

〔六〕琅函：對他人書信的尊稱。

〔七〕文起八代之衰，道濟天下之溺：蘇軾《潮州韓文公廟碑》贊韓愈功績之語。

〔八〕隋珠和璞：隋侯之珠與和氏之璧，泛指珍稀寶物。《戰國策·楚策四》：“寶珍隋珠不知佩兮，禕布與絲不知異兮。”《韓非子·和氏》：“楚人和氏（卞和）得玉璞楚山中。……王乃使玉人理其璞而得寶焉，遂命曰和氏之璧。”

〔九〕獻吉：李夢陽（1473—1530），字獻吉，號空同。明中期文學復古派前七子領袖，倡導“文必秦漢，詩必盛唐”。

〔一〇〕元康：任瀚長子任元康，嘉靖十六年（1537）丁酉鄉薦舉人。

與鄭澹泉〔注一〕書

海内得兄，異姓骨肉。一旦遠别，能不依依？兄方正孤立，語言多踈，頗與青城季子〔注二〕同病，獨見識高遠，爲少有不同耳。慎之慎之！弟得遂初心，餘非所計，天南海北，後會無期。此生雖已矣，還結再生緣。願兄加餐自愛，不盡不盡！不肖弟任瀚頓首。

澹泉老兄先生大人尊契。梅江〔注三〕正大光明，絶無私曲，而又仁厚長者，可敬可親，然亦不爲小人所喜。二兄同德相濟，同事相扶，廣植善類，精察物情，明哲保身，第一義也。至祝至祝！

輯録

上海圖書館編《上海圖書館藏明代尺牘》第3册，上海：上海科學技術出版社，2002年，第159－162頁。原無標題，據原尺牘擬。

注釋

〔一〕鄭澹泉：鄭曉（1499－1566），浙江海鹽（今海寧）人，字窒甫，號澹泉。嘉靖二年（1521）進士，授兵部職方主事，歷吏部考功郎、和州同知、太僕丞、南京考功郎中、刑部右侍郎、兵部右侍郎兼僉都御史出撫鳳陽、吏部左侍郎、南京吏部尚書、刑部尚書，卒贈太子太保，謚端簡。曉文學優長，才識超卓，深諳故典，通達國體，以忤時相去國。所著有《今言》《古言》《皇明四夷考》《吾學編》《鄭端簡公奏議》《鄭端簡公文集》等。其子鄭履惇編《鄭端簡公年譜》十卷。

〔二〕青城季子：任瀚自號。

〔三〕梅江：張忠，字顯父，號梅江，河間人。嘉靖八年（1529）己丑進士，由南陵令擢吏部驗封司主事，調文選司，歷稽勳驗封員外郎，遷考功司郎中，擢通政司右通政，掌清理武臣貼黄，遷南北太僕寺卿，尋轉光禄，謝病去。事迹詳歐陽旦《光禄寺卿張公忠墓志》（《焦太史編輯國朝獻徵録》卷七一）。

與杜甥行人勸學書〔校一〕

愚平居無事，静坐思量，有一大事當與吾甥計較，不知高見以爲何如。

昔范魯公質〔注一〕自從仕未嘗釋卷，人或勉之〔校二〕。質曰："吾他日若當大任，苟無學術，何以處之？"張忠定〔注二〕聞寇萊公〔注三〕大拜，嘆曰："蒼生無福。"門人怪而問之，答曰："寇準才不可當，可惜用太速，不及學耳。"吾甥今已爲大行，不久起復，即當爲臺諫。臺諫者〔校三〕，朝廷治亂安危所係。天下〔校四〕之事，惟宰相得行，惟臺諫得言。古之名臣在諫垣者，有稱前後百餘疏，或至二百餘疏，少者即不下七八十餘〔校五〕疏，然皆鑿鑿可行，明切世務，垂聲光〔校六〕無窮。此非平日學術素精，識見素定，臨事茫然，何以得此？

吾甥聰明學識〔校七〕固不待言，然愚所望于甥者，當必如古之名臣，精忠貫白日，勁節凌雪霜，義聲赫赫，照耀海宇。舍此〔校八〕居幽閑靜之時，不將一生事業打疊停當，更有何時可幹此事也？大抵居官以後，再没一時閑了。若此時可留心打疊下，他日臨事只如探囊出物，每遇一事，便有一段大議論，使人不可破除〔校九〕。只此便是一生受用不盡也〔校一〇〕。如今且取歷代名臣奏議，看其中剴切快意者，逐條點取讀玩之，漸自有得。莫謂放逐之人，卻管世間閑事，如此則可無用舅甥爲也〔校一一〕。

輯録

（明）任瀚《任文逸稿》卷六。又見於（明）任瀚《任少海先生文集》；（民國）曾世禮《任黄合鈔·任司直文鈔》卷下，第3—4頁；《（康熙）順慶府志》卷一〇《藝文》，第48—49頁；《（嘉慶）南充縣志》卷五《藝文志》七之八《書》，第43—44頁；《（民國）新修南充縣志》卷一五《藝文志·書》，第8頁。

校勘

〔一〕與杜甥行人勸學書：《任黄合鈔》作“與甥杜翼所給事書”，《（康熙）順慶府志》作“與杜翼所給事書”。

〔二〕勉：《（康熙）順慶府志》作“止”。

〔三〕者：《（康熙）順慶府志》屬上“臺諫”後。

〔四〕天下：原本無，據《（康熙）順慶府志》補。

〔五〕餘：《（康熙）順慶府志》無。

〔六〕光：《（康熙）順慶府志》無。

〔七〕學識：《（康熙）順慶府志》無。

〔八〕此：《（康熙）順慶府志》無。

〔九〕破除：《（康熙）順慶府志》作“顛破”。

〔一〇〕也：《（康熙）順慶府志》無。

〔一一〕如此則可無用舅甥爲也：《（康熙）順慶府志》作“是幸”。

注釋

〔一〕范魯公質：范質（911—964），字文素，大名宗城（今河北清河西南）人。後唐長興四年（933）進士，官忠武軍節度推官，陞封丘縣令。後晉官監察御史、節度從事、翰林學士。後漢任户部侍郎、樞密副使。後周官中書侍郎平章事，封蕭國公。北宋時由平章事升侍中，成爲開國首相，封魯國公。

〔二〕張忠定：張詠（946—1015），字復之，自號乖崖子，太平興國五年（980）進士及第，歷官樞密直學士、御史中丞、禮部尚書等職。有《乖崖集》傳世。

〔三〕寇萊公：寇準（961—1023），字平仲，華州下邽（今陝西渭南）人。太平興國五年（980）進士，授大理寺評事，知巴東縣，官至參知政事，同中書門下平章事、尚書右僕射，封萊國公，世稱寇萊公。《宋史·寇準傳》：“初張詠在成都，聞準入相，謂其僚屬曰：‘寇公奇材，惜學術不足爾。’及準出陝，詠適自成都罷還。準嚴供帳，大爲具待詠。將去，準送之郊，問曰：‘何以教準？’詠徐曰：‘《霍光傳》不可不讀也。’準莫諭其意，歸取其傳讀之，至‘不學無術’，笑曰：‘此張公謂我矣。’”

任瀚集校注卷七

序一

易統[注一]序

皇帝初從漢邸[注二]中興，光御四海，享於名山大川，百靈效職。三年甲申[注三]，五星[注四]聚東壁[注五]。七年戊子[注六]，黄河清，盟津王[注七]奏帝曰："聖人御極，大道將興。臣聞《乾鑿度》[注八]曰：'黄河清，龍圖出。'東壁，圖書之府，不虚應也。"當是時，予方東行過洛陽，見王奏疏，歎曰："仲尼没，《易》統放絶殆二千餘載，將有作者，意在斯乎！"閲數載，予至天官考功[注九]，訪咨耆舊，得秦漢以來白虎、石渠[注一〇]所記《易緯》、占玩數十家，怪其厖雜不倫，侵亂易事，間嘗有意論著，而晁省[注一一]多闕，關決殿最，訖無虚日。後來稍遷宫坊，校書臺觀[注一二]，靈文寶讖[注一三]，讎講略遍。帝十有八載[注一四]，予始退而序《易》。

嗟呼！易道興，聖人象之；易道廢，術數亂之。天王聖明，臣待罪經坊史局，使易事長墜弗宣，繇彖絶響，河圖、洛書淪爲方伎，臣則有罪。吾聞伏羲設卦觀象，不聞以道卜筮聞。《周官》[注一五]太卜掌三易[注一六]，即不聞《易》獨爲周官卜筮用也。易道閎遠，神化文明，幽探無極，有象數存。天地得《易》，日月星辰順軌，寒暑不相射，河海宴清；王侯[校一]得

《易》，萬事貞，百官以察，萬國咸寧；庶人得《易》，則萬化生乎其身。卜筮小物，豈其關神用哉！伏羲氏没，天下稱顯王者，莫盛于堯、舜。自堯、舜王，天下不言卜筮，菑罰祸厲，莫能逢之。衰世之王，龜筴皆掌於太史令，然乃危亂相將〔注一七〕，無補亡國。固知扐腐草，灼朽骨，謀兆鬼神，察察以先規所利，而逃所不利〔校二〕，自卜肆野人，事不務修德正行，唯鬼神之聽。旣儻可避，人誰不爲惡者？是豈聖王宜遵用哉？謂卜筮足以盡《易》，《易》何以奇賴蓍龜？大妄人也。

嗟乎！術數起，乾坤毁；市有卜師，大道以離。吾所爲明《易》事者，將使天下後世知聖神之統在《易》，《易》者將以顯道，不詭以飾技，無逃害，無規利，修德正事，神明將自至。貞其思，衡其施，慎嚴其防，時其時，不龜不蓍，而鬼神變化，莫之能違之，《易》庶其有興乎！

輯録

〔一〕《任文逸稿》卷二。又見於（明）任瀚《任少海先生文集》，目録存，正文脱；《（嘉慶）南充縣志》卷五《藝文志》七之六《序》，第5—6頁；（民國）曾世禮《任黄合鈔·任司直文鈔》卷上，第39—41頁；《（民國）新修南充縣志》卷一四《藝文志·序》，第5—6頁。

校勘

〔一〕王侯：原本作“二侯”，據《（嘉慶）南充縣志》改。

〔二〕利：《（嘉慶）南充縣志》作“利用”。

注釋

〔一〕易統：易道統緒。

〔二〕漢邸：項羽滅秦，封劉邦於巴蜀、漢中，稱漢王。劉邦以此爲基地，還定三秦，奪取天下。故後世借劉邦的漢王官邸指帝王潛邸。此實指嘉靖帝爲興獻王世子時的安陸官邸。

〔三〕三年甲申：明世宗嘉靖三年甲申（1524）。

〔四〕五星：金、木、水、火、土五星。

〔五〕東壁：星宿名，即壁宿，因在天門之東，故稱。

〔六〕七年戊子：明世宗嘉靖三年戊子（1528）。

〔七〕盟津王：朱見濍，鄭王朱祈鏔庶三子，成化十年（1474）封盟津王，二十年（1484）罪降庶人。既卒，復爵，謚曰恭懿。子祐橏、孫厚烇，俱庶人。曾孫載壐，以載堉讓，進襲鄭爵。明沈德符《萬曆野獲編》卷四《鄭王直諫》："嘉靖六年，河南靈寶縣，河清五十里。鄭府盟津王長子祐橏獻《河清頌》。上悦，賜敕褒奬。鄭王厚烷匿之不發，祐橏上疏訴之。上命烷速還，仍吝不與。上怒，鐫諭甚厲，始歸于盟津。"又《世宗實録》卷八五嘉靖七年二月丁巳："河南靈寶縣奏：嘉靖六年十二月十七日，黄河清五十里。禮部請遣官致祭及上表稱賀。上曰：'上天錫佑，河神效靈。其遣太常齋祝往祭，以答神貺，不必上表賀。其該縣奏報官後，仍各賚以銀幣有差。"據此，上奏者爲盟津王子祐橏，非盟津王本人；黄河清在六年。

〔八〕《乾鑿度》：緯書《易緯》之一，於《易》旨多有發明，較他緯爲醇正。其中所記太乙九宫數、四正四維説，漢魏以降言易者多宗而用之。今存二卷，題鄭玄注。《四庫全書總目》卷六有《提要》。

〔九〕天官考功：吏部考功司。《周禮》著周代設官分職，有天官冢宰，後世沿此稱吏部尚書爲天官。

〔一〇〕白虎、石渠：白虎觀、石渠閣。白虎觀爲東漢宫觀名，在未央宫中。建初四年（79），漢章帝效石渠故事，會太常博士諸儒於此，講論五經同異，稱制臨決。後世泛指宫廷中校書、講學之所。元代，虎觀又爲秘書監的别稱。石渠閣，西漢閣名，乃皇室藏書處，在未央宫北。甘露中，宣帝會五經諸儒，雜論同異於石渠閣，稱制臨決。

〔一一〕晁省：即朝省，朝廷别稱。

〔一二〕臺觀：蘭臺、東觀，代指翰林院藏書地。

〔一三〕靈文寶讖：指古代流傳下來的珍貴的書籍文字和圖讖，泛指秘書古籍。

〔一四〕帝十有八載：明世宗嘉靖十八年己亥（1539）。

〔一五〕《周官》：《周禮》，《三禮》之一，記載周代官制，傳爲周公居攝六年後所作，實爲戰國人所依托。

〔一六〕三易：夏曰《連山》，商曰《歸藏》，周曰《周易》。

〔一七〕相將：相隨，相伴。

刻玉堂表奏序

大學士松谷陳公〔注一〕嘗以勝日訪余江門釣臺，班坐煙雲中，談魚鳥事，旁及九朝風雅，秇文籍籍可名者数十家。余問公所論著，則有《玉堂表奏》數十篇，久未行世。余戚然甚以爲闕。公既别去，亟命其子玉壘太史滙其文〔注二〕，摘爲三卷，且属余小引其上。

余發函一再讀，灑然如賓帝所聞都俞聲〔注三〕。至其陳説利害，尤骨鯁决壯，獵獵有風霜氣。余在世宗朝，見省中諸老奏疏多矣，訖未有如公謇然特直，名動天聽者。公立朝亦大忠且勞哉！莊皇〔注四〕在潛邸時，倚公侍講幄，補益弘多。及其踐天子位，君臣相得甚驩，諸有所關决，譬則轉石投水，無弗入者。以故兩朝開濟，惟公名最著。今昭陵〔注五〕弓劍湮淪，耆舊多放歸江海，而公愛君籌國，一念耿耿，蓋未嘗一日不在。承明虎觀，間爲輔臣進修相業，退立言明志，以規不朽，如松谷公，真一時偉丈夫哉！

疏内稱留中不報、爲國便宜者四，草成未上、爲言官請宥者一，皆出人所避〔校一〕易不敢道事理，迺今并得梓行，以範〔校二〕後來。玉壘還朝，取家刻懸諸象魏〔注六〕，主上將敕下秘書省，采歸渠室，用宣示寵靈。當其時，掌故必有能爲公特書，不一書者，又烏賴余言爲！

輯録

（明）任瀚《任文逸稿》卷二。又見於（明）何喬遠《皇明文徵》卷四七，《四庫全書存目叢書》集部第329册，第130頁。

校勘

〔一〕避：《皇明文徵》作“辟”。

〔二〕範：原本訛作“范”，據《皇明文徵》改。

注釋

〔一〕松谷陳公：陳以勤。

〔二〕玉壘太史：陳于陛（1544—1596），字元忠，號玉壘，四川南充人，陳以勤子。隆慶二年（1568）進士，入選庶常，改編修，充實録纂修官。陞修撰，充日講。少從任瀚講學，深造力行，見世儒惑於異見，作《道術辨》。萬曆十三年（1585），主順天鄉試，晉學士。十七年（1589），詔掌翰林院事。二十年（1592），主會試。二十一年（1593），同諸臣固請策立東宫，秋擢禮部尚書。二十二年（1594）秋，以原官兼東閣大學士，歷晉太子太保。二十四年（1596）冬，以疾卒。贈少保，謚文憲。所著有《萬卷樓集》。《明史》有傳。

〔三〕賓帝所聞都俞聲：在帝廷爲賓而聽聞到的都俞吁咈的聲音。所謂都俞聲，指堯舜禹君臣討論政事時所發出的聲音，詳見《尚書·堯典》《舜典》等篇。

〔四〕莊皇：明穆宗隆慶皇帝朱載垕，謚“契天隆道淵懿寬仁顯文光武純德弘孝莊皇帝”，故簡稱莊皇。

〔五〕昭陵：明穆宗皇陵。

〔六〕象魏：門闕。

順慶府志〔注一〕序〔校一〕

順慶當劍門、白帝、夔、渝、涪、閬之中，而果州之故處也。天下有事，夔、劍門諸州先備，而果獨閒暇自保，不爲動。以其非要害之國，是故無〔校二〕斥堠壘壁、亭障徼塞之名。先主下峽窺吴，出棧閣拒魏，明皇、僖宗前後幸蜀，皆取道潼、渝，而果以偏郡，不得蒙一見。翠華黄屋，巡幸〔校三〕之所不及，是故無〔校四〕宫闕、臺榭、明堂、京觀、樓櫓之制。郡城在天地西南，山川靈奥，旁魄而鬱積。嘗〔校五〕所出忠義瑰偉神明之士，往往聞天下。而人賢〔校六〕物怪，理不並鍾，是故無〔校七〕璆鐵、銀鏤、赤盪、玄砥、鉡璞〔校八〕、砮砂、竹箭、絲枲、文羽之貢。若是者，其爲郡志宜簡約易辦〔校九〕，而久不志者，無〔校一〇〕以金石考信之務缺歟？將爲長吏者，不能不奪〔校一一〕於行宦羈旅之懷，而凜乎其未暇也。

朱侯〔注二〕博文修政，風雅所宗，謂予嘗待罪記室，理於郡志當有所述稱，而不知予之不可爲此也。以射傷者終身不操矢，世顧不諒予哉！今志草原出郭睿氏〔校一二〕〔注三〕題編，而侯與師儒更相裁訂，即予未嘗一言入也。孔子曰："我欲觀夏道，是故之杞而不足徵也，吾得《夏時》焉。我欲觀商道，是故之宋而不足徵也，吾得《坤乾》焉。"〔注四〕今列國亡史久矣，安知〔校一三〕後來者不有取於此志，而幸其僅存如《夏時》《坤乾》者乎？

常璩譔《華陽國志》，鄉鄙賴之，然不達史體，而多所參附〔校一四〕，人以爲病。陳〔校一五〕著作壽，郡人也，有良史才，嘗〔校一六〕譔《三國志》《耆舊傳》，而獨略郡志〔校一七〕不著。近世吴使君伯通〔注五〕雖著，則又自以不滿意，不欲表行於時，而尋以散失〔校一八〕。乃知〔校一九〕山川人物之顯晦，古今藝文之傳不傳，真若有期數而不可〔校二〇〕爲者，況乎其廢興成敗有大於此者乎！

順慶領州二、縣八，凡〔校二一〕百八十九里，賦七萬二千而畸〔校二二〕。志首地理，次征賦，次建設，次祠祀〔校二三〕，次官師，次登用〔校二四〕，次外志，總若干卷。朱侯名篚，字守貴〔校二五〕，號拙齋，浙山陰人〔校二六〕。順慶之人思其賢而仰其功，常恐一朝〔校二七〕去其竟土。守長、循良、僚佐皆君子，一時所難〔校二八〕。吾既樂郡志之成，而又悲前代著作之徒不遇，吾是以不能忘言也。過此將去游海上，與世不復有言。

嘉靖癸卯二月初吉，郡人任瀚少海書於嘉陵陶父釣臺〔校二九〕。

輯録

（明）朱篚《（嘉靖）順慶府志》卷首，國家圖書館藏膠卷。又見於（明）任瀚《任文逸稿》卷二；（明）任瀚《春坊集》卷下，第18－20頁；（明）任瀚《任少海先生文集》，目録存，正文脱；（民國）曾世禮《任黄合鈔·任司直文鈔》卷上，第42－43頁；（明）杜應芳、（明）胡承詔輯《補續全蜀藝文志》卷二二，《續修四庫全書》第1677册，第184頁；（明）何喬遠《皇明文徵》卷四七，《四庫全書存目叢書》集部第329册，第140－141頁；（明）虞懷忠、（明）郭棐等纂修《（萬曆）四川總志》卷二四，《四庫全書存目叢書》史部第199册，第719－720頁；（清）黄宗羲《明文海》卷二一九，北京：中華書局，1987年，第2211－2212頁；《（嘉慶）南充縣志》卷五《藝文志》七之六《序》，第1－2頁；《（光緒）西充縣志》卷一四《藝文下》，第2頁；《（民國）新修南充縣志》卷一四《藝文志·序》，第2－4頁。

校勘

〔一〕順慶府志序：《春坊集》題作“題順慶志”。

〔二〕無：《春坊集》作“亡”。

〔三〕巡幸：《春坊集》作“行幸”。

〔四〕無：《春坊集》作“亡”。

〔五〕嘗：《春坊集》同，《任文逸稿》作“常”，《補續全蜀藝文志》作“其”。

〔六〕賢：《春坊集》作“靈”。

〔七〕無：《春坊集》作“亡”。

〔八〕鉡璞：《春坊集》作“砷璞”。鉡、砷，皆“礦”的異體字。

〔九〕辨：《皇明文徵》作“辦”，訛。

〔一〇〕無：《春坊集》作“其亡”。

〔一一〕奪：《春坊集》作“敚”，古同“奪”。

〔一二〕氏：《皇明文徵》作“是”，訛。

〔一三〕安知：《春坊集》作“吾惡知”。

〔一四〕附：《（嘉慶）南充縣志》作“闕”。

〔一五〕陳：《（嘉慶）南充縣志》無。

〔一六〕嘗：《補續全蜀藝文志》無。

〔一七〕郡志：《（嘉慶）南充縣志》作“志”。

〔一八〕散失：《春坊集》作“散軼”。

〔一九〕“乃知”後：《春坊集》有“一方”二字。

〔二〇〕而不可：《春坊集》作“莫可”。

〔二一〕凡：《春坊集》無。

〔二二〕而畸：《春坊集》作“而奇”，《任文逸稿》作“有畸”。

〔二三〕祠祀：《春坊集》作“祠墓”，據《（嘉靖）順慶府志》卷五，作“祠祀”是。

〔二四〕次登用：《春坊集》無。據《（嘉靖）順慶府志》，“官師”後爲“人物”，蓋即“登用”者。

〔二五〕守貴：《春坊集》《補續全蜀藝文志》同，《任文逸稿》作“守誨”。考《（隆慶）臨江府志》卷一一、《（康熙）江西通志》卷六一皆稱“朱簠字守貴”，作“守貴”是。

〔二六〕號拙齋，浙山陰人：《春坊集》作“淛”。

〔二七〕一朝：《春坊集》作“一日”。

〔二八〕“順慶領州二”至“一時所難”：《皇明文徵》無。

〔二九〕嘉靖癸卯二月初吉，郡人任瀚少海書於嘉陵陶父釣臺：《任文逸稿》《春坊集》《任少海先生文集》《補續全蜀藝文志》《皇明文徵》《（嘉慶）南充縣志》無。

注釋

〔一〕順慶府志：即《（嘉靖）順慶府志》，（明）朱簠修，（明）秦國泰纂，凡八卷，嘉靖二十二年（1543）序刊，日本尊經閣藏有孤本，國家圖書館藏有膠卷。

〔二〕朱侯：朱篚。

〔三〕郭睿氏：順慶府學訓導，嘗以一己之力，采輯編撰《順慶府志草》。《（嘉靖）順慶府志》卷首載朱篚《跋順慶府志後》："而前順慶府學訓導郭睿氏鋭意采輯，志草具存，亟欲取而彙成之。"

〔四〕語出《禮記·禮運》。

〔五〕吴使君伯通：吴伯通（1441－1502），字原明，四川順慶府廣安州（今廣安市）人。學者稱石谷先生。天順八年（1464）中彭教榜進士，官大理評事，轉寺副，歷河南按察司僉事、浙江提學副使、雲南按察使。晚居家，建甘棠書院，教授百餘人以終。所著有《石谷達意稿》三十卷、《石谷韻語》十二卷、《策問答》七卷、《順慶府志》十五卷、《聞見録》廿卷、删正葉采《近思録注》、《石谷遺言》一卷、《甘棠書院録》一册。現有《石谷達意稿》三十四卷傳世。吴伯通《石谷達意稿》卷一五《順慶府志序（丁未）》："古者志以記事也，蓋凡一方域，上之天文，下之地理，中之人事、物情，莫不於是焉記，以傳久遠。志可廢乎？今志所記，若星分，若祲祥，皆天文也。若形勝，若山川，若疆域，若城池、田塘，若津渡、關隘，皆地理也。若風俗，若公署，若學校，若郵驛，若宦寓，若人物，若科貢，若貞節、孝義，若户口、賦税，若亭院、軒堂、樓閣，若壇壝、陵墓，若題詠、記述，若仙釋、寺觀、祠廟，皆人事也。若物産、穀蔬、藥果、花木，若羽毛、鱗介、昆虫，皆物類也。然志有廣狹大小，有天下志，有一省志，有一府一州一縣志。天下大，省次之，府次之，州又次之，縣則小矣。志大者繁，貴約而皆；志小者簡，當詳而悉，其體然也。皇明有《一統志》，其體制省約而該遍，不可尚已。惟藩司若府若州與縣，或有志，或闕焉，存乎其人焉耳。順慶之爲府，在蜀東北隅，志闕焉。舊有纂修稿，藏架閣，非完書也。成化丙午夏，提學僉憲金華潘先生考藝過州，顧余，語及府志之闕，慨然興，欲屬余成之。乃命知府事莆田陳侯亨，以今大宗伯長寧周先生昔所纂《敘州府志》見示爲式。因索架閣舊稿於府，得之。繼而分巡川北僉憲秀水梅公江重其事，復督廣安守居巢王侯，與蓬守華南郭侯瑾，同郡博滇南卿君惟賢，徧加采摭。府佐陜右諸侯廷儀行部，又周爰咨訪，多得所遺事以助。顧方在衰絰中，未敢承命。丁未服除，適南昌樊侯金繼知府事，伻來速其成。乃按稿，及考所有書，做《敘志》體例，隨事纂輯，粗爾成編，録以塞責。侯復屬序之，不敢終辭。於戲！郡邑之有志，凡天地之文理，山川之險要，風俗之媺惡，人才之臧否，事物之故實，宦學於此者，皆將有考焉，則亦求多聞以建事，資多識以畜德之一助云，非作無益也。第恨處窮鄉，艱於得書考校，而寡陋又素乏記聞者，删蕪補漏，蓋深有望於鄉邦博雅君子。”按：明皇甫録《下陴記談》卷上稱：“《順志》修於進賢樊侯，蓋弘治癸丑間筆也。”是吴伯通修志之後，又有弘治六年癸丑（1493）間進賢樊侯所修之府志。進賢樊侯即樊金，字公礪，江西進賢人。成化八年（1472）壬辰科進士。《明孝宗實録》卷一四〇，弘治十一年八月“己巳，升……四川順慶府知府樊金爲山東都轉運盐使司運使”。樊金于弘治十一年（1498）離任順慶知府，是皇甫録所言不誤。

南充志序

蜀都自帝禹陳《謨》〔注一〕、作《貢》〔注二〕、著《山海經》，文獻張矣。南充在蜀都最稱靈壤。譙允南〔注三〕、陳承祚〔注四〕皆充人，耆舊聞家〔注五〕，至老死不爲故國立傳，亦大闕事。豫章劉侯〔注六〕、石谿韓司馬〔注七〕生千載下，同聲相應，毅然秉觚牘爲之儻，其有《春秋》之思乎！

昔太皞生咸鳥，咸鳥生乘釐，乘釐生后昭，世爲巴人〔注八〕。其後苴王〔注九〕淫醟黷貨，自通於秦。秦惠王遣司馬錯〔注一〇〕執王以歸，身虜國滅，爲世大戒，是故書秦滅巴。

充之先有紀信〔注一一〕者，從漢高帝起兵爲部曲長，死事滎陽，忠烈聞天下。信死，漢世高其勛，以勞名國，置安漢縣，使後來知嚮慕。是故書安漢城。

蜀山氏之王，猺視而鳥言者曰蠶藂氏〔注一二〕。蠶藂氏之民，澹泊寡營，嚴鬼而殺禮。自敝靈、開明〔注一三〕已降，存其風流，未之有改也。是故書其民樸野，淳厚尚鬼。

瞿唐、劍閣，天下稱雄。縣當兩關正中，山川奧邲，多王氣，多靈異人，是故境土形勝則書。

東井天漢，源潢駛精，旁注以溉星辰日月，是爲鶉首。縣在天官東井分野，蓋入參一度而强，凡江海上游之國，是故得東井則書。

王路塞，官箴缺，長吏多深文觖法，民不堪命，海内謷謷有觖望。南充令自葛宫至吴孔祥五百歲，中間名能官者纔七八人，令不囏哉！是故遺愛去思則書，祀則書。

古者明王雖軍戎不廢俎豆，虞、夏、殷、周蓋不出庠序，東膠養老〔注一四〕，乞言皮弁祭菜〔注一五〕而天下理。南充文物，恢岸不謝三輔，繇漢司隸校尉禪〔注一六〕以來，才臣節士相望，類多崛起黌校中。是故學舍葺廢，官師舉不舉則書。

禹升塗山，凡玉帛受事之國，籍民數以獻者，千三百五十五萬三千九百而畸。迨孔甲、履癸之間，主窳臣夭，十損六七，夏后氏之鬼不食矣。南充自懸版籍百八十餘年，而氓不加多，將無吏於其土者，夭窳暴傷之爲厲與？是故賦額書，力役書〔校一〕，户上下登耗，空甲逃亡則書。

縣東山有神曰〔校二〕忠靖廣祐王者，故長老相傳爲縣人何滔，靖安史亂，死義金城山下。據《唐書》，至德丁酉，滔執其郡帥、防禦使陽齊魯叛竟上，劍南節度使盧元裕討平之。滔叛賊，不聞有靖難功，令百世後居然蒙王者號，稱食其宇，下不亟去悖，是故淫祠則書。

秦渠自蜀郡守冰穿二江成都中，溉沃野田萬頃，韓水工使者國鑿九嵏，西邸瓠口〔校三〕，溉關中斥鹵田四萬頃，是稱陸海神皋。漢渠則天子自臨决河，沉白馬玉璧，塞瓠子，築宫其上，而汾陰、商顔、龍首、定澤、靈軹、宣房諸水衡之，利半天下。南充四郊廣衍，谿硐泂瀁，回薄可疏，道相浸溉，而渠事不治，數乾封爲菑畛，産何得不靨？是故陂塘淤浚破壞則書。

譙縱〔校四〕〔注一七〕者，義熙安西參軍，僭名號，將東圖劉裕。裕遣朱齡石擊破樅軍。縱走死墓下，充人以爲大僇。是故么麿〔注一八〕僭據則書。

書，《春秋》法也，故曰儻其有《春秋》之思乎！

輯録

（明）任瀚《任文逸稿》卷二。又見於（明）任瀚《任少海先生文集》，目録存，正文脱；《（嘉慶）南充縣志》卷五《藝文志》七之六《序》，第2—4頁；（民國）曾世禮《任黄合鈔·任司直文鈔》卷上，題作"南充縣志序"，第43—47頁；《（民國）新修南充縣志》卷一六《外紀·雜録》，第2頁。

校勘

〔一〕役：原本無，據《（嘉慶）南充縣志》補。

〔二〕曰：原本脱，據《（嘉慶）南充縣志》補。

〔三〕瓠口：原本作"鄠口"，《（嘉慶）南充縣志》作"瓠口"，按《史記》卷二九《河渠書》："乃使水工鄭國間説秦，令鑿涇水，自中山西邸瓠口爲渠。"據改。

〔四〕縱：原本作"樅"，據《嘉慶南充縣志》改。下同。

注釋

〔一〕《謨》：《尚書·大禹謨》。

〔二〕《貢》：《尚書·禹貢》。

〔三〕譙允南：譙周。

〔四〕陳承祚：陳壽。

〔五〕耆舊聞家：《華陽國志·序志》："司馬相如、嚴君平、揚子雲、陽成子玄、鄭伯邑、尹彭城、譙常侍、任給事等各集傳記，以作本紀，略舉其隅；其次聖稱賢，仁人志士，言爲世範，行爲表則者，名挂史録，而陳君承祚別爲耆舊，始漢及魏，焕乎可觀。”

〔六〕豫章劉侯：劉大有，號豫齋。世爲豫章人，洪武初，祖子超從征雲南，因戍籍雲南蒙化。嘉靖十九年庚子（1540）舉人。二十三年（1544），初任湖廣竹山縣教諭。後陞任南充縣知縣。

〔七〕石谿韓司馬：韓士英（1486—1561），字廷延，號石谿，四川南充人。正德九年（1514）進士，授禮部主事，轉户部郎中，榷税江西。嘉靖初，以南京户部郎中遷知岳州府。陞岳常道副使。八年（1529），任四川僉事。十二年（1533），由貴州左參政陞貴州按察使。十八年（1539），由雲南布政使陞右副都御史，巡撫貴州。二十年（1541），任工部右侍郎。二十一年（1542），丁憂歸。二十四年（1545），改南京户部右侍郎。二十五年（1546），召爲工部侍郎。二十六年（1547），改户部右侍郎，陞左侍郎兼都察院右副都御史，總督漕運，兼巡撫鳳陽。蒞任未踰月，陞南京户部尚書。二十九年（1550），改南京兵部尚書。三十一年（1552），改户部尚書，未任，三十五年（1556），年七十，上疏乞休，得旨歸，賦閑家居琴臺村。隆慶三年（1569）正月贈太子少保。曾纂《南充縣志》十卷，今佚。

〔八〕“昔太皞生成鳥”句：宋樂史《太平寰宇記》卷一三六《山南西道四·渝州》：“《山海經》云：‘西南有巴國，昔太皞生咸鳥，咸鳥生乘鳌，鳌生後昭，是爲巴人。’郭璞注云：‘爲巴之始祖。’”

〔九〕苴王：即苴侯。《華陽國志》卷三《蜀志》：“蜀王別封弟葭萌於漢中，號苴侯，命其邑曰葭萌焉。苴侯與巴王爲好，巴與蜀讎，故蜀王怒，伐苴侯。苴侯奔巴，求救於秦。”

〔一〇〕司馬錯：夏陽（今陝西韓城）人，戰國時秦國著名將領，歷仕秦惠文王、武王、昭襄王三朝。秦惠文王九年（前316），率軍伐蜀，滅之。事迹詳《史記·秦本紀》《史記·張儀列傳》《戰國策·秦策》等。

〔一一〕紀信：西充人，漢將，隨劉邦起兵抗秦，嘗參與鴻門宴。滎陽城危，假扮劉邦，詐降西楚，被俘死。

〔一二〕蠶藂氏：古蜀帝王，即蠶叢。

〔一三〕敝靈、開明：皆古蜀帝王。敝靈，又作“鼈靈”。

〔一四〕“虞、夏、殷、周蓋不出庠序”句：《禮记·王制》：“有虞氏養國老于上庠，養庶老于下庠；夏后氏養國老于東序，養庶老于西序；殷人養國老于右學，養庶老于左學；周人養國老于東膠，養庶老于虞庠，虞庠在國之西郊。”

〔一五〕皮弁祭菜：《禮記·學記》：“大學始教，皮弁祭菜，示敬道也。”注：“皮弁，天子之朝朝服也。祭菜，禮先聖先師。菜即芹藻之屬。”

〔一六〕禪：陳禪。《（康熙）順慶府志》卷五《人物》：“陳禪，安漢人，字紀山。仕郡功曹，舉善黜惡，邦内畏服。舉茂才，爲漢中太守，賊聞聲即降。遷馮翊，官至司隸校尉。”（第2頁）

〔一七〕譙縱：（？—413）巴西南充人。祖獻之，有重名於西土。縱少而謹慎，蜀人愛之，爲安西府參軍。義熙元年（405），益州刺史遣縱及侯暉等領諸縣氐進兵東下，征討桓玄。暉有貳志，將圖益州刺史毛璩，與巴西陽昧結謀於五城水口，共逼縱爲主，縱乃自號梁秦二州刺史。毛璩死，縱乃自據成都，出兵討車騎將軍劉裕。義熙九年（413），東晉劉裕以朱齡石等率衆拒之，縱敗走死。事迹詳《晉書》卷一百本傳。

〔一八〕么麿：“么”同“幺”，小，排行最末。“麿”，微小。么麿，指宵小之人。又“么麿”諧音“妖魔”，或即南充方言“妖魔”之譯寫。

禺同山人文集敘〔校一〕

張愈光〔注一〕聲華藉藉，在海内四十年，今老矣，猶窮奇極詭，傲睨〔校二〕一世。其言：“六籍已後無文章，《檀弓》《栢梁》〔注二〕之間，惜時代晚莫爾。”於，壯士哉〔校三〕！

吾觀其道在空同〔注三〕、箕山〔注四〕，志在湘累〔校四〕〔注五〕，其憂患離罪，衰白而近於死，其事在江夏，然猶其所述稱，多閎烈曠遠，不爲怨憤悽惋之辭，而能使吾讀之如據松梧，臨萬壑，聽哀瀑奔溜，虎豹猿猱〔校五〕，百怪之音泠然也。將愈〔校六〕所謂鳴乎〔校七〕其善鳴者〔注六〕與？

人言：“宋不唐，唐不漢，漢不春秋、戰國，猶之江河之不可輓而之山也。”傷時代爾爾〔校八〕。乃吾見愈光呻其文辭，不敢〔校九〕問其人，豈暇信其生乎東西京〔注七〕之後也！文章無古今，安有時代？孔子、孟軻，衰周老儒生也，不聞其所爲文降於夏、商，而顧出伊尹、仲虺、伯夷、柳下惠諸君子之上，此何以明焉？其人聖，則其文爲經；其人賢，則其文爲史；不賢且聖，則其文野。凡古之落莫而不顯於今，與今之勤苦而不傳於後者，皆〔校一〇〕野人語耳，安罪時代哉！吾觀愈光爲文似程子華〔注八〕，詩似李白，其學古而進於聖賢，即吾不知其所，似其不爲野人焉勤苦〔校一一〕而不傳於後也必〔校一二〕矣。何日歸昆明，見新都太史〔注九〕，爲我弔其窮，而以吾言問之。

嘉靖丁酉春二月既望，五嶽山人兼青城季子、知涪陵少微館事任瀚〔校一三〕。

輯録

（明）張含《張愈光詩文選》卷末《附録·禺同山人文集敘》，《叢書集成續編》第115册，上海：上海書店，1994年，第120—121頁。又見於（明）任瀚《任文逸稿》卷二；（明）任瀚《任少海先生文集》，目録存，正文脱；（明）張時徹《皇明文範》卷三〇《禺山文序》，《四庫全書存目叢書》集部第303册，第2—3頁；（明）何喬遠《皇明文徵》卷四五，《四庫全書書存目叢書》集部第329册，第80—81頁；（明）賀復徵《文章辨體彙選》卷三〇八《禺山文序》，《景印文淵閣四庫全書》本；（清）黄宗羲《明文海》卷二四五，第2547頁；（清）黄宗羲《明文授讀》卷三三，《四庫全書存目叢書》集部第401册，第116—117頁。

校勘

〔一〕禺同山人文集敘：《任文逸稿》《明文海》作“禺山文敘”，《皇明文範》《文章辨體彙選》作“禺山文序”。

〔二〕晲：《皇明文範》同，《任文逸稿》作“倪”。

〔三〕於，壯士哉：《任文逸稿》《明文海》同，《文章辨體彙選》作

“於乎，壯哉”。

〔四〕湘累：《皇明文徵》同，《任文逸稿》《文章辨體彙選》作“湘漯”，訛。

〔五〕猿猱：《任文逸稿》《文章辨體彙選》《明文海》作“猏狖”。

〔六〕愈：《皇明文範》《皇明文徵》《文章辨体彙選》《明文海》作“韓愈”。

〔七〕嗚乎：《任文逸稿》《文章辨体彙選》作“嗚乎”。

〔八〕爾爾：《皇明文範》《皇明文徵》同，《任文逸稿》作“爾耳”。

〔九〕敢：《文章辨体彙選》《明文海》無。

〔一〇〕皆：《皇明文範》《皇明文徵》《文章辨体彙選》《明文海》同，《任文逸稿》作“直”。

〔一一〕勤苦：《皇明文徵》《文章辨体彙選》《明文海》作“勤勞”。

〔一二〕必：《皇明文範》《皇明文徵》同，《任文逸稿》作“決”。

〔一三〕“嘉靖丁酉”至“任瀚”：《任文逸稿》《任少海先生文集》《皇明文範》《皇明文徵》《文章辨體彙選》《明文海》《明文授讀》無。

注釋

〔一〕張愈光：張含（1479—1565），字愈光，一字用光，學者稱禺山先生，永昌（今雲南保山）人，張志淳之子。正德二年（1507）舉於鄉，不樂仕進，游梁、宋間，爲李夢陽所知，又與楊慎相契。工詩，著有《禺山文集》一卷、《禺山詩集》四卷傳世，今存《張禺山戊巳吟》三卷、楊慎評選《張愈光詩文選》八卷等。

〔二〕《檀弓》《栢梁》：《檀弓》，《禮記》中的一篇；《栢梁》，最早出現於漢代的一種七言詩体，又稱“栢梁體”“栢梁臺體”。詳見本卷《嵩和詩序》注釋。

〔三〕空同：本指空山，即崆峒，又作空桐、空峒。《莊子·在宥》：“黄帝立爲天子十九年，令行天下，聞廣成子在於空同之上，故往見之。”後又引伸爲虛無渾茫之境。《關尹子·九藥》：“昔之論道者，或曰凝寂，或曰邃深，或曰澄澈，或曰空同。”

〔四〕箕山：指許由，不受堯禪讓，隱居箕山。

〔五〕湘纍：指屈原。《漢書》卷八七上《揚雄傳上》載揚雄《反離騷》："因江潭而淮記兮，欽弔楚之湘纍。"顏師古注引李奇曰："諸不以罪死曰纍，荀息、仇牧皆是也。屈原赴湘死，故曰湘纍也。"屈原所投汨羅江乃湘江支流，故稱湘。

〔六〕愈所謂鳴乎其善鳴者：韓愈《送孟東野序》："大凡物不得其平則鳴：草木之無聲，風撓之鳴；水之無聲，風蕩之鳴，其躍也或激之，其趍也或梗之，其沸也或炙之；金石之無聲，或擊之鳴。人之於言也亦然：有不得已者而後言，其歌也有思，其哭也有懷，凡出乎口而爲聲者，其皆有弗平者乎！樂也者，鬱於中而泄於外者也，擇其善鳴者而假之鳴：金石絲竹匏土革木八者，物之善鳴者也。維天之於時也亦然：擇其善鳴者而假之鳴，是故以鳥鳴春，以雷鳴夏，以蟲鳴秋，以風鳴冬，四時之相推敓，其必有不得其平者乎！其於人也亦然：人聲之精者爲言，文辭之於言，又其精也，尤擇其善鳴者而假之鳴。其在唐、虞、咎陶、禹其善鳴者也，而假以鳴；夔弗能以文辭鳴，又自假於《韶》以鳴。夏之時，五子以其歌鳴。伊尹鳴殷，周公鳴周。凡載於《詩》《書》六藝，皆鳴之善者也。周之衰，孔子之徒鳴之，其聲大而遠。《傳》曰：'天將以夫子爲木鐸。'其弗信矣乎！其末也，莊周以其荒唐之辭鳴。楚，大國也，其亡也，以屈原鳴。臧孫辰、孟軻、荀卿，以道鳴者也；楊朱、墨翟、管夷吾、晏嬰、老聃、申不害、韓非、昚到、田駢、鄒衍、尸佼、孫武、張儀、蘇秦之屬，皆以其術鳴。秦之興，李斯鳴之。漢之時，司馬遷、相如、揚雄，最其善鳴者也。其下魏晉氏，鳴者不及於古，然亦未嘗絶也。就其善者，其聲清以浮，其節數以急，其辭淫以哀，其志弛以肆，其爲言也，亂雜而無章。將天醜其德莫之顧邪？何爲乎不鳴其善鳴者也？唐之有天下，陳子昂、蘇源明、元結、李白、杜甫、李觀，皆以其所能鳴。其存而在下者，孟郊東野始以其詩鳴，其高出魏晉，不懈而及於古，其他浸淫乎漢氏矣。從吾游者，李翱、張籍其尤也。三子者之鳴信善矣，抑不知天將和其聲，而使鳴國家之盛邪？抑將窮餓其身，思愁其心腸，而使自鳴其不幸耶？三子者之命，則懸乎天矣。其在上也奚以喜，其在下也奚以悲！東野之役於江南也，有若不釋然者，故吾道其命於天者以解之。"

〔七〕東西京：東漢、西漢。西漢都長安，東漢都洛陽，故以東西京代稱兩漢。

〔八〕程子華：程本，字子華，晉人，自稱孔子與之傾蓋者，所著有《子華子》，實係僞托。

〔九〕新都太史：楊慎。

嵩和詩序〔校一〕

詩，神物也。在郊廟朝廷，其聲閎쉐嚴肅，有衮冕氣；在軍旅關塞，其聲慷慨悲壯，有甲兵氣；在名山洞壑，水國靈墟，其聲懸曠幽窅〔注一〕，與鬼神出入，高可薄鈞天〔注二〕，下可徹寒泉，有風雲氣。吾讀楚中五嶽山人陳玉叔〔注三〕詩，滈滈〔注四〕乎其諸有衮冕、風雲之思哉！

夫楚，其鎮衡嶽，其藪雲夢，其浸瀟湘、洞庭，故常有英瑋神明之士生乎其間。如懷王左徒〔注五〕既放，忠憤愁惋而作《離騷》。其辭古雅，有法度，可以横絶四海。其徒唐勒、景差、宋玉，率倚藉風采，務鈎棘爲楚聲，雅道未墜。漢武《柏梁》〔注六〕以後，始變爲古體詩。蘇、李、曹、劉〔注七〕，術作者〔注八〕繼起，楚聲漸凋。建武、寧康〔注九〕中，江左風流，非不蕭散疏越，然建安骨力，至是少衰。唐世敦尚辭華，儒臣以能詩供奉稱旨者籍籍相望。更歷開元、長慶〔注一〇〕，隱顯數百家，中間稱雄藝苑纔一兩人，然且奔播瞿峽〔校二〕，長流夜郎，了無著足處。詩顧不窮人哉！

吾觀玉叔雖楚産，乃不作鈎棘聲。其詩可晉可唐，可魏可漢，不必夜郎、瞿峽，而遠興至味，超然有塵外數致，使與鮑、謝、高、岑、燕、許、韋、孟〔注一一〕對壘，胡可決勝敗也！

君嘗欲坐我瀟湘煙霧中，結羲皇社，何日到湖上，與君乘興登黄鶴樓，聲鐵笛，吞吐雲夢。當其時，惡知不如前日獨往尋南嶽，宴紫霄宫，長吟傲天地之爲適也。

萬曆三年元旦西蜀任瀚撰〔校三〕。

輯録

（明）陳文燭《二西園詩集》卷首《嵩和詩序》，國家圖書館藏萬曆間刻本，第10—11頁。又見於（明）任瀚《任文逸稿》卷四；（明）任瀚《任少海先生文集》，目録存，正文脱；（民國）曾世禮《任黄合鈔·任司直文鈔》卷上，第41—42頁。

校勘

〔一〕嵩和詩序：《任文逸稿》《任少海先生文集》作"五嶽詩敘"，《任黄合鈔》作"詩序"，《四庫全書存目叢書》集部第139册影印明天啓三年（1623）陳之蘧重刻本《二西園詩集》無。

〔二〕瞿峽：《任文逸稿》作"瞏峽"，訛。

〔三〕萬曆三年元旦西蜀任瀚撰：《任文逸稿》《任少海先生文集》《任黄合鈔》無。

注釋

〔一〕懸曠幽窅：懸曠，當作"玄曠"，玄遠空曠。晉陸機《贈馮文羆遷斥丘令》："邁心玄曠，矯志崇邈。"明袁宏道《壽存齋張公七十序》："于昌高明玄曠清虚澹遠者，一切皆歸之二氏。"幽窅，幽窈，幽深。明文徵明《宜興善權寺古今文録敘》："谷巖幽窅，流瀨清激。"

〔二〕鈞天：天之中央，古代神話傳説中天帝所住的地方。《史記·趙世家》："我之帝所甚樂，與百神游于鈞天。"

〔三〕陳玉叔：陳文燭。

〔四〕漰湃：波浪相擊聲。

〔五〕懷王左徒：指屈原。屈原在楚懷王時任左徒。

〔六〕《柏梁》：漢武築柏梁臺，詔群臣作《柏梁詩》。清丁福保《全漢詩》卷一《柏梁詩》注："漢武帝元封三年，作柏梁臺。詔群臣二千石有能爲七言詩，乃得上坐。"然柏梁臺非作於元封三年，《柏梁詩》是真是僞，言人人殊。

〔七〕蘇、李、曹、劉：蘇武、李陵、曹植、劉楨。“蘇李詩”乃托名西漢蘇武、李陵相互贈答的五言古詩，共有十七首，梁蕭統《文選》“雜詩”載七首，列於《古詩十九首》之後；《古文苑》載十首。内容多寫朋友、夫婦、兄弟間的離别之情，傷感於現實不平、人生有限，風格與《古詩十九首》相似。這些詩中所述事迹并不符合蘇武、李陵的身世經歷，故爲托名之作，大致出自於東漢末年桓、靈時期的中下層文人，被視爲五言詩成熟的標志。

〔八〕術作者：當作“述作者”，即紹述而作者。

〔九〕建武、寧康：建武（25－56），東漢光武帝劉秀年號；寧康（373－375），東晉孝武帝司馬曜年號。

〔一〇〕開元、長慶：開元（713－741），唐玄宗李隆基年號；長慶（821－824），唐穆宗李恒年號。

〔一一〕鮑、謝、高、岑、燕、許、韋、孟：鮑照、謝靈運、高適、岑參、張説、蘇頲、韋應物、孟郊。張説封燕國公，蘇頲封許國公。《新唐書·蘇頲傳》：“自景龍後，與張説以文章顯，稱望略等，故時號燕、許大手筆”。

金堂遺愛册子敍

漢邸，太上皇故都，王氣所躔，其地多靈産。少司馬確庵曾公〔注一〕，世以文獻起家漢上，提衡藝苑，海内知名。元年〔注二〕，奉帝命討罪夜郎，以開府中丞行大將軍事，立馬横槊，斬梟寇數十萬，擒三十六名王，略地四百里，置建武城，設防衛兵。經略都訖，又明年被詔還京師。將行，仍寄余《金堂遺愛册子》，爲敍説往事。

金堂，故蜀都名縣，司馬公大父東莊翁〔注三〕嘗宰其處，廉介恤窮，有惠政，百不染著。余讀其禱雨文，至以身爲牲，血爲酒，心爲瓣香，願博一雨，以蘇民困。一時父老聞言感泣，雨亦隨注。人謂天道善應，此古今《循吏傳》所不得載。東莊爲人骨鯁，不諂事當路，守官八年不遷，覽張季鷹〔注四〕事，慨然思歸，徑買舟東下，舟中纔圖書數卷。會峽天阻雪，缺供張，至忍冷脱一羔裘市米菽自給，乃得抵家。不知今世上還復有此清白吏否？去之日，父老環哭江岸，不得住留，冠舄爲别，歲時俎豆祠下，到于今不衰。有子參知政事，是生司馬公。

世嘗慕荀朗陵〔注五〕爲縣多善狀，其後八龍〔注六〕皆名懸帝闕，聲望重兩漢。若乃金堂後有參知〔注七〕，參知後有少司馬。參知公風節行誼固已前無古人，司馬公破鹵擒王，又豈潁川諸荀可望？固知天所爲報施金堂者，雖數十年後，還如禱雨時，應答不爽。推此意，繇司馬公而後，且將代有哲人，不八龍以止，又何慕朗陵爲！

輯録

（明）任瀚《任文逸稿》卷四。又見於（明）任瀚《任少海先生文集》。

注釋

〔一〕確庵曾公：曾省吾（1532—?），字三省，號確庵，晚年自號恪庵，湖廣承天衛鍾祥（今湖北省鍾祥縣）人，官籍江西彭澤。嘉靖三十五年（1556）進士，除富陽知縣，歷浙江右參政，入爲太僕少卿。隆慶六年（1572），以右僉都御史巡撫四川。萬曆元年（1573），敘州九絲城都掌蠻負險起事，省吾奉命督總兵官劉顯等剿平之，以功進右副都御史，録一子。復上善後十事，置建武所。三年（1575），召拜兵部右侍郎，五年（1577）遷左。六年（1578），擢南京右都御史，掌院事。八年（1580），入爲工部尚書。出張居正門，與王篆爲之羽翼。十年（1582），以修陵功，加太子太保。給事中王繼光劾省吾省吾十罪，被勒令致仕。十二年（1584），給中唐堯欽復劾之，乃削籍。神宗籍張居正家，以其子敬脩言寄金於省吾家，萬曆十二年（1584），籍没家産，削籍爲民，永不敘用。未幾，卒。所著有《武寧紀略》（佚）、《允釐堂本奏議》

不分卷（明刻本，天一閣博物館藏）、《曾確庵三种》四卷（《司空校秦翰牘》一卷、《司空撫蜀翰牘》一卷、《司空平蠻餘録》二卷，明萬曆顧爾行刻本，中國科學院圖書館藏）、《重刻確庵曾先生西蜀平蠻全録》十五卷（萬曆九年張一鯤刻本，國家圖書館藏；《北京圖書館古籍珍本叢刊》第9册，書目文獻出版社1988年），輯有《薛王二先生教言》四卷（《文清薛先生教言》二卷、《文成王先生教言》二卷，明萬曆刻本，吉林省社會科學院圖書館藏）等。萬斯同《明史》有傳。

〔二〕元年：明神宗萬曆元年（1573）。

〔三〕東莊翁：據明歐大任《歐虞部集十五種》卷一五《曾處士傳》，曾省吾曾祖父曾遜，湖廣承天人。其先江西彭澤人。先祖某以武功爲千户，始居安陸。治經爲儒，以鄉進士宰蜀之金堂，七載而歸，清苦自潔，貧至鬻田以償夙逋，蜀人稱廉。子輝（1484—1565），字虞光，處士。省吾出宰富陽（歐氏作富順，據《明史・曾省吾傳》當作富陽），輝手録遜清白吏事以爲教，復戒以詩曰："官在清兮民在恤，農宜勸也學宜敦。"任瀚稱曾省吾"大父東莊翁嘗宰"金堂，顯係誤記省吾曾大父爲大父。

〔四〕張季鷹：張翰，字季鷹，晉吴郡吴人，有清才，善屬文，縱任不拘。齊王冏辟爲大司馬東曹掾。冏時執政，翰謂同郡顧榮曰："天下紛紛，禍難未已。夫有四海之名者，求退良難。吾本山林間人，無望于時。子善以明防前，以智慮後。"榮執其手，愴然曰："吾亦與子採南山蕨，飲三江水耳。"翰因見秋風起，乃思吴中菰菜、蒓羹、鱸魚膾，曰："人生貴得適志，何能羈宦數千里以要名爵乎!"遂命駕而歸。俄而冏敗，以皆謂之見機。然府以其輒去，除吏名。翰任心自適，不求當世。或謂之曰："卿乃可縱適一時，獨不爲身後名邪?"答曰："使我有身後名，不如即時一盃酒。"時人貴其曠達。事迹詳《晉書》卷九二《文苑・張翰傳》。

〔五〕荀朗陵：荀淑（82—148），字季和，東漢潁川潁陰人。荀卿十一世孫。少有高行，博學而不好章句，州里稱其知人。安帝時徵拜郎中，後再遷當塗長。去職還里，李固、李膺等師宗之。梁太后臨朝，有日食、地震之變，杜喬、房植應詔舉淑對策，譏刺貴倖，爲大將軍梁冀所忌，桓帝時出補朗陵侯相。蒞事明理，有"神君"之稱，世稱荀朗陵。不久棄官歸，閑居養志，以産業贍宗族知友。以清高有德，名重當時。詳

《後漢書》卷六二《荀淑傳》。

〔六〕八龍：荀淑育有八子，並有名稱，時人謂之“八龍”。

〔七〕參知：參知政事，官職。此指曾璠，當爲參議之訛。曾璠（1513—?），曾省吾之父，號陽白，嘉靖十六年丁酉（1537）舉於鄉，四十一年壬戌（1562）進士，授刑部浙江司主事，遷員外郎，以參議告歸，受子一品之封。省吾敗時，璠尚在堂。詳《弇州山人續稿》卷三八《賀大司空陽白曾翁七袠榮封序》、《萬曆野獲編》卷九《江陵二鄉人》。

刻孫山甫督學詩集序〔校一〕

嘉靖初，五星聚東壁，明德中興，海内文章道術，至是隆盛。閲四十年來〔校二〕，摛菁掞藻之家，朝野相望。淮海孫山甫〔校三〕以辭翰起家黔中，人史館，遷諫議大夫。上命提學〔校四〕關西，善作士，與邃菴〔注一〕、漁石〔注二〕齊名。甲子〔注三〕春，移鎮劍南，始按部，訪予〔校五〕江門釣臺。予逃空谷久，見君嫺雅緼藉〔校六〕〔注四〕，栩栩若平生驩。明日，從事〔注五〕來，齎所得南游以後諸體詩五百餘篇相印可。予掃石披雲一再讀，歎曰：“吴大帝〔注六〕之後，散亡列國若淮海者，其詩蔚然有江左〔注七〕風流，其雋永閎㒺，自鮑、謝〔注八〕諸人不能過也!”

始吾讀李獻吉〔注九〕詩，謂如媧皇擣鍊補天石，奔走百靈，雷電、日月、星辰，并騙爐冶。讀何仲默〔注一〇〕詩，如黄鍾在縣，金石發作，伶坊供奉之官，莫不按宫商，謹節奏。其横放處，如項羽提三尺劍出江東，不必斬將搴旂，而登壇嘯咤，千人皆廢。讀張愈光〔注一一〕詩，如巨靈擘太華，黄魔太翳决瞿唐。其險怪詰屈，雖不中繩墨，定知出鬼神手，而無斧鑿痕。今吾讀山甫詩，則如七十二君封泰山〔注一二〕，望見滄海有無中，蜃氣樓閣，盤薄煙霏，景光萬狀，便翛然起僊靈霞外之思。如君兹選，當與高子業〔注一三〕、顧華玉〔注一四〕格力相埒，誠足剉建安鋒，劘六朝壘。惜二君已宿草，不及見也。

吾聞龍嘘氣成雲，雲之靈，龍馮之，然龍非雲之所能使爲神物也。人嘘氣成聲，聲之精者爲詩，人豈詩所能使爲聖賢君子者哉？語曰："明珠彈于飛肉，其得不復。"〔注一五〕"周鼎鑄倕而齕其指，明大巧之不可常也。"〔注一六〕淮海固力〔校七〕爲聖賢君子者，其神明内藴，思若懸河，吾懼其或常〔校八〕試於大巧也，故以是節之。

鴻濛處士任瀚著〔校九〕。

輯録

（明）孫應鰲《孫山甫督學詩集》卷首，明隆慶元年（1567）刻本。又見於（明）任瀚《任文逸稿》卷四；（明）任瀚《任少海先生文集》，目録存，正文脱；（明）孫應鰲《學孔精舍詩鈔》卷首，《四庫全書存目叢書》集部第129册，第5頁；（明）何喬遠《皇明文徵》卷四五，《四庫全書存目叢書》集部第329册，第66頁；（清）黄宗羲《明文海》卷二四五，第2546—2547頁；（清）黄宗羲《明文授讀》卷三五，《四庫全書存目叢書》集部第401册，第168—169頁。

校勘

〔一〕刻孫山甫督學詩集序：《任文逸稿》作"孫山甫督學集序"，《學孔精舍詩鈔》作"孫山甫詩集序"，《明文海》作"孫山甫集序"。

〔二〕四十年來：《學孔精舍詩鈔》作"四十五年"。

〔三〕淮海孫山甫：《學孔精舍詩鈔》作"孫淮海山甫"。

〔四〕提學：《任文逸稿》《明文海》作"督學"，《學孔精舍詩鈔》作"督"。

〔五〕予：《任文逸稿》《學孔精舍詩鈔》作"余"。下文"予"字同。

〔六〕縕藉：《學孔精舍詩鈔》作"藴藉"。按，"縕"通"藴"。

〔七〕力：《任文逸稿》《學孔精舍詩鈔》作"欲"。

〔八〕常：《任文逸稿》《學孔精舍詩鈔》《明文授讀》作“嘗”，“常”通“嘗”。

〔九〕鴻濛處士任瀚著：《學孔精舍詩鈔》作“南充任瀚”，《任文逸稿》無。

注釋

〔一〕邃菴：楊一清（1454－1530），字應寧，號邃菴，自號淙病叟，雲南安寧州人。成化八年（1472）進士，授中書舍人，歷官陝西督學副使、南京太常寺卿、陝西巡撫、吏部尚書、武英殿大學士，嘉靖六年（1527），接任内閣首輔，爲張璁所排擠，落職閑居。卒贈太子太保，謚文襄。

〔二〕漁石：唐龍（1477－1546），字虞佐，别號漁石，蘭谿人。正德三年（1508）進士，授剡城知縣，陞御史，官至吏部尚書。卒贈太子少保，謚文襄。所著有《易經大旨》《漁石集》。

〔三〕甲子：指嘉靖四十三年（1564），時孫應鰲出任四川右參政。

〔四〕緼藉：即“蘊藉”，亦作“蘊籍”，寬厚有涵養。《史記·酷吏列傳》：“（義縱）治敢行，少蘊藉。”《後漢書·桓榮傳》：“榮被儒衣，温恭有蘊籍。”李賢注：“蘊籍，猶言寬博有餘也。”

〔五〕從事：吴懋，時任階州知州。詩集未刻就，吴懋不幸卒於是年（1564），故終由孫應鰲督學關中時的弟子喬羽刻印。

〔六〕吴大帝：孫權（182－252），字仲謀，吴郡富春人。繼父堅、兄策之業，據荆、揚、交州。黄初二年（221）降魏，封吴王。次年拒魏，改年黄武。七年（229）稱帝於武昌，國號吴，改元黄龍，遷都建業（今江蘇南京）。太元二年（252）薨，謚曰大皇帝，廟號太祖。

〔七〕江左：又稱江東，即長江以東地區。這裏指東晉、南朝。

〔八〕鮑、謝：鮑照、謝靈運。

〔九〕李獻吉：李夢陽（1473－1530），字天賜，更字獻吉，號空同子，慶陽（今屬甘肅）人。弘治六年（1493）進士，授户部主事，遷户部郎中。正德元年（1506），因反對宦官劉瑾，被貶山西佈政司經歷，不久入獄，賴康海周旋得釋。瑾死，遷江西提學副使，因寧王朱宸濠事奪職。工書法，得顔真卿筆法；精於古文詞，反對虚浮的臺閣体，提倡“文必秦漢，詩必盛唐”，强調復古。與何景明、徐禎卿、邊貢、康海、王九思、王廷相并稱“前七子”。所著有《空同集》六十六卷。

〔一〇〕何仲默：何景明（1483—1521），字仲默，號大復山人，信陽（今河南信陽）人。弘治十五年（1502）進士，授中書舍人，官至陝西提學副使。“前七子”之一，與李夢陽齊名，“倡言復古，文自西京，詩自中唐而下，一切吐棄，操觚談藝之士，翕然宗之，明之詩文，于期一變”（《明史·文苑傳序》），所著有《大復集》。

〔一一〕張愈光：張含（1479—1565），字愈光，一字用光，學者稱禺山先生。

〔一二〕七十二君封泰山：相傳上古時期有72位君王曾封禪泰山。自秦至清，史籍上確切記載到泰山封禪祭祀的皇帝共有12位：秦始皇嬴政、秦二世胡亥、西汉武帝劉徹、东汉光武帝劉秀、東漢章帝劉炟、東漢安帝劉祜、隋文帝楊堅、唐高宗李治、唐玄宗李隆基、宋真宗趙恒、清聖祖玄燁、清高宗弘曆。

〔一三〕高子業：高叔嗣（1501—1537），字子業，號蘇門山人，祥符（今河南開封）人。嘉靖二年（1523）進士，授工部主事，改吏部，歷稽勳郎中，出爲山西左参政，後遷湖廣按察使。所著有《蘇門集》。

〔一四〕顧華玉：顧璘（1476—1545），字華玉，號東橋，先世吴縣人，寓居南京上元。弘治九年（1496）進士，歷任布政使、巡撫、右副都御史及吏部、工部右侍郎，官至南京刑部尚書。璘少負才名，與陳沂、王韋號金陵三俊。後朱應登繼起，號四大家。其詩矩矱唐人，才情燦然，格不必盡古，而以風調勝。王世貞《藝苑卮言》謂：“顧華玉如春原盡花，迤靡不少。”四庫提要稱其詩“遠挹晉安之波，近駿信陽之乘，在正德、嘉靖間，固不失爲第二流之首也。”所著有《息園詩文稿》《山中集》《顧華玉集》等。

〔一五〕“明珠”句：語見《太玄經》卷四《唐》：“上九，明珠彈于飛肉，其得不復。”《測》曰：“明珠彈肉，費不當也。”范望注：“明珠，重實也。飛肉，輕欲也。九爲金，故稱明珠。飛肉，禽鳥也。珠至重，鳥至輕，以重求輕，故不復也。”“費貴得賤，故得不復也。”

〔一六〕“周鼎”句：語見《淮南子·本經訓》：“周鼎著倕，使銜其指，以明大巧之不可爲也。”

吴紹溪〔注一〕詩序

愚自叨守宫坊以來，常思盡蒐海内諸名家詩，取次編題，以供石渠一代藝文騷雅之選，于今更三朝矣。吾于楚凡得敘而傳之者四人：少司馬承天曾公〔注二〕有《秦苑吟編》，中憲大夫崇陽王公有《石洲遺稿》〔注三〕，學憲沔陽陳公〔注四〕有《嵩和詩》，司理參軍衡陽嚴公〔注五〕有《吴越吟》。此四大家者，皆足以名天下。而宜都吴紹溪之來最晚，其詩最清逸，讀之如浮洞庭，坐听湘靈鼓瑟，嫺婉蕭曠，不似從塵鞅中來也。

李唐時，張燕公〔注六〕客郢、鄂間，自以詩思凄清，爲得湖山之助。宜都當郢、鄂上游，去武陵桃源只尺。紹溪詩種種，挾煙霞氣，將仙靈其有助耶？

愚常苦近世之爲詩者，琱鎪奇怪，務作不經人道語，角勝詞場，徒拗齒牙，百無興味，不足上追風雅。子夏敘三百篇〔注七〕，謂《詩》能動物，如風雨動魚龍，故以名“風”。吾觀紹溪詩，如江東顧虎頭〔注八〕，醉中掃壁畫山水，興到立成，意態各得，使臨瀟湘渺莽間誦之，真可動魚龍哉！少府氣岍瑋甚〔校一〕，而詩句清婉，類世外絶粒人所爲，亦大奇矣！

輯録

（明）任瀚《任文逸稿》卷五。又見於（明）任瀚《任少海先生文集》。

校勘

〔一〕瑋甚：當作“偉甚”。

注釋

〔一〕吴紹溪：吴應台（1537—?），號紹溪，宜都（今湖北宜都）人。父天俸任台州知府時，繼娶董，生應台。甫七月而父卒官，棲托外家，年十六始歸里。嘉靖三十一年壬子（1552）舉人，累官敘州府同知，爲政五年，擢户部員外郎。無幾，奉命監淮之常盈倉。隆慶六年（1572）秋，出任河東郡别駕。在郡近三年，萬曆初，陞順慶府同知。所著有《紹谿詩集》《宜都一紀》《敘南集》《適園集》等。事詳明亢思謙《慎修堂集》卷十《贈别駕吴紹溪之順慶序》、《（同治）宜都縣志》卷四上《吴應台傳》、《（光緒）荆州府志》卷五七《吴應台傳》。

〔二〕曾公：曾省吾（1532—?），字三省，號確庵，晚年自號恪庵，湖廣承天衛鍾祥（今湖北鍾祥縣）人，官籍江西彭澤。

〔三〕王公：王疇，字敘之，崇陽人。正德三年（1508）進士，授南京大理寺評事，歷寺正，擢江西僉事，陞四川副使。歸，居家，手不釋卷。性方正，恥干有司，處清貧，晏如。所著有《石洲文集》。事迹詳《（萬曆）湖廣總志》卷五四《獻徵八（國朝）·王疇傳》。

〔四〕陳公：陳文燭（1535—1594），字玉叔，號五嶽，沔陽（今湖北仙桃）人。

〔五〕嚴公：嚴光治，湖廣興國（今湖北陽新縣）人。舉人。嘉靖十四年除嘉興府推官，二十一年任順慶府推官（《（康熙）順慶府志》三《秩官》，第32頁）。

〔六〕張燕公：張説（667—730），字道濟，一字説之，洛陽人。唐玄宗時官至宰相，封燕國公。長於文學，開元前期一代文宗，與許國公蘇頲齊名，并稱“燕許大手筆”。

〔七〕子夏敘三百篇：子夏，孔子弟子。三百篇，《詩經》。傳子夏曾爲《詩經》作序，即今之《詩序》。

〔八〕顧虎頭：東晉畫家顧愷之小字虎頭，故稱。唐杜甫《題玄武禪師屋壁》："何年顧虎頭，滿壁畫滄洲。"仇兆鰲注："杜修可曰：顧愷之小字虎頭。"

朱秉器〔注一〕詩敘

明虹朱使君守渝州〔注二〕日，愚嘗聞其風，慕其爲人，直欲泛江舸，出縉雲峽〔注三〕，相與登高唐，吊杜陵〔注四〕瀼西故廬，嘯傲煙雲泂瀁之濱，以忘吾老，未能也。後十數載，君復來爲觀察使，往者登高之節，君嘗以書來示，所刻《朱秉器詩》，謂愚當敘諸首。

愚報書曰：某本劍南野人，與猿狨、漚鷺雜處，白首不聞道，放絶文事垂三十年，立言立功，舉非吾分，漫然虚此生，既自悲矣。唯是海内英儒哲匠，未嘗不心銘而籍記之，録爲野史，藏諸石室，冀爲掌故家一助。今乃得讀朱使君詩，蓋風雅之選也。詩無問晉唐、漢魏，大都閎肆瀟灑，可入神品。臨秋江月，夜誦之，如逢赤斧，升虬龍，召湘妃鼓瑟，流商激羽，吸引沆瀣，了不知世界有塵俗氣。其於古今人代詩家體格風流，諸不暇計也，即建安、江左何爲？

使君前後鎮蜀，郡縣肅清，頌聲滿江漢〔注五〕，雖冉駹、氐道、黔黎、鑿齒〔注六〕，不人之國，皆貼貼嚮風。後來勛業在盟府，圖形闕庭，豈須詹決？嘗見沔陽陳玉叔〔注七〕與吾郡侯周國雍〔注八〕每於座上誦《朱秉器詩》，若奏金石，殷殷不輟休。二君皆中朝文獻名家，其於秉器殆若林慮山人鍾子期〔注九〕，聽琴而得其所不言，其氣味同也。然愚所望於使君者，計日爲賢公卿，佐天子節宣元化，與堯、舜賡歌〔注一〇〕明堂之上，聲諸清廟〔注一一〕，并傳不朽，可能獨取暇日，攜斗酒，與海内二三詩豪班坐浣花〔注一二〕魚鳥中，出險韻，鬭神奇，嗚嗚相倡和爲哉？

岷峨樵父任瀚著。

輯録

（明）朱孟震《朱秉器全集·詩集》卷首，《北京圖書館古籍珍本叢刊》第 79 册第 154－155 頁。又見於（明）朱孟震《朱秉器詩集》卷首，《四庫全書存目叢書補編》第 57 册，第 359－360 頁；（明）朱孟震《朱中丞全集·朱秉器詩集》卷首，《明别集叢刊》第三輯第 77 册，合肥：黄山書社，2015 年，第 529－530 頁。

注釋

〔一〕朱秉器：朱孟震字秉器，自署郁木山人，新淦（今江西樟树）人。隆慶二年戊辰（1568）進士，任南雍，歷南北部郎，出守重慶，卻黔中接濟餉千餘緡，時稱廉介。擢潼關兵備副使，分守冀南。值歲歉，發廪施粥，以活流移。及春，民間種穀俱盡，出俸錢市粟給之。萬曆十一年（1583）遷四川按察使，蜀人歲苦採辦，請於臺使，奏罷三之一，詔賜金帛，加二品俸，轉貴州左轄。宣慰安國亨素獷悍，爲邊患，數以餽餌，謝弗受，示以威信。國亨大懼。入爲順天尹，巡撫山西，再靖嚴疆，以疾請告歸。所著有《河上楮談》《汾上續談》《浣水續談》《游宦餘談》《玉笥詩談》《郁木生全集》《朱秉器文集》《朱秉器詩集》等。生平事迹見陳文燭《二西續集》卷二《朱秉器詩序》。

〔二〕渝州：州名。隋開皇元年（581）改楚州置，因渝水爲名，治巴縣（今重慶市）。大業初改爲巴郡。唐武德元年（618）復爲渝州，并分置涪州。天寶初改爲南平郡，乾元初復爲渝州。宋崇寧元年（1102）改爲恭州。

〔三〕縉雲峽：縉雲，山名，在重慶市北、嘉陵江右岸北碚區，素有小峨眉之稱。山中有縉雲古寺，故名。縉雲山在嘉陵江温塘峽南面，縉雲峽或即此。

〔四〕杜陵：指杜甫。

〔五〕江漢：長江和漢水的合稱，指江漢流域。

〔六〕冉駹、氐道、黔黎、鑿齒：泛指西南的少數民族及其聚居地。

〔七〕陳玉叔：陳文燭。

〔八〕周國雍：周光鎬（1536－1616），字國雍，號耿西，潮陽（今廣東汕頭）人。嘉靖四十三年（1564）舉人。隆慶五年（1571）進士，授浙江寧波府推官，署象山縣事。萬曆三年（1575），陞南京户部主事，再晉吏部郎中。六年（1578），授承德郎。八年（1580），遷驗封司郎中。九年（1581），出知順慶府，倜儻有權略。十四年秋，建越彝叛，四川巡撫徐元太知其能，奏遷四川按察副使、建昌兵備道，領征南軍監軍事。十六年（1588），以功陞四川右參政。二十年（1592），任陝西按察使、監鞏兵備道，平定哱拜之變。二十一年（1593），陞右僉都御史，巡撫寧夏。二十三年（1595），陞大理寺卿。二十四年（1596），被劾，以老乞休，領大理寺卿二品金俸回籍。家居二十年，卒。所著有《明農山堂集》五十卷、《正俗會約》《出峽草》《武經考注》《兵政集訓》等。萬曆十四年任順慶知府，遷觀察。郭子章《蜀草》卷一《渡瀘稿序》："予丙戌（萬曆十四年，1586）入蜀時，建越諸羌弗靖。友人周國雍繇果州守遷觀察，監軍南征，歷沈黎，渡瀘江，浴兵邛海，挂旆雪山，掃白馬之鼎魚，夷青羌之穴蠬，歸而飲，至於錦城。"（《四庫全書存目叢書》第154册，第622頁）

〔九〕林慮山人鍾子期：《韓詩外傳》卷九："伯牙鼓琴，鍾子期聽之。方鼓琴，志在山，鍾子期曰：'善哉鼓琴，巍巍乎如太山。'志在流水，鍾子期曰：'善哉鼓琴，洋洋乎若江河。'鍾子期死，伯牙擗琴絶絃，終身不復鼓琴，以爲世無足與鼓琴也。非獨琴如此，賢者亦有之。苟非其時，則賢者將奚由得遂其功哉。"

〔一〇〕賡歌：酬唱和詩。

〔一一〕清廟：太廟，古代帝王祭祀祖先的地方。

〔一二〕浣花：浣花溪。

虞山先生黔蜀稿序

吾師虞山先生〔注一〕，淮海直儒，義問滿天地。在先朝御史臺，數犯忌諱，斥權倖，抗言極諫。武廟雖銜之，而未能寘法。蓋先生三代遺直，爲朝廷倚重如此。余於《西臺奏議》已略序其端矣。

先生制行高古，澹泊寡營，天性剛正，急流勇退。其學以居敬窮理爲主，而防檢精密，不一時一念自恕，久之遂純然自得。嘗寄余整菴先生〔注二〕《困知記》及文清〔注三〕、康齋〔注四〕諸《粹言》，取其尤切於日用者，自爲標題其處，使便於省識。余方謀序而傳之，留刻於家，以垂後人，則又以忤時還山，力有所不逮也。雲江錢侯來守吾土，乃取先生《黔蜀稿》刊置郡齋。先生非徒以詩文名家者。錢侯生於其鄉，慕其人，不欲其片言隻字之不盡留於世也。故於一方巡省之作，猶汲汲傳之若不及，況其全書虖！

先生文辭正大，皆自理學中來，故其論學論性，尤最精確。至其爲詩，雖取咼詠性情，而忠孝大節，炅炅呈露，天倪道機，亦時於景中見之，當與晦翁、康節〔注五〕諸君子之詩並觀可也。

錢侯廉敏端介，志方而行慤，爲郡循良，刻未成，還關中憲使去。兹刻也，獨留郡齋，亦可以深長思矣。

嘉靖辛亥人日〔注六〕，左春坊太子司直兼翰林國史檢討門人任瀚〔校一〕書。

輯録

（明）陳察《都御史陳虞山先生集》卷首，明萬曆四十五年（1617）陳于陛刻《兩陳公文集》本，《明别集叢刊》第一輯第90册，合肥：黄山書社，2013年，第34—35頁。

校勘

〔一〕任瀚：原本作“任翰”，據任瀚碑志改。

注釋

〔一〕虞山先生：陳察，字元習，號虞山，亦號楊清子，室名至樂樓，常熟人。弘治十五年（1502）進士，授南昌推官。正德初擢南京山東道御史，尋改湖廣道，出按雲南。世宗初還朝，上書，復出按四川。再入爲御史，以言事獲罪，謫海陽學官，移廣信推官，累遷浙江左布政使，入爲南光禄卿，尋以左僉都御史巡撫南贛。事迹詳王世貞撰傳，瞿景淳撰行實，鄒善撰墓誌銘。性耿正直言，不爲權貴所屈，喜藏書。所著有《虞山集》十三卷、《虞山奏議》十卷、《小學集注》十卷、《名臣觀感録》二卷，以及《名賢行略》《黔蜀稿》《關河録》等。

〔二〕整菴先生：羅欽順（1465－1547），字允昇，號整菴，泰和（今江西省泰和縣）人。弘治六年（1493）進士，官至南京吏部尚書。後辭官歸隱鄉里，潛心於格物致知之學，專意於窮理、存心、知性，嘗與王守仁往返討論致知與格物的關係，以爲“通天地，亘古今，無非一氣而已”。嘉靖二十六年（1547）卒於家，年八十三，贈太子太保，謚文莊。所著有《困知記》《整菴存稿》《整菴續稿》等。

〔三〕文清：薛瑄（1389－1464），字德温，號敬軒，河津（今山西運城萬榮縣）人。永樂十九年（1421）進士，官至通議大夫、禮部左侍郎，兼翰林院學士。卒贈資善大夫、禮部尚書，謚文清，世稱薛文清。隆慶五年（1571）從祀孔廟。薛瑄繼曹端而後，開“河東之學”，門徒遍及山西、河南、關隴一帶，與南儒吴與弼峙立，在北方蔚爲大宗。其學傳至明中期，形成以吕柟爲首的“關中之學”，“幾與陽明中分其盛”。清人視爲朱學傳宗，稱其“開明代道學之基”，爲“明初理學之冠”。所著有《薛文清公全集》四十六卷。

〔四〕康齋：吴與弼（1391－1469），字子傅，號康齋，撫州崇仁（今江西撫州崇仁縣）人。一生不應科試，講學家鄉，屢薦不出。天順二年（1458）徵授左春坊左諭德，力辭。英宗召入文華殿，以病辭歸里，謝陳十事。所著有《日録》《吴康齋文集》。其學宗程朱，以希聖爲主，以志道爲基。平居躬耕自食，蕭條物外，有孔門陋巷風雩之意。不喜著述，常病宋末箋注支離。

〔五〕晦翁、康節：朱熹、邵雍。

〔六〕嘉靖辛亥人日：嘉靖三十年（1551）正月初七日。

夒鹿〔注一〕應期詩敘〔校一〕

石谿先生〔注二〕爲楚方伯時，歲在强圉〔注三〕。其夏四月縣弧之辰〔注四〕，苑中鹿乃孳。客至張飲，聞報，起稱佳祥，更酌斝爲先生壽。壽已，猶誶謝不居。明年是日，鹿又孳，客至聞報，止飲起，東嚮酹祝曰："盧盧，非熊非羆，與神龍游，恊靈貢符于夫之宫，夫其永有丕休。""盧盧"，郢、鄂間擾鹿語也〔注五〕。先生繇是遷御史大夫、殿中丞、司空。

侍郎龔使君〔注六〕曰："於漢亦有稱三鱓〔注七〕云，表曰夒鹿應期，方於前聞告祥也。"既使君乃倡爲詩，一時海内之名能文辭者，人自爲謌詩以頌。余，先生所人〔注八〕也，不能頌，作敘〔校二〕。敘曰：

余以所聞神圖寶牒〔注九〕，繇黄帝以來，蹏角之瑞，蓋萬八千而多，然所記上鹿瑞才七十有四，可謂至希曠，即不聞有應期孳如司空家鹿者。唯天寶四載秋八月，禁中鹿産子白鹿上之，書於册，語曰"吉弔龍媒"，此豈世可得多〔校三〕也！"吉弔"者，鹿本龍種，龍與鹿遇，産子曰吉弔。弔也者，至也，吉之至也，故乃稱靈産焉。武昌，江漢水國，凡蛟龍靈怪所都，司空鹿惡從得之？吾惡知非神物與？兩期再孕，若畫一然不爽，儻所謂吉弔，是邪？非邪？《勾漏記》：鹿壽千歲，滿五百歲則色白。若是，世所稱長遠有壽命〔校四〕者，莫如鹿最老壽。先生有明德，醇仁長厚，鹿是宜以類至。緯讖機祥，哲人所不道，吾於司空鹿則書之。書則曰以符壽考，歸于明德焉止矣。必若晉人謟頌天鹿〔注一〇〕，曰鹿者景茀〔注一一〕，大諓陋〔注一二〕，不近無謂，豈司空欲聞！

輯録

（明）任瀚《任文逸稿》卷三。又見於（明）任瀚《任少海先生文集》；《（嘉慶）南充縣志》卷五《藝文志》七之六《序》，第9—10頁；（民國）曾世禮《任黄合鈔·任司直文鈔》卷上，第49—50頁；《（民國）新修南充縣志》卷一四《藝文志·序》，第4—5頁。

校勘

〔一〕敘：《（嘉慶）南充縣志》《任黄合鈔》作“序”。

〔二〕敘：《（嘉慶）南充縣志》《任黄合鈔》作“序”。下“敘”同。

〔三〕得多：《（嘉慶）南充縣志》《任黄合鈔》作“多得”。

〔四〕壽命：原本脱作“命”，據《（嘉慶）南充縣志》補。

注釋

〔一〕雙鹿：雙同雙，兩，對。雙鹿即雙鹿，指兩隻鹿。

〔二〕石谿先生：韓士英，見《夏日同韓石谿丈似山飲汝憲宅觀蓮醉後索予題扇漫成短述》注。

〔三〕歲在强圉：强圉乃天干中丁的别稱。《淮南子·天文訓》：“大荒落之歲，歲有小兵，蠶小登，麥昌，菽疾，民食二升，巳在丁，曰强圉。”高誘注：“在丁，言萬物剛盛，故曰强圉也。”歲在强圉，指其年干支紀年有丁，其時韓士英在楚爲方伯，後遷御史大夫、殿中丞、司空。韓氏於嘉靖二十四年（1545）任南京户部右侍郎，二十五年（1546）召爲工部侍郎。二十六年（1547）改户部右侍郎，陞左侍郎兼都察院右副都御史，總督漕運，兼巡撫鳳陽。據此，“歲在强圉”當指嘉靖二十六年丁未。

〔四〕縣弧之辰：男子的生辰，此指韓士英的生日。《禮記·内則》：“子生，男子設弧於門左，女子設帨於門右。”

〔五〕郢、鄂：指湖北地區。擾鹿：呼喚鹿。

〔六〕龔使君：不詳。

〔七〕三鱓：鱓同鱔，或作鱣，魚名，皮可以入鼓。宋陸佃《埤雅·釋魚》："今鼉象龍形，一名鱓，夜鳴應更。"《後漢書·楊震傳》記載，東漢楊震明經博覽，屢召不應，有鸛雀銜三鱣魚飛集講堂前，人謂蛇鱣爲卿大夫服之象；數爲三，爲三臺之兆。後果位至太尉。後每用以爲典，指登公卿高位的吉兆。南朝梁簡文帝《司徒始興忠武王誄》："三鱣表服，二鹿隨輪。"

〔八〕先生所人：任瀚與韓士英同爲順慶府人。

〔九〕神圖實牒：代指秘籍。

〔一〇〕天鹿：又作天禄，古代傳説中的一種可以辟邪的怪獸。

〔一一〕景茀：瑞應福德。

〔一二〕諓陋：巧言粗陋。

劉豫齋〔注一〕父母雙壽詩序

徵君一泉先生諱雲，字從龍，姓劉氏，今年七十有六。厥配俞，七十有五。其子豫齋作南充，勒狀以來。

劉世爲豫章人。洪武〔注二〕初，祖子超從征雲南，因成籍蒙化〔注三〕。徵君且六世爲郡諸生，以孝聞。母俞，生子一，孫六，有令德云。南充君領庚子〔注四〕鄉薦，繇縣博士以至爲令，教通政行，聲振楚、蜀。今七月十五日，爲徵君降辰，俞乃在十一月。南充君訪予陶父釣臺，再拜請曰："某不穀，願得一言爲大人壽。"

予惟人子稱壽於其親也，其道有三：上壽無稱，中壽有稱，下壽不及稱。堯、舜、周、孔，其父母藏之中野〔注五〕，人不可得見，而其子聰明仁聖，道德炯炯，與日月爭光，固未聞堯、舜、周、孔日煦煦然，願稱其親，而貽之令名，終天下不朽，是謂上壽無稱。其次則敦行仁義，定倫正學，修政事，樹風聲，爲國利益，垂休光無窮，以顯父母。如孤竹君、太邱長、程大中、韋齋〔注六〕諸人，有子賢俊，而名久遠益著。持此爲壽父母，其誰有不樂者？樂斯康，康斯頤，頤斯壽矣。是謂中壽有稱。其次則少不勤，力衰百無成，荒劣廢墜，不能爲養。即養則或徼富貴，競權利，刻削罔下，脂韋鑽刺，以苟禄養，爲父母赧羞。若是者，雖極珍異，窮水陸，羅絲竹錦綺，日稱壽於其前，弗樂也。弗樂而能壽，難矣哉！是謂下壽不及稱。

南充君豈弟循良〔注七〕，樂善而好士，聞予言，蹷然起曰："下壽吾知免矣。中壽有稱，敢不敬承！"任子曰："勔〔注八〕哉！吾所望於今之愛親者，豈謂形壽已耶？其愛之以道壽、德壽、令名壽，是謂無上上壽。"

輯録

（清）蔣旭修、陳金珏纂《（康熙）蒙化府志》卷六《藝文志》，第54—56頁，清康熙三十七年（1698）刻本。

注釋

〔一〕劉豫齋：劉大有，號豫齋，雲南蒙化人。嘉靖十九年庚子（1540）舉人。初任湖廣竹山縣教諭，嘉靖中陞任南充縣知縣。

〔二〕洪武：明太祖朱元璋年號（1368—1398）。

〔三〕蒙化：舊府州縣名，在雲南省大理白族自治州南部。元代設蒙化州，明代改蒙化府，清代改爲蒙化直隸廳，民國時期改爲蒙化縣。

〔四〕庚子：明世宗嘉靖十九年庚子（1540）。

〔五〕中野：荒野。《周易・繫辭傳下》："葬之中野，不封不樹。"

〔六〕孤竹君、太邱長、程大中、韋齋：孤竹君，商朝孤竹國國君的封號。《史記・伯夷列傳》："伯夷、叔齊，孤竹君之二子也。"司馬貞索隱："孤竹君，是殷湯三月丙寅日所封。相傳至夷、齊之父，名初，字子朝。"太邱長，即大丘長，陳寔（104—187），字仲弓，東漢潁川許縣（今河南許昌）人。初爲縣吏，曾入太學就讀，後任太丘長。黨錮禍起，被牽邊，自請囚禁。黨錮解，大將軍何進、司徒袁隗徵辟，皆辭不就。事迹詳蔡邕《陳太丘碑》，《後漢書》有傳。程大中，程珦（1006－1090），字伯温，號君玉，河南洛陽人，程顥、程頤之父。以父蔭補郊社齋郎，歷黄陂、廬陵縣尉，潤州觀察副使，知興國縣、沛縣，監京西染院，知龔、鳳、磁、漢州事。熙寧中因反對王安石新法，被貶西京嵩山崇福宫使。致仕卒。以子敘遷中散大夫、遷大中大夫。事迹詳程頤《大中自撰墓志》《先公大中家傳》。韋齋，朱松（1097－1143），字喬年，號韋齋，徽州婺源（今屬江西）人，朱熹之父。北宋正和八年（1118）同上舍出身。南宋紹興四年（1134），除秘書省正字。歷校書郎、著作佐郎，尚書度支員外郎，轉司勳、吏部兩曹。上書諫和議，出知江西饒州，未上任而請辭。十三年（1143）卒。著有《韋齋集》，學者稱韋齋先生。事跡詳《宋元學案・豫章學案》。

〔七〕豈弟循良：豈弟，和樂之貌。《詩經・蓼蕭》："既見君子，孔燕豈弟。"循良，善良守法。

〔八〕励：同"勉"，勉勵。

送唐漁石〔注一〕歸養序

五月朔〔注二〕，皇帝靜理，居乾清宫。司寇〔注三〕、尚書唐公疏陳有老母在江南，乞歸養母。是日，特遣中監持奏劄出諭廷臣："唐尚書孝誼，朕所愛重，其令給驛去。"京師士人無小大〔校一〕，莫不齎咨感動，慕其光華。

公門下賓客有言："相〔校二〕公爲吏部侍郎佐銓事，中外稱平；及爲大司馬行邊，威振河朔，匈奴不敢出没塞下。今聞以新命去國，虜必大得計，牧馬内向，舉部曲相賀，非所示外夷。爲國利益，不宜去。"尚書謝客不顧，徑趨入，戒行李，遣僕問舟，出左都門行。

一時公卿貴人，咸設供張，飲餞潞河外，使考功郎中任瀚前致詞曰："唐司寇，昔温嶠被檄之江東，母進牽其裾，不聽，至絶裾去。使與公並世，當戮無赦。今四方萬國修能之士，有自少來集闕下，衰白不能歸[校三]，豈盡無母媪在也？司寇善自愛。主上神聖英察，太子少，國家多事，公與梁司徒不當去。既去，人望復來。其來不爲宰相，必爲東宫羽翼，社稷永賴。司寇行，吾聞宛委若邪。去公家廬不千里，古多隱淪有道術，釣臺、雲石相望。明御世久遠，學士浮沈汩没，徵書不再至，史官無所述稱，微公一兩人，真誠無以表重江海。"

司寇起執瀚裦曰："使賢者掌故，吾得稱'明處士唐孝廉'，吾不朽矣，豈希朝命邪？"

聞者謂任瀚知公深，使載行事。

輯録

（明）任瀚《任文逸稿》卷二。又見於（明）任瀚《任少海先生文集》，目録存，正文脱；（明）何喬遠《皇明文徵》卷四八，《四庫全書存目叢書》集部第329册，第170—171頁。

校勘

〔一〕小大：《皇明文徵》作"大小"。

〔二〕相：《皇明文徵》作"謂"，屬上讀。

〔三〕"衰白"前：《皇明文徵》有"至"字。

注釋

〔一〕唐漁石：唐龍（1477—1546），字虞佐，號漁石，蘭溪（今浙江蘭溪縣）人。正德三年（1508）進士，除郯城知縣，徵授御史，出按雲南，再按江西，擢陝西提學副使，遷山西按察使，召爲太僕卿。嘉靖七年（1528）改右僉都御史，總督漕運，兼巡撫鳳陽。召拜左副都御史，歷吏部左右侍郎，進兵部尚書，總制三邊軍務，召爲刑部尚書，加太子少保，改吏部尚書，卒謚文襄。所著有《易經大旨》《群忠録》《黔南集》《江右集》《關中集》《晉陽集》《淮陽集》等。

〔二〕五月朔：《大明世宗肅皇帝實録》卷二一一，嘉靖十七年四月“壬申，太子少保、刑部尚書唐龍以母老乞休。上嘉其孝誼，準終養，仍給馹以歸”。

〔三〕司寇：《周禮》有秋官司寇，掌刑獄、糾察等事，後世用作刑部尚書的别稱。

韓石谿〔注一〕七十壽序

南京兵部尚書石谿先生韓公壽七十，郡耆舊知名士咸來問言。公壽則七十，氣力强健，能寒暑，顔色不老，目炅炅相射，髮鬚强半〔注二〕黑，齒牙堅密若編貝，步上下山谷，輕捷過丁壯人。時將奚奴〔注三〕，背柳瘿蠻榼〔注四〕，策杖屨，臨流選勝，强筵行酒賦詩，一舉箸，剌剌〔注五〕數百言不休，奇譎、險怪、冲澹、嚴雅、雋逸，萬態各得。公神仙中人哉，何壽命可量！

自公起家南省〔注六〕，至爲郡將、殿中丞、司馬、司徒，奔走遷播，辛苦簿書吏事垂四十年，乃得投老休暇。然且日煦煦坐圖籍中，冥搜遠討，上薄黄虞墳穗，下野史稗官瑣説，無不黝乙讐校〔注七〕。著書多根邸閎邃，蔚然成名家言。公所謂典刑舊學、耄耋稱道不亂者哉！

漢伏勝〔注八〕年九十，能口授《尚書》，文帝遣博士掌故北面受讀。董仲舒〔注九〕晚年歸社，述《繁露春秋》〔注一〇〕，著聞當世，朝廷有大疑，則敕中大夫馳走問故。韓公兩朝舊學，曉時事，天子將下公禮數，受書决疑，如漢庭老儒生，聲名流千萬歲不朽，何壽命可限量爲！

輯録

（明）任瀚《任文逸稿》卷二。又見於（明）任瀚《任少海先生文集》，目録存，正文脱；《（嘉慶）南充縣志》卷五《藝文志》七之六《序》，第4—5頁；（民國）曾世禮《任黄合鈔·任司直文鈔》卷上，第46—47頁；《（民國）新修南充縣志》卷一四《藝文志·序》，第2頁。

注釋

〔一〕韓石谿：韓士英（1486—1561），字廷延，號石谿，四川南充人。

〔二〕强半：大半，過半，大多數。

〔三〕奚奴：奴僕。

〔四〕榼：古代盛酒的器具。

〔五〕剌剌：話多貌。

〔六〕南省：尚書省，因官署在中書、門下之南，故稱。

〔七〕黝乙讐校：點畫乙改，加以校讎。

〔八〕伏勝：濟南人，故秦博士。秦時焚書，伏胜壁藏《尚書》，漢定始發而傳授齊魯之間。文帝時求能治《尚書》者，惟伏勝能治。勝時年九十餘，老不能行。詔太常使掌故晁錯往受之。勝老不能正言，使其女傳言教錯。學傳濟南張生及千乘歐陽生。

〔九〕董仲舒：（前179—前104）西漢廣川（今河北棗强縣東廣川鎮）人。少治《春秋》，景帝時爲博士，三年不窺園。武帝即位，舉賢良文學之士，仲舒以“天人三策”對，爲武帝所賞識。歷任江都相、太中大夫、膠西相。好推説災異，晚去位歸居，終不問家産業，以修學著書爲事。朝廷如有大議，使使者及廷尉張湯就其家而問之。所著有《春秋繁露》傳于世。仲舒推崇《春秋》大一統説，建議武帝“罷黜百家，獨尊儒術”，發揮先秦儒家“天人合一”説，雜糅陰陽五行之説，創立“天人感應”的新學説。

〔一〇〕《繁露春秋》：即《春秋繁露》，西漢董仲舒的著作，爲漢今文經學大義的奠基之作。其中發揮《春秋》之旨，多主《公羊》，而往往及於陰陽五行，無關經義者亦多，實與《尚書大傳》《韓詩外傳》相關。書已殘佚不全，今傳本凡十七卷。

壽王卓〔注一〕峰少參八十序

古今天地中有大物焉，最壽而不可以色相求者，其名曰道。萬形各有盡藏，唯道不摩。唯其不摩，是以爲壽。伏羲氏没，堯、舜、夏后、周、孔氏作。此数君子者，古所稱有道人也。其衮冕佩玉，處人間世，大都不過百年。其人與其骨一皆頹然朽矣，而聲號著聞，震盪千古，凡有血氣者，莫不尊親，若未嘗一日不在人間。何以故？其人雖朽，而其道在天下，與日月同懸，是真不朽。不朽之謂壽。

伏羲先天之學〔注二〕，不立文字。黄帝得之以歸象罔〔注三〕，非世儒所得言。堯之授舜曰："允執厥中。"〔注四〕舜以命禹曰："唯精唯一，允執厥中。"〔注五〕自堯、舜出一、中之旨以號召天下，而繫之以人心、道心，聖聖相傳，指爲心法，世守之不變，而後世之言道者，始有所馮籍。自人心、道心判，而吉凶悔吝生焉。文王有憂之，懼而演《易》，以付周公而爻之。至孔子出，則劃然大肆其力，洩神明之藴，決造化之藏，繫之乎《易》，而散見乎《詩》《書》《禮》《樂》。舉其學問之大者，以授曾子，退而著書，其名曰《大學》。曾子以授子思，以爲是精一執中之傳，退而著書，其名曰《中庸》，以授孟軻。此数君子者，道之統也。

吾友王惟賢自弱冠有志聖賢之學，久乃益精。世宗朝舉進士，相見闕下，精神意氣，炅炅不類凡儒。亟叩其所得，蓋已剥去枝葉，真透本根了了，破除俗學窠臼，爲得正法眼藏〔注六〕。一時京師聚講諸賢，皆自以支離，莫及此學正，以誠意、慎獨爲隄防，以窮理盡性至命爲彼岸，合家國天下以成其身，合内聖外王以成其學爲結局。每朝下即以所疑相印可〔注七〕，最與余相莫逆。今不見王君三十年矣，王君之道與時退藏，噤不得施用。向來所謂不朽不磨之具，日月同懸者，蓋卷而歸諸寒林空谷寂寞之濱，世無得而知聞，惜哉！

余年家子〔注八〕胡生渠，王君門人館甥〔注九〕也，來爲予言："君今且八十，視聽不衰，毛髮强半黑，健走能飯，望之如神仙。人嘗進渠屬曰：'吾壽不可知，但欲得吾心友任霞父一言足矣。'"君豈晚年于精義入神之學，别有真見，更進於京師聚講時，有未可輕以語諸同志者乎？誠有之，則宇宙在手，萬化生身，且將跨騰風雲上，賓帝庭，宜吾不能知矣。

輯録

（明）任瀚《任文逸稿》卷三。

注釋

〔一〕王卓峰：王惟賢，字士官，號卓峰，四川中江人。嘉靖十一年壬辰（1532）進士，授河内知縣，調江都，遷刑部主事，歷員外郎，分巡雲南金滄道僉事，升陝西布政使左參議，分守慶陽。會丁艱歸，遂不復出。卒年九十三。賦性孤介，博極群書，卓有先進風。嘗從歐陽南墅講學，與諸生講明心學，絶去枝葉，獨深本根。

〔二〕伏羲先天之學：北宋邵雍以爲伏羲卦方位與文王卦方位不同，伏羲易學爲先天學，文王易學爲後天易學，後天學據先天學而來。

〔三〕象罔：《莊子》中的寓言人物，有無象、無迹之意。《莊子·天地》："黄帝游乎赤水之北，登乎崐崘之丘而南望，還歸，遺其玄珠。使知索之而不得，使離朱索之而不得，使喫詬索之而不得也。乃使象罔，象罔得之。黄帝曰：'異哉！象罔乃可以得之乎。'"

〔四〕語出《論語·堯曰》："堯曰：'咨爾舜，天之歷數在爾躬，允執其中，四海困窮，天禄永終。'舜亦以命禹。"

〔五〕語出《尚書·大禹謨》："帝曰：'來，禹。降水儆予，成允成功，惟汝賢。克勤于邦，克儉于家，不自滿假，惟汝賢。汝惟不矜，天下莫與汝爭能；汝惟不伐，天下莫與汝爭功。予懋乃德，嘉乃丕績。天之曆數在汝躬，汝終陟元后。人心惟危，道心惟微，惟精惟一，允執厥中。無稽之言勿聽，弗詢之謀勿庸。可愛非君，可畏非民。衆非元后何戴，后非衆罔與守邦。欽哉！慎乃有位，敬修其可願，四海困窮，天禄永終。惟口出好興戎，朕言不再。'"

〔六〕正法眼藏：亦稱"清淨法眼"，佛教用語。眼謂朗照宇宙，即觀點藏謂包含萬有，即含藏。禪宗用以指釋迦所傳之"涅槃妙心"，泛指佛教正法。

〔七〕印可：佛教用語。印即决定無疑，印可即認可、許可意。佛教一般用"三法印"即諸行無常、諸法無我、涅槃寂静三种决定之義判别是佛法還是外道，禪宗則以"直指人心、頓悟成佛"的"心印"來印可學人。佛教界，弟子的言行是否正确，需要由佛或祖師印可。

〔八〕年家子：科舉中同榜登科者互稱同年，稱同年的後輩爲年家子。

〔九〕館甥：古代對女婿的稱呼，多用於書面語，不當面對稱。

康濟篇代安漢父老諸生爲太守王公〔注一〕壽〔校一〕

萬曆戊子〔注二〕春，客有自稱峭山人者，諳曉壺中曆法〔注三〕，來爲余言："是歲當陽九百六之會，炎皇受令，法主旱荒。惟是太乙上近泰階六符，數值小陽九，更一歲，乃入赤明之劫，始見菑沴。賴福德下臨東井，入參三度而强，將必有大人者主其地，雖旱不爲厲。"明年己丑夏、秋，果不雨，埊土盡赤，劍南軍大饑，人不飽糠〔校二〕紇〔注四〕，食啖〔校三〕草木百卉根節。原野一空，行旅多僵仆不支，狼籍道路；居甿〔校四〕但嗚嗚相弔，執手相訣别，逃無處所，出則荷鍤輿土石作骸骨計。比至冬，會廷議以中大夫京汴王公〔注五〕來主郡符。順慶即古安漢郡，在東井分野，入參一度，峭山人曆法驗矣。

公到日，即下令所部列郡縣，使盡發官庾額税儲胥，未動者其各具成案以來。公日坐塵坌〔校五〕中，省視窮瘠、老穉、罷餒無氣力人，自爲籌計，儋石嬴縮，各稱所須，敕斷一切侵漁冒破，禁主委積、吏豪甲社，駔〔注六〕亡敢作奸犯科，并割所有俸金，分賚行乞，率以爲常，用補倉廪所不逮。其有山郭阻遠、不能移粟轉餉者，公必以數騎自往，上下其巖谷，出入虎豹猿狨窟穴，走荆棘磈礧中，至供張廢闕不問，所存活數十萬家。自是墟里炊煙相望，茅屋下户再復聞舂杵聲。川北遠近父老，環伺道傍，各貌公形像以歸，將俎豆其室，頌聲滿江漢。使公在西京〔注七〕全盛時，三輔〔注八〕倫侯〔注九〕、關内侯二千石治功籍籍者，當避路矣。

昔神禹治水，鑿山浚谷，與虬龍角勝，手足皸瘃，漫不省顧家室。周公擁王孺子，負斧扆，吐哺决事，不稱罷勞，貽天子治安。明府以王佐才，爲劍南什萬户經略荒政，出餓殍溝壑中，飼之宇下，使白骨再肉，間關巇道，不自有其身，其諸有禹、周公之思哉！後來入贊廟謨，庶幾持安漢事理，爲天子康濟天下蒼生，如携取唐虞日月懸置明王宫闕間，使薄海内外同被恩暉，可一日致君堯舜上矣。吾將以是爲明府壽！

輯録

（明）任瀚《任文逸稿》卷三。又見於（明）任瀚《任少海先生文集》，目録存，正文脱；《（嘉慶）南充縣志》卷五《藝文志》七之六《序》，第8—9頁；（民國）曾世禮《任黄合鈔·任司直文鈔》卷上，第47—49頁；《（民國）新修南充縣志》卷一四《藝文志·序》，第27—28頁。

校勘

〔一〕康濟篇代安漢父老諸生爲太守王公壽：《（嘉慶）南充縣志》《任黄合鈔》作“代安漢父老諸生爲太守王公壽序”。

〔二〕穅：《（嘉慶）南充縣志》《任黄合鈔》作“糠”。

〔三〕唊：《任黄合鈔》作“奚”，訛。

〔四〕甿：《（嘉慶）南充縣志》《任黄合鈔》作“毗”，訛。

〔五〕坌：《任黄合鈔》作“埃”。《説文・土部》：“坌，埽除也。”

注釋

〔一〕太守王公：王九德，河南省祥符（今河南開封）人。

〔二〕萬曆戊子：明神宗萬曆十六年（1588）。

〔三〕壺中曆法：指民間仙道的曆法。《後漢書・費長房傳》：費長房，“汝南人也。曾爲市掾。市中有老翁賣藥，懸一壺於肆頭，及市罷，輒跳入壺中。市人莫之見，唯長房於樓上睹之。……長房旦日復詣翁，翁乃與俱入壺中。唯見玉堂華麗，旨酒甘肴盈衍其中，共飲畢而出”。後以“壺中”指仙道生活，或指隱居。

〔四〕穅紇：亦作“穅籺”，亦作“糠覈”，指粗劣的食物。《史記・陳丞相世家》：“人或謂陳平曰：‘貧何食而肥若是?’其嫂嫉平之不視家生産，曰：‘亦食糠覈耳。’”裴駰集解：“孟康曰：‘麥糠中不破者也。’晉灼曰：‘覈音紇，京師謂麄屑爲紇頭。’”唐韓愈《馬厭穀》：“馬厭穀兮，士不厭糧籺。”

〔五〕京汴王公：王九德。

〔六〕駔：駔豎、駔牙、駔棍，指市儈惡棍。

〔七〕西京：西漢。西漢都長安，東漢都洛陽，故後世以東、西京指代東、西漢。

〔八〕三輔：漢景帝二年（前155），分左内史、右内史，與主爵中尉（尋改爲主爵都尉）同治長安城中。他們所轄京畿之地被合稱爲三輔。武帝太初元年（前104），改爲京兆尹（分治今西安以東、渭河以南地區）、左馮翊（分治今渭河以北、洛河中下游地區）、右扶風（分管今咸陽以西地區），轄境相當於今陝西中部地區。後世雖其具體行政區劃有所變更，但直到唐代，人們仍沿襲其稱呼，習慣上稱這一地區爲三輔。

〔九〕倫侯：秦爵名，與列侯相類而無封邑。《史記·秦始皇本紀》："倫侯建成侯趙亥、倫侯昌武侯成、倫侯武信侯馮毋擇。"司馬貞索隱："爵卑於列侯，無封邑者。倫，類也，亦列侯之類。"

憲副〔注一〕松谷王公〔注二〕爲父母八十雙壽序

古者明王開國，張置東序東膠〔注三〕，尊養國老，禮爲上賓，而不敢臣，問政乞言，取以恢閎王業。虞、夏、殷、周相傳，著爲甲令〔注四〕。漢法，天子以時幸辟雍〔注五〕，延致三老五更，輭輪給綏，扶玉杖，衮冕迎立階下，使侯王設醬，公卿饌珍割牲而總干〔注六〕，與長老人爲壽。當其時，非不尚齒尊賢，而周黨、嚴光〔注七〕之倫，皆逃隱空谷，曾不得與李躬、桓榮〔注八〕輩分庭受酳。禮數雖存，而問政乞言之意藐乎微矣！是故國有老成人，關係世道隆汚，史家蓋察此以爲王祚盛衰之候。

今上皇帝〔注九〕聖哲文明，敦崇古道，先朝耆舊以學行著聞、可當三老五更之選者，在商洛有石額王公〔注一〇〕，久不應徵辟，謂將有待。肅皇帝〔注一一〕時，倚公文武才略，節鎮威、茂〔注一二〕，控制冉駹、蓬婆、雪外〔注一三〕諸蠻，數收攘奪防禦功。將賜之開府鈇鉞，而公素薄猒軍旅，翩然解組還故山，長嘯蘇門〔注一四〕，英聲動江海。斯其周黨、嚴光之倫與？居無何，其子長公松谷先生以家學舉進士闕下，累遷職方大夫。禮官疏其名奏上，命檢校會試，所取皆知名士，藝文風采，霍然大振。會主上〔注一五〕思先朝威茂功，復以長公出鎮川北，一時氐道〔注一六〕、冉駹諸部落聞風款附，亡敢關弓窺塞上。明年，石翁、太夫人咸登八十壽，見其子宦業顯顯，後先籍籍相望，古今所難。凡在洛中知舊故人賓客，無不舉琖相慰勞。獨松谷自以留滯劍南，不能一日乘風雲去歸里社，酌巵酒獻親爲憾。

石翁在蜀時，嘗爲監試官，所録門下高等弟子會江楊侍御、中洲王別駕諸君來言："松谷懷親一念，可貫金石，安得取長者數言爲壽，庶幾雖留滯無憾？"愚則聞河陽故相狄懷英〔注一七〕嘗從事晉幕，望見親舍，行雲躊躕，不能去，後來忠孝大節與日月爭光。松谷劍外思親，與河陽事不異，足詹後來勛業不下河陽。石翁即不三老五更，爲帝者師，有子忠孝名世如狄梁公，自可千百世不朽。雖日使侯王設饌，漢天子饋酳東膠，豈能易孝子忠臣一日養也？侍御諸君可其説，取以爲二老人壽。

輯録

（明）任瀚《任文逸稿》卷四。又見於（明）任瀚《任少海先生文集》。

注釋

〔一〕憲副：都察院左都副御史。

〔二〕松谷王公：王筵，號松谷，河南商城人。隆慶五年辛未（1571）進士，任陝西苑馬寺少卿，告歸終養，孝親睦族，惠及鄉里。詳（嘉慶）《商城縣志》卷九《人物志・仕賢》。萬曆八年（1580），任四川按察使僉事，詳（萬曆九年）《四川總志》卷三《省志・秩官》。

〔三〕東序東膠：東序，夏代養國老處。東膠，周代養國老處。泛指養耆老、興教化之處。《禮記・王制》："夏后氏養國老於東序，養庶老於西序……周人養國老於東膠，養庶老於虞庠。虞庠在國之西郊。"鄭玄注："東序、東膠亦大學，在國中王宮之東……西序在西郊。"

〔四〕甲令：朝廷頒發的重要法令。《漢書・韓信彭越等傳贊》："唯吴芮之起，不失正道，故能傳號五世，以無嗣絶。慶流支庶，有以矣夫，著於甲令而稱忠也。”顔師古注：“甲者，令篇之次也。”

〔五〕辟雍：周天子所設大學。漢班固《白虎通·辟雍》：“天子立辟雍何？所以行禮樂宣德化也。辟者，璧也，象璧圓，又以法天，於雍水側，象教化流行也。”

〔六〕割牲而總干：切割牲肉，拿着盾牌舞蹈。《禮記·祭義》：“食三老、五更于大學，天子袒而割牲，執醬而饋，執爵而酳，冕而揔干，所以教諸侯之弟子也。是故鄉里有齒，而老窮不遺，强不犯弱，衆不暴寡，此由大學來者也。”

〔七〕周黨、嚴光：周黨，字伯況，東漢太原廣武人。少時家産千金，長乃散與宗族，至長安游學。束身修志，鄉里稱頌。王莽篡位，托疾杜門。建武中徵爲議郎，以病去職。被徵，見光武，伏而不謁，自陳願守所志。光武許之，遂隱居澠池，著書上下篇而終。事迹詳《後漢書·逸民列傳》。嚴光（前37—43），一名遵，字子陵，會稽餘姚（今浙江慈溪）人。原姓莊，避明帝諱改，東漢著名隱士，世稱嚴子。

〔八〕李躬、桓榮：李躬，常山人，東漢名儒，明帝永平年間拜爲三老，以二千石禄養終身。桓榮，字春卿，沛郡龍亢（今安徽省懷遠縣西）人。少習歐陽《尚書》，事博士九江朱普。王莽篡位，歸。會朱普卒，奔喪九江，因留教。天下亂，抱經書逃匿山谷，後復客授江淮間。建武十九年（44），年六十餘，始辟大司徒府，召拜爲議郎，以《尚書》授太子。復拜博士、太子少傅、太常。明帝即位後，尊以師禮。永平二年（59），三雍成，拜爲五更，旋封關内侯。八十餘卒，賜葬首山之陽。事迹詳《後漢書》本傳。

〔九〕今上皇帝：明神宗。

〔一〇〕石額王公：王浙，字元直，號石額，河南商城人。嘉靖五年（1526）進士，授户部主事，二十年（1541）任四川按察司副使，奉敕整飭威茂兵備，以移疾歸，杜門著述，足迹不至公廷，輿論重之。子王筵，字松谷。父子祀鄉賢。詳《（嘉靖）商城縣志》卷五《人物志》、《（嘉慶）商城縣志》卷九《人物志·仕賢》、《（嘉靖）四川總志》卷一《按察司·副使》。

〔一一〕肅皇帝：明世宗朱厚熜，謚欽天履道英毅神聖宣文廣武洪仁大孝肅皇帝，簡稱肅皇帝。

〔一二〕威、茂：威州、茂州。威州，宋改維州置，以威制西羌故名。元仍舊。明因之，屬成都府。唐貞觀八年（634）改南會州置，以郡界茂濕山爲名，治汶山縣（今茂縣）。天寶元年（742）改通化郡，乾元元年（758）復爲茂州。宋屬成都府路，元屬土蕃宣慰司。明洪武中省汶山縣入州，屬成都府。

〔一三〕冉駹、蓬婆、雪外：冉駹，古代西南少數族，西南夷的一支，居於今四川茂汶一帶。漢武帝元鼎六年（前111）於冉駹夷地區置汶山郡。蓬婆，山名，又名蓬婆嶺，有蓬婆城，在今四川松潘縣境。杜甫《奉和嚴大夫軍城早秋》："已收滴博雲間戍，更奪蓬婆雪外城。"

〔一四〕長嘯蘇門：蘇門嘯，喻如高士隱居。蘇門，河南省輝縣蘇門山，晉孫登隱於此。《晉書》卷四九《阮籍傳》："籍嘗於蘇門山遇孫登，與商略終古及棲神導氣之術，登皆不應，籍因長嘯而退。至半嶺，聞有聲若鸞鳳之音，響乎巖谷，乃登之嘯也。遂歸著《大人先生傳》。"《世說新語·棲逸》："阮步兵嘯，聞數百步。蘇門山中，忽有真人，樵伐者咸共傳説。阮籍往觀，見其人擁巖側。籍登嶺就之，箕踞相對。籍商略終古，上陳黄、農玄寂之道，下考三代盛德之美，以問之，仡然不應。復有爲之教，棲神導氣之術以觀之，彼猶如前，凝矚不轉。籍因對之長嘯。良久，乃笑曰：'可更作。'籍復嘯。意盡，退，還半嶺許，聞上唒然有聲，如數部鼓吹，林谷傳響。顧看，乃向人嘯也。"

〔一五〕主上：明神宗。

〔一六〕氐道：古縣名，西漢置，以其地爲氐族所居，故名。治今甘肅武山縣東南。東漢末廢。

〔一七〕狄懷英：狄仁傑（630—700），字懷英，唐并州晉陽（今山西太原）人。以明經入仕，武周天授二年（691）九月，授户部侍郎、同平章事。受誣，貶彭澤令。神功元年（697），任門下侍郎、同平章事，遷侍中。仁傑清正忠耿，犯顔直諫，爲有唐名臣。

承恩雙壽序

丁槐江[注一]嘗守虞部大夫，天子傳制所司，特封其父後吾徵君如子官，母張爲太宜人。制曰："朕以爾朴茂端方，敦尚行節，得古處士風儀。厥配允貞，是生哲嗣，爲國才臣。用錫爾顯休命。"

閲四載，虞部出守果州[注二]。封君年登八十，太宜人後五歲，既壽且康，而又膺天子顯命，見其子剖符爲通侯，人所甚難。郡司馬皋河吴子[注三]以參佐故，則先取比部郎中薛君[注四]贈章爲一通，隨制敕以來。薛君持論斬斬，其略曰："世所稱封大夫者，往往多怙勢張威，武斷鄉曲，盛輿馬，繁服御，恢拓陂池臺榭，以雄里人。自公爲封大夫，短[校一]褐芒屩，日從田父老嬉游，與宜人力穡，程繅桑麻之外，無所事事，有司當塗求識面不可得。郡長吏廉其高義，則自往郊原存問。出而坐之儐賓之上，禮方成，輒引避去。繇是鄉人皆亹亹嚮風，無敢爲不義者。"

薛君，公鄉人也，其言與制辭所稱雅相符合。閩、越去京師萬餘里，天子處深宫，品題海濱高士，赫赫若臨幸其地，睹察其風節行誼，隱然與鄉評不爽。鄉平近而易核，王言廣大而示人不誣。徵能于朝，考德于鄉，後吾公其將無遺行爾哉！

古者國有耆老，天子親爲之割牲而總干。虞、夏、殷、周四代之禮，於養老爲最詳。"五帝憲，三王有乞言"[注五]，尚齒也。今主上神聖，惇敘典禮，右齒尊賢。南海之濱，將有應詔而興起者，匪公其誰？公有子如槐江，後來勛業垂休光無窮。吾老矣，時方從五嶽歸來，興猶未勌。何日放舟武夷，與徵君相從于三山紫翠間，當[校二]能爲老人拾瑶草，進流霞，稱無上壽。

輯録

（明）任瀚《任文逸稿》卷五。又見於（明）任瀚《任少海先生文集》。

校勘

〔一〕短：原文作“裋”，形近而訛，據上下文意改。

〔二〕當：原本殘，《任少海先生文集》脱，據殘字形補。

注釋

〔一〕丁槐江：丁自申（1526－1583），字朋嶽，號槐江，福建晉江縣（今福建泉州）人。嘉靖二十九年庚戌（1550）進士，授南京工部營繕司主事，進虞衡郎中，出守順慶。三年，調梧州（今屬廣西）知府。以直忤上司歸，杜門讀書撰述，著有《三陵稿》。

〔二〕果州：順慶府，今南充市。

〔三〕皋河吴子：吴懋，嘉靖間順慶府通判，見《送郡司馬吴德懋刺階州序》注。

〔四〕薛君：薛天華，字君恪，福建晉江人。嘉靖二十九年庚戌（1550）進士，授南刑部主事。滿考詣京師，適楊忠愍繼盛以論嚴嵩死。天華與楊豫孫、董傳策、朱天球哭之死所，捐金爲其殯殮，時有四君子之稱，以此取懟嚴嵩，七年始出守重慶。陞雲南提學副使，遷浙江参議，擢廣東按察使。隆慶二年（1568），晉本省右布政使，以疾卒。所著《明善齋經疑》《居官疏義》《誠意解》諸書。子應鍾，令桂平。

〔五〕五帝憲，三王有乞言：《禮記・内則》文，指五帝養老，效法其德行，三王養老，并求其治國之論。

代楊受甫〔注一〕爲尊翁上壽序

春時麗厓楊子使人如釣臺，問予衰健醜好，以書來言曰：

“祜不佞，奉職無狀。去年春，上御奉天殿，朝見百官，臣祜二十二人皆後至。上怒，下冢宰議，出祜爲陝西照磨。照磨官不惡，非人所堪。冢宰以失朝無大故，稍得遷鄠縣令。會有言于上，吏部不當專擅，量移罪人。上益怒，同坐，皆罷免歸〔注二〕。祜竊自念在尚書省八年，未嘗效尺寸，霑天子寵命，貤封大人，而播遷淪落，則重以爲憂，至甚不孝。今即不敢死，誠愳無辭以歸，願先生一言，爲大人壽，使得以相見稱慰，藉可以不憾。”

予遣使復曰：丈夫生世五十年，見子舉進士，爲尚書郎，何所復恨！人有不幸，失利於朝，以片言□奇戤，投竄遠徼，終其身禦离未，爲世大戒。苟非有私故，其父母猶帖帖安之。楊子佐司空，計工程，□明要束，謹帑費，杜塞權倖，未聞有缺事。郎署不可，出爲郡縣；郡縣不可，去爲齊甿；齊甿而服田力穡以給公，上修孝悌忠信，明先王之道，以樂其父兄師長，誘化其鄉，人惡知其不周公、孔子也。人有子如周公、孔子，雖不生封侯，死立廟，誰謂不榮？即使學爲周公、孔子，而力未□，猶將不失爲仁聖賢人，如善卷、伯夷、吴季札之徒，亦足以顯顒其親，保其名與墓，傳諸永世，以爲達壽。此於霑一尚書郎命封，所得何如也？予放逐困頓，略與楊子同，而先大人見悖，亡依怙，乃不及楊子，於其使人之去，感慨起舞，效漢魏間爲短歌樂，使歸而被之筦絃，以娱老人。辭曰：

緬彼朝暾，蒸石生雲，回薄易盡，使我傷心神。蕭蕭白楊，下有陳人，胡不來歸，爲樂當及辰。海間無蔕，屈龍無根，悠悠中斷，以況浮生。列侯公，王丞卿，貴家百世以後，草露荆科仁。聖賢人鬱何纍纍，生罹憂患，亡也孰多。别有韓終、偓佺、安期，上下光景後天地。衰曠哉，容與乎，與爾逍遥游兮。

輯録

（明）任瀚《春坊集》卷下。

注釋

〔一〕楊受甫：楊祜，字受甫，號麗厓，内江人。嘉靖十四年乙未（1535）進士，授行人，轉工部員外郎，出榷杭税。還朝，值嚴嵩用事，不附，左遷陜西照磨，遷鄠縣令。復入爲部郎，尋擢貴州布政司参議，嚴辭安夷酋金，貴撫迎合執政意，坐論列去。年九十二，無疾而逝。參《（光緒）内江縣志》卷六《人文志》。

〔二〕《大明世宗肅皇帝實録》卷二八一：嘉靖二十二年十二月，“庚辰，吏部擬陞河間府通判周鉄爲南京吏部主事。上曰：‘鉄外調未滿四月，何以輒陞京職?’詰尚書許讚等對狀，仍令將今年奉旨謫降人數、已未陞轉，俱查明具列以聞。於是讚等上疏引罪，並查已陞轉官陳叔頤、周卿、吴會期、陳冠、林庭琛、費完、李汝楫、高佐、王一言、李天然、楊祜、劉昭文、蔡靉、昝如思、洪廷桂、李大魁等十六員未陞轉，傅棨等三十九員列名具覆。上曰：‘爾等職司銓任，不以王言爲大。前所降出者，皆因朝祭失誤等事，朝廷薄戒，警其怠玩。乃未及一年遷轉，數多擅權市恩，欺篾國法，殊失人臣體。許讚等且各奪俸二月，文選司郎中鄭曉降三級，調外任。周鉄併陳叔頤等非假營求，何得速進? 都革職爲民。’尋降曉爲直隸和州同知”。

2021 年度國家古籍整理出版資助項目
2013 年度四川省哲學社會科學重點研究項目（SC12E013）
2023 年度西華師範大學科研成果出版資助項目
2023 年度國家社科基金項目（23XZX005）

任瀚集校注

金生楊 校注

下册

巴蜀書社

任瀚集校注卷八

序二

譚二守〔注一〕考績〔注二〕序

鑑塘譚君舊爲滇中名刺史〔注三〕，奉帝命來佐蜀郡，嘗取暇日訪余江門釣臺。至則以心學相印可，了不道城府事。其學簡易直截，大都以靜定爲主，有定力然後可以辭天下事。自公攝郡縣符，種種多善狀，所至有聲。閱三載，行當考績于朝。考績者，考其事功以爲殿最〔注四〕云爾。

今世論學者，一切從念頭〔注五〕起處著力，而不及事功。苟事功不立，而徒以號召于人，曰“吾能戒慎不睹，恐懼不聞”〔注六〕，誰得而見之者？直僞耳。故善學者，且須以事功觀聖賢，然後聖賢之學可考而知也。且如仲尼處亂世，以一旅人去游陳、蔡，潛圍草澤中，困且餒，莫知死所，然猶橫琴操縵，修《詩》《書》，治《禮》《樂》不休〔注七〕，爲其樂天知命，無憂也〔注八〕。此可以觀仁者不憂〔注九〕之學。伊尹爲人臣，放絀其君，三年然後復辟〔注一〇〕。周公擁王孺子，負斧扆，南面以朝諸侯，流言洶洶，雖至親者殺無赦〔注一一〕。此兩君子者，犯天下大疑不顧，爲其計安社稷無疑也。此可以觀智者不惑〔注一二〕之學。神龍頷下有逆鱗，批之即死。人臣犯忌諱，抗言極諫，名曰“批逆鱗”。刳心剖肝，血君刃不悔，此古今人所不敢爲者，關龍逢〔注一三〕、比干〔注一四〕爲之，爲其忠在王室無恐也。此可以觀勇者不懼〔注一五〕之學。智、仁、勇三事，非學有定力者不能，是故善學者即事以觀聖賢，而其學術可知也。

少府〔注一六〕既嘗以其學立功郡縣，今又以其郡縣功考績于朝。考功氏將書其年勞奏上，天子且賜之顯官。爲少府者，宜益彊力自樹，上不負君，下不負所學，而後可以語道，豈直如桓榮〔注一七〕輩，徒事口説，取一率更令以爲賢哉？

時郡帥及同事諸君子，皆高義有古道，欲采余言以歸少府。愚不敢辭讓，伺其行，書以勔〔注一八〕之。

輯録

（明）任瀚《任文逸稿》卷四。

注釋

〔一〕譚二守：譚文達，廣西賓州人。嘉靖四年（1525）進士，隆慶間任雲南臨安府石屏州知州，萬曆間任順慶府同知。二守即貳守，知守的佐貳官，此指同知。

〔二〕考績：按一定標準考核官員業績。《尚書·舜典》："三載考績。三考，黜陟幽明。"孔安國傳："三年有成，故以考功，九歲則能否幽明有别，黜退其幽者，升進其明者。"

〔三〕滇中名刺史：指譚文達于隆慶年間任雲南臨安府石屏州知州。

〔四〕殿最：考核政績或軍功，下等稱殿，上等稱最，泛指等級的高低上下。《漢書·宣帝紀》："丞相御史課殿最以聞。"顔師古注："凡言殿最者：殿，後也，課居後也；最，凡要之首也，課居先也。"

〔五〕念頭：想法、打算。佛教禪宗有常提念頭之説，南宋儒家始興其説。宋劉克莊《後村集》卷三二《挽柳齋陳公四首》之一："公晚參黄蘗，人癡望白麻。臨歧郤葷茹，應怕念頭差。"方岳《秋崖集》卷六《山中》其三："已付身心畢竟空，念頭了不到窮通。"

〔六〕"吾能"句：《中庸》："天命之謂性，率性之謂道，修道之謂教。

道也者，不可須臾離也，可離非道也。是故君子戒慎乎其所不睹，恐懼乎其所不聞。莫見乎隱，莫顯乎微，故君子慎其獨也。”

〔七〕“且如仲尼處亂世”句：《史記·孔子世家》：“孔子遷于蔡三歲，吴伐陳。楚救陳，軍于城父。聞孔子在陳蔡之閒，楚使人聘孔子。孔子將往拜禮，陳蔡大夫謀曰：‘孔子賢者，所刺譏皆中諸侯之疾。今者久留陳蔡之閒，諸大夫所設行皆非仲尼之意。今楚，大國也，來聘孔子。孔子用於楚，則陳蔡用事大夫危矣。’於是乃相與發徒役圍孔子於野。不得行，絶糧。從者病，莫能興。孔子講誦弦歌不衰。子路愠見曰：‘君子亦有窮乎？’孔子曰：‘君子固窮，小人窮斯濫矣。’”

〔八〕“爲其樂天知命”句：《周易·繫辭上》：“旁行而不流，樂天知命，故不憂。”王弼注：“順天之化，故曰樂也。”

〔九〕仁者不憂：《論語·憲問》：“子曰：‘君子道者三，我無能焉：仁者不憂，知者不惑，勇者不懼。’子貢曰：‘夫子自道也。’”《論語·子罕》：“子曰：知者不惑，仁者不憂，勇者不懼。”孔安國曰：“無憂患也。”

〔一〇〕“伊尹爲人臣”句：《史記·三代世表》：“帝太甲，故太子太丁子。淫，伊尹放之桐宫。三年，悔過自責，伊尹乃迎之復位。”

〔一一〕“周公擁王孺子”句：史實詳《史記·魯周公世家》。

〔一二〕智者不惑：見上引《論語·憲問》《論語·子罕》。包咸曰：“不惑亂也。”

〔一三〕關龍逄：夏朝末年大臣，一作龍逄、豢龍逄，爲豢龍氏之後。相傳他直言敢諫，爲桀忌恨，被囚殺。《吕氏春秋·慎大覽》：“桀爲無道，暴戾頑貪……賢良鬱怨，殺彼龍逄，以服群凶。”

〔一四〕比干：紂叔父，以直諫，剖心而死。《莊子·人間世》：“昔者桀殺關龍逄、紂殺王子比干，是皆脩其身以下傴拊人之民，以下拂其上者也。”郭象注：“關龍逄，夏桀之賢臣。王子比干，殷紂之叔父。”

〔一五〕勇者不懼：見上引《論語·憲問》《論語·子罕》。

〔一六〕少府：本古官名，戰國始設，秦漢相沿，爲九卿之一。唐代稱縣令爲明府，稱縣尉爲少府，後世沿之。

〔一七〕桓榮：（？—59）字春卿，又字子春，沛郡龍亢（今安徽省懷遠縣）人。西漢末，從博士九江朱普習《歐陽尚書》。王莽時留教九江，徒衆數百人。東漢初，客授江淮間。建武十九年（43），始辟大司徒府。爲光武帝講説《尚書》，拜議郎，入授太子。每朝會，敷奏經書，拜博士。歷侍講、太子少傅、太常、五更，封關内侯。桓榮以經學見重於光武帝，明帝更以尊以師禮，寵遇尤隆。事迹詳《後漢書》卷三七《桓榮傳》。

〔一八〕勔：古同“勉”，勉勵。

送周耿西〔注一〕太守考績序〔校一〕

潮陽周君來守安漢正三年，行且上計于朝。其時参佐諸賢，以余知周君最深，使道行事。

余聞周君嘗從關西涇野子〔注二〕游，涇野子與桃溪丈人〔注三〕友善。桃溪之學蓋出于甘泉〔注四〕，甘泉師陳白沙〔注五〕，白沙師吴康齋〔注六〕。康齋得白沙，猶甘泉之得桃溪。耿西事桃溪，猶伯魚〔注七〕師事夫子，承家學也。

耿西舉進士，由南吏部出守安漢〔注八〕，廓然不事操切，而百務整肅，境土阜康。梁、益間皆以安漢之政比隆渤海。君則又以其家學散〔校二〕爲古文辭，往往剥去枝葉，露見本根，殆囷然〔注九〕勃窣〔注一〇〕爲理窟〔注一一〕，而力量風格駸駸有先秦、兩漢數致。郡縣諸生得出講下者，其藝文類多沉著精練，有法度。經術之盛，可方禮殿、石室〔注一二〕。

桃溪公負經世才略，道可佐王，緣骨鯁，尚氣節，薄猷吏事，不肯鹿鹿從禮部試。乃去游建業，事湛祭酒，盡得白沙之傳。退而講學南海上，閉户著書，竟以忘老。至今東南文獻，推公與白沙並稱。至耿西益復赫然大振，嶺表之周，聲號聞天下。

潮陽岸大海，天吴神怪所宫，有潛龍焉，能上下風雨，擁煙雲，濤瀵自衛，人不可得見。唯夜吐玄珠遺島上，光照千里。越裳氏〔注一三〕寶之，以包貢闕庭，與天球、河圖並陳東序〔注一四〕。桃溪公抱道自高，逃隱空谷，人不可得見，如潛龍然，而得見其子耿西君，文章勛業，照耀海内。

是行也，帝將處以承明、虎觀〔注一五〕之局，翊贊鴻猷，節宣元化，垂休光無窮。其事與神珠產潛龍腹中，貢獻尚方，豈相遠也？人言天下之寶當爲天下寶之，並以告司考績者。

輯録

（明）任瀚《任文逸稿》卷四。又見於（明）任瀚《任少海先生文集》，目録存，正文脱；（明）周光鎬《周氏宗乘》卷一〇《撰述志·敘説類》，光緒舉人周一士民國三年（1914）手抄本，1995年泗水周氏宗乘編修委員會重編《泗水周氏宗乘》本；《（嘉慶）南充縣志》卷五《藝文志》七之六《序》，第6—8頁；（民國）曾世禮《任黄合鈔·任司直文鈔》卷上，第45—46頁；《（民國）新修南充縣志》卷一四《藝文志·序》，第25—26頁。

校勘

〔一〕送周耿西太守考績序：《周氏家乘》作“考績敘”，注：“翰林檢討、太子司直四川南充任（翰）〔瀚〕撰。”《（嘉慶）南充縣志》作“周耿西太守考績序”。

〔二〕散：周光鎬《周氏家乘》卷一〇作“發”。

注釋

〔一〕周耿西：周光鎬（1536—1616），字國雍，號耿西，潮陽（今廣東省汕頭市）人。嘉靖四十三年（1564）舉人。隆慶五年（1571）進士，授浙江寧波府推官，署象山縣事。萬曆三年（1575），升南京户部主事，再晉吏部郎中。六年（1578），授承德郎。八年（1580），遷驗封司郎中。九年（1581），出知順慶府，倜儻有權略。十四年秋，建越彝叛，四川巡撫徐元太知其能，奏遷四川按察副使、建昌兵備道，領征南軍監軍事。十六年（1588），以功陞四川右參政。二十年（1592），任陝西按察使、監鞏兵備道，平定哱拜之變。二十一年（1593），陞右僉都御史，巡撫寧夏。二十三年（1595），升大理寺卿。二十四年（1596），被劾，以老乞休，領大理寺卿二品金俸回籍。家居二十年，卒。所著有《明農山堂集》五十卷、《正俗會約》《出峽草》《武經考注》《兵政集訓》等。

〔二〕涇野子：吕柟（1479－1542），字仲木，號涇野，陝西高陵人。正德三年戊辰（1508）進士第一，授翰林院修撰。五年，上書言事，違權宦劉瑾意，引去。瑾敗，起原官。九年（1514），應詔言事，疏入不報，復引去。世宗即位，起原官。嘉靖三年（1524），復以修省自劾，語涉大禮，降解州判官。六年（1527），移宗人府經歷，陞南考功郎中，尚寶司卿，南太常寺少卿。十四年（1535），入爲國子祭酒。十五年（1536），轉南京禮部右侍郎。十八年（1539），致仕歸，居家講學，卒謚文簡。所著有《涇野子内篇》27卷、《涇野先生五經説》21卷、《宋四子抄釋》21卷、《涇野文集》38卷等。

〔三〕桃溪丈人：周孚先，字克道（一作見道），自號西山居士。正德十四年（1519）舉人，次年春闈不第，遂歸隱不出。從學里人吴譽魯庵、增城湛若水甘泉，潛心理學，人稱桃溪先生。所著有《桃溪吟稿》《甘泉先生文録》等。

〔四〕甘泉：湛若水（1466－1560），字元明。初名露，字民澤，避祖諱改名雨，後定名若水。廣東增城人，家居增城甘泉都，學者故稱甘泉先生。弘治六年（1493）會試落第，次年從江門陳獻章學。弘治十八年（1505）進士，授翰林院庶吉士、編修，與王守仁一見定交，共以倡明聖學爲事。正德七年（1512）出使安南，册封國王。正德九年（1514），服喪家居。嘉靖元年（1522），復起，歷官編修、侍讀、南京國子監祭酒、南京吏部右侍郎轉禮部右侍郎、南京禮部尚書轉吏部尚書、兵部尚書。嘉靖十九年（1540）致仕，家居著述講學。所著有《四書訓測》《古本小學》《春秋正傳》《二禮經傳測》《古易經傳測》《尚書問》《詩經釐正》《古樂經傳》《節定儀禮燕射綱目》《聖學格物通》等，又有《心性圖説》《樵語》《雍語》《明論》《新論》《新泉問辨》等，門弟子編爲《甘泉先生文集》。

〔五〕陳白沙：陳獻章（1428－1500），字公甫，别號石齋，廣東新會白沙里人，學者白沙先生。三次會試落第，師事江西吴與弼，學主“靜坐中養出端倪”，爲明代學術分化之始，黄宗羲有“有明之學，至白沙始入精微”之説。

〔六〕吴康齋：吴與弼（1391－1469），字子傅，號康齋，撫州崇仁（今屬江西）人。

〔七〕伯魚：孔鯉，字伯魚，孔子之子。《論語·季氏》：“陳亢問於伯魚曰：‘子亦有異聞乎？’對曰：‘未也。嘗獨立，鯉趨而過庭，曰：學《詩》乎？對曰：未也。不學詩，無以言。鯉退而學《詩》。他日又獨立，鯉趨而過庭，曰：學禮乎？對曰：未也。不學禮，無又立。鯉退而學禮。聞斯二者。’陳亢退而喜曰：‘問一得三，聞《詩》、聞禮，又聞君子之遠其子也。’”

〔八〕安漢：漢安漢郡，唐果州，宋理宗時升順慶府，今南充市。

〔九〕囦然：深廣貌。囦，古同“淵”。

〔一〇〕勃窣：形容才華迸發而出，才華横溢。《廣韻》“窣”：“勃窣，穴中出也。”

〔一一〕理窟：義理聚集之處，義理的淵藪。《世説新語·文學》：“張憑舉孝廉，出都，負其才氣，謂必參時彦。撫軍與之話言，咨嗟稱善，曰：‘張憑勃窣爲理窟。’即用爲太常博士。”

〔一二〕禮殿、石室：西汉文景時，蜀郡太守文翁建學宫於成都，招下縣子弟入學，是爲文翁石室，乃天下郡國立學校之始。東漢興平元年（194），蜀守高眹修舊築周公禮殿，畫三皇五帝、七十二子及三代、兩漢君臣像于壁。

〔一三〕越裳氏：越裳又作“越常”“越嘗”，古南海國名。越裳氏即越裳國人。《後漢書·南蠻傳》：“交趾之南有越裳國。周公居攝六年，制禮作樂，天下和平，越裳以三象重譯而獻白雉。”《韓詩外傳》卷五：“比及三年，果有越裳氏重九譯而獻白雉于周公。”

〔一四〕天球、河圖並陳東序：詳《尚書·顧命》：“大玉、夷玉、天球、河圖、在東序。”

〔一五〕承明、虎觀：承明殿、白虎觀。

節推泗山唐君〔注一〕考績序〔校一〕

自郡縣既張，府各置帥以當列侯，統理其上，然必佐之節推，分理刑辟，參聽其中，是爲司法參軍。凡郡縣獄岸〔注二〕有所不直，監司部使臣所不得就平者，咸聽節推關决讞報，歲終上之司寇〔注三〕，以佐嘉石、肺石之政〔注四〕，其爲補益國憲最重。故朝庭近侍缺人，唯節推例得補臺諫官。自非老成有幹局，諳曉世務，聰明懸照隱伏，即與之司理參軍，不一日安也。

唐君爲順慶節推既三年，詳謹通練，犴無冤獄。諸有所平幡〔校二〕，皆强力自任，與當塗爭可否。其出案諸州帑幣儲胥，登記錢穀增耗，細入毛髮，一切冒破、侵漁、乾没等弊〔注五〕，發摘殆盡，吏無敢黷貨爲奸〔注六〕。明年當上計闕庭，受殿最考功氏。制曰："考績，别官能也。"一時理銓事者，知君名且將爲臺諫，賀得人。公之道自此其大行爾乎！

予惟唐君爲節推，執法任事，與當塗爭可否，其爲殿最，在冢宰考功〔注七〕；後來爲御史，爲諫議大夫，抗疏承明〔注八〕，與天子爭可否，其爲殿最，在天下後世。責愈重，則其爲殿最愈大。若乃鹿鹿〔注九〕承望風指，附氣力人以取顯官，即使黯然坐政事堂平章軍國，其于殿最無取也。夫其于殿最無取也者，又惡用考績爲。

【輯佚】

（明）任瀚《任文逸稿》卷五。又見於（明）任瀚《任少海先生文集》；（清）黄宗羲《明文海》卷二九二，第3023－3024頁。

校勘

〔一〕節推泗山唐君考績序：《明文海》作"送節推泗山唐君考績序"。

〔二〕平幡：《明文海》作“平反”。

注釋

〔一〕泗山唐君：生平事迹不詳。

〔二〕獄岸：指牢獄。亦稱“岸獄”，指監獄。《詩·小雅·小宛》：“宜岸宜獄。”陸德明《釋文》稱：“《韓詩》作犴，音同。鄉亭之係曰犴，朝廷曰獄。”《荀子·宥坐》：“獄犴不治。”楊倞注：“犴，亦獄也。”

〔三〕司寇：《周禮》有秋官司寇，負責刑獄諸事，後世即以司寇指代刑部尚書。

〔四〕嘉石：有文理的美石，立於朝門左，有罪過者坐於石以悔過，以感化犯法之民。《周禮·秋官司寇》：“凡萬民之有罪過而未麗于法而害于州里者，桎梏而坐諸嘉石。”肺石：古代設於朝廷門外的赤石，百姓可以站在石上控訴官吏。因色赤如肺，故名。《周禮·秋官大司寇》：“以肺石達窮民，凡遠近惸獨老幼之欲有復于上而其長弗達者，立于肺石三日，士聽其辭，以告于上而罪其長。”

〔五〕冒破：虚報，冒領。元拜柱《通制條格》卷三〇《營繕》：“有冒破不實，計其多少爲罪。已入己者，驗數追償。”《元典章》刑部卷一六《虚妄·官吏檢踏災傷不實》：“各處官吏檢踏災傷不實，冒破官糧受財者，以枉法論。”侵漁：侵奪，從中侵吞牟利。乾没：指侵吞他人財物。《新唐書·崔造傳》：“造久在江左，疾錢穀諸使罔上，或乾没自私。”

〔六〕黷貨：貪污納賄。蘇軾《論特奏名》：“臣等伏見恩榜得官之人，布在州縣，例皆垂老，别無進望，惟務黷貨，以爲歸計。”

〔七〕冢宰：官名，指太宰，職官見《周禮·天官冢宰》，後世用以指吏部尚書。《明史》卷七二《職官志一》：“（吏部）尚書掌天下官吏選授、封勳、考課之政令，以甄别人才，贊天子治。蓋古冢宰之職，視五部爲特重。”

〔八〕承明：指承明殿。班固《西都賦》稱未央宫中“又有承明、金馬，著作之庭，大雅宏達，於兹爲群，元元本本，周見洽聞，啓發篇章，校理秘文”。

〔九〕鹿鹿：即禄禄。

林錦峰〔注一〕太守得薦敘

御史巡行天下郡國，察舉監司、守長、百執事，不問秩小大，職不職，咸以狀聞。天子勑下吏部，覈其奏，參諸廷議，殿最其官能，加之予奪，以風厲天下，用儆有位。其在國典，所關係甚重。

林公來守兹土，决事凡幾月。御史按部行縣，察公治狀，裒然爲列郡稱首。疏聞于朝，其略言：器姿英敏，政理詳密，罷節浮費，案無留牘，繕修黌校，慎重刑獄。粤西〔注二〕聞有去思，川北惜其來暮。報既下郡，司馬王君〔注三〕持以傳布國中，徵予言相賀。

予惟黄霸〔注四〕居潁川八年，政乃成；張詠〔注五〕居益州七年，功始著。其餘蜀郡太守，如廉范、張堪〔注六〕，皆一再考，然後知名。即今太守治郡纔數月，聲望動巖廊，捷若風雨，自非才行卓異，有漢庭循吏所不及，御史言豈易致哉？

余嘗見公當嚴冬霜雪，時進諸生舘下談經，佔畢理文事不休。方其時，即太守珥貂，擁裴褐，危坐閣中，酌華卮取煖，誰謂不可？而公猶滦滦課弦誦，肅若奉帝命然，豈不純誠篤厚，重文愛士，良有司哉！

漢文翁〔注七〕嘗選所部儁茂弟子治儒術，按東膠、虞庠、瞽宗之制〔注八〕，修《詩》《書》《禮》《樂》以造士。其後莊遵〔注九〕、何武〔注一〇〕、張寬〔注一一〕、王、馬〔注一二〕諸人，風節行誼，文章籍藉名天下。石室、禮殿〔注一三〕之盛，精采風流，至於今千百世不衰。吾惡知後來劍南文物，不當比隆西漢，其爲石室以俎豆文翁、勒功頌德者，獨一高朕〔注一四〕爾哉！此則御史所不及言者，宜書以歸太守。更十年，其以吾説徵之。

輯録

（明）任瀚《任文逸稿》卷五。又見於（明）任瀚《任少海先生文集》。

注釋

〔一〕林錦峰：林喬相（1543－1624），字錦峰，一字廷翰，福建晉江人。嘉靖四十一年壬戌（1562），年二十，聯捷進士，初授户部廣東司主事，晉浙江司郎中。隆慶四年（1570），授南寧府同知。萬曆初任順慶府知府。五年（1577），陞山東按察副使。九年（1581），除江西副使。十二年（1584），晉浙江左參政。十五年（1587），擢廣東按察使。十六年（1588），陞河南右布政使，專理糧料。十七年（1589），陞雲南左布政使。二十一年（1593），陞都察院右副都御史，巡撫貴州，兼督湖北川東軍務。歷仕五朝，受訐罷歸，林居二十八年，年八十二卒。所著有《日省録》。

〔二〕粤西：廣西西部，指南寧。林喬相於隆慶四年（1570）出任南寧府同知，萬曆初陞任順慶府知府。

〔三〕司馬王君：順慶府通判王某，生平事迹不詳。

〔四〕黄霸：（？－前51）字次公，淮陽陽夏（今河南省太康县）人。武帝末入錢爲官，補侍郎謁者。宣帝時歷任揚州刺史、潁川太守、御史大夫、丞相等職，封建成侯，卒謚定侯。任職期間，外寬内明，重視農桑，得吏民心，户口歲增，治行爲天下第一。《漢書》有傳。

〔五〕張詠：（946－1015）字復之，自號乖崖，北宋濮州鄄城（今山東省鄄城县）人。太平興國五年（980）進士，授大理評事、知鄂州崇陽縣。再遷著作郎，歷官太子中允、秘書丞、太常博士、樞密直學士等職。淳化五年（994），出知益州。真宗即位，加左諫議大夫，入拜給事中、户部使，改御史中丞，以工部侍郎出知杭州，移知永興軍。咸平六年（1003），真宗以其在蜀治行優異，復命知益州，就遷吏部侍郎，傳諭稱："得卿在蜀，朕無西顧之憂矣。"歸朝復掌三班，領登聞檢院。景德四年（1007），移知昇州。大中祥符三年（1010）充昇、宣等十州安撫使，進禮部，出知陳州。年七十卒，贈左僕射，謚忠定。所著有《乖崖集》十卷。

《宋史》有傳。

〔六〕廉范、張堪：廉范，字叔度，東漢京兆杜陵（今陝西省西安市東南）人。西漢末流落巴蜀。初受業京師，事博士薛漢。明帝時，薛漢以事誅，故舊遠避。廉范獨往收斂，由是以義俠顯名。後舉茂才，爲雲中、武威、武都太守。章帝初，任蜀郡太守，坐法免。《後漢書》有傳。張堪，字君游，東漢南陽宛縣（今河南省南陽市）人。年十六，受業長安，志美行厲，時稱“聖童”。光武即位，召拜郎中，三遷爲謁者，隨大司馬關漢伐公孫述，拜蜀郡太守。徵拜騎都尉，擊破匈奴于高柳。拜漁陽太守，視事八年，匈奴不敢犯塞，民樂其業。方徵堪，病卒，下詔褒揚，賜帛百匹。蜀郡計掾樊顯進稱張堪在蜀，“仁以惠下，威能討姦”，“去職之日，乘折轅車，布被囊而已”。《後漢書》有傳。

〔七〕文翁：名黨，字仲翁，漢廬江舒（今安徽省廬江縣西南）人。景帝末爲蜀郡守，仁愛好教化，選張叔等十餘人親自飭厲，遣詣京師受業博士，學習還歸，察舉爲官。又在成都市中起學官，招下縣子弟爲學，除其更徭，選補郡縣吏或爲孝弟力田。蜀中大化，蜀學比於齊魯。事迹詳《漢書·循吏傳》。

〔八〕東膠、虞庠、瞽宗之制：周代學制。東膠，亦稱東序、東學，西周時太學。虞庠，西周國學，相傳起源于虞舜時代，周因虞制，故名。《禮記·王制》：“有虞氏養國老于上庠，養庶老于下庠……周人養國老于東膠，養庶老于虞庠。虞庠在國之西郊。”鄭玄注：“東膠爲太學，在城内王宫之東；虞庠爲小學，在王城西郊，爲有虞氏之庠制，是以名庠。”清毛奇齡《學校問》：“東郊、虞庠，猶之成均與辟雍，有異名，無異學也。”瞽宗，原爲樂人的宗廟，後改學樂的機構，兼祭祀和習禮。西周時，爲國學之大學，位辟雍西，稱西學，或西雍，取殷學之制，亦稱瞽宗。《禮記·明堂位》：“瞽宗，殷學也。”鄭玄注：“瞽宗，樂師瞭之所宗也。”《周禮·春官宗伯》：“死則以爲樂祖，祭于瞽宗。”《禮記·文王世子》：“禮在瞽宗，書在上庠。”

〔九〕莊遵：嚴遵，字君平，蜀人。本姓莊，避漢明帝諱劉莊，改莊爲嚴，稱嚴君平。隱居不仕，賣卜於成都市，日得百錢以自給。依蓍龜爲言利害，講説忠孝，各因勢導之以善。卜畢即閉肆下簾，以著書爲事。所著有《老子指歸》。揚雄少從之游，屢稱其德。事迹詳《漢書·王貢兩龔鮑傳》。

〔一〇〕何武：字君公，漢蜀郡郫縣（今成都市郫都區北）人。歷鄠縣令、諫大夫、揚州刺史、司隸校尉、京兆尹、廷尉等職，官至大司空等，封汜鄉縣侯。哀帝時，與丞相孔光等推限田、限奴婢案，不行。王莽當政，免官，後受誣自殺。事迹詳《漢書·何武傳》。

〔一一〕張寬：字叔文，蜀郡成都人。漢景帝時，太守文翁遣送長安，就博士受七經。學成，還教授于蜀，于是蜀學比於齊魯。官至文學侍中、揚州刺史，作《春秋章句》十五萬言。事迹詳《華陽國志·先賢士女總讚》《序志》。

〔一二〕王、馬：王褒、司馬相如。王褒，字子淵，蜀郡資中（今四川省資陽市）人。宣帝時爲諫議大夫。以辭賦著稱，後人輯其賦爲《王諫議集》，凡 11 篇。事迹詳《漢書·王褒傳》。司馬相如（前 179－前 117），字長卿，蜀郡成都人。景帝時爲武騎常侍，因病免。去梁，從枚乘等游。工辭賦，蜀人楊得意爲狗監，薦其《子虚賦》於武帝，因得召見。又作《上林賦》，武帝用爲郎。奉使西南，後爲孝文園令。明人輯有《司馬文園集》。

〔一三〕石室、禮殿：文翁石室、周公禮殿。

〔一四〕高朕：又作“高眹”，東漢蜀太守，興平間嘗修繕文翁石室、周公禮殿，傳播文教。《華陽國志·蜀志》：“始文翁立文學精舍講堂，作石室，一作玉室，在城南。永初後，堂遇火，太守陳留高眹更修立，又增造二石室。”

五嶽陳公〔注一〕升福建按察使序

往余待罪宫坊，嘗與沔陽童士疇〔注二〕共結詩社，則聞竟陵郭外有所謂蘇山公〔注三〕者，蓋蔚然以詩名家。其人朴忠亮節，有古道，亟欲一見而不可得。後二十年，乃得見其子玉叔〔注四〕嘉陵江上，殆郢、鄂、湘、漢間奇屈士也。

玉叔自業爲童子科〔校一〕，便欲以辭賦雄天下。近如秦淮、嵩少、岷峨、黄蓬諸作〔注五〕，累數百萬言，各編次成帙，雖寢苫枕塊〔校二〕，亦復不廢爲詩。其宦轍所至，遇海内之名〔校三〕能文辭者，無不徧徵其言，以爲敘引，并刻梓行世。古今藝文之家，耽其事，力作不猒如玉叔者，其亦大勞苦哉！又僻好山水，屐齒所躡半天下。至其提衡横校〔校四〕，分部方隅，先後政績多在蜀。今轉爲按察使〔注六〕，當去蜀入閩。

孔門回、路之徒〔注七〕，有遠行，必先問其友何以處我。玉叔每過訪，嘗謂余節視聽，嗇養神氣，毋使思慮營營，以勞吾生，其所爲處我甚厚。是行也，太守潮陽周君問何以贈陳使君〔注八〕者。余即玉叔言以告，誠不願玉叔勞勞以取詩名爲也。天下藝文之學，虧神氣，伐性命者，莫毒乎詩。丈夫生世，不患不能樹勛立名，患不聞道，詩胡以爲哉？楚有三閭大夫〔注九〕者，古之達道人也。其言曰："道可受，不可傳；無滑而魂〔校四〕，乃將自然；一氣孔神，于中夜存；虚以待之乎，無爲之先。"〔注一〇〕其道蓋出于空同丈人〔注一一〕，黄帝、堯、舜氏之師也。玉叔謂余節視聽，愛養神氣，無使思慮營營，近之矣！吾蓋即此以忠玉叔行，以觀其復，詩胡爲哉？

是日飲餞江門，使君起，傳令座客，有談詩者，其罰之一〔校六〕斗酒。

輯録

（明）任瀚《任文逸稿》卷四。又見於（明）任瀚《任少海先生文集》，目録存，正文脱；（清）黄宗羲《明文海》卷二九二，第3023頁。

校勘

〔一〕童子科：《明文海》無"科"字。

〔二〕塊：原本作"凷"，古同"塊"，據《明文海》改。

〔三〕名：《明文海》作"知名"。

〔四〕横校：疑爲"黌校"之訛。

〔五〕魂：《明文海》作"瑰"，訛。

〔六〕一：《明文海》無，或乃衍文。

注釋

〔一〕五嶽陳公：陳文燭（1535—1594），字玉叔，號五嶽，沔陽（今湖北仙桃）人。見《陳使君招飲閬州王宫》注。

〔二〕童士疇：童承敘，字士疇，一字漢臣，别號内方，湖廣承天府沔陽人。童時即解聲律，諳詞章。十餘歲通經史百家言。登正德十六年辛巳（1521）進士，改翰林院庶吉士。嘉靖元年（1522），授翰林院編修。四年（1525），守制回。嘉靖十一年（1532）北上，充經筵官，補國子司業，與司丞吕柟、許龍石思仁講學育才，以實學有成績。十二年（1533）以忤大學士張孚敬謫判徽州。十三年（1534）蒙恩詔還復職，充經筵講書官、校録官。十四年（1535）充會試同考官，尋陞右春坊、右中允、管國子監司業事。十五年（1536），陞司經局洗馬，仍理司業事，與校實訓、實録、會典諸書。十八年（1539），進左春坊左庶子，兼翰林院侍講。十九年（1540），主順天鄉試。二十一年（1542）春，乞假省親歸，未幾卒。童承敘攻詩，得唐人體，文有雅思，詞林稱其才。所著有《平漢録》1卷、《沔陽志》18卷、《内方先生集》10卷。事迹詳陳文燭《内方童先生傳》（童承敘《内方先生集》卷首，《四庫未收書輯刊》第五輯第26册），参《本朝分省人物考》卷七七《童承敘》、《焦太史編輯國朝獻徵録》卷一九《詹事府二・左春坊左庶子童公承敘傳》、明廖道南《楚紀》卷二二《童承敘》、明淩迪知《萬姓統譜》卷一。

〔三〕蘇山公：陳柏（1506—1580），字子堅，一字憲卿，又字蘇山。少時與童承敘齊名。嘉靖二十九年（1550）進士，累官至兵部職方司主事。因不阿附嚴嵩，皤爲井陘兵備道副使。後辭官歸，潛心於學。所著有《蘇山集》二十卷。

〔四〕玉叔：陳文燭。

〔五〕秦淮、嵩少、岷峨、黄蓬諸作：陳文燭詩分八集，曰《漢陰詩》

《廷中詩》《淮上詩》《嵩和詩》《西蜀詩》《東岱詩》《金焦詩》《黄蓬詩》。

〔六〕今轉爲按察使：據陳文燭《二酉園續集》卷一三《游九鯉湖記》，萬曆十二年（1584）秋，陳文燭“以觀察使入閩”。

〔七〕回、路：顔回、子路。

〔八〕太守潮陽周君：周光鎬（1536－1616），字國雍，號耿西，潮陽（今廣東汕頭市）人。時任四川按察副使。見《朱秉器詩敘》注。

〔九〕三閭大夫：戰國時楚國大夫屈原。

〔一〇〕“道可受”句：屈原《遠游》：“道可受兮，不可傳；其小無内兮，其大無垠；無滑而魂兮，彼將自然；壹氣孔神兮，於中夜存；虚以待之兮，無爲之先；庶類以成兮，此德之門。”朱熹《集注》：“曰者，王子之言也。受，心受也。傳，言傳也。小無内，大無垠，言無所不在也。滑，亂也。而，汝也。壹，專也。孔，甚也。此言道妙如此，人能無滑亂其魂，則身心自然，而氣之甚神者，當中夜虚静之時，自存於己而不相離矣。如此則於應世之務，皆虚以待之於無爲之先，而庶類自成，萬化自出。蓋廣成子之告黄帝不過如此，實神仙之要訣也。”

〔一一〕空同丈人：《莊子·在宥》載“黄帝立爲天子，十九年，令行天下，聞廣成子在於空同之上，故往見之”，具問“至道之精”“治身奈何而可以長久”，廣成子一一答之。故空同丈人即廣成子，而注者或云廣成子即老子。空同一作空桐，又作崆峒，凉州北界，今甘肅六盤山支脈，位於平凉市城西。《史記·五帝本紀》載，黄帝“西至于空桐，登雞頭”。

静庵梁分守〔注一〕升按察使序

川北外環白馬〔注二〕，内控巴賨〔注三〕，按荒服，傅氐羌〔注四〕，東北君長以什數，唯白馬最彊，號稱武都。今廣元綿谷〔注五〕，上泝仇池〔注六〕，即武都故地。天子懲先朝寇盗之警，命守以近臣。乃静庵梁公，始以諫議大夫出鎮川北。自公按部以來，羌人不敢關弓〔注七〕南嚮，江漢間暴客聞風引去，竟土〔注八〕晏然。正三載〔注九〕，廷臣以公經略防禦功奏上，詔遷全蜀按察使。

瀕行，公所部守宰諸循良乞言爲贈。

余讀河陽郭侍御所著《梁公世德碑》〔注一〇〕，至歸省傳奇處，知公學有本源，蓋不徒鹿鹿〔注一一〕以科第獵顯官者。其立朝、出鎮有赫赫名，皆從學術中來。方公以良諫議取一臺丞、卿寺如几案物，然且獨求爲閫外吏〔注一二〕，皇皇走廬下，修覲老人，如恐不及。方老叟將議属纊時，去拾遺省千里外，杳如隔世，日夜望諫議來歸，求一面語相慰勞以瞑，不可得。豈謂諫議欻然〔注一三〕如從煙霧中飛墮，令垂絶之老，蹷起復蘇就養，更幾時，然後從容握手相訣别，無長遠恨。當其時，儻非一念精誠動天，默相窅冥〔注一四〕中，誰爲此者？

孔門學問入手處唯在求誠。誠則精神氣脈與天地萬物相爲流通，不誠雖父子胡越，漠不相感召。是故大人者，視家國天下與吾身四肢百骸，疾痛相關如一體，了無隔閡。故一隅觖望〔注一五〕，即吾氣有所不流；一夫含冤，即吾神有所不貫。氣所不流，神所不貫，即吾之精誠有所不至。充此念可以位天地，育萬物，保四海。内聖外王，無不出此，且獨宜一參知按察使哉？

輯録

（明）任瀚《任文逸稿》卷四。

注釋

〔一〕梁分守：梁問孟（1538－1607），字尚賢，號静齋，河南衛輝府新鄉縣人。嘉靖四十四年（1565）會魁，授浙江西安知縣。隆慶六年（1572），擢兵科都給事中。遷福建右參政。萬曆三年（1575），除四川右參政。六年（1578），升任四川按察使。七年（1579），陞山西右布政使。八年（1580），以違禁馳驛，忤張居正，降三級。十年（1581），詔起湖廣右參議兼僉事，陞按察司副使。十一年（1583），陞山西左參政。十二年（1584），晉山西按察使，陞陝西右布政使兼署左轄糧儲諸司。十四年

(1586)，陞左布政使，晉都察院右僉都御史，巡撫寧夏。十六年(1588)，升都察院左僉都御史，協理院事。十九年（1591），免官歸。三十四年（1606），特旨致仕。三十五年（1607）卒，享年七十，門人私謚爲忠愍先生，崇祀鄉賢。事迹詳韓爌《明中憲大夫都察院協理院事左僉都御史贈左副都御使靜齋梁公暨配誥贈恭人劉氏誥封恭人楊氏合葬墓誌銘》。所著有《掖垣奏議》《撫寧疏稿》《楊林紀事》、語録、文集行於世（《（順治）衛輝府志》卷一三《人物志上・聖哲》）。

〔二〕白馬：白馬氏。

〔三〕巴賨：巴地賨人。

〔四〕氐羌：古代少數民族氐族與羌族的並稱。

〔五〕綿谷：綿谷縣，隋開皇十八年（598）改興安縣置，梁州義城郡治，因縣東南綿谷爲名。唐爲山南道利州治，宋爲利州路利州治，元爲四川省廣元路治，明洪武七年（1374）省入廣元州。今四川省廣元市。

〔六〕仇池：東晉時仇池楊氏内附，置仇池郡。北魏初置仇池鎮，後復爲郡。治所在洛谷城（今甘肅省西和县洛峪鎮）。西魏廢。

〔七〕關弓：張滿弓。《孟子・告子下》："越人關弓而射之，則己談笑而道之。無他，疏之也。"

〔八〕竟土：即境土，疆域，領地。

〔九〕正三載：萬曆三年（1575），梁問孟除四川右參政，分守川北，駐節順慶，至六年（1578），適三歲，陞任四川按察使。

〔一〇〕河陽郭侍御：不詳。

〔一一〕鹿鹿：即禄禄，平凡。《漢書・蕭何曹參傳贊》："蕭何、曹參皆起秦刀筆吏，當時録録未有奇節。"唐顔師古注："録録猶鹿鹿，言在凡庶之中也。"

〔一二〕閫外：朝廷以外，指外任，與朝中、朝廷相對。

〔一三〕欻然：忽然。《莊子・庚桑楚》："出無本，入無竅。"晉郭象注："欻然自生，非有本；欻然自死，非有根。"

〔一四〕窅冥：幽暗、深邃。

〔一五〕觖望：因不滿意而怨恨。《史記・韓信盧綰列傳》："欲王盧綰，爲群臣觖望。"裴駰集解："如淳曰：觖音辭别之訣，望猶怨也。瓚曰：觖謂相抉而怨望也。韋昭曰：觖猶冀也。”司馬貞索隱：“觖望猶怨望也。”

川北分憲王用吾〔注一〕升廣東少參序

劍以南多陰厓長谷，東連漢沔，四方惡少、胠篋〔注二〕、亡命不逞之徒，往往窟穴其中。其巴賨〔注三〕土著閒民，一遇催科額辦不支，或官家撫孳失便，輒逃匿深箐，負阻險爲寇盜。正德間，藍、鄢、廖、喻〔注四〕諸酋自川北起事，至悉發諸道兵，數更重臣，轉戰六七年，師老財匱，所在漁肉，軍士陷没者，不可紀數。故川北最爲全蜀重鎮。

萬曆初，用吾王君以分憲弭節〔注五〕劍南〔注六〕，首下令禁戢民間游惰不事生産作業者，與選立通練父老爲甲長，使悉聽要束〔注七〕。以月旦〔注八〕講讀律令，罷除列郡縣淫刑苛法，及横增一切非分諸科，勾斷〔注九〕閬州綾坊〔注一〇〕種種應造官弊〔校一〕，聽市人繰織〔注一一〕自便。坐是，沿江數十城，百作閒暇，賈舶飄檣〔注一二〕，林立津步〔注一三〕，一時號阜康。天子以公能殿南服，詔遷參知嶺海事。

公起家臨安，爲郡諸生時，嘗從有道者徐吾齋〔注一四〕游，令直下尋取白沙、康齋〔注一五〕二君子得力處，自是心境廓然。君爲人宏雋闓爽，内外洞澈。梓部〔注一六〕諸大夫以君有心學，蓋託余爲贈言。君行矣，從此江長海濶，相見何時？所幸萬里可相印證者，賴有此心學耳。大丈夫處心當如青天白日，應事當如流水行雲。前輩得力處正在此，餘復何言。

輯録

（明）任瀚《任文逸稿》卷五。

校勘

〔一〕官弊：原本作“官幣”，“弊”“幣”形近而訛，據文意改。

注釋

〔一〕王用吾：王來賢，字元德，號用吾，雲南臨安衛（今建水縣）人。隆慶五年（1571）進士，授南京工部都水司主事，轉户部廣西司主事。萬曆四年（1576），陞任四川按察使僉事。七年（1579），陞任广東右參議。九年（1581），陞貴州按察副使。十二年（1584），復除山東。十五年（1587），陞河南左参政。十七年（1589），陞本省按察使。十九年（1591），陞四川右參政。二十一年（1593），陞貴州左布政使。二十三年（1595），調陜西右布政使。

〔二〕胠篋：本義爲撬開箱篋，其後用以指代盗竊。《莊子・胠篋》：“將爲胠篋、探囊、發匱之盗，而爲守備，則必攝緘縢，固扃鐍，此世俗之所謂知也。”成玄英疏：“胠，開；篋，箱……此蓋小賊，非巨盗也。”

〔三〕巴賨：巴地賨民。巴人呼賦爲賨。賨爲巴地土著之民。

〔四〕藍、鄢、廖、喻：藍廷瑞、鄢本恕、廖時貴、喻思俸。正德三年（1508），藍廷瑞、鄢本恕等率衆起義，以白蓮教爲號，轉戰川、陜、湖廣、貴州，歷時六年，于正德九年（1514）被刑部尚書總督川陜湖河南四省軍務洪澤、四川巡撫林俊、右都御史彭澤等率兵平定。

〔五〕弭節：駐節，停車。

〔六〕劍南：唐設劍南道，以其在劍閣之南而得名。

〔七〕要束：制約，管束，約束。《漢書・高帝紀上》：“且吾所以軍霸上，待諸侯至而定要束耳。”顔師古注：“要亦約。”

〔八〕月旦：舊曆每月初一。《史記・龜策列傳》：“常以月旦祓龜，先以清水澡之，以卵祓之，乃持龜而遂之，若常以爲祖。”張守節正義：“以常月朝清水洗之，以雞卵摩而祝之。”

〔九〕勾斷：以筆畫斷，到此爲止。宋錢愐《錢氏私志》：“人生一世間，如白駒過隙，三二十年，功名富貴，轉盼成空，何不一筆勾斷，尋取自家本來面目。”

〔一〇〕綾坊：織造綾緞的作坊。

〔一一〕繅織：繅絲織錦緞。

〔一二〕颿檣：帆檣，即帆船。

〔一三〕津步：碼頭。宋洪邁《夷堅丁志·符助教》："滿城相傳，符助教被鬼取去。及還，至鎮岸，臨欲登，黄衣已立津步上，舉所執藤棒點其背。"

〔一四〕徐吾齋：不詳。

〔一五〕白沙、康齋：陳獻章、吴與弼。

〔一六〕梓部：桑梓本部，此指任瀚故鄉川北地方。

送太守周君〔注一〕入覲序

王制，諸侯述職舊典起自姚虞〔注二〕。建官輯符，展采錯事，王以時節巡狩方岳，柴望訖，遂覲群后，合時月正日，同律度量衡，黜昏陟明，用儆有位。周衰，王制放缺，天子罷省方，斥絶望，幸則遣御史持節符按行諸道，領巡狩事。然御史不必皆得人，當按部時，遇有骨鯁守法吏，方柄直絃，持苦節自尚，乃至圓方不相入，或坐投免。其貪殘亡賴，巧規避、營窟穴自衛者，曾不得罷去，或反覆濫廁薦剡中。天子按覈，部使臣多依違取辦，侵敗王略，一切所闕决，亡可馮籍。繇是益厭薄巡狩事，以爲空文。乃詔天下萬國諸侯，三載一來朝，述職受事毋後。天子以元朔御明堂，朝見百官，聽諸道監司牧伯等陳説守官事理，并察舉所部群吏職不職，以狀聞。勑下冢宰考功氏，殿最其官能，佐天子予奪。自兩漢以來，著爲甲令。

今聖神文武皇帝在位〔注三〕，明年當天下諸侯朝覲闕庭。吾郡去京師八千里，霜露至，太守當行。時郡帥潮陽周君負山海奇氣，前爲南吏部司封大夫，英望震江表。其來涖政甫數月，頌聲籍籍，著聞劍外。周君爲人淳樸雅厚，器凝遠，持正不阿，許身皭然若冰雪，腹烱烱有慧炬，懸照隱伏，剖决稱神明，吏亡敢寅緣作奸僞，民用蘇息，境土阜康。一時郡博士弟子咸謂今天下郡國長吏，信莫如周君賢，宜有以贈。余則聞先朝舊事，覲畢舉循良異等，賜食大官，頒惠尚方弓劍、裘馬御物。或引漢法，命外服守相賜爵關内侯，疏其名懸諸象衛，取以風勵天下。即今承籍寵靈，非公不可。

諸生謂予習聞掌故家言，于其行，使誦述王制，敘公循良事略，以先群后。

輯録

（明）任瀚《任文逸稿》卷五。又見於（明）任瀚《任少海先生文集》，目録脱，正文存。

注釋

〔一〕周君：周光鎬（1536—1616），字國雍，號耿西，潮陽（今廣東汕頭市）人。時任四川按察副使。見《朱秉器詩敘》注。

〔二〕姚虞：虞舜，姓姚，名重華。堯讓位於舜，踐帝位三十九年，國號爲“虞”，故稱“虞舜”。

〔三〕今聖神文武皇帝：明神宗。

送淮海孫公陞觀察使序〔校一〕

淮海公〔校二〕〔注一〕以左参政分守川北正三年〔注二〕，吏部書公〔校三〕勞奏上，詔補四川按察使，當行。果州太守伍君使序公丕績，聲諸祖道，以告行事。

淮海公行誼協天地，制作通神明。其在鎮討叛擒王，勛高塞莫〔注三〕，吾惡能言之〔校四〕。吾聞古所稱王佐才者，不將以其人可屬大事，决大疑，天下猝然有變，坐帷幄，從容數語而定，繫社禝安危者乎？

甲子〔注四〕夏，薛兆乾〔注五〕叛龍州〔注六〕，執參將賀麔見〔校五〕，鹵其屬爲質賊中。麔見麾下偏裨、衛士皆首鼠進退。都御史山東谷君問計，諸司噤莫知所出。淮海公〔校六〕進曰：“參將與天子孰輕？昔英宗北狩至居庸，鹵酋也先〔注七〕數遣槖駝，使馳諭百官，令迎帝還闕。群臣相顧嘖嘖，欲下從鹵計。于肅愍公〔注八〕厲聲曰：‘君已不國，又何迎爲！天朝自有明主，胡預鹵事！’鹵〔校七〕還報，咋舌，不敢加害，而國威益振，卒返英皇。今者豈恤一參將耶？”諸司聞議，亟奮兵攻兆乾，赭其族，轞送京師。麔見竟免，奪蠻部而州之。都御史謝曰：“孫參知鴻辯博識，可定國是，自白虎〔注九〕諸儒不及，勞臣哉！”

明年〔注一〇〕，東川〔注一一〕盜起，蔡伯貫〔注一二〕攻陷合州，田紞〔注一三〕據定遠〔注一四〕，并戴黄屋，僭名號，連破六七城，三川〔注一五〕震盪。都御史汴梁劉君自將南軍駐渝州，飛檄約淮海公〔校八〕將北軍爲左翼，迎敵江上。公按《軍志》曰：“‘百里而趋戰者蹷上將’〔注一六〕，令提兵走三百里外擊賊，非計。且賊乘間襲吾壘，即有拔趙赤幟如成安君〔注一七〕事，法當謂何？昔劉曜〔注一八〕討羌，但堅壁勿戰，候其不戒出擊之，遂略地以歸。其按兵無發！”尋報兩寇合兵圍蓬溪甚亟，公進梟尉授畫曰：“賊破矣！”夜出奇兵數百人往，距賊壘一堠所設伏，爲疑兵，張火萬炬，燔林木，遠近鼓譟震天。賊謼大軍至，望風奔潰，墮厓谷，自相蹂藉。城中亦發兵内應，乘勝追截，斬首數千級。窮寇皆逃無處所，田、蔡竟伏誅。都御史謝曰：“孫參知諳曉軍略，有成算，自漢南王庭〔注一九〕諸將帥不及，勞臣哉！”

淮海公〔校九〕居常渾渾，執謙孫，體若不勝衣〔校一〇〕，脈脈〔注二〇〕不自表見，言若不出諸其口〔校一一〕。至其猝然遇閫外事，氣雄萬夫，出奇計，若風霆海潮，欻至而莫之禦。漢丞相〔注二一〕羽扇一揮，神姦〔校一二〕膽落，古所稱王佐才者，不相準耶？梁益提封數千里，凡諸司百執事奸政蠹民，守官職不職，按察使無所不當問。公〔校一三〕前日爲參知，分鎮方隅，則道在方鎮；今日爲監司按察使，則道在監司。由按察使而上，受顧命爲殿中丞，爲冢宰，進退百官；爲樞密三省，坐政事堂，與天子〔校一四〕平章天下事，則道在天下。後來別有〔校一五〕史官掌故書公勞，藏諸石室〔校一六〕，垂千萬祀不朽，何賴予言！

左春坊、太子司直兼翰林院檢討、奉政大夫南充任瀚書〔校一七〕。

輯録

（明）孫應鰲著、任瀚批評《孫山甫督學集》卷末附，明隆慶元年（1567）刻本。又見於（明）任瀚《任文逸稿》卷五；（明）任瀚《任少海先生文集》。

校勘

〔一〕送淮海孫公陞觀察使序：《任文逸稿》作“送孫山甫升觀察使序”。

〔二〕公：《任文逸稿》作“孫山甫”。

〔三〕公：《任文逸稿》作“其”。

〔四〕“果州太守”至“吾惡能言之”：《任文逸稿》作“川北所部諸大夫乞言爲别”。

〔五〕賀麔見：《任文逸稿》作“賀麔”。下文“麔見”，《任文逸稿》均作“麔”。據《明世宗實録》卷五五八嘉靖四十五年五月戊戌，作賀麔見爲是。

〔六〕淮海公：《任文逸稿》作“山甫”。

〔七〕鹵：原本無，據《任文逸稿》補。

〔八〕淮海公：《任文逸稿》作“山甫”。

〔九〕淮海公：《任文逸稿》作“山甫”。

〔一〇〕衣：原本無，據《任文逸稿》補。

〔一一〕言若不出諸其口：《任文逸稿》脱。

〔一二〕神姦：《任文逸稿》作“群兇”。

〔一三〕公：《任文逸稿》作“山甫”。

〔一四〕與天子：《任文逸稿》無。

〔一五〕别有：《任文逸稿》無。

〔一六〕石室：《任文逸稿》作“記室”。

〔一七〕“垂千萬祀不朽”至“任瀚書”：《任文逸稿》作：“則吾言也，謂將爲淮海實録可也。”

注釋

〔一〕淮海公：孫應鰲（1527—1584），字山甫，號淮海，人稱“淮海先生”，貴州清平衛（今凱里）籍如皋人。嘉靖三十二年（1553）進士，選庶吉士，改户科給事中，出補江西僉事，歷陝西提學副使。四十三年（1564）任四川左參政，四十五年（1566）任四川按察使。隆慶初擢僉都御史、鄖陽巡撫，入爲大理卿、户部右侍郎，改禮部，掌國子監祭酒事，以病歸，起刑部右侍郎，陞南工部尚書。卒謚文恭。所著有《淮海易譚》《律吕分解》《學孔精舍彙稿》等，多收入莫友芝所編《孫文恭公遺書》中，有清光緒六年（1880）獨山莫氏刊本，清宣統二年（1910）上海南洋官書館書局鉛印本。此外，日本内閣文庫藏有《教秦總録》二卷，西安碑林博物館藏孙應鰲教育碑刻五種。又，趙廣升點校《孫應鰲集》，北京：人民文學出版社，2016年；《孫應鰲全集》，貴陽：貴州人民出版社，2016年。

〔二〕正三年：孫應鰲於嘉靖四十三年（1564）春任四川左參政，分守川北，四十五年（1566）補四川按察使，前後凡三年。

〔三〕塞莫：即塞漠，指邊塞荒漠地帶。

〔四〕甲子：嘉靖四十三年（1564）。

〔五〕薛兆乾：明龍州宣撫司宣撫使，爲南宋龍州知州薛儼、明初龍州知州薛文勝之後，世襲土司，嘉靖四十四年（1565）以州叛，次年伏誅。《明史》卷三一一《四川土司傳》：“初，龍州薛文勝於洪武六年來降，命仍知龍州。既置松潘安撫司，命文勝爲安撫使。既置松州衛，仍以松潘爲龍州。宣德七年，陞龍州爲宣撫司，以土知州薛忠義爲宣撫使。龍州者，漢陰平道也。宋景定間，臨邛進士薛嚴來守是州，捍衛有功，得世襲……至嘉靖四十四年，宣撫薛兆乾與副使李蕃相仇訐，兆乾率衆圍執蕃父子，毆殺之。撫按檄兵備僉事趙教勘其事。兆乾懼，與母陳氏及諸左右糾白草番衆數千人，分據各關隘拒命，絶松潘餉道。脅僉事王華，不從，屠其家。居民被焚掠者無算。是年春，與官軍戰，不利，求救於上下十八族番蠻，皆不應。兆乾率其家屬奔至石壩，官軍追及之，就禽。四十五年，兆乾伏誅，籍其家，母及其黨二十二人皆以同謀論斬，餘黨悉平。”1964年修匯口電站，在平武縣城東南約七里處的枕流鄉苟家坪發掘清理出明代龍州宣撫使薛繼賢夫妻合葬墓，乃薛兆乾之先祖，龍州薛氏土司世系得以更清晰地顯露出來。馮安貴先生結合《薛氏宗譜》抄本、《（道光）龍安府志》及有關記載，謂薛氏乃唐代名將河東（今山西）薛仁貴之後，後遷山東歷城（今濟南）。南宋時遷至四川臨邛郡的薛嚴于宋理宗景定三年（1267）登進士，授龍州知州，以功世襲，薛氏子孫遂在龍州繁衍不絶。薛繼賢爲薛嚴四代孫，于明洪武十八年（1385）襲職，洪武二十五年（1392）致仕。其父薛文勝于洪武四年（1371）歸降朱元璋。詳見馮安貴《明代龍州宣撫司使薛繼賢夫妻合葬墓的發掘》（《平武文史資料選輯》第4輯，中國人民政治協商會議平武縣委員會文史資料委員會，1990年，第113—116頁）。

〔六〕龍州：龍州宣撫司的簡稱，治今四川平武縣。周秦時爲氐羌地，漢爲陰平道，屬廣漢郡，北部都尉治此。永平後，置陰平郡。蜀漢以陰平屬益州。晉設陰平、廣平二縣，屬陰平郡。宋、齊因之。梁時爲楊傑、李龍遷所據。後魏置江油郡，治江油縣。西魏兼置龍州。後周仍舊。隋罷郡存州。大業初廢州爲平武郡。義寧初，改龍門郡。唐貞觀初，爲龍門州。垂拱中改正州。天寶初改江油郡。至德初改靈應郡，屬劍南道，尋陞都督府。乾元初復爲龍州。中和初改聖縣。宋屬利州路，政和中改政州，紹興初復爲龍州，寶祐中徙治雍村。元至正中，陞龍州爲元帥府，尋爲龍州宣慰使司。明洪武七年改爲龍州，二十三年改龍州軍民千户所，尋復龍州。宣德七年（1432），改龍州宣撫司，隸四川布政司，屬川北道。嘉靖四十五年（1566）改置龍安府。

〔七〕也先：（1407－1454）明蒙古瓦剌部首領，亦譯作“額森”“厄僧”。明敕書稱爲“瓦剌都總兵答剌罕太師淮王大頭目中書丞相”。正統四年（1439），繼父脱懽爲太師，兼併蒙古諸部，挾脱脱不花可汗北服乞兒吉思，西征中亞諸族，威震楚河、塔拉斯河一帶；南破哈密，聯結沙州、罕東、赤斤蒙古諸衛，控制西域要道；東攻兀良哈三衛、女真諸部，遠交朝鮮。十四年（1449），土木堡之戰，大敗明軍，俘英宗，進圍京師。次年議和，送還英宗，與明恢復貢市。景泰二年（1451），敗脱脱不花，自立爲“大元田盛（天聖）大可汗”，建號添元（天元）。明廷稱爲“瓦剌可汗”。景泰五年（1454），内訌，被阿剌知院舉兵擊敗，逃亡時爲阿剌舊部屬所殺。

〔八〕于肅愍公：于謙（1398－1457），字廷益，號節庵，杭州錢塘（今浙江省杭州市）人。永樂十九年（1421）進士。宣德初授御史，出按江西，遷兵部右侍郎，巡撫河南、山西，遷左侍郎。受誣下獄，佐遷大理寺少卿。後以兵部左侍郎召。土木之役，英宗被俘，瓦剌兵逼京師，于謙提督各營軍馬擊退之，論功加封少保。英宗復辟，以“謀逆”罪被殺。贈太傅，初謚肅愍，後改謚忠肅。所著有《于忠肅集》。事迹詳《明史》本傳。

〔九〕白虎：白虎觀，東漢宫觀名，在未央宫中。建初四年（79），漢章帝效石渠故事，會太常博士諸儒於此，講論五經同異，稱制臨決。後世泛指宫廷中校書、講學之所。

〔一〇〕明年：嘉靖四十四年（1565）

〔一一〕東川：唐代劍南東川節度使的簡稱，治梓州（今三臺），管梓、綿、劍、普、榮、遂、合、渝等州。

〔一二〕蔡伯貫：大足人，從山西崞縣李同習白蓮教。嘉靖四十四年（1565），以白蓮教率衆起兵，稱大唐大寶元年，連破合州、大足、銅梁、榮昌、安居、定遠、璧山等七州縣。左副都御史、四川巡撫劉自强敗之，與李同一起伏誅。

〔一三〕田紘：大足人，蔡伯貫同伙，與富順黄一元等師事山西陽曲縣李同，傳習白蓮教，招集黨衆於嘉靖四十四年起兵，攻破七州縣，被劉自强鎮壓。

〔一四〕定遠：縣名，今廣安市武勝縣。本宋合州地，元至元初立武勝軍，尋改爲州，又降爲縣。明因之。

〔一五〕三川：唐朝劍南道所分置的劍南西川、劍南東川及山南西道，合稱三川。

〔一六〕百里而趋戰者蹷上將：孫子謂田忌語，見《史記·孫子吴起列傳》。《孫子·軍爭》："五十里而爭利則蹶上將軍，其法半至。"

〔一七〕成安君：陳餘（？一前 204），大梁（今開封）人。秦末，與張耳從武臣占據趙地，迎立趙歇爲王。後與張耳絶交，并擊走張耳，自爲代王。韓信破趙，陳餘兵敗被殺。事迹詳《史記·張耳陳餘列傳》。

〔一八〕劉曜：（？ —329）字永明，十六國時前趙國君，匈奴族，劉淵侄。事迹詳《晉書》卷一〇三《劉曜載記》。

〔一九〕漠南王庭：指瓦剌部建于沙漠南部的王廷。

〔二〇〕脈脈：即"默默"，沉默安靜貌。

〔二一〕漢丞相：指諸葛亮。

巡撫王雲澤〔注一〕請封序

七年〔注二〕夏，聖諭敕秘書省：其慎檢都御史廷瞻在鎮請封事。狀下司封官，議取禮數來聞。秘書省奏上言："高皇帝〔注三〕嘗敕御史大夫丁玉〔注四〕爲平羌將軍，佩左都督印綬，往撫蜀地，令宣威徼外。英廟〔注五〕時，都御史李賢〔注六〕繇蜀巡撫召入爲吏部尚書，進文淵閣大學士。列聖重惟蜀地爲古今要害，凡以大臣節鎮兹土，必其人可武可文，可將可相，然後受簡命以行。屬者都御史文武功勞出諸鎮上，數千里爲父請封，尤詹忠孝大節，宜丕有錫命，用宣示隆異。"是日，上御皇極殿，召史官傳制，班賜典章："其以前吏部郎中、蜀參知政事某〔注七〕，晉封爲都察院副都御史，朱衣象笏，岸惠文冠，具如殿中丞禮數。"制下，開府雲澤王公朝服東鄉，跽舞蹈，稽首謝天子寵靈。一時藩臬諸大夫致辭爲賀。

維蜀開國，據江海上流，南控荆楚，北阻褒斜，繇赤甲虎牙下狥吴越，勢若建瓴。蓋古者英雄割據，百戰必爭之國。先皇帝〔注八〕時，都蠻以夜郎叛，毒擾疆土，瀘戎道梗不通。今上皇帝〔注九〕御方内，始命將出師，拔險寨七十餘壘，略地四百里，置建武城。明年〔注一〇〕，督府曾公〔注一一〕詔入爲左右司馬。上念西軍承燹，傷殘破後，荆棘横野，邊甿曠廢田作。凌霄、九絲等鹵酋雖盡，巢穴固在，恐諸蠻乘間竊入負阻，復化爲侯王，欲得老成耆舊，有經略，練曉邊防，倚緩急一人，出鎮其地。采群議，得廷尉雲澤王公，命嚴程以往。

自公撫蜀三年，百司奉職，在所敉寧〔注一二〕，窮獨罷病，蘇息塞莫。諸將各嚴束部分，關城斥堠〔注一三〕不驚，吐蕃、南詔率致名馬方物，納款奉貢，無敢後時。及請封命下，人謂主上聰明神聖，將洊隆恩數，以爵報功，宜自今始，後來入典綸綍〔注一四〕，貤封〔注一五〕累世，宸眷方殷未艾。封君爲吏部，出參藩政，所至有冰雪聲〔注一六〕，位不稱德，天將以其子顯顒當世。郢、鄂、襄、漢間，談説善人有後者，未嘗不歸封君雲澤公文武忠孝，竟當以撫臣召對宣室，如李文達公〔注一七〕式，符秘書省所奏。計日還朝，過雲夢，且爲封君張樂洞庭。

余昔在吏部，與封君同官，庶幾采余言致獻賓筵，與老人爲壽，欲令封君知先朝供奉舊臣，尚自有滄洲公子在也。

輯録

（明）任瀚《任文逸稿》卷四。又見於（明）任瀚《任少海先生文集》。

注釋

〔一〕王雲澤：王廷瞻（1521—1592），字稚表，湖廣黄岡（今湖北省黄岡市）人。嘉靖三十八年（1559）進士，授淮安推官，入爲御史，督畿輔屯政。高拱再輔政，廷瞻嘗論之，遂引疾歸。神宗立，起故官，歷太僕卿。萬曆五年（1577），以右僉都御史，巡撫四川，平番寇，進右副都御史，撫南贛。入爲南京大理卿，歷兩京户部左右侍郎，以右都御史出督漕運，兼巡撫鳳陽。官至南京刑部尚書，卒贈太子少保。事迹詳《明史》本傳、明李維楨《大泌山房集》卷七八《贈太子少保户部尚書王公墓誌銘》（《明別集叢刊》第四輯第10册，合肥：黄山書社，2015年，第223—225頁）。

〔二〕七年：萬曆七年（1579）。

〔三〕高皇帝：開國皇帝的謚號，簡稱高帝。此指明高祖朱元璋（1328—1398），廟號太祖，謚號開天行道肇紀立極大聖至神仁文義武俊德成功高皇帝。

〔四〕丁玉：（？—1380）初名國珍，又名國璽，山西河中（今山西省永濟市西）人。元末，仕韓林兒龍鳳政權，爲御史。後降朱元璋，從征彭蠡（今鄱陽湖），爲九江知府。未幾，從傅友德征湖南，以指揮同知鎮守衡州。洪武元年（1368），進都指揮使，尋兼行省參政，鎮廣西。十年（1377），召爲右御史大夫，以平羌將軍討四川威茂酋長董貼里。十二年（1379），平松州，討滅四川彭普貴之亂。師還，擢大都督府左都督。次年，坐胡惟庸案被誅。事迹詳《明史》本傳。

〔五〕英廟：明英宗朱祁鎮（1427—1464），謚法天立道仁明誠敬昭文憲武至德廣孝睿皇帝，廟號英宗。

〔六〕李賢：（1408—1467）字原德，河南鄧州（今河南省鄧州市）人。宣宗宣德八年（1433）進士，授驗封司主事。英宗正統十年（1445），遷考功郎中，改文選。代宗景泰二年（1451），遷兵部右侍郎，轉户部、吏部。英宗復辟，陞翰林學士，入直文淵閣，參預機務。天順間進尚書，甚得倚重。憲宗成化間陞少保、華蓋殿大學士。卒贈太師，謚文達。人稱賢相。所著有《古穰集》《古穰雜録》《天順日録》等。事迹詳《明史》本傳。

〔七〕某：王濟，字體民，思旻孫，湖北黄岡人。弘治十五年（1502）進士，累遷驗封郎中，多所建明。遷河南参政，父卒，哀毁盡禮。調四川參政，不就，家居，足迹不入城市，屢薦不起，勸農課士，置義田、義館以贍族。生平好經術，能文章，介立有特操。卒祀鄉賢。子廷儒、廷陳、廷贍。事迹詳明王同軌《耳談類增》卷二《蘉德篇二·先叔考驗封府君》、《（乾隆）黄岡縣志》卷一〇《人物志·孝友》。

〔八〕先皇帝：明穆宗朱載垕（1567－1572在位）。

〔九〕今上皇帝：明神宗朱翊鈞（1573－1620在位）。

〔一〇〕明年：明神宗萬曆二年（1574）。

〔一一〕曾公：曾省吾（1532－?）字三省，號確庵。

〔一二〕敉寧：撫定，安定。《尚書·大誥》："民獻有十夫，予翼以于，敉寧武圖功。"孔安國傳："四國人賢者有十夫，來翼佐我周，用撫安武事，謀立其功。"

〔一三〕斥堠：又作"斥候"，古代軍隊中的偵察兵。斥即遠，候即偵察、探測。《左傳》襄公十一年："納斥候，禁侵掠。"《史記·李將軍列傳》："然亦遠斥候，未嘗遇害。"

〔一四〕綸綍：皇帝詔令。《禮記·緇衣》："王言如絲，其出如綸；王言如綸，其出如綍。"鄭玄注："言言出彌大也。"孔穎達疏："'王言如綸，其出如綍'者，亦言漸大，出如綍也。綍又大於綸。"

〔一五〕貤封：官員以自身所受封爵名號呈請朝廷移授給親族尊長。貤，轉移，轉贈。

〔一六〕冰雪聲：指操守清正貞潔。

〔一七〕李文達公：李賢謚文達。

送王雲澤都憲開府南贛序

萬曆初，天子簡命殿中丞雲澤王公賜節鉞，開府蜀都，一時梁、益文武諸司，嚴慎局任，毋敢有失墜，境土阜康。既三年，則聞邛莋都〔注一〕、夜郎徼外有鎮西、傀厦、洗馮沽等部落，入犯建昌〔注二〕，劫殺軍門牙校，執邊人以去，吏莫敢問。中丞公走狀詣闕言："往者沉黎僰人爲寇，上命出偏師討罪，廓清塞莫〔注三〕。即今建昌夷作難，虧敗王略，罪不減僰人，宜正國罰。”上聞奏，勅下大司馬議，聽勒兵朱提竟上，計取首惡來聞。

公受命已，傳令征西將軍臣顯先，遣壯士，持露布，風曉百蛮，問今建昌殺牙校、掠邊人去者爲誰？其執以來，聽斬首京觀，還報天子。敢有拒命者，焚其巢如夜郎事。諸蠻聞諭，迺大索虜中，得兇渠首事賊二十四人，皆囚首反縛，缺送麾下。餘部曲君長悉詣軍門請降，願納欵奉貢，畢其世，亡敢攜貳。

中丞公聞報，亟召還西征將士，奏凱獻俘，肅軍吏，奉表闕下。大司馬奏上言：“蠻荒窮裔，瘴厲毒淫。古有提重兵罙入，若蹈水火，罔不焦没。至今戰骨横野，安有坐帷莫中，走尺牘立降萬虜如中丞人？所宜册功賚賞，酧之異數，令閫外咸知聖意。”皇帝開明堂，朝見百官，詔以僉都御史、殿中丞廷瞻爲副都御史，秩視尚書左右丞，移鎮豫章，令開府南贛，提督汀詔諸州軍務。命下當行，凡在蜀諸道監司皆以舊故問余言爲别。

余惟南贑當甌吴、百粤、荆湖、嶺海要會，最爲毛人、流求、耽浮、羅荔、浦藤峽、猺獞、犵狫諸夷觀望。自李唐來，選帥常重於旁鎮什八九。公行，庶幾推公至誠，撫蜀平建昌一念往撫南軍，如探匴中物，出諸几上，無弗應手。後來入大内爲天子，執政平章軍國，則又夫公至誠撫南贑汀詔。一念以撫天下，若建瓴水，奚有難理？此爲真得孔門一貫宗旨，真學術，真儒者作用。公雖開府南贑，其道未嘗一日不烱然在蜀也。

輯録

（明）任瀚《任文逸稿》卷五。又見於（明）任瀚《任少海先生文集》。

注釋

〔一〕邛莋都：當作“邛筰都”，即邛都、筰都的合稱。秦漢時西南夷族名。邛都，秦嘗攻之，通五尺道，置吏爲治。武帝始誅邛君，元鼎六年

（前 111）以其地爲越巂郡，屬益州，下又置邛都縣（今四川省西昌市）。《後漢書·西南夷傳·邛都夷》："邛都夷者，武帝所開，以爲邛都縣。"漢爲越巂郡治，元屬建昌路，明屬越巂衛軍民指揮使司。筰都，秦滅蜀，蜀守于其地置縣。漢武帝元鼎六年（前 111），以筰都地置沈黎郡。天漢四年（前 97）罷，置東西兩都尉。李雄據蜀，分置沈黎、漢原二郡。後周兼置黎州及沈黎縣，宋屬成都路，元屬土蕃等處宣慰司，明屬黎州安撫司。邛都在今四川省西昌市東南，筰都在今四川省漢源縣東北。

〔二〕建昌：建昌衛，今四川省西昌市地。本古邛都國地。漢武帝定西南夷，開以爲越巂郡，領邛都、會無等十五縣。未幾而邛都陷爲汙澤，因名爲邛池。王莽時，邛人長貴自立爲王。光武因封之爲越巂太守。章武初，越巂叟大師高定元稱王，攻殺將軍焦璜，破没郡土。諸葛亮遣越巂太守龔禄住安上縣遥領太守，有名而已。建興初，越巂太守張嶷誘殺夷王及其弟隗渠等，又討叛負，降夷人。延熙初，遂還舊郡，更築郡城。晉時徙越巂郡治於會無縣，宋因之，齊謂之獠郡，後周置嚴州，隋爲西寧州，尋改越巂郡。唐初改巂州，尋改越巂郡。至德初，南詔陷巂州，羈屬吐蕃，貞元中復納款。懿宗時，其地爲南詔所據，改巂州爲建昌府，而以烏、白二蠻實之，遂不通中國。宋時朝貢不絶。元至元間内附，置建昌路，又立羅羅斯宣尉司統之。洪武中，傅友德、沐英等攻下之，詔置建昌府，尋改四川行都司，領衛六：曰建昌衛，曰建昌前衛。二衛附郭，古越巂郡治地。曰寧番衛，曰越巂衛。二衛俱去司二百里，古邛都縣地。曰鹽井衛，在司城西三百里，古越巂郡定筰縣。曰會川衛，在司東南五百里，古越巂郡會無縣地。參明羅日褧《咸賓録·南夷志》卷七《建昌》。

〔三〕塞莫：即塞漠，指邊塞荒漠地帶。

吴漸磐〔注一〕還賓川敘

余自嘉靖中謝病還山，與海内知舊故人不相寒温者垂四十載。雖復當塗有氣力人時節相推輓，然未敢盡謂心相知也。

萬曆中，黔南有漸磐吴君者來。君始分訓西充，走百里，乃至嘉陵江上，至即訪予陶父釣臺，共坐滄浪煙霧中。班荆相晤，語籍籍若平生驩。君飽厭經術，每言下輒有領悟，會得孔、顏學問宗旨。其練曉世務，有漢庭老吏所不及。與商確古今人物，大都進處士而退姦雄，不少假借，故一時里中子有氣燄熏天者，皆漫不省顧。予則垂綸江漢，客有過之而不問者。唯君歲時伏臘，齎斗酒相勞苦，時復搜奇獵險，往往爲豪吟大什相倡和，凡數更寒暑不衰。求之古人，雖延陵季子〔注二〕之高義不能過也。于嗟〔校一〕！吴君殆余所謂心相知者〔校二〕哉！

自君〔校三〕爲縣博士〔注三〕，置講座，立諸生舘下，日勤佔畢。至秋，以明經選舉者，數倍往時。開府濛濱張公〔注四〕聞其賢，下檄獎勸，謂劍南數十州，作士無倦、勵行有方者，獨吴君一人。高皇帝〔注五〕昔在建康，嘗取一縣教諭張九韶召對闕下，賜制曰："韶德重行純，學博而言信，可史館著作，其晉官翰林編修。"于嗟〔校四〕！吴君高義，有古道，經明行修，善作士，持正不阿，使在穆陵〔注六〕開國時，其受〔校五〕知主上，供奉起居，未知與九韶孰專？今且量遷賓川郡博〔注七〕。賓川，吴君之故國也。移君所以教西充者往教賓川，有異道哉？若乃承明著作之官，如文雉在庭，羽毛徒侈，而雊聲不恊宫商，非吾所宜望吴君者，故略之。

輯録

（明）任瀚《任文逸稿》卷六。又見於（明）任瀚《任少海先生文集》，目録存，正文脱；（清）黄宗羲《明文海》卷二九二《吴漸磐遷賓州敘》，第3021—3022頁。

校勘

〔一〕于嗟：《明文海》作"嗟嗟"。

〔二〕心相知者：原本作"相知心"，據《明文海》改。

〔三〕君：《明文海》訛作"今"。

〔四〕于嗟：《明文海》作“嗟嗟”。

〔五〕受：《明文海》作“授”，訛。

注釋

〔一〕吴漸磐：事迹不詳，漸磐當爲其字。據本文，吴氏貴州人，萬曆初任西充訓導，遷大理府賓川州學正。

〔二〕延陵季子：吴公子季札，吴王壽夢子、諸樊弟，多次遜讓君位，封於延陵，故稱延陵季子。賢明博學，以有遠見著稱。出使魯、齊、鄭、衛等國，詳論時勢。史稱：“延陵季子之仁心，慕義無窮，見微而知清濁。嗚呼！又何其閎覽博物君子也。”事迹詳《史記》卷二一《吴太伯世家》。延陵，春秋吴邑，季札所居，故址在今江蘇常州市。

〔三〕博士：古官名，秦漢時掌典籍，備顧問。明清用以代指儒學教授。西充設教諭、訓導，吴漸磐分訓西充，當即任訓導一職。

〔四〕濠濱張公：張士佩（1531－1609），字玫父，號濠濱，陝西韓城人。嘉靖三十五年丙辰（1556）進士，授紹興府推官。萬曆四年（1576），擢南京監察御史。五年（1577），巡按山東。遷江西安擦副使，晉参政，擢山東按察使。晉右布政使，移山西爲左布政使。八年（1580），陞右副都御史，巡撫四川。十年（1582），陞吏部右侍郎。十一年（1583）陞左侍郎，再陞南京户部尚書。以左侍郎致仕。林居八年，以右都御史兼户部右侍郎召入督倉場，再辭不仕。所著有《六書賦音義》二十卷、《洪武正韻玉鍵》一卷、《達意稿》二卷，又有《端蒙録》《留臺類稿》《山東按奏》《西蜀題奏》《韓城縣志》諸書。嘗序編《升庵集》八十一卷付梓。事迹詳明葉向高《蒼霞續草》卷一四《户部尚書起都察院右都御史總督倉場贈太子少保濠濱張公神道碑》、《（乾隆）韓城縣志》卷六《聞人·賢良》。

〔五〕高皇帝：明太祖朱元璋。

〔六〕穆陵：不詳，上言“高皇帝”，下稱“開國”，似當稱明太祖朱元璋，然太祖陵稱長陵，不稱穆陵。

〔七〕郡博：“郡博士”的簡稱，乃明代對儒學教授的别稱。賓川州設學正、訓導各一人，吴漸磐當是陞任賓川學正一職。

送郡司馬吴德懋[注一]刺階州序

禺山張愈光[注二]舊日來游京師，博南太史楊用修[注三]嘗寄聲曰："蒼山、洱海[注四]之間，近得一奇士，授簡能賦，倚馬數千言，鬣鬣有風雲氣。其隸古、八分、五體[注五]、大小篆皆入神品，而時出鍾、庾、歐、虞[注六]陣壘之上。其文雅博辯，自白虎、石渠[注七]老名家不能過也。"余問爲誰？愈光曰："南中少年子皋河吴德懋云。"余籍記其姓名，三十年不獲見。

己未[注八]秋，予在陶父釣臺，報郡司馬至。既得刺，則皋河君也。相見，執通家禮數甚謹，予愧不敢當，班坐問故，乃知爲吾友中溪李仁甫[注九]門人。予既壯其才名，而又喜其爲海内通家，故舊真成，一見如平生歡，遂出短卷索題詠。吴君割然爲予草《昆侖篇》見志。予讀至"劫分龍漢[注一〇]曾知姓，雲篆[注一一]清虚[注一二]早受書。玄珠[注一三]獨許罔象[注一四]得，開期已應赤明[注一五]圖"，斂容謝曰："大夫豈有異耶？"亟叩其所聞，則精義入神[注一六]之旨，君固已玄解妙悟，非世俗經生學士所闚。暇日余爲著《易通小説》相印可，不惟直下承當，且爲磨厓刻石西山，以示賞鑒。蓋君于羲皇先天之學，了了有神遇，其超然自得處，正不在辭華藻翰[注一七]間也。

明年，君有事闕庭，予亦薄游嵩少[注一八]、南嶽[注一九]，阻不相即者又幾時。比再還安漢，則已皆皤然老矣。計君弭節以來，諸爲當塗簡署列郡縣事不虚日，所至以循吏稱。居無何，宰氏爲表請于上，得階州命[注二〇]。階，秦壤也，在氐羌萬山中，非南人所宜游。宰氏知君才無擇土耶？

嗟乎！吾與中溪公訂交四十餘年，出入承明，意氣横海嶽。今雖日暮懸車，光景向盡，猶幸得吴君遠宦吾土，時節以衰健相聞，乃又爲帝命奪之西去。嗟乎！自今豈惟與中溪不相聞，即吴君可復有相見時也？登高送遠，使人增愁。苟未免有情，誰能不慷慨銷魂者？所賴白首不變，有此赤心；終天不朽，惟此令名。君以赤心許國，吾以令名望故人。然則司馬雖去，遺愛長存；中溪雖隱矣，其道未嘗不行，又惡爲惆悵離索以勞吾神也！

輯録

（明）任瀚《任文逸稿》卷四。

注釋

〔一〕吴德懋：吴懋，字德懋，堯獻子，李元陽婿，大理人。弱冠能古文辭，前輩以陸機目之。兼工篆、籀、行草。楊慎謫居大理，相與甚善。嘉靖十九年（1540）舉人，三試禮部不偶，銓除順慶府通判。“到任甫一月，會蜀中採木，檄之薰解。人謂懋初任不省兹役，皆私爲危之。懋曰：‘行止非人所能也，命也。’遂受檄而行。既而如京師，諸同事者多失事縶獄，懋獨得竣事而還，以所存銀數百金還官帑，上官異之。屬郡缺守，檄攝守事，凡一切利害應罷行者，無不悉心力而爲之，未嘗以攝署自苟。又委署雅州、廣安州，所至以廉惠稱。”四十三年（1564），陞階州知州，疏求致事，會病卒。《補續全蜀藝文志》卷四三《志餘·詩話二》：“（楊）宜庵又云：太和吴皋河名懋，李中溪之婿也，作順慶三府，卒于官有年矣。一日，附箕題云：‘辛苦一官竟殞身，吾鄉猶有未招魂。月明空傍寒鴉宿，風冷徒依野樹吟。百姓未能霑厚澤，微軀何以報朝廷。托君爲向僚寅説，好把幽人念一聲。’時胡廬山督學感此，遂入名宦祀之。”

〔二〕張愈光：張含（1479—1565），字愈光，一字用光，學者稱禺山先生，見《禺山文敘》注。

〔三〕楊用修：楊慎（1488—1559），字用修，號升庵，明代四川新都人。明内閣大學士、大子太師楊廷和之子。正德六年（1511）狀元，授翰林修撰。世宗立，充經筵講官。嘉靖三年（1524），以大禮議直諫忤世宗，廷杖削籍，謫戍雲南永昌衛（今雲南保山），卒死貶所。天啓中，追謚文憲。受業於李東陽，與何景明等相善，博學多才，涉獵廣泛，所著甚富，有《升庵集》《丹鉛録》等四百餘部，明時推爲第一。

〔四〕蒼山、洱海：雲南大理著名山水。蒼山，雲南大理雲嶺山脈南端主峰，由十九座山峰由北而南組成。洱海，即昆明池，又稱洱河、葉榆澤等，雲南大理湖泊，以其狀似人耳，故名洱海。

〔五〕隸古、八分、五體：隸古，以隸書寫古文。八分，東漢中期出現的新體隸書，又稱楷隸，字形方正，有規整的波勢、挑法，横劃起筆頓抑，終端上揚，所謂"蠶頭""燕尾"。書體莊嚴典雅，是隸書向楷書轉變的過渡書體。唐張瓘《書斷》卷上《八分》："案八分者，秦羽人上谷王次仲所作也。王愔云：次仲始以古書方廣少波勢，建初中，以隸草作楷法，字方八分，言有模楷。"《書斷》卷上《隸書》 "案八分則小篆之捷，隸亦八分之捷"。五體，五種主要的漢字書體，所指諸説不同。《隋書·經籍志》："自蒼頡訖於漢初，書經五變：一曰古文，即蒼頡所作。二曰大篆，周宣王時史籀所作。三曰小篆，秦時李斯所作。四曰隸書，程邈所作。五曰草書，漢初作。"《唐六典》："唐校書郎正字掌讎校典籍，刊正文字，其體有五：一曰古文，廢而不用；二曰大篆，惟石經載之；三曰小篆，印璽旛碣所用；四曰八分，石經碑碣所用；五曰隸書，典籍表奏、公私文疏所用。"《玉海》卷四五《藝文·小學》："本朝任玠序范度《五體書》云：'五體曰篆，曰八分，曰真，曰行，曰草。其體雖五，其流唯三。篆則統乎科斗、玉筯、垂群、薤葉，大、小之屬也。隸則統乎羲、獻、鍾、庾、歐、虞、顔、柳，真、草之輩也。八分則酌乎篆、隸之間。通是三者，可冠群書。"

〔六〕鍾、庾、歐、虞：鍾繇、庾翼、歐陽詢、虞世南，皆歷史上著名的書法家。

〔七〕白虎、石渠：白虎觀、石渠閣。

〔八〕己未：嘉靖三十八年己未（1559）。

〔九〕李仁甫：李元陽（1497－1580），字仁甫（仁父），號中谿，雲南太和（今大理）人。嘉靖元年壬午（1522）雲貴鄉試第二名，五年丙戌（1526）進士。初授翰林院庶吉士，出知江陰縣，遷爲户部主事，改監察御史，巡按福建，扈駕承天，外補荆州知府。嘉靖二十年辛丑（1541），以外艱去任，遂家居四十年，寄情於蒼山洱水之間，著《中谿漫稿》《豔雪臺詩》等，關心地方文史，編修《雲南通志》《大理府志》，又精研理學，著《心性圖説》等。後人彙編爲其著作爲《中谿家傳彙稿》《李中溪全集》。

〔一〇〕龍漢：道教鼻祖元始天尊年號之一，道教五劫之始劫。《隋書·經籍志》："道經者，云有元始天尊，生於太元之先，禀自然之氣，沖虚凝遠，莫知其極。所以説天地淪壞，劫數終盡，略與佛經同。以爲天尊之體，常存不滅。每至天地初開，或在玉京之上，或在窮桑之野，授以秘道，謂之開劫度人。然其開劫，非一度矣，故有延康、赤明、龍漢、開皇，是其年號。其間相去經四十一億萬載。"

〔一一〕雲篆：道教符籙。

〔一二〕清虚：清靜虚無，指道家、道教大旨。《漢書·藝文志》："道家者流蓋出於史官，歷記成敗存亡禍福古今之道，然後知秉要，執本清虚以自守，卑弱以自持，此君人南面之術也。"《文子·自然》："老子曰：'清虚者天之明也，無爲者治之常也。'"

〔一三〕玄珠：道真。《莊子·天地》："黄帝游乎赤水之北，登乎昆侖之丘而南望，還歸，遺其玄珠。"陸德明《經典釋文》："玄珠，司馬云：'道真也。'"

〔一四〕罔象：當爲"象罔"，以韻而倒。《莊子·天地》："黄帝游乎赤水之北，登乎崐崘之丘而南望，還歸，遺其玄珠。使知索之而不得，使離朱索之而不得，使喫詬索之而不得也。乃使象罔，象罔得之。黄帝曰：'異哉！象罔乃可以得之乎。'"

〔一五〕赤明：道教鼻祖元始天尊年號之一，道教五劫之一。

〔一六〕精義入神：精研義理，達到神妙之境。《周易·繫辭》："精義入神，以致用也。"

〔一七〕辭華藻翰：指華麗的文辭。藻，"藻"的古字。

〔一八〕嵩少：河南鄭州市嵩山少室山。

〔一九〕南嶽：即衡山，五嶽之一，位于湖南省衡陽市南嶽區。

〔二〇〕階州：明甘肅鞏昌府屬州，今甘肅省隴南市武都區。明過庭訓《本朝分省人物考》卷一一四《吴懋》："乃就銓除順慶府通判。到任甫一月，會蜀中採木，檄之薰解。人謂懋初任，不省玆役，皆私爲危之。懋曰：‘行止非人所能也，命也。’遂受檄而行。既而如京師，諸同事者多失事繫獄，懋獨得竣事而還，以所存銀數百金還官帑，上官異之。屬郡缺守，檄攝守事，凡一切利害應罷行者，無不悉心力而爲之，未嘗以攝署自苟。又委署雅州、廣安州，所至以廉惠稱。撫按交薦于朝，甲子陞漢州知州。懋曰：‘體力嶄衰，豈宜久役？’乃疏謁上官，求致其事，弗許。會病且革，取筆自題其像曰：‘爾貌蒼然，爾口呐然。履仁義如坦途，付死生于適然。咈！潭之水湛然，月之光皎然。非無非有非無有，打破鴻濛混沌天。’擲筆而瞑，時年五十。貧不能歸，自撫按藩臬而下，皆悼惜之，又遣官護之。郡士民執紼十餘里。民有舁轝送至家者。”（《續修四庫全書》第536册，第325頁）其“甲子陞漢州知州”當爲“甲子陞階州知州”之訛，甲子即嘉靖四十三年（1564）。

鴻濛游送胡廬山〔注一〕提學歸豫章

廬山子將學爲聖人，嘗師事念庵子〔注二〕，而守其獨知之旨，以號召天下之將學爲聖人者。會徙官梁益，當行。念庵子辭曰：“聖人之道大矣，吾所嘗語子者，塗之人可以語知焉，人道也；及其至，雖聖人亦有所不知焉〔注三〕，天道也。夫子之言天道，自子貢不可得而聞〔注四〕。苟不聰明聖知達天德者，其孰能知之？吾觀往聖繼天立極，所以成變化而行鬼神者，其精藴在《易》，其費隱在《中庸》。吾友巢虛子〔注五〕居劍南，墨然愚，噤然訥，將無庶幾其有聞乎！而其往問之。”

既三年，廬山子以斆學至，相見于無閡之野，蓋三反焉而後訂曰：“今有語人曰：‘吾能建天地，懸日月，張置山川，且子能信之乎？’曰：‘未。’”

巢虛子曰：天地山川日月者，道中之一物耳。此一物本環中之學〔注六〕，真一不二，開張萬象。其爲物不二，則其生物不測。故太極生兩儀，兩儀生四象，四象而生萬象〔注七〕，皆物也。吾能以道物物，則無物而不物，而況有不物之物乎？今夫天無所不覆，吾以道物之，斯昭昭之多耳。今夫地無所不載，吾以道物之，一撮土之多耳。今夫日月無所不照臨，吾以道物之，一容光之多耳。山無所不蓄，川無所不涵，吾以道物之，一拳石、勺水之多耳。是故大哉，聖人之道，“範圍〔校一〕天地而不過，曲成萬物而不遺”〔注八〕；出九氣之上而不爲高，處六極之下而不爲深；先天地生而不爲始，後天地老而不爲終〔注九〕；“語大，天下莫能載，語小，天下莫能破”〔注一〇〕；“先天而天弗違，後天而奉天時。天且弗違，而況于人乎？況于鬼神乎”〔注一一〕？是故有象之象，鬼神所知也；無象之象，是謂象罔，非鬼神所知也。鬼神且弗能知，而況于人乎？況于人非人乎？今夫無象之象者，無爲也而無不爲者也。無爲而無不爲也者，是故能陰能陽，能柔能剛，能動能靜，能顯能藏，能無能有，能潛能翔，能翕能張，能暗能明。《易》曰：“知變化之道者，其知神之所爲乎？”〔注一二〕是故物有不物之物而能物物者，天地之至物；神有不神之神而無所不神者，古今之至神。故知先天、太極之爲員神者，非相輪〔注一三〕，非不相輪；知大衍〔注一四〕、蓍策〔注一五〕之爲心籌者，非象數，非不象數；知天球、河圖〔注一六〕之在東序而爲神器者，非神器，非不神器。是故羲皇有不爻之卦，河濱有不獸之圖，文王有不占之易，夏后氏有不蔡之書〔注一七〕。聖人“以此顯道神德行”〔注一八〕，而不敢以語諸人者，仲尼没，微言放絶〔注一九〕，文不在兹乎〔注二〇〕？

廬山子涣若冰釋，退而齋三日，解印綬，謝曰：“宇宙在手印，吾爾何有？萬化生身綬，吾爾何親？返我根，歸我魂，無汨而真，神明將自存，吾惡知我其爲誰乎？”於是脱屣官舍，冷然游乎鴻濛之上。巢虚子追而望之，飄飄若風雨，邈焉八紘，了不知處所。

輯録

（明）任瀚《任文逸稿》卷四。

校勘

〔一〕範圍：原本作“范圍”，據所引《周易・繫辭上》原文改。

注釋

〔一〕胡廬山：胡直（1517－1585），字正甫，號廬山，山西泰和縣人。見《答胡廬山太極圖辨》注。

〔二〕念庵子：羅洪先（1504－1564），字達夫，號念庵，江西吉水縣人。嘉靖四年（1525）中鄉舉。嘉靖八年（1529）進士第一，授翰林院修撰。明年正月，告假歸。嘉靖十一年（1532），起復原職，與館中歐陽德、徐階共事，每過從論學。十二年（1533）二月，擢經筵官。五月，丁父憂歸。十八年（1539），推補宫寮，召拜左春坊贊善。十九年（1540），與唐順之、趙時春日相期許，以天下自任，中外咸稱異之，曰三翰林。其年十二月，疏請皇太子出御文華殿，受群臣賀，嘉靖大怒，罷歸。家居，削迹城市，日與王門諸子鄒守益、歐陽德、聶豹等爲會講學。卒贈光禄少卿，謚文莊。所著有《念庵集》二十一卷、《冬游記》一卷。事迹詳胡直《念庵先生行狀》。

〔三〕“聖人之道大矣”句：《禮記・中庸》：“君子之道費而隱，夫婦之愚可以與知焉；及其至也，雖聖人亦有所不知焉。”

〔四〕“夫子之言天道”句：《論語・公冶長》：“子貢曰：‘夫子之文章可得而聞也。夫子之言性與天道，不可得而聞也已矣。’”

〔五〕巢虚子：任瀚自稱。

〔六〕環中之學：指邵雍《皇極經世》所提出的先天易學，“環中”即“太極”。

〔七〕“故太極生兩儀”句：《周易・繫辭上》：“是故易有太極，是生兩儀。兩儀生四象，四象生八卦，八卦定吉凶，吉凶生大業。”

〔八〕“範圍天地而不過”句：《周易・繫辭上》：“范圍天地之化而不過，曲成萬物而不遺，通乎晝夜之道而知，故神無方而《易》無體。”

〔九〕“先天地生”句：《莊子・大宗師》：“夫道有情有信，無爲無形，可傳而不可受，可得而不可見，自本自根，未有天地，自古以固存。

神鬼神帝，生天生地，在太極之先而不爲高，在六極之下而不爲深，先天地生而不爲久，長於上古而不老。”

〔一〇〕“語大”句：《中庸》：“故君子語大，天下莫能載焉；語小，天下莫能破焉。”

〔一一〕“先天而天弗違”句：《周易·乾文言》：“夫大人者，與天地合其德，與日月合其明，與四時合其序，與鬼神合其吉凶。先天而天弗違，後天而奉天時。天且弗違，而況於人乎？況於鬼神乎？”

〔一二〕“知變化之道者”句：語出自《周易·繫辭上》。

〔一三〕相輪：佛教語，本指塔刹的主要部分，貫串在刹杆上的圓環。多與塔的層數相應，爲塔的表相，故稱。《翻譯名義集·寺塔壇幢》：“佛造迦葉佛塔，上施盤蓋，長表輪相，經中多云相輪，以人仰望而瞻相也。”後亦喻指皮相淺薄之論。《河南程氏遺書》卷一：“先生嘗語王介甫曰：‘公之談道，正如説十三級塔上相輪，對望而談曰，相輪者如此如此，極是分明。如某則戇直，不能如此，直入塔中，上尋相輪，辛勤登攀，邐迤而上，直至十三級時，雖猶未見相輪，能如公之言，然某却實在塔中，去相輪漸近，要之須可以至也。至相輪中坐時，依舊見公對塔談説此相輪如此如此。’介甫只是説道，云我知有個道，如此如此。只佗説道時，已與道離。佗不知道，只説道時，便不是道也。有道者亦自分明，只作尋常本分事説了。孟子言堯、舜性之，舜由仁義行，豈不是尋常説話？至於《易》只道個‘立人之道曰仁與義’，則和性字由字，也不消道，自已分明。陰陽、剛柔、仁義，只是此一個道理。”

〔一四〕大衍：《周易·繫辭上》：“大衍之數五十，其用四十有九。”

〔一五〕蓍策：揲蓍用的籌策。《周易·繫辭上》：“乾之策，二百一十有六；坤之策，百四十有四。凡三百有六十，當期之日。二篇之策，萬有一千五百二十，當萬物之數也。”

〔一六〕天球、河圖：《尚書·顧命》：“大玉、夷玉、天球、河圖，在東序。”孔安國傳：“球，雍州所貢。河圖，八卦。伏犧王天下，龍馬出河，遂則其文以畫八卦，謂之河圖。”

〔一七〕不蔡之書：蔡，占卜用的大龜。《周易·繫辭上》：“河出圖，洛出書。”鄭康成引《春秋緯》云：“河以通乾出天苞，洛以流坤吐地符。河龍圖發，洛龜書感。《河圖》有九篇，《洛書》有六篇。”孔安國《古文尚書傳》則有“伏羲王天下，龍馬出河，遂則其文以畫八卦，謂之河圖”；“天與禹，洛出書，神龜負文而出，列于背，有數至于九，禹遂因而第之，以成九類，常道所以次敘”。不蔡之書即反其義而用之，即不需洛龜呈獻而有的書，也就是説，在洛龜呈書以前，其書義已存在，這個未成形的書即不蔡之書。

〔一八〕顯道神德行：語出《周易·繫辭上》：“顯道神德行，是故可與酬酢，可與佑神矣。”

〔一九〕“仲尼没”句：《漢書·藝文志》：“昔仲尼没而微言絶，七十子喪而大義乖。”

〔二〇〕文不在兹乎：《論語·子罕》：“子畏于匡，曰：‘文王既没，文不在兹乎？天之將喪斯文也，後死者不得與于斯文也；天之未喪斯文也，匡人其如予何？’”

送鄒鶴山〔注一〕掌憲晉幕

先生節鎮劍南，吾友羅念庵〔注二〕以書來，極稱其學行才識，非流輩可及。甫三月，訪予北郭草堂，見其人炯炯如清冰出萬壑，洞見底裏，絶無幽暗隱伏。聽其談當世事，旁及古今學士家言，了了如懸河。與印證道德性命之學，則如慧炬燭昏衢，一照萬破，未嘗不洒然悦服。考其世，蓋豫章文獻舊家。尊翁按察君勃窣爲東南理窟，操行嚴峻，聲望振江表。鶴山方弱冠，即遣從南野〔注三〕、東郭〔注四〕、念庵諸君子游。豫章雖多賢，然乃獨心重念庵。蓋先生聞道蚤，學有定力，能不惑路岐者。在鎮近三載，疏理冤滯，損科税便民，勅断深文苛法，惠政種種。今天子簡命爲山西按察使，當行，劍南父老不堪其去，郡守長以下則屬予爲贈言。

予惟鶴山嘗以所名《愛日堂記》屬予，予病不能作，而實雅重其事。蓋聞：“讀《南陔》〔注五〕《履霜》〔注六〕之辭者，可以觀孝；

讀《懷沙》〔注七〕《哀郢》〔注八〕之什者，可以考忠。”忠與孝非兩物也。狄梁公〔注九〕赴并州掾，過太行，反顧河陽，望見白雲孤飛，謂吾親在其下，躊躕不能去，左右爲之感動。及唐祚中衰，梁公以身任天下安危，手舉神器付廬陵王，復唐宗社。一時奸臣賊子，愧死無著足處。范仲淹〔注一〇〕贊曰：“于嗟乎！孝之至也，忠其所繇生乎！”〔注一一〕鶴山愛日，與梁公愛雲，異代同情，事當并傳。梁公昔爲大理丞，决諸道滯獄萬七千人，天下無冤訟。今按察使掌刑獄，與大理同職守者。梁公在唐室稱社稷臣，不知世宗以來五十年間，稱社稷臣者幾人。山西去河陽甚近，梁公宦業多在山西，吾以梁公望鶴山，鶴山無當以梁公自許，無徒藉年勞資望以希取寵靈爲也。

輯録

（明）任瀚《任文逸稿》卷五。又見於（明）任瀚《任少海先生文集》。

注釋

〔一〕鄒鶴山：鄒光祚，字承卿，號鶴山，江西鄱陽人，嘉靖三十五年（1556）進士。嘉靖四十一年（1562），由尚書郎任肇慶知府。隆慶二年（1586），任金騰兵備副使。隆慶四年（1570）三月升四川右參政。隆慶六年（1571）七月陞山西按察使。萬曆二年（1574），陞四川右布政使。萬曆三年（1575），陞四川左布政。萬曆五年（1577）正月，大計被黜致仕。

〔二〕羅念庵：羅洪先（1504－1564），字達夫，號念庵，江西吉水縣人。詳《鴻蒙游送胡廬山提學歸豫章》注。

〔三〕南野：歐陽德（1496－1554），字崇一，號南野，江西泰和人。嘉靖二年（1523）進士，授六安知州，以學行改翰林院編修，歷官南京國子司業、吏部左侍郎、禮部尚書兼翰林院學士。師事王守仁，與鄒守益、聶豹、羅洪先、徐階、程文德等講論良知之學，學者自遠而至，稱其門人者半天下。卒贈太子少保，謚文莊。所著有《歐陽南野先生文集》30 卷。

〔四〕東郭：鄒守益（1491－1562），字謙之，號東廓（一作東郭），學者稱東廓先生，江西安福人。正德六年（1511）進士，授翰林院編修。翌年，丁憂歸里。正德十四年（1519），赴贛州，問學於王守仁，學識、德行爲師所稱許，爲王學在江右的主要傳人。同年，宗室寧王朱宸濠反，參與王守仁軍事，從義起兵。世宗即位，入京復職。嘉靖三年（1523），因大禮議直諫忤旨，下詔獄，謫廣德州判官。稍遷南京禮部郎中，任滿告歸。起南考功，尋還翰林司經局洗馬，上《聖功圖》。遷太常少卿兼侍讀學士，掌南院。陞南京國子監祭酒。九廟災，上疏言君臣交儆之義，落職閒住，開門講學，從學者衆。卒贈南京禮部右侍郎，謚文莊。所著有《東廓鄒先生文集》12 卷。

〔五〕《南陔》:《詩經》中的一篇，今亡。《詩序》稱："《南陔》，孝子相戒以養也"，"《南陔》廢則孝友缺矣"。

〔六〕《履霜》：即《履霜操》，尹吉甫子伯奇無罪見逐，自傷而作此曲，詳見漢蔡邕《琴操》卷上。

〔七〕《懷沙》：戰國時楚國屈原作品。《懷沙》出自《楚辭·九章》，是屈原自投汨羅江以前的絶筆之作，全文陳述楚國政治的昏庸，世人的媚俗，以及自己九死不悔的志向與情操，以寫景、抒情與紀實相結合，反復抒發内心的憂思愁緒，希望以自己的殉國行爲作爲激勵楚國奮起的榜樣力量。

〔八〕《哀郢》：戰國時楚國屈原作品。郢爲楚都，《哀郢》即屈原進諫遭斥逐後，哀嘆故都之日遠，也是對楚國危亡前夕的無限悼念，對人民苦難的深切同情，以及對自己不幸遭遇的無窮感傷。

〔九〕狄梁公：狄仁傑，見前詳注。

〔一〇〕范仲淹：（989－1052）字希文，蘇州吴縣（今江蘇苏州）人。北宋大中祥符八年（1015）進士。歷任廣德軍司理參軍、集慶軍節度推官、秘閣校理。寶元三年（1040）西夏攻延州，康定元年（1040），與韓琦同任陝西經略副使，改革軍制，鞏固邊防。慶曆三年（1043），陞任參知政事，建議十事以革新政治，是爲慶曆新政，但遭到保守派的極力反對，不能實現，并爲此罷去執政，出任陝西河東宣撫使，於赴潁州途中病逝。工詩文，所著有《范文正公集》。

〔一一〕“于嗟乎”句：見范仲淹《唐狄梁公碑》，碑缺失不全，今位于山東孔廟奎文閣前東碑亭外東側，文見范仲淹《范文正公文集》卷一一，《四部叢刊》景明翻元刊本。

故人趙別駕辭永康〔注一〕序

往予供奉闕庭，一時館閣貴游子弟，多天雄〔注二〕、瀛海〔注三〕文獻舊家。有趙左峰者，弱冠長鬚，善談兵，相見昭王臺〔注四〕下，蓋燕趙間多聞慷慨士也。後來予以抗疏還山〔注五〕，二十年間〔注六〕，與趙君如隔世矣。

今上嗣位五載〔注七〕，予方遵蔡、蒙〔注八〕，探奇禹穴〔注九〕，弔先秦蜀太守〔注一〇〕故墟，訪沫水〔注一一〕離堆〔注一二〕，神君囚怪龍處，見雄城百雉〔注一三〕，關塞紆回，埤堞〔注一四〕齒齒〔注一五〕，跨巉巖而出，懸譙飛觀，矗矗上薄雲霄，是爲灌城〔注一六〕。問專符者誰？則瀛海趙左峰也。咦！胡爲來哉？

按君起晉陽〔注一七〕幕，歷佐僕卿〔注一八〕，徙閬州〔注一九〕別駕〔注二〇〕，督餉永康軍。計前後在官凡六考，至是當國者始疏君年勞奏上，纔得以二千石守涇州〔注二一〕，不已太遲暮耶？人臣居今世，方柄直弦〔注二二〕，不鑽刺〔注二三〕窟穴〔注二四〕，乃至白首陸沉邊州，如吾左峰者，真一時守道明義烈丈夫哉！君既綜理邊餉，又兼領灌符，一毛無所取。永康軍故多戎壘，繫雪山三鎮〔注二五〕通津。自君增繕樓櫓、敵臺，謹關梁、斥堠，羌人不敢出没。塞上碉房，鹵無復擁捩石下中行旅運卒。往來餉道，如走唐除〔注二六〕。維州西近雪山，古所稱無憂城者，今其在永康矣。

予將汎扁舟南浮瀟湘洞庭，君適來辭我。東行出褒斜，走咸陽原上，伯勞飛燕〔注二七〕，此生豈復有相見時？驪駒在門〔注二八〕，江聲嗚咽，分手關塞，風煙惘然，爲君作垂老別。

輯録

（明）任瀚《任文逸稿》卷六。又見於（明）任瀚《任少海先生文集》，目録存，正文脱；（清）黄宗羲《明文海》卷二九二，第3022－3023頁。

注釋

〔一〕永康：永康軍，本唐鎮静軍。後蜀曰灌州。宋改爲永安軍，又改爲永康軍。元改置灌州，明改爲灌縣。今四川省都江堰市。

〔二〕天雄：唐天雄軍，明曰大名府，永樂初，直隸京師，領州一、縣十，治今河北省邯鄲市大名縣。

〔三〕瀛海：後魏置瀛州，宋賜名瀛海軍，明曰河間府。永樂七年（1409），直隸京師，領州二、縣十六，治今河北省河間市。

〔四〕昭王臺：即黄金臺，又稱燕臺、金臺。相傳戰國燕昭王築臺，置千金於上，延請天下士，故址在今河北易縣東南。

〔五〕以抗疏還山：嘉靖十九年（1540），任瀚引疾辭，再疏不報，爲周采所劾，帝勒爲民。

〔六〕二十年間：任瀚嘉靖十九年（1540）還山歸隱，二十年後當爲嘉靖三十九年（1560）。據任瀚《送郡司馬吴德懋刺階州序》，任瀚於嘉靖三十九年"薄游嵩少、南嶽"，與下文所言出訪事協，而與"今上嗣位五載"不合。

〔七〕今上嗣位五載：明神宗萬曆五年（1577）。

〔八〕蔡、蒙：二山名。《尚書·禹貢》："蔡蒙旅平，和夷厎績。"孔穎達正義："《地理志》云：蒙山，在蜀郡青衣縣。應劭云：順帝改曰漢嘉縣。蔡山不知所在。"蒙山即今雅安市蒙頂山。

〔九〕禹穴：相傳爲夏禹的葬地。《史記·太史公自序》："二十而南游江淮，上會稽，探禹穴。"裴駰集解引張晏曰："禹巡狩至會稽而崩，因葬焉。上有孔穴，民間云禹入此穴。"任瀚所言禹穴爲另一傳説，即禹生石紐，禹穴在川西。《（嘉靖）四川總志》卷三《郡縣志·成都府·山川》："禹穴，石泉治北六十里。岩上有'禹穴'二大字，相傳禹嘗憩此。"明陸深《蜀都雜鈔》卷一："禹生於汶川之石紐村，禹穴在焉。""今徒以石紐有'禹穴'二字證之，又安知非後人所爲耶?"明曹學佺《蜀中名勝記》卷一〇《石泉縣》："《郡國志》云：石紐山，今在石泉縣南……《碑目》云：'禹穴'二字大徑八尺，李太白書刻在絶壁上。"

〔一〇〕先秦蜀太守：戰國時，秦滅蜀，置太守，此指李冰。

〔一一〕沫水：古水名，即今大渡河。北魏酈道元《水經注·沫水》："沫水出廣柔徼外，東南過旄牛縣北，又東至越嶲靈道縣，出蒙山南，東北與青衣水合，東入于江。"

〔一二〕離堆：離堆有四：一在樂山市，《史記·河渠書》載，戰國時秦蜀守李冰"鑿離碓，辟沫水之害"；一在都江堰，《宋史·河渠志》始稱離堆；一在儀隴縣新政，唐顔真卿《鮮于氏離堆記》有載；一在蒼溪縣東的白鶴山。此當指都江堰離堆。

〔一三〕百雉：指城墻的長度達三百丈。雉，古代計算城墻面積的單位，長三丈高一丈爲一雉。《禮記·坊記》："都城不過百雉。"鄭玄注："雉，度名也，高一丈，長三丈。"

〔一四〕埤堞：城上如齒狀的矮墻。

〔一五〕齒齒：排列如齒狀。唐韓愈《柳州羅池廟碑》："桂樹團團兮白石齒齒。"

〔一六〕灌城：灌縣城。灌縣，本漢郫縣、虒、江原三縣地。蜀漢置都安縣，屬汶陽郡。晉徙都安於灌口，屬汶山郡。宋、齊因之。後周徙都安入郫縣。唐初於權口置盤龍縣，尋改爲導江縣。貞觀中曰讙寧。開元中復曰導江。孟蜀置灌州。宋改爲永安軍，又改爲永康軍。後廢爲灌口寨，又復置永康軍，治導江縣。元初復置灌州，以導江、青城二縣省入。明改州爲縣。今爲都江堰市。

〔一七〕晉陽：古邑名，在今山西省太原市西南晉源鎮。相傳帝堯始都此。春秋屬晉，趙簡子家臣董安在此築城。戰國時趙都於此。秦莊襄王二年（前248）置縣。秦、西漢爲太原郡治所。東漢後爲并州治所。北齊爲龍山，隋開皇中復爲晉陽。五代爲晉、北漢都城。宋平北漢，毁晉陽城，并晉陽、太原二縣爲平晉，移治舊城東北。明洪武八年改爲太原，移舊治。

〔一八〕佐僕卿：不詳，或爲太僕卿的助手。

〔一九〕閬州：唐先天元年（712）改隆州曰閬州，治閬中縣（今四川省閬中市）。天寶元年（742）改爲閬中郡，乾元元年（758）復爲閬州。宋因之，屬利州路。淳祐三年（1243）移治大獲山（今蒼溪東南）。元至元十三年（1276）升爲保寧府。明因之。

〔二〇〕别駕：漢設别駕從事史，省稱别駕，爲州刺史佐吏。魏晉以下，諸州置别駕如漢制，職權甚重。唐中期以後，諸州仍并置别駕，職權已輕。宋改置諸州通判，職守相同，後人亦稱其爲别駕。

〔二一〕涇州：北魏神䴥三年（430）置，治臨涇縣，以涇水（今涇河）得名。後移治安定縣。隋大業三年（607）改爲安定郡。唐初復爲涇州。天寶元年（742）改爲安定郡，乾元元年（758）復爲涇州。廣德元年（763）地入吐蕃。大曆三年（768）復置，爲涇原節度使治。北宋、金、元因之。明初省涇川縣入州，屬陝西布政司平凉府。

〔二二〕直弦：其直如弦，比喻爲人耿直。《南史·循吏傳·郭祖深》："直弦者淪溺溝壑，曲鉤者升進重沓。"

〔二三〕鑽刺：鑽營，謀求。宋俞文豹《吹劍四録》："夤緣鑽刺，奔競成風。"

〔二四〕窟穴：指權勢之家留下可供鑽營的孔穴。

〔二五〕雪山三鎮：指松潘等處軍民指揮使司（今四川省阿壩州松潘縣）、威州（今四川省理縣）、茂州（今四川省茂縣）三地。

〔二六〕唐除：坦途大道。唐，古代朝堂前或宗廟門内的大路。除，臺階。

〔二七〕伯勞飛燕：伯勞鳥和飛翔的燕子，即"勞燕分飛"之意。

〔二八〕驪駒：純黑色的馬，亦泛指馬。《樂府詩集·相和歌辭三·陌上桑》："何用識夫壻，白馬從驪駒。"

西充令馬君〔注一〕得薦序

開府中丞羅野亭公〔注二〕素雄偉，負氣略。人或嘲其酱酒豪宕〔注三〕，謾不省事理。會將去，蜀先以檄下諸郡縣，察得守令能官者幾人，各署其所行事作賞鑒語，了了如懸水鏡，洞見毛髮，廼西充令馬君，則又裒然爲群牧稱首。其略謂：西充才局闓雋，器厈凝遠。疏理冤滯，案無留牘。殺減煩苛，四野不稱擾。勅斷〔注四〕文法吏〔注五〕殘墨、狡僞、革𠈉〔注六〕，凡冒破、乾没、攬翰、額羡〔注七〕諸科，一切報罷。境内游俠亡命、縱横無賴之黨，望風逃遁，行不拾遺。自劍南數十州，長吏潔修有惠政，舉無出西充上。一時江漢士人，咸服開府聰明，有藻鑑，當决無嚳酒事。

霞父聞之，歎曰：賢人君子在位，不唯使所部蒙賴康濟福澤，且能爲當塗官長解嘲，貽之聰察名，其爲人國利益不弘遠哉！吾聞馬君學有本源，善養士，里巷弦誦聲不衰。出其門者皆敦行孝弟，亡敢爲不義事，可以覿化。此則開府品題所不及。

余嘗慕漢庭循吏有荀朗陵〔注八〕者，守官多善狀，仁不忍人。御史以狀走闕下，天子命史官籍其名，書爲朗陵侯相荀淑。縣令得稱侯相自朗陵始。朗陵，漢時儒者，去古未遠，大都以儒書餙吏治，其得力處最在仁不忍人。孔門學問宗旨，端爲求仁。仁者，廓然太公，胸中已不立人我相〔注九〕，隨事順應，終日事事而一無所事，泊然與造化游〔注一〇〕。君如用其術，明王可佐，古道可回，天下官無不可爲者，豈直漢庭一循吏哉！

輯録

（明）任瀚《任文逸稿》卷六。

注釋

〔一〕馬君：《（康熙）順慶府志》卷三《秩官》、《（光緒）西充縣志》卷六《官師志·職官》載明代西充知縣有馬騰雲，似爲此人，但生平事迹不詳。

〔二〕羅野亭公：羅瑶（1527？—？），字國華，號野亭，巴陵（今岳陽市）人。嘉靖二十九年（1550）進士。歷遂寧縣令、四川左布政使。萬曆元年，任貴州巡撫、右副都御史。萬曆三年（1575），改四川巡撫右副都御史。萬曆五年（1577），調南京太常寺卿。

〔三〕酱酒豪宕：酱酒，酗酒；豪宕，意氣洋溢，器量闊大。

〔四〕勑斷：猶裁斷。

〔五〕文法吏：通曉法令、執法嚴峻的官吏。《漢書·元帝紀》：“（元帝）見宣帝所用多文法吏，以刑名繩下。”

〔六〕殘墨、狡僞、革畳：殘墨，殘餘墨迹，指胥吏用此作弊；狡僞，狡詐虚僞；革畳，革職，過失。

〔七〕冒破、乾没、攬翰、額羡：冒破，虚報，冒領。乾没，侵吞公家或别人的財物。唐顔真卿《李司空碑》：“乾没之贓，一徵百萬；繕完之利，費省巨億。”攬翰，攬收文翰。額羡，額外羡餘。

〔八〕荀朗陵：荀淑（82－148），字季和，東漢潁川潁陰人。詳《金堂遺愛册子敘》注。

〔九〕人我相：佛教語，即人相、我相。人相謂衆生于五藴中，妄計有實我、我所，感受到我之存在。人相謂一切衆生外現之相，即感受到他人的存在。

〔一〇〕“隨事順應”句：宋程顥《答横渠先生定性書》：“承教諭以定性未能不動，猶累於外物。此賢者慮之熟矣，尚何俟小子之言。然嘗思之矣，敢貢其説於左右。所謂定者，動亦定，静亦定，無將迎，無内外。苟以外物爲外，牽己而從之，是以己性爲有内外也。且以性爲隨物於外，則當其在外時，何者爲在内？是有意於絶外誘，而不知性之無内外也。既以内外爲二本，則又烏可遽語定哉？夫天地之常，以其心普萬物而無心；聖人之常，以其情順萬事而無情。故君子之學莫若廓然而大公，物來而順應。”

賀大中丞晉峰李老先生〔注一〕平羌序

晉峰先生負兩朝文獻重望，起家雲中〔注二〕。主上知其有王佐才，命入綜銓，務贊冢宰〔注三〕，進退百官，懸衡〔注四〕闕庭，義聲聞天下。頃者封壃〔注五〕多事，上乃廷授節鉞，又命以殿中丞，出鎮西陲，督撫梁益，用宣威徼外，兹其爲將相之選矣夫！

按吐蕃〔注六〕爲寇蜀邊，從冉駹、白馬氐〔注七〕與中國爭雄，百戰不得下，至今白草黄沙〔注八〕之戍，戰骨横野。近自宣城徐少司馬〔注九〕進克兩河四十八砦，降虜不敢關弓〔注一〇〕内嚮者垂五六年。蝎來〔注一一〕守邊，將校習羌，易與漁獵、水土、食貨、百物，虜不堪命。酋長阿呼等，故冉駹種，遂廼刻木徧曉列砦，糾合河東西各諸羌，以庚寅〔注一二〕臘起事獠澤中，破新橋〔注一三〕，圍普安〔注一四〕，入犯穆肅〔注一五〕、松溪〔注一六〕，决棧毀垣。松、茂〔注一七〕兩鎮間，聲援幾絶。

報至，中丞李公下令曰："吾聞先王重守邊，後世重高勛。今主上神武不殺，宜慎兵事。其進諸司議撫剿便宜。"于是松潘兵憲來君招降牛尾、麻答二大族，威〔注一八〕、茂兵憲許君招降雙馬、列角、龍波、炭溝、索多、勒骨等八大族。公咸命輯撫爲屬羌，聽畊作、包貢〔注一九〕如舊。

惟是白泥、小黑水、松坪〔校一〕、楊柳、麥寨諸羌，負阻河山，勒兵箐谷〔校二〕〔注二〇〕中不下。公乃檄召土漢兵，會計疊城，分布四哨〔校三〕。以參將曹希彬提總哨兵九千三百，從牛尾寨入；參將邊之垣提大勝哨兵萬一千五百，從水磨溝入；參將萬鰲、都司田中科提總成哨兵七千九百，從西波寨入；副總兵朱文達、守備史可觀提全勝哨兵六千，從商巴入；總鎮史則移麾功河，往來節制。以分守敘瀘李君主監軍，分巡川西鄭君主運餉，備兵許君綜理儲需，觀察陳君司紀覈。中丞公督師永康軍，策鎮灌口。計自辛卯〔注二一〕閏三月渡疊溪江，至五月奏全捷，凡生擒酋帥阿呼等百五十有奇，當陣斬獲千餘級，焚破碉房九百座，燬死者如数，奪回被鹵丁口百餘人，番馬羊牛、青稞、弓刀甲兵無算〔注二二〕。

捷書至，諸司稱賀。中丞公謝曰："吾以局任守邊，不能斷殺戮，無以稱上意旨，方自咎不暇，敢以賀爲！"乃復陳説順逆利害，傳諭諸羌。聞者亡不感泣，蠻中號稱梟雄敢死如巴豬、白卜、大小黑虎者，亦皆稽首北面請降。遂〔校四〕下令班師，而命成都守詹君入疊城〔注二三〕，集諸將吏，講善後事。

順慶守王君〔注二四〕，中丞門下士也，會諸司移文見委，將使余不佞爲實録。余老，不談兵，徒以事關軍國，雅嘗慕中丞英望，久重其請，衍爲征西賀章。

輯録

（明）任瀚《任文逸稿》卷六。又見於（明）任瀚《任少海先生文集》。

校勘

〔一〕松坪：原本脱“坪”字，據《任少海先生文集》、（明）王濬初《贈兵部尚書晉峰李公墓誌銘》（《（乾隆）新修曲沃縣志》卷三八《藝文上》）、《（乾隆）平陽府志》卷二三《李尚思傳》補。

〔二〕箐谷：原本作“菁谷”，據《任少海先生文集》改。

〔三〕四哨：原本脱“四”字，據《任少海先生文集》補。

〔四〕遂：原本作“逐”，據《任少海先生文集》改。

注釋

〔一〕晉峰李老先生：李尚思，字從學，别號晉峰，山西曲沃人。隆慶二年（1568）進士，授刑部主事，調吏部稽勳司，改驗封考功，累陞郎中，改文選司。萬曆十四年（1586），陞太常少卿。十五年（1587）四月，陞大理寺右少卿。十二月，遷左少卿。十六年（1588）六月，陞太常寺卿。十七年（1589）二月，陞巡撫四川右副都御史，除採木之役，嚴于馭吏，平土司番夷亂。陞刑部右侍郎，再疏乞歸，里居二十年而卒，贈兵部尚書。事迹詳王濬初《贈兵部尚書晉峰李公墓誌銘》，見《（乾隆）新修曲沃縣志》卷三八《藝文上》《（嘉慶）續修曲沃縣志》卷七《藝文志·墓碣》。

〔二〕雲中：古郡名，原爲戰國趙地，秦時置郡，治所在雲中縣（今内蒙古托克托東北）。漢代轄境較小。或泛指邊關。

〔三〕冢宰：即太宰，西周置，乃六卿之首，見《周禮》。後世代指吏部尚書。

〔四〕懸衡：本指公布法度，而用指對法度的嚴格執行。《漢書・鄒陽傳》："臣聞秦倚曲臺之宫，懸衡天下，畫地而不犯。"顔師古注引如淳曰："言其懸法度於其上也。"唐元稹《令狐楚等加階制》："端慎嚴恪，夙夜在公，按度懸衡，守而不失。"

〔五〕封壃：即"封疆"，指邊疆。

〔六〕吐蕃：七至九世時藏族建立的政權，後世泛指青藏高原及當地人民。

〔七〕冉駹、白馬氐：古代西南少數民族，分佈在今四川茂縣、汶川地區。

〔八〕白草黄沙：形容凄凉荒漠之景。

〔九〕徐少司馬：徐元太，見《雪山三鎮平羌記》注。

〔一〇〕關弓：拉滿弓。"關"通"彎"。《孟子・告子下》："有人於此，越人關弓而射之。"

〔一一〕揭來：爾來，爾時以來。唐柳宗元《韋道安》："揭來事儒術，十載所能逞。"

〔一二〕庚寅：明神宗萬曆十八年（1590）。

〔一三〕新橋：新橋堡，明疊溪守禦軍民千户所（今茂縣）北一百三十里，洪武年間建。

〔一四〕普安：普安堡，明疊溪守禦軍民千户所（今茂縣）北一百四十里，宣德年間建。

〔一五〕穆肅：穆肅堡，明疊溪守禦軍民千户所（今茂縣）北七十里，洪武初年建。

〔一六〕松溪：松溪堡，明疊溪守禦軍民千户所（今茂縣）北六十里，洪武年間建。

〔一七〕松、茂：松潘等處軍民指揮使司、茂州。松潘，古氐羌地，漢武帝置護羌都尉于此。晉屬汶山郡。唐初置松州，天寶改爲交川郡。乾元復爲松州。廣德初陷於吐蕃。元置吐蕃宣慰使司。洪武初，平羌將軍御史大夫丁玉定其地，置松潘衛，尋改軍民指揮使司。茂州，古冉駹地。漢武開置汶山郡。宣帝時郡廢，後復置。梁置繩州。後周改曰汶州汶山縣。隋初改屬蜀州，尋改會州，後復爲汶山郡。唐初復治會州，尋改南會州。貞觀中改爲茂州，天寶初改通化郡，乾元初復爲茂州。宋元州仍舊，治汶山縣。明以汶山縣省入。

〔一八〕威：威州，古冉駹地。漢武開之。晉屬汶山郡。隋屬會州，後没於羌。唐置維州。天寶初改維川郡，乾元初復爲維州。五代蜀時徒治中州城。宋改威州，以威制西羌，故名。元明因之。

〔一九〕包貢：源自《尚書·禹貢》“厥包橘柚錫貢”，謂包裹橘柚以進貢天子，後指進貢。

〔二〇〕箐谷：竹木叢生的山谷。

〔二一〕辛卯：明神宗萬曆十九年（1591）。

〔二二〕明王濬初《贈兵部尚書晉峰李公墓誌銘》：“由副都御史巡撫四川，滌除煩苛，與民休息。又嚴於馭吏。守令朘民，將領剥軍者，褫斥不少貸。蜀地連巴隴，番虜交伺，緣久無烽警，疆吏晏然不爲備。公獨虞之。庚寅，洮河急，松境羽書狎至。公厚集土漢兵，扼險設伏。虜至殺鹿塘，遁去。疊、茂羌彝，白泥、楊柳等寨，糾松坪、大小黑水，數拾落，合謀入掠。公預爲方略，奏聞，即移師牙灌口，分兵追剿，殲厥元凶。又三犁虜穴，勒石雪嶺而還，不費司農一錢也。土司番種互相讐殺，公相機駕馭，不繩以漢法。諸夷長感威信，歸命恐後。”

〔二三〕疊城：疊溪守禦軍民千户所城，在今治茂縣疊溪鎮。

〔二四〕王君：王九德，號蒙菴，河南省祥符（今河南省開封市）人。詳《蒙菴王太守年丈題小樓曰“太史讀書樓”，爲八詠詩見贈。深維友道足振頹風，因賦此志感》注。

盧氏縣丞獎勵序

吾昔從天王南幸漢邸道〔注一〕，逢商丘老父言：“陸渾、抱犢、緱氏諸山多玄精、鍾乳朮、昌歜不死之藥，其陰厓、石室多仙靈人。”計今二十年来〔注二〕，乃得一到其地。

吾自以角巾裋褐，支九節筇，放游河洛。即客久，人無知□□□□□〔注三〕。登虢王山，見飛蓋鳴騶，報縣官□□□□不可，遂與相見山椒洞室中。喜其容與閒都，脩然有塵外數致。問其來，則豫章儒家子，由鴻臚供俸出爲盧氏丞。與談説當世事，歷歷能通曉。

丞自是數從吾游，日聞所未聞。凡吾采藥名山，丞必爲指盡嚮導，悉如筭。居無何，部使者察其能官，有幹局，傳檄下所司獎勞，署上考。國人齎酒□幣帛，張鼓吹，奔走相賀，由是頌聲滿行路。

盧氏〔校一〕在崤函西南萬山中〔注四〕，與三秦〔注五〕接壤。秦、晉、兩河、汴宋間亡命負販〔注六〕，游俠無所歸着人，往往雜據以爲藪澤。自有虢以來，號稱難治。令長丞尉，功名多不振。汪丞〔注七〕佐縣未踰年，上下交相譽若是，使其久在丞位，其所自樹立，豈一部使者獎勸所能盡也？余喜其相從稍久，自許不負爲門下士，因相與淬礪其守而勞之言。

輯録

（明）任瀚《任文逸稿》卷六。又見於（明）任瀚《任少海先生文集》，目録存，正文脱。

校勘

〔一〕盧氏：原本脱作“氏”，據上下文意補。

注釋

〔一〕漢邸道：即漢代的官道。嘉靖十八年（1539），明世宗出巡謁陵，幸承天（今湖北省鐘祥市境内）。任瀚以考功清吏司署郎中扈蹕巡楚。

〔二〕二十年来：嘉靖三十九年（1560），任瀚出游河嶽。四十年（1561），盧氏縣新建城埕廟成，任瀚應邀作《盧氏城埕廟碑》，以記其事。

自嘉靖十八年至四十年，適二十二年。

〔三〕“人無知”句：清郭光澍總修、李旭春贊修《（光緒）盧氏縣志》卷九《寓居·人物》：“任（翰）〔瀚〕字少海，四川成都人，官至考功司郎中，遨游盧氏，遂寓居焉。後赴召入京。”

〔四〕崤函：崤山與函谷關，在今河南省靈寶市境内，地勢險要，有一夫當關、萬夫莫開之勢，歷來爲兵家必争之地。

〔五〕三秦：指潼關以西的秦朝故地關中地區。項羽滅秦後，將關中之地分封給秦朝三降將，封章邯爲雍王，都廢丘（今興平東南）；封司馬欣爲塞王，都櫟陽（今西安閻良附近）；封董翳爲翟王，都高奴，故得名。

〔六〕秦、晉、兩河、汴宋：指今陜西、山西、河南等地。

〔七〕汪丞：汪昇，豫章人，嘉靖間由鴻臚供奉出爲盧氏縣丞，參見《（光緒）重修盧氏縣志》卷一一《職官》。

贈汾陽王〔注一〕三十六代孫郭汝蒙序

郭自宋元以來，由雲中〔注二〕徙居莘野〔注三〕虢王山下，譜牒具存。莘在殷周時爲畿輔雄甸，聲華文物之盛甲天下，至今莘川里社猶有阿衡、周、召風流〔注四〕。

余以謝病放游河洛上，遡圖書、道統之源，日與郭生汝蒙父子登魯叟〔注五〕燕居、傳道二堂〔注六〕。郭生指余，龜窠在兼葭〔注七〕石瀨〔注八〕中，即神禹見元龜〔注九〕負書出洛水處。信天生神物，自非河嶽都會不能有此。

郭生問：“龍馬〔注一〇〕、神龜，果天瑞耶?”余應曰：“道也，非瑞也。”生起問故。余曰：“聞長老言，孔子南之沛，見周武王時守藏史〔注一一〕，退而觀于河洛，以求神物。居洛水上三年而不可得，乃歎曰：‘河不出圖，吾已矣夫!’〔注一二〕蓋至是始以道傳曾子。今傳道堂在洛水南岸，相傳爲戰國人所爲，惟曾子侍側，即其處也。”生又問：“‘河出圖，洛出書’〔注一三〕，人皆知之。倘所謂道，七十子之徒豈無可與言者？而獨傳曾子，不已隘乎?”

曰："圖書者，道之精藴，自孔子不可徒言，豈世儒可得而問哉?"生遜謝曰："然則今世之談道學者，不必盡出于河圖，豈盡非邪?"曰："道一也，有人道焉，有天道焉。世儒所當言者，自天子至于庶人皆可爲之，人道也。其不可言者，'先天而天弗違，後天而奉天時'〔注一四〕，'所以成變化而行鬼神'者〔注一五〕，天道也。夫子之言天道，自子貢不可得而聞〔注一六〕。子如明《易》，見天地之根，庶幾可與言至道矣。"

汝蒙家世譜牒，實出汾陽郭子儀。後當南渡時，鎮國大將軍禎、忠翊校尉〔注一七〕騭〔校一〕、武略將軍敬，皆生遠祖，代有功勞在王室。昔以武顯，今以文振，亦其理宜也。郭生勉哉！莘川先朝耆舊有耿清惠公九疇〔注一八〕、耿文恪公裕〔注一九〕父子，皆一代名臣。吾觀汝蒙父子，以儒術相繼，凝然有遠器，後來横經虎觀〔注二〇〕，由清惠、文恪而上進于孔門道統之傳，當無難者。

郭生出語其子曰："吾聞任公子嘗釣鰲于滄洲〔注二一〕之上，將願爲執竿，從之游，不圖今日乃見羲皇人矣。"更出其家乘，使按而爲之敘。

輯録

（明）任瀚《任文逸稿》卷四。又見於（明）任瀚《任少海先生文集》。

校勘

〔一〕翊：原本作"翊"，即"翊"字，據《金史·百官志》《元史·百官志》改。

注釋

〔一〕汾陽王：郭子儀（697—781），字子儀，華州鄭（今陝西省渭南市華州區）人。開元初，以武舉異等補左衛長史。平安史之亂，功居第一，累遷同平章事，加司徒，封代國公。以身繫天下安危者二十年，德宗賜號尚父，進封汾陽王，世稱郭汾陽，又稱郭令公。卒謚忠武。新舊《唐書》有傳。

〔二〕雲中：古郡名，原爲戰國趙地，秦時置郡，治所在雲中縣（今内蒙古托克托東北）。漢代轄境較小。或泛指邊關。

〔三〕莘野：有莘國的原野。《孟子·萬章上》："伊尹耕于有莘之野，而樂堯舜之道焉。"莘國，又作有莘氏，商、西周時諸侯國，在今陝西省合陽縣東南。周文王娶于莘，即此。

〔四〕阿衡、周、召：伊尹、周公、召公。阿衡爲商代師保之官，伊尹曾任此官，故以指伊尹。周，周公旦。召，召公奭。

〔五〕魯叟：魯國老叟，指孔子。

〔六〕燕居、傳道二堂：紀念、祭祀孔子在洛源閑居、傳道的祠堂。世傳孔子西窮洛源于此，遂建堂以祀之。任瀚《虢城新開學門記》："夫燕居堂者，魯哀公庚申以前，孔子有事河洛所止處也。"《明一統志》卷二九《河南府·宫室》："燕居堂，在盧氏縣治東南，世傳孔子周流至此，後人建堂。傳道堂，在盧氏縣治西北，有孔子、曾子塑像。"《（光緒）重修盧氏縣志》卷一八《外紀》引"縣舊志"稱："孔子適周，遂西窮洛源，至盧。故文峪有燕居堂，沙窩川有傳道堂，春秋次丁祭。又有顔子河、仲由山。"《（光緒）重修盧氏縣志》卷一四《藝文》著録失名《重修燕居堂記》："（孔子）周流天下，道經縣南峪燕居，後名文峪川，建燕居堂。彼時基址狹小，僅有堂宇存焉。至正德乙亥歲孟冬，知縣劉繼擇、社里人曹鸞等修理，周圍濶廣，廟貌巍然。"同卷所録隆慶元年佚名《重修傳道堂記》則稱："盧之西北沙窩里有傳道堂，不知創於何時。昔孔子與顔淵諸賢周流至此傳道焉，里人因建堂以志盛蹟。自景泰五年重修久矣，爲風雨所壞。邑侯張公下車逾年，掄才修葺，仍舊制而鼎新。……在文峪有燕居堂，而此里有傳道堂焉。"

〔七〕兼葭：蘆葦。

〔八〕石瀨：石潭。

〔九〕元龜：大龜。《尚書·金縢》："今我即命于元龜。"孔傳："就受三王之命於大龜，卜知吉凶。"《史記·龜策列傳》："紂爲暴虐，而元龜不占。"

〔一〇〕龍馬：古代傳説中龍頭馬身的神獸。《尚書·顧命》：“天球，河圖，在東序。”孔安國傳：“伏犧王天下，龍馬出河。遂則其文，畫八卦，謂之河圖。”《周易·繫辭上》：“河出圖，洛出書，聖人則之。”孔穎達正義：“如鄭康成之義，則《春秋緯》云：‘河以通乾出天苞，洛以流坤吐地符。河龍圖發，洛龜書感。’《河圖》有九篇，《洛書》有六篇。孔安國以爲《河圖》則八卦是也，《洛書》則九疇是也。”

〔一一〕守藏史：周朝所置掌管國家圖籍之官，或稱柱史，老子嘗任此職，故世以代指老子。《史記·老子列傳》：“老子者……周守藏室之史也。”

〔一二〕“河不出圖”句：語見《論語·子罕》。

〔一三〕“河出圖”句：語見《周易·繫辭上》。

〔一四〕“先天”句：語見《周易·乾文言》。

〔一五〕“所以成變化”句：語見《周易·繫辭上》。

〔一六〕“夫子之言天道”句：語見《論語·公冶長》：“子貢曰：‘夫子之文章可得而聞也，夫子之言性與天道不可得而聞也。’”

〔一七〕忠翊校尉：武散官名，金、元皆置，三十四階之第二十八階。金正八品下，元正七品。敕授。《金史》卷五五《百官志一》：“正八品上曰忠勇校尉，下曰忠翊校尉。”《元史》卷九一《百官志七》：“忠勇校尉、忠翊校尉，以上正七品。”

〔一八〕耿清惠公九疇：耿九疇（1396—1460），字禹範，號怛庵，河南盧氏縣人。永樂間進士，宣德時授禮科給事中，議論持大體，有清望。正統初任兩淮鹽運司同知，起爲都轉運使，陞刑部右侍郎，屢辨疑獄，無所撓屈。累進右都御史，遭石亨等陷害，謫江西布政使。後召還，改任南京刑部尚書。《明史》有傳。

〔一九〕耿文恪公裕：耿裕（1430－1496），字好問，河南盧氏縣人，九疇子。景泰進士，授户科給事中，改工科。成化初，歷官國子司業、祭酒。弘治初拜禮部尚書，吏部尚書。《明史》有傳。

〔二〇〕虎觀：白虎觀的簡稱。

〔二一〕滄洲：原指水邊，因隱者往往中意於此，後世便以“滄洲”代指隱士的居所，并常用以表現歸隱之思。三國魏阮籍《爲鄭沖勸晉王箋》："臨滄洲而謝支伯，登箕山以軿許由。"

虞養純〔注一〕監察南北兩鎮世家序

虞使君按成都日〔注二〕，嘗出家乘示諸大夫，蓋稱宋丞相雍國虞忠肅公允文〔注三〕後云。

余讀忠肅公三世孫奎章學士集〔注四〕所著《虞氏家表》，虞蓋出勾吴虞仲世家。仲與太伯逃讓去周，世爲勾吴君長，立國海虞，故其族以國氏。武王克商，求益，封虞仲後爲倫侯，國于殷北故夏墟，世稱爲南北虞。秦漢以下，諸侯王世家在海内籍籍可名者數十家，求其先有能讓天下逃之海濱如虞仲、太伯者幾人？乃其後復有延陵季子〔注五〕者，遜位諸樊〔注六〕，高義振千古，虞殆神明世胄哉！周末有躡屩虞卿〔注七〕，善著書，趙成王以爲上卿，復逃隱會稽山下。累數葉，至陳太子中庶子荔，荔生永興文懿公世南，爲唐太宗佐命功臣。凡九世至北郡刺史殷，從僖宗幸蜀，留守仁壽。更七世至宋左中大夫、贈太師秦國公祺。祺始生丞相雍國公允文。其來遠哉！

明興，嘉靖中，天子命御史巡狩西南，有喻吴皋〔注八〕者來，道出虞秦公墓下，哀丞相出師靖難，功最稱神奇，卒不得柄用，令所司伐蔡蒙石，走尺牘江上，屬予爲記。余始爲著秦公阡表〔注九〕，紀載世勛，無令泯滅。更三十年，至萬曆中，復有御史虞養純者，來問其世，即前所記宋丞相雍國公允文後也。

異哉！南北虞上下數千載，隔絶不相聞，當喻君時直謂元奎章學士後，虞仲延陵之裔，闃其無人矣，豈謂聖朝復有名御史崛起海濱，爲雍公樹赤幟，使人知南虞且代有哲臣，先後繼作，族繁迺過二千人，至不相省識。于嗟虖！仁聖忠烈，名賢在天地，其骨雖朽，其後裔自恢閎長遠，無盡藏時。然則秦漢以下，諸侯王鉅族赫赫如虞世家者，又幾人哉！

皇帝遣御史巡行郡國，付之生殺予奪，以賞罰天下，凡所部望見風采，如雷電下薄，無不奔走奪氣。養純公奉命西來，服慈母太夫人訓，訖不忍臨視刑辟。有司關决獄岸，務從末減，敕斷文法吏刻深，故入者罪無赦。按部行縣，罷張斧鉞、弓矢、旗旄，戒訶禁道路，鐃角、蕭鼓不聞聲。所過邨落都市，了不知有漢官威儀。供張唯取草具，毋得雜進水土百物。蜀父老咸稱虞公有古道，不挾風霜氣。公居常渾渾，漫不置可否，及其磨勘〔校一〕〔注一〇〕隱伏〔注一一〕，細入毛髮，雖漢庭老吏無與比精，然大都主寬厚，不漉人幽闇事。舊常爲陌陽司理參軍，官屬多所馮籍，囚無寃縶。今爲御史，務葆持善類，一切鍛鍊推鞫、破體毒人之具，不入憲庭，使御史一日爲執政，平章軍國天下，豈復有横離苛法，暴露中野，狼籍無處所，人在位豈復有懷沙哀郢、蹈東海之士〔注一二〕哉！

秦公昔在宣和中轉運夔、梓諸路，嘗以狀走闕下，爲蜀人告饑發粟，所存活萬計，流頌不休。其後雍公破鹵擒王，拔强胡四十萬，走死完顔亮，威振江淮，策勞帝室，人皆歸德。秦公侍御君前後，樹恩澤，曾不减秦公時，後來將食報云〔校二〕，仍如持左券，文武勛業未量。今行矣！藩臬諸大夫重其人，請以言贈。侍御君有心學，抱遠器，可佐明王。從祖守愚事毅皇〔注一三〕，位開府中丞，有孫德煒，與侍御同年舉進士，族在今義烏原上，去虞仲雖遠，世爲東南文獻名家。

輯録

（明）任瀚《任文逸稿》卷三。

校勘

〔一〕磨勘：原本作“摩勘”，據文意改。

〔二〕云：原本訛作“雲”，據意改。

注釋

〔一〕虞養純：虞懷忠，字汝良，號養純，浙江義烏人。領嘉慶三十七年（1558）鄉薦，隆慶五年（1571）進士，授北直隸真定府推官。萬曆三年（1575），試江西道監察御史。四年（1576），實授。五年（1577），以御史巡按四川。與郭棐等纂修《（萬曆）四川總志》三十四卷。張居正怒蜀府及憲副徐柏，欲假手擠之。懷忠不辭而往，反疏保之。忤居正，轉知袁州。一載，會廷計，以前事謫歸。數年後復起安慶潛山知縣。十二年（1584），丁内艱，扶柩歸，鬱鬱而終。所著有《養純詩草》二卷。

〔二〕按成都日：《明神宗實録》卷六四，万历五年七月丙午，"命御史虞怀忠巡按四川"。虞懷忠《修簡州濟川橋記》："蜀稱天府之國，劍門、瞿峽列峙西東，巋然控握秦楚。丁丑秋，予奉命巡歷其地。"

〔三〕宋丞相雍國虞忠肅公允文：虞允文（1110－1174）字彬甫，隆州仁壽（今眉山市仁壽縣）人。宋高宗紹興二十四年（1154）進士，轉奉議郎，通判彭州，權知渠州。以趙逵薦，召對，累遷禮部郎官。使金還奏，言金人必敗盟，請預修戰備。完顏亮南侵，允文以中書舍人參謀軍事，督師江淮，獲采石大捷。進兵部尚書，出爲川陝宣諭使。孝宗乾道元年（1165）入朝，拜參知政事兼知樞密院事。三年（1167），復出爲四川宣撫使。五年（1169），拜右僕射、同中書門下平章事兼樞密使。八年（1172），詔授特進、左丞相兼樞密使。尋進封雍國公，宣撫四川，卒，贈太傅，謚忠肅。事迹詳《宋史》本傳。

〔四〕忠肅公三世孫奎章學士集：虞集（1272－1348），字伯生，號道園，世稱邵庵先生。祖籍仁壽，後徙崇仁（今江西省崇仁縣）。虞允文五世孫。大德元年（1295）至京師，六年授大都路儒學教授。十一年，擢國子助教。至大四年（1311），轉國家博士。延祐元年（1314），改太常博士，四年遷集賢修撰，五年（1318）除翰林待制兼國史院編修官。泰定元年（1324），升國子司業。三年（1326），進秘書少監。四年（1327），拜翰林直學士、知制誥、同修國史，兼經筵官。五年（1328），兼國子祭酒。至順元年（1330），拜奎章閣侍書學士，任《經世大典》總裁。三年（1332），兼翰林侍講學士。元統元年（1333），謝病南歸。二年

(1334)，有旨詔還朝，病不能行。至正八年（1348）卒，贈江西行省参知政事、仁壽郡公，謚文靖。所著有《道園學古録》《道園類稿》等。事迹詳《元史》本傳。

〔五〕延陵季子：吴公子季札，吴王壽夢子、諸樊弟，多次遜讓君位，封於延陵，故稱延陵季子。

〔六〕諸樊：春秋吴國國君（？—前548），吴王壽夢長子。壽夢以幼子季札賢，欲立之，季札不從。壽夢卒，諸樊又讓，季札固辭，遂繼位。十三年（前548），率師攻楚，受箭傷而卒。事迹詳《史記》卷三一《吴太伯世家》。

〔七〕躡屩虞卿：穿草鞋行走的虞卿。《史記》卷七九《平原君虞卿列傳》："虞卿者，游説之士也。躡蹻擔簦説趙孝成王，一見賜黄金百鎰，白璧一雙，再見爲趙上卿，故號爲虞卿。"裴駰集解引徐廣曰："蹻，草履也。"虞卿，一作虞慶、吴慶，戰國游士，因進説趙孝成王，被任爲上卿，故號虞卿。主張以趙爲主，合縱抗秦。長平之戰前，建議聯合楚、魏，迫使秦講和，後又反對割地予秦。後離趙入魏，不得意而著《虞氏春秋》，"上採春秋，下觀近世，曰節義稱號，揣摩政謀，凡八篇，以刺譏國家得失"。《漢書·藝文志》儒家類著録爲十五篇，今佚，有清馬國翰輯本。

〔八〕喻吴皋：喻時（1506—1571），字中甫，號吴皋，河南光州（今河南省光山縣）人。嘉靖十七年（1538）進士，授吴江縣令，以治行第一徵拜御史，出視河東鹾政，移疾歸。三十年（1551），起爲四川巡按御史。尋遷應天丞，轉南京太僕寺卿，以都察院右僉都御史真、保，改督操江佐南臺。進右副都御史，總督漕運。用言官薦，進督陕西三邊軍務，拜兵部右侍郎，協理戎政。尋出爲南京兵部侍郎，以浮言歸里。召爲南户部侍郎，督留儲。病卒。好爲古文辭，源出《盤庚》《周禮》，追琢詰屈，世謂之喻氏學。事迹詳明王世貞《喻司待傳》、明傅維麟《明書》本傳。

〔九〕秦公阡表：任瀚所撰《虞秦公世德碑》。

〔一〇〕磨勘：古代官員考績陞遷的制度。唐時文武官吏由州府和百司官長考核，分九等注入考狀，期滿根据考績决定陞降，并經吏部和各道觀察使等復驗，稱爲磨勘。

〔一一〕隱伏：隱藏、潛伏。

〔一二〕懷沙哀郢、蹈東海之士：懷沙哀郢之士指屈原，屈原有《懷沙》《哀郢》兩篇賦文。蹈東海之士指魯仲連。《史記·魯仲連鄒陽列傳》："彼秦者，棄禮義而上，首功之國也。權使其士，虜使其民。彼即肆然而爲帝，過而爲政於天下，則連有蹈東海而死耳，吾不忍爲之民也。"

〔一三〕毅皇：明武宗朱厚照（1506—1521在位），卒謚"承天達道英肅睿哲昭德顯功弘文思孝毅皇帝"。

沈世家序

會稽南山沈公〔注一〕爲其先世諸君子立世德傳，而獨己所自出得詳與尊者，小宗之法也。"古者諸侯世國，卿大夫世家"〔注二〕，"别子爲祖，繼别爲宗，繼禰者爲小宗"〔注三〕。小宗，故于己所自出者獨得而私之，私吾宗也。凡今天下之爲族譜者，其法皆從小宗。小宗五世則遷，其法凡適子而後得爲譜者，皆存其高祖，而遷其高祖之父，爲其無服也。無服則親盡，親盡則情盡，情盡則塗之人爾。塗之人，惡所用譜爲？

南山公惟不忍其宗，遂至于塗之人也，則溯〔注四〕其禰若祖而上之，盡八世。蓋世爲一傳，傳附一贊，以别於譜，而使其子孫世守之不忘。公若曰："小宗五世而遷，宗法也，譜法也。吾之八世而不遷者，非譜法也，傳法也。吾固執空言以私吾親，盡服窮之遠祖，而世藏之不敢忘，後世將有以宗法病我，不恤也。"嗚呼，何其仁哉！

往歲，公嘗以其祖靈丘王博士玉庵府君墓碣〔注五〕屬余，而靈丘以上四世祖才略行節，各隨狀表見，故自樂靜徵君而下，吾皆能言之。惟道二、玄四兩世，則吾不及知。今讀其傳，蓋古之所謂篤行君子也。世有篤行君子，雖疏遠不相誰何者，人猶將張之，況八世祖耶？宋至和〔注六〕以來，眉山蘇氏之譜〔注七〕行天下。

譜雖竟五世，而實録追敘其本始，以爲出自昆吾〔注八〕。昆吾之前多茫昧不可考。然自昆吾至益州長史，上下二千餘年，計七十有餘世，其賢者獨六七人。若會稽之沈居皋部凡幾世，而賢者至七八人。南山公治郡，又當爲海内第一。後來勛業出古人上，則皋部之盛，豈眉山可望也！

昔者吴太伯逃讓海濱〔注九〕，世爲吴越君長。其子孫微者多散處吴會山谷間。今會稽之沈既濱海而家，沈又出周文王後。文王之父季歷，與吴太伯兄弟也。同姓之後，附同姓而居，此理之常。沈其自宗周入吴，無可疑者。傳稱祥符〔注一〇〕，殆東周圻甸〔注一一〕耶？是故因沈以得周，因周以得吴。乃知聖賢之胄，代有哲人，固未嘗絶也。吾固進沈氏列傳爲世家，以附遷史《吴世家》之後。

輯録

（明）任瀚《任文逸稿》卷四。

注釋

〔一〕南山沈公：沈橋，浙江會稽人。嘉靖二十年（1541）進士。知順慶，誠於愛民，加意作興學校，一郡稱治。陞雲南按察副使。四十三年（1564）八月庚午朔，由貴州布政使司右參政陞爲湖廣按察使，四十四年（1565）罢職。

〔二〕“古者諸侯世國”句：語出蘇洵《嘉祐集》卷一三《譜例》。

〔三〕“别子爲祖”句：語出《禮記·喪服小記》《禮記·大傳》。鄭玄注：“諸侯之庶子别爲後世，爲始祖也。謂之别子者，公子不得禰先君。”“别子之世，長子爲其族人爲宗，所謂百世不遷之宗。”“别子庶子之長子爲其昆弟爲宗也。謂之小宗者，以其將遷也。”

〔四〕滹：“溯”的異體字。

〔五〕靈丘王博士玉庵府君墓碣：即任瀚《靈丘王博士王庵沈君墓誌銘》。

〔六〕至和：宋仁宗年號（1054—1056）。

〔七〕眉山蘇氏之譜：指北宋眉山蘇洵所撰《蘇氏族譜》，又《譜例》《族譜後録》《大宗譜法》《蘇氏族譜亭記》并言族譜修撰之法，詳《嘉祐集》卷一三。

〔八〕昆吾：中國上古人物。《史記·楚世家》記載，昆吾爲楚之祖顓頊之後，吴回之孫，陸終之子，己姓，夏時爲侯伯，桀時爲商湯所滅。昆吾國，在今河南省許昌市東，一説在今河南省濮陽縣西南。《吕氏春秋·君守》："奚仲作車，倉頡作書，后稷作稼，皋陶作刑，昆吾作陶，夏鯀作城。此六人者，所作當矣！"

〔九〕吴太伯逃讓海濱：《史記·吴太伯世家》："吴太伯，太伯弟仲雍，皆周太王之子，而王季歷之兄也。季歷賢，而有聖子昌，太王欲立季歷以及昌，於是太伯、仲雍二人乃奔荆蠻，文身斷髮，示不可用，以避季歷……太伯之奔荆蠻，自號句吴。荆蠻義之，從而歸之千餘家，立爲吴太伯。"

〔一〇〕祥符：祥符縣，今河南省開封市祥符區。

〔一一〕圻甸：天子的領地。《逸周書·職方》："方千里曰王圻。"《禮記·王制》："千里之内曰甸。"

任瀚集校注卷九

記

宋狀元僕射何公〔注一〕顯忠祠記〔校一〕

華陽黑水在天地西南，去中土遠，異代能臣死士，不登祀典，即耆舊薦紳，亡從得聞號名，往往多湮滅不振，至莫保丘墓。成都仁壽郭北十里所，棘楚蘩薄〔校二〕中，有斷墟殘碣，兆畤〔校三〕鬣鬣，狐鼠野牛〔校四〕，窟穴其下，爲宋丞相僕射何公藏木主處。明御史汝南吴皋喻公〔注二〕按部行縣，哀僕射忠勞死事〔校五〕，不食竟土，廼下令斬薙熏室〔校六〕，益封樹，更寘祠宇、羡門、華表百物〔校七〕。一日，忽〔校八〕使仁壽尹毛君〔校九〕沂〔注三〕繢圖〔校一〇〕勒狀東來〔校一一〕，問記于前史氏〔校一二〕。記曰：

僕射諱㮚，字文縝，宋隆州陵井監〔校一三〕人。政和五年舉進士第一。時女真〔校一四〕完顔旻〔校一五〕〔注四〕始僭稱號〔校一六〕，王室多事，宰相王黼〔注五〕承蔡京〔注六〕後，深文黷貨，主佐旻〔校一七〕攻遼〔校一八〕取燕雲計，舉山後諸州割截餉旻，自决藩衛，益增歲幣至百四十萬。行路切齒，朝士洶洶，莫敢抗聞〔校一九〕。時〔校二〇〕㮚爲御史中丞，獨上疏奏曰："王黼奸回專制，馮藉寵靈，使海内觖望，不去，必亂中國。請悉去其黨胡松年〔注七〕等，謝天下。"繇是黼、松年皆罷免歸。

靖康元年，童、蔡〔注八〕既伏誅，公稍遷中書侍郎。金師〔校二一〕攻陷天威軍，占没喝〔校二二〕舉部曲南下，兩河〔注九〕震盪。詔百官集尚書省，議三鎮〔注一〇〕便宜。百官多言請割地求成便，㮚固持不可，謂："三鎮爲國塞垣，三鎮破，國誰與守？且羯胡亡賴〔校二三〕，即〔校二四〕割内地，盡江淮，豈有不來理？"唐恪〔注一一〕、耿南仲〔注一二〕力爭不釋。公厲聲曰："河北民亡罪，棄地，民獨安之？且以河北取天下，勢若建瓴。河北既亡，其誰爲中原者！"帝曰："何㮚言是。"然恪、南仲寵厚，不能奪，竟罷㮚開封尹。已復詔〔校二五〕爲尚書右〔校二六〕僕射。數日，虜〔校二七〕薄城下，殿前諸統制敗死。斡离卜〔校二八〕縱兵乘城，焚南薰門，衛士殺傷相籍。公猶勃勃率都民巷戰，欲以身殉闕庭。虜〔校二九〕謝不逞。烏虖，雄哉！

徽、欽北狩〔注一三〕，公及侍郎李若水〔注一四〕從。若水詬虜〔校三〇〕死，公與秦檜〔注一五〕等奉二帝至燕。檜臣事撻嬾〔注一六〕，得南歸，約爲間諜。公獨仗節〔校三一〕不屈，日哭二帝所，南望中原有能復仇者，而竟爲賊檜所奪，卒〔校三二〕走死海上。

蜀故老嘗説康王〔注一七〕典河北帥府，事出僕射。建炎中興，僕射最有功勛〔校三三〕，宜配享高廟，策勞〔校三四〕記室，而史闕不載，誠爲遺憾。吾悲靖康之難，蔡京爲戎首，王黼養亂幸成，至耿南仲凌遲狼籍，莫可援捄。然〔校三五〕數人者，皆得完狗馬餘骨，死葬東南。僕射生不逢〔校三六〕明主，末路迺得柄用，國事已去，身陷朔漠死，委骨瀚海〔注一八〕，不克歸還其社，至削木爲主，題封舊山，豈不慟哉！

山〔校三七〕故有祠，曰顯忠院，不知敕自何代。僕射去今五百餘年，御史持節勸忠，千里問記。伐取岷峨一片石，昭示無極，使後來封疆之臣過其祠〔校三八〕，行其墟墓，將有慷慨悲傷〔校三九〕，踟躕不能去者，知〔校四〇〕僕射得死所矣。誰謂南朝〔校四一〕惟李侍郎〔注一九〕一人？

輯録

（明）任瀚《任文逸稿》卷二。又見於（明）任瀚《任少海先生文集》，目録存，正文脱；（明）杜應芳、胡承詔輯《補續全蜀藝文志》卷二八，《續修四庫全書》第1677册，第276至277頁；《（萬曆）四川總志》卷二七，萬曆七年刻本；（明）馮任修、張世雍等纂《（天啓）新修成都府志》卷五三《藝文志》，明天啓年間刻本；（清）黄宗羲《明文海》卷三六七，第3786－3787頁；（清）薛熙《明文遠》，《四庫全書存目叢書》集部第407册，第195－196頁；（清）張寧陽等主修，陳獻瑞等纂修《（嘉慶）井研縣志》，嘉慶元年（1796）刻本，第7－9頁；《（嘉慶）四川通志》卷三七《輿地・祠廟》；《（嘉慶）南充縣志》卷四《藝文志》七之五《記》，第84－85頁；（清）馬百齡修，魏崧、鄭宗垣纂《（道光）仁壽縣新志》卷六《藝文志》，清道光十八年（1838）刻本，第29－30頁；（清）羅廷權等修，馬凡若纂《（同治）仁壽縣志》卷八《人物志・名臣》，清同治五年（1866）刻本，第9－11頁；（清）翁植、楊作霖等修，陳韶湘纂《（光緒）補纂仁壽縣原志》卷四《人物》，清光緒七年（1881）刻本，第18－20頁；（清）劉炯原本，羅廷權續修《（光緒）資州直隸州志》卷二七《藝文志》，光緒二年（1876）增刻本，第21－23頁；（民國）曾世禮《任黄合鈔・任司直文鈔》卷下，第19－21頁；《（民國）新修南充縣志》卷一三《藝文志・記》，第56－57頁。

校勘

〔一〕宋狀元僕射何公顯忠祠記：《補續全蜀藝文志》《（天啓）新修成都府志》作“何狀元顯忠祠記”；《（萬曆）四川總志》作“顯忠院記”，有删節；《（嘉慶）井研縣志》題作“顯忠祠記”；《（嘉慶）南充縣志》《任黄合鈔》題作“何公顯忠祠記”。

〔二〕蘗薄：《補續全蜀藝文志》《（天啓）新修成都府志》作“萸薄”，訛。

〔三〕兆畤：《補續全蜀藝文志》《（天啓）新修成都府志》作“非時”，訛。

〔四〕野牛：原本作“野千”，《明文海》同，《明文遠》作“成千”，《（道光）仁壽縣志》作“野物”，據《補續全蜀藝文志》《（天啓）新修成都府志》改。

〔五〕哀僕射忠勞死事：《（光緒）仁壽縣志》作“念僕射忠勞勤事”。

〔六〕熏室：《明文海》作“薰窒”，《補續全蜀藝文志》《（天啓）新修成都府志》作“薰室”，《（光緒）仁壽縣志》作“熏窟”。

〔七〕百物：《補續全蜀藝文志》《（天啓）新修成都府志》脱。

〔八〕一日忽：原本無，據《補續全蜀藝文志》《（天啓）成都府志》補。

〔九〕君：原本無，據《（天啓）成都府志》《（光緒）仁壽縣志》補。

〔一〇〕繢圖：《明文海》作“繪圖”。

〔一一〕東來：原本無，據《補續全蜀藝文志》《（天啓）成都府志》補。

〔一二〕史氏：《補續全蜀藝文志》《（天啓）成都府志》作“史氏任瀚”。

〔一三〕隆州陵井監：《明文海》《明文遠》同，《補續全蜀藝文志》作“陵州仙井監”，《（天啓）成都府志》作“隆州仙井監”。按《宋史》卷二〇《徽宗本紀二》，大觀四年閏八月“癸卯，改陵井監爲仙井監”。《宋史》卷八九《地理志》：“仙井監，同下州。本陵州。至道三年，升爲團練。咸平四年廢，始建縣。熙寧五年，廢爲陵井監。宣和四年，改爲仙井監。隆興元年，改爲隆州。”《宋會要輯稿》禮二〇之一六六：“嚴顔神祠，在隆州（舊陵州仙井監）翳斯山，徽宗大觀二年賜廟額孚貺，孝宗乾道三年十二月加封英惠忠應侯。”若是，則以“陵州仙井監”爲是。

〔一四〕女真：《明文海》諱作“金主”。

〔一五〕完顔旻：《補續全蜀藝文志》《（天啓）成都府志》作“完顔昊”，訛。

〔一六〕始僭稱號：《明文海》諱作“方稱尊號”。

〔一七〕旻：《明文海》作“金”，下“旻”同。

〔一八〕遼：《補續全蜀藝文志》《（天啓）成都府志》作“趙”。

〔一九〕莫敢抗聞：《明文海》同，《補續全蜀藝文志》《（天啓）成都府志》作“莫能抗”。

〔二〇〕時：原本無，據《補續全蜀藝文志》《（天啓）成都府志》補。

〔二一〕金師：《補續全蜀藝文志》《（天啓）成都府志》作“虜”。

〔二二〕占没喝：《（萬曆）四川總志》《補續全蜀藝文志》《（天啓）成都府志》作“沾没喝”。

〔二三〕亡賴：《明文海》作“無厭”，《明文遠》作“亡厭”。

〔二四〕即：《明文海》無。

〔二五〕詔：《補續全蜀藝文志》《（天啓）成都府志》作“召”。

〔二六〕右：《明文海》無。

〔二七〕虜：《明文海》無。

〔二八〕斡離卜：原本作“榦離卜”，《（天啓）成都府志》作“幹離卜”，據《明文海》改。

〔二九〕虜：《明文海》脱。

〔三〇〕詬虜：《明文海》諱作“罵敵”。

〔三一〕仗節：《明文遠》作“伏節”，蓋形近而訛。

〔三二〕“日哭”至“卒”：《補續全蜀藝文志》《（天啓）成都府志》作“奔”。

〔三三〕勛：《補續全蜀藝文志》《（天啓）成都府志》無。

〔三四〕策勞：《補續全蜀藝文志》《（天啓）成都府志》作“策勛”。

〔三五〕然：《補續全蜀藝文志》《（天啓）成都府志》無。

〔三六〕逢：《補續全蜀藝文志》作“遲”，訛。

〔三七〕山：《補續全蜀藝文志》《（天啓）成都府志》作“川”，訛。

〔三八〕過其祠：《補續全蜀藝文志》《（天啓）成都府志》作“時”，屬下讀。

〔三九〕傷：《補續全蜀藝文志》《（天啓）成都府志》作“歌”。

〔四〇〕知：《補續全蜀藝文志》《（天啓）成都府志》訛作“如”。

〔四一〕南朝：原本作“南軍”。據《補續全蜀藝文志》《（天啓）成都府志》《明文遠》《明文海》、（宋）李心傳《建炎以來繫年要録》卷二建炎元年二月辛巳改。

注釋

〔一〕何公：何㮚（1089－1127），字文縝，仙井（今四川仁壽）人，政和五年（1115）進士第一，擢秘書省校書郎，歷官起居舍人、中書舍人、御史中丞，論劾王黼及其黨胡松年、胡益等，皆罷。出爲泰州知府。欽宗立，復以中丞召，進尚書右丞、中書侍郎。百官欲從金人割三鎮，㮚非之，請建四道總管，使統兵入援，爲和議派唐恪、耿南仲、聶昌信所阻，解政事。不久以資政殿大學士領開封尹。金兵臨城，拜尚書右仆射兼中書侍郎，嘗建議康王趙構爲天下兵馬大元帥。京城失守，從欽宗至金營，留而不返，不食而死。

〔二〕吴皋喻公：喻時（1506－1571），字中甫，號吴皋，見《秋日寄和喻吴皋臺察 二首》注。

〔三〕毛君沂：毛沂，雲南人。嘉靖三十二年（1553）出任仁壽知縣，以何㮚、虞允文二相爲邑顯人，墓門荒蕪不治，詳請御史喻時爲修墓封樹，乞任瀚爲碑記，立於墓左。

〔四〕完顔旻：完顔阿骨打，漢名旻（1068－1123），女真人，金朝開國君主（1115－1123 在位）。天慶四年（1114），起兵反遼，1115 年建國號金，年號收國，建都會寧府。後改年號天輔、保大，1123 年領兵返迴上京，病卒。謚武元皇帝，廟號太祖。

〔五〕王黼：原名甫，賜名黼（1079－1126），字將明，宋開封府祥符縣（今河南開封）人。崇寧間（1102－1106）進士，官至尚書左丞、中書侍郎，宣和元年，拜特進、少宰。蔡京致仕，黼陽順人心，悉反其所爲，四方翕然稱賢相。加少保、太宰，請置應奉局，竭天下財力以供費。方臘起，黼不告。朝廷結女真圖燕，黼置經撫房，專治邊事，不關之樞密，又括天下丁夫，計口出算，買空城奏凱。父事梁師成，爲徽宗所忌，命致仕。欽宗立，貶崇信軍節度副使，籍其家。吴敏、李綱請誅黼，開封尹聶山遣武士戕之于道。

〔六〕蔡京：字元長（1047－1126），興化仙游（今屬福建）人。熙寧三年（1070）進士及第，附王安石新法。司馬光秉政，復差役法，京獨如約從之。紹聖初，入權户部尚書。章惇復變役法，京主取熙寧成法施行。

徽宗時，四爲宰相，力主新法，設應奉局、造作局，大興花石綱，建延福宫、艮嶽，耗費巨萬，設西城括田所，大建搜刮民田，改鹽法、茶法，鑄大錢，又置元祐黨籍碑，迫害舊黨。欽宗即位，邊患日急，天下罪京爲六賊之首，貶崇信、慶遠軍節度副使，衡州安置，再徙韶、儋二州，行至潭州死。

〔七〕胡松年：（1087－1146）字茂老，海州懷仁（今江蘇贛榆）人。政和二年（1112）以上舍釋褐，補濰州教授。八年（1118），賜對便殿，改校書郎兼資善堂贊讀，爲殿試參詳官。遷中書舍人。因反對開邊，提舉太平觀。建炎四年（1130），知平江府。紹興二年（1132），除給事中。四年（1134），試吏部尚書，充端明殿學士，簽書樞密院事，權參知政事。十六年（1146）卒。秦松當政，士大夫曲意阿附，松年獨鄙之，世以爲高。

〔八〕童、蔡：童貫、蔡京。童貫（1054－1126），字道夫，開封人。少爲内侍，出爲登州巡檢。政和二年（1112），與鄭久中出使契丹，邀馬植來歸，謀收取燕云諸州。後爲陝西宣撫使，簽樞密院事，加太傅。宣和二年（1120），以江浙宣撫使，領兵鎮壓方臘起義，還加太師。四年（1122），聞契丹國亂，與金結盟，約夾攻遼。宋廷遣貫率二十萬軍北伐燕京，大敗而歸。徽宗遜位，貫領兵隨之南幸。太學生陳東上書極言其姦惡。靖康元年（1126），責授左衛上將軍，致仕。後再責昭化軍節度副使，郴州安置，復命監察御史張澂追至南雄州，數其罪而斬之，梟首京師。

〔九〕兩河：指宋河北、河東地區。

〔一〇〕三鎮：中山、太原、河間三鎮。

〔一一〕唐恪：（？－1127）字欽叟，杭州錢塘人。以蔭登第，調郴縣尉，改知榆次縣，擢提舉河東常平、江東轉運判官。大觀中（1107－1110）召爲屯田員外郎。遷右司員外郎、起居舍人，升都轉運使，加集賢殿修撰。得罪宦官，降直龍圖閣、知梓州，徙滄州。進龍圖閣待制、知揚州，召拜户部侍郎。宣和（1119－1125）初遷尚書，爲王黼所陷，罷知滁州，後提舉鴻慶宫。五年，召爲吏部尚書，徙户部。出知潭州，改杭州。靖康初，拜同知樞密院事，遷少宰兼中書侍郎。金兵來犯，從廷臣議求和。建言留太子居守，西幸洛陽以圖興復，爲何㮚所沮。御史胡舜陟劾之，罷相。金人逼百官立張邦昌，恪書名，喝毒藥而死。

〔一二〕耿南仲：（？－1129）字晞道，開封人。元豐五年（1082）進士，歷任兩浙、廣南、荆湖、江西司監。政和二年（1112），以禮部員外郎爲太子右庶子，改定王、嘉王侍讀，試太子詹事、徽猷閣學士，遷寶文閣直學士。在東宫十年。欽宗即位，拜資政殿大學士，簽書樞密院事，擢尚書左丞、門下侍郎。金人南侵，力主割地求和，與主戰派李綱等異論。出使河北，遭鄉兵襲擊，往投康王。徽、欽二帝被俘北去，南仲勸高宗即位。臣僚論其主和誤國罪，謫臨江軍副使，南雄州安置，至吉州卒。

〔一三〕徽、欽北狩：靖康二年（1127），金軍占領北宋京城開封，大肆擄掠之後，帶着金銀財寶、珍玩古物、文籍輿圖、寶器法物，押着宋徽宗、欽宗二帝、皇族妃嬪及官吏三千人迴北方。史諱其説，稱“徽欽北狩”，字面意即徽、欽二帝到北方狩獵。

〔一四〕李若水：（1093－1127）原名若冰，字清卿，洺州廣平曲周（今河北省曲周縣）人。由上舍登第，靖康元年爲太學博士，奉旨出使金國，遷著作佐郎。使還，擢吏部侍郎。靖康二年（1127），從欽宗至金營，金人逼欽宗易服，若水不屈被害，著有《忠愍集》十二卷。

〔一五〕秦檜：（1090－1155）字會之，江寧（今江蘇南京）人。政和五年（1115）進士，補密州教授，繼中詞學兼茂科，歷太學正。靖康元年（1126），金兵攻開封，遣使求和，秦檜上兵機四事，反對和議。除職方員郎，以禮部侍郎奉肅王出使金廷，至燕而還，拜殿中侍御史，遷左司諫。反對和議，除御史中丞。金人欲立張邦昌，御史馬伸等上書反對，檜爲臺長，共署議狀。金擄二帝北遷，檜從至燕山，徙韓州。厚賂宗翰，得南歸。南宋初兩任宰相，前後執政十九年，陷害岳飛等，力主和議。

〔一六〕撻懶：完顔撻嬾（1080－1137），漢名宗翰，本名黏没喝，又名粘罕，金朝名將。擁立金太祖完顔旻稱帝。天輔五年（1121），建言滅遼，以副都統從伐遼，大敗遼軍。金太宗嗣位，建策攻宋。天會四年（1126），以左副元帥率西路軍從伐宋，與東路軍會師開封。五年（1127），再舉至汴，俘徽、欽二帝。六年（1128），取西京河南府。其後，奉命繼續南下攻宋，派兵追宋高宗於揚州。十年（1132）還朝，任國論右勃極烈，兼都元帥。金熙宗即位，拜太保、尚書令，領三省事，封晉國王。十五年（1137），病卒。

〔一七〕康王：趙構（1107－1187），宋徽宗趙佶第九子，欽宗趙桓之弟。初封康王，北宋末金兵大舉南侵，受命爲河北兵馬大元帥，畏避不前。徽、欽被虜北上，於應天府即位，改元建炎，遷都臨安，是爲宋高宗。

〔一八〕瀚海：指金朝統治的荒漠之地。

〔一九〕李侍郎：李若水。李若水使金，反對金人廢趙氏，立異姓，駡詈而死，金人相謂曰："大遼之破，死義者以十數。今南朝惟李侍郎一人。"咸歎重之。

評論

《明文遠》評曰："感慨激昂，綽有忠憤盤鬱之氣，非此文不足以稱此祠。"

雪山三鎮平羌記

按前史〔注一〕，羌戎百五十四種，散處三河，據西南夷落上游，古今叛服不常。高皇帝〔注二〕所封國師大法王、招討萬户府朵甘列思麻以下凡三十三國，二百年來，不聞有反狀，各保壃土。近自嘉、隆〔注三〕兩朝間，夜郎都蠻君長以部落叛，入寇敘南高、珙、筠、戎、長寧〔校一〕〔注四〕，始用撫臣議，出偏師討罪，略地四百里，置建武城〔注五〕。其次即鎮西、傀廈、洗馬沽等土酋入犯建昌〔注六〕，再議勒兵朱提徼外，擒取首惡，懸示京觀，然後苴蘭、靡莫、党項、哀牢諸部貼貼響風。

今聖神文武皇帝御方内十有四載〔注七〕，雪山羌戎君長則又以部落叛，格殺軍門牙校戍卒，掠取兵餉，據險隘，捩石下中行旅，死傷相藉。松潘、威、茂三城，道梗不通。虜乃時復兜鍪，擐甲露刃，飛流矢入關，力索歲幣賞賚，魚肉中國，以當畊作、射獵。邊人警警，生事日蹙。諸鎮將校、偏裨，畏吐番彊盛，首鼠自固，無敢發一羽出塞上。

督撫中丞華陽徐公〔注八〕抗疏言："雪山關塞阻絶，雄視百蠻。其地上接居延，下通南詔，不治將望風掎角，危動江漢。臣請得借尚方三尺鋏，斬取梟寇，以謝邊人，用正國罰。"制："可。"其賜之大將軍節斧，往帥西南諸路，兵行建武事。

中丞既受詔，即自督師永康軍〔注九〕，傳露布，選練土漢精兵，授諸將攻取方略，議處軍需食貨百物，疏通運道，謹要害關梁斥堠，料敵設奇，申嚴賞罰號令，凡九十六事，著爲令甲。一切經略防禦，確有成算。計前後奏疏詣闕凡什上，陳説封疆利害，關决可不可，無不各稱意旨。廼以黄帝破蚩尤日〔注一〇〕，分諸路進兵鏖砦下，决殊死戰。以總兵郭成領馬湖兵七千陣黄沙浦，先據諸番要害，扼其吭；參將周于德領播州宣慰土兵七千軍百勝岡，斷安貫諸山門户，絶其内應；副將朱文達領天全、平茶兵五千軍白茨溝，擊番後膂；邊之垣領酉陽兵五千軍霸腦錮，守諸番尾閭，禁遏逃逸；劉用光以疊茂軍二千陣隘口，防禦熟番外援，無爲黨助。各按韜鈐分兵布陳訖，計先後大小三十餘戰，盡拔河東西路白草、黄沙、董卜、韓胡、刁骨人、荒没、舌思答地等凡四十八砦，斬首數千級，生擒賊帥、名王、國師、剌麻、彎仲、黑囔、占柯等數十人，俘獲番卒敢死者數百。其奔播四出，墮厓谷死者萬計。戰馬百匹，僮婢、犏牛羊無算。焚燬碉房二千六百有奇。

中丞下令曰："止止〔注一一〕！其大張受降旗幟，樹列古城下，戒軍中無暴殺戮。"一時諸殘巖敗壘所遺窮寇數千，皆裹創釐面，詣軍門請降。砦各埋一虜爲誓，願納欵奉貢，終其身亡敢悖叛。革去賞番諸科浮費至數十萬，歲減有司額辦亦不下數萬金。蓋自唐蒙〔注一二〕入笮關以來〔校二〕，劉曜、寇瑊、趙遹輩討羌，最稱得算，大都不能過也。

中丞奏上言："陛下聖哲文明，神武不殺。臣待罪西垂，不能稱塞德意，遘逢邊釁，百戰然後罷兵，罪所不赦。"天子下大司馬議，疏言："英廟[注一三]時，都御史李賢撫蜀有功，進位文淵閣大學士。乃者撫臣元太[注一四]，功高塞莫[注一五]，方且以黷武爲辭，禁不敢受賞。議取聖裁。"帝曰："純臣哉！其命祕書省籍其名，藏諸記室。更數載，具如先朝輔臣賢舊事，酬之異數令勛，名傳諸永世無射。蜀諸將戰伐有功，皆取次受賞。"尊帝命，刻石三城，使任瀚爲之記。

輯録

（明）任瀚《任文逸稿》卷二。又見於（明）任瀚《任少海先生文集》。

校勘

〔一〕寧：原本作"當"，據（明）諸葛元聲《兩朝平攘録》卷二《都蠻》改。

〔二〕來：原本模糊，據《任少海先生文集》補。

注釋

〔一〕前史：指《後漢書》。其《光武帝紀下》建武十三年，李賢注："羌有百五十四種，在廣漢西北者爲白馬羌。"

〔二〕高皇帝：明太祖朱元璋，洪武三十一年六月甲辰謚曰"欽明啓運俊德成功統天大孝高皇帝"，廟號太祖。永樂元年六月十一日丁巳，增謚"聖神文武欽明啓運俊德成功統天大孝高皇帝"。嘉靖十七年十一月朔，改謚"開天行道肇紀立極大聖至神仁文義武俊德成功高皇帝"。

〔三〕嘉、隆：明世宗嘉靖（1522－1566）、明穆宗隆慶（1567－1572）。

〔四〕敘南高、珙、筠、戎、長寧：敘州府南邊的高州、珙县、筠连县、戎縣、長寧縣。高州，今四川省高縣，位於今宜賓市中南部，古夜郎之境，唐武周大足元年（701）置高州，元仍之。明洪武五年（1372）降爲縣，正德十三年（1518）復置爲州，清順治初復降爲縣。珙縣，位于今宜賓市東南，漢屬犍爲郡南廣縣地，唐置鞏州，宋廢州屬長寧軍，元末置珙州，後降爲縣。縣有珙溪，溪中多石如玉，故名。筠連縣，位於今宜賓市最南端，漢屬犍爲郡南廣縣地，唐武德七年（627）設筠州、連州，元至元十五年（1278）合筠、連置筠連州。洪武四年（1371）降爲縣。戎縣，即今興文縣，位於宜賓市東南部，漢代屬犍爲郡漢陽縣地，唐屬晏州，宋屬長寧軍，元置戎州，明初改爲戎縣，萬曆四年改稱興文縣。長寧縣，位於今宜賓市東部，古巴國屬地，唐置長寧州，宋改爲長寧軍，元復改爲州，洪武五年（1372）置縣。

〔五〕建武城：在四川省珙縣東南。明置建武所，直隸四川都司。清裁所，以敘州府通判治之，後移通判於屏山縣新鎮，城廢。

〔六〕建昌：今四川省西昌市地。詳《送王雲澤都憲開府南贛序》注。

〔七〕十有四載：明神宗萬曆十四年（1586）。

〔八〕華陽徐公：徐元太（1536—?），字汝賢，號華陽，宣城（今屬安徽）人。嘉靖四十四年（1565）進士，知江山縣。丁内艱，服闋補魏縣，政績卓異，擢吏部主事、順天府尹。分校闈試，所拔皆知名士。以取沈懋學之嫌，左遷山東參政；改陝西按察使；以功累進兵部右侍郎；歷刑部左侍郎；轉户部，總督倉場，陞南京刑部尚書，乞歸。家居數十年。於書無所不讀，尤曉暢軍事。著有《易編》《全史吏鑒》《喻林》《撫蜀奏議》《史鑒吟》等。

〔九〕永康軍：唐鎮靜軍，前蜀曰灌州，宋改爲永安軍、永康軍，元改置灌州，明降爲縣，即今都江堰市。

〔一〇〕黄帝破蚩尤日：此蓋據民間術家曆法而言，據徐元太題奏，當爲十二月初六日。《明神宗實録》卷一九一，萬曆十五年冬十月壬戌："四川巡撫徐元太題剿處建昌祠槽、越巂黑骨等夷：'自十四年十二月初六日起，至十五年七月二十八日止，擒斬功級並俘獲幼男婦女共二千八十六名顆口，奪回被虜軍民男婦五十名口，招安過投降夷猓大小西番約三十餘名口，奪獲器仗一千九百餘件，牛馬豬羊六百一十餘頭只，燒毁夷房一千五百餘間，見監惡犯大老虎必他等審決梟示。'下兵部覆。"

〔一一〕止止：止于其上，止住。權德輿《與道者同守（庚申）》："吉祥能止止，委順則生生。"竇參《湖上閒居》："止止復何云？物情何自私！"

〔一二〕唐蒙：西漢人。武帝時爲番陽令。建元六年（前135），出使南粤，見蜀枸醬，因上書請開通夜郎。武帝召爲中郎將，出使夜郎，招致夜郎侯多同歸漢。漢於其地置犍爲郡，開辟道路二千餘里，自僰道通牂柯江，加强了西南與中原經濟、文化的聯繫。

〔一三〕英廟：明英宗朱祁鎮（1436－1449和1457－1464在位），宣宗朱瞻基長子，代宗朱祁鈺異母兄，憲宗朱見深之父。土木堡之變，被瓦剌俘虜，其弟朱祁鈺登基，被尊爲太上皇。景泰八年（1457），石亨等發動奪門之變，英宗復位。天順八年（1464）病逝，廟號英宗。

〔一四〕元太：徐元太。

〔一五〕塞莫：即塞漠，指邊塞荒漠地帶。

果州浮梁〔注一〕記〔校一〕

越巉巖，驀幽壑，出虎豹猿狖窟穴，刳剡離奇輪囷，以航清泠不測之淵，使人絶長江如道唐除，歷都市，不知泂瀯〔校二〕出風濤上。此非有雄才峻略，彊仁義，垂功勞，永世厚施不求報〔校三〕，如孫叔敖〔注二〕、杜元凱〔注三〕諸人，其誰職〔校四〕爲此者？

長江在天地爲物最險。嘉陵江出劍南軍，負果州東郭而下，望之濤瀵張天。名漱玉灘〔校五〕者，又荆、吴、梁、益通津，中流齒齒多怪石。夏、秋水盛時，石隱不見，湧然且成安流。至霜降水落，則乃衝薄震盪，杈牙〔校六〕怒號，過人瞬息失便，即舟敗覆没不救，下爲魚龍餌食，莫有出者。故篙師往往據舷檝，抗臂楮頤，邀取長物，以困行路〔校七〕。

乃嘉靖癸丑〔注四〕春，郡太守南山沈侯〔注五〕謀諸參佐，東即鶴鳴山下，西距長隄，甃石水步，范鐵以關其中〔校八〕，步外各植華表相對跱〔校九〕，貫以綍絇，繫横江舫百數十艘，版其上，施籧篨，爲閣道，以通輿馬往來，可以東紀海岱，北之朔漠穹廬，南窮百蠻，西薄崑崙流沙、鬼神靈怪不入之國〔校一〇〕，無復淪滯。其傍則爲飛檻欄廠，錯以朱黫，望之若井幹〔校一一〕琨牀，鱗差陸歷。過客凭倚延佇，則水煙漠漠，鶴〔校一二〕鵠鶩鴿，交戛上下，皋樹傳陰，汀花亂人。月在菰蒲，鳴榔欸乃横渡，琳宫梵塔，倒影中流，剨然如夢如畫。天倪道機，皆自浮梁焉發之。迺知偉人奇作，與造化爭雄。自蠶藂〔注六〕開國以來，實所未見。江山有待，將非其時乎？

昔秦昭王〔注七〕使其大夫李冰〔注八〕爲蜀守，鑿離堆，辟沫水之害，蜀人世世祠之。今永康軍有神，露冕而韠其袍若王者，前有穹碑，書"秦太守冰以水事奉皇帝祀"。即如沈侯嘉陵江浮梁功〔校一三〕，不知百世後，宜何所食報也！梁成，都郡人士諸大夫相與歌謳令德，使任瀚記其事〔校一四〕。沈侯貞白循良，多惠政，籍籍〔校一五〕可銘金石。諸無關水事者，法不得書。

輯録

（明）任瀚《任文逸稿》卷三。又見於（明）任瀚《任少海先生文集》，目録存，正文脱；（明）杜應芳、胡承詔輯《補續全蜀藝文志》卷二六，《續修四庫全書》第1677册，第247—248頁；（清）黄宗羲《明文授讀》卷二七，《四庫全書存目叢書》集部，第400册第804頁；（清）黄宗羲《明文海》卷三八二，第3955頁；《（康熙）順慶府志》卷八《藝文》，第44—46頁；《（雍正）四川通志》卷四〇《藝文志》；《（嘉慶）南充縣志》卷四《藝文志》七之五《記》，第82—84頁；《（嘉慶）四川通志》卷三一《輿地·津梁》；（民國）曾世禮《任黄合鈔·任司直文鈔》卷下，第18—19頁；《（民國）新修南充縣志》卷三《輿地志·道路》，第5—6頁；《（光緒）西充縣志》卷一四《藝文下·記》，第6頁。

校勘

〔一〕果州浮梁記：《補續全蜀藝文志》《（雍正）四川通志》《（康熙）

順慶府志》題作“浮橋記”,《（嘉慶）南充縣志》《任黄合鈔》題作“浮梁記”。

〔二〕潤瀁:《（康熙）順慶府志》作“森漭”。

〔三〕厚施不求報：原本、《補續全蜀藝文志》無，據《（康熙）順慶府志》補。

〔四〕職:《（康熙）順慶府志》同,《補續全蜀藝文志》作“識”。

〔五〕潄玉灘:《（康熙）順慶府志》作“宋家灘”。

〔六〕杈牙:《補續全蜀藝文志》作“槎牙”,《（康熙）順慶府志》作“流牙”。

〔七〕行路:《（康熙）順慶府志》作“行客”。

〔八〕步范鐵以關其中:《補續全蜀藝文志》脱。

〔九〕跱:《（康熙）順慶府志》作“峙”。

〔一〇〕“可以東紀海岱”至“不入之國”：原本、《補續全蜀藝文志》無，據《（康熙）順慶府志》補。

〔一一〕幹：原本訛作“韓”，據《補續全蜀藝文志》改。

〔一二〕鶴:《補續全蜀藝文志》作“鸛”。

〔一三〕“今永康軍有神”至“浮梁功”:《（康熙）順慶府志》作：“今梁益間有神，露冕而赭，其袍若王者，故老相傳以冰仲子昉，蓋由以水事報。其後人，即如沈侯。”

〔一四〕“梁成”至“任瀚記其事”：原本無，《補續全蜀藝文志》同，據《（康熙）順慶府志》補。

〔一五〕籍籍：原本無,《補續全蜀藝文志》同，據《（康熙）順慶府志》補。

注釋

〔一〕浮梁:《（民國）新修南充縣志》卷三《輿地志・道路》:“治正東曰中渡，通清水溪溝，舊有浮梁。浮橋，明嘉靖中知府沈橋創建，連船鋪木板，一端繫於朱公石梁，一端繫鶴鳴山下木柱。邑太史任瀚爲記，并撰聯云：‘江關雄棧，聯屯畫舫千尋，直穿雲霧通三峽；天塹長虹，鎖斷滄波萬頃，不放春光下五湖。’（聯係木刻，黄輝書字。清時有俗儒剜木改嵌‘春’字爲‘文’字。）又云：‘閬苑南來第一橋，看鳥鵲横江，夾岸煙花迎使節；神京西下八千里，象螭龍飲渭，中天雲霧擁仙槎。’明末廢爲津渡。清道光時，河東文生李彬恨舟子乘危索值，發憤積貲，圖復浮梁。歷三十餘年，至道光庚子，得蓄錢千緡，復倡義募化，獨力經修。計用不敷，改舊制，代連船以木架，凡九十餘架，中鋪平板，旁護木欄，兩端木柵，仍用太史舊聯。以餘款爲浮橋會，訂於每歲九月下旬搭橋，三月下旬拆。清末，浮橋會款寖絀。民國以來，不復搭橋。十七年，與上渡同創義渡，將浮橋會基金有穀六百餘挑在龍門壩者，撥歸義渡。”（第5頁）

〔二〕孫叔敖：名饒（約前630—前593），蔿氏，字孫敖，戰國時楚國期思（今河南固始縣）人。初爲處士，虞丘相進之於楚莊王，三月爲楚國令尹，施教導民，正時令，不竭取山澤之利，而興修水利，寬刑緩政，吏無姦邪，盜賊不起，不教而民從其化，爲楚國賢相。

〔三〕杜元凱：杜預（222—285）字元凱，京兆杜陵（今陝西西安）人。見《固陵避署西使至簡宋伯清都憲二首》注。

〔四〕嘉靖癸丑：明世宗嘉靖三十二年（1553）。

〔五〕南山沈侯：沈橋，浙江會稽人。嘉靖中由進士知順慶，誠於愛民，加意作興學校，一郡稱治。

〔六〕蠶藂：即“蠶叢”，古蜀王，教人蠶桑。揚雄《蜀王本紀》：“蜀王之先名蠶叢。是時人萌椎髻左衽，不曉文字，未有禮樂。”《華陽國志·蜀志》：“周失紀綱，蜀先稱王。有蜀侯蠶叢，其目縱，始稱王，死作石棺、石椁，國人從之，故俗以石棺椁爲縱目人冢也。”（明）李賢等《明一統志》卷六七《成都府》：“蠶叢氏初爲蜀侯，後稱蜀王，教民桑蠶，俗呼爲青衣神。”

〔七〕秦昭王：即秦昭襄王（前324—前251），戰國時秦國國君，名稷，謚昭襄。在位五十六年（前306—前251），任用白起等爲將，開啓統一戰爭，奠定了此後秦國完成統一的基礎。周慎靚王五年（前316），蜀王伐苴侯，戰領葭萌。苴侯奔巴，巴爲求救於秦。秦惠王遣張儀、司馬錯、都尉墨率大軍伐蜀，一舉兼并蜀國。

〔八〕李冰：秦昭王五十一年（前256），李冰被任命爲蜀郡守。在蜀期間（前256—前251），李冰及其子二郎在前人治水基礎上，開鑿玉壘山，築魚嘴，修建都江堰，引泯江水灌溉成都平原良田三百多萬畝。

評論

《明文授讀》評："先夫子曰：'任瀚字少海，春坊司直。少海之文奇崛，當于唐文中求之。'私記：'少海，南充人，嘉靖己丑進士，從考功主事補春坊司直。'"

陳玉叔清醒山房記〔注一〕

五嶽山人陳玉叔初從淮上領憲節西來，取道沔中，修省覲事已，乃于寶綸堂西除一小圃，誅茅爲屋，橫琴其中，誦《懷沙》《哀郢》〔注二〕之章，而題其處曰"清醒山房"，將于此休沐著書，謝人間事。

其先大夫蘇山公〔注三〕問何爲者，玉叔舉懷王左徒〔注四〕《漁父》〔注五〕辭爲對。蘇山公曰："隘矣！夫與吾獨清，胡不使天下皆清？吾獨醒矣，胡不令醉人皆醒？《離騷》〔注六〕之名曰《畔牢愁》《楚人隘》。屈子之死〔注七〕，非其所也。"

玉叔瞿然受命，乃不敢復道休沐事，遂去沔航蜀江，遡猇陵、赤甲，道瞿唐而上，弭節〔注八〕華陽，俎豆石室禮殿，修文翁學政，無使佚墜。閱四五載，梁益章逢〔注九〕故習，翕然丕變。蘇山公聞之，喜曰："兒真能使濁者清，醉者醒耶！"

玉叔自少負奇氣，才名籍籍，獨傲岸自可，不貶下從人後。當國者數欲招致爲幕客，不應，竟以序遷山東。又三載，聞蘇山公訃至，亟馳走歸，還舊社，哀毀過戚，弔客皆爲改容。暇日行小圃中，以觀所謂清醒山房者，惟見宿草蒙茸，藤蘿蔽虧。庵前有長松數株，怪石磈礧，環跱其下。池水蒼然如舊。望蘇山公已不見顔色，獨其言在耳。玉叔日嗚嗚坐蓬藟中，噭號哭泣，哀動行路，遂易山房故額爲"懷蘇亭"。

君子曰："《南陔》《白華》〔注一〇〕，懷蘇孝子之行，可以風天下，何獨楚也！"主人起拭淚，走尺牘嘉陵江上，使釣臺叟〔注一一〕記其事。

輯録

（明）任瀚《任文逸稿》卷四。又見於（明）任瀚《任少海先生文集》。

注釋

〔一〕陳玉叔：陳文燭（1535—1594），字玉叔，號五嶽，沔陽（今湖北仙桃）人。見《陳使君招飲閬州王宫》注。

〔二〕《懷沙》《哀郢》：《楚辭》中的兩篇。《懷沙》，王逸《楚辭章句》："此章言己雖放逐，不以窮困易其行。小人蔽賢，群起而攻之。舉世之人無知我者。思古人而不得見，伏節死義而已。"《哀郢》，王逸《楚辭章句》："此章言己雖被放，心在楚國，徘徊而不忍去。蔽於讒諂，思見君而不得。故太史公讀《哀郢》而悲其志也。"

〔三〕蘇山公：蘇柏，見本卷《五嶽陳公陞福建按察使序》注三。

〔四〕懷王左徒：懷王左徒，楚懷王左徒官，指屈原。

〔五〕《漁父》：《楚辭》中的一篇，王逸《楚辭章句》："《漁父》者，屈原之所作也。屈原放逐在江湘之間，憂愁嘆吟，儀容變易。而漁父避世隱身，釣魚江濱，欣然自樂。時遇屈原川澤之域，怪而問之，遂相應答。楚人思念屈原，因敘其辭，以相傳焉。《卜居》《漁父》皆假設問答，以寄意耳。而太史公《屈原傳》、劉向《新序》、嵇康《高士傳》或採《楚詞》《莊子》漁父之言以爲實録，非也。"

〔六〕《離騷》：楚國屈原的作品。東漢王逸《楚辭章句》："離，別也；騷，愁也；經，徑也。言已放逐離別，中心愁思猶依道徑以風諫君也。是故上述唐虞三后之制，下序桀紂羿澆之敗，冀君覺悟反於正道而還己也。"司馬遷《史記·屈原賈生列傳》："離騷者猶離憂也。"

〔七〕屈子：屈原。

〔八〕弭節：駐節，停車。《楚辭·離騷》："吾令羲和弭節兮，望崦嵫而勿迫。"洪興祖補注："弭，止也。"馬茂元注："弭節，猶言停車不進。"

〔九〕章逢：章甫縫掖，儒者的服飾，代指儒者。章甫，禮冠。縫掖，袖子寬大的衣服。

〔一〇〕《南陔》《白華》：《詩經》中的兩篇。《詩序》："《南陔》，孝子相戒以養也。《白華》，孝子之絜白也。"

〔一一〕釣臺叟：任瀚自稱。

三司馬〔注一〕祠堂記

高皇帝〔注二〕經略天下封疆，首敕秘書省案其要害，取次爲圖籍以獻。維蜀利盡西海〔注三〕，窮日月所入，國而不賓者，蓋數萬里。其在近地，世爲邊患者，北有冉駹、白馬氐；河東西路黄沙、白草諸番，業已屬之雪山松、茂三城〔校一〕；南有邛莋都、苴蘭、靡莫、朱提、越嶲、牂牁諸部。洪武〔注四〕初始置建昌行都司〔注五〕，分六衛五所鎮之，總號西南夷。其地廣遠，官家所不能一一倚法究切。

萬曆〔注六〕中，雪山吐番入寇，上命御史大夫宣城徐公〔注七〕討平之，特進少司馬，視師如舊。居無何，建南土官瞿紹良〔注八〕叛，孽安守與其族河西五咱、桐曹王大咱、邛都所部黑骨夷〔注九〕，各據險稱兵爲亂，流毒境土。南軍多望風辟易，邊人逢害者，往往走狀軍門，報警不虚日。

少司馬以雪山戰血未寒，稍復厭兵事，問諸幕府賓客，皆言杜元穎〔注一〇〕鎮蜀時，南詔〔注一一〕入寇成都，爲虣甚烈，實藉嶲州〔注一二〕、邛莋人爲鄉導。今只尺〔校二〕〔注一三〕狂鹵〔校三〕不制，萬一使建、越盡化爲南詔，計將〔校四〕安出？少司馬乃馳奏詣闕，請得如雪山三城事理。疏下議可，乃檄參將朱文達、游擊邊之垣爲副將，以坐營田中科、守備王之翰、滕光國爲裨將，屬都督將軍李應祥〔注一四〕統之。徵天全剌馬〔注一五〕土兵，益募材官騎士，牂牁、巴渝惡少年敢死者，得衆一萬八千有奇。以行都司宰調元、通判丘一奇理儲需，會計軍餉，參政〔校五〕周君嘉謨〔注一六〕督餉，副使武君尚耕〔注一七〕爲行營〔注一八〕，防禦不測，參議李君士達紀驗〔注一九〕功次。更簡文武忠亮堪倚緩急者一人，入贊計畫，乃得潮陽周君光鎬〔注二〇〕，奏以安漢治功，爲循良第一，使備建昌兵，監理征南軍事。

是歲〔注二一〕十二月辛酉，將軍郊勞誓師，申幕府三令，授軍正載之以行。諸將各領所部，按韜鈐〔注二二〕分諸路進，縱横闔擗，各有成算，然大率以奇兵取勝爲多。如甲子夜半，發越巂，直走三百餘〔校六〕里。昧爽〔注二三〕，陳軍于河。鹵〔校七〕出不意，始半渡迎敵，斬數馬賊河水上。徑抵虜〔校八〕營，大破之。壁其巢，使賊錯愕失據。奇！壬申，磨旗山馬賊千，盡胡縵纓〔注二四〕，挽弓露刃，出强虜〔校九〕挑戰，示有疑兵。諸將料其無策，縱兵合擊之，斬其前鋒三，餘盡披靡，以次傷殺狼藉。奇！剌馬兵，古盤瓠種〔注二五〕，魋結，反舌，鬼貌，熊虎力，南夷〔校一〇〕最所怖畏。壬辰夜，壁河西〔校一一〕，與中軍相望。會日暮大風，將軍潛令拔營徙别所。既徙，賊以千騎，載火炬來襲。中軍不可得，不虞正當剌兵乘其鋭，賊半死火下，衆皆鳥獸散，從此失勢。奇！安守蓋蠻中渠帥，自比夜郎王，膂力絶人，然竟爲裨將〔校一二〕設伏，誘入營，斬首麾下。褫其甲，盡虎韔金芾，飾以雙飛龍，佩刀鏤五星文。將僭稱侯王，乃竟死一部卒之手，而主將且閒暇若無聞知，是謂得算。奇！守既伏誅，即桐曹王、河西五咱、黑骨夷〔校一三〕，以次就擒，諸部曲皆死無處所，至是無復南警。

計自丙戌〔注二六〕十二月，迄丁亥〔注二七〕六月，大小十七戰，衝薄上下千餘里，誅叛夷〔校一四〕四種，奪邛都印一，上幕府功次二千有奇，生縛大酋長〔校一五〕十，馘大酋長〔校一六〕七，馘諸部長五十有奇。奪鏃鋋、弓刀、甲盾千，奪犛牛、筰馬、牲畜，焚砦柵、碉房無算，納降鹵[校一七]三千七百有奇，京觀嵬然邛嶺上[校一八]，與雪山、建武爭雄。嗚虖，壯哉！

蜀父老欲作《征南紀事碑》，鑱置建昌都市嚴祠廟，俎豆其下，以無忘文武臣功。觀察周君[注二八]聞之，召父老曰："征南之捷，實出宣城少司馬幃幄中，非閫外鞬鍪可測。吾聞西京有兩司馬，皆文獻名家，相如、史遷，又皆嘗經略邛莋，有聲荒服間。若以三司馬並祀，文章勛業，照耀西垂，可謂千載一時，殆天與爲不朽矣！"父老起謝曰："使君當代名臣，海内慕其文，有西京法度，征南廟略，豈詎出三司馬下？古既可三，今亦可四，請附之《西南經略志》。"

輯録

（明）任瀚《任文逸稿》卷六。又見於（清）黄宗羲《明文海》卷三六七，第3785—3786頁。

校勘

〔一〕雪山松、茂三城：據《雪山三鎮平羌記》"松潘、威、茂三城，道梗不通"，此處疑脱"潘威"二字或"威"一字。

〔二〕只尺：《明文海》作"咫尺"。

〔三〕鹵：《明文海》作"寇"。

〔四〕將：《明文海》脱。

〔五〕參政：《明文海》作"參軍"，明以參軍爲經歷之别稱。明在各省承宣布政使下設左右參政，分司诸道。按周嘉謨時任四川按察副使，非"參軍"，亦非"參政"，而以參政近之，蓋"參政"爲誤記。

〔六〕餘：原本脱，據《明文海》補。

〔七〕鹵：《明文海》作"寇"。

〔八〕虜：《明文海》作"寇"。

〔九〕虜：《明文海》作"寇"。

〔一〇〕夷：《明文海》作“蠻”。

〔一一〕河西：《明文海》作“西河”。

〔一二〕裨將：原本訛作“捍將”，據《明文海》改。

〔一三〕夷：《明文海》作“彝”。

〔一四〕夷：《明文海》作“蠻”。

〔一五〕酋長：《明文海》作“部長”。

〔一六〕酋長：《明文海》作“部長”。

〔一七〕鹵：《明文海》作“人”。

〔一八〕上：《明文海》作“二”。

注釋

〔一〕三司馬：司馬相如、司馬遷、少司馬徐元太。

〔二〕高皇帝：明太祖朱元璋，謚“開天行道肇紀立極大聖至神仁文義武俊德成功高皇帝”，故稱。

〔三〕西海：指西方，對中原而言。漢劉向《新序·善謀》：“利盡西海而諸侯不以爲食。”

〔四〕洪武：明太祖朱元璋年號（1368—1398）。

〔五〕建昌行都司：萬曆七年《四川總志》卷一八《四川行都司》：“本朝洪武中，罷宣慰司，置建昌衛，隸四川都司；改建昌路爲府，隸四川布政司。後廢府，改建昌衛爲軍民指揮使司。尋置行都司。編户通計六十七里，領衛六，千户所十一。”同卷《公署》：“建昌行都司，在城西，至元建洪武中重建。”

〔六〕萬曆：明神宗朱翊鈞年號（1573—1620）。

〔七〕宣城徐公：徐元太，見《雪山三鎮平羌記》注。

〔八〕瞿紹良：建昌衛普雄土指揮使安登妻。安登死，襲夫職。

〔九〕“孽安守”句：安守、五咱、王大咱、黑骨夷，均建昌衛少數民族首領、土酋，事迹詳明瞿九思《萬曆武功録》卷五《建昌桐槽黑骨諸夷列傳》。明郭子章《蠙衣生蜀草》卷四《西南三征記》，明周光鎬《明農山堂彙草》卷九《征南平建越記》、卷三四《征南軍》亦有載。

〔一〇〕杜元穎：杜預。

〔一一〕南詔：西南古國，盛唐時以烏蠻爲主體，包括白蠻等族建立的奴隸制政權，受唐册封，歷十三王，唐末爲鄭買嗣所滅，盛時轄今雲南全部、重慶南部、貴州西部等地。史實詳《新唐書·南蠻傳上·南詔》。

〔一二〕嶲州：隋唐置，治今四川西昌市。隋開皇十八年（598）改西寧州爲嶲州，唐因之。武德三年（620）置嶲州總管府。至德二年（757）爲吐蕃攻占，後爲唐收復。大和五年（831）復爲南詔攻占。元置屬建昌路，明屬越嶲衛軍民指揮使司。

〔一三〕只尺：亦作"只赤""咫尺"，形容距離短。

〔一四〕李應祥：湖廣九谿衛人。以武生從軍，積功至廣西思恩參將。萬曆七年（1579），與征十寨有功，擢松潘副總兵，留任。尋以破馬平賊功署都督僉事，入爲五軍營副將。十三年，改南京左府僉事，出爲四川總兵官。征建越夷有功，屢加都督同知。二十八年，大征播州。播州平，還鎮銅仁，改鎮四川。卒贈左都督。事迹詳《明史》卷二四七本傳。

〔一五〕刺馬：西南少數民族之一，古盤瓠種，詳下文。《明史》卷二四七《李應祥傳》校勘記："馬刺，原作'刺馬'，據《明史稿》傳一一七《李應祥傳》改。按馬刺是一長官司，屬鹽井衛軍民指揮使司，見本書卷四三《地理志》。"郑焕隆選注明周光鎬《征南平建越記》"天全招討馬刺土兵"："馬刺，又作馬喇，地名，與雲南接界。原文作刺馬，改。"（《周光鎬詩文選注》，廣州：廣東人民出版社，2000年，第257頁）按，時人任瀚、周光鎬、郭子章均稱作"刺馬"，天全刺馬屬天全六番招討司，并不屬鹽井衛軍民指揮使司，據任瀚下文所釋，刺馬乃族名，非地名，更非長官司名，疑改"馬刺"非是。

〔一六〕周君嘉謨：周嘉謨（1546—1629），字明卿，漢川（今湖北漢川）人。隆慶五年（1571）進士。除户部主事，歷韶州知府。萬曆十年遷四川副使，分巡瀘州，督兵邛州、灌縣。居五年，進按察使，以疾歸。久之，起故官，遷左布政使，擢右副都御史，巡撫雲南，改督兩廣軍務兼巡撫廣東。考滿，加右都御史。遷南京户部尚書，尋拜工部尚書，改吏部尚書。光宗大漸，受顧命。魏忠賢專政，被劾削籍。崇禎元年薦起南京吏部尚書，加太子太保。明年，卒官。事迹詳《明史》本傳。

〔一七〕武君尚耕：武尚耕（1543—1599），字邦聘，别號秦川，溧水人。隆慶辛未進士，授廣東程鄉縣知縣。乙亥，考選禮科給事中，授户科右給事中，尋補外爲江西僉事，分部湖東。張居正門下士。晉四川按察副使，巡上川南。值洞蠻之亂，奉詔征討，以功特陞四川參政。復晉四川按察使，歷遷湖廣右布政使，尋轉左。居官以清介自持，不受一錢。以貢魚鯅鰐鮓不遵詔被革。及歸田，仍守布素，里人王希仁往見之，三子侍體無完衣，以是清名大著。有詩稿若干卷，行於世。詳葉向高《蒼霞草》卷一七《明湖廣布政司左布政使武公墓志銘》及《（乾隆）溧水縣志》卷九《人物上・鄉賢》。

〔一八〕行營：移動的軍營，指預備軍。

〔一九〕紀驗：紀録驗證。

〔二〇〕周君光鎬：周光鎬（1536－1616），字國雍，號耿西，潮陽（今廣東汕頭）人。時任四川按察副使。見《朱秉器詩敘》注。

〔二一〕是歲：萬曆十四年（1586）。

〔二二〕韜鈐：本爲古代兵書《六韜》《玉鈐篇》的并稱，後世借指用兵謀略。

〔二三〕昧爽：黎明，拂晓。

〔二四〕胡縵纓：頭戴胡族縵纓裝飾。宋李綱《梁谿集》卷一五五《武剛君傳》："有游趙者，頭胡縵纓，短後之衣，以術干趙孝文王。趙孝文王好之，終日與之相對，至忘食寢，國事皆廢。於是莊周爲陳其祖之功德，舉之無上，按之無下，運之無旁，足以決勝天下。而頭胡縵纓，短後之衣，其術特庶人之所好，不足多也。王悟，乃疎之，遂廢不用。而當時游俠之士荆軻、聶政之徒往往私從之游，然皆其術之下焉者也。"郑焕隆選注明周光鎬《征南平建越記》，據晉張協《雜詩》之七"更被縵胡纓"改爲"縵胡纓"，未必是（《周光鎬詩文選注》，廣州：廣東人民出版社，2000年，第260頁）。

〔二五〕古盤瓠種：西南少數民族，盤瓠之後。盤瓠，古代傳説爲帝高辛氏所畜犬，《後漢書・南蠻傳》、晉干寶《搜神記》卷一四有載。

〔二六〕丙戌：明神宗万历十四年（1586）。

〔二七〕丁亥：明神宗万历十五年（1587）。

〔二八〕觀察周君：周光鎬。

虢城〔注一〕新開學門記

虢學自弘治壬子〔注二〕至嘉靖己未〔注三〕，諸生無發科者。辛酉〔注四〕，縣大夫句容趙侯舍菜〔注五〕孔子廟庭出，博士清苑郭君等率諸生進曰："學舍面城而宫，雖有南山洛水雄勝，障蔽不克見。議者以諸生老困場屋，連不得意于有司，咎當坐此。前大夫嘗欲穴城爲便門，以通地氣。問日者，言于法不利縣官，中罷。願侯財察。"侯報曰："誠門矣，苟利學校人才，即縣官何必不利？辟如人家有才子弟登選舉，其父兄長老人豈必不安？"明日遂移文提學憲副東原朱君，令國中良家子有能力任是役、願升爲弟子員者聽。維時師儒以韓生請，議可，不閲月而郭門閒然〔校一〕〔注六〕以成。諸生則問記於前史氏任瀚。記曰：

今天下萬國，不問窮荒絶塞，蠻貊瘴海〔注七〕之濱，苟可以建置學宫〔校二〕，類皆有一二豪傑士，好古博學，能文辭，崛起章縫〔校三〕〔注八〕，往往以制科名天下。虢國近在成周〔校四〕東都數百里内，當天地正中，堯舜三王在位時，聲氣相聞，輦轂〔校五〕〔注九〕相蹂藉。乃今王風未闕，而弦誦聲不衰，上下六七十年間，不聞有一人凌跨風雲，應制闕庭〔注一〇〕者，且不愧東都耶？古者太史令掌勒龜筮，候王氣，陳吉凶宅兆之數，告徵於王，以營城郭宫室，動罔不利。乃者郭門闢，王氣通，人文興，亦理數所有者。辟如人以巾幗〔注一一〕自障目睫，終歲無所覩，一日撤去，劃然復見天地日月，山海百物，其爲神氣休鬯〔注一二〕可知。諸生自是其有興乎！

吾觀郭門以南數百步，瀰然〔注一三〕逝者即洛水。遵洛水而東又數百步〔校六〕，巋然峙者即燕居堂。夫燕居堂者，魯哀公庚申〔注一四〕以前，孔子有事河洛所止處也。今天下萬國皆有學，亦復有出户不十里，與孔子燕居游息處相望如虢城者乎？諸生出入是門，誠知省策嚮慕如七十子〔注一五〕時，毅然興起，以弘道振德爲己任，淬厲不息，駸駸乎升孔氏之堂而入其室〔校七〕，則是門也，吾將以入聖名，以見聖名〔校八〕，其誰曰不可？獨取以發科爲哉！

趙侯醇誠愛士，隆學校，郭君倡義東職〔校九〕〔注一六〕，皆近世所不及，記以劖諸石〔校一〇〕〔注一七〕。

輯録

（明）任瀚《任文逸稿》卷六。又見於（明）任瀚《任少海先生文集》，目録存，正文脱；（清）黄宗羲《明文海》卷三六四，第 3737 頁；（清）薛熙《明文遠》，《四庫全書存目叢書》集部第 407 册，第 173—174 頁。

校勘

〔一〕 間然：《明文遠》作“開然”。

〔二〕 宫：原本及《明文海》皆作“官”，據《明文遠》改。

〔三〕 縫：原本作“逢”，據《明文海》《明文遠》改。

〔四〕 成周：原本作“城周”，據《明文海》《明文遠》改。

〔五〕 輦轂：原本作“輦穀”，據《明文海》《明文遠》改。

〔六〕 又：《明文海》同，《明文遠》作“去”。

〔七〕 孔氏之堂：《明文海》作“孔子之堂”，《明文遠》作“孔氏子堂”。

〔八〕 以見聖名：《明文海》同，《明文遠》無。

〔九〕 東職：《明文海》《明文遠》作“束職”。

〔一〇〕 石：原本脱，據《明文海》《明文遠》補。

注釋

〔一〕 虢城：虢國城，此代指盧氏縣城。虢，古國名，有東虢、北虢、西虢，分别在今河南省滎陽市東北、陝西省寶雞市陈區西、河南省三門峽市及山西省平陸縣一帶。

〔二〕弘治壬子：明孝宗弘治五年（1492）。

〔三〕嘉靖己未：明世宗嘉靖三十八年（1559）。

〔四〕辛酉：明世宗嘉靖四十年（1561）。

〔五〕舍菜：又作“舍采”，“舍”通“釋”，即釋菜，古代學子入學以蘋蘩之屬祭祀先聖先師之禮。《周禮·春官·大胥》：“春，入學，舍采合舞。”鄭玄注：“舍即釋也；采讀爲菜。始入學必釋菜，禮先師也。菜，蘋繁之屬。”

〔六〕間然：形容時間很短。

〔七〕蠻貊瘴海：指四夷偏遠之地。蠻貊，亦作“蠻貉”“蠻貃”，初指南方和北方的落後部族，後泛指四方落後部族。瘴海，指南方有瘴氣的海域。

〔八〕章縫：章甫縫掖，指儒者或儒家學説。《禮記·儒行》：“丘少居魯，衣縫掖之衣；長居宋，冠章甫之冠。”

〔九〕輦轂：皇帝的車輿。

〔一〇〕闕庭：亦作“闕廷”，朝廷。

〔一一〕巾幗：古代婦女用以覆髮的頭巾和髮飾。

〔一二〕休鬯：即休暢，休美通暢。

〔一三〕瀰然：水滿的樣子。

〔一四〕魯哀公庚申：魯哀公十四年庚申（前481）。

〔一五〕七十子：孔子弟子中通六藝者七十二人。後世舉其成數，稱七十子。《史記·孔子世家》：“孔子以《詩》《書》《禮》《樂》教，弟子蓋三千焉，身通六藝者七十有二人。”《孟子·公孫丑上》：“以德服人者，中心悦而誠服也，如七十子之服孔子也。”

〔一六〕東職：不詳，或爲“吏職”之訛。

評論

《明文遠》評曰：“喫緊在後幅一段，地步儘高，去俗學便有霄壤之隔。”

重修鄰水縣〔注一〕儒學記〔校一〕

巴子國，吴、楚上游，西京後，文事甲天下。皇帝改元〔校二〕〔注二〕，大史奏昌光見井絡，東分入參七度，後當有元士應其下。九年〔注三〕，清平侯馮燦〔注四〕至鄰水，舍菜〔校三〕孔子廟庭，出曰〔校四〕："學賁然敝矣，絃誦聲不衰，井參之分，如有作者〔校五〕，意在斯乎！"乃下令："爾甿〔校六〕有能贊偁〔注五〕故〔校七〕學宫役者，書若名，著諸石。章厥有入下刑上服不死〔校八〕，請得以是役贖者聽。詰朝筆人〔校九〕、簪人〔注六〕獻繇〔注七〕，質人眡直槷景〔校一〇〕〔注八〕，柞人、場人〔注九〕薙〔校一一〕遂材〔注一〇〕，坧人、陶人、甃人〔注一一〕眡良窳〔注一二〕，苫人〔注一三〕易庛，繢人〔注一四〕易丹艧〔校一二〕〔注一五〕、玄堊〔注一六〕。越明年，成。

固陵季子〔注一七〕書之曰：周道衰，聖王不作，明玄滅相〔注一八〕之徒，廟貌血食徧山海。孔子立人極，道光前古，顧其廟蕪穢不治，誠爲缺政。古者豐林長谷，山陬水涯，皆隱哲藏賢，號稱士府。今代士惟取諸學，有司視學舍曠廢，若視敝園，不爲戚則甚可懼〔校一三〕。

馮侯抱異才，爲令不先〔校一四〕務追逐時好，媚當路人，取顯官，獨先務學，豈不修然有古道，守文愛國，良有司哉〔校一五〕！爾鄰士逢衣果冠〔注一九〕，栩栩集學舍，誦法孔子，異時必有以吾道鳴天下。若乃奇衺變古，持曲學亂政誤人，流禍罔極，爲馮侯辱，吾之説昌光也者，惡知不爲幻爲妖？懋哉！〔校一六〕

學故無泮，其外巀嶪〔注二〇〕，甃石爲門三：南面戟門〔注二一〕，高眡外門，廣狹稱深三倍强；南面六楹門，迤東循迴廊上，簷極相叵，爲東廡；西面門，迤西循迴廊上，簷極相叵，爲西廡。東面各六楹，左右廡環以栢，淒清瀟瑟如秋，中爲赤墀〔注二二〕。孔廟在赤墀上，高廣倍戟門，深三倍强。南面東廡迤北，高眡西側室，廣深稱，爲致誼齋〔校一七〕。西面西廡迤北，高眡東側室，廣深稱，爲明道齋。東面各四楹，其上爲明倫堂，眡孔廟南面，四楹。次爲御製碑五，爲亭三。南面亦四楹。其餘庖、廩、廨舍禮樂器，當朱侯、蔡侯、于侯作者，諸不載。

輯録

（明）朱篚《（嘉靖）順慶府志》卷三《建設志·學校》。又見於（明）任瀚《任少海先生文集》；（民國）曾世禮《任黄合鈔·任司直文鈔》卷下，第21—22頁；（清）陳覲光修，楊爾式等纂《（乾隆）鄰水縣志》卷四《藝文》，清乾隆二十二年（1757）刻本，第8—9頁；（清）曾燦奎、劉光第、甘家斌等修《（道光）鄰水縣志》卷五《藝文志》，道光十八年（1838）刻本，第50—51頁。

校勘

〔一〕重修鄰水縣儒學記：原本列于“鄰水縣儒學”下，無題，文首有“郡人任瀚記曰”，此據《任少海先生文集》題。《（乾隆）鄰水縣志》題作“鄰水縣重修儒學碑記”，注“明翰林任瀚，南充人”；《（道光）鄰水縣志》題作“重修儒學碑記”，小注“嘉靖元年”；《任黄合鈔》題作“鄰水縣重修儒學碑記”。

〔二〕“巴子國”至“皇帝改元”：《（乾隆）鄰水縣志》《任黄合鈔》作“皇帝即位之元年”。

〔三〕舍菜：《（乾隆）鄰水縣志》《任黄合鈔》作“釋菜”。

〔四〕出曰：《（乾隆）鄰水縣志》《任黄合鈔》作“嘆曰”。

〔五〕“學賁然敝矣”至“如有作者”：《（乾隆）鄰水縣志》《任黄合鈔》作“學敝矣，而士子絃誦不輟，昌光之入参分”。

〔六〕甿：《（乾隆）鄰水縣志》《任黄合鈔》作“民”。

〔七〕偭故：《（乾隆）鄰水縣志》《任黄合鈔》無。

〔八〕章厥有入下刑上服不死：《（乾隆）鄰水縣志》《任黄合鈔》作“其有入下刑”。

〔九〕董人：原本作“篁人”，據《周禮·春官·菙氏》改。

〔一〇〕菙人、箨人獻繇，質人眡直槷景：《（乾隆）鄰水縣志》《任黄合鈔》作“梓人眡曲直”。

〔一一〕薙：原本作“雉”，據《（乾隆）鄰水縣志》《任黄合鈔》改。

〔一二〕丹雘：原本作“丹秝”，據《（乾隆）鄰水縣志》《任黄合鈔》改。

〔一三〕“固陵季子書之曰”至“則甚可懼”：《（乾隆）鄰水縣志》《任黄合鈔》作：“因念周道衰，聖王不作，而豐林長谷，山陬水涯，隱哲藏賢，不胜指屈。攷其淵源，皆出於學。孔子立人極，道光前古。顧其廟蕪穢不治，有司視之，若視敝圕，不爲慼，誠爲缺政。”

〔一四〕先：《（乾隆）鄰水縣志》《任黄合鈔》脱。

〔一五〕“修然有古道”至“良有司哉”：《（乾隆）鄰水縣志》《任黄合鈔》作“翛然高世俗之良有司哉”。

〔一六〕“爾鄰士逢衣果冠”至“懋哉”：《（乾隆）鄰水縣志》《任黄合鈔》作：“爾鄰士逢衣果冠，栩栩集學舍，誦法孔子，異時必有以吾道鳴天下，上應昌光之瑞，固馮侯所厚望也。若乃奇衺變古，持曲學亂政誤人，流禍國家，爲害後世，其何以對馮侯乎！”

〔一七〕致誼齋：《（乾隆）鄰水縣志》《任黄合鈔》作“正誼齋”。

注釋

〔一〕鄰水縣：南朝梁大同三年（537）置，屬鄰山郡，寄治鄰州城，以縣有鄰水，故名。《太平寰宇記》鄰水縣：“因州（鄰）水以名之。”隋屬宕渠郡。唐初改稱潾水縣，武德四年（621）移今治，屬渠州。北宋改復鄰水縣。元至元二十年（1283）省入大竹縣。明成化元年（1465）復置，屬廣安州。在今四川省東部、華鎣山東麓，毗鄰重慶市。

〔二〕皇帝改元：明世宗朱厚熜改元嘉靖，指嘉靖元年（1522）。

〔三〕九年：嘉靖九年（1530）。

〔四〕馮燦：貴州清平衛人。正德二年（1507）舉人，松滋縣教諭，升鄰水縣知縣。

〔五〕贇倆：即“贇載”。

〔六〕菙人、簭人：古代負責占筮的人。菙人，即菙氏，古官名，掌灼龜之術，用於占卜。《周禮·春官·菙氏》："菙氏掌共燋契，以待卜事。"簭人，即筮人，古官名，掌卜筮。《周禮·春官·簭人》："簭人掌三易，以辨九簭之名。"

〔七〕獻繇：貢獻謀略。

〔八〕質人眡直槷景：質人，掌評估市場物價等事的人。《周禮·地官·質人》："質人，掌成市之貨賄、人民、牛馬、兵器、珍異。"此或爲"匠人"之訛。《周禮·考工記·匠人》："匠人建國，水地以縣，置槷以縣，眡以景。"鄭玄注："故書槷或作弋。杜子春云槷當爲弋，讀爲杙。玄謂：槷，古文臬，假借字。於所平之地中央樹八尺之臬，以縣正之，眡之以其景，將以正四方也。《爾雅》曰：在牆者謂之杙，在地者謂之臬。"

〔九〕柞人、場人：柞人，即"柞氏"，掌管伐木除草的人。《周禮·秋官·柞氏》："柞氏掌攻草木及林麓……凡攻木者，掌其政令。"場人，周代掌管國家場圃的官名。《周禮·地官·場人》："場人掌國之場圃，而樹之果蓏珍異之物，以時斂而藏之。"

〔一〇〕薙邃材：斫除原野木材。

〔一一〕圬人、陶人、甃人：圬人，泥瓦匠人。《左傳》襄公三十一年："司空以時平易道路，圬人以時塓館宫室。"杜預注："圬人，塗者。"陶人，掌陶器燒製者。《周禮·考工記·陶人》："陶人爲甗，實二鬴，厚半寸，脣寸。"甃人，砌井、砌磚之人。

〔一二〕眡良窳：視好壞。

〔一三〕苫人：用席、布、草遮蓋房屋等的人。

〔一四〕繢人：掌畫繪之事的人。《周禮·考工記·畫繢》"畫繢之事"，清孫詒讓正義："畫繢之事者，亦以事名工也……繢人之外當更有畫人，以其事略同，經遂合記之云。"

〔一五〕丹雘：塗飾的紅色顔料。《尚書·梓材》："若作梓材，既勤樸斲，惟其塗丹雘。"

〔一六〕玄堊：塗飾的黑色的土。

〔一七〕固陵季子：任瀚自號。

〔一八〕明玄滅相：指道、佛學。明玄，明晰玄學。滅相，佛教語，真如三相之人，謂真如寂滅，無分段、變易二種生死。《法華經·化城喻品》："如來説法，一相一味，所謂解脱相、離相、滅相。"

〔一九〕逢衣果冠：寬衣高帽，指儒服。《荀子·儒效》："逢衣淺帶，解果其冠。"唐楊倞注："逢，大也。淺帶，博帶也……今冠蓋亦比之，謂强爲儒服而無其實也。"

〔二〇〕巀嶪：高聳。

〔二一〕戟門：設戟之門，此指正大門。

〔二二〕赤墀：塗紅漆的臺階。

祖塋記

先大夫豫章葉僊〔注一〕卜葬太父于清泉山下，課出奇童，三年桴應〔注二〕。余因是留心地理之學〔注三〕三十餘年。計半生足跡所到，如咸陽畢郢〔注四〕之原、襄樊〔注五〕大隄之阿〔注六〕，昔從先皇巡謁陵寢，未暇究論，只自還山後，涉越江淮河洛，歷覽名山故都，久之恍若有悟。因思祖塋大江東西兩岸，流遷不常，而禍福輒應者何歟？大約此地不宜，水迫城下明矣，惜乎無力與馮夷〔注七〕爭。

自子字山沿江而下，踰雙女石，至大士洞，皆左右用神。當前石一帶，政明堂内青玉案〔注八〕也，下流即釣臺舊墟，所以捍江水，禦直衝，補天地之所不建，耕且不得，況可聽貧兒市金沙而莫之禁乎！後來有識力者，顧祖興思，于來處當有砥柱決挺功，俾安瀾于地中〔校一〕，而無侵我城廓〔校二〕，亦庶幾乎孝孫之用意也，識之哉！

輯録

（明）任瀚《任少海先生文集》。又見於《（嘉慶）南充縣志》卷四《藝文志》七之五《記》，第85—86頁；（民國）曾世禮《任黄合鈔·任司直文鈔》卷下，第17—18頁；《（民國）新修南充縣志》卷五《輿地志·墓》，第31頁。

校勘

〔一〕中：《任司直文鈔》作“下”。

〔二〕廓：《任司直文鈔》作“郭”。

注釋

〔一〕先大夫豫章葉僊：不詳。

〔二〕桴應：如桴應鼓，又稱桴鼓響應，即響應意。

〔三〕地理之學：指堪輿學。

〔四〕畢郢：《孟子·離婁下》：“文王生於岐周，卒於畢郢，西夷之人也。”清焦循正義：畢郢有二：一爲咸陽之畢原，乃文王卒地；一爲萬年縣之畢原，乃文王葬地。任瀚所指即指咸陽之畢原，又稱咸陽原，居渭水之北。

〔五〕襄樊：襄陽、樊城二城居漢水（沔水）南北兩岸，隔江相望，乃歷史上重要的戰略要地。1949年以後二城合稱襄樊市，2010年更名爲襄陽市。

〔六〕阿：大陵，曲阜，山阿。

〔七〕馮夷：河伯的古稱，又名“冰夷”，神話中的黄河水神。

〔八〕青玉案：《文選·張衡〈四愁詩〉》：“美人贈我錦繡段，何以報之青玉案。”李善注：“錦繡有五采成文章，玉案君所憑倚，喻大臣亦爲天子所恃。《禮記》曰：‘春服青玉。’《楚漢春秋》：‘淮陰侯曰：臣去項歸漢，漢王賜臣玉案之食。’”

棲霞山讀易記〔校一〕〔注一〕

《易》者，聖人所以權衡天地，陶冶萬象，節宣元化，酬酢神明，無爲也〔校二〕而無不爲者也。是故河出圖，洛出書〔注二〕，卦象未張而易者形乎其中矣〔校三〕。聖人定未畫之中，以象太極，大道根矣。畫壹〔校四〕而奇，畫兩而偶，兩儀成矣。三畫而成卦，三才分矣。八卦環列，象在其中矣。引而爻〔校五〕之，數在其中矣〔注三〕。一陰一陽〔校六〕，迭用柔剛〔校七〕，系之否臧〔校八〕，性在其中矣；盈虛消息〔校九〕，與時偕將〔校一〇〕〔注四〕，動靜各得其常，命在其中矣。易出乎震，行乎巽，瞴嘔乎離，養乎坤，旋宴息乎兑，奮乎乾，歸藏乎坎〔校一一〕，老乎艮〔校一二〕〔注五〕，道在其中矣。

是故易道閎遠，神化文明，爻蒸三極〔校一三〕，盪摩元精。天地得易，日月星辰順軌，寒暑不相射，山海晏清。王侯得易，萬事貞，百官以察，萬國咸寧。庶人得易，則萬化生乎其身。

是故主事莫嚴乎太極，求配莫正乎兩儀，設位莫明乎三才，揲數莫精乎爻策〔校一四〕，法象著明莫大乎天地〔注六〕。雷、風、山、澤、水、火發天地之藏，察鬼神之藴。窮元達化，取精多，用物弘，莫備乎聖人。

是故聖人者，有不龜之卜，有不筮之蓍，有不畫之易，匪夷所思，先天謀兆，後天御時〔注七〕。不龜不蓍〔校一五〕，而鬼神變化莫之能違〔校一六〕，則易庶其有興乎〔校一七〕！

霞父任瀚書，郡司馬吴楙刻。〔校一八〕

輯録

（清）李成林總裁，張鳳翩總修《（康熙）順慶府志》卷八《藝文》，第17—18頁。又見於南充西山石刻，已殘泐；《（嘉慶）南充縣志》卷四《藝文志》七之五《記》，第82頁；《（光緒）西充縣志》卷一四《藝文下記》，第5頁；（民國）曾世禮《任黄合鈔·任司直文鈔》卷下，第16—17頁；《（民國）新修南充縣志》卷一三《藝文志·記》，第54—55頁；南充市地方志編纂委員會編纂《南充市志》，成都：四川科學技術出版社，1994年，第710頁。此外，費密《任司直傳》有載，詳附録。

校勘

〔一〕棲霞山讀易記：原本作“南充棲樂山讀易記”，據南充西山原石刻、新豎碑刻及《南充市志》改。《（嘉慶）南充縣志》《（光緒）西充縣志》《（民國）新修南充縣志》《任黄合鈔》題作“讀易記”。

〔二〕無爲也：新豎碑刻前有“蓋”字，《南充市志》作“道”。按原本無，原石刻殘防，費密《任司直傳》亦無此字。又“也”字，費密《任司直傳》無。

〔三〕卦象未張而易者形乎其中矣：原刻殘防，新豎碑刻、《南充市志》作“卦象未張者而易行乎其中矣”，費密《任司直傳》無“者”字。

〔四〕壹：原本作“一”，據原石刻改。

〔五〕爻：原本、費密《任司直傳》作“肴”，據原石刻改。

〔六〕一陰一陽：原石刻作“壹陰壹陽”。

〔七〕柔剛：原本作“剛柔”，據原石刻乙。

〔八〕否臧：原本作“臧否”，據原石刻乙。

〔九〕盈虚消息：原石刻作“嬴虚消息”。

〔一〇〕偕將：費密《任司直傳》同，新豎碑刻、《南充市志》作“偕行”。

〔一一〕乎坎：原石刻作“虖欿”。

〔一二〕老乎艮：原本作“酢喪乎艮”，據原石刻、新豎碑刻、《南充市志》改，原石刻“艮”字已殘。

〔一三〕爻蒸三極：原本作“肴蒸三極”，據原石刻、新豎碑刻、《南充市志》改。

〔一四〕爻策：原本作“肴策”，據原石刻、新豎碑刻、《南充市志》改，原石刻殘泐，依稀可辨。

〔一五〕蓍：原本作“筮”，據原石刻改。

〔一六〕莫之能違：原本作“莫能違之”，據原石刻、新豎碑刻、《南充市志》改，原石刻“違”字已殘。

〔一七〕庶其有興乎：原本作“庶幾其有興乎”，原石刻作“庶其有興虖”，無“幾”字。

〔一八〕“霞父”至“吴懋刻”：原本無，據原石刻補。

注釋

〔一〕棲霞山讀易記：任瀚《送郡司馬吴德懋刺階州序》：“暇日余爲著《易通小説》相印可，不惟直下承當，且爲磨厓刻石西山，以示賞鑒。”據此，此篇名似爲“易通小説”，乃郡司馬吴懋刻於西山者，正與文末署名相符。

〔二〕“是故河出圖”句：《周易・繫辭上》：“河出圖，洛出書，聖人則之。”

〔三〕“引而爻之”句：《周易・繫辭下》：“八卦成列，象在其中矣。因而重之，爻在其中矣。”

〔四〕“盈虚消息”句：《乾・文言》：“終日乾乾，與時偕行。”《損・彖》：“損益盈虚，與時偕行。”

〔五〕“易出乎震”句：《周易・説卦傳》：“帝出乎震，齊乎巽，相見乎離，致役乎坤，説言乎兑，戰乎乾，勞乎坎，成言乎艮。”

〔六〕“是故主事”句：《周易・繫辭上》：“是故易有太極，是生兩儀。兩儀生四象，四象生八卦，八卦定吉凶，吉凶生大業。是故法象莫大乎天地，變通莫大乎四時，縣象著明莫大乎日月，崇高莫大乎富貴。備物致用，立成器以爲天下利，莫大乎聖人。探賾索隱，鉤深致遠，以定天下之吉凶，成天下之亹亹者，莫大乎蓍龜。”

〔七〕“先天謀兆”句：《乾・文言》：“夫大人者與天地合其德，與日月合其明，與四時合其序，與鬼神合其吉凶，先天而天弗違，後天而奉天時。天且弗違，而况於人乎？况於鬼神乎？”

岳池縣學田記〔校一〕

古者卿大夫皆有田。《王制》：士有田則祭，無田則不得祭〔注一〕。無田而至於不得祭，所係綦重。

岳池南去郭數里，有荒沖田一區，田可數十畝，畝皆肥沃，可與華陽〔注二〕、陸海〔注三〕埒。迺披蒙茸，歷沮洳，出菰蒲、蓬藟、蕭茅。蓋自開熙〔注四〕至今，上下二百載，業爲浮屠氏禍福恐惑，汩没蕪穢不治。嘉靖乙卯〔注五〕，岳池令清渠張君拱極〔注六〕省耕至其處，太息，詢里老，得開熙事，亟令土著受直懇其田，蓺之秔稻，歲籍其所入，歸半税〔校二〕廩於學宫。士之貧乏膏火、試缺資斧，及窮不能婚嫁葬祭者，皆取給荒沖田，著爲令甲。荒沖田雖小物，儻可明王政哉！士談説《詩》《書》，誦法先王，惟不事家産作業，又亡公田，乃至裋褐不完，藜藿不充，緩急廢禮，遂爲人所不齒爲。有司復不曉作士方略，有荒沖田不省究，令博士弟子員俱無所託。及見其弛節廢禮，則咄以爲怪物，且曰："是逢掖儒生，不如廝養卒！"士亦偶語恂恂，相與怨懟。嗚呼！其不爲戎首〔注七〕亦倖爾〔校三〕，能無愧清渠君哉！

齊田需有言〔校四〕："士三飯不得厭，而君鵝鶩有餘食。"〔注八〕貧士可矜。周官制田禄，其上中下士，自常禄外頒賜圭田，亡征者人五十畝〔注九〕，養士法亦大隆哉！是故先王之世無曠土〔注一〇〕，無逋氓〔注一一〕，食節事時，民咸安其居，尊嚮君長。夫然後修六禮，明七教〔注一二〕，陳三物六行〔注一三〕，晉賢簡不肖，"習射尚功，習鄉尚齒"〔注一四〕，"春秋教以《禮》《樂》，冬夏教以《詩》《書》"〔注一五〕。士則罔不帥教，知以希賢、希聖、希天爲事〔注一六〕。始於頒田禄養士，而終於一道德，同風俗，以成至治〔注一七〕，則荒沖田雖小物，有關王政，曷可不爲之記！

輯録

（清）黄克顯纂修《（乾隆）岳池縣志》卷八《藝文志》，清乾隆二十一年（1756）刻本，第10—11頁。又見於《（嘉慶）四川通志》卷七八《學校·藝文》；（清）何其泰等修，吴新德纂《（光緒）岳池縣志》卷一八《藝文中下·記》，清光緒元年（1875）刻本，第8頁；（民國）曾世禮《任黄合鈔·任司直文鈔》卷下《學田記》，第22—23頁；《（民國）新修南充縣志》卷一三《藝文志·記》，第55—56頁。

校勘

〔一〕岳池縣學田記：原本、《（光緒）岳池縣志》《任黄合鈔》均作“學田記”，據《（嘉慶）四川通志》《（民國）新修南充縣志》改題。原本題注“左春坊兼翰林檢討南充人任瀚”。

〔二〕半：《（嘉慶）四川通志》作“泮税”。

〔三〕倖爾：《（嘉慶）四川通志》作“倖焉耳”。

〔四〕言：《（嘉慶）四川通志》《（光緒）岳池縣志》《任黄合鈔》《（民國）新修南充縣志》均作“云”。

注釋

〔一〕《王制》：《禮記》中的一篇。《史記·封禪書》：“漢文帝使博士諸生刺六經作《王制》。”東漢盧植以爲即今本《禮記·王制》篇。全篇講王者制禄爵，設官分職，成歲事而制國用。《王制》：“大夫、士宗廟之祭，有田則祭，無田則薦。”

〔二〕華陽：華山之陽，即華山的南面，始見於《尚書·禹貢》，地理位置相當于今陝西秦嶺以南、四川、重慶、雲南、貴州一帶，東晉常璩《華陽國志》即以此命名。

〔三〕陸海：如海之陸。秦昭時，蜀守李冰父子鑿離堆，穿二江成都，因以灌溉諸郡，於是蜀沃野千里，號爲陸海。

〔四〕開熙：元朝末年，紅巾軍首領明玉珍攻占四川，于至正二十二年（1362）稱帝於重慶，國號大夏，建元天統。明玉珍死，其子明昇嗣位，改元開熙，時在元惠宗至正二十七年（1367）。開熙年號共計五年（1367—1371）。

〔五〕嘉靖乙卯：嘉靖三十四年（1555）。

〔六〕清渠張君拱極：張拱極，號清渠，别號守愚，貴州貴陽人。嘉靖時出任岳池縣知縣。詳《（光緒）岳池縣志》卷十《職官志·文秩》，第5頁。《（嘉慶）四川通志》卷七七《學校》：“明嘉靖三十四年，知縣張拱極墾南郭田數十畝，任瀚撰記。”

〔七〕戎首：原指發動戰爭的禍首，此指挑起事端的人。《禮記·檀弓下》："毋爲戎首，不亦善乎？又何反服之禮之有？"

〔八〕"士三飯不得厭"句：語出《戰國策》卷一一《齊四》"管燕得罪章王"章。

〔九〕"周官制田禄"句：語源自《孟子·滕文公上》："卿以下必有圭田，圭田五十畝。"

〔一〇〕"是故"句：《禮記·王制》："無曠土，無游民，食節事時，民咸安其居，樂事勸功，尊君親上，然後興學。"

〔一一〕逋氓：逃亡的老百姓。

〔一二〕修六禮，明七教：語出《禮記·王制》："司徒修六禮以節民性，明七教以興民德。"六禮，冠、昏、喪、祭、鄉、相見。七教，父子、兄弟、夫婦、君臣、長幼、朋友、賓客。

〔一三〕三物六行：《周禮·地官·大司徒》："以鄉三物教萬民而賓興之：一曰六德，知、仁、聖、義、忠、和；二曰六行，孝、友、睦、婣、任、恤；三曰六藝，禮、樂、射、御、書、數。"

〔一四〕"習射"句：語見《禮記·王制》："耆老皆朝于庠，元日，習射上功，習鄉上齒。"

〔一五〕"春秋教"句：語見《禮記·王制》："樂正崇四術，立四教，順先王《詩》《書》《禮》《樂》以造士，春秋教以《禮》《樂》，冬夏教以《詩》《書》，王大子、王子、群后之大子、卿大夫元士之適子、國之俊選皆造焉。"

〔一六〕希賢、希聖、希天：宋周敦頤《通書·志學》："聖希天，賢希聖，士希賢。"

〔一七〕"始於"句：語出《禮記·王制》"王者之制禄爵""一道德以同俗"等語。

任瀚集校注卷十

贈言

拙齋〔注一〕門人贈言

山陰朱守晦與餘姚王汝中〔注二〕同受良知之學，而守其師説以教多士。朱嘗爲蜀郡太守，遷建昌兵憲。當行，郡諸生揖予西滎〔注三〕，請曰："是嘗受學於朱侯久。其行也，惟子之言之也，而倚爲重焉。"

予因進諸生之可與言者勞之曰："且子之學于朱侯也久也，益虖?"曰："始也，蓋授之以詞章、科舉之學，爲之劖異決浮〔注四〕，湔浣〔注五〕陳調，力排詰屈嶮巇〔注六〕之語，而反之近易，以適于時，惟有司之逢。四方之士聞以莫不爲益，亡弗有至焉者矣。其既也，蓋授之以日新之學，使之懲忿窒慾，遷善補過，而申之以委棄六籍，放絀百氏，曰亡寧以荒於其心，蓋去者半，處者半。其既也，授之以定觀之學，塞其兑，扞其外，神明其内，廩廩然此以爲教之至矣。士猶謂迂夸亡益也，蓋去者什而九焉。今也于君侯之學也，如魚之飲水，日泠泠入於腹而不知其益也。"

予曰："譆！子言之曰：'入其國，其教可知也。'〔注七〕'皎皎練絲，在所染之。'〔注八〕'爲學日益，爲道日損。'〔注九〕是哉！學者學爲聖人而止矣〔注一〇〕。聖人之學，爲道而止矣。浮屠師舉一指畫天地，即其徒亹亹〔注一一〕亡弗喻者。今逢掖委蛇，相屬于途，而問之聖人之學，如燕人之説郢書〔注一二〕然，豈不悖哉！陽明子〔注一三〕者，以良知之學教天下，薦紳大夫群起而攻之，以爲狂，以爲怪且惑，直不思其所爲致良知云者，特孔氏之言毋自欺也已爾，奚怪之與？有盗跖之始欲爲盗也，豈其心獨不知其爲不義哉？知而不能不爲，其亦自欺其良知也已爾。是故雖盗跖以至于塗之人皆能有知，與聖人同。聖人直不自欺耳，不自欺則誠矣。朱君之學，其異同不可知，獨其居守六年，毛髪黧然而至，班白而後去之，君不自以爲久；上下江皋，衝冒暑雨霜露，臨視畚鍤，隄成而萬家之室不阤，君不自以爲仁；罷靡勞頓，惠聲籍籍，而遷秩不逾常數，君不自以爲詘。若曰盡吾心耳矣，將非誠之所爲虖？是故君子之學，求以盡吾心耳矣。于其事親也，求盡吾心之孝，而非以爲孝也；事君也，求盡吾心之忠，而非以爲忠也。伯夷之清，非以爲廉也；關竜逄〔注一四〕、比干之死，非爲節也，盡吾心也耳矣。心盡則不自欺矣，不自欺則誠矣。是故貧賤富貴、憂戚患難之來，無不可以盡吾心，而吾不知其爲貧賤富貴、憂戚患難也。是故君子之學，無詞章、功利，無日新、定觀，無道德、性命，誠不欺而已矣。誠則廩廩然神明生於其中矣。此之謂大成。”

諸生下榮，喜曰：“鄉也吾之學於君侯也久，而吾不知其爲益也；今得之矣，與書而重之行。”

輯録

（明）任瀚《任文逸稿》卷三。

注釋

〔一〕拙齋：朱篚，字守晦，號拙齋，浙江山陰（今紹興）人。詳見《果城保障歌》注。

〔二〕王汝中：王畿（1498－1583），字汝中，别號龍溪，學者稱龍溪先生，浙江山陰（今紹興）人，明浙中王學代表人物之一。嘉靖進士，官至南京兵部郎中。嘗言“學當致知見性而已，應事有小過不足累”，遂被罷斥。師事王守仁，發揮其“致良知”之説，以爲工夫全在頓悟，斷言“良知一點虚明，便是作聖之機，時時保住此一點虚明，不爲旦晝牿亡，便是致知”，將良知之説引嚮禪學。講學東南，聽者雲集，雜以禪機，亦不自諱。所著有《龍溪集》。

〔三〕桀：屋檐兩頭翹起的部分。

〔四〕剗異決浮：鏟去異端，決除浮華。

〔五〕湔浣：洗刷，除去過錯。漢董仲舒《春秋繁露·玉英》：“然而知恐懼，故舉賢人而以自覆蓋，知不背要盟以自湔浣也，遂爲賢君，而霸諸侯。”

〔六〕嶮巇：本指道路、山地險峻崎嶇，此借指詩文之險怪。

〔七〕“入其國”句：語出《禮記·經解》。

〔八〕“皎皎練絲”句：《後漢書·楊終傳》引古逸詩。

〔九〕“爲學日益”句：語出《老子·忘知章》。

〔一〇〕學者學爲聖人而止矣：《荀子·禮論》：“聖人者，道之極也，故學者固學爲聖人也。”

〔一一〕亹亹：勤勉不倦貌。《周易·繫辭下》：“定天下之吉凶，成天下之亹亹者。”孔穎達正義：“成天下之亹亹者，亹亹勉也。天下有所營爲，皆勉勉不息。若依此易道，則所爲得成。故云成天下之亹亹也。”

〔一二〕燕人之説郢書：即郢書燕説。郢人寫信給燕相，誤書“舉燭”二字；燕相得之，釋爲尚明、任賢，舉而行之，燕乃大治。事詳《韓非子·外儲説左上》。後比喻穿鑿附會、扭曲原意。

〔一三〕陽明子：王守仁（1472－1528），字伯安，自號陽明子，學者稱陽明先生，浙江餘姚人。弘治十二年（1499）進士，正德初官禮部左侍郎，後因反對宦官劉瑾，被貶爲貴州龍場（修文縣治）驛丞。劉瑾敗後起復，正德十一年擢右僉都御史，官至南京兵部尚書。以鎮壓農民起義，平定明宗室寧王朱宸濠之亂有功，封新建伯，死後謚文成。所著有《傳習録》《大學問》等，門人輯爲《王文成公全書》，凡三十八卷。

〔一四〕關竜逄：即“關龍逄”，“竜”乃“龍”之異體字。夏朝末年大臣。夏舛荒淫無道，不理朝政。關龍逄常引黄圖直諫，立而不去。夏桀以龍逄“妖言犯上”，將其囚禁殺死。後世以之爲犯顔直諫的忠臣。

引

七引

嵩陽劉諫議〔注一〕以斥忤權倖，出守渝州，奉母鍾太人至孝。鍾今七十三年，嵩陽慱求所宜，以爲壽甚力。乃渝部諸大夫，知嵩陽雅厚善東華史〔注二〕，徵其言，將往獻渝州。史以枚乘〔注三〕嘗著《七發》〔注四〕，崔駰〔注五〕慕之作《七依》〔注六〕，辭皆綺麗激越。余今爲嵩陽作《七引》，雖不合大道，庶幾可無墜于前聞。

史曰：“吾聞東方有勃鞮之國〔注七〕，天帝下都，百靈會饗，華錯珍餔，爩冰臛玉，鏤切神朐，盤行火棗，飳進彫胡，横海修鱗。垂雲之翼尚不足斥其俎豆，豈暇羞鳳腊與麟脯。尔乃觴以峋嶁石髓，方丈玄虰，流霞九醞，沆瀣醍醐。飲之則後天而老，與元君爲徒。令嵩陽雄據上僎，奉母以娱，將無此爲樂虖？”

大夫曰：“鬼臾區〔注八〕曰：不食者不死而神。彭涓〔注九〕壽考，休糧葆真，飲食宜不近也。”

史曰：“大荒之北，有海曰鉅潢，蓬壺九十萬仞。僊聖往來其上者，莫可剤量。乃有懸臺飛觀，銀墉桂廂，流精之闕，紫翠丹房，罘罳屈戍，火齊熒煌。方諸泠而照夜，陽燧耿其晝明。璿題抗日，朱華九光。使太人垂暉閎殿，爲樂未央，寧欲之虖！”

大夫曰：“偓佺〔注一〇〕處邛崍石穴中，得壽千祀，宫室何預乃事？”

史曰：“正南有朱陵火府，瀟湘洞庭。靈妃雜遝，羽衛紛綸。

洛神漢女，華袿繡茵，飛翹匝翠，翕葉垂金，明瑫亞鶬，寶勝珠璊。曳丹縠其非霧，袨輕冰以如紈。嵩陽稽首爲壽，太人且不謂光榮虖？”

大夫曰：“赫胥〔注一一〕媧皇〔注一二〕，槀衣卉裳，既壽且康，此無以爲也。”

史曰：“西方有昆崚積石，閬風玄圃，上干北辰之暉，是近帝所。其神曰龜臺元母，能下上雲天，掠使風雨。爾其飛瓊奏伎，霎成勒舞，婉羅沓節，寒華戛鼓。舞乃軼雪迴飈，歌則流商徵羽。坎侯參差，雲龢寶瑟。曼不知其所舉兮，紛獨嫋嫋其愁予。將使太人凴虛而聽之，可以忘老，儻能從虖？”

太夫曰：“五音令人發聾，高譮緬邈，震昡群蒙，此宜謡俗，所不窮也。”

史曰：“譆！上道詭俗，至言拂經。是以炎州駭毳，胡朔疑縻。吾言荒忽，奇怪難明。將爲淺説，髣髴具陳。吾聞嵩陽十五學擊劍〔校一〕，弱冠斬樓蘭，揮戈挩日，抨弧落鳶，殫囊結客，咤虜行邊，膺蟠寶校，肘簇金丸。爾其渡遼左，絶居延，批月支，欵契丹。雄王面縛，生俘可汗；左賢亡命，不敢以内嚮。况么麿〔校二〕〔注一三〕花門之與朵顔〔注一四〕。帝曰忠勇，賜食太官，特晉崇階，公孤列侯，使太人貤封兩國，莫齡盤桓，不亦快虖？”

大夫曰：“母在，不以身殉人。兵家凶器，出九死，成功名，非所圖也。”

史曰：“吾聞金馬石渠，絲綸府窟，黄樞棘寺，天閶地軸。北斗喉舌之司，虎觀神靈之局。惠文夾仗，螭頭珥笔。天禄校書，來下太乙〔注一五〕。長陽奏賦〔注一六〕，盤牙詰屈。爰有麟閣鴻勛，椒房右族。疆宗戚畹，顧盻雪煜。承明上宰，機衡沕穆。喜則青陽發舒，膏露降〔校三〕，醴泉出，緑幘蒙幸，黄頭並轂，上官子蘭立侍帷幄。怒則震電下擊，崩阤陵谷，左徒沈宛，長沙放逐，吴胥所爲伏属鏤，而抉一目以觀。越人之入吴也，其將使嵩陽刓方爲圜，毀廉從曲，脂韋取容，頫頤承睫，于以假籍靈寵，賈媒厚禄，連欐結駟，供張相属，以奉太人，不已縟虖？”

大夫曰：“夸士死權，烈士殉名，豈其以荏苒徼富貴而盜寵靈，而又因以爲養，奈天下咲何？”

史曰：“客惡知徼揚發憤之道虖？渝州，江漢上游，雄跨梁益，越嶲控其西陲，牂牱緢其南服，丹穴銀甕，鹹泉錦石。渝，天下之奥區也。爾其弛横調察非科，散凶補敗，收孤寘逋，過存幽仄，撥減煩苛。圉犴闃其荒落，桁楊偃而在庭。閭閻抗耒，塗巷弦歌。流冗盡復，附蔭交羅。市僑重譯之賈，津横北海之舸。譬猶高山大澤，百物蕃啚。樵蘇漁弋，獵者合沓，駢聚而不厭其多。是以煢嫠孀媪，如嬉春陽。耆旄白叟，不識干戈。其將蜚英聲虖上都，流顯頌于岷峨？豈徒渤海、潁川之政，貫旂常，勒金石，策勛無窮？抑亦使稗官掌故，歸休美於大人者，閲千萬世而不磨。意者嵩陽所與力求以爲壽者，倘爾是邪？”

大夫色然喜曰：“意在斯虖！意在斯虖！”

東華史掀髯奮袂，濡穎遲迴，不獲辭讓，爰疏以歸。

輯録

（明）任瀚《任文逸稿》卷三。又見於（明）任瀚《任少海先生文集》，目録存，正文脱；《（嘉慶）南充縣志》卷六《雜識志》八之一《雜著》，第60—63頁；（民國）曾世禮《任黄合鈔·任司直文鈔》卷下，第37—40頁；《（民國）新修南充縣志》卷一六《外紀·雜録》，第7—10頁。

校勘

〔一〕劍：原本無，據《（嘉慶）南充縣志》補。

〔二〕幺膺：原本作“公膺”，《（嘉慶）南充縣志》作“幺膺”，知是形訛，故據改。

〔三〕膏露：原本作“膭露”，“膭”乃“膏”的異體字，據《（嘉慶）

南充縣志》改。

注釋

〔一〕劉諫議：劉繪（1505－1578），字子素，一字少質，河南光州（今河南省光山縣）人。嘉靖二十一年（1542），兩劾夏言。言憾之，出爲重慶知府。土官爭地相讎，繪檄諭之即定。上官交薦，而言再入政府，罷之。事迹詳《明史》本傳。

〔二〕東華史：任瀚自稱。任瀚嘗任職史館，擔任史職。國史館在東華門内，故自稱東華史。

〔三〕枚乘：（前？一前 140）字叔，淮陰（今江蘇淮安）人。嘗爲吴王劉濞郎中，吴王謀起兵，乘諫之，不聽，去而從梁孝王游。吴王反，枚乘復諫。亂平，景帝召拜爲弘農都尉，以病去官，復游梁。孝王薨，乘機歸淮陰。武帝即位，以安車蒲輪徵之，死於途中。枚乘長於辭賦，著有賦九篇，今存《七發》等。事迹詳《漢書》本傳。

〔四〕《七發》：枚乘的代表作，是一篇諷諭性的漢賦。賦中假設楚太子有病，吴客往問，以互相問答的形式，言七事以啓發太子。

〔五〕崔駰：（？－92）字亭伯，涿郡安平（今屬河北）人。家世爲官。年十三，能通《詩》《易》《春秋》，博學有偉才，盡通古今訓詁百家之言。善屬文，少游太學，與班固、傅毅同時齊名，常以典籍爲業，未遑仕進。和帝時，爲車騎將軍竇憲屬吏，以諫言激切，出爲長岑長，遂絶意仕進。所著有《七依》等二十一篇。事迹詳《後漢書》本傳。

〔六〕《七依》：崔駰漢賦的代表作，今殘，嚴可均《全後漢文》有輯本。

〔七〕勃鞮之國：傳説中的國名。晉王嘉《拾遺記》卷一《顓頊》："溟海之北有勃鞮之國，人皆衣羽毛，無翼而飛，日中無影，壽千歲，食以黑河水藻，飲以陰山桂脂，憑風而翔，乘波而至。中國氣暄，羽毛之衣，稍稍自落。帝乃更以文豹爲飾，獻黑玉之環，色如淳漆。貢玄駒千匹。帝以駕鐵輪，騁勞殊鄉絶域。其人依風泛黑河，以旋其國也。"

〔八〕鬼臾區：傳説中的上古醫家，黄帝之臣，擅五行之説，嘗與黄帝討論脈理，問對《難經》。又善以陰陽治兵，《漢書・藝文志》著録有

《鬼容區》三篇圖一卷，顔師古以爲即鬼臾區。《史記·封禪書》："黄帝得寶鼎宛朐，問於鬼臾區。區對曰：'（黄）帝得寶鼎神策，是歲己酉朔旦冬至，得天之紀，終而復始。'於是黄帝迎日推策，後率二十歲得朔旦冬至，凡二十推三百八十年，黄帝僊登于天。"

〔九〕彭涓：彭祖和春秋齊涓子，均爲傳説中的長壽者。《晉書·郭璞傳》："不壽殤子，不夭彭涓，不壯秋毫，不小太山。"南朝梁陶弘景《尋山志》："仰彭涓兮弗遠，必長年兮可期。"

〔一〇〕偓佺：傳説中的古代仙人。劉向《列仙傳》卷上："偓佺者，槐山採藥父也。好食松實，形體生毛，長數寸，兩目更方。能飛行，逐走馬。以松子遺堯，堯不暇服也。松者，簡私也。時人受服者，皆至二三百歲焉。"

〔一一〕赫胥：赫胥氏，傳説中的上古帝王。《莊子·馬蹄》："夫赫胥氏之時，民居不知所爲，行不知所之，含哺而熙，鼓腹而游，民能以此矣。"

〔一二〕媧皇：即女媧氏，傳説中的上古帝王，相傳乃華胥氏之女，與兄伏羲爲婚，爲炎、皇二帝的母親。

〔一三〕么㕻：微小之稱。么，"幺"的俗字。

〔一四〕朵顔：明兀良哈三衛之一。洪武二十二年（1389）置，牧地在今内蒙古洮兒河流域一帶。永樂以後，南徙至今河北省東北部長城綫外。十六世紀中叶後，依附蒙古哈喇嗔（喀喇沁）部，漸被同化。

〔一五〕天禄校書，來下太乙：《三輔黄圖·閣》："劉向於成帝之末，校書天禄閣，專精覃思。夜有老人著黄衣，植青藜杖，叩閣而進。見向暗中獨坐誦書，老人乃吹杖端，煙然，因以見向。授五行《洪范》之文。恐詞説繁廣忘之，乃裂裳及紳，以記其言，至曙而去。請問姓名，云：'我是太乙之精。'"

〔一六〕長楊奏賦：西漢揚雄奏《長楊賦》。

楊園小引

古今王公世家，在當時華要通顯，非不般然侈矣，墓木未拱，略無聲稱表見于世，悲夫！人有豐財彊力，溉園池，列臺榭，奪造化，工巧將與天地爭奇，而嘉名清事，流傳累代，乃至不朽。余讀李文叔〔注一〕《洛陽記》，繇歸仁園以下，多李唐故相名園。其島潊林石之勝，上下三百年間，久遠益重，且其人安在哉？繁華盛麗，過盡一時，荆棘銅駝，野田霜露，此豈能不悲也！

今海内名園，惟大江東南爲最，而蜀蓋杳然希聞。獨射洪楊子〔注二〕乃能以其豐財疆力，刱爲家圃，斬山鑿谷，竇石引泉，池亭花卉，綺段修絶。歲時伏臘，與四方騷人譫客，游讌其間，誰不謂至樂耶？

嗟乎！洛陽名園盛衰，識者以爲天下治亂之候。楊子翛然遠情，托志不朽，異時谷變陵遷，吾惡知蜀人不將指爲天下治亂之候也？

輯録

（明）任瀚《任文逸稿》卷四。又見於（明）任瀚《任少海先生文集》，目録存，正文脱。

注釋

〔一〕李文叔：李格非（1045－1106），字文叔，山東濟南人，宋詞人李清照之父。早年用意經學，熙寧九年（1076）進士及第。哲宗時官太學，歷任校書郎、著作佐郎、禮部員外郎，終提點京都刑獄。建中靖國元年罷職。工詞章，著有《洛陽名園記》等。

〔二〕射洪楊子：不詳，時射洪楊澄、楊最知名，或即其人。

題教秦緒言〔注一〕小引

淮海孫山甫〔注二〕在先帝時提學關西，日與秦中諸生講論心學，隨所疑問，應辯如響。諸生中高等第子札記其語，編次成書，題曰《教秦緒言》。山甫去秦日〔注三〕，官師刻置學宫，爲六經羽翼。蜀太守伍君〔注四〕見之，語諸生曰："且獨不可以教蜀耶?"會創建正學書院成，將遂刻置書院，以裨正學，謂余當序諸首，亦山甫意也。

取其書，讀一再過，見其了了，剥去枝葉，真見得天地萬物與我合成一片。蓋自五官百骸，以至家國天下，總是一物；自致知格物，以至修齊治平〔注五〕，自喜怒哀樂未發，以至參天地，贊化育〔注六〕，總是一事。此學如泛繭繅絲〔注七〕，握其緒，萬縷皆在手矣。

仲尼没，一貫〔注八〕無傳。朱元晦〔注九〕嘗説，漢唐以來，全無一人曉本領，識道理者，竟使千五百年間成大空濶〔注一〇〕。夫本領之學，心學也。自堯舜拈出人心、道心之旨〔注一一〕，乃知所謂精一執中者，不假外求。孔門學問大宗旨，總爲求仁，初不言仁之的體。至孟子直指"仁，人心也"〔注一二〕，而後求仁者始有所馮藉。今夫"易有太極"〔注一三〕，在人爲心。心主神明，是曰明德。自其得之乎天曰性，自其發之乎人曰情，自其動而未形、有無之間曰幾。"幾者，動之微"〔注一四〕，其名曰意。意者，吉凶之先見者也〔注一五〕。先見曰知。知者神明之德。《易》曰："知幾其神。"〔注一六〕"顔氏之子，其殆庶幾。"〔注一七〕山甫以爲"知幾"之"幾"者是也。"有不善未嘗不知，知之未嘗復行"〔注一八〕，是謂致知。戒慎不睹，恐懼不聞〔注一九〕，求致吾此知耳矣。是故慎獨即是誠意，誠意即是致知，致知即是明明德，明明德即是致中和〔注二〇〕，致中和即是"窮理盡性以至于命"〔注二一〕。是故"聖人以此洗心，退藏于密"〔注二二〕；"以此齋戒，神明其德"〔注二三〕；以此"範圍天地之化而不過，曲成萬物而不遺"〔注二四〕。此一貫之道也。

《緒言》凡七十九條，其説理如珠走盤，隨方旋轉，圓融不定，而卒歸于一。余嘗語山甫：此學如種樹然，太抵皆從誠意、慎獨上定根，範圍、曲成上結實。定其根則華實自相副矣。合家國天下以成其身，合内聖外王以成其學，蓋致知格物之旨，於是始盡。盡此學，可以彌綸八極，貫穿百王，幽贊鬼神，明通萬象。得此理者，《六經》皆剩語耳。其孰爲《緒言》？其孰不爲《緒言》？

輯録

（明）任瀚《任文逸稿》卷四。

注釋

〔一〕教秦緒言：孫應鰲著，凡一卷，有清光緒六年（1880）獨山莫氏刻本、清宣統二年（1910）南洋官書局鉛印本。清鄭珍《巢經巢詩文集·後集》（民國遵義鄭徵君遺著本）卷三有詩一首，其題曰："前八九年，訪得明清平孫文恭公《教秦緒言》一卷刻本於其家祠中。今年夏，莫郘亭從吉安周小湖（作楫）觀察寓所蒐得石本，前題'諭陝西官師諸生檄'，其文即《緒言》也。末多自書後一篇，尾行款識糢糊，審識是'嘉靖壬戌秋九月，淮海山人孫應鰲書'，乃知爲公筆蹟。訊小湖，云得之西安，則此石或即存碑洞也。郘亭作詩，書其後，因次韻和之。"據學者考證，《諭陝西官師諸生檄》凡十六条，《教秦緒言》凡七十九条，二者并非一书，又推知《教秦緒言》與日本内閣文庫藏隆慶二年序刻本《教秦總録》同書異名（趙廣升《内閣文庫藏孫應鰲〈教秦總録〉孤本考辨》，《貴州文史叢刊》2019 年第 4 期）。

〔二〕孫山甫：孫應鰲（1527－1584），字山甫，號淮海，人稱"淮海先生"，貴州清平衛（今凱里）籍如臯人。詳見《題陳圖南睡像復孫山甫》注。

〔三〕山甫去秦日：嘉靖四十二年（1563）秋。

〔四〕伍君：伍典（1553－?），字克從，號慎齋，祁陽人。少稱淹貫。德清蔡汝楠守衡州，講陽明良知之學，典往師之，得其宗旨。嘉靖三十五年丙辰（1556）進士，授户部主事，再遷郎中，出守建昌。丁艱，服闋，起福州，改夔州，又移順慶。所至皆得民心。在順慶，以爲民除患忤權要，左遷鹽運同知，不赴歸，後以薦起山東提學副使，聞命而卒。事詳《（道光）永州府志》卷一五上《先正傳·理學》及《（光緒）河南通志》卷一六八《人物志》。《明穆宗實録》卷十一隆慶元年八月丁酉："升四川順慶府知府伍典爲陜西行太僕寺卿。"卷十六隆慶二年正月己巳："吏科都給事中王治、御史陳于階等以遵例拾遺，劾奏布政使程珤、陳天資，副使閻光潛、包檉芳，知府周思久、陸柬、伍典不職當罷。吏部議令光潛閑住，天資、珤致仕，柬、檉芳、思久、典俱降一級用，從之。"

〔五〕"蓋自五官百骸"句：《大學》："古之欲明明德於天下者，先治其國。欲治其國者，先齊其家。欲齊其家者，先修其身。欲修其身者，先正其心。欲正其心者，先誠其意。欲誠其意者，先致其知；致知在格物。物格而後知至，知至而後意誠，意誠而後心正，心正而後身修，身修而後家齊，家齊而後國治，國治而後天下平。"

〔六〕"自喜怒哀樂未發"句：《中庸》："喜怒哀樂之未發，謂之中。發而皆中節，謂之和。中也者，天下之大本也。和也者，天下之達道也。致中和，天地位焉，萬物育焉。""唯天下至誠爲能盡其性。能盡其性，則能盡人之性。能盡人之性，則能盡物之性。能盡物之性，則可以贊天地之化育。可以贊天地之化育，則可以與天地參矣。"

〔七〕泛繭繅絲：煮蠶繭以抽絲。

〔八〕一貫：即一以貫之。語出《論語·里仁》："子曰：'參乎！吾道一以貫之。'曾子曰：'唯。'子出，門人問曰：'何謂也？'曾子曰：'夫子之道，忠恕而已矣！'"此言一貫，據後文，當指人心、道心，精一執中之説。

〔九〕朱元晦：朱熹。

〔一〇〕"漢唐以來"句：原語不詳，或爲任瀚意引，語詳朱熹《晦庵先生朱文公文集》卷三六《答陳同甫》："老兄視漢高帝、唐太宗之所爲，而察其心果出於義耶？出於利耶？出於邪耶？正耶？若高帝則私意分數，猶未甚熾，然已不可謂之無。太宗之心則吾恐其無一念之不出於人欲也，直以其能假仁借義以行其私，而當時與之爭者才能知術既出其下，又不知有仁義之可借，是以彼善於此，而得以成其功耳。若以其能建立國家，傳世久遠，便謂其得天理之正，此正是以成敗論是非，但取其獲禽之多，而不羞其詭遇之不出於正也。千五百年之間，正坐如此，所以只是架漏牽補，過了時日。其間雖或不無小康，而堯舜三王、周公、孔子所傳之道，未嘗一日得行於天地之間也。若論道之常存，卻又初非人所能預，只是此箇自是亘古亘今，常在不滅之物，雖千五百年被人作壞，終殄滅他不得耳。漢唐所謂賢君，何嘗有一分氣力扶助得他耶?”又陳亮《龍川集》:“王通有言:‘皇墳帝典，吾不得而識矣。不以三代之法統天下，終危邦也。如不得已，其兩漢之制乎？不以兩漢之制輔天下者，誠亂也已。’仲淹取其以仁義公恕統天下，而秘書必謂其假仁借義以行之。心有時而泯可也，而謂千五百年常泯，可乎？法有時而廢可也，而謂千五百年常廢，可乎？至於全體只在利欲上之語，竊恐待漢唐之君太淺狹，而世之君子有不厭於心者矣。匡章通國皆稱其不孝，而孟子獨禮貌之者，眼目既高，於駁雜中有以得其真心故也。波流奔迸，利欲萬端，宛轉於其中，而能察其真心之所在者，此君子之道所以爲可貴耳。若於萬慮不作，全體潔白，而曰真心在焉者，此始學之事耳。一生辛勤，於堯舜相傳之心法，不能點鐵成金，而不免以銀爲鐵，使千五百年之間成一大空闕，人道泯息，而不害天地之常運，而我獨卓然而有見，無乃甚高而孤乎？宜亮之不能心服也！來書所謂天地無心，而人有欲，是以天地之運行無窮，而在人者有時而不相似，又謂心則欲其常不泯，而不恃其不常泯，法則欲其常不廢，而不恃其不常廢，此常言也，而謂指其須臾之間偶未泯滅底道理，以爲只此便可與堯舜三代並隆，而不察其所以爲之田地，根本無有是處者，不知高祖、太宗何以自别於魏、宋二武哉？來書又謂立心之本當以盡者爲法，不當以不盡者爲准，此亦名言也，而謂漢唐不無愧於三代之盛時，便以爲欺罔者，不知千五百年之間，以何爲真心乎?”

〔一一〕“自堯舜”句:《論語·堯曰》:“堯曰:‘咨！爾舜！天之曆數在爾躬，允執其中。四海困窮，天禄永終。’舜亦以命禹。”《尚書·大禹謨》記舜言:“人心惟危，道心惟微，惟精惟一，允执厥中。”

〔一二〕仁，人心也:語出《孟子·告子上》:“孟子曰:仁，人心也。義，人路也。舍其路而弗由，放其心而不知求，哀哉！人有雞犬放，則知求之，有放心，而不知求。學問之道無他，求其放心而已矣。”

〔一三〕易有太極：語出《周易·繫辭上傳》：“是故《易》有太極，是生兩儀，兩儀生四象，四象生八卦，八卦定吉凶，吉凶生大業。”

〔一四〕幾者，動之微：語出《周易·繫辭下傳》：“子曰：知幾其神乎？君子上交不諂，下交不瀆，其知幾乎？幾者，動之微，吉之先見者也。君子見幾而作，不俟終日。《易》曰：‘介于石，不終日，貞吉。’介如石焉，寧用終日，斷可識矣！君子知微知彰，知柔知剛，萬夫之望。”

〔一五〕吉凶之先見者也：化用《周易·繫辭下傳》“吉之先見者也”。

〔一六〕知幾其神：語出《周易·繫辭下傳》，詳前注。

〔一七〕“顔氏之子”句：語出《周易·繫辭下傳》：“子曰：顔氏之子，其殆庶幾乎，有不善未嘗不知，知之未嘗復行也。《易》曰：‘不遠復，無只悔，元吉。’”

〔一八〕“有不善”句：語出《周易·繫辭下傳》，詳上注。

〔一九〕戒慎不睹，恐懼不聞：語出《中庸》：“天命之謂性；率性之謂道；修道之謂教。道也者，不可須臾離也；可離，非道也。是故君子戒慎乎其所不睹，恐懼乎其所不聞。莫見乎隱，莫顯乎微。故君子慎其獨也。”

〔二〇〕致中和：語出《中庸》：“致中和，天地位焉，萬物育焉。”

〔二一〕窮理盡性以至于命：語出《周易·説卦傳》：“昔者聖人之作《易》也，幽贊於神明而生蓍，參天兩地而倚數，觀變於陰陽而立卦，發揮於剛柔而生爻，和順於道德而理於義，窮理盡性以至於命。”

〔二二〕“聖人以此洗心”句：語出《周易·繫辭上傳》：“聖人以此洗心，退藏於密，吉凶與民同患。”

〔二三〕“以此齋戒”句：語出《周易·繫辭上傳》：“聖人以此齋戒，以神明其德。”

〔二四〕“範圍天地之化而不過”句：語出《周易·繫辭上傳》：“範圍天地之化而不過，曲成萬物而不遺，通乎晝夜之道而知，故神無方而《易》無體。”

吴越詩引

楚嚴子〔注一〕自以風節意氣才華可凌駕一世，而沉淪播遷，與時不偶，以爲大戚。予退居江上而讀其詩，蓋嘗語諸其人曰："詩太上能爲風，其次爲厲，其次不能爲風與厲。子之來戚也，其亡乃是爲厲乎？"

弘、德〔注二〕間，人尚惜才。洛陽李獻吉〔注三〕有詩名，入朝遇强戚畹〔注四〕，當避路。獻吉不受，回稍而齲其齒〔注五〕，徑躍馬去，自草奏言："伏時昭聖聞奏泣請於内，椒房貴人犄角於外。"孝廟〔注六〕勉爲下廷議置獄。宰相執奏曰："夢陽少年有才，誠狂俠不省事理，然不當爲外戚置法，爲天下笑。"繇是得從末減。予友高子業〔注七〕，獻吉門人，言其事津津有味。嗟乎！使獻吉在且得罪如是，衆方群起而搆陷之不醳矣，豈望生還？

聊往時，嚴子以能事傲忽人得謗。予在宫坊，蓋聞而哀之，實不謂其能聲詩窮變，極態賈禍若此也。今來爲郡，詩益苦，名聞日益高。其去將爲臺察、諫議，在天子左右，陳説利害，樹休光無窮，則又不當以不遇爲詩之罪。不可則退而處梅池、草堂，聚里中少年，講論心學，明先王之道，成就良子弟，爲國家用，無當不廢爲詩。又不可則買舟瀟湘、洞庭之間，鳴琴採藥，邑懷養德，以此自老，使後世讀吴粤之詩而思其人，以爲不可及，將與桐江高士〔注八〕並稱爲大小嚴，豈不壯哉！若徒以詩名代，而無澤於道，即能奔走漢魏，而稱雄於李唐諸大家之前，知篤行君子不以爲得也。

輯録

（明）任瀚《任文逸稿》卷五。又見於（明）任瀚《任少海先生文集》，目録存，正文脱；（明）任瀚《春坊集》卷下，"予友高子業獻"之後部分脱文；（清）黄宗羲《明文海》卷二六四，第2761頁；（清）黄宗羲《明文授讀》卷三五，《四庫全書存目叢書》集部第401册，第167－168頁。

注釋

〔一〕楚嚴子：嚴光治，湖廣興國（今湖北省陽新縣）人。舉人。嘉靖十四年除嘉興府推官，二十一年任順慶府推官。

〔二〕弘、德：弘治（1488－1505）、正德（1506－1521）。

〔三〕李獻吉：李夢陽（1473－1530），字天賜，更字獻吉，號空同子，慶陽（今屬甘肅）人。見《孫山甫督學集序》注。

〔四〕戚畹：戚里，指外戚。弘治十八年（1505），李夢陽應詔上書，疏陳“二病、三害、六漸”，極論朝政得失，其中有“外戚驕恣之漸”，指陳壽寧侯張延齡招納無賴，罔利賊民。張鶴齡及其母金氏哭訴于孝宗前，不得已，下夢陽詔獄。爲大臣所救，不久復官，停俸三月。

〔五〕齵其齒：李夢陽一日道遇壽寧侯於道，乘醉大罵，以鞭梢擊墮其齒二，侯隱忍不敢言。

〔六〕孝廟：明孝宗朱祐樘，弘治元年（1488）至弘治十八年（1505）在位。

〔七〕高子業：高叔嗣（1501－1537），字子業，號蘇門山人，祥符（今河南開封）人。見《孫山甫督學集序》注。

〔八〕桐江高士：嚴光（前39－41），字子陵，一名遵，會稽餘姚人。少有高名，與劉秀同游學。光武即帝位，變名姓，隱身不見。光武思其賢，力訪之，得于齊國釣澤中，遂幸其館。後引光入，論道舊故，相對累日。復除爲諫議大夫，不屈，歸耕于富春山，年八十終於家。後人名其釣處爲嚴陵瀨。事迹詳《後漢書·嚴光傳》。

題跋

題陳圖南〔注一〕睡像復孫山甫〔注二〕

天地一大寢室，古今一大夢寐。元會運世〔注三〕，夢寐之短長；皇帝王伯〔注四〕，夢中之得喪。人處寢室中，誰非夢者？獨陳圖南以睡法名天下。其夢中談夢，自謂其非夢耶？

吾嘗游華嶽，見其書號《五龍蟄法》〔注五〕。其睡也，蟄也，猶龍蛇之蟄以存神也。夫人勞其神，日應萬事，鹿鹿〔注六〕不得休。至乎睡，則蘧然忘矣。卜梁倚〔注七〕始學爲聖人，七日而後能忘天下，九日而後能忘身，忘身而後能見獨，見獨而後能無古今，無古今而後能入于不死不生。若圖南者，其殆無古今，無天下，無人我萬象，逃世紛而忘焉者乎！

神存乎内，世誘忘乎外，是謂坐忘〔注八〕。坐忘，聖學也。今伏羲先天之易皆出于圖南，世稱理窟。其蟄也，殆忘言之象，畫前之易，枕籍乎羲皇之庭，而以神遇者哉！

圖南常晝寢，天人下訪焉，而聽其息鼾齁然，則烏塗滿紙而後去之，曰："彼華胥〔注九〕調此混沌譜也。"今所自爲圖者，華胥耶？混沌耶？其坐忘乎，而莫得其朕耶？

贊曰：蟄而形，無滑而神。不死不生，而窣與鬼隣。肎乎其天之人斯〔校一〕！

輯録

（明）任瀚《任文逸稿》卷三。又見於（明）任瀚《任少海先生文集》；《（嘉慶）南充縣志》卷六《雜識志》八之一《雜著》，第63—64頁；（民國）曾世禮《任黄合鈔·任司直文鈔》卷下，第35頁；《（民國）新修南充縣志》卷一四《藝文志》，第51－52頁。

校勘

〔一〕其：原本脱，據《（嘉慶）南充縣志》補。

注釋

〔一〕陳圖南：宋代著名學者，兼通儒、道，著有《易龍圖序》，傳有先天圖、河圖、洛書，乃宋代圖書易學的開創者。事迹詳宋張方平《華山重修雲臺觀記》、元脱脱等《宋史·陳摶傳》。

〔二〕孫山甫：孫應鰲（1527－1584），字山甫，號淮海，人稱“淮海先生”。

〔三〕元會運世：邵雍《皇極經世》提出的世界歷史運行法則，一元十二會，一會三十運，一運十二世，一世三十年，故一元爲一十二萬九千六百年，而一元在大化之中猶一年也。

〔四〕皇帝王伯：三皇、五帝、三王、五伯。邵雍《皇極經世》以爲世界歷史乃皇、帝、王、伯以道、德、功、力治世，迭相變遷的歷史。

〔五〕《五龍蟄法》：明陸應陽《廣輿記》卷八《陝西·西安府》：“太華山即陳希夷蜕骨處。其上類穴，舊有垂鎖道士，嘗攀以上，見骨盛石函，色微紅，香甚。後有人竊趾骨以去。道士憤之，斷其鎖。希夷初隱武當，有五老人來聽講《易》。謂希夷曰：‘吾輩日月池中龍也，此非君所棲。’令閉目御風而行，頃之已至華山石上。或云：希夷之睡，乃《五龍蟄法》，龍所授也。”

〔六〕鹿鹿：忙碌。

〔七〕卜梁倚：莊子所稱的寓言人物。其事迹詳《莊子·大宗師》。

〔八〕坐忘：道家謂物我兩忘、與道合一的精神境界。《莊子·大宗師》：“隳肢體，黜聰明，離形去知，同於大通，此謂坐忘。”郭象注：“夫坐忘者，奚所不忘哉！既忘其迹，又忘其所以迹者，内不覺其一身，外不識有天地，然後曠然與變化爲體而無不通也。”

〔九〕華胥：理想安樂和平夢境的代稱。《列子·黄帝》：“（黄帝）晝寢，而夢游於華胥氏之國。華胥氏之國在弇州之西，台州之北，不知斯齊國幾千萬里。蓋非舟車足力之所及，神游而已。其國無帥長，自然而已；其民無嗜欲，自然而已。不知樂生，不知惡死，故無夭殤；不知親己，不知踈物，故無愛憎；不知背逆，不知向順，故無利害。都無所愛惜，都無所畏忌。入水不溺，入火不熱。斫撻無傷痛，指擿無痟癢。乘空如履實，寢虚若處牀。雲霧不硋其視，雷霆不亂其聽，美惡不滑其心，山谷不躓其步，神行而已。黄帝既寤，怡然自得。”

題陳于韶〔注一〕卧雲樓摘稿

往余在都城，有老儒張昆侖〔注二〕者，能詩而窮。太白山人孫太初〔注三〕走數千里訪之，自謂不及。弘、正〔注四〕間，朝士大夫競集其門，如關中李獻吉〔注五〕、大梁何仲默〔注六〕、吴下徐昌穀〔注七〕，及邊、熊、王、薛〔校一〕〔注八〕諸君子，咸相與共結詩社，一時轂下騷雅盛張。比余謝病還山，四十年來，海内以聲詩屈起者凡數十家，不知正與往昔昆侖詩社誰勝負也。然余獨私喜喬景叔〔注九〕詩，華卺妥貼，有數致，以爲近世寡倫。最後乃得讀閬州陳于韶詩，則又未嘗不灑然尉藉如愛景叔也。

余病懶拙，不能爲詩，雅好與山中人往還，復禁断不得爲詩。然於漢魏以後千百載，體裁風格，頗能一見了了，如浮丘相鶴〔注一〇〕，九方皋相馬〔注一一〕，毛骨立辨。若于韶詩，雖無意拾取前輩人風旨，而格力類建安〔注一二〕，宫商激越類江左〔注一三〕，長句近體類中唐〔注一四〕諸大家。沔陽陳玉叔〔注一五〕列之江、郭、阮、謝〔注一六〕間，近之〔校二〕矣。玉叔詩，余嘗序刻以傳。于韶詩多似玉叔，太抵皆神品。

漢時有客薦雄〔注一七〕文似相如〔注一八〕者，詔見承明〔注一九〕，録其所奏賦下太常〔注二〇〕議，令宣布中外，世稱：“蜀有揚、馬，詞臣皆下。”是故若于韶詩所宜待詔承明，敕下秘書省讐校行于世，使人知吾蜀揚、馬之後有于韶也。

輯録

（明）任瀚《任文逸稿》卷五。

校勘

〔一〕薛：原本訛作“薜”，據史實改，詳注文。

〔二〕之：原本殘，據文意補。

注釋

〔一〕陳于韶：陳宗虞，字于韶，號六亭，閬中人。嘉靖二十九年（1550）進士，由郎署爲督學使，出使閩浙。時有倭警，宗虞帥兵敗之。後轉遷江浙，皆以兵事著奇勳。宗虞精墨妙，喜獎掖後進，持經問字者絡繹不絶，吴中王世貞尤稱之。所著有《卧雲樓稿》一四卷、《六亭集》。

〔二〕張昆侖：張詩，字子言，明順天府（今北京市）人，本農家李氏子，八歲時育於衡州同知張氏。初學舉子業於吕柟，學詩文於何景明，肆力於詩，自號崑崙山人。試有司不售，終身不復試。翰林江暉、馬汝驥、廖道南諸人咸與酬和。嘗遍游天下名勝，往訪吕楠、李夢陽、何景明，道遇孫一元等。爲文雄奇變怪，草書亦狂放有力，卒年五十。

〔三〕孫太初：孫一元（1484－1520），字太初，自稱秦人，或曰宗室安化王之孫。嘗讀老氏書，委心其學。辭家入太白山，守中致虚，因號太白山人。又嘗西入華，南入衡，東登岱，又南入吴，與劉麟、吴琉、陸崑、龍霓稱苕溪五隱。正德十三年（1518），僦居烏程後林村，就婚施氏，後三年卒。爲詩豪宕孤騫，與名流相倡和，馳其聲於四方。所著有《太白山人漫稿》八卷。

〔四〕弘、正：弘治（1488－1505）、正德（1506－1521）。

〔五〕李獻吉：李夢陽，字獻吉。

〔六〕何仲默：何景明，字仲默。

〔七〕徐昌穀：徐禎卿（1479－1511），字昌穀（或作“穀”），一字昌國，明吴縣（今江蘇蘇州）人。弘治十八年（1505）進士，初授大理寺左寺副，坐失囚，降國子監博士，卒年三十三。與李夢陽游，得相友善，人稱徐李。善賦頌，好養生，習攝形化氣之術，久之病死京師。吴之文自禎卿始變而爲六代，所著有《迪功集》六卷，附《談藝録》一卷。今有《徐禎卿全集編年校注》本。

〔八〕邊、熊、王、薛：邊貢、熊卓、王廷相、薛蕙。邊貢（1476—1532），字廷實，號華泉，山東濟南人。明代文壇“前七子”之一。幼時聰穎好學，長而博覽群書。二十歲中進士，雅負才名，授太常博士。晚年罷官歸里，於大明湖畔築萬卷樓，藏金石舊籍，游覽家鄉山水而終，所著有《華泉集》。熊卓（1463—1509），字士選，豐城人，弘治丙辰進士，授平湖知縣。入爲御史，以忤劉瑾罷歸，所著有《熊御史詩選》。王廷相（1474—1544），字子衡，儀封人，弘治壬戌進士，改庶吉士，授兵科給事中，以言事謫判亳州，召拜監察御史，巡按陜西，下獄，再謫贛榆縣丞，稍遷寧國府同知。歷四川按察使，拜副都御史，巡撫四川，入爲兵部侍郎、都察院左都御史，進兵部尚書，提督團營，仍掌院事，加太子太保，罷歸。所著有《家藏集》行世。薛蕙（1490—1539），字君采，亳州人，正德甲戌進士，授刑部主事。病免，起改吏部驗封主事，歷員外，升考功司郎中。嘉靖改元，議大禮，撰《爲人後解爲人後辨》，入奏眪詔獄，尋得貰復職給事中。被誣勒停，屢薦不出。按：皇甫汸《解頤新語》：“昆侖張山人爲余道：先朝弘治、正德間，海内寧謐，學士大夫彬彬藻蔚。李文正公尤推轂後進，如關中李獻吉、大梁何仲默、吴下徐昌穀，起衰振秀，挽唐風而追魏晉之軌。邊、熊、王、薛嗣響接武，或一室晤言，或千里投劄，商確評定。凡宋聲元調，汰涴殆盡，三君之力也。今時昏夜群居，巵談道德，寒暑造請，亟就功利，一及藝文，輒以器識短之，至摇手吐舌，痛以爲諱。使賈生蒙年少之譏，屈平負才高之戚，文不逮古，豈直學力，要亦時之趨使之然已。作者不自知，知之者不敢言，故仕通者鮮累句，名炫者無弱辭。以此詮藝，視古何如哉?”詳明周子文《藝藪談宗》卷三。

〔九〕喬景叔：喬世寧（1503—1563），字景叔，一作敬叔，號三石，明耀州（今陜西耀縣）人。初爲諸生，秦文、何景明、唐龍皆目爲國士。嘉靖十七年（1538）進士，授南京户部主事，再擢至郎中，歷官四川僉事、湖广督學使、河南參政、四川按察使，以丁憂歸。居家十年卒。受詩法于何景明，古詩法漢魏，近體詩法唐，文法秦漢，融貫于古，自創槼矱，卓然爲名家。所著有《丘隅集》十九卷。

〔一〇〕浮丘相鶴：相傳浮丘伯著《相鶴經》，專門研究仙鶴。浮丘伯，齊人，秦時諸生，漢初大儒，師承荀卿，傳《魯詩》于申培。

〔一一〕九方皋相馬：本指戰國秦穆公時九方皋善相天下之馬，寓指觀察、對待事物時，要抓住本質特徵，不能僅注重表象。《列子·説符》："秦穆公謂伯樂曰：'子之年長矣，子姓有可使求馬者乎?'伯樂對曰：'良馬可形容筋骨相也，天下之馬者，若滅若没，若亡若失。若此者，絶塵弭蹦，臣之子，皆下才也，可告以良馬，不可告以天下之馬也。臣有所與共擔纆薪菜者，有九方皋，比其於馬，非臣之下也。請見之。'穆公見之，使行求馬。三月而反報曰：'已得之矣，在沙丘。'穆公曰：'何馬也?'對曰：'牝黄。'使人往取之，牡而驪。穆公不説，召伯樂而謂之曰：'敗矣，子所使求馬者。色物、牝牡尚弗能知，又何馬之能知也?'伯樂喟然太息曰：'一至於此乎！是乃其所以千萬臣而无數者也。若皋之所觀，天機也。得其精，忘其麤，在其内而忘其外，見其所見，不見其所不見，視其所視，而遺其所不視。若皋之相者，乃有貴乎馬者也。'馬至，果天下之馬也。"

〔一二〕建安：東漢末漢獻帝年號（196—219）。此指以建安七子王粲、陳琳、徐幹、劉楨、應瑒、孔融、陸瑀爲代表的建安文風。

〔一三〕江左：即江東，古時地理以東爲左。因長江在安徽境内向東北方向斜流，而以此段江爲標準确定東西或左右。因語境的不同，江左所指區域有大小之分，可指南京一帶，也可指安徽蕪湖以下的長江下游南岸地區，即今蘇南、浙江及皖南部分地區。歷史上又常以江右稱西晉，江左指東晉，或江南。此泛指江南地區。

〔一四〕中唐：傳統上將唐詩分爲初唐、盛唐、中唐、晚唐四期。中唐一般指代宗大曆至文宗太和時期，即公元771至835年之間。

〔一五〕陳玉叔：陳文燭（1535－1594），字玉叔，號五嶽，沔陽（今湖北仙桃）人。

〔一六〕江、郭、阮、謝：江淹、郭璞、阮籍、謝靈運，六朝文學名家。

〔一七〕雄：揚雄（前53—18），字子雲，蜀郡成都人。少好學，長於辭賦，多仿司馬相如。成帝時，以大司馬王音薦，獻《甘泉》《河東》《羽獵》《長楊》四賦，拜爲郎。王莽時爲大夫，校書天禄閣。因劉歆事被株連，投閣自盡，幾死。博通群辭，仿《易》作《太玄》，仿《論語》著《法言》，又有《訓纂》《方言》等。事迹詳《漢書·揚雄傳》。

〔一八〕相如：司馬相如（前179—117），字長卿，巴郡安漢（今四川蓬安縣）人，一説蜀郡成都人。少好讀書，學擊劍，以貲爲郎，事景帝爲武騎常侍，因病免。至梁國，從枚乘等游，工辭賦，著《子虚賦》。梁孝王卒，歸成都。蜀人楊得意爲狗監，薦之於武帝，作《上林賦》，得召爲郎。後奉使西南夷，以受金失官。歲餘復召爲郎，作《天子游獵賦》《哀秦二世賦》，拜爲孝文園令。武帝好僊道，因作《大人賦》。病免，家居茂陵，卒，武帝詔使往取其書，得《封禪書》以上。事迹詳《史記·司馬相如列傳》。

〔一九〕承明：指古代天子左右路寢，因承接明堂之後，故稱。

〔二〇〕太常：朝廷掌建邦之天地、神祇、人鬼之禮，包括吉、凶、軍、賓、嘉五禮之官。

刻秦苑吟編題詞

愚既歸畊劍南，當世知名者舊有權力人漫不復省。顧唯是三朝間〔注一〕，海内才臣節士，野史所宜論著者，則未嘗不訪存籍記〔注二〕，藏諸石室，以供漁樵讌談時取以自程，不敢廢。

迨莊皇〔注三〕末，開府恪菴先生〔注四〕來鎮蜀都，會邛莋都蠻君長擁部落内叛，摧陷城戍。先生奉詔討平，一時碉房鹵、秦漢以來所封夜郎〔注五〕王，至是鏖庭掃穴，遺種都盡。報未上，牙校〔注六〕從軍門馳至，齎先生所寄書一通，《吟稿》一帙，訪愚淘父釣臺。

見其書翛然閒暇，如坐滄洲〔注七〕煙霧中，横琴對月，未嘗臨三軍者。及發《吟稿》一再讀，諸正聲雅興，如黄鍾、太鏞，考列東序[注八]。其愛君憂國，思親懷友，先後種種發作，使逐臣游子誦之，泫不可禁。至其品裁格力，近體侵中唐，古選逼晉魏，即建安六七子不能過也。先生飽厭經術，在關中[注九]提衡秇苑[注一〇]，善作士，三輔[注一一]弦誦之盛，比隆西京[注一二]。《吟稿》故秦苑所著，秦以後尚未成編。

愚嘗見公江門，温粹如春玉，渾涵蘊藉，闃若[注一三]無所表見。及其猝然遇閫外[注一四]事，勛高塞莫[注一五]，古名將所不及。文則摛菁掞藻[注一六]，可動鬼神；武即破鹵擒王，若馳雷電，真誠三朝偉丈夫哉！使與孔明[注一七]、法孝直[注一八]並世，藉公威定百蠻，吴、鄴兩雄[注一九]，豈足平也。愚所爲敘詩及此者，見公文武才略，可倚緩急，繫安危，稱社稷臣，不獨以詩品横天下。

郡守晉江林子[注二〇]數求《吟稿》刻置學宫，將以羽翼風雅，壯其請，題付以傳。

輯録

（明）任瀚《任文逸稿》卷五。又見於（明）任瀚《任少海先生文集》。

注釋

〔一〕三朝：指嘉靖、隆慶、萬曆三朝。

〔二〕籍記：謂登記姓名於簿册上。《漢書·酷吏傳·尹賞》："無市籍商販作務，而鮮衣凶服被鎧扞持刀兵者，悉籍記之。"顔師古注："籍記，爲名籍以記之。"

〔三〕莊皇：明穆宗朱載坖，謚契天隆道淵懿寬仁顯文光武純德弘孝莊皇帝，故稱。

〔四〕恪菴先生：曾省吾（1532—?），字三省，號確菴，晚年自號恪菴，湖廣承天衛鍾祥（今湖北鍾祥）人，官籍江西彭澤。

〔五〕夜郎：先秦、西漢時西南夷國名、族名，範圍主要以今貴州省爲中心，包括重慶市南部、雲南省東部和廣西壯族自治區西北部。西漢初與南越、巴蜀有貿易來往。漢武帝建元六年（前 135），以唐蒙爲中郎將，率軍至其地，以夜郎諸小邑设爲犍爲郡。元鼎六年（前 111），以其地置牂柯郡。

〔六〕牙校：低級武官。

〔七〕滄洲：濱水的地方，古人常用以指隱士的居處。《文選·阮籍〈爲鄭沖勸晉王箋〉》："然後臨滄洲而謝支伯，登箕山以揖許由。"吕延濟注曰："滄州，洲名，隱者所居，言我既慬得禄，復合此趣矣。"

〔八〕東序：古代宫室的東廂房，爲藏圖書、秘籍之所。《尚書·顧命》："西序，東嚮……東序，西嚮。"孔傳："東西廂謂之序。"

〔九〕關中：指陝西渭河流域一帶，因處函谷關、大散關、武關、蕭關之中，故名。

〔一〇〕秇苑：即"藝苑"，文學藝術薈萃之地，泛指文學藝術界。唐韓愈《復志賦》："朝騁騖乎書林兮，夕翱翔乎藝苑。"

〔一一〕三輔：西漢時本指治理京畿地區的三位官員，其後遂以所轄之地稱爲三輔，即京兆尹、左馮翊、右扶風地區。

〔一二〕西京：代指西漢。

〔一三〕闃若：即"闃若"，寂靜貌。

〔一四〕閫外：指京城或朝廷以外，亦指外任將吏駐守管轄的地域，與朝中、朝廷相對。

〔一五〕塞莫：即塞漠，指邊塞荒漠地帶。

〔一六〕摛菁掞藻：謂鋪陳華美辭藻。"藻"，古同"藻"。

〔一七〕孔明：諸葛亮。

〔一八〕法孝直：法正（176－220），字孝直，扶風郿（今陝西眉縣）人，東漢末年謀士。原爲劉璋部下，後勸説劉璋投降劉備，又與劉備進取漢中，官至尚書令、護軍將軍。

〔一九〕吴、鄴兩雄：指東吴孫權、鄴都曹操。

〔二〇〕林子：林喬相，見《林錦峰太守得薦敘》注。

李翰林〔注一〕詩集題辭

吾少時學擊劍于邛都〔注二〕老羌，談説軍略，以爲封侯可立致。横三尺劍入漁陽〔注三〕，首與中谿李仁甫游。仁甫藻翰絶倫，謂比武事不足學，于是遍交海内秇文詞客，相與平章千古，直欲以文事雄天下。及並官臺省〔注四〕，數見關西吕仲木〔注五〕、山東王純甫〔注六〕諸賢述稱良知之學〔注七〕，謂聖人分上事，乃更作意向之。既踰年，仁甫笑曰："此禪家覺照〔注八〕法耳！"聞聖神道統之傳在《易》，每朝散即退而論《易》，精微玄解，未嘗不洒然忘歸，則又覺純甫諸賢之談，圉而未化也。自是吾與仁甫悉委去詞章，噤不復道。

今不見仁甫二十餘年矣，其門人高河吴子〔注九〕來爲郡〔校一〕司馬，録其師中谿詩句二十餘首以來，計一歲乃一再爲詩，然皆森爽蕭騷，有塵外數致，益信吾仁甫之學如霜清歲晏，萬象嚴凝，長松在壑，剥落華英，收歛神氣，而復歸乎其根也。古所稱太音希聲者〔注一〇〕，意在兹乎！詩罷，賞以酒，吾將和焉，而爲序諸首。

輯録

（明）任瀚《任文逸稿》卷六。又見於（明）任瀚《任少海先生文集》。

校勘

〔一〕郡：原本脱，據《任少海先生文集·送郡司馬吴德懋刺階州序》補。

注釋

〔一〕李翰林：李元陽（1497—1580），字仁甫，號中谿，見《送郡司馬吴德懋刺階州序》注。

〔二〕邛都：古西南夷族名。秦嘗攻之，通五尺道，置吏爲治。武帝始誅邛君，元鼎六年（前111）以其地爲越嶲郡，屬益州，下又置邛都縣（今四川省西昌市）。《後漢書·西南夷傳·邛都夷》："邛都夷者，武帝所開，以爲邛都縣。”漢爲越嶲郡治，元屬建昌路，明屬越嶲衛軍民指揮使司。

〔三〕漁陽：古郡名，戰國燕置，秦漢治所在漁陽縣（今北京市密雲區西南），轄境相當於今河北灤河上游以下，薊運河以西，天津海河以北，北京市懷柔、通州以東地區。北魏移治雍奴縣（今天津市武清區西北），屬幽州。北齊廢。隋大業初改玄州，復置，治所在無終縣（今天津市薊縣）。唐初廢，開元十八年（730）置薊州，治所在漁陽縣（今薊縣）。天寶元年（742）改爲漁陽郡，乾元元年（758）復爲薊州，轄境相當於今天津市薊縣、河北三河、玉田、豐潤、遵化等縣市地。遼屬南京道，金屬中都路，元屬大都路。金以後，西部轄地縮小。明初省州治漁陽縣入州，屬順天府。

〔四〕臺省：三省和御史臺的簡稱。

〔五〕吕仲木：吕柟（1479—1542），字仲木，號涇野，陝西高陵人。見《送周耿西太守考績序》注。

〔六〕王純甫：王道（1487—1547），字純甫，號順渠，武城（今屬山東）人。未冠登鄉試。正德六年辛未（1511）進士，選庶吉士。時山東盜起，將奉祖母避地江南，疏改應天府教授，陞南京儀部主事，召改吏部驗封司主事，歷考功文選司郎中。大學士方獻夫薦其學行，舉任宫僚，擢春坊左諭德，引疾固辭，稱“朝廷以名器爲重，不輕假人以不次之官。而人臣惟義分是安，當致謹於非分之獲”，得旨以病歸。居一歲，於嘉靖十二年（1533）起爲南京國子監祭酒，諸生翕然，比之宋仲敏。以疾乞歸，家居十三年。嘉靖二十五年（1546），起爲南京太常寺卿，陞南京户部侍郎，改禮部，仍掌國子監事，拜吏部右侍郎，僅閱月而疾不起。初學於王守仁，後師事湛若水，反對學立門户相標榜，主理氣合一，性見於情，以“致良知”説“局于方寸”，“棄學問思辨之功”，乃“執一而廢百”。所著有《易書詩春秋億》《大學億》《老子億》《諸史論斷》《大學衍義論斷》《順渠先生文録》，批點六子書及韓柳歐蘇文等，持論多前儒所未及。卒謚文定。嚴嵩《鈐山堂集》卷三七有《明故吏部右侍郎王公神道碑》載其行事。

〔七〕良知之學：明王守仁所倡行的心學以“致良知”爲要，故又稱之爲良知之學。

〔八〕覺照：用覺悟之心觀照一切。李道純《金丹秘要·覺照》稱："掀翻萬幻謂之覺，獨露真常謂之照。"

〔九〕高河吴子：吴懋，嘉靖三十八年己未（1559）順慶府通判，見《送郡司馬吴德懋刺階州序》注。

〔一〇〕太音希聲：《道德經·上士聞道章》："大方無隅，大器晚成，大音希聲，大象無形，道隱無名，夫唯道，善貸且成。"王弼注："聽之不聞名曰希，不可得聞之音也。有聲則有分，有分則不宫而商矣。分則不能統衆，故有聲者非大音也。"

跋張含詩扇

張愈光詩名滿梁益，而嶔崎歷落〔注一〕，自放江海，又冉冉老去，不聞以徵聘至闕下。湯右卿〔注二〕楷法精妙薄江東，諸王以下不爲，而天子不詔見，中書省不籍其名。是故以右卿扇書杜陵野老〔注三〕詩，而使愈光持之，有壯心爾哉！

輯録

（明）任瀚《春坊集》卷下。

注釋

〔一〕嶔崎歷落：亦作"嶔崎磊落""嵚嶔歷落"，比喻品格卓異超群。宋秦觀《人才》："雖有嶔崎歷落、穎脱絶倫之士，執事者始以名聞，未及試之，而媒櫱其短者固已圜視而起矣。"

〔二〕湯右卿：不詳。

〔三〕杜陵野老：又作"杜陵野客"，皆唐代詩人杜甫的自稱。杜甫祖籍杜陵，又曾在杜陵附近居住，故常自稱杜陵野老、杜陵野客、杜陵布衣。唐杜甫《投簡成華兩縣諸子》："長安苦寒誰獨悲，杜陵野老骨欲折。"

芝園集評

辱賜《芝園集》，莊誦數日，如游廣庭而聽韶鈞，奇音逸節，俱越凡調；如觀滄海，波瀾浩渺，風雲變幻，不可名狀，而皆足以爲寓内之奇觀。其詞精潤如金玉，其道炳耀如日星，根極理要，匡裨世教，弘麗雅贍，沈鬱敷腴，粹焉不詭於正，傑然自成一家之言，非綜核百氏，超視千古，機解神悟，而匠心獨妙者，不足與於此。天下後世，當必有知之者，無庸乎僕之爲諛也。

輯録

（明）張時徹《芝園定集》卷首《諸家評》，《四庫全書存目叢書》集部第81册，第5頁。按：原本彙集諸家評，文前僅署“忠齋任瀚”，無單獨標題。

雜著

雜説

蜀山氏〔注一〕之君神明，其臣恬愉，其甿野，是稱太蒙。百驩〔注二〕、魚凫〔注三〕、諸廬葆〔注四〕以前壽考，嘗過歷千祀，即不壽考，亦復閱數百祀。自敝靈〔注五〕監國，稍益陳説機事，明養宣愛。甿乃始埏埴五土以爲飲器，葺文羽、紉絲枲以爲衣冠，營窟穴、宫室自衛，乃漸廛苦，然猶稱昌意〔注六〕、玄囂〔注七〕、乾荒〔注八〕皆壽百餘祀。又其後則援鬼以相誕，制鏃鋋、刀戟、弓弩相刺射，餙靡曼修，嫮鳥獸行，以相淖嫋，國祚用歷，甿乃殤。

於虖！繇此上遡鴻濛[注九]，下放于無極，殀壽[注一〇]之數，神明之道，不命可知已。故聖人以智巧爲荼毒，返而歸諸朴。

輯録

（明）任瀚《任文逸稿》卷四。又見於（明）任瀚《任少海先生文集》，目録存，正文脱。

注釋

〔一〕蜀山氏：傳説中的蠶叢、魚凫等古蜀國帝王。《大戴禮記·帝繫》："昌意娶于蜀山氏。蜀山氏之子謂之昌濮氏，産顓頊。"宋羅泌《路史》稱："蜀之爲國，肇自人皇，其始蠶叢、柏濩、魚凫，各數百歲，號蜀山氏，蓋作于蜀。"

〔二〕百騹：即柏濩，或作伯雍，古蜀先王。揚雄《蜀王本紀》："蜀之先稱王者有蠶叢、柏濩、魚凫、開明。是時人萌椎髻左衽，不曉文字，未有禮樂。從開明已上至蠶叢，積三萬四千歲。"《華陽國志·蜀志》："周失紀綱，蜀先稱王。有蜀侯蠶叢，其目縱，始稱王……次王曰栢灌，次王曰魚凫。"

〔三〕魚凫：古蜀先王。揚雄《蜀王本紀》："蜀王之先名蠶叢，後代名曰柏濩，後者名魚凫。此三代各數百歲，皆神化不死，其民亦頗隨王化去。魚凫田于湔山，得仙。今廟祀之于湔。時蜀民稀少。"《華陽國志·蜀志》："魚凫王田於湔山，忽得仙道。蜀人思之，爲立祠。"

〔四〕諸廬葆：古蜀開明諸帝。《華陽國志·蜀志》："開明位號曰叢帝。叢帝生廬帝，盧帝攻奉，至雍，生保子帝。"《後漢書·張衡傳》注引揚雄《蜀王本紀》："鱉靈即位，號曰開明帝。帝生盧保，亦號開明。"

〔五〕敝靈：即鱉靈，古蜀開明氏部落首領之一，原活動於荆楚一帶，後舉部入蜀，以治水有功，取代杜宇的帝位，號叢帝。建都廣都（今成都雙流），後遷成都，秦惠王九年（前316），爲秦所滅。

〔六〕昌意：古帝王。《世本》："黄帝居軒轅之邱，娶於西陵氏之子，謂之纍祖，產青陽及昌意。”

〔七〕玄囂：古帝王。黄帝娶西陵女嫘祖，生玄囂，是爲青陽，降居江水。

〔八〕乾荒：古帝王。《山海經·海内經》：“昌意降處若水，生韓流。”《竹書紀年》云：“昌意降居若水，產帝乾荒。”或云乾荒即韓注。

〔九〕鴻濛：指宇宙形成前的混沌狀態。

〔一〇〕殀壽：短命與長壽。“殀”同“夭”。《孟子·盡心上》：“殀壽不貳，脩身以俟之。”

壽卦

樵村陳孝廉歷宰名區〔注一〕，清望滿河朔。辛亥〔注二〕聞制，遥從塞上歸還，行李纔懸兩皂囊，圖書數卷，無長物。其母太安人驩藉甚，至一時鄉鄙舊故，相傳以爲美談。或爲玉壺清冰之曲，歌謳相勞苦。

癸丑〔注三〕，樵村以禫除〔注四〕，將之闕下，會太安人年八袠，明潔壽考，古今人母所難。齊蓋有田稷〔注五〕之母，抵斥遺金，恥其子不爲清白吏，高義范東海。劉更生〔注六〕作《内傳》，誺其賢峻，至于今流頌不衰。直不知田母在齊宣王時，壽年與陳母孰高？顧今世即無劉更生，豈宜使賢母落莫不振，不得遂與齊相國之母垂休永世也？

準諸《易》，參諸方、州、部、家〔注七〕，作《壽卦》：

壽，元、亨，利坤母之貞。坤母履囏礩而無愠，柔順而應，靜而正，其壽無疆，利厥子康侯，元吉。

《彖》曰：壽命於天，稽于人，其道吉昌。天壽高明，地壽得常，四時日月，壽無爽厥行。人壽安貞，神則内營，而谷氣致强。是以其壽無疆，其子侯是康。

《象》曰：地察天明，壽，大人以苦節厲行，永貞無射。

初九，龍伏於泥，無雄者，雌人則食其施。

《象》曰：龍伏，靈匹藏也。無雄之雌，陰始將也。人則食其施，母道光也。

九二，玄霜沍凝，或寢之凌，纊如貉如，貞吉。

《象》曰：霜沍爲凌，養未融也。纊如之吉，固窮也。

九三，卿雲英英，其下蓁蓍。舍爾伏菟，葆我元龜，無咎。

《象》曰：蓁蓍滿百，壽期頤也。葆我元龜，介福勿疑也。

九四，鷄鳴于亳，其子在洛，偕天不恷，利用烝于王家。

《象》曰：鷄鳴，母德張也。階天不恷，子道直方也。利用烝于王家，賢臣有慶也。

九五，盎其宇，神明其所，既旅既處，利用錫祉于其王母。

《象》曰：盎其宇，靈域闢也。帝介繁祉，天命罔極也。

上九，黄純，利堅貞。雩不雩，御飛龍升于天門，下宴息于鴻濛。嫛而姗而，翌舞〔注八〕班而，于璇之宫，永貞吉。

《象》曰：黄純堅貞，坤道成也。宴于鴻濛，元化并也。翌而璇宫，樂臻也。永貞之吉，至昌齡也。

輯録

（明）任瀚《任文逸稿》卷三。又見於（明）任瀚《任少海先生文集》；《（嘉慶）南充縣志》卷六《雜識志》八之一《雜著》，第46—48頁；（民國）曾世禮《任黄合鈔·任司直文鈔》卷下，第36—37頁；《（民國）新修南充縣志》卷一六《外紀·雜録》，第9—11頁。

注釋

〔一〕陳孝廉：陳軺，南充人，嘉靖十年（1531）舉人。嘉靖二十六年（1547），出知扶溝縣，嘉靖中稱治行第一。嘉靖三十六年（1557），知孝感，有冰蘗聲。嘉靖四十年（1561），任雲南姚安府知州，愷悌慎勵，節里甲，輕徭役，民享其安。

〔二〕辛亥：嘉靖三十年（1551）。

〔三〕癸丑：嘉靖三十二年（1553）。

〔四〕禫除：舉行祭禮，以除喪服。

〔五〕田稷：戰國齊人，相齊宣王，受下吏之貨金百鎰以遺其母，母責其爲臣不忠，爲子不孝，遂返其金，自歸罪於宣王。宣王大賞其母，復其相位。事迹詳劉向《列女傳》卷二《賢明傳·齊田稷母》。

〔六〕劉更生：劉向。

〔七〕方、州、部、家：揚雄仿《易》撰《太玄》，分三方、九州、二十七部、八十一家，以確立其體系。

〔八〕翌舞：古代的一種樂舞，以羽毛覆蓋其頭而舞蹈，用以祭祀星辰。《周禮·樂師》"皇舞"注："故書皇作翌……鄭司農云：皇舞者，以羽冒覆頭上，衣飾翡翠之羽。"

任瀚集校注卷十一

碑

虞秦公世德碑

虞出句吴，以國姓。自吴太伯謀與弟仲逃讓，去周適吴，義至高，世爲句吴君長。國虞，故稱虞仲。傳季、簡、叔、達，凡五世，皆稱虞仲。至武王克殷，求益封〔校一〕虞仲後於周北故夏墟，列爲倫侯，得稱虞公。由熊遂、疆鳩、夷餘、喬屈、羽轉，皆仁厚〔校二〕立國，用能藩衛宗周，亡所失墜。至畢軫以虢故黷賄，晉人執虞公，有其國，虞再入吴。凡自壽夢至季札，虞之在句吴者始益大。季札敦厥祖虞仲高義，遜位諸樊，賓揚丕休，史蓋稱延陵季子云。

當平原君時，有虞卿〔注一〕者，善著書，方略計事，出公孫龍上，名聞諸侯。晚迺益窮困，不得意，逃隱會稽山下，著書《虞氏春秋》，號躡蹻虞卿。

梁始興王諮議參軍檢〔注二〕、陳太子中庶子荔〔注三〕，皆虞卿後人。荔生唐永興文懿公世南〔注四〕，從吴郡顧野王受《尚書》、京房《易》，事秦王〔注五〕爲佐命功臣，掌制辭令，主讐校中秘，補益弘多。薨，賜葬昭陵園〔注六〕。文懿生工部侍郎昶。昶居雍，爲唐勛胄，代以材官聞著。九世至北郡刺史殷。乾符〔注七〕中，殷從僖宗幸蜀，留仁壽郡，多善狀，遂家仁壽不返。五傳而得周國公昭白。

周國生魏國公軒，魏國生左中大夫陽，陽生開國男、贈太師、秦國公祺〔注八〕。祺字齊年，初名晌，政和五年〔注九〕舉進士，受賜更名，即宋丞相雍國忠肅公允文父。雍國功勞氣略，藏在盟府，忠孝聞四海，精誠炯炯，盪摩日月，惟秦國實開厥先。當完顏亮勒軍江淮，天子震怖，謀航海島；群臣首鼠，奉身南竄；諸鎮將校偏裨，死無處所。雍公以縫掖儒生，欷歔感發，自率海鰌舩，將水軍数百人，决殊死戰，衝薄上下，捷出神怪。虜〔校三〕師四十萬衆〔校四〕，半盡江流回中，部曲披靡奪氣，竟屠完顏亮以歸。一時中原將士，慷慨振作，叛臣降虜，愧死無立地，故稱南渡舊家。父老能端慎典刑，陶範後來；子弟炅炅有成立，爲國家倚緩急者，必歸秦公。秦公當宣和〔注一〇〕中，判夔路轉運，權大寧監。夔山谷阻嶮，多怪石磈磊，不可以田。民歲用火畊，日采豨毛薇蕨相啖食。縣官令下，数亡命散走不制。公爲請於上，得悉蠲除非分科税，惠聲流聞，時號爲才臣。

紹興〔注一一〕，秦檜當國，竭天下財力供歲幣，令長吏時節包貢水土珍怪百物。公轉運潼川諸路，抗疏言："王室在難，宜務殺减繇役，罷四方無名貢獻，絀貪墨吏謝天下。臣所部劍南軍困，不宜有征。"制可其奏〔校五〕，賜祺〔校六〕所部减甿租半爲令甲。檜大慚沮，竟坐公忤旨。免歸，日閉閣著書，不預外事。舊所嘗部父老，日饋遺問訊，不絶道路。紹興十七年，以壽終，遠近哭泣相弔，時論偉之。

公長厚仁人，有密行，垂休奕世。孫公亮，拜光禄勳；公著，刺開州；杭孫，守長寧，皆顯有丕功。曾孫剛簡、方簡、夷簡，同時舉進士。剛簡尤負奇節，謇然有直名。元封雍郡侯圭、雍郡公汲、奎〔校七〕章學士集、嘉魚大夫槼，皆公玄孫。

公既廟食五百年，御史吴皋喻君〔注一二〕奉皇帝命來按蜀，覽咨方乘，得公墓處，哀虞仲、延陵之世，不宜令闕然堙滅不載，使縣人請辭于瀚，歸而鑱諸石，爲《虞世家》。

辭曰：烈烈秦公，厥初姜嫄。維神明胄，棄稷後昆。句吴太伯，將仲逃奔。從者成蹊，古高義存。爰逮壽夢，世遠益敦。噩噩延陵，業遜諸樊。仁聖賢人，其後昌作。有窮夫差，虞鬼不臘。賴卿文懿，屈起南服。躡蹻著書，策勞定國。振微者眗，判夔維惠。允文勤王，丕顯奕世。山則阿〔校八〕，江有沱，蔚然而蒼，墳者何？死而無朽，碣則那。

輯録

（明）任瀚《任文逸稿》卷二。又見於（明）杜應芳、（明）胡承詔輯《補續全蜀藝文志》卷二九；《（康熙）順慶府志》卷八《藝文》，第32—34頁；（清）陳夢雷編纂《古今圖書集成》第67册《明倫彙編·氏族典》卷六五《虞姓部藝文》，第32頁；（清）黄庭桂等修《（雍正）四川通志》卷四〇《藝文》，《景印文淵閣四庫全書》第561册，第328—329頁；（清）常明等修《（嘉慶）四川通志》卷四七《輿地·陵墓》，成都：巴蜀書社，1984年，第1827頁；（清）佚名纂《（乾隆）纂集仁壽全志》卷下《碑記》，《四川歷代方志集成》第一輯第2册，第31—32頁；《（道光）仁壽縣新志》卷六《藝文志》，第8—10頁；《（同治）仁壽縣志》卷八《人物志·宦業》，第56—58頁；《（光緒）補纂仁壽縣原志》卷四《人物》；《（光緒）資州直隸州志》卷二七《藝文志》，第23—25頁；（民國）曾世禮《任黄合鈔·任司直文鈔》卷下，第12—14頁。

校勘

〔一〕封：《補續全蜀藝文志》《（康熙）順慶府志》脱，《（光緒）資州直隸州志》卷二七、《（光緒）補纂仁壽縣原志》卷四皆作“與”。

〔二〕仁厚：《補續全蜀藝文志》《（康熙）順慶府志》同，其他作“仁淳”。

〔三〕虜：原本訛作“虞”，據《補續全蜀藝文志》改。

〔四〕蕨：原本作“厥”，據《補續全蜀藝文志》改。

〔五〕奏：原本脱，據《補續全蜀藝文志》補。

〔六〕祺：《補續全蜀藝文志》作“其”，亦通。

〔七〕雍郡公汲奎：《補續全蜀藝文志》脱。

〔八〕阿：《補續全蜀藝文志》訛作“河”。

注釋

〔一〕虞卿：戰國名士，邯鄲人，所著有《虞氏春秋》。事迹詳《史記·平原君虞卿列傳》。

〔二〕檢：虞檢，平北始興王諮議參軍。

〔三〕荔：虞荔（503－561），字山城，會稽餘姚人（今浙江慈溪市）。釋褐梁西中郎行參軍，尋署法曹外兵參軍，兼丹陽詔獄正。梁武帝用爲士林學士，尋爲司文郎，遷通直散騎侍郎，兼中書舍人。尋領大著作。侯景之亂，荔率親屬入臺，除鎮西諮議參軍，舍人如故。臺城陷，逃歸鄉里。元帝徵爲中書侍郎、貞陽侯，授揚州别駕，不就。文帝時，除太子中庶子，仍侍太子讀書。尋領大著作，東揚、揚州二州大中正，中庶子如故。卒贈侍中，謚曰德子。荔博覽墳籍，善屬文。雖任遇隆重，居止儉素，淡然無營。性沉密，少言論，凡所獻替，莫有見其際者。子世基、世南，并少名。《陳書》卷一九有傳。

〔四〕世南：虞世南（558－638），字伯施，唐越州餘姚人。隋朝内史、侍郎虞世基之弟。隋煬帝時官起居舍人，唐初歷秘書監、弘文館學士等。卒贈禮部尚書，謚文懿，配葬昭陵。世南長于書法，善詩文。太宗嘗稱世南有五絶：一曰德行，二曰公忠，三曰博學，四曰文辭，五曰書翰。

〔五〕秦王：李世民。

〔六〕昭陵園：唐太宗李世民陵墓。

〔七〕乾符：唐僖宗李儇年號（874－888）。

〔八〕祺：虞祺，仁壽人，政和間進士。紹興中爲夔路轉運判官運司，權知大寧監。時鹽利多重徵，祺悉蠲放。爲潼川府路轉運判官，知梓州，以仁愛莅治。秦檜督使貢方物，祺以地瘠民困奏上，檜慚而止。仕至中奉大夫、德陽縣男。卒，以子允文貴贈太師，秦國公。

〔九〕政和五年：政和，宋徽宗趙佶年號，五年即1115年。

〔一〇〕宣和：宋徽宗趙佶年號，1119年至1125年。

〔一一〕紹興：宋高宗趙構年號，1131年至1162年。

〔一二〕吴皋喻君：喻時（1506－1571），字中甫，號吴皋，見《秋日寄和喻吴皋臺察二首》注。

建武城碑〔校一〕〔注一〕

夜郎爲寇中國，僭稱侯王，自莊蹻略西極以來，軍法所不制。蠻中推夜郎部最號梟雄，是稱都蠻，竊據犍〔校二〕、僰要害，四塞險絶，猨猱虎豹所宫，即有孫吴提重兵壓境〔校三〕，賊乘高，客軍處其下，如人射鵰雲中，決眥〔校四〕向空，巧力俱喪。故先朝諸將，戰守多敗屈失利，常置不問。明興二百年間，王師西下討罪，前後數百戰，訖無成功。憲皇帝嘗勑大司馬提軍十八萬駐境上，師老將罷，纔博一捷〔校五〕，然所耗傷甚衆〔校六〕，得不補亡。

今聖神文武〔校七〕皇帝嗣位，朝覲萬國，薄海窮裔，包奉貢獻，無敢後時。唯都蠻擁部落，横行塞下，數犯慶、長、高、珙、筠、戎〔注二〕，漸逼敘、瀘〔注三〕。所到疆土盡赤，刳衄〔校八〕人血肉以釁，邊甿野死無弔。開府中丞〔校九〕曾公上疏言：“臣待罪西陲，不能絶鹵患〔校一〇〕，無所稱塞意旨，願將戮力破虜〔校一一〕，赭其巢，略地以聞。”皇帝下閣臣議。維時元相張公集百官闕下〔校一二〕，奏言：“蜀在中國爲西南重鎮，叛不速討，諸羌〔校一三〕將望風起事，蜀豈得全？”百官多以蜀道艱難，什倍塞莫，噤不置可否〔校一四〕。間有〔校一五〕以漢武使唐蒙略通夜郎事對，不報〔校一六〕。公厲聲言：“兵不擇地，惟其人。吾將以一中丞取夜郎，若走雷電，可横槊立辦。所不成者，吾不得復平章國事〔校一七〕。”閣臣〔校一八〕遽入奏上，取進止〔校一九〕。詔遣使授中丞弓劍、節斧，行大將軍事，聽自擇官。諸不用命者，其殺無赦〔校二〇〕。

中丞既〔校二一〕受詔，督軍夜郎，以左布政使成能〔注四〕、參政宫用〔校二二〕、伯龍〔注五〕、兵巡副使江〔注六〕、僉事思充〔注七〕，咸入贊計畫，暨知府大壯〔注八〕等〔校二三〕，分局受事。表請以南中軍都督顯〔注九〕爲節帥，統制〔校二四〕諸軍；以故總兵成〔注一〇〕、參將澤〔校二五〕等十二人爲偏將，自宣撫效忠〔注一一〕以下，咸聽節制。會顯以往事論列當罷，賴元相知顯自少從蠻中立功，蠻故憚顯威名，且臨敵易將非便，得不罷。由是顯益感激思奮，願以身許國，賊不破不敢生還〔校二六〕。

元年春三月，中丞南嚮誓師〔校二七〕，授要束〔校二八〕，傳令軍中：無殺降，無縱亡匿，敢有〔校二九〕贖賄市奸、宣漏風指，坐以黨叛伏誅，臨敵首鼠攜貳、逗留進退者，其斬以狥。誓已，密進顯，計師所嚮。顯議："九絲城，蠻中都會，自比莫南〔校三〇〕王庭，夷漢〔校三一〕土著、無賴亡命所歸，地深阻，不猝得拔〔校三二〕。凌霄砦〔校三三〕，九絲便門，都砦北東雷。先擊便門，次東雷，即王庭蚤晚可得。獨凌霄王阿苟最桀黠，蠻所怖畏，然喜貪賂。遣〔校三四〕封爵使通老，啗令下關〔校三五〕，執其王并六酋帥以獻，群獠奪氣。"

夏五月〔校三六〕，軍襲落豹，設伏擒四賊將，取惡淚坂〔校三七〕，進迫鹵營。顯以牙校鯨〔注一二〕將鋭卒五千，與成、澤軍合圍，連決十餘戰。城破，賊敗走，追斬二百級，誅名王阿么、名賊將六七人，梟其頭夜郎都市。

夏〔校三八〕六月，以鎮雄兵三千攻落亥，鯨軍藍澱坂〔校三九〕，襲洪崖〔校四〇〕。成軍董木，與鎮雄兵犄角，火蠻巢千餘賊，迎敵決殊死戰，執其兩名王，斬首麾下，盡收都砦部落。

秋七月，始計取九絲城。城據夜郎西山，兩壁對望〔校四一〕，中阻長谷。軍入谷，兩陣夾攻，無得脱者。厓磵〔校四二〕斗絶四十里，三雄王壘〔校四三〕其上，控弦數萬。王皆彊力，曉軍事，貫攻戰，聞别栅既破，益防隘拒險，嚴矢石，塹牢自衛。顯使間諭三雄王："大將軍用兵如神，聲〔校四四〕號聞海外，今以十萬師摧兩砦〔校四五〕，如搏雛鷇，理豈得逃？能先事降我，許待〔校四六〕以不死。"蠻懼且遲回，觀望不決，部下乞降者二千三百有奇。

秋八月，令募郡國敢死惡〔校四七〕少年，增兵至十四萬。公按兵法，分五部進，各將二萬八千，以行營副使江監督諸軍事〔校四八〕。顯仁威引兵〔校四九〕入黑冒〔校五〇〕，軍其西，斷吕部、烏蒙、豕峨諸路；成將所部出印壩〔校五一〕，軍其南，以當芒部、越嶲、牂牁；澤軍出穀爆，陳其北，以絶冉駹、董卜、韓胡；韓似甫軍得乞口，陳東北，斷其内寇，使毋猾餉道，毋阨儲胥〔校五二〕，以資寇食；位〔校五三〕繼祖軍西南，與顯兵合。五陳環絡如連珠，緩急相應。兵既會，賊出勁卒鏖栅下，十餘遇皆北，始退保兩壁間，乘城轉石，發標弩，下擊狨狨，如雹霰〔校五四〕不休。時鬼方多淫雨，玄霧〔校五五〕晝冥，鹵〔校五六〕堅持不下。

秋九月，公傳檄，責戰厲甚，用顯計，令軍中厚賞賚土漢衝鋒死士，使夜襲城。會鯨等將顯所用諜，夜入帳中見顯。諜言："蠻中以〔校五七〕九日作社，椎牛大饗，且見霖潦，無搏戰理，將弛兵酗酒自放。"顯密諭諸將宜〔校五八〕出不意。迺夜發猿臂軍千人，乘飛隥，啣枚，取道間關霧雨中。遲明，進薄城下，斬守門鹵，破關以入。諸路軍取鳥銃爲節，刻期會戰。起寅至午，所格殺貫戰數百人。賊大披靡，前軍引火炬燒城中囷舍〔校五九〕千餘，炎燄張天。賊勢窮，赴火墮厓谷，死者數萬，雄王皆棄壘走。分兵大索。

冬十月，取次就擒，都蠻至是盡滅。

計先後下城栅六十有奇，擒王三十有六人〔校六〇〕，俘斬四千六百有奇，略地四百里。

還報闕庭。皇帝〔校六一〕御皇極殿，傳制曰："國有戎兵，予〔校六二〕不敢臆決。維朕元輔忠亮，以身繫天下安危，不問海内外，聞有作難，惕若蹈行〔校六三〕陳中，罔有寧所。乃西事告警，獨許爾中丞，可屬戎政。假爾大將軍節斧，授〔校六四〕之成算，諸有所關決，無弗汝從〔校六五〕。維爾中丞哲肅，勞瘁封疆，能策諸將士，破鹵擒〔校六六〕王，以速成丕功，用奠西陲，康靖我國家，克稱朕意〔校六七〕。其晉爾右副都御史，顯以下爵賞有差。其以九絲城爲建武城，置府衛兵，下控西南夷〔校六八〕落。命所司伐蔡蒙石，勒朕文武臣功，使能賦者銘其勞，聲諸永世。”

其辭曰：

天王神聖，威加九夏。僰胡爲者坤之社，其山硉矹〔校六九〕谷谺問〔校七〇〕〔注一三〕。蠶蕞開國來，百戰不得下，鬼〔校七一〕其讐之聲在野〔校七二〕。貍書〔校七三〕號，守以虎；獠〔校七四〕不庭，戒邊櫓。國有大盗問元輔〔校七五〕，其誰使者狗西土？殿〔校七六〕中有丞，既文且武，願假旄〔校七七〕鉞斬桀虜〔校七八〕。丞哉！飛檄怒濤發，英風颯爽，能起邊城八萬四千戰死之白骨。筆籌赤牘肝膽壯，勁氣直上蒼龍闕。雲旓羽旂，盪摩日月。墨王⿰瓜辰〔注一四〕，廖王劂，落豹虋，落拗〔校七九〕鈯。長鎩〔校八〇〕夜擣雄王窟，三十六王碎頷顝〔校八一〕〔注一五〕。土有牓壤，户有降卒。且蘭〔校八二〕、靡莫，咋舌不敢唾；楪榆、邛莋，磔狗飲血斷出没。咦！雀入淮，化蠣房；雉入海，化蜃光；寇盗得險化侯王。窅窅建武城，列雉天一方。守者非忠賢，能無化豺狼？蜀有大險〔校八三〕，上爲劍閣下瞿塘。割據自古昔，可〔校八四〕獨問夜郎？誰借明王〔校八五〕三尺鋏，爲君世代誅豪彊？蜀不割，蠻不屋，蔡蒙補天之石高崒嵂，長與乾坤鎮南服〔校八六〕，無使三十六王城下鬼夜哭！

輯録

（明）任瀚《任文逸稿》卷三。又見於（明）任瀚《任少海先生文集》，目録存，正文脱；（明）杜應芳、（明）胡承詔輯《補續全蜀藝文志》卷三二，國家圖書館藏明萬曆間刻本；（明）虞懷忠、（明）郭棐等纂修

《（萬曆）四川總志》卷二八，《四庫全書存目叢書》史部第200册，第57—59頁；（清）黄宗羲《明文海》卷六九，第625—628頁；《（康熙）順慶府志》卷八《藝文》，第26—32頁；（清）陳夢雷編纂《古今圖書集成》第20册《方輿彙編·職方典》卷六〇六《敘州府部·藝文二》，第518—520頁；《（雍正）四川通志》卷四〇《藝文志》；（清）王聿修纂修《（乾隆）珙縣志》卷一一《碑記》，清乾隆三十八年（1773）刻本；《（嘉慶）四川通志》卷九五《武備·邊防》；《（嘉慶）南充縣志》卷六《藝文志》七之十六《碑》，第3頁；（清）敖立榜修，曾毓佐纂《（同治）高縣志》卷四八《藝文》，清同治五年（1866）刻本；（清）王麟祥修，邱晉成等纂《（光緒）敘州府志》卷一六《金石》，清光緒二十一年（1895）刻本；《（光緒）興文縣志》卷六《碑記》；（清）冉瑞桐修，郭肇林等纂《（光緒）珙縣志》卷一一《碑記》，清光緒九年（1883）刊本；（民國）李仲陽、何鴻亮等纂修《（民國）興文縣志》卷三〇《金石》，民國三十二年（1943）排印本；《（民國）新修南充縣志》卷一五《藝文志·碑》，第1—5頁；（民國）曾世禮《任黄合鈔·任司直文鈔》卷下，第7—12頁；高文、文成剛編《四川歷代碑刻》，成都：四川大學出版社，1990年，第256—257頁。

校勘

〔一〕建武城碑：《明文海》同，《補續全蜀藝文志》《（萬曆）四川總志》《（康熙）順慶府志》《（雍正）四川通志》《（乾隆）珙縣志》《（光緒）敘州府志》《任黄合鈔》題作《平蠻碑》，《四川歷代碑刻》題作《明翰林院經筵講官南充陳瀚平蠻碑記》，實據《興文縣志》抄録，“陳瀚”乃“任瀚”之訛，末署“萬曆二年”。

〔二〕犍：原本作“揵”，據《（萬曆）四川總志》《補續全蜀藝文志》改。

〔三〕壓境：原本作“猒境”，據《（萬曆）四川總志》《補續全蜀藝文志》改。

〔四〕決胷：《（康熙）順慶府志》作“仰面”。

〔五〕捷：原本作“揵”，據《（萬曆）四川總志》《補續全蜀藝文志》改。

〔六〕衆：《（康熙）順慶府志》作“重”。

〔七〕今聖神文武：《（光緒）敘州府志》作“萬曆元年”。

〔八〕峬：《（康熙）順慶府志》作“屻”。

〔九〕開府中丞：《（萬曆）四川總志》《補續全蜀藝文志》等作“殿中丞開府”。

〔一〇〕鹵患：《（萬曆）四川總志》同，《補續全蜀藝文志》作“虜患”，《（康熙）順慶府志》《（光緒）敘州府志》作“邊”。

〔一一〕虜：《（康熙）順慶府志》《（光緒）敘州府志》作“蠻”。

〔一二〕維時元相張公集百官闕下：原本無，據《（萬曆）四川總志》《補續全蜀藝文志》補。

〔一三〕羌：《（萬曆）四川總志》《補續全蜀藝文志》作“夷”，《（康熙）順慶府志》《（光緒）敘州府志》作“蠻”。

〔一四〕什倍塞莫，噤不置可否：《（萬曆）四川總志》《補續全蜀藝文志》《（康熙）順慶府志》作：“什倍淮西、塞北，噤不敢發。”

〔一五〕有：《（萬曆）四川總志》同，《補續全蜀藝文志》等作“又”。

〔一六〕不報：《（萬曆）四川總志》《補續全蜀藝文志》等無。

〔一七〕“公厲聲言”至“吾不得復平章國事”：原本無，據《（萬曆）四川總志》《補續全蜀藝文志》等補。

〔一八〕閣臣：《（萬曆）四川總志》《補續全蜀藝文志》等無。

〔一九〕取進止：《（康熙）順慶府志》作“進取上”，訛。

〔二〇〕諸不用命者，其殺無赦：原本無，據《（萬曆）四川總志》《補續全蜀藝文志》補。

〔二一〕既：《（萬曆）四川總志》同，《續補全蜀藝文志》作“取”。

〔二二〕宫用：《（康熙）順慶府志》作“官周”，《（光緒）敘州府志》作“官沈”，均訛。

〔二三〕暨知府大壯等：原本無，據《（萬曆）四川總志》《補續全蜀藝文志》補。

〔二四〕統制：《（康熙）順慶府志》作“總”，或涉下而訛。

〔二五〕澤：《（康熙）順慶府志》脱，據《（光緒）敘州府志》即“張澤”。

〔二六〕“會顯以往事論列當罷”至“不敢生還”：原本無，據《（萬曆）四川總志》《補續全蜀藝文志》《（康熙）順慶府志》補。

〔二七〕誓師：《（萬曆）四川總志》《補續全蜀藝文志》作“擔師”，訛。

〔二八〕授要束：原本無，據《（萬曆）四川總志》《補續全蜀藝文志》《（康熙）順慶府志》補，《（光緒）敘州府志》“要束”作“要策”。

〔二九〕敢有：《（萬曆）四川總志》《補續全蜀藝文志》作“有敢”，《（康熙）順慶府志》脱“敢”字。

〔三〇〕莫南：《（萬曆）四川總志》《補續全蜀藝文志》《（康熙）順慶府志》作“幕南”。

〔三一〕夷漢：《（康熙）順慶府志》作“彝漢”。

〔三二〕不猝得拔：《（萬曆）四川總志》《補續全蜀藝文志》同，《（康熙）順慶府志》作“不得猝拔”。

〔三三〕凌霄砦：《（康熙）順慶府志》作“陵霄岩”。

〔三四〕遣：《（康熙）順慶府志》作“遺”。

〔三五〕老啗令：《（康熙）順慶府志》脱。

〔三六〕五月：《（康熙）順慶府志》作“六日”，訛。

〔三七〕坂：《（萬曆）四川總志》同，《補續全蜀藝文志》《（康熙）順慶府志》作“坎”。

〔三八〕夏：《（康熙）順慶府志》無。

〔三九〕藍澱坂：《（康熙）順慶府志》作“藍坂”。

〔四〇〕洪崖：原本作“洪匡”，據《（萬曆）四川總志》《補續全蜀藝文志》《（康熙）順慶府志》改。

〔四一〕對望：《（康熙）順慶府志》作“相望”。

〔四二〕厓磵：《（康熙）順慶府志》作“崖澗”。

〔四三〕壘：《（萬曆）四川總志》同，《補續全蜀藝文志》《（康熙）順慶府志》作“壁”。

〔四四〕聲：《（萬曆）四川總志》同，《補續全蜀藝文志》《（康熙）順慶府志》無。

〔四五〕十萬：原本作“百萬”，據《（萬曆）四川總志》《補續全蜀藝文志》諸書改。

〔四六〕待：《（康熙）順慶府志》作“德”。

〔四七〕惡：《（康熙）順慶府志》無。

〔四八〕事：《（萬曆）四川總志》同，《補續全蜀藝文志》《（康熙）順慶府志》作“士”，訛。

〔四九〕兵：《（康熙）順慶府志》作“軍”，或涉下而訛。

〔五〇〕黑冒：《（萬曆）四川總志》《補續全蜀藝文志》作“黑帽”。

〔五一〕印壩：原本作“印霸”，據《（萬曆）四川總志》《補續全蜀藝文志》《（康熙）順慶府志》改。

〔五二〕儲胥：《（康熙）順慶府志》作“諸胥”。

〔五三〕位：《明文海》同，《（萬曆）四川總志》《補續全蜀藝文志》《（康熙）順慶府志》作“任”，訛。

〔五四〕雹霰：《（萬曆）四川總志》同，《補續全蜀藝文志》《（康熙）順慶府志》作“電霰”，訛。

〔五五〕玄霧：《（萬曆）四川總志》《補續全蜀藝文志》同，《（康熙）順慶府志》《（雍正）四川總志》《（嘉慶）四川總志》《（同治）高縣志》《（光緒）敘州府志》《（光緒）珙縣志》作“瘴霧”。

〔五六〕鹵：《（康熙）順慶府志》作“蠻”。

〔五七〕以：《（康熙）順慶府志》無。

〔五八〕宜：《（萬曆）四川總志》同，《補續全蜀藝文志》《（康熙）順慶府志》作“官”，訛。

〔五九〕囷舍：《（康熙）順慶府志》作“困舍”。

〔六〇〕人：《（萬曆）四川總志》《補續全蜀藝文志》諸本無。

〔六一〕皇帝：《（萬曆）四川總志》同，《補續全蜀藝文志》《（康熙）順慶府志》作“皇上”。

〔六二〕予：《（康熙）順慶府志》作“朕”。

〔六三〕蹈行：《（康熙）順慶府志》作“躬行”。

〔六四〕授：《（康熙）順慶府志》脱。

〔六五〕“維朕元輔忠亮”至“無弗汝從”：原本無，據《（萬曆）四川總志》《補續全蜀藝文志》補。

〔六六〕擒：《（萬曆）四川總志》《補續全蜀藝文志》《（康熙）順慶府志》無。

〔六七〕克稱朕意：原本無，據《（萬曆）四川總志》《補續全蜀藝文志》《（康熙）順慶府志》補。

〔六八〕夷：《（康熙）順慶府志》作“彝”。

〔六九〕硉矹：《（萬曆）四川總志》《補續全蜀藝文志》《（萬曆）四川總志》《（康熙）順慶府志》作“崞屼”，義同。

〔七〇〕問：《（康熙）順慶府志》作“聞”，訛。

〔七一〕鬼：《（康熙）順慶府志》作“鬼方”。

〔七二〕聲在野：原本脱“在”字，據《（萬曆）四川總志》《補續全蜀藝文志》《（康熙）順慶府志》補。

〔七三〕晝：原本作“畫”，據《（萬曆）四川總志》《補續全蜀藝文志》改。貍爲伏獸，此句言反意，故稱晝。

〔七四〕貑：《（萬曆）四川總志》《補續全蜀藝文志》《（康熙）順慶府志》作“獠”。

〔七五〕國有大盗問元輔：原本無，據《補續全蜀藝文志》補。

〔七六〕殿：原本無，據《（萬曆）四川總志》《補續全蜀藝文志》補。

〔七七〕旄：《（康熙）順慶府志》作“節”。

〔七八〕斬桀虜：《（康熙）順慶府志》作“膺跋扈”。

〔七九〕拗：《（康熙）順慶府志》作“拘”。

〔八〇〕鍛：《（康熙）順慶府志》作“鍜”。

〔八一〕頌：《（萬曆）四川總志》《續補全蜀藝文志》同，《（康熙）順慶府志》作“領”。

〔八二〕且蘭：《（萬曆）四川總志》《補續全蜀藝文志》《（康熙）順慶府志》作“畫蘭”，訛。

〔八三〕大險：《（萬曆）四川總志》同，《補續全蜀藝文志》作“天險”。

〔八四〕可：《（民國）新修南充縣志》作“何”。

〔八五〕明王：《（康熙）順慶府志》作“聖王”。

〔八六〕南服：《明文海》同，《（萬曆）四川總志》《補續全蜀藝文志》脱作“南”。

注釋

〔一〕建武城碑：《（乾隆）珙縣志》題注云：“在上羅計舊城内，明翰林院經筵講官任瀚，南充人。”明萬曆元年（1573），四川巡撫曾省吾、總兵劉顯率漢土官兵十四萬人，平都掌蠻諸山寨。當時在興文縣建武鎮内建有崇報祠，建碑五通，爲曾、劉二人歌頌功德。其一即萬曆二年（1574）前任翰林院經筵講官任瀚所撰《平蠻碑》。該碑紀文受歷代統治者推崇，府、縣志多有輯録。此碑石有三：一豎建武崇報祠舊址，不知何故被毁；二豎慶符縣，碑已不存；三豎珙縣上羅，碑亦不存。

〔二〕慶、長、高、珙、筠、戎：慶符、長寧、高縣、珙縣、筠連、戎縣。

〔三〕敘、瀘：敘州府、瀘州。

〔四〕成能：馮成能，浙江慈谿人，嘉靖三十八年（1559）進士，萬曆元年任四川右布政使，又轉左。

〔五〕宫用、伯龍：王宫用和沈伯龍。王宫用，成安人，進士，萬曆元年任四川右參政；沈伯龍，嘉興人，進士，隆慶六年（1572）任四川右參議。

〔六〕江：李江，武定人，進士，隆慶二年（1568）任四川按察使僉事，隆慶六年陞按察副使，萬曆五年陞按察使。

〔七〕思充：周思充，餘姚人，進士，隆慶五年（1571）任四川按察使僉事。

〔八〕大壯：陳大壯，廣陵人，敘州府知府，節儉正直，遷學宫，士民戴之。

〔九〕顯：劉顯（1515—1581），本姓龔，字惟明，四川籍、江西南昌人。由武舉歷中軍都督府同知，協守江浙時，倭賊由閩三沙來，朝廷遂謫責在盧鏜及顯，遭解職待罪。曾修吾薦起爲總兵，蕩平九絲，鎮守全蜀。

〔一〇〕成：郭成，四川敘南衛（治今宜賓市）人。萬曆征都掌蠻，任鎮守副總兵官，後官至四川總兵官、後軍都督府同知。

〔一一〕效忠：據《（光緒）敘州府志》，即“奢效忠”。

〔一二〕鯨：據《（光緒）敘州府志》，即“吴鯨”。

〔一三〕谺閜：陵谷之形，見《古今韻會舉要·覃韻》。《正字通·谷部》：“谺，本作谽，俗譌作谺閜，從谽爲正。”

〔一四〕斻：《玉篇》或作劈，《集韻》“分也”，《廣韻》“破物也”。

〔一五〕頌顝：頌，《説文》訓秃，《廣韻》訓頭秃，《集韻》訓頰高出貌。顝，頭骨大。頌顝，指頭。

盧氏〔注一〕城隍廟碑

鬼神廟祀，國有典章：以勞定國則祀；以死勤事則祀；能禦菑孽禍厲，有功於民則祀。非是族也，不在祀典；不在祀典，則稱淫祀；淫祀則廢。城隍神，古稱社伯，爲境土司命，其在祀典最重。

帝三十九年〔注二〕，盧氏廟災，燔其屋。盧人震恐，自惟姦妄〔注三〕亂俗所致，縣長吏以下，率父老謀諸國中，禱于神而宫之。明年新宫成，神乃即安。

余以放游河嶽〔注四〕，來過境上。縣官言曰：“明神奉天子命，廟食兹土，歲時有常祀，無敢闕廢。惟是令長丞尉等奉職無狀，有所不厭于神。神不降之罰，而自災其宫室，以儆人吏，爲社鬼羞。乃者新宫成，太史至，國之耆舊，禮則有乞言。”史瀚曰：“宫室不毁則不新，災沴所主，不在官則在民。縣官引咎，得長人體，鬼神將歆之，宜有銘。”

銘曰：虢〔注五〕之有國神明陬，龜龍所都群聖游。厥産鴻寶圖範疇〔注六〕，誰其典者社宰侯。天帝下簡咨靈修，欽哉虢盧難其儔。河山不改王氣泅，人俗作沴鬼所尤。劫火上災神爲謀，炎飈蓬勃狸鼯愁。長吏蹷走丞煩憂，下令父老隞〔注七〕前籌。陲般雜進工洊收，千章雲木恣遐搜。斬山鑿谷繁輪輈，舡稜〔注八〕題奐窮雕鏤。金碧錯落丹堊髹，劫灰未冷雲霧流。蕭鼓颯爽俳伶優，椒花茘子羅瓊羞。神乎康哉！爾其與國長遠垂鴻休。

輯録

（明）任瀚《任文逸稿》卷五。又見於（明）任瀚《任少海先生文集》。

注釋

〔一〕盧氏：縣名，在河南省西部，西與陝西省交界。秦博士盧敖得道于此，故以其姓氏名；一説以境内有盧氏山（又名石城山）得名。《元和郡縣志》盧氏縣："有盧氏山，或言盧敖得道于此。"

〔二〕三十九年：明世宗嘉靖三十九年（1560）。

〔三〕姦妄：姦詐虚妄。《後漢書・方術傳序》："是以通儒碩生，忿其姦妄不經，奏議慷慨，以爲宜見藏擯。"

〔四〕河嶽：亦作"河岳"，黄河和五嶽的并稱。語本《詩・周頌・時邁》："懷柔百神，及河喬嶽。"毛傳："喬，高也。高岳，岱宗也。"孔穎達疏："言高岳岱宗者，以巡守之禮必始於東主，故以岱宗言之，其實理兼四岳。"

〔五〕虢：古國名，此代指盧氏縣。

〔六〕範疇：《洪範》九疇。

〔七〕敶：古同"陳"，陳列。

〔八〕觚稜：亦作"觚棱"，宫闕上轉角處的瓦脊成方角棱瓣形，借指宫闕。《文選・班固〈西都賦〉》："設璧門之鳳闕，上觚稜而棲金爵。"吕向注："觚稜，闕角也。"

傳

温泉李徵君傳

泰和隱君子温泉先生者，著稱文谿里中。其先世居谷邨，爲豫章望族。曾祖昆季三人，皆以貢舉顯顒于時。其號貧樂公者，實生徵君。

自君垂髫，穎異博學，能文辭，謂當稱雄藝苑。比長，稍厭薄舉子業，不治，旁獵山經海乘〔注一〕、百家載籍，摎奇抉怪，下至宣夜、岐黄〔校一〕、勾股、龜筴、日者書〔注二〕，罔不究極菁蘊。家居率以義方嚴范，諸子弟無敢弗若于訓。一時宗族内外多文雅士，里中子秩秩嚮風，事有不直者，終不敢令温泉君知。

先是，宗人合議創家廟，爲世祀所，中沮不決。君毅然成先志，督繕祠宇，豊俎豆百物，歲時饗祀維謹〔注三〕，著爲家令，使勿墜。正德〔注四〕間，五雲盗起，遠近殺傷相籍，竟内〔注五〕震恐。君首獻計，當城西要害，樹戟門，賓烽燧矢石。賊望風引退。縣長吏陸君義之，以狀聞。己卯〔注六〕，宸濠〔注七〕舉兵下建康，危切江表。諸將皆逗留玩寇，君自按劍勒義兵往禦之，濠竟伏誅。

君世業中微無長物，以能事起家，然獨喜高會，觴賓客，雖典衣張讌不爲困。諸嘗從君游者，謂君温然如春，甘如泉，遂稱温泉先生。

君有子文谿公〔注八〕，由真定少府移倅安漢，爲南北郡佐稱首，行當膺天子簡命，垂休光無窮。君所爲食報于天者，其在兹乎！

徵君諱瑶，字奇温。其智似陸通〔注九〕，其疆仁慕義似筦幼安〔注一〇〕，其隱處深山大澤而謀人國事似陶弘景〔注一一〕，可入豫章高士傳。

贊曰：温之泉溓而，徵君之高風嵣而，宜爾子之道之行也昌而。

輯録

（明）任瀚《任文逸稿》卷五。

校勘

〔一〕岐黄：原本作“岥黄”，據文意改。

注釋

〔一〕山經海乘：指《山海經》類的奇異古籍。《山海經》有《南山經》《西山經》《北山經》《東山經》《中山經》，記載上古諸山。後世以山經泛指記録山脈的輿地之書。《漢書·張騫李廣利傳·贊》：“故言九州山川，《尚書》近之矣。至《禹本紀》《山經》所有，放哉！”梁蕭統《銅博山香爐賦》：“方夏鼎之瓌異，類《山經》之俶詭。”海乘，泛指記載海内外各國之書，《山海經》有《海經》，又分爲《海外經》《海内經》《大荒經》三個部分。《孟子·離婁下》：“晉之《乘》、楚之《檮杌》、魯之《春秋》，一也。”乘乃史籍之一種。故山經、海乘相對，藉以指代《山海經》一類的古籍。

〔二〕宣夜、岐黄、勾股、龜筴、日者書：指天文、醫藥、算術、占卜書。宣夜，古代天文説一曰周髀，二曰宣夜，三曰渾天。據《晉書·天文志》，宣夜主張天無一定形狀，也非物質造成，其高遠無止境，日月星辰飄浮空中，動和静都依靠氣。此借指天文書。岐黄，岐伯和黄帝，相傳爲醫家之祖，後世多用爲醫術的代稱。此代指醫書。勾股，圓徑一而周三，方徑一而匝四，伸圓之周而爲勾，展方之匝而爲股；指直角三角形夾直角的兩邊，短邊爲勾，長邊爲股；在立竿測太陽高度時，日影爲勾，標竿爲股。此代指算術。龜筴，龜甲蓍草，龜占蓍卜，故代指占筮。日者，古代以占候卜筮爲業之人。

〔三〕維謹：亦作“惟謹”，謹慎小心。宋司馬光《傳家集·趙少傅謚僖質議（禎）》：“少傅體和居厚，履恭涵壹，言必有物，動不進名，矯迹衡茅，濯羽雲漢，入贊樞極，出殿藩維謹。”

〔四〕正德：明武宗朱厚照年號（1506—1521）。

〔五〕竟内：即“境内”。

〔六〕己卯：正德十四年（1519）。

〔七〕宸濠：朱宸濠（？—1520），明朝宗室，襲封寧王。久蓄異志，招集亡命，私藏兵甲，勾結致仕都御史李士實、舉人劉養正等於正德十四年（1519）起兵，謀奪帝位。從南昌出鄱陽湖，分兵陷九江、南康，圍攻安慶，并聲言直取南京，爲王守仁所敗，歷時四十三天，被俘，次年被殺於南京。

〔八〕文谿公：李司鎮，江西泰和人，嘉靖二十五年（1546）舉人，官順慶府同知。

〔九〕陸通：字接輿，春秋時楚人。昭王時，政令無常，乃佯狂不仕，時人稱爲“楚狂”。孔子適楚，欲與言，避之。楚王聞其賢，遣使聘之，不應。與妻變姓名隱居蜀峨眉山，壽數百歲，俗傳爲仙。事迹詳《高士傳》。

〔一〇〕筦幼安：管寧（158－241），字幼安，三國魏朱虚（今山東臨朐縣）人。篤志于學，少與華歆、邴原同學相友。漢末避亂遼東（今遼寧省遼陽市以南、遼河以東地區），依公孫度。度慕其賢，民化其德。後浮海還郡。魏初累徵不起，吟詠詩書，不改其樂。明帝即位，具安車束帛加璧聘之，會卒，年八十四。著有《氏姓論》。

〔一一〕陶弘景：字通明（452－536），丹陽秣陵（今江蘇南京）人。讀書萬卷，齊高帝引爲諸王侍讀，除奉朝請。齊永明十年（492），掛冠神武門，隱居句容（今江蘇句容）句曲山（即茅山），自號華陽隱士。梁武帝早與之游，即位後徵之不出，有大事，無不諮詢，時人謂之山中宰相。大同二年（536）卒，謚曰貞白先生。陶弘景乃道教茅山宗的開創者，隱居煉丹，精通醫理，撰有《真誥》《登真隱訣》《養性延命録》《真靈位業圖》等。

墓誌銘

靈丘王〔注一〕博士王菴沈君墓誌銘

沈，西伯昌〔注二〕後。其在會稽者，英宗〔注三〕朝御史臺名御史曰性〔注四〕。其先封御史君者曰潭，潭之先曰葆善徵君思學，又其先曰樂靜徵君伯英。英已下凡三世，皆毖靈潛耀，敦慕延陵〔注五〕風節，爲甌吴耆舊長雄。至封御史君尤恢圩〔注六〕，負氣略，能創宗祠，倡義學舍，修復禹廟，瑰望振江表。御史屈强〔注七〕敢言，與天臺林君鶚〔注八〕並知名當世。數抗疏斥宫禁内事，彈擊權貴人，犯天子怒，出守寧國。及去位長遠，寧國部父老則寘公祠堂，碣功勞廡下。

寧國生博士君璞。少沉毅，噤不出言。寧國曰："兒有器，樸然可與入道，其命曰璞。"時會稽胡漸老負東南文獻重名，提山西學政歸，遣就業。見君果蘊藉異凡兒，與字文蘊。會漸老有息曰孋，幼婉瘱〔注九〕，諳典訓，能古文辭，許娉君，處君别館，授《易》、《尚書》、毛鄭《詩》、《春秋列傳》。君又好古甚，上炎黄龍穗〔注一〇〕，下秦漢，雖環淵、接子、炙轂〔注一一〕家，稗官謏瑣説〔注一二〕，亡不覽究，特不喜貶下，服舉子業。其群有相勔者，但謝曰："讀書取明道正行，提觚牘〔注一三〕，組織浮怪，規進取，吾不能居。"寧國喪時，尚垂髪不任戴冠，然秉禮慎事，外内斬斬〔注一四〕，自長老人不及。

成化甲午〔注一五〕，用明經薦授靈丘王教授博士。王自倚高皇帝玄孫，播棄文法，群校數縱横無賴，吏不得問。自君入，怗怗〔注一六〕受要束〔注一七〕。上日〔注一八〕，王張宴，陳水嬉。客有按節起舞，作凉州新聲，歌謳爲王壽者。君厲色曰："漢法，天子、諸侯王讌會，得令協律郎博采風謡，奏雅樂。自武帝更令侍中歌《太一》《天馬》〔注一九〕，中尉黯〔注二〇〕猶奮謂不經，安有王官淫嗇〔注二一〕酗酒，導王新聲，習優侏儒行，爲王門胥靡〔注二二〕赧羞？令膠西相〔注二三〕在，當殺無赦！"聞者塞然罷止。王輟宴，禮君爲上客。明年，開明德堂，縣鍾鼓鞀鐸，設帍〔注二四〕《貍首》〔注二五〕，出世子就學。君東歸，世子西鄉，講説《春秋》《尚書》陳國公、魯公尚齒尊賢，藩衛王室事相淬厲。凡再閲歲，世子德君甚。會聞金孺人訃至，解歸。王自臨製哀詞，使典儀、工正各一人，祖道哭絳水上。比禫除〔注二六〕，數手書招致，盡虔。君表謝曰："臣山陰里中處士，張龜齡〔注二七〕爲唐憲宗掌故，母死不奉詔，著《漁父辭》，稱海客，終其身。臣不幸罪苦，實同龜齡，無相見期，願王自愛，臣死罪。"王世子得報，皆賨涕不禁。今故絳老校退卒能言其事。

君履道涵醇，不規世好，至老無選言缺行。仁孝誠信，可通鬼神。杖屨未嘗影城府。所居簾閣據几，終不聞欬欠聲。嘗語諸子弟曰："士不敦行仁義，彊力爲聖賢，即生封侯，死立廟，腐餘骨爾。"故君族多孝弟廉潔有德行人。君素長者，雖嚴峻不忤物，晚益破觚爲圜，與其友婁君芳、汪君鎡、陸君、鈕君、車君結山陰社，傲詠天地，垢氛〔注二八〕萬象，號江左園黄。嘉靖拾叄年正月貳拾伍日，靨然長逝，光氣竟日夜，享年八十有六。

初取胡孺人，生子蘢，有令德，封刑部郎中。繼取毛孺人，生莀、承伯、琰後。孫男六：橋，順慶府知府，純亮淵粹，海内稱才臣；梓，國子生；根，縣學諸生；楨、榜、梘，皆有文行，可名代。女三：其一嫁山陰周淳，次諸生車孟中，次國子生陶師韓，皆華胄。曾孫男十：雲翰、雲翀，諸生；雲同、雲錦、雲山、雲霄、雲霖、雲會，皆才子弟。女五：四嫁爲士人妻。玄孫一：應順。女三。諸丕有根器，無忝聞家。墓在會稽横山原，以其兩孺人祔。

銘曰：道高古人，名不滿當世；氣震王侯，曾不得覲于帝王。風頹雅道虧，直臣逃隱，諍者其誰？横之山巀於雲，炎之海黯以昏。草露荆榛，蒼然而與山海齊年者，王官墳耶？

輯録

（明）任瀚《任文逸稿》卷五。又見於（明）任瀚《任少海先生文集》，目録存，正文脱。

注釋

〔一〕靈丘王：據《明史·諸王世表二》，明太祖十三子代王朱桂之六子朱榮順，於永樂二十二年（1424）封靈丘王。天順五年（1454），别城於絳州，下傳五王，至隆慶間因罪除國。

〔二〕西伯昌：周文王姬昌，商末爲西伯。《史記·伯夷列傳》："於是伯夷、叔齊聞西伯昌善養老，盍往歸焉。"

〔三〕英宗：明英宗朱祁鎮，正統（1436－1449）、天順（1457－1464）在位。

〔四〕性：沈性，字士彝，一字克循，號砥軒，會稽人。景泰二年（1451）進士，授雲南道監察御史，官至寧國知府，以廉潔稱。事迹詳（明）彭時《寧國府知府沈君性墓表》（《焦太史編輯國朝獻徵録》卷八三《南直隸》）。

〔五〕延陵：吴下邑，春秋時吴國公子季札因讓國避居（一説受封）于此，後世因以借指季札。《公羊傳》襄公二十九年："（季札）去之延陵，終身不入吴國。"

〔六〕恢厈：即"恢岸"，恢弘偉岸。

〔七〕屈强：亦作"倔彊"，即"倔强"。《漢書·陸賈傳》："乃欲以新造未集之越，屈强於此。"顔師古注："屈强，謂不柔服也。"

〔八〕林君鶚：林鶚（1423－1476），字一鶚，台州府太平縣人。景泰二年（1451）進士，歷江西監察御史、鎮江知府、蘇州知府、江西按察使、江西右布政使轉左、南京刑部右侍郎、刑部右侍郎，卒贈尚書，謚恭肅。事迹詳明丘濬《刑部右侍郎林公鶚墓誌銘》、明吴寬《通議大夫刑部右侍郎太平林公神道碑》（《焦太史編輯國朝獻徵録》卷四六《刑部三》）。

〔九〕婉瘱：亦作"婉嫕"，温順嫻靜。《漢書·外戚傳下·孝平王皇后》："太后時年十八矣，爲人婉瘱有節操。"顔師古注："婉，順也；瘱，靜也。"

〔一〇〕龍穗：龍書、穗書。元鄭杓撰、元鄭有定釋《衍極》卷一："在昔結繩之政始分，龍穗之章中輟。"注："太皞之时，龍馬負圖出於滎河，帝則之，畫八卦，以龍紀官，乃命飛龍朱襄氏造六書，於是始有龍書。左氏曰：‘太皞氏以龍紀，故爲龍師而龍名’，是也。神農氏始爲耒耜，教民稼穡，感上黨牛頭山生嘉禾，一本八穗，帝異之，作穗書。”

〔一一〕環淵、接子、炙轂：環淵，戰國時楚人。一作蜎淵、環娟、便娟，又稱娟子、涓子、蜎子。早學黄老道德之術，與詹何齊名。講學稷下學宫，整理老聃語録，成《道德經》上下篇。《漢書·藝文志》著録《娟子》十三篇，注云“名淵，楚人，老子弟子”，早佚。一説環淵即關尹，與老聃同時。接子，戰國人，里籍不詳，一稱捷子。《漢書·藝文志》道家類著録《接子》二篇，早佚。《史記·孟子荀卿列傳》：“慎到，趙人。田駢、接子，齊人。環淵，楚人。皆學黄老道德之術，因發明序其指意。故慎到著十二論，環淵著上下篇，而田駢、接子皆有所論焉。”與慎到、田駢、接子等人同游稷下。至湣王末年，五國聯兵攻齊，形勢危急，始偕慎到亡去。炙轂，指戰國時齊人淳于髡，齊國贅婿，齊威王用爲客卿，事迹詳《史記·滑稽列傳》，所著有《王度記》，早佚。《史記·孟子荀卿列傳》：“談天衍，雕龍奭，炙轂過髡。”司馬貞索隱：“劉向《别録》‘過’字作‘輠’。輠，車之盛膏器也。炙之雖盡，猶有餘津，言髡智不盡如炙輠也。”

〔一二〕稗官謏瑣説：皆指小説。稗官，小官。小説家出於稗官，後世因稱野史小説爲稗官。《漢書·藝文志》：“小説家者流，蓋出于稗官。街談巷語，道聽途説者之所造也。”顔師古注：“稗官，小官。如淳曰：細米爲稗。街談巷説，其細碎之言也。王者欲知閭巷風俗，故立稗官使稱説之。”謏瑣説，謏説、瑣説。謏説，小説。清吴骞《拜經樓詩話自序》：“下至巵言謏説，蒼議街談，苟足以資記注而廣多聞，要未必爲三長之士所盡斥。”瑣説，亦作“璅説”，記述瑣談逸事的文章或著作。明胡應麟《少室山房筆叢·四部正訛下》：“凡史之僞，雜傳記爲盛，璅説次之。”

〔一三〕觚牘：供書寫的木簡，亦指書翰。唐柳宗元《唐故給事中皇太子侍讀陸文通先生墓表》：“秉觚牘，焦思慮，以爲論注疏説者，五千人矣。”

〔一四〕斬斬：整肅、整齊貌。唐韓愈《曹成王碑》：“持官持身，内外斬斬。”

〔一五〕成化甲午：明憲宗成化十年（1474）。

〔一六〕怗怗：安静貌，馴服貌。《新唐書·劉文静傳》："唐公名載圖讖，聞天下，尚可怗怗以待禍哉？"

〔一七〕要束：制約，管束，約束。《漢書·高帝紀上》："且吾所以軍霸上，待諸侯至而定要束耳。"顔師古注："要亦約。"

〔一八〕上日：朔日，農曆每月初一。或謂上旬吉日。《尚書·舜典》："正月上日，受終于文祖。"孔傳："上日，朔日也。"清王引之《經義述聞·尚書上》："上日、元日，皆非謂朔日也。上日謂上旬吉日……自張衡《西京賦》始以元日爲朔日，而漢以前無之。"

〔一九〕《太一》《天馬》：漢武帝時歌天馬詩。《史記·樂書第二》："嘗得神馬渥洼水中，復次以爲《太一之歌》。歌曲曰：'太一貢兮天馬下，霑赤汗兮沫流赭。騁容與兮跇萬里，今安匹兮龍與友。'後伐大宛，得千里馬，馬名蒲梢，次作以爲歌。歌詩曰：'天馬来兮從西極，經萬里兮歸有德。承靈威兮降外國，涉流沙兮四夷服。'"《漢書·禮樂志》有載，略異。

〔二〇〕黯：汲黯（？一前112），字長孺，濮陽（今河南濮陽西南）人。漢景帝時爲太子洗馬。武帝初爲謁者，拜中大夫，内遷東海太守，召爲主爵都尉，列于九卿。性倨少禮，面折不能容人，好直諫。事迹詳《史記·汲鄭列傳》《漢書·張馮汲鄭傳》。

〔二一〕淫醟：縱酒。《漢書·敘傳下》："中山淫醟。"顔師古注："醟，酗酒也。"

〔二二〕胥靡：古代服勞役的奴隸或刑徒。《莊子·庚桑楚》："胥靡登高而不懼，遺死生也。"成玄英疏："胥靡，徒役之人也。"

〔二三〕膠西相：董仲舒。

〔二四〕射㱏：即"射正"。"㱏"通作"正"，射的。射正，射儀。《周禮·夏官·射人》："佐司馬治射正。"鄭玄注："射正，射之法儀也。"賈公彦疏："射之威儀，乃是禮之正，故名射儀爲射正也。"

〔二五〕《貍首》：古代逸詩，共二章，諸侯行射禮時歌之以爲節。《禮記·射義》："其節，天子以《騶虞》爲節，諸侯以《貍首》爲節。"

〔二六〕禫除：舉行祭禮除喪服。

〔二七〕張龜齡：張志和（約730—約810），字子同，初名龜齡。唐婺州金華（今浙江金華）人。

〔二八〕垢氛：污濁的氣氛。

梁靜庵〔注一〕父母合葬墓志銘

莊皇帝〔注二〕時，河北父老有子爲諫議大夫，受封如其子，官賜之敕命。封君姓梁氏，諱大朝，字懷忠，别號西橋逸叟，世爲新卿南原小冀里人。其先曾大父海，以力田起家，敦行誼，爲範里中。海生鐸。鐸取邢氏，生子四人：長竜，次景方，次愷，次金。景方最材略，能家，是爲今封君父。初取苟氏，生大宣。再取李，生封君。

封君生三四年，父母先後繼卒。兄大宣苦甿，繇額辦不支，盡喪其土田。是時君纔能步，自往依伯龍舍就屋食。幼捩契〔注三〕，不受叱咤，甫垂髦，輒語缶人："吾不生空桑，何至寂歷依人宇下，作寒蛩計？"稍長即努力自樹，不肯鹿鹿從諸子弟後。

先配孟孺人，蚤卒。繼配張，勅封太孺人，是爲都諫君母。君生時，室有異光，殆是河嶽靈産。母不欲宣露，獨嘗聞語封君："梁世久不振，今有子，必亢而宗，其好爲將護。"母自少聰警，曉文事，長益嫺練内範。兒初能言，即可授篋中書，令通大義。六歲，遣就塾師，更日勤女紅，操切家務，力作不稱勸，取以供塾業費。久益罷頓，至嘉靖戊甲，寢疾竟不起。都諫君始齠稡，嗷號摧裂，行路不忍聞。封君又再繼張氏。時方呰窳〔注四〕無長物，人多請罷外傅，不聽，然且爲子采蒲作編書日事，督劘時節，出淬厲語，咄咄不輟休。夜則篝燈坐牖下，自程讀誦，率漏下數十刻不即睡。都諫君繇此飽厭六籍，出入墳穗、古史、百家，爲文辭，汎發若風霆海濤，回薄振盪，倚馬數千言，多出人所未聞，名懸兩河、京汴、趙、魏。辛酉〔注五〕會試禮部，詞客皆澿澿避舍，不敢與君齒。乙丑〔注六〕舉進士高第，徑從浙令，召入補諫議官。北面正色立，關決利害，與天子爭可否。朝下數閉門草奏，彈擊無怖忌，天子壯之。累遷兵科都給事中。至是，梁叟督訓功成，風采聞天下。

隆慶壬申〔注七〕，都諫以年勞出爲閩省參知政事，方取道歸還故社，自幸且得暫奉太君游遨谿塢間，集醼耆老舊故人，洗琖稱觴，究畢省覲事理。不謂且至，聞封君已謝客不食。入門茫然，若無處所，亟聚醫察脈處方，誄禱身代，百不取應。封君生正德己巳〔注八〕，計今六十有四，自謂："人生得歸先天卦數〔注九〕，是將爲羲皇人〔注一〇〕，不足計夭壽。兒能許身報主，吾復何恨！"竟以是歲九月二十日，東嚮正衣冠，危坐以終。

嗟虖！今人走書剌要人數里外，有至有不至，往往相左。都諫君遠宦闕庭，不聞有尺牘相號召，一朝承帝命過家，本出不意，然乃得適奉垂絶之老，覿面相勞苦，躬侍藥餌饘粥，雖三公不能易一日養，從容握手相决别，真成生死不相悖負，庶幾可保無終天恨。世嘗説曾母嚙指，曾參動心〔注一一〕。都諫君千里來歸，若嘗與先公刻期定盟會，不爽程限，儻謂非精誠感通，誰爲此者？

明年癸酉〔注一二〕，今上皇帝改元萬曆，以四月十二日合葬城西太孺人墓處。康哉！封君有子三人：長問孟，都諫君，太孺人出；次聘孟、賓孟，補弟子員，皆再繼張出。都諫君既除服，仍以參知政事節鎮劍南，行部肅清，在所敉寧，頌聲滿江漢。後來入參大政，非公不可。暇日使宫坊舊臣紀載世德，立銘劖石墓道，垂休光千萬祀。

銘曰：大荒之西有神鳥，其名鸑鷟，厥産靈鳳，爲苞九章。中國有聖人，踐天子位，則栩然止于其甸，而鳴虖其山之陽。梁公太孺人，顯有哲嗣，其殆鸑鷟之有靈鳳耶？是嘗鳴止重華之闕，以獻忠於明王。百世而後，有過其先君子之墟墓者，殆將酹水羞澗毛、俎豆不暇，其誰忍犯其泉石草木，而盜寇其土壠？

輯録

（明）任瀚《任文逸稿》卷五。又見於（明）任瀚《任少海先生文集》。

注釋

〔一〕梁靜庵：梁問孟，見《靜庵梁分守陞按察使序》注。

〔二〕莊皇帝：明穆宗隆慶皇帝朱載坖。

〔三〕捩契：捩，扭轉。契，取。捩契意指性格孤直。明陳絳《金罍子》上篇卷一〇："咸，（陳）萬年子也，年少立朝戇氣，一往直，自謂富貴可捩契取，冒險觸忌，不復顧惜，然皆血氣爲之用也。"

〔四〕呰窳：指苟且懶惰。《漢書・地理志下》："果蓏蠃蛤，食物常足，故呰窳媮生而亡積聚。"師古曰："呰，短也。窳，弱也。言短力弱材，不能勤作，故朝夕取給而無儲偫也。"

〔五〕辛酉：明世宗嘉靖四十年（1561）

〔六〕乙丑：明世宗嘉靖四十四年（1565）

〔七〕隆慶壬申：明穆宗隆慶六年（1572）

〔八〕正德己巳：正德四年（1509）。

〔九〕先天卦數：先天六十四卦，故數爲六十有四。

〔一〇〕羲皇人：伏羲時人。古人想象羲皇之世，其民皆恬靜閑適，故隱逸之士自稱爲羲皇上人。

〔一一〕癸酉：明神宗萬曆元年（1573）

沃田先生〔注一〕墓志銘

楊侯〔注二〕始舉進士，奉皇帝命宰南充。蒞政甫數月，則聞其父沃田公訃且至，哀慟欲絶，將亟走復還故社，日爲位哭，夜則張兩炬自草狀，屬余爲志，歸而銘諸墓。

公諱國富，號沃田。其上世故渭南津賢坊人，元末有遠祖諱成甫者，徙家酒西坊中。成甫生平，平生岳，岳生惠。惠嘗爲彭山尉，以能吏稱，修孔廟有功，流頌西土。生子鶚，爲縣諸生，有雋才。配秦孺人，内範謹肅。生子世富，次即沃田公。繼娶趙，生重富。渭人蓋尊沃田爲楊亞公云。

公自少恢岸負奇氣，喜讀尚世書，自皇墳、帝丘、山經、海乘〔注三〕，下至太乙、龜莢、占步、勾股、風角〔注四〕之家，亡不覽究。爲文辭，尤尚奇屈，稍稍務鉤棘〔注五〕，聱〔校一〕齒牙〔注六〕，蒼然有古名家數致。其傳經渭上，説道理，多根極旨要，使人不可破除。嘗所從游南姜泉公〔注七〕者，固重許可，後獨命其子若孫卒業講下。

公自少潔修方勁，斷遨放，不慣自貶損脂韋〔注八〕取容，望見權貴亡行誼人，往往不作禮遇。時輩刓刺窟穴，取顯官者尤薄厭之，以爲鬼物，見輒引去。居家以孝友著聞里中。父母相繼蚤殁，飲恨不欲生，時節著衰衣，扶杖進酒食，號哭墓下。長兄老無孚〔注九〕，命南充執事父禮終其身。遺嫂李，令迎養官中，務豐其供張母怠，里人化之。

公雅嘗治毛、鄭《詩》，後以南充治禮，因日誦《大》《小戴》，自爲黐乙〔注一〇〕，至夜半不稱勸。南充年十九，擢魁三秦〔注一一〕。萬曆丙戌〔注一二〕，舉進士闕下。其來南充，纔得過家一省覲問政。沃田語曰：“毋狗人，毋受私託，毋黷法縱奸，毋怵大吏。”南充跪受命。既至，疏其語亭上。三月，縣事斬斬，竟土稱便。人方幸其來，僅五月奪之使去，阨哉！渭人説楊亞公陰德善行種種，自可博一關内侯。其宏辭邃學，雖處之虎觀、承明不爲侈。顧今少年初進出其門者，凡經承指授法度，皆獵取高第，如拾几上物，而公竟老困場屋，曾不得一附名薦書，從南宫多士後，吐出奇氣，日姁姁〔注一三〕行灞上，與野老班荆草露中，安所問天事哉！賴有南充君屈起爲良大夫，後來勛業不可涯涘。公之道將大行于天下，遇不遇非所計也。

公享年六十有四。配張安人，是生楊侯，名光訓，即南充君。女一，適李光采登元子，能執婦事，有懿行。南充初娶裴，繼娶李，皆名家子。孫男二：攀，裴出，年十七，已能見頭角，後當以文學承家；懋及孫女二，李出，皆尚幼。

銘曰：夏后之鼎，能禦罔兩百怪，而不可與張牢脯〔注一四〕，食軍旅；穆天子〔注一五〕之馬，能超蹈山海，窮日月所入，而不能爲人逐狡兔，守廬户。古之隱君子有巢父〔注一六〕者，其道出羲皇〔注一七〕上，不肯鹿鹿爲帝者師，休于樹陰，雖神堯之禪不一顧，人以爲窮不遇時，而高風泠泠，垂千萬祀不朽，其誰謂不遇？是故爲隱君子者，生不必見神堯，而死可以見巢父。遇不遇，吾將莫得其故，銘以藏諸墓。

輯録

（明）任瀚《任文逸稿》卷六。又見於（明）任瀚《任少海先生文集》；（民國）曾世禮《任黄合鈔·任司直文鈔》卷下，第14—16頁；《（嘉慶）南充縣志》卷六《雜識志》八之一《雜著》，第58—60頁；《（民國）新修南充縣志》卷一二《藝文志·銘》，第79—91頁。

校勘

〔一〕瞀：當爲“聱”之訛。

注釋

〔一〕沃田先生：楊國富（1524—1587），字希教，别號沃田，陝西渭南人。事迹另詳南軒《明贈文林郎四川保寧府閬中縣知縣楊次公（國富）暨配贈孺人張氏合葬墓誌銘》，中國文物研究所、陝西省古籍整理辦公室編《新中國出土墓誌銘·陝西〔壹〕》下册，北京：文物出版社，2000年，第254—256頁。

〔二〕楊侯：楊光訓，字汝若，陝西渭南人。萬曆十四年（1586）進士，授南充知縣。後任閬中，擢山東道御史，尋改巡漕，仕至順天府丞，事迹詳《（道光）重輯渭南縣志》卷一三《鄉賢傳》。

〔三〕皇墳、帝丘、山經、海乘：指上古遺書。《左傳》："左史倚相趨過。王曰：'是良史也，子善視之，是能讀《三墳》《五典》《八索》《九丘》。'"孔穎達正義："孔安國《尚書序》云：伏犧、神農、黄帝之書謂之《三墳》，言大道也。少昊、顓頊、高辛、唐虞之書謂之《五典》，言常道也。八卦之説謂之《八索》，求其義也。九州之志謂之《九丘》，丘，聚也，言九州所有，土地所生，風氣所宜，皆聚此書也。楚左史倚相能讀《三墳》《五典》《八索》《九丘》，即謂上世帝王遺書也。《周禮》外史掌三皇五帝之書。鄭玄云：楚靈王所謂《三墳》《五典》是也。賈逵云：《三墳》，三王之書。《五典》，五帝之典。《八索》，八王之法。《九丘》，九州亡國之戒。延篤言：張平子説《三墳》，三禮。禮爲大防。《爾雅》曰：墳，大防也。《書》曰：誰能典朕三禮。三禮，天地人之禮也。《五典》，五帝之常道也。《八索》，《周禮》八議之刑索空空設之。《九丘》，《周禮》之九刑丘空也，亦空設之。馬融説：《三墳》，三氣，陰陽始生天地人之氣也。《五典》，五行也。《八索》，八卦。《九丘》，九州之數也。此諸家者各以意言，無正驗，杜所不信，故云皆古書名。"皇墳，即三皇墳書。帝丘即五帝《九丘》。山經，泛指記載山脈之書。海乘，泛指記載海内外各國之書，見前。

〔四〕太乙、龜莢、占步、勾股、風角：皆古代占算方術。太乙，占星術；龜莢，即龜策，龜占蓍卜；占步，觀測推算天象；勾股，直角三角形夾直角的兩邊，泛指《周髀算經》所載勾股定理的研究與應用；風角，古代占候法，以五音占風而定吉凶。《後漢書·郎顗傳》："父宗，字仲綏，學《京氏易》，善風角、星筭、六日七分。"李賢注："風角謂候四方四隅之風，以占吉凶也。"

〔五〕鉤棘：即"鈎棘"，形容文字艱澀，不流行。《明史·文苑傳·序》："永、宣以還，作者遞興，皆沖融演迤，不事鈎棘。"

〔六〕聱齒牙：當作"聱齒牙"，形容文詞艱澀難讀。唐韓愈《進學解》："周《誥》殷《盤》，佶屈聱牙。"

〔七〕南姜泉公：南逢吉，字元真，號姜泉，南金次子，陝西渭南人。

同兄大吉師事王陽明。嘉靖十七年（1538）進士，授禮部儀制主事，出知保寧，陞雲南督學副使，改知歸德府，陞山西按察司副使，備兵雁門道。所著有《姜泉集》《越中紀傳》等。長子南軒，進士，嘗任四川按察司副使。

〔八〕脂韋：脂油及軟皮，後用以比喻阿諛或圓滑。《楚辭·卜居》："將突梯滑稽，如脂如韋以絜楹乎？"

〔九〕無孠：即"無嗣"。

〔一〇〕黐乙：即"點乙"，點讀乙正。

〔一一〕三秦：潼關以西，秦朝故地關中地區。項羽滅秦後，將此地封給秦將章邯、司馬欣、董翳，故名。後代指陝西。

〔一二〕萬曆丙戌：明神宗萬曆十四年（1586）。

〔一三〕姁姁：平和安好貌。《漢書·韓信傳》："項王見人恭謹，言語姁姁，人有病疾，涕泣分飲食。"顏師古注："姁姁，和好貌也。音許于反。"

〔一四〕牢脯：祭祀所用牲畜、肉乾。

〔一五〕穆天子：周穆王，晉汲冢出古竹簡書《穆天子傳》記其事。

〔一六〕巢父：傳説中的堯時隱士。漢王符《潛夫論·交際》："巢父木棲而自願。"晉皇甫謐《高士傳·巢父》："巢父者，堯時隱人也，山居不營世利，年老以樹爲巢而寢其上，故時人號曰巢父。"一説巢父爲許由之號。宋韓淲《澗泉日記》卷中："譙周《古史考》曰：'許由夏常居巢，故一號巢父。'"世多不采其説。

〔一七〕羲皇：伏羲，與神農、皇帝并稱"三皇"。

蒼溪史參議父母合葬墓志銘

内江史自洪武中有敬祖者，爲蜀王〔注一〕奉祠齋郎，家成都沙河郉。齋郎〔校一〕生明與忠。明孫桂，補齋郎〔校二〕缺。忠出贅張氏，生清。清孝，不忍其母〔校三〕，遂逃史，從母家姓，史則至是爲張從姓。君生今〔校四〕贈按察君伯貴。按察君髫年行販蒼溪，娶豐城〔校五〕女，今封太宜人。熊旅其地，是生參議君鶚，嘉靖辛丑〔注二〕舉進士，授尚書户部主事，奏上言："臣鶚，故蜀王齋郎〔校六〕史敬祖後，請得復臣故姓，以食史靈。"制可。張至是廼復爲史云。

按察君馴行孝謹，倜儻有大節，生九年即從姓君客死閬州，自往取骸骨，歸葬成都，聞者大稱奇兒。既娶熊，亟謀迎養母蒼溪旅中。蒼溪故塉土著，人俗豪宕握齱，好積聚，少閑義理。君獨厚自激卬，不爲牙儈〔注三〕、呰窳、桀黠〔注四〕之行，而生事亦温温不薄，日與熊操切家務，爲侍養計甚力。母後以老，故思歸成都。君〔校七〕、熊數長跪泣請，不獲命，廼更就商鄭、涪、彭、濮、廣漢〔注五〕間，時節省覲，候顔色，陳所求，得諸州異味。太宜人亦歲致絲穀水陸百物，歸衣服貨財，問安不安，母怡然壽終。

君有兄伯氏，固縮朒〔注六〕不任事，諸含歛、題輳〔校八〕、礨抗、窀穸〔注七〕之數，君畢致誠信，即伯氏亡所知聞。君素長者，忼慨能急人阨困，嘗所與游忽貧弱，必絶甘分少，堇堇〔注八〕贍其後。雖奔播，顧義聲炯然籍甚。

參議君甫能書，君爲延方聞修謹士爲塾師，自閲佔畢〔注九〕，課進退，每夜分篝燈黼誦。君自掌膈炬，視湯茗。太宜人佐以紡紉女紅，無間伏臘。嘉靖甲午〔注一〇〕，參議君始領鄉薦，當行，君偶病革，溘然捐舘舍，哀動行路。

自君歿，太宜人督過其子益嚴峻，用能離疏釋蹻〔注一一〕，跨騰風雲。及授官，迎養京邸；之山東，每令砥厲名號，以廉正自將。主上嘉悦，海内稱才臣。時薦紳大夫，莫不資智其母。太宜人纔生參議君一人，娶蒼溪舊家女趙。孫男載燕、載魯凡二人，女一人，聘娶皆華胄。

按察君得年五十有八，追贈一如子官。丙申〔注一二〕十月，葬縣城東馬鬣山下。太宜人年七十，隨參議君之秦州，以甲寅〔注一三〕二月告終，舉櫬以歸。是歲十一月，將合葬按察君處。

銘曰：生有涯，死有畦。上德不官，大年不齊，勞勞乎誰哉？商者而顯，于其躬，不逮其妻。熒乎燕之東，而藷乎隴之西，隧而封之歲攝提。胡以表而墓哉？蒼然者溪。

輯録

（明）任瀚《任文逸稿》卷六。又見於（明）任瀚《任少海先生文集》。

校勘

〔一〕齋郎：原本作"齊郎"，據《任少海先生文集》改。

〔二〕齋郎：原本作"齊郎"，據《任少海先生文集》改。

〔三〕不忍其母：原本作"不丑□母"，據《任少海先生文集》改補。

〔四〕君生今：原本脱，據《任少海先生文集》補。

〔五〕豐城：原本脱作"城"，據《任少海先生文集》補。

〔六〕齋郎：原本作"齊郎"，據《任少海先生文集》改。

〔七〕君：原本脱，據《任少海先生文集》補。

〔八〕題輳：疑爲"題湊"之訛。

注釋

〔一〕蜀王：明朝封于成都的蜀藩王，朱元璋第十一子朱椿首封爲蜀獻王，其後共傳十世十三王、一王世子。此指洪武中蜀藩王，即朱椿。

〔二〕嘉靖辛丑：嘉靖二十年（1541）。

〔三〕牙儈：市儈、商人。

〔四〕桀黠：指凶悍狡黠。

〔五〕郪、涪、彭、濮、廣漢：郪，郪縣，古縣名，西漢、隋置，今四川省三臺縣。涪，古縣名，西漢置，今四川省綿陽市。彭，古州縣名，唐置州，明置縣，今四川省彭州市。濮，不詳。《尚書·牧誓》有"庸、蜀、羌、髳、微、泸、彭、濮"，但所指有異。此或代指與彭州相近之地。廣漢，古郡縣名，西漢置，今德陽、廣漢一帶。

〔六〕縮朒：行動遲緩、退縮不前貌。《説文·月部》："朒，朔而月見東方謂之縮朒。"《漢書·五行志下之下》："當春秋時，侯王率多縮朒不任事。"

〔七〕含斂、題輳、轝抗、窀穸：含斂，即"含殮"，指喪禮中納珠玉米貝等于死者口中，并易衣衾，然後放入棺中。題輳，即"題湊"，指槨室用大木累積而成，木頭皆内向爲槨蓋，上尖下方，猶如屋檐四垂。《吕氏春秋·節喪》："諸養生之具，無不從者。題湊之室，棺槨數襲，積石積炭，以環其外。"高誘注："題湊，複累。"《史記·滑稽列傳》："臣請以彫玉爲棺，文梓爲槨，楩楓豫章爲題湊。"裴駰集解引蘇林曰："以木累棺外，木頭皆内向，故曰題湊。"轝抗，不詳，蓋指輿棺。窀穸，又作"窀夕"，埋葬。《左傳》襄公十三年："若以大夫之靈，獲保首領以殁於地，惟是春秋窀穸之事，所以從先君於禰廟者，請爲靈若厲，大夫擇焉。"杜預注："窀，厚也；穸，夜也。厚夜猶長夜。春秋謂祭祀，長夜謂葬埋。"

〔八〕堇堇：僅僅，言其極少。《史記·貨殖列傳》："豫章出黄金，長沙出連、錫，然堇堇物之所有，取之不足以更費。"裴駰集解引應劭曰："堇，少也。"

〔九〕佔畢：謂經師不解經義，但視簡上文字，誦讀以教人，後亦泛稱誦讀。《禮記·學記》："今之教者，呻其佔畢，多其訊，言及于數，進而不顧其安，使人不由其誠。"鄭玄注："呻，吟也。佔，視也。簡謂之畢。訊猶問也。言今之師自不曉經之義，但吟誦其所視簡之文，多其難問也。呻或爲慕，訊或爲訾。"

〔一〇〕嘉靖甲午：嘉靖十三年（1534）。

〔一一〕離疏釋蹻：疏，疏食，粗糙的飯食。蹻，草鞋。不再吃粗糙的飯食，脱掉腳下的草鞋，比喻脱離艱難困苦的生活。

〔一二〕丙申：嘉靖十五年（1536）。

〔一三〕甲寅：嘉靖三十三年（1554）。

墓表

明荆州通判王公墓表

公諱聘，字席珍。其先射洪人，遠祖子龍來官順慶路學，始定籍南充。曾祖思恭、祖昱皆有行能〔注一〕，不仕。父邦畿，以公貴，贈儒林郎。母文，贈安人。

公自少屈奇〔注二〕有識，美風儀〔注三〕，長益沈毅重厚〔注四〕，不喜爲流俗事。嘗受《易》學於從父邦寧，持論斬斬。爲縣諸生，超然以古道自任，學者稱爲任菴先生。

正德中，入試成都，聞父喪，徒跣奔還，斷粒食，哀毁踰禮。終喪，以孝聞。女弟適同郡崔璋，坐轉餉不給，將被逮，會相繼病殁。公爲出内簪珥輸官，悉撫其遺孤，以至成立，如己子。母文用康公在太學，其友何天章客死，力爲舉櫬來歸，義聲動鄉邑。

嘉靖初，吏部以公爲寧州〔注五〕同知。寧去中土遠，獠夷負阻嶮爲亂，數攻下城邑。前後〔校一〕刺越人長貳率厭苦，自劾去職。公至即單昇罙入〔注六〕，延籲招蘇，生致土酋伯，納檄阿哀阿禡，召諭白普莪。群獠感動，以十八寨衆來降，請籍其地入編户，示不卒得叛。自是夷壘帖然，寧人歲時伏臘擊土鼓，刲羊祀公。臺察〔注七〕以公能官，改署嶍峨〔注八〕，所條上便宜四事，今著爲令甲，有司無所越損。在寧三年，奉母文至厚。母以壽終於寧。去寧日，郡人無小大哭泣祖道〔注九〕，歸衣服貨財。公謝不取，題輳〔注一〇〕之外，行李蕭然。

制終，仍以寧職遷澧州〔注一一〕。澧於楚爲劇郡，倅〔注一二〕所掌兼司農、屯田、水利，動關豪右，視守長爲難。公指湖水自誓，首罷淫祠，創社倉，濯磨厲精，期年而政成。御史中丞汪公欲假繕部采木事，薦公能于朝。公在外迯疏，内無氣力人推輓，故卒未用。上命以白金、文綺賜公。計先後在澧雖五年，爲當塗轉委署武昌、巴陵、慈監利、公安、臨湘，巡歷郴、桂諸州者無虚日，所至皆以惠稱。尋擢荆州府通判。起上馬去，還顧澧人曰："我不失寧州，故吾行豈愧澧州也？"澧人思之，名其所造涔橋曰王公橋。其後治荆益苦，名益高，在位者益忌，竟坐誣被勘。公遂浩然西歸，諸王遣父老遮留待辯，不聽。

既歸，日熙熙休園亭中，彈琴賦詩，考鍾鼓，陳酒食籩豆，報享家廟，了不道城府事。未病之三月，進諸子戒曰："謹亡爲不善。"因自敘平生大節，固令藏之，若將有適往。居無何，病，以嘉靖二十一年十月二十五日危坐而終。嗚呼，異哉！此豈謂無神理乎？

公生世六十八年，自少至老，無失言缺行。所著有《世德譜》《任菴志》《歷任政略》，行於時。配楊氏，封安人。子男四人：長之稻，次之黍、之稷、之稙。稻、黍皆弟子員，有遠器。稷喜讀書，明道理。稙亦能家。女一人，適文燦。孫男女五人。嗚呼，公其顯有後乎！

明年秋九月，葬城西五里官鹿山下。友人任瀚刻石表於其墓，使後世知公之處。

輯録

（明）任瀚《春坊集》卷下。

校勘

〔一〕後：底本作"后"，據文意改。下"後"字同。

注釋

〔一〕行能：德行和才能。

〔二〕屈奇：奇異。

〔三〕風儀：風度儀容。

〔四〕沈毅重厚：深沉剛毅，持重敦厚。

〔五〕寧州：州名，晉武帝泰始七年（271）析益州置。西魏别置于彭元，遂改名南寧州。唐武德中析置西寧州。貞觀間改黎州。唐末没于南詔。元復置。明代隸雲南臨安府。民國初降爲縣，尋改名黎縣，後改名華寧。治所在今雲南省華寧縣。

〔六〕單舁罙入：單獨一人坐轎深入。罙，古同“深”。

〔七〕臺察：唐、宋御史臺六察官之省稱。明初沿稱御史臺。御史臺廢罷後，沿稱都察院。清徐松《宋會要輯稿·職官》一七之二〇：“殿中侍御史常同言：‘國朝自元豐三年始置六察於御史臺。上自諸部寺監、下至倉場庫務，皆分隸焉。糾察稽違，以詔廢置，循名責實，百職修舉。崇寧以後，因人廢法，故皇城司以鄆王提領；嗣門、賓省、四方館以内侍鄧文誥提領，皆申請不隸臺察，至今因之。”

〔八〕嶍峨：縣名，元置，明隸雲南省臨安府，民國十九年（1930）更名峨山縣，即今雲南省峨山彝族自治縣。

〔九〕祖道：古代爲出行者祭祀路神，并飲宴送行。《漢書·劉屈氂傳》：“丞相爲祖道，送至渭橋。”顔師古注：“祖者，送行之祭，因設宴飲焉。”

〔一〇〕題輳：即“題凑”，指棺槨。古代天子的槨制，也賜用於大臣。

〔一一〕澧州：州名，隋置，明初隸常德府，後改屬岳州府，治所在今湖南澧縣。

〔一二〕倅：副職，指澧州同知。

祭文

文選周主事母張太安人卒，將歸葬于史梁之原，乃工部侍郎江曉〔注一〕等相與函束帛〔注二〕俎牲〔注三〕，載酒弔於其舍，使任瀚爲文以祭之

其辭曰：

宛之南，游子多去其竟〔注四〕。結客行邊，擢劍以逞。毋有鞅供張，曠而不省。不如安人之迎養，式衎且永〔注五〕。

洛之北，客鬼〔注六〕多懷其鄉。塞寒月歛，啼嘯相望。魂冉冉而不可招，久爲厲殤〔注七〕。不如安人之返葬，悦豫且康。

甸之服，其土不可以託。開明〔注八〕守野，天吴〔注九〕衛郭。胡沙晝昏，山魈〔注一〇〕夜搏。不如安人之土阜且樂。

薊之首，朝士欺苟，侚權折氣，夷群蠹醜，鬼行跖情，匡穰〔注一一〕競走。不如安人之子端且厚。

譆〔注一二〕矣安人！生有養，死有歸，封樹有樂土，訓子有光輝。博觀人海，具此誠希。

譆矣安人！天吾不知其所起，地吾不知其所終。雲山長跱〔注一三〕，河流自東。龍圖馬鬣〔注一四〕，萬事皆空。唯貞不朽，唯善斯豐。循題祖奠，以慰幽宫。尚饗！

輯録

（明）任瀚《春坊集》卷下。

注釋

〔一〕江曉：江曉（1482－1553），字景熙，别號瑞石，浙江仁和縣

人。禮部尚書江瀾之子。正德三年（1508）進士，授南京兵部武庫司主事，改武選司主事。正德十年（1515），考滿，陞職方司員外郎，十二年（1517）陞車駕司署郎中，以考滿實授。十四年（1519），改吏部稽勳司郎中。嘉靖二年（1523），轉文選郎中，出爲山東布政司右参政。六年（1527），陞山西右布政使。九年（1530），擢應天府尹。十五年（1536），入爲工部右侍郎。值帝將巡承天，命先出警道，爲御史胡守中誣奏，下詔獄，勒停爲民。臺省交薦舉，不起，卒贈工部尚書。所著有《瑞石稿》十卷、《歸田録》十卷、《春秋補傳》十五卷。事詳吕本《工部右侍郎贈尚書瑞石江公曉神道碑銘》（《焦太史編輯國朝獻徵録》卷五一）、《本朝分省人物考》卷四三《江曉》、《兩浙名賢録》卷三三《德業·工部右侍郎江景熙曉》。

〔二〕束帛：捆成一束的布帛，古人作爲饋贈的禮物。

〔三〕俎牲：祭祀時盛于禮器的犧牲。

〔四〕竟：通“境”。

〔五〕式衎且永：快樂且久遠。

〔六〕客鬼：客死他方之人所化之鬼。明葉紹袁《窈聞》：“余曰：‘何謂客鬼？’永曰：‘人非土著，地是居亭。生則蕞芮以棲，死則蓬顆于此，是名爲客。’”

〔七〕厲殤：未成年而死後變成的惡鬼。

〔八〕開明：開明獸，傳説中的神獸名。《山海經·海内西經》：“昆侖南淵深三百仞，開明獸身大類虎而九首，皆人面，東嚮立昆侖上。”

〔九〕天吴：水神名。《山海經·海外東經》：“朝陽之谷，神曰天吴，是爲水伯。”《大荒東經》：“有神人，八首人面，虎身十尾，名曰天吴。”

〔一〇〕山魈：動物名，猴屬，狒狒之類。古代傳説以爲山怪，又稱“山蕭”“山臊”“山獠”“山繅”等，記述狀貌不一。

〔一一〕匡穰：當爲“匡禳”，躁動貌。宋司馬光《太玄集注》卷二《鋭》：“初一，蟹之郭索，後蚓黄泉。《測》曰：‘蟹之郭索，心不一也。’”注：“范曰：‘郭索，多足皃。’王曰：‘郭索，匡禳也。’吴曰：‘匡禳，躁動皃。’”

〔一二〕譆：古同“嘻”，嘆詞，表示驚嘆。

〔一三〕跱：聳立，屹立。

〔一四〕龍圖馬鬣：龍圖，即河圖。漢應劭《風俗通·山澤·四瀆》：“河者，播也，播爲九流，出龍圖也。”馬鬣，墳墓封土的一種形狀，形如馬鬃，故名，亦指墳墓。唐李白《上留田行》：“蓬科馬鬣今已平，昔之弟死兄不葬。”

祭丹泉王諫議文

惟公敭歷〔注一〕中外，名績丕著，正色寡言，權奸避路。前綜司空，後參戎務，帑費内清，疆隍外固。豈直商彝、周敦，見者知其渾樸未雕；辟如黄鍾、大鏞，帝方以之考列東序〔注二〕。

嗚呼！有如公人，乃使之没不大顯于天下，而生不還其處，豈吾所謂高明逼神惡者歟？無亦將有真宰者穹然主之，而吾亦不得其故也？嗚呼傷哉！

輯録

（明）任瀚《任文逸稿》卷六。又見於（明）任瀚《任少海先生文集》。

注釋

〔一〕敭歷：即“揚歷”，仕宦經歷。《三國志·魏志·管寧傳》：“優賢揚歷，垂聲千載。”裴松之注：“《今文尚書》曰‘優賢揚歷’，謂揚其所歷試。”

〔二〕東序：本指夏代的大學，後用爲國學的通稱。《禮記·王制》：“夏后氏養國老于東序。”鄭玄注：“東序、東膠亦大學，在國中王宫之東。”孔穎達疏：“《文王世子》云：學干戈羽籥于東序。以此約之，故知皆學名也。養老必在學者，以學教孝悌之處，故于中養老。”《三國志·魏志·管寧傳》：“誠宜束帛加璧，備禮徵聘，仍授几杖，延登東序，敷陳墳素，坐而論道。”

祭亡甥杜諫議文

昔在先朝〔注一〕，君始舉進士，依予長安邸中，每咨訪世故，商確人才，旁及晁省〔注二〕闕失。賴甥通練博曉，補益弘多。後來予以抗疏還山，爲權奸乘間中傷，欲坐以無故託疾乞休、擅自離職出城之罪。君獨且毅然發憤，謀于宫坊諸老，必欲爲予伏闕請辯忠邪。予自入其室，奪其奏草而焚之。《渭陽》高義〔注三〕，此豈不賢于古人哉！顧其説雖未行，其事已彰聞于讒人之黨。

比君爲諫議時，乃有閩粤海寇之役〔注四〕，吾又安知非黨人之所爲也。君能拯我于危，而我固不能貽君以安，此豈不當有遺憾哉！念君才華氣略，可以開口取將相者，竟乃一麾出守，爲疆宗搆陷，得罷免歸，漠漠以終其身。古稱端人節士，若天與爲仇者，豈信然耶？

嗚呼！自懸日月以來，王侯將相，誰不銷歇？賢聖英雄，誰不摧折？丈夫立朝有老成風力之名，居鄉有謹厚端方之譽，如吾甥者，亦足以不磨滅矣，餘復何言。

輯録

（明）任瀚《任文逸稿》卷六。又見於（明）任瀚《任少海先生文集》；（民國）曾世禮《任黄合鈔·任司直文鈔》卷下，第34—35頁；《（嘉慶）南充縣志》卷六《藝文志》七之十八《祭文》，第37頁；《（民國）新修南充縣志》卷一五《藝文志·祭文》，第25—26頁。

注釋

〔一〕先朝：明世宗嘉靖朝。

〔二〕晁省：即“朝省”，朝廷别稱。《漢書·劉向傳》：“遠絶宗室之任，不令得給事朝省，恐其與己分權。”

〔三〕《渭陽》高義：《渭陽》，《詩經》之一篇。《毛詩序》稱：“《渭陽》，康公念母也。康公之母，晉獻公之女。文公遭麗姬之難，未反而秦姬卒。穆公納文公，康公時爲大子，贈送文公于渭之陽，念母之不見也，我見舅氏，如母存焉。及其即位，思而作是詩也。”

〔四〕閩粤海寇之役：指嘉靖年間平定福建、廣東等地區的倭寇海盗之亂。嘉靖四十三年二月，倭犯仙游，俞大猷、戚繼光合兵敗之，閩寇悉平。三月，俞大猷截殺倭于廣東潮州，幾無遺類。至是，倭患息。事詳《明史紀事本末》卷五五《沿海倭亂》。

哭亡女文

於虖傷哉！汝之生謂當長遠有壽命，見吾老死，汝乃塊然先死，如與人爭遲疾，恐不早邪？聞汝訃至，吾與汝母皆痛絶委地，久乃復蘇。汝母汝弟，日夜哭，嗚嗚不得休。吾何以生爲哉！

古人重去其鄉，仕官〔注一〕不過千里，不仕不出境。汝父家貧，無志節，遠走京師，以求禄食。使汝幼小衝冒〔注二〕霜雪，疲頓〔注三〕道路，水土客邪〔注四〕，犯傷元氣，以至不壽，皆我之罪人。有父力能恣兒女飲食，供具日勝於年，以爲不枉生。汝父性屈强，不合時世，官嚴俸薄，使汝等常歉歉不滿意，吾所至恨。今既爲汝擇良配，見階華顯，又蚤得外孫馬陳，形貌精爽，實類其父。汝福祚不爲不厚，獨何爲鍾此厄運，使我見汝喪亡之速也？嗚呼傷哉！

憶汝前過家時，癯瘦骨立，神氣蕭瑟，意惘惘不欲去。吾不當復謂汝去。既去，不當復念家。嗟咨！來歸既歸，乃不幸中路就盥，宜關閉房屋，謹幃帳，密自閑衛，不當恣汝性，輕率就道，豫後得風，不亡何待！嗚呼，汝誠冤死爾乎！汝何所人而生於燕，客死於楚。怨魂黯慘，其將安之？嗚呼傷哉！

汝父數月以來，齒牙動摇，毛髮脱落變白，神漸皴皺〔注五〕。惟汝之故，亦安能依依久長人世也！汝生聰明，識道理，死必有知，庶幾歸來乎，汝父是依，而汝母是隨，無以燕楚爲家。尚饗！

輯録

（明）任瀚《春坊集》卷下。

注釋

〔一〕仕官：爲官。《漢書·疏廣傳》："今仕官至二千石，宦成名立，如此不去，懼有後悔。"

〔二〕衝冒：頂著，冒著，指暴露于危險、惡劣環境。唐柳宗元《愚溪對》："吾足蹈坎井，頭抵木石，衝冒榛棘，僵仆虺蜴，而不知怵惕。"

〔三〕疲頓：疲乏勞累。《三國志·魏志·任城威王彰傳》："長史諸將皆以爲新涉遠，士馬疲頓。"

〔四〕客邪：指人體外致人疾病的各種因素。

〔五〕皴皺：起皺紋。唐薛逢《老去也》："朝巾暮櫛不自省，老皮皴皺文縱横。"

任瀚集校注卷十二

批評

孫山甫督學文集卷一

古文關鍵敘

觀此一序，則淮海之精妙於文見矣。

便有關鍵。

承接有關鍵。

精語。

《史記》冷語妙。

妙甚。

此文法自《莊子》。

一篇要妙，收攝無遺。

世史正綱敘

此等文字，世間不可多見。

開門見山。

真切精至，無一剩字。

大議論，一字不可易。

切當。

點化好。

微而婉。

直截。

關鍵妙。

歸重本朝，詞嚴義正。

西玄集敘

此作瀟灑有味，才既高朗，情尤懇欵。妙！妙！

的當。

極是。

極是。

情景宛然。

世用録敘

垂世立教之文。

灑落。

一篇骨子。

精暢。

機軸嚴整，檃括殆盡，如衆流匯。

重刻海叟集敘

匪特談藝之極詮，抑亦宗聖之正論。

提掇要領。

詩林確論。

正辨極當。

婉厚。

丘隅集序

大雅之作，卓爾不群。

統論。

分照。

照應。

又以人論之。

又出此一論，妙。

又如此一結，真是清遠。

左粹題評序

謹嚴精約，末意尤爲遠奧。

二句斷盡古今文人心術。

古文集序

此作大意欲本至真以立法，不泥法以滅真，輪扁不能語斤之妙理也。詞約而風趣最長。

此篇無限轉捩，妙溢法表。

日程序

讀之真熱面流汗。

警策。

射禮儀節序

不特文字之佳，實有關學問。

詞古。

經理正宗。

正是後世學術之差。

結意自《莊子》。

谷音序

文有關係。

痛切。

痛切。

歸宿妙。

道林先生諸集序

理學文字，無一陳語，此爲至難。

文古義精。

説透心髓。

蔣見岳初志稿敘

精工不待言矣，卻又廣大高明。

氣概勃勃。

氣概。

寫得曲至。

大唐六典敘

考古証今之學，通變達權之識。

確論。

入得婉曲。

確論。

好議論。

江雲海日卷敘

正大有體，借巧精妙。

便自有意味。

湊理自合。

正學心法序

義理最精，不但文字。公之所得深矣，豈人可窺其涯涘。

最警策處。

又警策。

又警策。

衡廬詩稿後敘

淘洗潔淨，不染一塵。

贈大司馬吳皋喻公序

有□□之工，有卓絶之巧，敘事似馬遷，議論似劉向，信妙手也。

照。

照。

雖馬遷敘周勃戰功不過如此。

應。

整肅流動。

應。

孫山甫督學文集卷二

送張晴湖任嘉興大尹序

文有啓發，不踵故常。

類淮南。

波瀾層疊。

奉賀王植菴壽文

壽文如此脱俗，如此合作，絶少。

秀。

文字附會之妙有如此者，信巧匠也。

又進一步説，妙極！妙極！

又復歸在本身上説，以發明壽意，妙不容言。

關鎖妙。

送侍御邵纓泉之南臺敘

此作足爲言官龜鑑。

讀之凜然可畏。

提掇好。

頓挫起伏最佳。

字字蓍龜。

送廬雲岡擢長蘆運司同知序

附意切事，瓌偉俊拔。

皆實語。

切實。

切類以指爭，依微以擬議，何乃符合若此。

送田夢鶴入賀序

關係官常士氣，國風民俗，不敢以文字之美視之。

鍛鍊。

模寫一時景象，歷歷如見，非筆力明朗，不能到此。

三復之餘，義形於色。

頌述微婉。

好筆力。

英風爽氣，令人斂衽。

送郭麓池令孝感敘

平正通達。

送羅貫溪令棗强敘

歸在父母身上，便是一篇大議論。

發得透。

透。

送陳守默奉使歸省敘

論説正而不頗，敘事冗而不雜，可謂深而通、茂而有問矣。妙！妙！

宛轉最妙。

總提綱要在此。

纍纍貫珠。

文外重旨愈發愈秀，如層巒疊嶂，長瀾浩波，自極偉觀，豈曰煩複。

結亦不苟，仍歸本色。

送左使兩城靳公考績敘

又瀟灑，又嚴重，真是作者。

如此點綴。

發抒明覈。

無他，只是寫得意趣出。

收括。

又點出個話頭，以足前意，真是宗匠。

送梅山陳老先生陞浙江憲副敘

典而則，節節有意味，佳甚。

如此抑揚頓挫，便是家數。

送憲使莓厓周公赴河南右轄任敘

老成鄭重，格更奇古。

字字句句，蒼翠可愛。

敘得條理。

森聳扶疎。

如此收拾，真是奇特。

奉别鑑川王公敘

氣雄詞典，義正理精，鎔裁昭暢，虎視文苑。

敘述宛然。

點化妙。

點化妙。

歷歷鋪敘。

點化妙。

極論至理。

末意點化尤妙。

茹母劉夫人七袠敘

文整雅，末意敘説懇到真切，乃知文貴由衷。

孝子之言。

送江新原守安吉州敘

辭體宏潤，有德之言。

冷語妙。

至論。

是。

比喻切。

極中事理。

辨析疏通，乃真作手。

賀衡州郡公游行野誕辰敍

趣幽旨深，精脈宣暢。

極工練。

歛括穎拔。

贈辰州太守蔡澹塘擢陝西按察副使敍

風骨迥異。

穎秀。

頓挫。

送參戎王雪湖赴龍州敍

絶類《史》《漢》，又不蹈襲淮海之文，必傳無疑。

寫得痛快直截，雖馬遷不能過。

絶警拔。

精要之至。

賀刑部主事吴定泉考績貤恩敍

前段乃大議論。

奉壽張母周夫人敍

另是一格，八章古雅。

似書敍。

孫山甫督學文集卷三

榮壽紀遇篇奉祝静菴耿公洎秦太夫人

根極至理，文復佳甚。

精微之言。

精至。

奉壽胡母周太安人七袠序

以秦漢之元詞，發濂洛之學問，惟公獨步。其餘名家罕見其比。

敘得脱俗。

典則流麗。

《史記》家數。

精思造極，無一罅漏。

意亦甚出常格。

賀姜泉南公壽序

高大盤礴，奇巧幽邃，即以華山比此文，亦足並雄，大作手。

便含蓄。

大精妙。

轉換最好。

奇。

承接有精神。

至理之言。

送司徒三川劉公序

文與《史》《漢》并雄競秀，而理致趣味尤傑出。

如此敘事，節奏嚴整，翕張精妙。

如此議論，間架正當，回互明透。

説出大意。

末乃平平，語亦自佳。

送盧山胡正甫序

胸次洞達，如空中樓閣，筆端圓轉，如盤内珠璣，極理之精。

以韻語轉摺，神施鬼設，間見層出。

精思妙理，任其談吐，無不是道。予嘗以爲淮海真天之徒也。

即三章亦無一凡近字，語妙極。

邵隱君傳

學《史記》如淮海，方是得其心髓，如他人止是得其皮毛耳。千古文豪，舍是奚歸。

自子長後，誰能敘事得如此。輸寫逼真，大作家。

如對面看見者。

雖是邵元吉一人傳，卻是邵氏一家全傳也。

講院種柏記

文有情思，不特規格古典已爾，每誦忘倦。

妙語。

斡轉宛曲，罕譬而踰。

陜西省城添設參將記

兼先秦、西京之長，淮海真文中之龍鳳也。

不費力。

便見設將本意，文古。

古。

提提掇掇，精研疎暢。

大議論，卓爾不群。

斡轉在將上歸重。

只此二句，何等頓挫。

提掇又妙。

辛酉舉人題名記

光彩燦然，理致悠然，字字脱俗。

愈淡愈濃，愈遠愈切。

字字有開闔。

以躬行爲，立德以立。

功立言爲，文論合一，文理極精。

皆自《史記》。

如此一繳，萬鈞筆力。

周公渠記

節奏嚴潔，文勢自然。

妙句。

老辣。

點綴極妙。

他人作此，便要説出風水來。

只論道理，而頌贊之意溢然。

點得出。

翕張有味。

讓溪書院記

滚滚不窮中更警策。

説政事便見學問。

説學問便見政事。

古雅。

真中膏肓。

如此一句，亦自有味。

菊記

説花説官，説教士，説種花，錯錯落落，婉曲比並，妙甚。

風韻極佳。

一篇骨子在此。

劉公井記

説事説人，一節一節，形容得痛快無比。

敘事絶似馬遷。

以此兩言總括，極有氣力。

閒語有緊要。

閒語有緊要。

便見學問。

孚吉堂記

班、馬有辭，缺於理；程、張有理，短於辭。兼此二妙，惟公獨也。

一引一斷，左氏家數。

新異。

發揚《易》藴殆盡。

敬安堂記

無限轉捩，無限事情，無限比喻，用得不費一毫氣力，如珠走盤，圓融之至。

輕省。

用得輕省。

典實。

何等脱落。

此處正見公志。

周亞夫論

真正西漢文字，論透心骨，馬遷亦當心服。

照。

破《史記》妙。

又破妙。

又破妙。

應。

極論其事理，悲壯嚴密。

趙充國論

敷陳明確。

切。

魏武論

千古遺事，計謀出入，如指目前，信是作手。

破得蘇子精當。

實是如此。

切中。

切中事情。

説透。

孔明伐魏論

事辭糾錯，脈絡分明。

正是如此。

正是。

正是如此。

切中。

淝水論

卻正是。

孫山甫督學文集卷四

三家棄地論

甚是。

海運議

據古陳今，審時達變，經濟大手。文字妙美，謹嚴切密，便不俟言。

敘有來歷。

極是。

灼知真見。

計畫無遺。

辨析到至處。

一節警策一節。

又入別調。

立更始將軍議

精密卓絶，大篇所不能及者。

莊公戒飭守臣辯

又妙甚，足破左氏之差。

孔子稱叔向辯

義理甚確，足正千古之訛，文復有要領。

嚴尤議伐匈奴辯

文妙。論秦漢處，豈世之迂儒、俗儒能窺其閫奥一二？是經國者。

有識見。

字字是斷案。

真知國家之治理。

張綱治盜辯

切實。

王霸辯

名正言順。

斷盡斷盡！

子産數子晳罪解

辨難得無所逃遁。

更始殺劉縯解

正當。

武宗能平澤潞解

文有斟酌。

答楚倜公書

論師道處卓異真切。

合壽遥祝乞語

文雅實典重，意思洋溢。

禁語

刊落浮華，力求道本。若淮海者，方爲志士。

真見道者。

功冠南荒卷題辭

文擬董、賈，學達經權。

妙甚！真知聖學，非世儒可及。

無一剩語，好文字。

敘得宕蕩。

峨眉稿題辭

真妙悟者。

書太祖夢游西岳文後

書諭官師諸生檄文後

至妙之文，每譬而意與俱轉，且不覺。

一譬。

再譬。

三譬。

四譬。

書章草後

真非信手師心者，真有古程不苟。

書智永禪師帖後

卻是説道。

跋韋蘇州劉隨州孟東野諸集

正學先生道林蔣公墓誌銘

詳而不迂，質而不俚，信史之筆。

以上敘講學，以下敘履歷。

敘得如見其人。

發明學術，不□□不冗。

銘奇崛奥妙。

喬三石公墓誌銘

真信史也。近日作墓銘者寧有此？

亦實録也。

敘有體。

敘得輕便。

獨詳。

他人敘此，不知費多少言語。

絶類《史》《漢》。

銘甚佳。

明贈中憲大夫壽峰羅公洎配袁恭人合葬墓表

機軸悉自《史記》，又無蹈襲。

似《史記》。

寫得宕蕩。

與李文麓求亡弟應豸壙銘

悽慘哀苦，一字一淚，非孝友至篤，亦寫不出此。

一篇通是家常語，卻敘得歡歡喜喜，哭哭泣泣，雖讀者亦不知其情之變也。

何物英郎，乃不壽。既讀之，令人悽楚。

寫至此，令人不堪。

真可興惻，亦其筆端之妙，足以動人。

正學祠祭文

祭蔣道林先生文

佳篇。

三石祭文

風物滿前，巧於敘悲。

文字之妙如此，此等點化，甚足動人。

祭周慎軒先生文

情性會悲，文來引泣，非極本實，何能感人。

祭叔父南原先生文

都只是家常口頭語，卻鋪得哀怨滿前。

孫山甫督學詩集卷五

四言古

南游得寶劍上有赤符作赤符曲

蒼翠奇古，宛膩流暢，精嚴震憾，字字珠玉。

五言古

己酉十月十三夜夢予身挾兩羽飛入天宫見玉帝帝命予作步虚詞一首以進覺而識之

養痾秋懷

意苦格高。

山堂

煙交露凝，鮑賦佳語。此衍爲十字，而渾若天成，老斲輪也。

送陳對華

只圈點四句，亦可作一至妙絶句。

東陵寺

便歸省覲暫息太玄亭别墅詠懷十首

一

比肩魏晉，不論韋、柳。

二

三

四

五

與陶競秀，妙在自然。

六

七

真是天然。

八

九

真黄初也。

十

南望鬼谷山因憶其人山云有蘇秦臺張儀井

用本事而全不露，在太沖輩亦罕矣。

三首贈别敬所

建安風骨。

十五夜四鼓到武陽是夜月食

“衆星潤積水”，足駕“回眺積水”之詠。

南岳道中

登山

何等襟抱。

半山亭

無一作非魏晉音調。

衡山絶頂二首

景與詩皆絶到矣。

南臺

悠揚之韻，飄瀟之度，格調皆《選》，又無一字蹈襲。

朱陵

置之三謝，亦何再别?

方廣

陶、謝之手。

兜率

一句一畫。

集賢

青玉壇

即試心石。

險絶奇異，有此景，有此詩。

黄庭觀

真仙才！真仙才！

卜築衡山四首

思如陶、謝，無逾公矣。

法真事，見《漢》《史》。

別山

即衡山事，用得全不露，神妙！神妙！真不易及。

華山詩八首

二

幽秀高明。

三

酈生云“搦嶺須騎行”，謂拾級移步，不可並足也。

四

以晏子妙語入詩，真成妙詩。

五

必胸中如空樓，乃有此詩。

六

空洞朗麗。

七

高立物表。

八

浩蕩無垠，更多感慨。

鄜畤

贈别莓崖公

漢音。

磻谿

種菊

知者以爲似陶，不知者以爲韋。

疑塚

銅雀臺

具茨山

懷古二首，幽宛古艷，意調自殊。

六言古

鶴鳴山辭

奇鬱古朗，胸中有萬卷而無一塵者。

雲臺引

極工密，極豪宕。

七言古

春堂夜讌歌

“春風風人”出《管子》，本詩語也，而自無用者。

公無渡河哭波石徐師

師爲雲南左方伯，提兵征元江，我軍敗績，遂死。

送孔振齋之瀾滄衛經歷任

海上行

寫悲志，感陳義，紀事鎔裁，鼓鑄無毫髮遺憾，其詩史。

韶松歌贈三叔

非直詠松，實徽妙橐籥之微言也。

紫芝行爲見岳作

無限轉捩，所以爲妙，末尤秀勁。

題李咸熙畫

此篇可作山水譜，又可作李成傳，非得工部之三昧，不及此！

泛彭蠡歌

空同有此排律，以嚴整勝，此以跌宕勝，然感慨雋永，此作遠矣，並玩自見。

重游白鹿歌

“浴沂”當作“沿泝”，韓子有解。

尋訪名跡屈曲龍虎山中

望日臺

長吉終年不辦，此以從容出之，更不費力。

望月臺

瑩然如玉。

南山篇爲北川陸公乃翁壽南山陸翁别號

格奇韻遠。

宛轉歌贈王鑑川公

慷慨憤激，優柔和平，無不具有，格更新異，虎視樂府，篇篇源委，當求其端于漢魏也。

觀昭陵六駿碑

雲蒸龍變，妙美之至。

夢登太和

奇夢奇境，奇格奇韻。

“超⿰走曷”出《古文苑》，“迥馭”見《文中子》。

無麥謡

鄭重稠疊，自爲一格，可興可觀，斯之謂乎！

昭陵筆

□怨似達，此興皆至，古樂府中似此亦不多得。

聽彭兩泉彈樵歌

聽琴三歌，非人間語也。

號鍾，古琴名。此作變化分合，巧奪天孫。

再聽彈梅花

霜華露實，古樂府“梅花横吹”語。

又彈雙清

變化分合，不能贊一語。

贈别兩城靳公

轉换皆自樂府。

張子儀買鶴行

本以詠鶴，又詠及琴，巧匠信手，皆妙方員。

雜體

鞠歌行送别羅江公還南海

敦厚中動蕩，曠達中謹嚴，古樂府高調也。

謁南岳廟祭神三章

騷楚之英。

全用吴才老韻，古意古調。

孫山甫督學詩集卷六

五言律

曉發懷化

無非唐調之精。

桃源夜泊

待如“哀象歸想相待”之“待”。

秋興

“便”字，秦語也，妙！

錢紹湖約游圓通寺

“霄塄”出《選》。

詠料絲燈

賦得雨霞晴曙

皆自《選》來。

悼弟應豸四首

四作苦楚哀怨，殆不忍讀。

傳臚

和平之雅音也。

寄永昌禺山二首

又

《選》意，好！

送張西吴太史册封江西王府

上元觀燈應制

“春風”句極奇。

秋祀諸陵

典重，有思致。

朱時法寄所作春興詩依韻裁答示懷

“吮露”見《白虎通》。

頷聯工極。

夜夢隨侍法從跪陳民事覺後漫賦

可以知公之情。

送劉默菴分教深州

有味。

喜李雲壁至京賦此五首示懷

悲喜之情，流麗目前。

五六曲盡情態。

不落色象。

必交至者。

懷楚如見。

憂思可掬。

欒城道中喜遇晴山

三四極妙，五六事秘語工，結又妙，非透徹之悟，不能有此句。

恒山行臺見陳近衡所題有憂時頗恨成名晚之句悵然興懷近衡時坐謫官

領妙。

河南道中述懷

沉鬱。

博望亭

周洞岩水部招飲夜坐靜觀水亭

鍾鼓洞

興象超脱。

舟中

全美。

九江喜會吴川樓

出塵之作。

開先寺驟雨

雄而秀。

柴桑

寄方奎山

超脱。

天師煉臺

雅趣不凡。

太平興國宫用王龍溪韻

天趣最深。

謁濂溪墓次羅念菴韻

念菴公寄示近作

幽艷。

沙河阻水過石佛寺

三四正爾得意。

過翠巖僧院

信熟精《文選》者。

喜聞王杜陵連得二子口占述懷

有情。

問紀山疾兼致鄙懷

意味真至。

紀山示近作奉謝

題鳴鶴軒二首

又

洗濯殆盡。

送劉仁山榷税回家

似韋。

匡廬雪霽

如冰如玉。

同台峰游岳

三四不偶得者。

問朱射陂太守疾

朱文季事。

龍叔事。

極精工。

寄余九厓二首

首句翻庾肩吾，無字不精。

四月八日游終南二首

與華亭入翠微同調。

又

“賓”字奇古，“閣”字又奇古。

望華嶽

“天貌”出孔稚圭詩。

坐青柯坪

又嚴重又流動，似太白。

游空同山

似審言。

“遂大明”，出《莊子》。

空同山招鶴

高懷落落。

七月十五日同滄崖游清涼寺

皆佳，結又佳。

寄楚侗文宗四首

二

三

四

五六尤精美。

寄吴中峨

漢中歲暮書懷四首

感愴深矣。

二

三四雄視今古。

三

絶妙。

四

兩亭再邀過金勝寺

磊磊落落。

試士商州藩臬諸公餞飲郊亭
送横泉南歸二首

褒城

真是褒城詩，點綴俊逸。

棧道

全不對之，律詩也妙。

説經臺

妙詮。

講院病

“甍薊”即“芥蒂”，見《文選》。

再病書懷

病中聞虜寇京師三首

憂國愛君，盛時紀事，無不曲盡妙絶。

奉别見送諸大夫

情味有殊。

與段虚舟言别作五言古律二首爲贈

可謂不煩斧鑿矣。

游嵩岳

崇麗並競。

孫山甫督學詩集卷七

六言律

太玄亭

瑞虹橋

精工不必言，然非有道者，亦何能及此微哉！

牡丹砌

君子亭

七言律

謁昭列祠

慷慨雋永，必傳無疑。

觀楚人競舟作此吊屈原

括盡一部騷經，絶妙。

憶安鄉令李孟博

五六自然之工。

結妙。

平溪高指揮請登獺崖

朗麗雄儁。

九日舟次芷水

合作結句尤妙。

送鄧春塘守新化

精宛。

送松溪先生南行二首

兩頷聯尤工異。

兩起皆麗而有情興。

送王吉士請告歸長沙

全佳且有《選》意。

送張文江任興化縣

"知能"字用《淮陰傳》語，極妙。

同翰林諸寮院内觀紅蓮次黄泰泉詹事韻四首

四首皆佳，然亦易及。惟四結句遂以意勝，不可及。

"深惟"出遷《史》，妙。

寄答友人

送任冽泉宰廬山任谷暘倅撫州

高岑雅調。

巡行壩上先柬近衡

“都盡”二字，用得恰好。

送白沙村往真陽

五六雄渾，有意味。

王杜陵約游城外

平易奇崛。

登大毘盧閣

感慨悲壯。

志懷四首

三聯雄偉悲切。

誦之警策，不特詩之工也。妙！妙！

字字宛切。

詠榴

送張少源兩淮巡鹽

是盛唐贈送調格。

送蔣毅所按南

又勝又勝。

奉旨閱視京營將士

同鄉士夫餞别

雅調。

將至彰德先柬張竹亭

情切。

柬謝四溟

音響琳瑯，自然之工。

渡河

“兩條”字用得妙。

太岳先生爲予談衡山之勝因示登游諸作

三四與岳並雄者。

東越潤齋

無字不工，第大句入神品矣，妙不在言。

會龍菴

全勝，結又勝。

聞謝岷山廷杖罷官感賦

頗淒楚。

汀洲

情景真至。

安仁行臺冬夜志懷

后四句壯而悲，宛而暢。

謝朓有“羈懷冬緒”詩。“瓠落”見《莊子》。“觟羊”見《太玄經》。穩而且巧。

同雙江臬使水東藩伯夜坐東林寺

三四甚工。

“鼓芳風而扇游塵”自穀梁子。“芳游”二字亦非苟下。

宿天池

三聯乃七言之長城也。

白鹿洞

“纍纍”“嶽嶽”，妙，皆出《漢書》。

訪棲賢橋

萬選之作，必傳！必傳！

演法觀

首尾特異。

頷妙。

上清宫

真唐音也。

出龍虎山

另是一格，縱横脱落，五六甚奇。

楊源山聞予游龍虎有詩來贈倚韻和答且訂弋陽龜峰之約

不落色象。

信州望靈山偶覽海岳從游稿因懷蔣丈靈山盤亘蔥蒼幾六十里三十六洞天之一也

"玉女"，峰名。"香花"，嶺名。稿内有詩。

同趙南菴謁濂溪祠次陽明先生韻

辰州會狄榜山

九日飲鳴泉宅見鳴泉清查疏稿行邊諸詩

雄渾。

坐朋來亭奉懷敬所兼次其韻二首

幽奇。

天然之趣起，尤美秀。五六天成句也。隱顯并陳。

登祝融峰是夜夢白沙先生

起句對得絶精，"隔是"字用尤奇古，雅稱雅稱。

即白沙夢衡山事。

喜雨

起句之妙，前無古人，水中月也。

出《河圖帝通紀》。

宋傅亮事。

寄喬三石公

宛潤。

謁西岳廟

五六妙。

贈别兩峰二首

宛細。

精工。

題韓兩亭别業

只第四句與“春色滿園關不住”之調，何啻天壤。

輞川四首

“夜吐月”“春生煙”，在盛唐亦罕矣。

起語盡亦不到。三四奇，五六尤奇絶。

班嗣有《游居賦》。

幽秀可愛。

示别諸弟子

示别書院弟子

重經華陰感别名岳

古律也，疇其識之。

七言仄律

家居感懷秋興六首

篇篇悲切，字字沉鬱，非有憂國至忠，亦寫不到此。

五言排律

擬獻聖壽無疆詞

可配巨源之作。

西苑觀穫應制

正爾合作。

送葉少亭復任貴州

七月十五夜同洋山海渠養白泛舟章江

清雅。

送姜蒙泉兵備淮揚

極雄極麗，極精極工，必傳必傳。

送白石蔡公巡撫河南

格調奪少陵之工矣。轉換尤得樂府之精。知者可語此。

宿草堂寺

又似王、孟。

覽五津寫峨山障子并賦

奇俊郎潤。

孫山甫督學詩集卷八

五言絶

再與闇齋王丈話别三首

必情至者。

昆明池泛舟二首

樂府之遺，妙！妙！

玄亭蓮開偶成口號二首

又

首二句變換最妙，後二句一洗比從簡，借荷興刺之污意尤淵永，詠荷自無有逮此者。

道傍見梅開因憶草堂

翻庾意若已出，出藍之手。

海天寺

字字明珠，非公有道，亦不及此。

辰沅舟行六首

可比“朝辭白帝”之調。

妙極。

妙不容言。

又妙。

亦妙。

雲錦屏

卧龍潭

“五花”出《括地志》。

五老峰

無情爲有情，特善詠矣。

衡山紀事四首

含蓄不同。

自在。

又自在。

精工之極。

詠甘雨堂四絶爲白石公作

首首迥别。

憶少南同春樓之讌寄懷一首

合作。

夜夢與紀山對奕覺後枕上賦懷四首

誦此可以知所養矣。敬服。

坐隱本《世説》，末意之妙入神，言説不及。

花萼龍池故址

熱戲樂，春鶯囀，俱唐高宗、玄宗事。

望袁雲麓不至

是唐絶體。

題王摩詰風竹雨竹二絶

題王維畫即學王維詩，兼才卓識。

六言絶

次答永昌禺山張公五首

情興兼至。

聞克平倭賊作破陣樂八首

詩史也。

含蓄。

又有含蓄。

神品。

辰陽行次二首

蕭瑟不堪。

觀衡岳諸峰泉七首

信胸中有丘壑者，何乃出脱至此。

不數王、孟。

變化尤奇，奇之又奇。

山中吟和虎谷先生二首

天趣流溢。

由洵陽至鲜州

詩極瀟灑，又可作秦中水路譜。

收菊花貯枕感懷

宛切。

出關望嵩岳

用惜誓語。

七言絶

西峰小景爲蔣見岳和

詩中之盡。

登高明樓即事

雄秀。

太玄亭前開并頭山丹

出塵。

雨後望西山應制

廟堂氣概，明良景象，不必論題詠之工。

送劉貞齋宰青神

似劉長卿音調，而風韻尤邁。

送程武分教東安

比興精至。

桃花

意遠。

聞歸雁

一拈一新。

巡視二十四外廄歌六首

意切事當。

九日

一拈一新。

過白溝河有感

裕州熊雙明留飲

宛然唐調。

桃岡泛舟

造詣至此，方可言淡。

平溪與顧約齋言别口號三首

可謂淡矣。

廬山四絶句

陶寫真性，發紓曠思，真不可到。

再覽廬山諸峰

皆可歌誦。

昔有人得禹刻玆峰石室中，有百餘字，僅辨“鴻荒漾余乃擕”六字，今迷。

泛雲錦溪四首

言不盡意。

妙用莫測。

詠麻姑

可爲麻姑史斷。

湖口縣石鐘寺

其妙入神。

見都門酒肆偶題

玄都詠桃之旨。

寄桃崗諸友

有思致。

衡山感懷八首

只此八絶便可作此山全史，他雖有美，不與易也。

詩尤磊落。

末句特新。

高視千古之懷。

自别。

典重流麗。

東桑南皋四絶

流麗之極。

妙不容言。

慰藉嘆息，不能再置一語。

景德鎮御廠謡八首

盛唐之格，樂府之調，只此便可作陶史。

頌而有體。

棠谿空見昭侯曰："今有白玉巵而無當，瓦器有當，君渴將何以飲?"曰："以瓦器。"空曰："白玉巵美而君不以其無當耶?"曰："然。"見韓子詞，有諷喻。

商山

風韻醖藉極妙。

觀都會三庠行射禮示諸生二絶

游沉香亭翻清平調三首

與原調皆敵手碁也，千古遺恨，一一在目。

游驪山温泉華清宫懷古二首

言外之意，歌舞不盡。

題龍門禹跡

與山爭雄，又有風致。作者！作者！

華山雜詠十絶

每誦一過，輒欲凌雲。

華山有樹，名無憂樹。

回山戲詠一絶

神品。

謁黄帝橋陵輒成三詠

皆佳，後首尤奇絶，真是神品。

出庾信。

事見《河圖挺佐輔》。

鑑川夢鶴二公枉過講院看桃花

風韻若此，公亦不自知也。

藍橋道中雨雪

又雪

離省半月歸來桃花尚開偶成口號

經城固張子房辟穀處

借事爲諷，妙奪天工。

三句體

道吾山人讀書處三句體三首

首首迥異。

關塞曲十首

可泣鬼神。

與"莫話封侯"同調。

痛恨滿目。

痛恨。

悽惋。

痕恨滿目。

悽惋。

憤切。

憤切。

述帝德二首見西域貢獅子作

任瀚集校注附録卷一

唱和寄懷詩

贈任主事少海

（明）康　海

山居二十年，未見蓬萊客。秋莫邂逅君，文彩甚彪赫。因讀治安策，所擬胳不隔。西游遇中道，探囊出素册。瓊瑰射人目，殊會杳今昔。再拜覩宸章，炳爍照光宅。歎君英妙時，丁此滂沛澤。宛如聞都俞，依稀見傅説。握手私謂君，丈夫志已獲。尚宜踐所陳，與世爲表格。

輯録

（明）康海《對山文集》卷九，《明代論著叢刊》本，臺北：偉文圖書出版社有限公司，1976年，第452—453頁。

同李伯華〔注一〕、任少海、吕山父〔注二〕游天甯寺

（明）左　鎰〔注三〕

朱紱牽塵網，白雲負宿期。言從祇樹賞，猶及暮春時。嫩竹含新籜，餘花滿故枝。蝶憐香徑住，蜂觸網絲垂。動植信多美，登臨樂未疲。老僧同説法，稚子對談詩。玉管淩飈迴，瑶琴

避雨移。興來頻酌酒，醉後但圍棋。大道去已遠，知音在者誰。風塵那可息，歲月坐空馳。漫聽猿號木，虛聞鴻漸逵。我將伴樵牧，子必繼龍夔。

輯録

（清）鄭相如《涇川文載》卷三四，清道光十四年（1834）蘭石鄭氏刻本，第 11 頁。

注釋

〔一〕李伯華：李開先（1501—1568），字伯華，號中麓，山東章邱縣人。嘉靖八年（1529）進士，除户部主事，後改吏部，歷員外郎中，官至太常少卿。罷歸，置田産，蓄聲妓，徵歌度曲，爲新聲小令。所著有《閒居集》《李中麓樂府》《寶劍記》等。

〔二〕吕山父：吕高（1505—1557），字山甫，號江峰，丹徒（今屬江蘇）人。嘉靖八年（1529）進士，授户部主事，調兵部郎中，出爲山東提學副使。鄉試録文，舊多出學使者手。巡按御史葉經乞唐順之文，高心憾之。嚴嵩惡經，遂置之死地。及京察大計，諸御史謂經禍由高，斥歸。通經史，工詩文，于嘉靖八才子中名最下。所著有《江峰稿》。

〔三〕左鎰：字應衡，號東井，涇縣人。明嘉靖十一年（1532）進士，授南京户部主事，改兵部武選司主事。秩滿，入制敕房管理誥敕，歷尚寶卿。年三十二卒。曾同修《宋史》，校正《五經》《四書》《性理大全》等。所著有《東井誥敕》1 卷、《風光軒稿》8 卷、《友竹亭稿》12 卷。

飲任文選宅

（明）高叔嗣

敢謂齊年齒，常嗟夙抱心。文章知汝在，交契爲誰深。華屋春燈豔，層城夜柝沉。賴蒙終夕語，客路一開衿。

輯録

（明）高叔嗣《蘇門集》卷一，《景印文淵閣四庫全書》第1273册；（明）趙彦復輯《梁園風雅》卷一六《高蘇門》，清康熙四十三年（1704）刻本。

游青羊宫次東皐韻

（明）吴　懋

霞父浪游登赤霄，獨鶴已飛難見招。梅花落盡楚樓笛，明月一弄秦臺簫。世間白髪苦相惱，床頭黄金只暗消。欲秉瑶華從子去，不愁煙磴銷虹橋。

輯録

（明）王廷稷等修、（明）李彭年等纂《（萬曆）重修營山縣志》卷六《藝文志上》，明萬曆四年（1576）刻本，《天一閣藏明代方志選刊續編》第67册，上海：上海書店，1990年，第603—604頁。

詠懷呈座主任五嶽

（明）薛應旂

憶昔深居方茂山，柴荆盡日常閉關。簾幃雲霧自生滅，曲磴縈紆花草斑。談玄夜倚石臺月，憑虚晝俯清溪灣。有時滌硯汲寒水，隔籬忽起雙飛鷳。況復追陪聚巾舄，芰荷寬博歡呼間。于時不識王公貴，自誇别境非塵寰。由來此樂不可極，忽恨無知常憮顔。出門驅車向京國，黄風吹沙青鬢鬢。東西狂走成汗漫，側身懊惱悔不還。莫邪縱遇風湖子，荆石未成蒼玉環。朝來開鏡發長嘯，乾坤濩落誰同調。五陵豪貴意氣揚，青絲絡馬泥金轎。夾道奔馳爭取憐，託身謂可登樞要。汎觀繽紛多此曹，洛陽從是輕年少。嗟予未敢負相知，更恐北隴終騰笑。

輯録

（明）薛應旂《方山薛先生全集》卷五九，《續修四庫全書》第 1343 册，第 584 頁。

錢塘遇雪，少嵋以新刊《升菴集》示覽，上有孔文谷序，因憶往年任五嶽嘗以升菴《丹鉛録》見寄，悵惘今昔，感慨世途，遂成短賦

（明）薛應旂

楊子從軍在古滇，錢塘江上見新編。懷沙正擬清湘賦，對雪俄驚黄竹篇。十載丹鉛曾漫録，一生玄造竟流傳。少嵋文谷真殊品，海内憐才讓獨賢。

輯録

（明）薛應旂《方山薛先生全集》卷六四，《續修四庫全書》第 1343 册，第 620 頁。

病後還朝，毘陵唐編修兄弟攜舟相送，醉中話舊，因懷任二考功次韻作時唐方應命起廢

（明）陳　束

舟迎浦樹緑參參，笑傲逢君僻性耽。陸氏弟兄元莫逆，龐公主客自來諳。病中握手愁能奈，廢後還朝思豈堪。惟有同袍應問訊，定言幾日發山南。

輯録

（明）陳束《陳后岡詩集·丁酉稿》，《四庫全書存目叢書》集部第 90 册，第 501 頁；臺灣新文豐《叢書集成續編》第 144 册影印《四明叢書》約園刊本，第 23 頁。

出都酬謝任、熊二兄兼柬李伯華文選

（明）陳　束

萬里腰章計已疎，十年還闕意何如。情憐倚玉逢知己，賦拜投金愧起予。秋野雲天低别路，寒塘露草藉迴車。歸來願乞稽康傲，欲謝山公已著書。

輯録

（明）陳束《陳后岡詩集·丁酉稿》，《四庫全書存目叢書》集部第 90 册，第 502 頁；臺灣新文豐《叢書集成續編》第 144 册影印《四明叢書》約園刊本，第 24—25 頁。

同署六宫諭、胡用甫侍講、李伯華文選、吕大車駕、熊叔仁武選飲任二司直宅，醉後話舊，席上輒成口號相贈

（明）陳　束

昨年作客五溪東，今歲來過九曲中。夙昔英豪逐流水，等閒世事隨飄蓬。一從折腰見御史，歸去低眉笑妻子。安用黄金横帶爲，卻道世清今如此。分把銅章老海壖，何言拜表更朝天。愁中謁帝還疑夢，病裏逢人轉自憐。愛爾横經白虎殿，出入輝光誰不羡。白鷴舊著上賜衣，紫駝新供太官膳。城上秋雲日將晏，城下

張燈更開讌。但傾斗酒勿復言，我今慣是守孤賤。

輯録

（明）陳束《陳后岡詩集·丁酉稿》，《四庫全書存目叢書》集部第90册，第502頁；臺灣新文豐《叢書集成續編》第144册影印《四明叢書》約園刊本，第24頁。

寄任少海、滇南王使君將去

（明）皇甫汸

昔参多士起彈冠，曾侍先朝握省蘭。走馬曲江年并少，聞猿蜀道路應難。迢迢歲月嗟頻改，落落晨星覺漸殫。見説王褒西奉使，將書一爲報任安。

輯録

（明）皇甫汸《皇甫司勳慶曆稿》卷一八，國家圖書館藏明萬曆間刻本，第2頁。

龍門寺登眺，用任少海太史韻

（明）周光鎬

東望龍門入紫煙，江行十里到諸天。長林暑盡松風細，匹練晴飛漢水懸。一叩法宫心自遠，况逢寶樹月初圓。宰官現處僧休訝，不是笙歌載酒船。

輯録

（明）周光鎬《明農山堂彙草》卷四《出峽草》，《明別集叢刊》第三輯第88册，合肥：黄山書社，2015年，第75頁。

覽任少海吏部慶都〔注一〕留題，悵然懷人，因次其韻

（明）唐順之

帝京冠蓋同游日，曾忝聲名李杜齊。碧樹不堪思遠道，綵毫何意覩新題。書傳劍閣鴻猶阻，月滿燕關鵲未棲。尊酒論文那更得，暮雲回首雪峰西。

輯録

（明）唐順之《重刊荊川先生文集》卷一，《明別集叢刊》第二輯第74册，合肥：黄山書社，2015年，第186－187頁；（明）唐順之著，馬美信、黄毅點校《唐順之集》，杭州：浙江古籍出版社，2014年，第35頁。又見於《（嘉慶）南充縣志》卷四《藝文志》七之三《詩》，第15頁，題作《寄少海》；《（民國）新修南充縣志》卷一二《藝文志·詩》，第53頁。

注釋

〔一〕慶都：今保定市望都縣。

寄任少海、李仁夫

（明）楊　慎

擬折瑶華遺好脩，攀援桂樹且淹留。金膏水碧欣相待，翠觀岑青悵獨游。海動三山任子釣，溪通九曲李仙舟。東南孔雀飛何遠，西北高樓雲自浮。

輯録

（明）楊慎《升菴集》卷三〇，《景印文淵閣四庫全書》第1270册，第219頁。又見於《（嘉慶）南充縣志》卷四《藝文志》七之三《詩》，題作

《寄宫坊太史任少海》，第 15 頁；《（民國）新修南充縣志》卷一二《藝文志·詩》，第 51 頁。

禺山傳五嶽山人任少海書札兼致問訊因憶

(明) 楊 慎

五嶽山人相憶，八行書札遥通。吹簫夜郎月下，采藥白帝雲中。塵世英雄易老，浮生踪跡難同。張衡《四愁》吟斷，宋玉《九辨》悲窮。

輯録

〔明〕楊慎《升菴集》卷四〇，《景印文淵閣四庫全書》第 1270 册，第 275 頁。又見於《（萬曆）四川總志》卷三三，題作《寄任少海内翰》；《（民國）新修南充縣志》卷一二《藝文志·詩》，第 51 頁。

贈翰林任固陵先生

(明) 蔡汝楠

坐轉金丹不老身，水晶宫裏駐芳春。誰言學士焚魚〔注一〕早，還道青山不負人。

輯録

(明) 蔡汝楠《自知堂集》卷七，《四庫存目叢書》集部第 97 册，第 524 頁。

校勘

〔一〕焚魚：燒毀魚袋，表示棄官歸隱。

發草凉樓驛二十里，飯一黎姓樓，和壁間任少海韻一绝

（明）劉天民

紫巖山閣倚殘霞，素雪回看静碧沙。未有東風消不得，隔林猶似蕊珠花。

輯録

（明）劉天民《函山先生文集》卷一〇，《四庫全書存目叢書》集部第70册，第328頁；（清）錢謙益輯《列朝詩集》丙集第十六，第3891頁。

龍門夜游，同羅僉憲、任侍御、任吏部三子

（明）劉天民

絶壁懸花亂，平灘放棹親。深揮元亮酒，小及子瞻巾。天地當静夕，江山麓在春。娟娟明月上，相慶水龍馴。

輯録

（明）劉天民《函山先生文集》卷七，《四庫全書存目叢書》集部第70册，第296頁。

驛壁和任少海吏部韻

（明）劉天民

枯楊古亭霜雪清，玄雲白日揚雙旌。家在紫桑胡遠役，計同旅雁乃孤征。沙塘漠漠足生態，行葦蕭蕭多苦情。前途野吹毁地發，腸斷關山今日聲。

輯録

（明）劉天民《函山先生文集》卷八，《四庫全書存目叢書》集部第70册，第310頁；（明）劉天民《游蜀吟稿》卷上，國家圖書館藏明嘉靖十六年（1537）曳寧司馬泰刊本。

將入嘉陵柬任少海舊僚

（明）劉天民

春來踪跡徧天涯，淰淰雲山靜野沙。暴勝漢庭虚作使，少陵夔府豈爲家。前林暝色鵓鳩雨，滿路輕風杖杜花。寂寞任安卧何處，爲尋幽隱入青霞。

輯録

（明）劉天民《函山先生文集》卷八，《四庫全書存目叢書》集部第70册，第311頁；（明）劉天民《游蜀吟稿》卷下，國家圖書館藏明嘉靖十六年（1537）曳寧司馬泰刊本。

登順慶棲樂山三月四日

（明）劉天民

山中玉臺春復晴，谷口鳴鳥聲丁丁。特地煙霞開梵宇，滿川花柳赴清明。百壺放浪幸知己，萬里遨游笑此生。悵望仙姑去何日，唐謝自然化處。紫雲玄鶴重含情。

輯録

（明）劉天民《函山先生集》卷八，《四庫全書存目叢書》集部第70册，第312頁。

早出南充

（明）劉天民

三月三川春樹芳，東風轉徙笑劉郎。和煙碧草辭江鸛，流水青橋發野棠。世味遍嘗猶作客，鳥聲啼困未還鄉。巫山夢遠空愁思，頭白吟成幾斷腸。

輯録

（明）劉天民《函山先生集》卷八，《四庫全書存目叢書》集部第 70 册，第 312 頁。

元夕同給諫張伯操飲司功任少海宅

（明）蘇　祐

風塵元夕淨春城，燈火西堂太劇清。星彩似隨燈乍動，露華偏傍月空明。九關宛宛通魚鑰，雙闕沉沉起鳳笙。坐久那辭歸控晚，傖郎姸唱正含情。

輯録

（明）蘇祐《穀原詩集》卷四上，《四庫全書存目叢書》集部第 89 册，第 419 頁。

偶答任忠齋太史任字少海

（明）喻　時

嘯桐吟竹鳳皇伯，玉署金閨騕褭姿。喜與太初瀹來往，羞將少室論高卑。三峨山水蘭徽靜，四蜀煙霞蕙竹宜。釣罷任公出瑶海，龍書天上不須辭。

輯録

（明）喻時《吴皋先生文集》卷二，《明别集叢刊》第二輯第74册，第57頁。

往余客長安，宫諫君同寮天官。維時天官寮王南江、任五嶽、李中麓，禮官寮陳后岡四三友朋，皆一世之選，朝游夕燕，究極懽愉。比余譴廢，諸君子相次落職，陳子竟弗可作矣。感惜往日，惘然增愴，其辭曰

（明）吕希周

長安憶昔扈時髦，宣徽攄藻風飀飀。雄譚震迅白日動，傾軀調笑青雲高。華榱列坐劇曛黑，休時懽願諧所遭。麒麟振振玉趾角，鳳凰輝輝金羽毛。黄虞盛明一再致，餐霞吸液求其曹。荆川先生滄海豪，恢恢氣岸薄紫霄。唾珠咳玉落潢漢，九天一寫萬里遥。迴江轉岳朗無滓，層岡大麓襄雲標。子虚長揚賦纚纚，五侯七貴等於屣。文采風流驚世人，世人共羨今如此。嗟余折翮翻翹翹，歸來柴桑尋故巢。夢游赤城及天姥，身騎飛鴻石橋塢。上有蒼蒼荆樹摩穹宇，下有浩浩川流起風雨。荆□川流歲月多，就中靈駕連蜷過。赤豹文螭集如堵，江環嶽麓月剛午。晦結后岡不可覩，浮巕斐斐滅復明。陟丹梯兮朝玉京，天門親覲晝省英。君家嚴君新出守，湖傖逢迎爭稽首。虎旂熊軾下南斗，燁燁金符結前肘。八月凉飆吹五馬，前驅負弩殳山下。尺素雙魚訪故人，白璧黄金委荒野。我欲因之雲夢游，氣吞七澤溢九州。撰余轡兮翔八極，臨睨舊鄉長太息。太息悠悠徹清昊，單人周章愵如擣。抽思

軫念匪晝夜，晨風爲寄毗陵道。

輯録

（明）吕希周《東匯詩集》卷五，《四庫全書存目叢書》集部第88册，第278頁。

訪任少海翰林席上賦

（明）陳文燭

一自文章海内驚，偶停車馬喜相迎。藥欄名品山中盡，丹竈寒煙雨後清。賈傅治安來御墨，相如渴病望金莖。莫言習静渾無事，漢使行將叩伏生。

輯録

（明）陳文燭《二酉園詩集》卷九，《四庫全書存目叢書》集部第139册，第209頁。

得任内翰忠齋書

（明）李元陽

蜀道千山隔，相尋夢亦驚。乾坤雙雪鬢，湖海共詩名〔注一〕。外物曾無累，狂歌得此生。老無相見日，空有淚縱横。

輯録

（明）李元陽《中谿家傳彙稿》卷一，《叢書集成續編》第115册，上海：上海書店，1994年，第645頁。

注釋

〔一〕湖海：與"江湖"同義，指隱居生活。

懷任忠齋

（明）李元陽

所思在何許，有美蜀江濆〔注一〕。檐前玉壘雪，枕上峨嵋雲。望比瓊瑶潔，身甘麋鹿〔注二〕群。修仙棄朱紱〔注三〕，十載不相聞。

輯録

（明）李元陽《中谿家傳彙稿》卷一，《叢書集成續編》第115册，上海：上海書店，1994年，第649—650頁。

注釋

〔一〕蜀江濆：蜀江邊。白居易《長恨歌》："蜀江水碧蜀山青。"

〔二〕麋鹿：蘇軾《赤壁賦》："侣魚蝦而友麋鹿。"

〔三〕朱紱：係官印的紅色絲帶。曹植《求自試表》："是以上慚玄冕，俯愧朱紱。"

出京留别任少海、李伯華二吏部

（明）李元陽

把袂出春明，駕言適閩粵。與子同心言，别離易驚骨。麗日坐巖廊，清時共袍笏。後遇未可期，昨游已超忽。冰霜結肺肝，歲月視毛髮。風烟二子旋，單車我當發。今夜何處眠，郵亭待明月。

輯録

（明）李元陽《中谿家傳彙稿》卷二，《叢書集成續編》第115册，上海：上海書店，1994年，第669頁。

石溪草堂新成寄送順慶任内翰忠齋

(明) 李元陽

松岡高卜居，實藉石門勝。緑籜苞初篁，蒼苔滿幽徑。菰蒲冒方池，蘿蔦牽迴蹬。蔭壑雲未開，烟花露猶濬。飛泉灑薜蘿，隔澗聞鐘磬。緬憶支許流，夙同湖海興。多岐非所要，千里合相應。理至境不乖，心冥天自定。願持孤月輪，以之爲子贈。

輯録

(明) 李元陽《中谿家傳彙稿》卷二，《叢書集成續編》第 115 册，上海：上海書店，1994 年，第 677 頁。

大駕至承天〔注一〕，與任忠齋翰同賦

(明) 李元陽

千官扈駕擁旂常，紫蓋〔注二〕黄旗入帝鄉。郢〔注三〕樹千里行殿碧，漢江三繞舊宫長。氣和雪觀銷鳷鵲〔注四〕，雲矗春台隱鳳凰〔注五〕。惟有握蘭詞客〔注六〕貴，舜衣垂處奏《長楊》〔注七〕。

輯録

(明) 李元陽《中谿家傳彙稿》卷三，《叢書集成續編》第 115 册，上海：上海書店，1994 年，第 696 頁。

注釋

〔一〕承天：即承天府。

〔二〕紫蓋：紫色的車蓋。古以紫色爲貴，皇帝的車蓋用紫色，此指帝王車輦。

〔三〕郢：春秋時楚國都城，故址在明承天府治地，位於湖北荆州城東北。

〔四〕鳷鵲：指漢武帝建元中在長安甘泉宫外所建的宫觀。謝朓《暫使下都夜發新林至京邑贈西府同僚》："金波麗鳷鵲，玉繩低建章。"

〔五〕鳳凰：指三國時孫權所建鄂城鳳凰臺，在今湖北武昌。

〔六〕握蘭詞客：皇帝身邊的詞人。漢應劭《漢官儀》卷上："（尚書郎）握蘭含香，趨走丹墀奏事。"握蘭代指皇帝左右處理政務的近臣。

〔七〕舜衣垂處奏《長楊》：舜衣垂處，《周易·繫辭傳》："黄帝、堯、舜垂衣裳而天下治。"《長楊》，指漢揚雄所作《長楊賦》。該賦爲揚雄諷諫名賦之一，後世常用以指代諷諫之作。

都門吉祥寺温湯芳潔，秋日同任少海、唐荆川、熊南沙會浴，頃之趙大洲亦至，遂宿翠峰上人方丈

（明）李元陽

濯纓濯足付滄浪，此日温蘭氣轉芳。啜茗七杯誰記數，振衣千仞亦尋常。高僧在座休行酒，詞客揮毫似倒囊。始信上方諸品淨，一輪明月立迴廊。

輯録

（明）李元陽《中谿家傳彙稿》卷三，《叢書集成續編》第 115 册，上海：上海書店，1994 年，第 719 頁。

聞任先生自蜀命駕入滇見訪，旦夕且至，感舊興懷，因有此作

（明）李元陽

苦憶三巴〔注一〕任太史，一别咸京〔注二〕四十年。詎意垂槎天上至，一朝劍浦合龍泉。消息縱真疑是夢，皤翁八十路三千。未論

雞黍尋前約，垂老相逢豈偶然！憶昔石渠〔注三〕諸學士，滚滚胸中抱百川。揮毫落紙有遲速，電掃推君是謫仙。我時與君同細氈，伯仲詩名頗後先。退朝花底散吟箋，一篇出手萬人傳。我愧沈酣百僚底，君已崇班尺五天。何事掉頭高拂袖，冥冥秋雨鶴孤騫。世人共道爲官好，朝露垂珠草際鮮。自是君身有仙骨，抱琴隨處枕山眠。向平仙去今千載，誰知寰中有偓佺〔注四〕。不用丁甯重回首，蓬萊仙人相待久。瑶池西極駕雲軿，鬱儀結璘〔注五〕爲爾壽。

輯録

（明）李元陽《中谿家傳彙稿》卷四，《叢書集成續編》第115册，上海：上海書店，1994年，第748頁。

注釋

〔一〕三巴：東漢末劉璋將益州巴郡分爲巴、巴東、巴西三郡，簡稱三巴。轄境相當於今四川嘉陵江、綦江流域以東大部分地區。此指任瀚家鄉。

〔二〕咸京：京城。宋之問《高山引》："天高難訴兮遠負明德，卻望咸京兮揮涕龍鍾。"

〔三〕石渠：石渠閣，漢代收藏皇家秘書之所，在未央殿北。班固《兩都賦序》："内設金馬石渠之署，外興樂府協律之事。"此借指翰林院。

〔四〕"向平仙去"句：向平，即向长，字子平，東漢高士，隱居不仕，子女婚嫁既畢，遂漫游五嶽名山，後不知所終。見《後漢書·逸民傳·向長》。偓佺，古代傳説中的仙人名。羅泌《路史·循蜚記》："偓佺千歲，老彭七百。"

〔五〕鬱儀結璘：鬱儀，古代傳説中的太阳神。結璘，奔月之仙。

同任忠齋諸君讌大觀亭，暮放舟江中，分韻得青字，亭爲余所建云

（明）朱廷立〔注一〕

孤榜晴江動德星，柴門燈火遠傳青。兒童狎客依沙渚，山水逢人有草亭。見説乘舟曾取醉，未應對酒獨貪醒。仰天清嘯銀河近，吟骨虚疑泛海溟。

輯録

（明）朱廷立《重鎸兩崖集》卷四，《四庫全書存目叢書》集部第84册，第218頁。

注釋

〔一〕朱廷立：字子禮，通山人。嘉靖二年（1523）進士，授諸暨縣令，拜河南道御史。八年（1529）巡兩淮鹽政，十年（1531）巡按順天。十一年（1532）巡按四川，首疏停採木之役，民獲更生。川邊少數民族釀亂，松潘梗貢道，爲邊患。上怒，命將征之，勑立督其事。立冒險疾趨壁壘，親授計。將大舉兵，會銜立者以他事罪立，使閑住，乃賦詩院壁而去，功成而録不及立。上嘉嘆懋，賞復其官，提督順天學校。十六年（1537）陞南京太僕寺卿，乞歸養母。服闋，拜僉都御史。二十六年（1547）擢大理卿。二十七年（1548）陞工部右侍郎。二十八年（1549）轉禮部右侍郎，復以言去。家居，日惟課子賦詩而已。所著有《兩厓文集》。

喜李三洲自蜀回

（明）王漸逵

煦閏春風滿面生，無人知是内丹成。好將少海菖蒲〔注一〕

訣，爲向羅浮刻石經。因讀任少海《菖蒲傳》。

輯録

中山大學中國古文獻研究所編：《全粤詩》卷二一九《明王漸逵》，廣州：嶺南美術出版社，2009年，第7册，第457頁。

注釋

〔一〕菖蒲：多年水生草本植物，與蘭花、水仙、菊花并稱“花草四雅”。其根莖均可入藥。

懷任忠齋宫諫二首

（明）胡　松

其一

海内文章伯，居閒近若何？宦情知更薄，玄草亮應多。往事看如夢，微言辨豈訛。江天足鴻鴈，何日下庭阿。

其二

問訊任公釣，歸來得幾鰲。隴雲愁入望，江月喜同招。萬里書難達，清霄路不遥。知余西澗曲，幽獨長心苗。

輯録

（明）胡松《胡莊肅公文集》卷七，《四庫全書存目叢書》集部第91册，第311頁。

卧病弘法寺柬内翰任少海

（明）吕　高

積疴謝塵籟，休沐託雲岑。咫尺帝城傍，眇若祇園陰。藉草息趺坐，登蓮靜長吟。天香空裊裊，珍木月森森。伊予習嘉遯，巖棲愜幽深。含衛不可即，偈言吾所欽。入定屏物幻，明觀見我心。頓轡依淨土，縱轍嬉道林。五蘊既云寂，萬法如有臨。俛仰三十載，薄游及兹尋。覺埸照在古，迷川度自今。寄語東方子，金門安陸沉。

輯録

（明）吕高《江峰漫稿》卷一，民國二十三年（1934）國學圖書館影印明刊本，第3頁。

五嶽歌 任名瀚，南充人

（明）張　含

青城季子任大夫，海鶴英姿舊毛羽。名懸日月照八方，炯炯神聰驚萬古。濯錦江寒飛彩霞，峨眉山矗含瓊户。煙花秀色開三巴，雄圖甸服連三輔。磊落天生濟代人，儒術風飛振鄒魯。彩筆頻頻夢有花，補袞之字盈五車。年來苦厭簿書困，神游八極凌煙霞。玉女窗前緑玉樹，斗牛宫汎張騫槎。鸞飄鳳泊僊雲濕，瑶草金光水脂碧。瓊蘇盃融虎魄濃，桂髓柈傾馬腦赤。大藥親承五色丹，五籠錯落靈光赫。胞芝香飯九僊招，六膳三漿鼎壺液。醉歸手捧赤霞編，流光散彩王喬舄。人間亦自有山川，神游五嶽升九天。三宫五祠環衮鎮，雞鳴日照扶桑巔。珊瑚迸海六龍出，造化突兀天門懸。西望丹砂訪勾漏，玄宫渺渺對秦川。王屋山前月光子，龍潭虎谷巉巗起。石室天池對面開，李渤隱居曾在此。朱臺寶洞祝融峰，一髮中原渾迤邐。岣嶁臺閣吞諸峰，神禹碑銘天尺咫。玄神黑地棲靈山，嵚岑盤薄星辰裏。乾坤顛倒風雷號，懸圃蓬萊有涯涘。五嶽崔嵬飛六龍，龍飛直上與天通。五老青黄赤白黑，千萬億載無終窮。神游仙闕將塵世，列子飄飄還御風。豪游北海復南海，蒼鯨白浪煙溟濛。一日一游九萬里，八駿悠悠曾六龍。題詩搥碎黄鶴樓，逸氣凌空飛九州。瓊簫寶瑟弄雲石，長嘯一聲山月秋。碧樹葳蕤紫鸞鳥，清江飛舞白皃鷗。英雄應期欻生世，蚤歲昭明堯舜事。揮毫振綺泣鬼神，口詠鳳皇纔十歲。能傾屈宋倒鄒枚，滔滔萬古江流逝。忽見長安紙價翔，一時哲匠驚才藝。謝傅終棲窈窕山，舟楫茫茫復誰濟。緬懷白頭柱史君，五千西去留玄文。青牛黄鵠去不返，道德處處皆云云。仙侶形神豈寂寞，習静終須慕丘壑。裴公拔俗本仙標，傳書不愛芝田鶴。時餐沆瀣白琅霜，五煙三霧空寥廓。沐蘭采芳紫館春，逢時吐氣思經綸。廊廟勳功勒鐘鼎，五道扶持一代人。周王中興歌吉甫，泰階翊載風雲新。萬里還歸蜀水橋，杜鵑豔發當春朝。青蓮居士尋仙遠，紫書珠樹游逍遥。復游九州將五嶽，醉倒九仙籠鸑鷟。獨立崑崙絶頂峰，俯瞰紅塵滿城郭。眼前須用濟川才，黄金堆積燕王臺。精英烜赫九天上，五雲朗朗明三臺。

輯録

（明）張含《重刊張愈光先生詩集》卷一，清道光十三年（1833）陸仕義重刻本，第 10－12 頁。又見於（明）張含《張愈光詩文選》卷一，《叢書集成續編》第 115 册，上海：上海書店，1994 年，第 20－21 頁。

結交行附結交行爵里姓名記（節選）

（明）張　含

丙申〔注一〕冬仲復北上，萬里艱征訪盧諒。五嶽山人古道交，操觚染翰容疎放。

任瀚字少海，號五嶽，南充人，嘉靖己丑進士，左春坊左司直兼翰林院檢討。

已上諸公俱顯于弘治、正德、嘉靖間，而含之交諸公亦此時也。

禺山張子髮益短，才益長，齒日衰，詩日盛。近作《結交行》凡八百四十四字，紀海内交游名士，著升沈感。今昔蓋高允同徵，杜子美《八哀》之遺意也。又作六言三十首七言律八首寄予小子，則又元白蘇臺皮陸松陵之富有也。而體裁高古，則度越之矣。……嘉靖己亥八月十五日，楊慎書于三元亭。

輯録

（明）張含《重刊張愈光先生詩集》卷一，清道光十三年（1833）陸仕義重刻本，第 16－23 頁。又見於（明）張含《張愈光詩文選》卷一，《叢書集成續編》第 115 册，上海：上海書店，1994 年，第 22－27 頁。

注釋

〔一〕丙申：嘉靖十五年丙申（1536）。

訪任少海

（明）張　含

曾于北斗瞻名價，今見南方挺上才。龍起岷峨通五嶽，劍衝霄漢觸三台。雲飛蜀水空牽夢，花發京春共舉杯。倒屣風流王粲後，築金誰復郭生臺。

輯録

（明）張含《重刊張愈光先生詩集》卷二，清道光十三年（1833）陸仕義重刻本，第 11 頁。又見於（明）張含《張愈光詩文選》卷二，《叢書集成續編》第 115 册，上海：上海書店，1994 年，第 33 頁。

得少海譴謫歸蜀消息寄贈

(明) 張　含

文章聲價冠東曹，海上傳聞復釣鰲。白帝雲中須採藥，夜郎月下得吹簫。楊用修寄少海詩有“採藥吹簫”之句，本少海寄用修牘中語也。古來直道猶三黜，今日憂時枉二毛。濯錦江頭非澤畔，揮毫何用賦《離騷》。

輯録

(明) 張含《升菴選禺山七言律詩》，明嘉靖三十九年（1560）錫山華雲刻本，第 11 頁。又見於 (明) 張含《重刊張愈光先生詩集》卷二，清道光十三年（1833）陸仕義重刻本，第 19 頁；(明) 張含《張愈光詩文選》卷二，《叢書集成續編》第 115 册，上海：上海書店，1994 年，第 36 頁；(明) 俞憲編《盛明百家詩》，《四庫全書存目叢書》集部第 305 册，第 491 頁。

得任五嶽手札口占長言一首寄答

(明) 張　含

悵望遥天一迸淚，錦城滇國歎離居。江湖月破三宵夢，霄漢鴻傳萬里書。已伴吹笙王子晉，休尋滌器馬相如。時危四海風塵動，受釣煙波有白魚。

輯録

(明) 張含《升菴選禺山七言律詩》，明嘉靖三十九年（1560）錫山華雲刻本，第 13－14 頁。又見於 (明) 張含《重刊張愈光先生詩集》卷六，清道光十三年（1833）陸仕義重刻本，第 2 頁；(明) 張含《張愈光詩文選》卷六，《叢書集成續編》第115册，上海：上海書店，1994年，第75頁。

重懷五嶽悵然寫長句一首

（明）張　含

丹竈貯金紅旭照，洞簫吹玉赤霞盤。從教北斗推韓愈，徒使蒼生望謝安。春社青螺游社陌，夜船霜鴈共漁潭。點蒼濯錦同明月，兩地遥從夢裏看。

輯録

（明）張含《升菴選禺山七言律詩》，明嘉靖三十九年（1560）錫山華雲刻本，第34頁。

任太史少海像贊

（明）李青霞

胸中有神，腕下有鬼。須上〔校一〕從斗牛宫，下到星宿海。不然，豈能撼摇山嶽，吞吐江河哉！是則是儀容雖肖，心口難描。

輯録

《（康熙）順慶府志》卷八《藝文》，第4頁。又見於《（嘉慶）南充縣志》卷六《藝文志》七之十四《贊》，第1頁；《（民國）新修南充縣志》卷一二《藝文志》，第81頁。

校勘

〔一〕上：原本訛作“士”，據《（嘉慶）南充縣志》改。

對雪憶任少海夜過聊短述

(明) 王希旦

飄飄玉屑弄晴暉，因風入户沾人衣。初驚白晝天浩浩，睇視紫禁尊巍巍。須臾散盡不復有，寂歷墮地愁殘威。閉户尊開北海深，故人夙昔勞我心。指揮星象策消軫，嘆息炎鼎生雲霖。竇玦入袖出袖雄，狗屠鹿犄俱成空。眼前群蒙豈足死，直斬妖彗開天衷。感君意氣夜不寐，詎憶白雪當寒風。爲君取醉歌不發，矯矯延佇真人龍。

輯録

(明) 王希旦《石谿文集》卷六，明天啓元年(1621)序刊本；(清) 郭柏蒼、(清) 楊浚録《全閩明詩傳》卷一六《正德朝二・王希旦》，(清) 鄭杰等輯録《全閩詩録》(二)，福州：福建人民出版社，2011 年，第 603 頁。

邯鄲姬次任少海韻

(明) 王三省

一笑出新粧，能命主道昌。宛似楚宫女，雲雨巫山陽。春風開綺席，銀燭照華堂。紅粉已隨黄土盡，嬌顔艷骨成悲傷。女戎禍家兼禍國，嬴邪吕邪誰短長。

輯録

(明) 王三省《潼谷集》卷三，《明别集叢刊》第三輯第 100 册，合肥：黄山書社，2015 年，第 483 頁。

廣漢懷任少海、黄慎軒二太史

（清）熊文舉

金莖雙秀艷金泉，妙墨靈文擬《太玄》。誰是釣鰲誰説法，從來游戲自人天。

輯録

（清）熊文舉《雪堂先生文集》卷一，《北京圖書館古籍珍本叢刊》第112册，北京：書目文獻出版社，1998年，第235頁。

論蜀詩絶句

（清）邱晉成

頡頏群彦見才華，警句都從藝苑誇。覓得枕中鴻寶術，擬尋句漏訪丹砂。任少海與陳束等稱嘉靖八才子。竹垞《詩話》云："少海遇青城山人授鴻寶修煉法。"《病懷》："還持石函記，句漏訪丹砂。"

輯録

（清）譚宗俊《蜀秀集》卷八，光緒五年（1879）成都試院刊本，第65—66頁。

書信

贈任子西歸

（明）鄒守益

任子少海自考功改春坊司直，未數月，乞歸其鄉。鄒子追而送諸郊，曰："子之行也，其遂所志已乎！古之言曰：'久在樊籠裏，復得返自然。'〔注一〕又曰：'嘯傲東軒下，聊復得此生。'〔注二〕南充雖遐，將不得爲栗里、柴桑〔注三〕乎！"任子喟然曰："夫禄位之儻來也，則聞命矣。顧吾始以請去，而卒以言去，於毁譽未能遣也，其若之何？"

曰："子不聞'潛龍'之訓〔注四〕乎？'易乎世'者，猶同於塵〔注五〕也；'成乎名'者，猶涉於外也。有不易世之操，而出於不成名之志，則可以'遯世而無悶'矣。然而訕謗興焉，謫辱及焉，黜戮加焉，我以爲是而衆以爲非，得無猶有動于中乎？故曰：'不易乎世'，'視其所以'也。'不成乎名'，'觀其所由'也。'遯世無悶，不見是而無悶'，'察其所安'〔注六〕也。夫然後爲'龍德'之全。以靖節翁〔注七〕攷之，慨然不肯以心爲形役，而乘化以樂天，其非有意於斯乎？"

任子瞿然顧程子安曰："吾歸，揭諸忠齋之楣，以爲吾箴。"

輯録

（明）鄒守益《東廓先生文集》卷八，《四庫全書存目叢書》集部第66册，第123頁；（明）鄒守益著，董平編校整理《鄒守益集》卷一七，南京：鳳凰出版社，2007年，下册第804頁。

注釋

〔一〕"久在樊籠"句：語出自陶淵明詩《歸園田居六首》之一。全詩如下："少無適俗韻（一作願），性本愛丘山。誤落塵網中，一去三十年。羈鳥戀（一作眷）舊林，池魚思故淵。開荒南野（一作畝）際，守拙歸園田。方宅十餘畝，草屋（一作舍）八九間。榆柳蔭後園（一作簷），桃李羅堂前。曖曖遠人村，依依墟里煙。狗吠深巷中，鷄鳴桑樹巔。户庭無塵雜，虚室有餘閑。久在樊籠裏，復得返自然（復一作安）。"

〔二〕"嘯傲東軒"句：語出陶淵明詩《飲酒》其七。全詩如下："秋菊有佳色，裛露掇其英。汎此忘憂物，遠我遺世情。一觴雖獨進，杯盡壺自傾。日入群動息，歸鳥趍林鳴。嘯傲東軒下，聊復得此生。”

〔三〕栗里、柴桑：栗里，今江西省九江市西南，晉詩人陶淵明曾居此附近。《宋書·隱逸傳·陶潛》：“江州刺史王弘欲識之，不能致也。潛嘗往廬山，弘令潛故人龐通之齎酒具於半道栗里要之，潛有有腳疾，使一門生二兒轝籃，既至，欣然便共飲酌，俄頃弘至，亦無忤也。”柴桑，晉尋陽屬縣（今江西省九江市西南），陶淵明故里，淵明晚年隱居於此。唐白居易《訪陶公舊宅》：“柴桑古村落，栗里舊山川。”

〔四〕潛龍之訓：《周易·乾·文言》：“初九曰：‘潜龍勿用，何謂也？’子曰：‘龍德而隱者也。不易乎世，不成乎名，遯世无悶，不見是而无悶，樂則行之，憂則違之，確乎其不可拔，潜龍也。”

〔五〕同於塵：《老子》第四章：“道沖而用之，或不盈淵兮，似萬物之宗，挫其鋭，解其紛，和其光，同其塵，湛兮似或存。吾不知誰之子，象帝之先。”《老子》第四十六章：“知者不言，言者不知。塞其兑，閉其門，挫其鋭，解其分，和其光，同其塵，是謂玄同。故不可得而親，不可得而疏，不可得而利，不可得而害，不可得而貴，不可得而賤，故爲天下貴。”

〔六〕察其所安：《論語·爲政》：“子曰：‘視其所以，觀其所由，察其所安，人焉廋哉？人焉廋哉？’”

〔七〕靖節翁：陶淵明逝後，朋友顔延之私謚爲靖節，故世稱靖節先生。

答任五嶽

（明）薛應旂

春中得邸報，知從者西歸，歎惘無極，恨不能縮地一見，以傾倒衷曲也。海内人物如公有幾？今再疏乞休，致爲忌者所中，然竟得布衣長往，不失初志，亦自足以洗刷塵氛，挽回末俗矣。視彼外爲硜硜而中則逐逐者，其賢不肖相去何如哉！此實天下之公論也。

某無似，得一南部，已爲過分，但無實而受虚名，恐亦未免爲衆嗤笑。歸來一念，時發於中，而老父七十，未沾一命，爲人子者既不能以道義顯親，於此自不能不仰體其情爾。肝膈之言，敢盡發之！山川限隔，相見未涯，使者告去，神與俱往。

輯録

（明）薛應旂《方山先生文録》卷五，《叢書集成續編》第116册，上海：上海書店，1994年，第697頁，又《四庫全書存目叢書》集部第102册，第272頁；（明）薛應旂《方山薛先生全集》卷五，《續修四庫全書》第1343册，第81頁。

寄任五嶽

（明）薛應旂

一别二十年矣，瞻仰高蹈，浮於峨眉、劍閣之上，邈不可即，立懦廉頑，裨益世教，吾道之光也。某賦性簡拙，遇事直前，屢遭擯斥，漫不知改。浙中學政，不揣分量，直欲障川迴瀾，遂爲喻者所排。此心耿耿，寔未嘗少負門牆。鬼神在上，不敢欺也。家居灌園，業已謝俗，而窺阱投石，同類甘心，以致不能安席。靦顔捧檄，復走京師，大非平生，甚失初志。其中情事則有難顯言者，信乎進退維谷矣，可奈之何？即與王南岷對論，稍聞起居，恨不得縮地一見。萬里附此，冀舒積衷，而逆旅呵凍，百不能一也。

輯録

（明）薛應旂《方山薛先生全集》卷七，《續修四庫全書》第1343册，第106頁。

寄任五嶽

(明)薛應旂

別去門下二十年矣,中間情事無可告語。西望岷峨,唯咄咄書空而已。混世不能,求死不得,乃復淪跡河湟,屏居白翟,朝探毳帳,夕聽胡笳,豈有壯猶長技,與匈奴相角,希功於狼望之北哉!不過快一二之甘心耳。矧海寇出没,江左流離,殘經故業,悉就漂落,而平日相知,亦漸猜疑叵測。時事至此,誠進退無據矣。每思左右皎皎霞外,謂爲聖人之上又有一等神人,公不可以當之邪?嘉陵江上,何日相對,一吐平生,濯沐於光風霽月之中,盡除塵垢也。即因葛聘君行便,冗率相聞,大都如此,其諸不足論已。

輯録

(明)薛應旂《方山薛先生全集》卷七,《續修四庫全書》第1343册,第108頁。

寄任少海司直

(明)朱孟震

某竊承天幸,猥以簿書之吏,再入名邦,所冀摳侍門墻,祗承玄論,蓋御李之私,無日不往來嘉陵山水間也。歲華荏苒,兩見秋螢,職事悾惚,竟乖夙願。門下猶然存其誠悃,遠枉手書,寵之華幣,肅使登領,感媿不勝。金氣漸深,玉體强勝,良慰懸切。玄亭撰著,菊徑謳吟,知盈蓬閣之儲,足侈名山之藏矣。儻亦出其餘緒,以開示蒙昧者,有乎至望!

輯録

（明）朱孟震《朱秉器全集·文集》卷四《寄任少海司直二首》，《北京圖書館古籍珍本叢刊》第79册，第120頁；（明）朱孟震《朱秉器文集》卷四《寄任少海司直》，《四庫全書存目叢書補編》第57册，第576頁；（明）朱孟震《朱中丞全集》卷首，《明别集叢刊》第三輯第77册，合肥：黄山書社，2015年，第495—496頁。

又

日星使入成都也，三復來械，且感且媿，冗冗附謝，不成報章。以門下氣味之末，即疏節良甚，必且蠲而亮之矣。維時菊徑風清，蓉江露湛，望遠紓情，登高能賦，是在門下。第無從縮咫尺地，一攜龍山之杖，奈俗吏何！謹勒短狀馳候，併陳銘鏤之私外，拙稿四册，附上台覽。倘門下無忘遠人，錫以一言，即九鼎大吕，不爲重也，然豈所敢望！

輯録

（明）朱孟震《朱秉器全集·文集》卷四《寄任少海司直二首》，《北京圖書館古籍珍本叢刊》第79册，第120頁；（明）朱孟震《朱秉器文集》卷四《寄任少海司直》，《四庫全書存目叢書補編》第57册，第577頁；（明）朱孟震《朱中丞全集》卷四《寄任少海司直二首》，《明别集叢刊》第三輯第77册，合肥：黄山書社，2015年，第496頁。

寄任中齋

（明）姜　寶

某自爲童子時即知海内有翁，既而得游荆翁老師之門，每見稱數海内諸有道名公，又稱翁不少置，以是未及登朝，先懷斗山之仰久矣，蓋不徒以玉堂先輩始知依附門下也。

某無所聞知，惟生平嚮慕有道門墻，及注意佳山水，亦自謂不後於人。昨者承乏名邦，深以得望見道顔，與一登岷峨，爲此生之大慶。今聞道從自遠來歸，又方以校士稍暇，登峨眉亦且有日，其爲不孤此生，喜當何如！第先師時已即世，言及於此，徒有喑嗚流涕爾。

某曩昔家居之日，辱亦以適游五嶽，與先師相期，不謂先師由世緣未斷，後出而有薊門浙海之役。某也待罪史館者三載，洛塵滿衣，每於馬上有深山之想，而拘牽至此。今見翁超然於埃壒之表，若將與異人者游，乃知仙風道骨，惟有宿世緣分者能得之，而塵網中人徒碌碌爲，可恨也。正仰，忽接手教，深慰。鄙悰時緣病新起，未能一一裁布，俟即日出貴郡時，倘不見麾門墻，尚容齋沐積誠以請爾。不宣。

輯録

（明）姜寶《姜鳳阿文集》卷八，《四庫全書存目叢書》集部第127冊，第589頁。

與任少海考功

（明）李　默

僕自入嶺表，去中朝益遠，四方書問皆廢，惟是一二知舊，未嘗不勤夢想。比来不審道履何似？竊計英譽素隆，柄擢已久，恨郵報不以時聞耳。此中炎熱，殊異敝邦。僕風抱脾疾，大不能禁，兼奉老母以居，物土非宜，尤爲衰年所厭苦。督府不察鄙心，誤以憲學爲薦。良荷銓司之明，舉以別授，僕母子寔拜無窮之賜。顧病骨支離，終不任吏，行藏之計，惟執事有以相之。

僕竊聞省署風流，義敦舊故，其待髒骫失職之人，固自不薄。僕本非其人，何敢厚望？惟有棄去，以要知足之福，斯得策矣。貴寅楊先生曾辱矜存知己之感，何能爲報！敢因驛騎，附布區區，并因執事以謝！

輯録

（明）李默《群玉樓稿》卷四，《四庫全書存目叢書》集部第77册，第678頁。

報任少海司直書

（明）陳文燭

走少年讀足下所上肅皇帝書，自比于皋陶陳謨之意，而其言又得俞允，忠肝義膽，披歷且盡。足下亦謂魚水投合，近古罕遘。未幾，削籍還山中矣，走殊訝之。嗣讀足下《張愈光詩序》，其言雄渾有力，在先秦、兩漢之間。竊謂足下與楊用修先生皆博學有名，而同一沉淪，走又訝之。近讀足下春坊所上及論交諸書，不覺悲憤，爲足下沾衣也。信而見疑，忠而被謗，上官之徒，何代無之，此在足下大觀，當付一笑耳。

走又聞廟堂往有起足下者，一二荐紳言足下春秋高矣。走昨見足下玄髮未改，英英如壯，天禄、石渠之間，何可少足下也！乃知申公之對，伏生之問，不用於漢，假令在今日，更覺寥寥矣。竊怪肅皇帝知足下所言之忠，而不得其身安于朝廷之上。又足下平生節氣自負海内，可相死之友，足下自言三五人，使在顯位，恨不並致于阿衡，誠然誠然。此皆素交于足下者，而不肖又未接殷勤之歡于左右。傾心嚮往二十年，于兹即三五人中添一豎子耳，不幸奔播困窮，同于足下。

昨與多生論足下爲昭代名品，聽者唯唯，何能重足下也。别來兩獲手書，如見顏色，有數百年世講之訂。且足下之不能黨權附勢，與權勢人之欲薙如蕭茅，天下後世必有以知之者。語曰："龍不隱鱗，鳳不藏羽。"若足下之文章必傳，豈伊人所能阻耶！《嵩和》拙草，承足下高文，中言稱雄藝苑者財一兩人，又在瞿峽、夜郎間，窮而後工，又何怪足下不大用也。至言不穀可與古人對壘決勝敗，汗愧汗愧！前過嘉州，望峨眉有深雪，春和必登，足下能偕往乎？歲晚多冗，報書無倫，惟足下照察。

輯録

（明）陳文燭《二酉園尺牘選》卷三，《明別集叢刊》第三輯第92册，合肥：黄山書社，2015年，第262—263頁；（明）凌迪知《國朝名公翰藻》卷四三《陳文燭·報司直任少海》，《四庫全書存目叢書》集部第314册，第357頁。

報任少海翰林書

（明）陳文燭

先公與門下號莫逆交，得來教，楚楚不能讀。至云"天與朴忠，人推亮節"，可謂知先公之深者。歲序易流，不肖亦禫矣。公子在夷陵赫赫有聲，門下以張忠定望不肖，而公子才名又何讓李畋、戴逵耶！當各勉圖之，以無負長者之愛。青居山遠，臨楮依依。

輯録

（明）陳文燭《二酉園尺牘選》卷六，《明別集叢刊》第三輯第92册，合肥：黄山書社，2015年，第293頁。

報任少海宫詹

（明）周光鎬

不佞請明公文爲觀察公壽，辱明公概然揮就，調峻義高，氣巖巖不可攀。其意不以頌而以規，唐昌黎復睹也，敢不誦服！顧不佞經怪今人側目名流，每每談吏治者詘文學。嗟嗟，文學何可詘哉！即詩一藝耳，古人曷廢之？韋蘇州九十餘，尚日焚香掃地事苦吟，高達夫五十始學詩，不佞方以來歲從事，詩果何損年壽哉！若謂詩家盡不聞道，則古聖賢何嘗業如三百篇，豈少年輕俠者流？若我家老茂叔、鄉人陳公甫，非聞道者何？其言可纚纚誦也。明公述作多秘，而尊生業成，乃閱人間世，後無來者，英雄欺人耳，獨不曰己立立人，己達達人乎？不佞以吏爲觀察公屬兹，於其行也，繪綵冶金，珍重名言。故知非觀察公門下，不以此言惠，然非明公，僕亦不敢以此言相質。望明公更而寵之，不佞拜賜無盡。

又

每於劍南入邛筰者，則首詢丈人動定。雲霞居丹室，即不奉顔色，然諗其僊僊無恙也，則不佞喜。顧寤寐思之，知丈人澄神玄默，餐採芝霞，雖容裔塵寰，若赤斧山圖者，旦暮遇之。不佞置身殊域踰年，戈革嘆驚，弦弱矢之逝，亦何爲哉！奉手教數語，所以制馭西南夷盡是矣。奈何蜀土多艱，興兵未已。邛都乍戢，隣寇尚新。彼始事而輿尸者，方將雪於殽之耻，然咸通李師望激動南詔之禍，尚可虞焉。不佞以犄角再出師，每以持重相左，尚未知税駕何如，丈人何與人間事。然寧無素書鴻術，可以指授孺子爲長往計者？望之望之！會郡史還，敬附以候，敢布腹心。

又

頃肅使奉候，尋懼不莊。秋深氣爽，仰惟仙履清勝，兹潰建南荒徼，苦羌夷之患，積有年矣。向當事者狃拘攣，戒勿動，因循醖釀，幾淪版籍地。非親睹其禍者，孰肯信之？微宛陵司馬此一舉，則一方其左衽矣。不佞猥在行役，言頗不詭，乃地方官校士卒，思所以報司馬公於可久者，謀之監理府官某、裨將王某，謂必得史氏良筆，屬不佞圖之。圖之則伏思非翁金石典謨之章，不足以彰盛美。

然不佞竊觀史牒中載邛崍伐首，惟司馬長卿諭檄爲烈，而太史遷《自序》則云爲郎中時，奉西征巴蜀以南，南略邛笮，則邛故子長經略地也。今中丞徐公載見三司馬矣，故不佞謂紀中丞平夷，無如立《三司馬祠碑》。蓋在漢則以闡幽勝於既往，於今則勒豐蹟於將來，不有鴻製，何徵駿伐？而必欲長卿、子長首肯，非明公筆，疇其能當之！此亦不佞快意事也。千里積忱，萬祈俞可。

輯録

（明）周光鎬《明農山堂彙草》卷二二《文·尺牘類》，《明别集叢刊》第三輯第 88 册，合肥：黄山書社，2015 年，第 407—408 頁。

致翰林任固陵先生

（明）蔡汝楠

兩日奉對，個中意味，雖未及飽參，而機言所在，已令心契。學教失真，以養軀脩福爲盡太上空門之指，以發解出身爲升孔氏之堂，踵承久矣，非如公天□至識，孰挽回道運哉！汝楠極鄙陋，但知拜服高賢。《悟真篓》云："不逢同志相規切，時覺鑪中火候非。"既幸遘公，自當力制凡火，使歸鼎鑪。鑪中火候，惟望規切。謹此留謝，并申區區。所屬劉尹者，惟不吝教講説，爲諸生加災於木，併獻充覆瓿之用，止一部，不及奉似山、南岷〔注一〕二丈，乞爲轉白。

輯録

（明）蔡汝楠《自知堂集》卷二〇，《四庫存目叢書》集部第97册，第705頁。

注釋

〔一〕似山、南岷：文衡（1497－?），字公孺，號似山，南充人。觀大理寺政，授户部主事，陞員外、雲南僉事。王廷（1505－1589），字子正，號北厓，別號南岷，四川南充人。

與任忠齋宫允

（明）丁自申

年未爲公允驅馳，緬仰鴻儀，邈矣雲霄。聞自五嶽歸，繼游遐覽，當遇吴人，相與談羽化秘袂，僕未暇叩也。公讀某記事賢刻，云無忝干旄之詠，而此邦所稱澹臺子羽可當北面嚴事者，非公其誰？乃延致咨訪，竟以泉石矢盟，飄然莫就，豈僕非武城主人，而偃室將無大賢之跡耶？兹以端陽休沐，恩念勃焉，計二賢郎春秋試邇，謹以茶灼二物，贊諸具寐之勤，雖自知菲野，然不欲效世俗蒲黍爲獻，知公之能原諒也。

輯録

（明）丁自申《三陵集》卷一〇，吴海鷹主編《回族典藏全書》第174

册，蘭州：甘肅文化出版社，銀川：寧夏人民出版社，第12—13頁。

與杜翼所給事

仙莊界接蓬島，僕有事蓬州，每從山下瞻遡，亟欲藉榻久矣。俗務稍閑，倘得乘風追揖，杖屨籍叩淵微，豈非至願。第恐俗吏倥傯，不常即飛報上官，至郡，又當馳逐傴僂行耳。未卜緣化難遂，訂約爲語小靈，他日請勿閒關固辭逋客，俟僕得謝鞅掌，終當償此夙志也。

輯録

（明）丁自申《三陵集》卷一〇，吴海鷹主編《回族典藏全書》第174册，第14—15頁。

任瀚集校注附録卷二

序跋題記

任吏部集序

（明）高叔嗣

固陵先生始舉進士，奉大對，今上親題其文，直詞絶識，名冠海内，士莫不延頸願托末交。

余辛卯〔注一〕春再登上國，首奉欵曲，宴語闌宵，相得甚真。乃投贈詩云："文章知汝在，交誼爲誰深?"既遂别去。其後余遷守邊垂，世故相繫，親交日疎，疑莫與匹。乙未〔注二〕春，得以覲事衹役闕下。先生猶敦夙好，不薄厭之。感《谷風》〔注三〕之誼，誦《同人》〔注四〕之言，君子于是知友道存焉。時則翰林唐君應德〔校一〕、陳君約之、司勳李君伯華〔校二〕，咸相與綜理文藝〔校三〕，啓發微言，一朝大振。余拘以外寮，不得久侍，遂録先生詩譌文論總若干首〔校四〕，用著矜式。

夫李白有詩人之材，而無詩人之識；杜甫有詩人之識，而無詩人之度：故言匪世法，動迕于時〔校五〕。余觀先生雍容謙和，聲華益遠〔校六〕，制行以周、孔爲師，陳詞與《詩》《書》比軌，不激而高，不刻而工，弘麗精微，至矣哉〔校七〕！治世之音，于斯以備。明王之佐，舍是焉適？先生復不以余陋，而使綴名于簡，輒不避遜，敢揚大雅。夫世有心賞之士〔校八〕，弘麗精微，苟有見於斯編〔校九〕，其必讃歎愉悦，犂然自解，又何賴于余言乎！

是歲，蘇門山人高叔嗣謹序。

輯録

（明）高叔嗣《蘇門集》卷五，《景印文淵閣四庫全書》第1273册。又見於（明）任瀚《春坊集》卷首，題作《春坊集序》，現殘存一葉，至“犂然”止，以下脱。

校勘

〔一〕翰林：《春坊集》無。君：《春坊集》作“子”，下“君”同。

〔二〕司勳李君伯華：《春坊集》無。

〔三〕與：據《春坊集》補。文藝：《春坊集》作“文事”。

〔四〕文論：《春坊集》作“文賦”。

〔五〕“夫李白”以下：《春坊集》無。

〔六〕“雍容”以下：《春坊集》無。

〔七〕弘麗精微至矣哉：原本無，據《春坊集》補。

〔八〕“先生復”至“夫”：《春坊集》無。

〔九〕弘麗精微敬有見於斯編：《春坊集》作“得覩斯文”。

注釋

〔一〕辛卯：嘉靖十年（1531）。

〔二〕乙未：嘉靖十四年（1535）。

〔三〕《谷風》：《詩經·小雅》有“谷風之什”，其一即《谷風》。《毛詩序》：“《谷風》，刺幽王也。天下俗薄，朋友道絶焉。”此處借以表達朋友之誼。按：《詩經》十五國風中《邶風》也有《谷風》詩，乃刺夫婦失道者。《毛詩序》：“《谷風》，刺夫婦失道也。衛人化其上，淫於新昏，而棄其舊室。夫婦離絶，國俗傷敗焉。”

〔四〕《同人》：《周易》之一卦。《周易·繫辭上》：“‘同人先號咷而後笑。’子曰：‘君子之道，或出或處，或默或語。二人同心，其利斷金。同心之言，其臭如蘭。"《正義》曰："言二人同齊其心，吐發言語，氤氲臭氣，香馥如蘭也。此謂二人，言同也。"

任宫坊〔注一〕集序

（明）歐陽德〔注二〕

始任子舉進士，奉大對，敷陳政務，憂時悼俗，憤頑嫉邪，剴切數千言。今上嘉其忠，親擢置高第，始釋褐，一旦名隱動京師。羅子達夫、程子舜敷、楊子實卿、唐子應德與任子友也。余因數子者，得佐下風，數觀其詩文，疇昔所憂憤熟數上前者，往往見之乎辭。予每讀一篇，未嘗不慷慨三歎也。

任子操持砥礪，其交游必類己者。其於浮沉巧宦，削觚而圓轉，坦外而深中，阿隨人意，頡頏以取世資者，相疾視如讐。於是，自考功主事用薦補太子司直、國史檢討官，上駸駸大用之矣，而竟不能安其位。所交數子，亦先後以言譴。余抱痾林卧，爲憮然莫知所爲。比一二歲，余從蜀中人士聞任子杜門讀書，家之有無不問，部使者至，不得見其面，時從幽人文士倘徉山水，摛藻鑄辭，益工益富，憂憤之情，浸爲恬夷。或云："任子殆與世抹摋，而翫之以文耶？將寡與俗搆，無所迫鬬其中，故氣得其養，平停而不形者耶？"

言，心聲也。心以御氣，氣以昌詞，詞以宣志，志以制行，而功德因之立焉。是故媚世之士，其志群，故其行隨，其詞靡，可與諧衆，不可與入德；翫世之士，其志達，故行靡檢，柙詞無涯涘，可與樂性，不可與濟物；憤世之士，其志矯，故其行狷，其詞隘，可與震俗，不可與興化。仁以爲志，道以爲體，渾然同物，廓爾天游，和而不從，介而不乖，好惡忘己，因應無常，故其詞肆而不蕩，貞而不偪，厲而不猛，優柔而不弛，用志精一之致然也。君子曰：夫志與其群也寧矯。矯而返之，宜可以基。德既其達矣，於道也幾乎！

任子之始志既基之矣，而況日有造焉。其德立功崇，將莫之能禦。其詩文必傳，今行遠匪直以其詞足愛者。於是其甥李子〔注三〕刻之，首大廷之對，蓋本乎其始，若曰深造自得，由此其基也。

任子名瀚，字少海，西陵人。李子名某，字某，時少參江藩，同任子之志者。

輯録

（明）歐陽德《歐陽南野先生文集》卷二〇，《四庫全書存目叢書》集部第80册，第655—656頁。又見於（明）歐陽德著、陳永革編校整理《歐陽德集》卷二〇，南京：鳳凰出版社，2007年，第523—524頁；（明）張時徹《皇明文範》卷二四，《四庫全書存目叢書》集部第302册，第674—675頁；（明）何喬遠《皇明文徵》卷四五，《四庫全書書存目叢書》集部第329册第79—80頁；（清）黄宗羲《明文海》卷二四七，第2577—2578頁。

注釋

〔一〕宫坊：東宫諸官署的統稱。

〔二〕歐陽德：（1496—1554）字崇一，號南野，泰和（今屬江西）人，嘉靖進士，歷官南京國子司業、吏部左侍郎、禮部尚書，師事王守仁，講求良知之學。

〔三〕其甥李子：李時達，字伯可，一字中夫，號劍東山人。南部縣李延昌之子，娶任瀚次女。嘉靖十四年（1535）二甲進士，授户部主事，陞員外，歷官按察僉事、甘肅分守隴右道、江西布政使左參議。

五嶽集序

（明）薛應旂

夫言心聲也，文又言之成章而經緯於其心者也。然人藏其心，不可測也，知言斯知人矣。是故叛者其辭慚〔校一〕，疑者辭枝，吉者辭寡，躁者辭多，誣善者辭游，失守者辭屈〔注一〕。持是以御天下之言，宜無違者。然而不盡然也。故仲尼傷之曰："今吾於人也，聽其言而觀其行。"〔注二〕又曰："文莫吾猶人也，躬行君子，則吾未之有得。"〔注三〕嗚呼，其衰世之意哉！迨至於今，則又甚焉。甫掖章縫，高談極論，辭尚虛玄，義多通變，幾於達性命之本，窮仁義之原，而漢宋諸儒，殆將揖讓，蓋不徒以翰墨爲勳績，賦辭爲君子矣〔校二〕。至考衷稽素，或多自戾，而因以見侮於世。若是者，謂盡爲夫人之罪也，可乎？

五嶽任先生少負奇節正學，崛起西蜀，發爲文章，不事掩飾，故自制策以至於其諸著述，類皆由衷之言。雖讀其奏對者以爲似謨、訓，讀其辭命者以爲似《左》《國》，讀其議論者以爲似孟、韓，讀其敘事者以爲似《史》《漢》，讀其詩賦者以爲似《風》《雅》，而先生正大之心，忠烈之氣，超邁之志，清逸之才，幽玄之思，遺曠之情，則固隨感而發，固未嘗依倣模擬而爲之也。天下亦自信其爲人，而非言行相戾者流也。或謂蘇子瞻惜賈誼爲王者之生〔校三〕，而不能優游浸漬以用其才〔注四〕，以是爲先生望。吾則以爲子瞻既知此矣，且猶深受神宗之知，顧乃終身奔播而不能安於朝廷之上者何也？要之，氣運所關，非人之所能爲也。不然，魯有兩生〔注五〕，而文中子以大臣許之；唐有李白，而畢文簡公〔注六〕以王佐期之，豈必其依回取容，務俾功業之見於世哉！矧先生官吏部，薦賢絀惡，不受私謁；改春坊，詞林衆方競進，而先生毅然以去，此其風節固可以廉頑立懦，而裨於世教者大矣。以是而觀斯集也，又豈空言無施者哉！

昔歲乙未〔注七〕，先生校文禮闈，某實出門下〔校四〕，自是知先生爲最深。乃今待罪盱江〔注八〕，先生館甥〔注九〕李子伯可〔注一〇〕參知江藩，其文章行誼實先生同志之士也〔校五〕，以余知先生，遂屬序斯集云。

輯録

（明）薛應旂《方山先生文録》卷九，《叢書集成續編》第116册，上海：上海書店，1994年，第723－724頁；《四庫全書存目叢書》集部第102册，第316－317頁。又見於（明）薛應旂《方山薛先生全集》卷一○，《續修四庫全書》第1343册，第142－143頁。

校勘

〔一〕其：《方山薛先生全集》無。

〔二〕賦辭：《方山薛先生全集》作“辭賦”。

〔三〕生：《方山薛先生全集》作“佐”。

〔四〕實：《方山薛先生全集》作“寔”。

〔五〕實：《方山薛先生全集》作“寔”。

注釋

〔一〕“是故叛者”句：《周易·繫辭傳下》：“將叛者其辭慚，中心疑者其辭枝，吉人之辭寡，躁人之辭多，誣善之人其辭游，失其守者其辭屈。”

〔二〕“吾今於人也”句：語見《論語·公冶長》。

〔三〕語見《論語·述而》。

〔四〕“或謂蘇子瞻”句：蘇軾《經進東坡文集事略》卷七《賈誼論》：“非才之難，所以自用者實難。惜乎賈生王者之佐，而不能用其才也。”

〔五〕魯有兩生：《史記·劉敬叔孫通列傳》：“叔孫通使徵魯諸生三十餘人。魯有兩生不肯行，曰：‘公所事者且十主，皆面諛以得親貴。今天下初定，死者未葬，傷者未起，又欲起禮樂。禮樂所由起，積德百年而後可興也。吾不忍爲公所爲。公所爲不合古，吾不行。公往矣，無汙我！’叔孫通笑曰：‘若真鄙儒也，不知時變。’”後因以“魯兩生”指保持儒家節操，不與時俗同流合污的代表人物；又用以指迂腐不知時變者。

〔六〕畢文簡公：畢士安（938－1005），字仁叟，一字舜舉，代州雲中（今山西大同）人。宋太祖乾德四年（966）進士，官至吏部侍，參知政事，拜平章事。卒謚文簡。《宋史》卷二八一有傳。《經進東坡文集事略》卷五十二《李太白碑陰記》："李太白狂士也，又嘗失節於永王璘，此豈濟世之人哉？而畢文簡公以王佐期之，不亦過乎？"

〔七〕乙未：嘉靖十四年（1535）。

〔八〕待罪盱江：嘉靖二十四年乙巳（1545）冬，薛應旂謫授江西建昌府通判。薛應旂《方山先生文録》卷九《重刻朱子晚年定論序》："曩乙巳冬，余以謫官赴盱江，道出武林。"《方山先生文録》卷十《送李布政序》："歲乙巳，余以南考功謫判建昌。"

〔九〕館甥：即女婿。《孟子·萬章下》："舜尚見帝帝，館甥于貳室。"趙岐注："禮謂妻父曰外舅，謂我舅者，吾謂之甥。堯以女妻舜，故謂舜甥。"後因稱女婿爲"館甥"。

〔一〇〕李子伯可：李時達，字伯可，見前注。

春坊集識語

（明）花端明

門端明曰：《春坊集》首制策何？尊王言，重始遇也。其繫以春坊何？崇簡命之故也。先生所著，别有《考功》《釣臺》諸集，所論皆究極理道，根源乎性命，玄微深遠，當自有知之者。此集乃端明輩所藏録也。劍東宜真知先生者，望不吝珠玉，揭在簡端，使先生心事萬一不至落莫，此劍東之賜，亦劍東之責也。

輯録

（明）任瀚《春坊集》卷末，明嘉靖刻本。

春坊集跋

（明）丘子（佚名）

丘子曰：賢者之必有文章，如名山大川之必興雲雨，隨珠和璧之必露光輝。此前輩人語，朱晦翁以理學大儒於屈騷韓文，手爲校注。其所自爲騷選皆晉魏以上人聲口。坡翁忠孝大節，磊落一世，而頌述其盛，亦類以文稱。播遷海島，濱於九死，而利害得喪，禍福卓然無毫毛得以入於其心，未始不於詩文焉發之。則知文事乃儒者華實相副，自然之光。故曰：不深於斯道，有至焉者不也。

余始識公於朝著間，雖未能盡得公之文，而縱觀之時，於交游處見其一班，而因以得公之爲人，峻潔邁往，不能慕顧，固已歆企愛悦，不能宣之於口。而公方在津要，絶無介紹之。通鳳麟舉，竟未有一日參對之幸。唯心口相語，固真知公之文非文人之文，誠韓子所謂必與道俱（下脱）。

輯録

（明）任瀚《春坊集》卷末，明嘉靖刻本。

春坊集跋

（明）李時達

此作爲任聘君五嶽先生作也。先生所著作，别有《考功集》《釣臺集》。平生磊落多大節，《釣臺集》具見，且多性命道德之言，未易刊載。此集特其居常酬應之作耳。某前過果州，得之元康舅氏篋笥中，爲先生門弟子花端明、索儁所校録，愛而傳之，知先生不罪也。乙巳秋八月中秋前三日，劍東山人李時達跋。

輯録

（明）任瀚《春坊集》卷末，明嘉靖刻本。

春坊集跋

（明）陸體仁

陸體仁曰：文不關於世教，作無益也。體仁往在燕山，得識五嶽，且見公之文古朴渾雅，而變化闔張，殆不可測。至其堅直之守，光大之心，忠愛之意，俱然可見，不獨以其文而已也。杜工部詩，天下古今傳誦，人許其有三百篇之風，亦自其撫事感時、愛君忠國，爲之主本焉。嗚呼！知此可以論五嶽之文矣。嘉靖乙巳中秋，浙蘭谿陸體仁書。

輯録

（明）任瀚《春坊集》卷末，明嘉靖刻本。

任文逸稿序

（明）陳文燭

《任文逸稿》者，南充任少海先生著也。

往余視學梁、益，東入夔門，登巫山十二峰，巃嵸崢嶸，倏而朝雲，倏而暮雨，蹇産難以名狀。北登劍閣，壁立千仞，窮地之險，極路之峻。此山河之固，武侯中流而喜、張孟陽掃石而名者也。及訪任先生于青居釣臺，先生年近百齡，耳目聰明，肌膚若冰雪，綽約若處子，與余極論，夜深乃罷。酒酣，命題壁聯。余曰："李太白搥碎黄鶴樓，横飛壯思驚三峽；張茂先唤起蒼龍劍，長放清光射五湖。"先生大叫，以爲知我。後再訪先生，先生出其文，與余讀之，皆《考功》《宫坊集》中所未載也。欲付剞劂，未能。今果州太守勒成新編矣，寄余金陵，屬余一言。

夫江漢炳靈，世載其英，藹若相如，皭若君平，秀若王褒，奇若揚雄，幽思絢道德，摛藻掞天庭，皆不朽人也。先生起異代而與之并驅，正而芭，曲而中，體格高玅，而長於持論，有如空中樓閣，雲流霞布，頃刻萬態，望之有金琅氣而不可即，又如深山窮谷，呼吸沆瀣，丹砂餘粒，鷄犬舐之皆得飛升，鼎鑪、茶竈，俱非人間物。

昔人言古今文人類多不護細行，鮮能以名節自立。先生在翰林，恥媚權貴人，在考功，又屏去權貴人，私人恬淡寡欲，有箕山之志，可謂彬彬君子者矣。

先生論文，自司馬子長之後，獨取韓昌黎有氣力，昭代尚無柳柳州。又問己所爲文能傳後世否。余曰："能駕陵往昔者，便可垂示方來。先生之文，無論子厚，當與退之光焰照千古，傳世必矣。"先生嘗許訪余瀟湘江上，結鴻濛社，其文或有進於此乎，當更爲先生論定也。

萬曆辛卯[注一]夏日，五嶽山人沔陽陳文燭撰。

輯録

（明）任瀚《任文逸稿》卷首，明嘉靖刻本。

注釋

〔一〕萬曆辛卯：萬曆十九年（1591）。

任文逸稿敍

（明）王九德

德少時讀鄉賢高蘇門所敍《任文抄略》，蓋稱固陵先生始舉進士，奉大對，今上親題其文，直詞絶識，名冠海内。當是時，蘇門已即世，不可問矣。德問之東都士大夫，乃知固陵先生者，今虛陵洞天隱君子任霞父也。

後來德歷官司寇、司徒，則又見薦紳中亟稱任先生在世宗朝以清修方正著聞，初從翰林，改吏部爲考功大夫，骨鯁自持，不與權貴人通關節。其考察去者多勢力門下人，或嘗先事以姓名相請託者，一切皆罷去不問。以故權門多按劍，疾之如讐。及皇太子出閣講學，先生奉廷推，稍遷宫坊司直，兼史館經筵官，時號得人。獨按劍者馮藉寵靈，悒悒不能釋，常欲嗾私人，持公短奏上，竟無所得。先生聞之，但笑曰〔校一〕："某嘗抱琴出關，游〔校二〕黄業寺〔校三〕，坐聽梵塔風鈴，如聞天樂。持斗酒相〔校四〕勞，三日不能歸。又嘗欲掛冠宣武門，浮海上，尋安期生。是其所短，而時人未之知也。"遂毅然抗疏乞骸骨，辭甚懇，至疏三上，然後賜〔校五〕歸。居無何，聞前怙寵者就刑西市，先生猶函辭數千里，使人投鄱湖水上弔之。有謂："智侔秦相，適逢上蔡之悲；才近中郎，偶蹈承家之恨。"其渾厚如此。

先生還山四十年間，前後經中外薦剡者三十餘疏，凡以高明見忌，孤介難容，終與世圜方不相入，不能用也。嘉陵江上，有山田數畝，釣臺一區，不足資口食，而先生唯日坐草廬中，彈琴著書，澹然忘老。

德自出守兹土，既嘗慕先生之高節，而又篤愛其文章可以雄峙百代，因命諸生就〔校六〕隱所求之。見先生題其户曰："龐德公衣掛漢江雲，已〔校七〕知身在風塵表；魯仲連腳踏滄海水，何用名垂天地間。"既無所用名，則又安所用詩文爲也？諸生但得其漁蓑中逸稿數篇，皆應世之作。德不敢自私，因敘而傳之，行於世。時先生年九十，不減丁壯云。

萬曆庚寅季夏，順慶府知府王九德頓首謹敘〔校八〕。

輯録

（明）任瀚《任文逸稿》卷首。又見於（明）任瀚《任少海先生文集》；（清）黄宗羲《明文海》卷二四七《附原刻任少海稿序（王九德)》，第2576—2577頁；《（嘉慶）南充縣志》卷五《藝文志》七之六《序》，題作《刻任少海藁序（萬曆庚寅季夏）》，第10—12頁；《(民國)新修南充縣志》卷一四《藝文志·序》，題作《刻任少海藁序（萬曆庚寅季夏)》，第7—8頁。

校勘

〔一〕曰:《明文海》無。

〔二〕游：原本脱，據《明文海》補。

〔三〕黄業寺:《明文海》作“黄葉寺”。

〔四〕相：原本脱，據《明文海》補。

〔五〕賜:《（嘉慶）南充縣志》作“辭”。

〔六〕就:《（嘉慶）南充縣志》作“至”。

〔七〕已:《（嘉慶）南充縣志》作“誰”。

〔八〕“萬曆”至“謹敘”:《（嘉慶）南充縣志》無。

選任少海文集敘〔校一〕

（明）王振奇〔注一〕

果州南充嘉、萬之季，兩太史崛出其間，任公少海，黄公平倩。黄集猶〔校二〕傳十之一，任集抑何寂寂也〔校三〕！則以公生不媚世以取用，没亦不以文媚人而衍其用也。

嗟乎！文明之世，百物效用。日月星辰，文用之旂常；昆蟲鳥獸，文用之彝鼎；徐土五色，文用之侯社；羽畎夏翟，文用之旌旄。龍文用於章，玉文用於藻。百工婦人雕礱組綉，用其文於宗廟祭祀。文人何獨不然？

公當大對，上親題其文，直詞絶識，名冠海内。未幾，在史館以清脩方正改考功，在考功又以清脩方正忤權勢，隨以宫坊乞骸骨，自號五嶽山人。武帝雖念一篇之《子虚》，不能減十夫之口食。任公之不能媚世以取用也，任公也，非關文也，然而文亦有罪焉。

昔蘇登疏云："上啓陳詩，唯希咳唾之澤；摩頂至足，冀荷提攜之恩。其人可誅，其文可置。"今讀公之集，殷殷脈脈，侃侃諤諤，峭直孤貴，知之者希。則公之文，其不得與嘈嘈淫哇同媚世而取用也，是則不恭之大有弗恤者。

雖然，文之不見媚於當時後世也，文之幸也，公之所甘心也。唐劉復愚，文擅一代，不利於用，後作《文冢志》云："無朽爲芝菌，以怪人自媚；無堅爲金鐵，以行貨起爭；無滴爲澧泉，以味乎諂口；無禱爲城社，以狐鼠憑妖；無聳爲良材，以雕斲傷性；無萌爲蘭茝，以佩服見藝。"嗚呼！生不媚官，死又不以文媚人，復愚之所以爲復愚也。任公其似之乎！不佞裒而梓之，公毋亦恨文冢之未早耶？

安成非異甫王振奇題於吉人式穀公署，時天啓丁卯五月既望日也〔校四〕〔注二〕。

輯録

（明）任瀚《任少海先生集》卷首。又見於《（嘉慶）南充縣志》卷五《藝文志》七之六《序》，第19—21頁；《（民國）新修南充縣志》卷一四《藝文志·序》，第8—9頁。

校勘

〔一〕選任少海文集敘：《（嘉慶）南充縣志》作"任少海文集序"。

〔二〕猶：《（嘉慶）南充縣志》作"獨"。

〔三〕也：《（嘉慶）南充縣志》作"乎"。

〔四〕"安成"至"既望日也"：《（嘉慶）南充縣志》無。

注釋

〔一〕王振奇：字非異，號石鯨，江西安福縣籍廬陵縣人。萬曆四十七年己未（1619）進士。授工部營繕司主事，監修天壇，筦節慎庫，蠲除助陵。時同官萬燝以陵工觸魏忠賢，被矯旨廷杖致死，朝士無人敢言。振奇獨抗疏白其冤，語多激烈，忠賢銜之。忠賢敗，移屯田司員外，調主客司郎中，遷參議，督學四川，精衡鑒，公獎拔，捐缺俸缺廪金以助川餉。歷升都察院右僉都御史，巡撫寧夏，按行諸堡塞，相險，繕甲兵，練火器，修車輪，裕餉恤士，尋以勞瘁卒，贈恤蔭一子。

〔二〕按：文末原有"石鯨""午未聯捷"二印。

任瀚詩選題記

（清）費經虞

道士彭幼朔云："少海入青城山，遇異人授鴻寶修煉秘法。同時熊過叔仁亦好服食煉形書，世廟購求秘書，蜀撫臣訪之，叔仁紿其家，舉所藏焚棄。"密嘗問南充人，云："未嘗聞父老言也。"然瀚詩多仙游語，豈以此乎？叔仁則未嘗好此。觀叔仁題卷，則當時已疑少海喜仙矣。

少海榜草堂聯云："龐德公衣挂漢江雲，已知身在風塵表；魯仲連脚踏東海水，何用名垂天地間。"又題漢壽亭侯祠聯云："恩如兄弟，義重君臣，敢與漢賊同天，戮力遠開新帝業；威震華夷，氣吞吴魏，能使奸雄破膽，夢魂長繞舊神京。"

輯録

（清）費經虞撰、（清）費密補《劍閣芳華集》卷五，四川大學圖書館藏舊鈔本，第26頁。

任黄合鈔序

（民國）曾世禮

任司直少海、黄宫詹平倩皆名能文章，盛稱於有明嘉靖、萬曆間。少海以詞科起家，有用世志，年未四十罷歸，殫精〔校一〕六籍，尤邃於《易》，於姚江之學亦洞見大原。所爲文章高簡樸厚，學者宗之。平倩則少海高第弟子也。其文奇奡近諸子，意所獨到，未嘗純用師説。少海歸後，與楊升菴、趙大洲、熊南沙稱蜀四大家。而平倩初入館閣，當李攀龍、王世貞之學盛行，世所稱翰林體者皆改從之。平倩獨傑然以古文自異，晚年淫獵百氏，文益不主故常。兼擅書名，所爲碑版，照映蜀中。

余求兩先生文積有歲年，而不克多見。明萬曆中，祥符王九德守順慶，始刊行少海文。時先生尚存，年九十矣。平倩嘗自定其集，未及刊，身後門人故舊所掇拾者均非其佳者。天啓時，四川學使王振奇曾刻少海、慎軒兩集。慎軒，平倩別號也。又有崇禎間刊本。清嘉慶初，南充令袁鳳孫續修邑志尚及見之。今諸本皆不可得。求之任氏子孫，出所藏任文、任詩遺稿者，未知刊於誰氏，版本粗惡，寥寥數十頁耳。平倩文則訖無傳本。乃蒐閲各方志與鈔存於私家者，得兩先生文、詩各若干篇，皆燹蠹之餘所僅存者也。

少海古今體詩蒼堅壯鬱，直禰少陵。平倩格律精整，出入中盛。雖所得無幾，嘗鼎一臠，足知味也。因合其詩文，粗加編次，間有譌缺，無他本可較補，姑仍其舊。南充盛君克勤，好古士也，方搜梓鄉先哲文，乃序而歸之。

自唐韓愈氏以文章雄一代，號稱復古，後之治斯業者奉爲不祧之祖。明初朱氏右釐次唐以下文足稱爲家數者，得八人，吾蜀三蘇氏與焉。元代知名者，蜀有虞伯生、鄧文原，陵夷至有明，海内所推數，以爲差不愧於古者，一歸震川，他無論也。及桐城方氏之徒起，有所稱宗派者，其爲格頗嚴，然或與於其數矣。文不足以饜饜人心，或心不謂然，雖絓名焉，而誦言以求自別，其論殆未易定也。姚氏鼐用桐城義法，纂《古文辭》一書。長沙王氏、遵義黎氏皆踵起續之，搜討可謂勤矣，而明以降，蜀無一人入選。

余讀兩先生文，其所詣深者，幾可以突過震川，而得名乃遠不逮歸氏，迄今三四百年，流傳之作既放失莫收，而爲學子與同里閈者，至不能舉其名，豈曩哲所謂文之傳不傳有命存耶？抑後生晚進失所以式程教，耆賢零落，身與名俱朽耶？滄桑幾易，道術日棼，由韓、柳以迄方、姚諸儒之緒論，今之學者謂不足存矣。序兩先生文，蓋蹙蹙孤軫而爲吾黨憂焉。

民國九年冬十月蓬溪曾世禮修吾序。

輯録

（民國）曾世禮《任黄合鈔》卷首，民國九年（1920）鉛印本。

校勘

〔一〕殫精：原本作“單精”，形音近而訛。“殫精”即“精心”，任瀚於六經、心學、道教、文學皆爲精通，故據改。

履歷、志銘、傳記

任瀚履歷

任瀚，貫四川順慶府南充縣，民籍，西充縣人。國子生，治《詩經》。字少海，行三，年二十九，十二月初八日生。曾祖政。祖拱榮，縣丞。父九鼎，縣主簿。母賈氏。嚴侍下。兄淞，監生；江；瀾；仰止。娶花氏。四川鄉試第十三名，會試第二百八十三名。

輯録

（明）佚名《嘉靖八年進士登科録》，明嘉靖刻本；陳文新主編《明代科舉與文學編年》，武漢：武漢大學出版社，2009 年，中册第 1658 頁。

任瀚墓志碑

皇明賜進士出身左春坊左司直兼翰林院檢討前吏部考功清吏司郎中任瀚，字少海，係南充縣人。父諱九鼎，任湖廣巴陵二尹，誥封吏部考功郎中。母賈氏，誥封宜人。弘治辛酉年十二月初八日生，萬曆辛卯年十二月初八日終，享壽九十有一。娶處士花岡之女，封宜人，合葬於棲樂之陽。生子二：長元康，領嘉靖丙午鄉薦，宦直隸清豐、滎陽兩縣知縣；次元爽，領萬曆□□□歲貢，官湖廣夷陵州司訓，署監利、長陽兩縣丞。□女□三，長適射洪縣國學生劉與可，次適南部縣□□□□□□□□，季□□。其孫堯相等五人，曾孫任□□等六人，將來□□□延，鳳麟接踵，後裔未盡紀也。皇明萬曆二十一年歲次癸巳九月辛酉初五日丙辰癸巳，時上上吉，謹誌。

輯録

（明）佚名《任瀚墓志碑》，南充市文物管理所藏，藏品登記號 7393。又見於文廷海《南充新發現〈任瀚墓志碑〉考釋》，《四川文物》2001 年第 3 期；徐才安《棲樂山石刻》，蔣小華主編：《南充文物旅游攬勝》，成都：四川大學出版社，2003 年，第 43 頁。

任少海傳

任公名瀚，字少海，四川南充人也。嘉靖己丑進士，歷官文選郎。有文名，但僻在蜀都，流布甚少，往往見之，雖隻字片言，亦可占知其爲鳳毛麟角矣。尤長於對聯，動輒數十字，皆雄壯鏗鏘，爲士林所誦。

輯録

（明）王兆雲《皇明詞林人物考》卷七，《明代傳記叢刊》第 17 册，第 235 頁。

任瀚小傳

任瀚字少海，南充人，嘉靖己丑進士，歷官文選郎，有文名。

輯録

（明）凌迪知《萬姓統譜》卷六五，《景印文淵閣四庫全書》第 956—957 册。

任瀚名氏爵里考

任瀚，字少海，號忠齋，四川南充人。嘉靖己丑進士。爲文選郎，罷歸。唐荆川亟稱其能詩。

輯録

（明）朱之蕃《盛明百家詩選》卷首《盛明詩家名氏爵里考》，《四庫全書存目叢書》集部第 331 册，第 15 頁。

任瀚小傳

任瀚，字少海，南充嘉靖己丑庶吉士，歷考功郎。尤長於對聯，動輒十字，皆雄壯鏗鏘。

輯録

（明）陳懋學輯《事言要玄地集》卷四，《四庫全書存目叢書》子部202册，濟南：齊魯書社，1997年，第236頁。

任瀚傳

任瀚，南充人。嘉靖己丑進士，對策稱旨，御批云："勉朕求敬一之爲主，忠哉!"由庶吉士歷侍經筵，寵眷甚渥，爲當國者所忌，乞休，杜門，年甫四十。絶跡公庭，惟以養靜著書爲事。公工於文，尤善自秘，海内慕其高，徵文者踵至。當路薦剡三十餘次，竟不出。家居五十餘年。所著有《春坊集》《釣臺集》《河關留著録》《任文逸稿》《任詩逸草》《海鶴雲巢對聯》諸書，行于世。公生平講性命之學，及終之日即其生之日，倏爾譚笑而逝，聞者莫不稱奇。

輯録

（明）吴之皞、（明）杜應芳纂修《（萬曆）四川總志》卷一〇《順慶府志》，明萬曆四十七年（1619）刻本，中國國家圖書館編《原國立北平圖書館甲庫善本叢書》第356册，北京：國家圖書館出版社，2010年，第325—326頁。

任瀚小傳

（清）費經虞

瀚字少海，一字霞父，南充人。羅洪先榜進士，選庶常，散吏部考功司主事。性喜閒居，請休，吏部侍郎張某止之，天子復以春坊司直。與陳束、唐順之、熊過輩名動闕下，時稱八才子。

久之，又求去。張爲内閣，留瀚。瀚上書曰：“瀚常以病求解職，我公時爲少宰，留瀚，勉强就官又三年矣。疎野情性，不堪吏職，積懷沈鬱，神氣昏亂，視聽蚤衰，求哀誠非得已。中古以還，此意久不見公卿間。瀚獨何心，能不依依。薦龜玉几，不如塗曳尾；飾豹文素，不如生澤霧。君相不以爲狂，人固各有見。”乃歸，年甫四十。瀚少有志用世，學劍於邛都老叟，又好仙靈飛行之術，兼沙門超絶之語。及去官還蜀，盛年多暇，二氏之人，往來不絶。若云入青城山，得異人靈寶秘奥，能鑄黄金，則方士之言，烏足信哉！而《列朝詩》公然載之，誣玷先輩，何可不駁正耶！及其衰遲，學《易》於蜀棲霞山，勒石記之。其辭曰：“《易》者，聖人所以權衡天地，陶冶萬象，節宣元化，醻酢神明，無爲而無不爲者也。是故河出圖，洛出書，卦象未張，而易行乎中矣。聖人定未畫之中，以象太極，大道根矣。畫一而奇，畫兩而偶，兩儀陳矣。三畫而成卦，三才分矣。八卦環列，象在其中矣。引而齊之，數在其中矣。一陰一陽，迭用柔剛，繫之否臧，性在其中矣。盈虛消息，與時偕其動静，各得其常，命在其中矣。性者剛柔善惡中而已矣。易出乎震，行乎巽，曒嗢乎離，養乎巛，游宴息乎兑，奮乎乾，歸藏乎昨，老乎艮，道在其中矣。是故易衜閎遠，神化文明，肴烝三極，盪摩元精。天地得易，日月星辰順軌，寒暑不相射，山海宴清。王侯得易，萬事貞，百官以察，萬國咸寧。庶人得易，則萬化生乎其身。是故主事莫嚴乎太極，求配莫正乎兩儀，設位莫明乎三才，揲數莫精乎蓍策，灋象著明莫大乎天地。雷、風、山、澤、水、火發天地之藏，察鬼神之藴，窮元達化，取精多，用物弘，莫備乎聖人。是故聖人者，有不龜之卜，有不蓍之筮，有不畫之易，先天謀兆，後天御時，不龜不蓍，而鬼神變化，莫能違之，易庶其有興乎。”常游陝，巡撫蔡汝楠問《易》，爲傳《易》四圖，非陳摶舊文也。從瀚學者甚衆，李竹、張鑑、陳于陛、杜翼所、文衡、索俊、黄輝[注一]、李益、羅仲元兄弟。竹舉鄉試，著《皇極經世發明》。鑑總漕御史，著《皇極經世衍義》。羅仲光著《三學質疑》。于陛、輝别有傳。其餘皆政事、文辭卓有可觀。給事中杜翼所，瀚甥也，與書云："昔范魯公質從仕未嘗釋卷，或止之。質曰：'他日若當大任，苟無學術，何以處此？'張忠定詠聞寇萊公大拜，嘆曰：'蒼生無福。'門人怪問，曰：'寇準才不可當，惜用太速，不及學耳。'吾甥起復，即當入臺諫。天下事惟宰相得行，臺諫得言。古名臣在諫垣，皆明切世務，可見之施行，非學術素精，識見素定，臨事茫然，何以得此？舍居幽閑，靜時不收拾停當，居官以後，更無閒暇。歷代名臣奏議剴切者，逐條玩讀，漸自有得也。"又語僉事文衡云："生不負君，死不避難，舍吾子無可與言學矣。"二氏之人好傳瀚少時迂怪，而正論實德，世鮮知之，故著于篇。年九十餘卒。其所著書，蜀亂後多亡，惟《詩逸草》存。

輯録

（清）費經虞撰、（清）費密補《劍閣芳華集》卷五，四川大學圖書館舊鈔本，第11—13頁。

注釋

〔一〕黄輝：（1555—1612）字平倩，一字昭素，號慎軒，四川南充人。萬曆十七年（1589）進士，由兵部主事選翰林院庶吉士，授編修。在館中一改館閣文風，同館中詩文推陶望齡，書畫推董其昌。輝詩及書與齊名，而博雅過焦竑。遷右春坊右中允，充皇長子講官，升右諭德，右庶子掌司經局，左庶子，擢少詹事兼侍讀學士，卒。《明史》附《焦竑傳》後。

任司直傳

（清）成都後學費密

任瀚字少海，號忠齋，四川〔校一〕南充人，少穎敏。嘉靖己丑羅洪先榜進士，選庶吉士，除〔校二〕吏部考功主事，歷文選郎中，意有不合，常以病辭。癸巳，天子遴才，改春坊司直，兼檢討。與陳束、唐順之、熊過〔校三〕輩以文名，時謂之八子，偕〔校四〕鄒守益談良知之學，於言下洞見陽明大旨，意有所不可〔校五〕。乙未分校禮闈。己亥扈蹕巡楚。嘗以疾辭〔校六〕，久之又求去。疏方上〔校七〕，石首張相國慰留。公上書曰："瀚常以病求解職。我公時爲少宰，留瀚勉强受官，今又三年矣。踈野性情，不堪吏職，再辱慰留，追維前義，感慨並集。中古以還，此誼不見於公卿久矣。瀚獨何心，寧不依依！諺云：'薦龜玉几，不如塗曳尾；飾豹文素，不如生澤霧。'君相不以爲狂，人固各有見，幸明公諒察。"命未下，俶裝就道，忌者嗾言官論之〔校八〕。乃解官〔校九〕歸，年甫四十。所居僅蔽風雨，饘粥不繼，讀書談道，浩然自得，海内慕其高〔校一〇〕。當道剡薦〔校一一〕三十餘次，竟不出。

公少有用世之志，凡百家二氏之言，罔不蒐討。後反求六經，闡明聖學。晚尤潛心於《易》，深有所得，勒石城西〔校一二〕棲霞洞記之。其辭曰：

《易》者，聖人所以權衡天地，陶冶萬象，節宣元化，酬酢神明〔校一三〕，無爲而無不爲者也。是故河〔校一四〕出圖，洛出書，卦象未張〔校一五〕而易形乎其中矣。聖人定未畫之中，以象太極，大道根矣。畫一而奇，畫兩而偶，兩儀陳矣。三畫而成卦，三才分矣。八卦環列，象在其中矣。引而肴之，數在其中矣。一陰一陽，迭用柔剛，繫之否臧〔校一六〕，性在其中矣。盈虚消息，與時偕將〔校一七〕，動静各得其常，命在其中矣。易出乎震，行乎巽，曮嗢乎離，養乎坤，旋宴息乎兑，奮乎乾，歸藏乎坎，老乎艮，道在其中矣。是故易道閎遠，神化文明，爻[校一八]蒸三極，盪摩元精。天地得易，日月星辰順軌，寒暑不相射，山海宴清。王侯得易，萬事貞，百官以察，萬國咸寧。庶人得易，則萬化生乎其身。是故主事莫嚴乎太極，求配莫正乎兩儀，設位莫明乎三才，揲數莫精乎爻策[校一九]，法象著明莫大乎天地，雷、風、山、澤、水、火發天地之藏，察鬼神之藴。窮元達化，取精多，用物弘[校二〇]，莫備乎聖人。是故聖人者，有不龜之卜，有不筮之蓍[校二一]，有不畫之易，匪彝所思，先天謀兆，後天御時，不龜不蓍[校二二]，而鬼神變化莫[校二三]能違之，易庶[校二四]其有興乎！

嘗游崤函間[校二五]，中丞蔡汝楠[校二六]問《易》，爲著四圖，並作贊授之。

從公學者甚衆，李竹、張鑑、薛應旂[校二七]、陳于陛、王續之、杜翼所、文衡、李益、索俊[校二八]、楊文舉、李機[校二九]、黄輝、羅仲元兄弟[校三〇]皆出其門。竹舉鄉試，著《皇極經世發明》。鑑，大中丞，著《皇極經世衍義》。仲元弟仲光，著《三學質疑》[校三一]。于陛，大學士。輝，少宗伯，别有集[校三二]。其餘政事文詞，卓有可觀。

公性方嚴，耄勤不倦，因人造就，諄諄誘迪，然不事標榜，期於實踐。陳文端公建金泉書院，延之講學，亦堅辭之。給事中杜[校三三]翼所，其甥也，丁艱歸。公與書曰："愚平居静坐[校三四]，思量有一大事，當與吾甥言之。昔范魯公質自從仕未嘗釋卷，或止之。質曰：'吾他日若當大任，苟無學術，何以處此?'張忠定聞寇萊公大拜，歎曰：'蒼生無福。'門人怪問。曰：'寇準才不可當，可惜用太速，不及學耳。'吾甥今已[校三五]爲大行，不久起復，即當入臺諫。臺諫，朝廷治亂安危所繫。天下大事[校三六]，惟宰相得行，臺諫得言。古名臣在諫垣者，多至百餘疏，少亦不下〔校三七〕六七十疏，然皆明切世務，可見之施行，非學術素精，識見素定，臨事茫然〔校三八〕，何以得此？大抵居官以後，更無閒暇。若此時用心打疊，他日入手如探囊出物〔校三九〕，遇一事便有一段大議論，不可攧破。此一生受用不盡也。”語僉事文衡〔校四〇〕云：“生不負君，死不避難，舍吾子無可與論學矣。”其訓迪後學，大都類此。

公雅好恬退，雖〔校四一〕負經濟實學，不樂顯仕。居林下五十餘年〔校四二〕，未嘗通謁時貴。而方外羽流，假公名以惑世，稱公有黄白術，語極妄誕，不知公理學淵源，實出濂洛諸君子。生平著述甚富，蜀亂散亡，僅存《春坊集》《任文逸稿》《任詩逸草》〔校四三〕。讀棲霞洞石刻，微言奥義，直剖河洛之秘。方士荒唐之説，不足信也。

公二子：長元康，鞏昌太守；次，元爽，别駕〔校四四〕，皆有政聲。

公年九十三〔校四五〕歲卒。

輯録

（清）李成林總裁，（清）張鳳翮總修《（康熙）順慶府志》卷九《藝文》，第38頁。又見於（清）范鄗鼎輯《理學備考》卷一六，題《任少海先生傳》，注“節數字，成都費密”，乃清羅爲賡惠贈之文，《四庫全書存目叢書》史部第122册，第145—146頁；《（嘉慶）南充縣志》卷四《藝文志》七之四《傳》，第67—68頁；《（民國）新修南充縣志》卷一三《藝文志》，第37頁。

校勘

〔一〕四川：原本無，據《理學備考》補。

〔二〕除：《理學備考》作“尋授”。

〔三〕熊過：原本訛作“無過”，據《理學備考》改。

〔四〕偕：《理學備考》作“聞”，當是。

〔五〕“旨”至“不可”：原本作“意”，據《理學備考》改補。

〔六〕嘗以疾辭：原本無，據《理學備考》補。

〔七〕疏方上：原本無，據《理學備考》補。

〔八〕“命未下”至“嗾言官論之”：原本無，據《理學備考》補。

〔九〕解官：《理學備考》作“放歸”。

〔一〇〕“所居”至“慕其高”：原本無，據《理學備考》補。

〔一一〕剡薦：《理學備考》作“薦剡”，意同。

〔一二〕勒石城西：原本“勒”訛作“勤”，《理學備考》作“勒石果山”。

〔一三〕酬：《理學備考》作“醻”。

〔一四〕河：原本訛作“何”，據《理學備考》改。

〔一五〕張：《理學備考》作“彰”。

〔一六〕否臧：原本作“臧否”，據《理學備考》改。

〔一七〕偕將：原本作“偕行將”，《理學備考》作“咸將”，“偕”與“咸”同義，“行”衍，據刪。

〔一八〕爻：《理學備考》作“肴”。

〔一九〕揲數莫精乎爻策：揲、爻，《理學備考》分別作“極”“肴”。

〔二〇〕多用物弘：原本脱，據《理學備考》補。

〔二一〕不筮之蓍：《理學備考》作“不蓍之筮”。

〔二二〕蓍：原本作“筮”，據《理學備考》改。

〔二三〕莫：《理學備考》作“莫之”。

〔二四〕庶：原本作“庶幾”，據《理學備考》改。

〔二五〕間：原本無，據《理學備考》補。

〔二六〕蔡汝楠：原本訛作“蔡清”，據《理學備考》改。

〔二七〕薛應旂：原本無，據《理學備考》補。

〔二八〕李益、索俊：《理學備考》倒作“索俊、李益”。

〔二九〕李機：原本無，據《理學備考》補。

〔三〇〕羅仲元兄弟：《理學備考》作“羅仲先、羅仲光”。

〔三一〕“仲元弟”至“三學質疑”：《理學備考》無。

〔三二〕別有集：《理學備考》無。

〔三三〕"其餘政事"至"給事中杜"：《理學備考》無。

〔三四〕靜坐：《理學備考》作"無事"。

〔三五〕已：《理學備考》無。

〔三六〕大事：《理學備考》作"事"。

〔三七〕不下：原本無，據《理學備考》補。

〔三八〕臨事茫然：《理學備考》無。

〔三九〕出物：《理學備考》作"取物"。

〔四〇〕僉事文衡：《理學備考》作"衡"。

〔四一〕好恬退雖：《理學備考》無。

〔四二〕"不樂顯仕"至"五十餘年"：《理學備考》作"未竟厥施，居家五十餘年"。

〔四三〕僅存《春坊集》《任文逸稿》《任詩逸草》：原本作"略盡，惟《任詩逸草》僅存"，據《理學備考》改。

〔四四〕長元康，鞏昌太守，次元爽，別駕：《理學備考》作"長，鞏昌太守元康，次，學博元爽"。

〔四五〕九十三：《理學備考》作"九十二"。據《墓志銘》，二者皆誤，當爲"九十一"。

任瀚傳

按《明外史·儒林·任瀚傳》：瀚字少海，南充人。嘉靖八年進士，改庶吉士，未上，授吏部主事。與唐順之、王慎中、陳束、熊過輩相切劘爲詩古文，爲嘉靖八才子。屢遷考功郎中。十八年，簡官僚，改左春坊左司直兼翰林院檢討。又明年二月，拜疏引疾，即出郭戒行，及再疏不報，復自引還。給事中周采〔校一〕劾瀚舉動任情，蔑視官守。帝令自陳，瀚語侵掌詹事霍韜，謂其抑己，不與保題。帝怒，勒爲民。久之，遇赦，復官致仕。自是，終世宗朝，中外屢薦，竟不復用。神宗嗣位，四川巡撫劉斯潔[校二]薦瀚“潛心著述，削跡城府，高標可以起懦，清節足以訓廉”。明年萬曆改元，巡撫曾省吾復薦之。時已年高，但優旨報聞而已。瀚少懷用世志，百家二氏之書，罔不蒐討。既被廢，益反求六經，闡明聖學。晚尤潛心於《易》，深有所得。其爲古文亦高簡踔厲，有西漢風。沉淪五十餘年，涵養益粹。過其門，環堵蕭然，莫不起敬。卒年九十三，詩文集行世。

輯録

（清）陳夢雷《古今圖書集成》第117册《理學彙編·經籍典》卷三五六《經學部·傳經名儒列傳三十》，第306—307頁。

校勘

〔一〕周采：原本作“周來”，據《明世宗肅皇帝實録》卷二三四嘉靖十九年二月乙丑“給事中周采劾瀚去就任情，蔑視官守，得旨令自陳”改。

〔二〕劉斯潔：原文作“劉思潔”，誤，據《明神宗顯皇帝實録》卷七隆慶六年十一月甲辰條改。按，劉斯潔字源俯，易州人。嘉靖二十六年（1547）進士，授禮部主事，出爲浙江參議，轉四川副使。歷山東右布政使、雲南左布政使，以右副都御史巡撫四川。遷户部左侍郎、南京都察院右都御史，官至南京禮部尚書，事迹詳清萬斯同《明史》卷三一二《劉斯潔傳》。

任瀚傳

按《明外史》本傳：瀚字少海，南充人。嘉靖八年進士，改庶吉士，未上，授吏部主事。屢遷考功郎中。十八年，簡官僚，改左春坊左司直兼翰林院檢討。明年拜疏引疾，出郭戒行，疏再上，不報，復自引還。給事中周采[校一]劾瀚舉動任情，蔑視官守。帝令自陳，瀚語侵掌詹事霍韜。帝怒，勒爲民。

久之，遇赦，復官致仕。終世宗朝，中外屢薦，不復用。神宗嗣位，四川巡撫劉斯潔〔校二〕薦瀚“潛心著述，削迹城府，高標可以起懦，清節足以訓廉”。萬曆改元，巡撫曾省吾復薦之，優旨報聞而已。瀚少懷用世志，百家二氏之書，罔不蒐討。被廢，益反求六經，闡明聖學。晚又潛心於《易》，深有所得，文亦高簡。沈淪五十餘年，涵養益粹，環堵蕭然。卒年九十三。過字叔仁，富順人，瀚同年進士，累官祠祭郎中，坐事貶秩，復除名爲民，學通經術，文亦簡古。

按《四川總志》：瀚，南充人，嘉靖己丑進士，對策對旨，御批云：“勉朕求敬一之爲主，忠哉!”由庶吉士歷侍經筵，寵眷甚渥，爲當國者所忌，乞休杜門。年甫四十，絶迹公庭，惟以靜養著書爲事。工於文，尤善自祕。海内慕其高，徵文者踵至。當路薦〔校三〕剡三十餘次，竟不出。家居五十餘年，所著〔校四〕有《春坊集》《釣臺集》《河關留著録》《任文逸稿》《任詩逸草》《海鶴雲巢對聯》諸書，行於世。瀚生平講性命之學，及終之日，即其生之日，譚笑而逝，聞者莫不稱奇。

輯録

（清）陳夢雷《古今圖書集成》第126册《理學彙編·文學典》卷一〇二《文學名家列傳九十》，第463—464頁。

校勘

〔一〕周采：原本作“周來”，據《明世宗肅皇帝實録》卷二三四嘉靖十九年二月乙丑“給事中周采劾瀚去就任情，蔑視官守，得旨令自陳”改。

〔二〕劉斯潔：原文作“劉思潔”，誤，據《明神宗顯皇帝實録》卷七隆慶六年十一月甲辰條、清萬斯同《明史》卷三一二《劉斯潔傳》改。

〔三〕薦：原本作“著”。

〔四〕著：原本作“薦”。

任司直瀚

瀚字少海，南充人。嘉靖己丑進士。廷對獻替剴切，天子親題其制策。一旦名動天下，與羅達夫、唐應德相上下。已而自吏部考功主事，補春坊司直兼翰林簡討，於是與應德、陳約之、李伯華肆力爲詩文。無何，皆被譴去。少海閉門讀書，時從幽人文士徜徉山水間。道士彭幼朔告我曰：“少海入青城山，遇異人，授鴻寶修煉秘法。家故貧，盤盂盆盎皆點化汞銀，爲之燦然滿室，雖陶、猗不是過也。”同時熊過叔抑亦好道家服食煉形之書，私諸篋衍者，家人莫得見。晚年目盲，世廟購求符法秘書，蜀撫臣訪之。熊氏叔仁給其家，舉所藏悉焚棄之。至今蜀人談玄怪者，皆本任氏、熊氏。

輯録

（清）錢謙益輯《列朝詩集》丁集第一，第3988頁。

任瀚傳

任瀚字少海，南充人。嘉靖八年進士，改庶吉士。未上，授吏部主事。與唐順之、王慎中、陳束、熊過輩相切劘，爲詩古文，稱嘉靖八才子。累遷考功郎中。十八年，簡官僚，改左春坊左司直兼翰林院檢討。又明年二月，拜疏引疾，即出郭戒行。及再疏不報，復自引還。給事中周采〔校一〕劾瀚舉動任情，蔑視官守。帝令自陳。瀚語侵掌詹事霍韜，謂其抑己，不與保題。帝怒，勒爲民。久之遇赦，復官致仕。自是終世宗朝，中外屡薦，竟不復用。神宗嗣位，四川巡撫劉斯潔〔校二〕薦“瀚潛心著述，削跡城府，高標可以起懦，清節足以訓廉”。明年，萬曆改元，巡撫曾省吾復荐之。時已年高，但優旨報聞而已。

瀚少懷用世志，百家二氏之書罔不蒐討。既被廢，益反求六經，闡明聖學。晚尤潛心于《易》，深有所得。其爲古文，益高簡踔厲，有西漢風。沉淪五十餘年，涵養益粹。過其門，環堵蕭然，莫不起敬。卒年九十三。有詩文集行世。

輯録

（清）萬斯同《明史》卷三八四《儒林傳》，《續修四庫全書》第331册，第111頁。

校勘

〔一〕周采：原本作“周來”，據《明世宗肅皇帝實録》卷二三四嘉靖十九年二月乙丑“給事中周采劾瀚去就任情，蔑視官守，得旨令自陳”改。

〔二〕劉斯潔：原文作“劉思潔”，誤，據《明神宗顯皇帝實録》卷七隆慶六年十一月甲辰條、清萬斯同《明史》卷三一二《劉斯潔傳》改。

任瀚傳

嘉靖八年廷對，世宗親擢羅洪先、程文德、楊名爲一甲，而置唐順之及陳束、任瀚於二甲，皆手批其卷。無何，考庶吉士，得胡經等二十人，以束及順之、瀚曾奉御批，列經等首。座主張璁、霍韜以前此館選悉改他曹，引嫌，亦議改，乃寢前命。束授禮部主事。時有“嘉靖八才子”之稱，謂束及王慎中、唐順之、趙時春、熊過、任瀚、李開先、吕高也。

任瀚，字少海，南充人。嘉靖八年進士，改庶吉士，未上，授吏部主事。屢遷考功郎中。十八年，簡宫僚，改左春坊左司直兼翰林院檢討。明年，拜疏引疾，出郭戒行，疏再上，不報，復自引還。給事中周采〔校一〕劾瀚舉動任情，蔑視官守。帝令自陳。瀚語侵掌詹事霍韜。帝怒，勒爲民。久之，遇赦，復官致仕。終世宗朝，中外屢薦，不復用。神宗嗣位，四川巡撫劉斯潔〔校二〕、曾省吾先後疏薦，優旨報聞而已。瀚少懷用世志，百家二氏之書，罔不蒐討。被廢，益反求《六經》，闡明聖學。晚又潛心於《易》，深有所得。文亦高簡。卒年九十三。

輯録

（清）张廷玉等撰《明史》卷二八七《文苑傳·陳束附任瀚》，北京：中華書局，1974年，第7370頁、第7371頁。又見於《（嘉慶）南充縣志》卷四《藝文志》七之四《傳》，第66—67頁；（民國）曾世禮《任黄合鈔》卷首。按：（清）費密《任司直傳》、（清）萬斯同《明史》、（清）張廷玉《明史》所記多誤，楊惠玲、趙春寧《明史文苑傳箋證（下）》有所箋證，南京：鳳凰出版社，2012年，第195—202頁。

校勘

〔一〕周采：原本作“周來”，據《明世宗肅皇帝實録》卷二三四嘉靖十九年二月乙丑“給事中周采劾瀚去就任情，蔑視官守，得旨令自陳”改。

〔二〕劉斯潔：原文作“劉思潔”，誤，據《明神宗顯皇帝實録》卷七隆慶六年十一月甲辰條、（清）萬斯同《明史》卷三一二《劉斯潔傳》改。

任瀚傳

（清）朱彝尊

任瀚字少海，南充人。嘉靖己丑進士，繇吏部主事補春坊司直兼翰林檢討。有《忠齋稿》。

少海遇青城山異人，授鴻寶修煉法，家中盤盎皆點汞銀爲之。同時熊叔仁亦好服食煉形之説，而羅達夫之死燕齊，海上之士或言其仙去。是時青詞丹籙，西内尚未營齋，而諸君愛道，實開其先已。少海“老去自吹秦嶰栗，西征曾比漢嫖姚”之句，詩家類多稱之。

輯録

（清）朱彝尊《静志居詩話》卷一二，北京：人民文學出版社，1990年，第334頁；《明代傳記叢刊》第9册，第174頁。

任瀚小傳

（清）朱彝尊

瀚字少海，南充人。嘉靖己丑進士，繇吏部主事補春坊司直兼翰林簡討。有《忠齋稿》。《詩話》：少海遇青城山異人，授鴻寶修煉法，家中盤盎皆點汞銀爲之。同時熊叔仁亦好服食煉形之説，而羅達夫之死燕齊，海上之士或言其仙去。是時青詞丹籙，西内尚未營齋，而諸君愛道，實開其先已。少海“老去自吹秦嶰栗，西征曾比漢嫖姚”之句，詩家類多稱之。

輯録

（清）朱彝尊《明詩綜》卷四六，《景印文淵閣四庫全書》第1460册，第121頁。

任瀚小傳

（清）曹　溶

任瀚。瀚字少海，南充人。嘉靖己丑進士，繇吏部主事補春坊司直兼翰林簡討。有《忠齋稿》。《詩話》：少海遇青城山異人，授鴻寶修煉法，家中盤盎皆點汞銀爲之。同時熊叔仁亦好服食煉形之説，而羅達夫之死燕齊，海上之士或言其仙去。是時青詞丹籙，西内尚未營齋，而諸君愛道，寔開其先已。少海“老去自吹秦嚮栗，西征曾比漢嫖姚”之句，詩家類多稱之。

輯録

（清）曹溶輯《明人小傳（二）》，董光和、張國裔編輯《孤本明代人物小傳》第二册，全國圖書館文獻縮微中心，2003年，第118頁。

任瀚小傳

任瀚（四首）。瀚字少海，南充人。嘉靖己丑進士，選庶吉士，改吏部主事，歷員外郎中，改春坊司直兼翰林檢討。有《忠齋集》。田按：少海詩音節抗朗，在嘉靖八子中自爲一派，與前後七子略近。

輯録

（清）陳田輯《明詩紀事》戊籤卷九，《續修四庫全書》第1711册，第182頁。

任瀚傳

任瀚，南充人。嘉靖己丑進士，對策稱旨，御批云：“勉朕求敬一之爲主，忠哉！”由庶吉士歷侍經筵，寵眷甚渥。爲當國者所忌，乞休杜門，年甫四十，絶跡公庭，惟以静養著書爲事。工於文，尤善自秘。海内慕其高，徵文者踵至。當路薦剡三十餘次，竟不出，家居五十餘年。所著有《春坊集》《釣臺集》《河關留著録》《任文逸稿》《任詩逸草》《海鶴雲巢對聯》諸書，行於世。瀚生平講性命之學，及終之日即其生之日，譚笑而逝，聞者莫不稱奇。

輯録

（清）蔡毓榮等修，（清）錢受祺等纂《（康熙）四川總志》卷一五《人物上·順慶府》，清康熙十二年（1673）刻本，第80－81頁。又見於（清）陳夢雷《古今圖書集成》第126册《理學彙編·文學典》卷一〇二《文學名家列傳九十》引《四川總志》，第463－464頁。

任瀚傳

任瀚，南充人。嘉靖己丑進士，對策稱旨，由庶吉士歷侍經筵，寵眷甚渥。爲當國者所忌，乞休年甫四十，絶跡公庭。工於文，尤善自祕，海内慕其文者接踵於路。家居五十餘年，以疾卒，所著述甚多。

輯録

（清）黄廷桂等監修《（雍正）四川通志》卷八《人物》，《景印文淵閣四庫全書》第559册，第367頁。

任瀚傳

任瀚字少海，嘉靖己丑進士，對策稱旨，世宗御批云："勉求敬一之學，可謂忠哉!"選庶吉士，遷春坊司直兼翰林檢討，侍經筵。當弘治時，北地李空同、信陽何大復〔注一〕輩爲詩，倡言復古，以雄博名海内。至正德時，天下從風，而益浮華。瀚遂與陳約之、唐荆川、熊南沙、吕山甫、王道思、羅達夫、李伯華〔注二〕相約爲初唐，以和雅約秀爲宗，矯李、何之偏。

當時謂之八子，名重天下，爲當國者〔注三〕所忌。瀚遂乞休，年甫四十，杜門不與公事，以著書爲樂。朝中薦剡至三十餘次，終不起。家居五十年，年八十餘卒。卒之日即其生之日，端坐而逝。自公之後，蜀中文風益上，如黄慎軒〔注四〕、張肖甫〔注五〕，皆得其流風遺韻者也。或曰：少海時遇青城山異人，授黄白術，能製汞成白金，家中盤盂器具皆點汞爲之，璀璨滿目，未知信否也。

輯録

（清）高培穀修，（清）劉藻纂《（光緒）西充縣志》卷九《人物中・文學》，第 22 頁。

注釋

〔一〕北地李空同、信阳何大復：即李夢陽、何景明。

〔二〕陳約之、唐荆川、熊南沙、吕山甫、王道思、羅達夫、李伯華：即陳束、唐順之、熊過、吕高、王慎中、羅洪先、李開先。按：嘉靖八才子有“趙時春”，無“羅洪先”，此乃別説。

〔三〕當國者：指夏言。

〔四〕黄慎軒：即黄輝。

〔五〕张肖甫：張佳胤（1527—1588），字肖甫，號崌崍山人，四川銅梁人。嘉靖二十九年（1550）進士，除滑縣知縣，歷官户部主事、禮部郎中、陳州同知、右副都御史、兵部右侍郎、右都御史、戎政尚書，總督薊、遼、保定軍務，加太子少保，謚襄憲。與王世貞等人唱酬，爲“後七子”之一，有《居來先生集》六十五卷。《明史》有傳。

任少海先生 附李竹、張鑑、陳于陛、黄輝、羅仲光

先生名瀚，字少海，號忠齋，四川南充人。嘉靖己丑進士，選庶吉士，尋授吏部主事，歷郎中。癸巳復改春坊司直兼檢討。與唐順之、熊過輩以文名，時謂之八子。聞鄒守益談良知之

學，於言下洞見陽明大旨，意有所不可。嘗以疾求去，疏方上，石首張相國留之。命未下，俶裝就道，忌者嗾言官論之，乃放歸，年甫四十。所居僅蔽風雨，饘粥不斷，讀書談道，浩然自得。海内慕其高，當道薦剡三十餘上，竟不出。先生少有用世之志，凡百家二氏之言，罔不蒐討，反求六經，闡明聖學。晚尤潛心於《易》，深有所得，勒石果山棲霞洞記之。嘗游崤函閒，中丞蔡汝柟問《易》，爲著四圖，並作贊授之。從先生學者甚衆，李竹、張鑑、薛應旂、陳于陛、王續之、杜翼所、文衡、索俊、李益、楊文舉、李機、黄輝、羅仲光、羅仲先，皆出其門。竹舉鄉試，著《皇極經世發明》。鑑，大中丞，著《皇極經世衍義》。于陛，大學士。輝，少宗伯。翼所，其甥也，丁艱歸，先生與書曰："吾甥不久起復，當入臺諫。臺諫，朝廷治亂安危所係。天下事惟宰相得行，臺諫得言。古名臣在諫垣者，多至百餘疏，少亦不下六七十疏，皆明切世務，可見之施行。非學術素精，識見素定，何以得此？大抵居官以後，更無閒暇。若此時用心打疊，他日入手，如探囊取物，遇一事便有一段大議論，不可擷破。此一生受用不盡也。"語衡云："生不負君，死不避難，舍吾子無可與論學矣。"其訓迪後學，大都類此。先生雅負經濟實學，未竟厥施，居家五十餘年，未嘗通謁時貴。先生理學淵源，實出濂洛諸君子。生平著述甚富，蜀亂散亡，僅存《春坊集》《任文遺稿》《任詩逸草》。讀棲霞洞石刻，微言奥義，直剖河洛之祕。先生二子：長鞏昌太守元康，次學博元爽，皆有聲。先生年九十二卒。

此篇乃費此度先生密所撰，羅西溪爲賡以寄范彪西先生。彪西並前周海門作《趙大洲先生傳》，同入《理學備攷》，可據也。西溪，南充人，順治甲午鄉舉，官行人司，有《茗西日録》。彪西稱其以繼往開來爲事。後《羅傳》乃花上苑撰。李華池、張石洲、陳玉壘、黄愼軒、王北崖、羅潛夫六先生皆西溪自爲傳，以

寄彪西者也。賡亦僭爲節删云。賡恩謹識。〔注一〕

李竹，字孟修，號華池，四川南充人。母王孺人，夢道士乘龍操竹而下，遂誕先生，因以名。先生靈異不凡，邑中有耆舊藏書家，延之就學，知先生善飲，多貯㦸釀，給以蠟炬，度非數年不能竟業。先生未月餘，遂完課而去，所讀書隨讀隨焚，捫其腹曰："古今典籍盡在是矣！"師事任少海先生，困於諸生者數年。主師採其聲，闈中得草稿録之。律曆、性理之學，莫不精究。著《皇極經世發明》等書行世。先生不治生産，不問户外事，家徒壁立，而處之泰然。年六十，無病卒。曾孫若梓，明天啓二年，由進士知洪洞縣事，多善政，歷官副使。

張鑑，號石洲，四川南充人。爲諸生時，讀書金泉山中，嘗作《短狐行》以見志。師事任少海先生。嘉靖某年進士，授會稽令，均田畝，清豪右侵佔，流移藉以復業。行取南御史，墨吏望風解綬。出守建甯，備兵臨清，所在有聲。陞山西按察使，仗死起釁参將，敵人不敢入雁門。擢山東巡撫，行丈量、墾田、保甲、彌盜法，天下則之。引疾歸。莊皇帝登極，用薦起，以户部右侍郎總督糧儲任，八年宿蠹盡革。卒之日，囊無一金，著《皇極經世衍義》《賦役法》《屯操奏案》《東安圖議》、先生奏疏、《江泉别集》《中丞遺稿》行世。

陳于陛，字元忠，號玉壘，四川南充人，太傅文端公以勤子也。太傅官檢討，時嘉靖甲辰十二月十三日，生先生於京邸，有大祥。嘉靖辛酉鄉薦第四人，隆慶戊辰進士第三，入選庶常，改編修，充實録纂修官。太傅乞歸，先生請侍還蜀。壬申，陞修撰。丁太夫人憂，歸。丁丑，以原官充日講。文端公七袠，先生上疏乞歸省。上念太傅爲先帝舊學，先生又以世臣在講幄，詔有司存問，賜先生鏹幣，乘傳歸省。先生歸，集里中任太史瀚、僉事文公衡、王恭節公廷輩爲高年真率會。先生從，躬行酒炙，必極歡乃罷。太傅喜黛玉山，搆樓游焉。先生集唐詩詠江樓者，命童子歌以侑觴。少從任太史講學，深造力行，見世儒惑於異見，作《道術辨》。癸未，仍補日講。乙酉，主順天鄉試，晉學士。丁太傅憂。己丑，詔掌翰林院事。壬辰，主會試。癸巳，同諸臣固請策立東宫。雖未俞允，然並封中止。萬曆二十二年二月，皇長子始出閣講學，又七年册立爲皇太子，先生之力居多。秋擢禮部尚書。甲午春，感疾，乞歸，上慰留。是秋，詔簡閣臣，吏部已有所推舉，詔並前所推姓名，乃命先生以原官兼東閣大學士，歷晉太子太保。時上方深拱，群臣希得進見。先生疏爲六事以獻，上採其議行之。時言官被斥，南北臺省幾空。先生交章論救，繼以密揭。先生自史局及政府，謝絶餽遺，門庭如水。丙申冬，疾，卒。天子輟朝，賜祭，令皇長子以其意往賻之策。贈少保，謚文憲。所著有《萬卷樓集》，行於世。

黄輝字昭素，别號慎軒，四川南充人，孝廉子元長子。年十三，貢爲太學生。十七，舉萬曆丙子鄉試第一。博極群書，師事任少海先生。與李華池論學，其精微懸解，多得諸《易》。好兵家言。萬曆己丑進士，選庶吉士，改編修。乙未分校禮闈，得士蔡復一、王思任等十八人。歷官侍讀學士。當時館閣文學沿習格套，如舉子程文，人目爲翰林體。及王、李之學盛行，翰林又改步從之，天下皆誚翰林無文。先生入館，刻意爲古文，桀然自異。同館者詩文推陶周望，書法推董玄宰，與之齊名。皇長子出閣講學，先生每進講，至天理人欲之辨，君子小人之用舍，反覆規諭，務盡啓沃。後屢疏得請終養，尋卒。熹宗元年辛酉，用科臣徐憲卿請，贈禮部右侍郎，廕一子入監。先生性沖澹，晚益閉户修持，謝絶筆研，未嘗自定真稿。今所傳《怡春堂集》，皆門人故舊掇拾成之。其詩文多不存。

羅仲光字覲吾，號青城，四川南充人。年十二，補弟子員，閲二氏書，若有所悟，遇王道士，授以丹訣，遂閉門屏息静坐。母王孺人，恐其馳情方外，命二兄孝廉仲先、仲元伴讀别墅，强之習舉子業，試輒高等。博極群籍，手録《性理大全》，昕夕研究，怡然有得。師事任少海先生，盡傳其祕。性純孝，事母不改孺慕。母病劇，群醫束手。先生徧讀岐黄諸書，進藥，尋愈。邑令江右王公雅重先生學，序略曰："青城先生談性命，與任太史游；談詩文，與黄太史游。其精詣實造，當在勉齋、龜山之列。"年七十六卒。子庠生世友、世信，能世其業。世信尤類先生。先生卒，廬墓三年。所著有《學約》諸書。預知蜀亂，遂棄去，不知所之。

輯録

（清）方守道初輯，（清）高賡恩重輯《蜀學編》卷二，清光緒二十七年（1901）秋月錦江書局重刊本，第21—26頁。

注釋

〔一〕按：據此按語，本篇各傳乃據清范鄗鼎輯《理學備攷》節删，但核全文，敘述多有不同。

任氏世系序

（清）羅爲賡

國有史，家有譜，其重一也。然史用以寄褒貶，而譜不過詳源流，則似史重而譜輕，不知任氏之譜之重也，蓋有等於史矣。稽源流而千百年之祖功宗德，朗如列眉，明世序而數十世之臣忠子孝，燦若指掌。任氏之譜之重也，曷爲而不等於史耶！

按任氏之系出於先賢子選之後。選於七十二賢人之中，位次十三，歷代褒祀。其有功於世道也遠矣，宜乎子孫繁衍，食報靡窮。數十傳而至妙圭公者，分寓楚黄。元季，紅巾之變，避亂遷蜀。其積功累仁，誠有過乎人者。數傳而至方伯公，丕振前烈，佑啓後人。自是而祖父子孫，六世蟬聯，弟兄叔侄，一門科第。吾郡稱世家者，僉以樂安一族，駕軼古之顯宗巨族，孰知我先賢任子有以濬其源而著其支也哉！

余先人與任姓世稱莫逆，故余稔悉根源。其家舊有譜系，訂自先明。無何，獻逆入蜀，屠燼無存。人當亂世，父子兄弟且不相保，況於家之譜乎！任子報以之尊人正齋先生從艱難萬厄之中出險阻，能繼其先緒。年五十有餘，尚未有嗣，禱之神明，應期生報，以岐嶷端重，聰穎過人。年十二游泮水，試優等，食廩餼，每次棘圍，厄於數。癸亥貢爲明經，出任富順學博，課士之暇，手不釋卷。余官行人，知其積學久而造詣深，以字勗之。癸酉赴闈，領解額。甲戌公車，連床京邸者數月。余於乙亥請假還里，報以丁丑成進士，例應館選，人皆以未遇爲惜，詎知報以志在出身加民，得以遂其忠孝之願，怡然就道。田間需次，即以其家之譜徵序於余。

余喟然歎曰：任氏鳩宗之方，真不可及哉！唐宋以前無論已，由明至今，代有偉人，積功累仁，可不謂遠歟？吾邑巨族，如漢之譙、王，晉之陳、閻，宋之游、蒲，明之張、陳、王、楊、黄諸家，德業聞望，雖足以光史册而垂後裔，然而大劫之後，或遠寓他邦，或中衰不振。而任氏報以獨能續六世之蟬聯，繼千載之絶學，爲此譜者，井然不紊，詳而有體，其餘親疏貴賤，不遺一人，婦德女貞，不遺一氏，與海内歐廬陵、蘇眉山之譜並傳不朽。

報以意在敦本睦族，以身爲範，豈徒矜八門七葉，纍纍然詩書之食報，而傲閭里之弗如哉！《詩》曰："孝子不匱，永錫爾類。"報以其勉之哉！是爲序。

輯録

（清）袁鳳孫修，（清）陳榕等纂《（嘉慶）南充縣志》卷五《藝文志》七之六《序》，第21—22頁。又見於《（民國）新修南充縣志》卷一四《藝文志·序》，第16—17頁。

志餘三則

其一

少海任太史嘗葛巾訪僧於山寺，行者固求名姓，公書絶句於壁云："兩字虚名動五湖，等閒不許俗人呼。山僧若問真消息，天子臺前講御書。"其師歸讀之，知其爲任内翰也，走謝之。會試歲，有群友北上舟次赤壁者，月夜慕東坡故事，狂歌醵飲，聲達於黄州。守禦者次蚤走卒，持牌行拘，迺即牌陰草一律覆云："舟泊蘆花淺水溪，友人約我泛清巵。高歌赤壁兩篇賦，正是黄州半夜時。城上將軍陰有約，江邊士子總無知。君侯若問真消息，曾有芳名到鳳池。"卒持覆州守，遂躬謝而厚禮之[注一]。

輯録

（明）杜應芳、（明）胡承詔輯《補續全蜀藝文志》卷四三《志餘》。又見於（清）黄廷桂等監修《（雍正）四川通志》卷四六《藝文·詩話》；《（嘉慶）南充縣志》卷六《雜識志》八之三《外紀》，第94—95頁；《（光緒）西充縣志》卷一四《藝文下·外紀》。

注釋

〔一〕《（嘉慶）南充縣志》注云："見《詩話》。"又附按云："按赤壁夜飲一段亦見《嘯虹筆記》，謂爲解春雨事，得毋傳聞異辭乎?"按：據清馮金伯《國朝畫識》卷三《查士標》注，《嘯虹筆記》作者徐鉉；據清趙吉士輯《寄園寄所寄》（清康熙三十五年刻本）的大量引文考證，徐鉉爲安徽休寧人，成書時間在清康熙三十五年前，已佚。

其二

少海任太史公，館閣仙才也，善長對聯。其題清泉寺云："水國中孤峰倒影，似青螺浮鏡，雄劍插空，此江山天南第一；烟霞外萬事忘機，但短篷吹雲，素琴彈月，這漁樵海内無雙。"題浮橋云："江關雄棧，聯屯畫舫千尋，直穿雲霧通三峽；天塹長虹，鎖斷滄波萬頃，不放春光下五湖。"又："神京西下八千里，見烏鵲横江，夾岸烟花迎使節；閬苑南來第一橋，象螮龍飲渭，中天雲霧擁仙槎。"題書舍云："杜陵草堂大如斗，海内知名，又何須畫棟飛雲，珠簾捲雨；王粲江樓不索錢，書中有屋，但願爾門庭奏賦，虎觀横經。"别墅云："大江東去，浪淘盡，千古英雄，問樓外青山，山外暮雲，何處是秦宫漢闕；小院春深，鶯唤起，一簾風月，向花邊紅雨，雨邊烟樹，此中有舜日堯天。"又："大江東下一片石，鏖盡英雄，説甚玉堂金馬；明月夜來數聲笛，吹散星斗，公然閬苑神仙。"

輯録

（明）杜應芳、（明）胡承詔輯《補續全蜀藝文志》卷四三《志餘》。又見於《（雍正）四川通志》卷四六《藝文·詩話》；《（嘉慶）南充縣志》卷六《雜識志》八之三《外紀》，注"見《詩話》"，第95—96頁；《（光緒）西充縣志》卷一四《藝文下·外紀》。

其三

少海任太史題關廟長聯云："才兼文武，義重君臣，恥與漢賊同天，戮力遠開新帝業；威鎮華夷，氣吞吴魏，能使奸雄破膽，精魂長繞舊神洲。”相傳是夜太史夢關聖致謝曰：“承贈佳聯，將某生平心跡，傳播人間，幸甚幸甚！但某終身所自矢者忠耳，懇以‘忠’字易‘精’字。”任驚覺，猶恍惚見蠶眉赬面云。次日遂更之。今此聯尚懸邑城關廟中。

輯録

（清）袁鳳孫修，（清）陳榕等纂《（嘉慶）南充縣志》卷六《雜識志》八之三《外紀》，第96頁。又見於《（光緒）西充縣志》卷一四《藝文下·外紀》。

任瀚集校注附録卷三

雜録

（明）熊敦朴《西蜀詩序》：予至渝州，使君出《西蜀詩》示予，漫爲綴其間端。使君有《廷中詩》，吴下皇甫子循序之；有《嵩和集》，果州任少海序之。兩先生與家大夫同年進士，稱文字交，俱足爲使君重。予媿不能世其業，聊以吾蜀之山川頌述之。〔（明）陳文燭《二酉園詩集》卷首，國家圖書館藏明萬曆間刻本，第13—15頁〕

（明）鄭曉《與吕中丞書》：盛使南歸，曾附知啓，大丈夫蠖蟄龍驤，與時舒卷。小人恒以尺寸進退，毁譽低昂，方爲有識所鄙。彼顧自謂反覆爲隨時，（諭）〔喻〕訛爲清議，至欲生人死人以自快意，可嘆可駭。弟碌碌於此，每有煙雲海島之懷。有便，專望教言不吝。海野、五嶽、中麓皆近時名士，竟不能相容。逐海野，爲其壓已也。任、李之交，奚啻王、貢，一決其忿，密謀曲計，盡洩劄牘，傳達朝紳，爲衆嗤笑。蜀道不如其險，浮雲不如其變也。弟久耕海曲，乍見此等機械，寔爲寒心。海野詔獄，幾不免謫戍；五嶽削籍，幾不免廷箠。然海野堅僻有之，本無中傷寮友之意。五嶽方以去海野爲巧，而不知人更以去海野之計去五嶽也。嗟乎！深長思之，筆札不能盡。〔（明）鄭履淳《鄭端簡公年譜》卷三，嘉靖二十二年癸卯七月，上海圖書館藏明嘉靖萬曆間刻《鄭端簡公全集》本，第30頁〕

（明）方弘静《千一録》卷一三《客談一》：王遵巖初爲古文，步趨司馬，正如今時所尚，中乃篤好曾文。其集初年稿俱不存，蓋自有見。詩云："維其有之，是以似之。"似之之久，則肖之矣。余以爲似曾可，則似司馬亦何不可？若掠其語而不得其精，乃不可耳。任五嶽瀚云："隱居還山，杜門卻掃。性厭塵鞅，理亦宜然。而尊官大人不相體諒，目爲怪異。"徐文貞詒友人書云："養高之説切勿信爲實話，遂廢參謁，恐勢力之徒所以讒構侵侮者，將紛紛而至矣。"余以文貞之言，蓋有爲而發。士之處世，當有不亢不狗之道，未可謂舉世盡魑魅也。（《續修四庫全書》第1126册，第295頁）

（明）吴懋《督學詩集序》：淮海先生孫公，貴州清平人。其先揚州如皋人也，故學者稱先生爲淮海先生云。先生舉嘉靖癸丑進士，選入翰林，遷諫議。廷論以先生文行宜爲學者宗師，遂擢陝西督學使。今爲蜀藩参政，懋得以職事奉令承教焉。先生文不在斯集，詩略具斯集中。其古體法漢魏，近體法唐。然皆根著漢魏，以其妙本性情，融貫景物，於近代繁陋剽襲之氛祲，廓清蕩滌，殆無遺憾。懋以諗諸太子司直任少海公。公曰："是必傳之作也，本朝又添一名家矣。盍梓之郡齋，爲西南天地增光？"於是懋遂謀於任公，相校評畢，選梓之。先生邇來篤心道德性命之學彌切，故自入蜀後，爲詩益寡。然是集則固莫非先生道德性命之學所流溢也，覽者毋徒以詩之名家目之。嘉靖甲子至後，大理高河後學吴懋謹書。〔（明）孫應鼇《孫山甫督學集》卷首，日本静嘉堂文庫藏隆慶元年刻本〕

（明）張治《嘉靖八年會試録》：第二百八十三名任瀚，四川西充縣人，監生，《詩》。（明嘉靖刻本）

（明）佚名《明嘉靖十七年戊戌科武舉録》：同考試官……奉直大夫吏部考功清吏司署郎中事員外郎任瀚。少海，四川南充縣人，己丑進士。（明嘉靖刻本）

《明世宗肅皇帝實録》卷一〇〇，嘉靖八年四月：己巳（初四），大學士楊一清等奉旨考選庶吉士，以唐順之、陳束、任（翰）〔瀚〕三人廷試策爲上所批奬，即以爲冠，而取胡經、盧淮、諸邦憲、汪大受、郭宗皋、蔡雲程、楊祐、汪文淵、王表、曹汴、王穀祥、熊過、安如山、鄭大同、李實、孫光輝、吴子孝等二十人，疏具其名，因請命官教習。上曰："吉士之選，乃我太宗之制，其在當時固爲盡善，但邇年以來，每爲大臣狥私選取，市恩立黨自此始矣，于國何益？自今不必選留。唐順之等，一體除用。果有才行卓異，問學優正者，吏部舉奏，收之翰林，以備擢用。朕意如此，吏、禮二部及翰林院會議以聞。"于是吏部尚書方獻夫等議奏曰："館閣爲儲才之地，于進士中選俊異者培養其間，以備任使，祖宗之法誠至善也。邇來收選未公，乃奉行者之未善耳。今奉聖諭不必選留，臣等無容别議，顧翰林員額，載之職掌者有數，近以收用吉士，及升遷太濫，遂溢于常額，官無定員，是非可久之道也。乞于職掌外量增數員，著爲成法，每科一甲三人，有缺即銓注，無缺則添注，餘皆從吏部，遇缺推補，如諸司例。凡兩京及在外官員果有學行可任者，即推用之。其中有弗稱者，亦令外補。如此則事體畫一，經久可行。"疏詔如議行。侍讀、侍講、修撰各增爲三員，編修、檢討各增爲六員，著爲令。（臺北：臺灣"中央研究院"歷史語言研究所校印，1962 年，第 2365—2366 頁）

《明世宗肅皇帝實録》卷一五二，嘉靖十二年七月：庚午（二十九），改吏部考功司主事唐順之、禮部儀制司署外郎陳束、户部山西司主事楊瀹、兵部車駕司主事盧淮、武選司主事陳節之、河南道監察御史胡經、試御史周文燭俱爲翰林院編修。先是，上以翰林侍從人少，詔吏部博采方正有學術爲衆望所歸者充其選，于是部臣疏順之等十人名。上詔七人改補如擬，其報罷者三人，任（翰）〔瀚〕、王慎中、曾汴也。仍命更推擇老成端慎者

數人，以備簡用。（第 3464 頁）

《明世宗肅皇帝實録》卷二一五，嘉靖十七年八月：丙午（初六）……吏部考功司郎中缺，部臣擬用驗封郎中李開先，山東人也。是時文選郎中黄禎亦山東人，上以明年考察京職，事體甚重，文選、考功何俱用山東人，令再推。於是部擬稽勳署郎中任（翰）〔瀚〕，從之。（第 4402 頁）

《明世宗肅皇帝實録》卷二二四，嘉靖十八年五月戊辰朔：宫僚爲言官所論者，如温仁和、費寀、薛僑、史際、華察、胡經，奉欽依仍舊職，供事胡守中奉欽依陞右僉都御史兼詹事府府丞，李廷相、黄易致仕，張衍慶奉别旨爲民，向忔、皇甫涍奉别旨降外任，共缺一十二員。吏部擬南京禮部尚書霍韜加太子少保改禮部尚書同掌詹事府事，兵部尚書兼都察院右都御史毛伯温爲太子賓客，工部右侍郎兼副都御史顧璘爲詹事府丞，南京禮部右侍郎吕柟爲禮部右侍郎兼少詹事，改南京吏部考功司郎中鄒守益、江西按察司提學副使徐階俱司經局洗馬兼翰林院侍讀，吏部考功司署郎中事員外郎任瀚爲左春坊左司直，南京吏部文選司郎中張寅、起用原任吏部考功司郎中許蕙爲右春坊右司直，俱兼翰林院檢討，改兵科給事中楊士雲爲左春坊清紀郎，河南道監察御史周鈇爲右春坊清紀郎，俱兼翰林院侍讀，起用原任兵部武庫司主事趙時春改翰林院編修兼校書。得旨，韜等依擬用，韜仍促令速赴供職。璘、柟、士雲、蕙報罷，令再推。（第 4643 頁）

《明世宗肅皇帝實録》卷二三四，嘉靖十九年二月：乙丑（初二），左春坊左司直郎兼翰林院檢討任瀚以病請告，疏上即出城戒行。及再疏不報，又自引還。給事中周采劾瀚去就任情，蔑視官守，得旨令自陳。瀚疏辯，語侵掌府霍韜，謂其勒己，不與保勘。上惡其狂謾，詔革職爲民。（第 4789 頁）

《明神宗顯皇帝實録》卷七，隆慶六年十一月：甲辰（二十二）……四川撫臣劉斯潔奏薦原任左春坊左司直任瀚“潛心著述，削跡城府，高標可以起懦，清節足以訓廉”，及僉都御史張景賢所至奏績，按察司副使甘茹歷官著聲。疏下吏部。（臺北：臺灣“中央研究院”歷史語言研究所校印，1962年，第264—265頁）

《明神宗顯皇帝實録》卷一三，萬曆元年五月：壬午（初三），巡撫四川右僉都御史曾省吾薦撫屬人才，僉都御史張景賢、府尹周椒、府丞何起鳴、司直任瀚、參政孫宏軾、范懋和副使甘茹、陳宗虞、參議曾震凡九人。瀚歷銓部，改宫僚，器格清高，心無忮求，遭讒構歸，禍且不測，賴世廟保全，沉淪三十餘年，涵養益深，過其門，環堵蕭然，令人起敬。（第414頁）

（明）李默《吏部職掌·文選清吏司·求賢科·改用官員》：嘉靖十二年，本部題爲經筵日講事，奉聖旨：“翰林侍從官少，吏部看議來説。”本部會同内閣推得吏部主事唐順之、任瀚，禮部員外陳束、王慎中，户部主事楊淪，兵部主事盧淮、陳節之，御史胡經、周文燭，擬改編修，給事中曾忭改檢討。（《四庫全書存目叢書》史部第258册，第47頁）

（明）陳懿典《陳學士先生初集》卷一〇《正史七太子傳（有序）》：莊敬太子載壡，世宗第二子也。母貴妃王氏，嘉靖十五年十月生。母受脤時，夢一神人星冠羽衣，以嬰兒授之，遂生太子。太子生而靈異，不喜紛華，小心敬慎，幼見上即叩頭，曰：“兒不敢，兒不敢。”又時舉手曰：“天在上，天在上。”上甚奇之。十六年，武定侯郭勛、大學士李時、夏言上疏請册立，禮部尚書嚴嵩亦以爲言，以嬰弱未即俞允。十七年，吏部主事史際、禮科都給事李充濁請簡宫僚以端國本，下吏、禮二部議上。上曰：“聖母在恙，元子比有微疾，册立少待舉行。宫僚之選，亦待臨時。”十八年二月，以車駕將南巡，乃降册，立爲皇太子。同日，封裕王、景王，上親告南郊太廟，出御奉天殿，命公郭勛、朱希忠、張溶持節充正使。大學士夏言、李時，尚書嚴嵩、張讚捧册寳充副使行禮。是日日下有五色雲見形如龍鳳，群臣表賀，頒詔天下。上南狩，命太子監國，宣城伯衛錞、遂安伯陳鏸、大學士顧鼎臣協同居守，兵部尚書張讚參贊機務，凡事啓取令旨而行。四月駕還至宣城，以立夏祫祭宗廟，豫勑皇太子舉祭禮。使者至，不如期，皇太子以便宜遣遂安伯陳鏸代祭。禮部奏其故，命執使者下獄。先是，輔臣夏言等選舉東宫輔導三十七員，内編修唐順之、贊善羅洪先等固時望，而亦多濫冒其中者。禮科給事中周珫論劾屠應埈、華察、胡經、薛僑、史際各不稱。上令僑、際、察各還原職，員缺别推。南京御史楊逢時又論劾温仁和、李廷相、張衍慶、費寀品格庸下，屠應埈、華察、胡經、黄易、白悦、皇甫涍、薛僑、胡守中、史際皆邪佞。時衍慶已因行宫災爲民矣，上謂胡守中簡用自朝廷，屠應埈等去留如前旨，温仁和、李廷相、費寀、胡經俱以原職供事，黄易原職致仕。廷相尋以疏辨，仍具宫階，亦令致仕。已而御史洪垣又言："曾具疏論宫僚不宜濫選匪人，如温仁和、張衍慶、薛僑、胡守中、屠應埈、華察、史際、白悦、皇甫涍輩達行在而久未奉旨，疑有隱匿，乞究之。"上曰："守中已有成命，仁和等亦各處分"原疏。令根究以聞。禮科都給事中吕應祥、左給事中錢薇、給事中任萬里又上言："宫僚匪人，已經處分，今吏部選補，乞令如會推之例，庶不啓奔競之門。"上怒其既欲抑奔競，又不欲吏部推舉，持兩端，俱黜爲民。宫僚被論如温仁和、費寀、薛僑、史際、華察，仍如詔還原職。胡守中如詔，以僉都兼詹事府丞李廷相、黄易、致仕張衍慶爲民，白悦、皇甫涍調外任，共缺十二員。于是吏部更舉南京禮部尚書霍韜加太子少保掌詹事府，兵部尚書毛伯温、太子賓客工侍顧璘兼詹事府丞，南京禮侍吕柟兼少詹事，南京吏部郎中鄒守益、提學副使徐階爲洗馬，吏部郎中任瀚、薛蕙爲司直，給事中楊士雲、御史周鈇爲清紀，兵部主事趙時春改編修爲校書。得旨，韜等俱允，惟璘、柟、士雲、蕙報罷。于是宫寮極天下之選，稱得人矣。韜及守益以皇太子冲齡未出閣，未可以文字勸解，乃取古帝王及我朝祖宗言動可法者，繪爲聖功圖十三事以獻，用便宫中省覽。上以其語多隱伏含訕，下禮部報罷。未幾，守益陞南祭酒，階憂去，韜卒于官。洪先、順之、時春自以職任講官，乃各上疏言：“來歲辛丑元月，四方入覲，請上臨朝朝賀。禮成後，請皇太子御文華殿見群臣。”上密札諭柄臣：“三翰林之意甚好。”柄臣詘其議，于是章留中，二十六日始下禮部，禮部遂覆言洪先等議悖謬。上大怒，謂：“朕疾未復，遂請儲貳臨朝，此何意?”黜洪先、順之、時春俱爲民。未幾，有羽林前衛帶俸指揮同知劉永昌疏言：“上静攝，欲令太子監國，此盛德事，何不可?”而諸大臣固爭，且太子年富，正宜歷試政事。上以此重事，朝廷自處分，永昌非所宜言，下詔獄。太子遂不復言出閣矣。(《明别集叢刊》第四輯第76册，合肥：黄山書社，2015年，第277—279頁)

(明)黄景昉《國史唯疑》卷六《嘉靖上》：李開先推考功郎時，文選郎黄禎亦其同鄉。世廟以明歲考察事重，文選、考功何俱用山東人，令再推，因用任瀚，防微意具見。近或一省據数要津，謂令甲何?(《續修四庫全書》第432册，第99頁)

(明)黄景昉《國史唯疑》卷七《嘉靖下》：嘉靖十八年選宫僚，夏言爲政，初擬多人，内惟崔銑、黄佐、羅洪先、唐順之起廢自家，無間言，餘温仁和、李廷相、屠應畯、華察、史際、白悦、費寀、皇甫涍等各經參論。於是易以徐階、任瀚、周鈇、趙時春、王同祖應詔，事始定。惟胡守中始終與選，出宸簡屈指。自徐華亭外，諸公多遷謫去，胡竟棄市，所經參論人亦果名實非孚。先是，十二年，改科道部屬爲詞林，凡十一人，唐順之、陳束最著，内報罷者三人，任瀚、王慎中、曾汴也。其黄綰、許誥、盛端明、張邦奇、韓邦奇、方鵬、彭澤、歐陽德、金璐、張衮十人，以六年改入，席春、劉夔以四年迴避入。(《續修四庫全書》第432册，第104頁)

（明）雷禮《皇明大政記》卷二三，嘉靖十八年五月：更定宫寮：初，夏言選擬三十七人，内崔銑、黄佐、羅洪先、唐順之皆起廢自家，人無異議。其華察等八人，爲周琉所劾。已而白悦、皇甫涍謫補外任，胡守中陞僉都御史，吏部仍以察等上請，帝命察與胡經、屠應埈、薛僑、史際俱仍守原官，别遴堪爲宫寮者。言官又謂南京吏部侍郎費寀、給事中吕懷、黄易皆夏言私親，帝亦命寀等各守原官。于是言等乃舉江西副使徐階爲洗馬兼侍讀，考功司郎中任瀚爲左司直兼檢討，文選主事周鈇爲右清紀兼侍書，復趙時春編修兼校書，仍以胡守中爲副都御史兼詹事府府丞，起故編修王同祖爲司業兼校書，宫寮始定。（《四庫全書存目叢書》史部第8册，第693頁）

（明）李樂《見聞雜記》卷六《九十二》：嘉靖八年己丑，取中唐順之等廷試，賜羅洪先、程文德、楊名及第。先是，大學士楊一清等以洪先、文德、名及唐順之、陳束、任瀚六卷進覽，上一一品題首卷，各御批。於洪先曰：“學正有見，言讜而意必，宜擢之首。”於文德曰：“探本之論。”於名曰：“能守聖學，以爲此知要之説。”於順之曰：“條論精詳殆盡。”於束曰：“仁智之用，著之吾心，此不易之説。”於瀚曰：“勉吾敬一之爲主，忠哉！”六策以有御批刻録。（《四庫全書存目叢書》子部第242册，第285頁）

（明）徐學聚《國朝典彙》卷三四《吏部》：（嘉靖）十七年，考功郎中缺，部臣擬用驗封郎中李開先，山東人也。是時文選郎中黄禎亦山東人。上以明年考察京職，事體甚重，文選、考功何俱用山東人，令再推。於是部擬稽勳郎中任瀚，從之。（《四庫全書存目叢書》史部第265册，第107頁）

（明）徐學聚《國朝典彙》卷五八《吏部》：（嘉靖）十八年二月，大學士夏言等選補東宫輔導官僚，給事中周琉奏劾屠應埈、華察、胡經、薛僑、史際各不職。上令僑、際、察各還原職。員缺，推補，南京御史楊逢春又論劾温仁和、李廷相、費宷、張衍慶各人品庸下，屠應埈、華察、胡經、黄易、白悦、皇甫涍、薛僑、胡守中、史際等各人品邪佞。是時衍慶已以行宫灾爲民矣。得旨："胡守中簡用自朝廷，屠應埈等已有旨，温仁和、李廷相、費宷、胡經俱以原職供事，黄易以原職致仕。"廷相尋上疏乞罷，仍具宫階。上以其違旨，令致仕。已而御史洪垣又言："頃陛下巡幸承天，册立皇太子監國，推選宫僚，慎重再三。及所擬則皆庸流，如温仁和輩。祖宗朝設立此官，慎重愛惜，不敢取備，或三四人，或五六人，當時言者猶有論執。况今十數臣者，俱以庸邪之資，並進於一時，而欲望其涵養德性，薰陶氣質，得乎？臣以東宫師保是寄，邪正所關，國祚攸繫，遣人賫奏行在。今及二月，人與疏俱無聞，中間不無他故。臣欲候訪實，别行奏處。乃仁和、僑等恨臣入骨，計合守中，巧拾虚僞，瀆奏害臣，以箝言官之口。伏惟聖明勿惑群議，蚤賜裁决。"上曰："胡守中已有成命，温仁和等亦各處分矣。御史原疏，令都察院移文挨訪，并獲其人以聞，不許隱匿。"後給事中吕應祥、錢薇、任萬里言："邇者選擬宫僚非人，言官論列，陛下各有處分，或歸原職，或令致仕。其員缺，勑吏部選補。萬一選補不當，再致人言。臣等竊以清明之朝，師保之選，致使人以疑惑指摘，形於章奏，傳之四方，未免有礙觀聽，乞勑吏部如會推之例，集各官於朝，會内閣輔臣，一一根究。有實行顯著，方疏名上請。其諸奔競之徒，俱宜斥去。"上怒曰："兹疏既云所選宫僚非人，又云指摘醜跡，不欲形於奏牘，又云奔競之徒不宜用，又不欲吏部司其事，何奸佞如是!"應祥等俱奪職爲民。初，夏言選擬三十七人，内崔銑、黄佐、羅洪先、唐順之皆起廢自家，人無異議。其華察等八人既爲琉等所劾，察等仍守原官，别遴堪爲宫寮者。言官又謂南京吏部侍郎費宷、給事中吕懷、黄易皆夏言私親，上亦命宷等各守原官。于是言等乃舉江西副使徐階爲洗馬兼侍讀，考功郎中任瀚爲左司直兼檢討，文選主事周鈇爲右清紀兼侍書，復趙時春編修兼校書，仍以胡守中爲右都御史兼詹事府丞，起故編修王同祖爲司業兼校書，宮僚始定。（《四庫全書存目叢書》史部第265册，第364—365頁）

（明）徐學聚《國朝典彙》卷一二八《禮部》：（嘉靖）八年己丑，命大學士張孚敬、學士霍韜爲考試官，取中唐順之等三百三十人。是科初變文格，以簡勁爲主，其程式文僅三百字云。廷試，上親策，賜羅洪先、程文德、楊名及第。先是，大學士楊一清等以洪先、文德、名及唐順之、陳束、任瀚六卷進覽，上一一品題卷首，各御批。於洪先曰："學正有見，言讜而意必忠，宜擢之首者。"於文德曰："探本之論。"於名曰："能守聖學，以爲此知要之説。"於順之曰："條論精詳殆盡。"於束曰："仁智之用，著之吾心，此不易之説。"於瀚曰："勉吾敬一之爲主，忠哉!"六策以有御批，刻録中。是歲大學士楊一清等考庶吉士，以唐順之、任瀚、陳束三名爲上御批，取首列。居數日，有旨："通年以來，每爲大臣狥私選取，市恩立黨，唐順之等一體除用。有才行卓異、學問優正者，吏部舉奏，收之翰林，以備擢用。"（《四庫全書存目叢書》史部第266册，第94—95頁）

（明）吴國倫《甔甀洞續稿文部》卷三《勑贈文林郎襄陽府推官子東劉公墓表》：劉公下世蓋在萬曆甲戌之仲春，時季子三才方偃蹇諸生間，廑廑具士禮以葬，屬其郡考功氏任瀚爲作誌，稱公猶處士也……予按公諱淶，字子東，蜀嘉陵之鄰水縣人……考功氏稱鄰邑故多質行長者，宜莫如公。蓋公其天性篤於親，而子猶子如子，而又恤宗鄺，不私其才，避惡少年而卒能使之愧悔自失，樹德厚矣。故身未被章縫而殁膺華衮，行不出閭里而名聞朝廷，算不及中壽而澤流奕世。語云："百年之利樹德"，有以哉！（《明别集叢刊》第三輯第26册，合肥：黄山書社，2015年，第248頁）

（明）過庭訓《本朝分省人物考》卷一一一《羅虞臣》、（明）焦竑《焦太史編輯國朝獻徵録》卷二六《吏部主事羅虞臣（順德縣志）》：徵拜刑部主事，改吏部，與李開先、任（翰）〔瀚〕輩以文章氣節相高，而虞臣尤剛腸疾惡，面斥人短，以故多忌之者。開先曰："熙載且見中於法矣。"（《續修四庫全書》第536册，第254頁；《四庫全書存目叢書》史部第101册，第371頁）

（明）李春芳《王恭節公傳》：公諱廷，字子正，號北崖，别號南岷，世爲南充人。少時潛心理學，賦性淡泊，一無所嗜，惟留心經濟，大略激昂慷慨，立志較然不欺。與同邑任司直、内江趙文肅公相友善。……公出則宣猷敷化，入則彈壓百司，清德重望，海内莫不仰之。文徵仲、唐荆川、王弇州、歸震川、鄭端簡放文集中往復稱許。任司直公瀚嘗題其卷："埋輪都亭肝膽壯，拔劍承明君頗似。鐵冠鼑劣冰霜寒，炯炯留中多奏議。"亦足以見公之概矣。（《（康熙）順慶府志》卷九《傳》，第35—37頁；《（嘉慶）南充縣志》卷四《藝文志》七之四《傳》，第64—66頁）

（明）南軒《明贈文林郎四川保寧府閬中縣知縣楊次公（國富）暨配贈孺人張氏合葬墓誌銘》：楊次公既與張孺人後先捐館舍，時胤子女若令南充數月耳。適公訃至，女若痛幾絶，念父不逮就南充養，猶可藉南充長老圖不朽，則徵公志於任太史瀚。方奔在塗，迺又聞孺人訃。〔中國文物研究所、陝西省古籍整理辦公室編《新中國出土墓誌銘·陝西（壹）》下册，北京：文物出版社，2000年，第255頁〕

（明）陳宗虞《崇報祠記（祠劉將軍）》：九絲都蠻剽分，古夜郎裔也，實盤瓠流蔓西入者云。太史公言秦又常頞，略通五尺道，漢不能有。雖唐蒙約治僰道、開犍爲，而戍饟餓濕，竟耗費罔功，則王化所不收垂二千餘年于兹矣。國朝統一寰宇，西南君長畢在方制，獨都蠻負阻習亢門庭。頃者大司馬曾公、將軍劉公一舉而殲其族，夷其巢，盪虎狼魍魎之區劃而空之。偉哉，振古

之勳乎！語在南充大學士陳公、太史任公《平蠻碑》，不具論。（《補續全蜀藝文志》卷二九《記類》，第28頁）

（明）歐大任《歐虞部集十五種·歐虞部文集》卷一一《明贈文林郎合肥縣知縣隨齋佘公行狀》：公諱世亨，字文通，其先建康上元人也……今遂爲順德人……恣情遠游，足跡幾遍天下。京師貴近愛其才，奏授冠服，竟拂衣去。所交皆一時名卿，如尚書吴公廷舉、王公瓚、胡公森、徐公問、張公鏊，先後折行輩與公爲友，而唐太史順之、任考功瀚、段民部子辛、郭山人詡、沈山人仕，則詞翰相契納最深。中歲南歸，卜築粤秀山下，有隨時草堂、浣俗亭，惟書數百卷。（《四庫禁燬書叢刊》集部第47册，北京：北京出版社，1998年，第171頁）

（明）鄭曉《吾學編餘》：哀冲太子將生，朝廷令内閣吏部訪擇京朝官學行有時望者十人入翰林，以備他日宫僚之選，甚盛意也。時吏書汪鋐、文選吕希周薦唐順之、陳束、楊瀹、盧淮、陳節之、胡經、周文燭、任瀚某某。朝廷用順之等爲編修，且令再選，則以孫繼魯、屠應竣、王汝孝、華察、李學詩、焦惟章、沈伯咸應命，用屠、王、章、李四人爲修撰。翰林官舊有此例，自成化、弘治來，遂專用庶吉士，他官不得改。在翰林者未必盡得其人，誠一弊政也。國初宋景濂、王子充、宋仲敏、朱備萬之後，梁用之以陽春令爲修撰，金文簡、王希範以給事中，黄文簡以中書舍人，胡若思以桐城令爲檢討，楊文貞以審理副爲編修，劉忠愍以主事爲侍講，李文達以郎中爲□□，又吴康齋以薦爲諭德，陳白沙以薦爲檢討也。人臣事君，各量其分力。周文襄公自請讀書翰林，劉忠宣、張簡肅則自内翰乞補部屬，劉職方、張車駕主事，三公皆爲名臣云。胡穜以大臣子謝恩爲檢討。（《續修四庫全書》第425册，第249頁）

（明）徐學謨《世廟識餘録》卷六：翰林庶吉士無不由考選得者。嘉靖八年，大學士楊一清等業奉旨考選，以唐順之、陳東、任（翰）〔瀚〕三人廷試策爲上所批獎，即以爲冠，而取胡經等足二十八人之數，因請官教習。上謂：“邇年大臣狗私選取，市恩植黨，自此始矣，於國何益？自今不必選留，唐順之等一體除用。果有才行卓異，學問優長者，吏部舉奏，大臣收之翰林以備擢。”按：用此舉，頗得宋時制科之意。若公心薦舉，翰林何患不得其人？奈何倖門一啓，奔競成風，又不如選庶吉士之猶制于命也。（《續修四庫全書》第 433 册，第 522 頁）

（明）宗臣《宗子相集》卷一五《報莊吏部》：仰山君至再辱賜書，環讀，累嗟公之念我何深也！夢我諸篇，詞翰奇絶，蓋雲霞亂墜矣。我明稱名吏部則無逾蘇門（高叔嗣）、西原（薛蕙）、少海（任瀚）諸君，顧其詩可得而言也。公謂高詩玄淡而乏風骨，佳談哉！佳談哉！方公與高游時，何不以言振之，令後世有詞也。然諸君俱奇蹇淪落，不俯諧于世，足稱名流矣。公雅意鄙人，期之華地，甚幸！甚幸！願不欲負諸君，豈負公哉！仰山君看花長安，大君三君飭羽待奮，公之樂甚也。尊公名德高齒，鄙人宜有言，顧願得生平而綴誦焉，公其教之。（《景印文淵閣四庫全書》第 1287 册，第 220 頁）

（明）莊履豐《梅谷莊先生文集》卷一一《考朝列大夫浙江布政司參議前吏部驗封司員外郎石山府君暨妣質肅王恭人行狀（代家君）》：府君莊姓，諱一俊，字君棐，石山其别號也，又號八石……時高蘇門、唐荆川、任忠齋、王西室諸君子同時居部署，擅古文辭。府君入而與頡頏，稱同調，而又精强其職，於人才時有所推進，絶不爲吏部郎貴伉態，獨斤斤功令，罔敢少骫。佞宰汪鋐欲違制丐封，府君堅執例格之，賓客游説百端，不能得。汪大恚恨，以它事中府君，下詔獄。府君通章自辨。肅皇帝奇其章，得不死，旋釋之，改南京兵部。（《四庫全書存目叢書》集部第 166 册，第 626 頁）

（明）吕高《江峰漫稿》卷七《與李中麓書》：李生捧華札

至，披而讀之，知足下有愍世之盛感，惜賢之重悲，且以激烈之懷，便欲振蕩時事，僕以爲過矣。夫讒諂蔽明，邪曲妬正，自昔有然，何必至今乃大異也。昔子胥抱憤於鴟夷，申徒糾冤於負石，直生被名於盜金，第公荷讒於絶義。以彼其賢，信而見疑，忠而被謗，獨王、潘二子然哉？足下抱高世之宏才，履絶人之上智，譽望日隆，朋豪雲附，少縱其才，掀揭一世，將何施不可？語曰："雖有鎡基，不如待時。"足下睇視今日爲何如耶？且足下相與締結恒久，孰與少海？情志顓篤，孰與質夫？然皆反面毁心，戈起不測，又安知今左右無復數子者哉？人心不同，有如其面，願少自韜約，毋輕漏言，犯尼父不密之戒。僕以文學不如道思，通達不如子抑。二子罷去，我輩安禄，天網恢張，有禽獨遂，可不謂倖乎？自華札至，疑懼交集，秉燭達旦，眠食報罷，反躬求省，不知作何惡狀。曩日見仇於惡寮，僕自以爲鄭聲之亂雅耳，不意群疑相蒙，珉玉莫辨，任子遂借此以爲覆兄之計。而玉溪張公者，又信讒而莫之察也。夫讐人之言不足異矣，獨恨任子以斷金之交，張公有座主之義，乃亦忍心爲下石之計乎？嗟哉！嗟哉！世路多艱，宦海叵測，此孝標所以廣論於絶交，而陶公欲閉門以杜迹也。僕自揆有何稔釁，法當罷斥。今流言交讒，不過居督學之官耳，初若不領此任，更作何説？然此來實出足下之意，而僕亦悔之晚矣。《易》曰："負且乘，致寇至。"寇之交戕，致之我也，又誰咎？僕自去秋便萌歸志，顧以二親在堂，弱息滿膝，長兄物故，俯仰在予，而回視退計，上無覆身之瓦，下無立錐之地，牽制隱忍，義不能決。今時事至此，尚可靦顔就列，爲流俗人所疑乎？君子見幾，不如早去。足下視僕，豈蒙垢之士而苟禄之人哉？從此入江鄉，下帷受徒，圖升斗之粟，以供二親饘粥之食，使弟得他日與黔婁、原憲同類而共盡也，何不可？今督學之任，不可一朝居矣。然計年則未可遷於義，又不可調，惟有一去而已矣。以足下有鮑叔之知，故敢披瀝衷素，走使奉告，統惟足下亮之。（民國二十三年國學圖書館影印明刊本，第22—24頁；《明文海》卷199，第1970—1971頁）

（明）皇甫汸《皇甫司勳集》卷首《集原》：及登進士，游京師，山人張詩爲語，孝武朝長沙有開閣之風，海内群彦雲集，爲拊髀焉。時方推轂李、何，徐、邊、熊、薛，皆其選也。一日早朝，夏給事言偕比部李遂、江以達物色余，得之班聯中，握手談藝，出而定交焉。因與諸曹郎吴檄、田頊、高叔嗣、兄仲嗣、鄒守愚、王慎中、周給事祚、胡給事堯時、李侍御宗樞競爲詩，由外至者，方憲副豪、鄺參知灝、弟汴、李别駕士允、閩山人傅汝舟、高瀔、同年吴子孝、唐順之、任瀚、楊祜、陳束、李開先、吕高、栗應麟、弟虹談，未嘗不少讓我也。（國家圖書館藏明萬曆二年刻本，第1—2頁）

（明）皇甫汸《皇甫司勳集》卷五六《明朝列大夫湖廣布政使司右參議吴公（子孝）墓表》：壬午舉應天，越己丑，皇上臨御之八年也，天下士舉於南宫者三百二十人，吾蘇十有六人，公爲之首。及賜第，選爲翰林庶吉士。上方稽古禮文，鋭情經術，延攬俊乂，殷潤皇猷，有若吉水羅達夫，會稽楊汝成、陳約之，西蜀任少海、熊叔抑，東魯李伯華，上黨栗仁甫，江左唐應德，公與余十數子者，敷緯國之華，摛掞天之藻，雖枚、馬之輩相得而快甘泉之游，然絳、灌之屬交嫉而興洛陽之譖矣。厥後曹給事數相於闕庭，王中郎忤宰於省闥，曾、楊二侍御批龍鱗而抗萬言，視鴻毛而輕一死。其餘駸歷中外，蜚英聲騰茂實者，莫可勝算。我明得人，於斯爲盛矣。然不克久奉清班，超踐崇品，命之所遭，亦略相似也。（《景印文淵閣四庫全書》第1275册，第875頁）

（明）皇甫汸《皇甫司勳集》卷五六《明吏部文選清吏司員外郎王君（穀祥）墓表》：君諱穀祥，字禄之……舉進士，改翰林庶吉士。先帝疑政府私樹桃李，詔悉罷之，乃授工部屯田司主事。少宰徐文敏公，乙酉座主也，薦調考功。尋署文選員外，遇正郎缺，朞月不拜，謂君明慎銓藻，咸當其人，力足攝也。時太宰爲婺源汪公鋐，專伺政府賢不肖，一切倒置，選法幾壞，君每與忤。將中傷君，君稍覺，乃以母老不便北土，乞歸侍養，而忘其有兄，不得輒引是例。命下予告，仍勑按院覈之，遂出貶真定尉，棄不拜。兄穀禎，尚官嶺南郡幕，先有傳其物故者妄也。嗟乎！爲母承譴，無忝人子矣。時酈子汴、王子慎中、任子瀚、唐子順之並以才居吏部，不利爲伍，君行而諸子亦相繼謝去。鄒陽入朝，見嫉之言，固不驗耶？後周恭肅公，故吏部少宰也，再召入京，謂汪曰："公不足王子者奚故？"汪曰："本部左遷非止一人，彼獨薄尉者，非矯耶？"（《景印文淵閣四庫全書》第 1275 册，第 877—878 頁）

（明）皇甫汸《皇甫司勳集》卷三六《徐文敏公集序》：又一紀而爲己丑，羅洪先榜也。時則唐子順之、陳子束、任子瀚、熊子過、李子開先，不能悉數，而余光誦先君之言，竊附諸子之末，幸矣。（《景印文淵閣四庫全書》第 1275 册，第 749 頁）

（明）皇甫汸《皇甫司勳集》卷三七《沈太僕環谿集序》：余解憲屏居踰十稔矣，曾是在位皤首晨星，徽猷煙燼，海内詡聞，著作錂布，則羅達夫有《念菴集》，唐應德有《荆川集》，陳約之有《后岡集》，楊汝承有《濟南集》，任少海有《吏部集》，李伯華有《閒居集》，羅熙載有《華原集》，吴純叔有《玉涵堂集》，僅若而人猶或守儒説而失則固，或慕仙游而失則誕，或學綜博極而擇未精，或天不假年而造未竟，才難不其然乎？《環谿集》者，雲間沈大夫鳳峰所撰也。（《景印文淵閣四庫全書》第 1275 册，第 750 頁）

（明）皇甫汸《皇甫司勳集》卷三七《〈日涉園稿〉序》：嘉靖八載，運際平衡，時當射策，先帝勞於求賢，群工樂於嚮用，彬彬多文學之士矣。由今觀之，若魯國李子伯華、西蜀任子少海、吉水羅子達夫、會稽楊子汝承、陳子約之、新安程子惟光、晉陵唐子應德、雲間沈子愛臣、吴郡吴子純叔，並擅風雅，特秀詞林，咸有集行於世，半屬予序。然陳子享年不永，程子篇章寂寥，羅子習於道論，唐子亟就事功，卒爲詩病。夫大曆掄才，曾不踰十，建安作者僅若而人，詩可易言哉，又皆宦拙不達。嘗謂詩令人窮，才最天忌，不其諒哉！練川張子誠之，與余同拜水曹，兼抱詩癖，以仲言、子美自任。亡何，祗役南楚，秉憲東藩，讒口鑠金，强年解組，惜哉！乃杜門埽軌，罕營世務，耻問家業，日與琴書爲耦，觴咏自娱。篇章既多，彙次成帙，題曰《日涉園稿》，志隱也。眷深江國之蓴，風減靈和之柳。其爲詩也，無取模擬，而間合雅音，奚必師古？而每出己意，微雲河漢，聊可庶幾，秋水芙蓉，盡去雕飾，本之性靈，得於天趣也。雖或稍爲怨誹，而終歸曠閒，託以諷諭，而不失温厚，是集可傳矣。凡五七言、古選、樂府、近體、排律、絶名，總若干首，勒爲幾卷，亦略備云。嗟乎！燕公五字，居岳始工，平子四愁，歸田斯賦，豈非家法，殆亦詩教矣乎。〔明萬曆二年吴郡皇甫汸自刻本，第12—13頁；（清）陳樹德輯，朱瑞熙標點《安亭志》卷五，上海：上海古籍出版社，2003年，第63—64頁〕

（明）陸深《儼山集》卷一〇〇《京中家書二十首》之十六：適有星士推汝命，今年科場甚利，使我老父母早見兒成名，豈非晚福。科場後，汝母子欲歸何難也。……昨吏部右堂推，上有旨再推，蓋爲宫僚不可輕動故爾。如張甬川兩疏給假送母，皆不允。司直任瀚乞養病，爲吏科所劾。吾與兒别整六年，人情世態，種種變改，要須早來，庶面議以爲善後之圖耳。吾欲告汝者，筆不能盡，百凡動静，俱付之老天。途中不宜惜小費，不可干人交際之間，當以道義爲主，至囑。（《景印文淵閣四庫全書》第1268册，第648—649頁）

（明）李元陽《中谿家傳彙稿》卷八《游銀山鐵壁記》：嘉靖甲午夏，謁陵，同熊南沙、任少海、唐荆川、王湛泉既竣事，約往觀長城。東北行二十餘里，路人云："此去密雲僅八十里。"諸人相謂曰："且訪赤獨子於密雲。"遂策馬東行。暮投村寺，有温泉。浴罷，止宿。凌晨，登寺臺，因指顧長城，論天下形勢。湛泉曰："長安不可不作一都。"荆川、南沙、少海皆曰："都則然矣，設官未盡其制，如都何？"予曰："顧東橋先生嘗曰：天下選十五人作巡撫，三十人作方伯，一百人作知府，必九年成績而(后)〔後〕遷，必得其人而後代。巡按如雷霆行於其間，或三年一差，或五年一察，其他循資仍舊。如此則吏部所訪，科道所舉，僅百五十人，易於遴選。彼不肖者自不容側足於其列矣。縣令、教官聽知府，各舉其所知，以時聞於巡撫，巡撫舉之於部，賢者留，不肖者即黜，天下之治可立而待也。"諸君皆以爲然。飯已，騎行又二十里。路人又云："赤獨子已去密雲旬日矣。"衆相顧色（阻）〔沮〕。南沙謂予曰："銀山鐵壁，去此不遠，盍往游焉？"遂折北而去。諸君相尾問程，或言遠，或言近，各有難色，遲回不進。南沙與予恐爲所阻，遂策馬亟馳。行六十里，至鄧隱峰道場，登八角亭，東北有鐵崖壁立，石色熒然。頃之，月出，如銀色界，洗盞更酌，竟夜不寐。南沙曰："《隱峰傳》中言鬼使不見隱峰，何也？"予曰："大修行人具六通，鬼神但具五通，故人能見鬼，而鬼不見人也。"南沙又曰："鬼見常人，而人不見鬼，何也？"予曰："常人有障，而鬼神無障也。"明日將拄杖登頂，寺僧曰："頂由閻王鼻行。僧住此十餘年，亦不敢度。"余二人笑而不聽，竟趨鼻側。山脊如刀背，僅容一足，長約十步，兩旁如削，下臨萬仞，不可凝視。罡風吹衣，足不能立。予曰："列子履萬仞之險，足二分垂外，何如？"乃去韡鞋，趺坐徘徊，取棋枰對奕。南沙忽推棋東行。比予回顧，渠已度鼻矣。予亦側身起立，逐武而東，遂相與同登山頂。余曰："君無擬議，予無思量，乃能至此。向使擬議思量，東瞻西顧，則私意起而反惑，安能至此哉！"南沙曰："士之立朝，能以無議擬思量之心行之，何事不辦!”（做來）〔坐未〕有頃。寺僧憑樵者送茶，各飲一盞。樵者指長城外曰：“此爲黄花鎮，此爲居庸關，又西爲某關，又東爲某鎮。”皆在烟花微茫中。萬里龍沙，風霾無際，令人有吞胡虜、隘寰區之氣。罡風稍定，挺身度鼻而回，初無難者。回入僧院，崔都尉京山自外來，曰：“聞二公在此，願得同游。”遂舉觴薦山蔌，坐月下，説長城險易。京山問曰：“邊儲奈何?”南沙曰：“財力强富，則士馬精妍。今九邊蕭條，軍士羸弱，無怪虜來即跪而受刃也。”余曰：“若鬻官及鹽法皆令輸粟實（過）〔邊〕，三年斯富强矣。”京山曰：“予忝宗臣，如盲如聾，願極言其詳，庶斯言不空耳。”予曰：“齎銀易於運米，運米易於輸粟，人所知也。而必欲貴粟者，以其有九利也。夫輸粟則車輛多，往過來續，常有萬輛在邊，緩急可以聯作車城以禦（武）〔侮〕，一利也。車輛多則騾畜多，可以糞屯田，益邊農，變斥鹵爲沃壤，二利也。人畜多則邊人得賣芻草，得賃房舍，易沙場爲闤闠，三利也。車輛多則人多，人多則貿易多，孳貨填委，不見邊愁，四利也。粟價既貴，則邊農日富，屯田日闢，五利也。輸粟者衆，主客既雜居，一遇有警，各出智謀，以爲我用，六利也。商賈所聚，婚嫁相邮，各愛其身，各護其家，斯有固志，七利也。邊人既安土樂生，則百工所萃，器械不期利而自利，城壘不期修而自修，八利也。且百金易懷，斗粟難掩，侵漁之患不杜而自絶，九利也。在漢文帝之富强，用此道也。”京山憮然曰：“不圖游山而得國謀也。”夜分，各就宿。明日，京山早發來别，予二人尚未下榻。飯已，下山，由捷路向昌平。道中多木栅如圈，初不知其故，既而問樵人，乃知其爲致虎圈已，意頗悔來，已無及矣。南沙曰：“生死有命。”頃之，從人告饑，遂就流泉而飲，甚甘之。馬上作《銀山鐵壁歌》。夜投昌平公署，不食而卧，覺甚安適。起相謂曰：“客舍數年，無此好睡，得非心閒耶?”遂行。明日，荆川、少海攜酒來相勞。頃之，湛泉亦至，因爲言山水之情狀。諸君頗以不游爲恨。荆川名順之，編脩，武進人。湛泉名輿齡，驗封司，山西人。少海名瀚，考功郎，順慶人。南沙名（遇）〔過〕，職方司，富（寧）〔順〕人。余則名元陽，字仁甫，號中谿，大理人，時爲御史。（《叢書集成續編》第115册，上海：上海書店，1994年，第852—853頁）

（明）楊慎《張禺山癸卯詩序》：士衡病乎思殫文通，愕乎才盡，老而不衰，岌乎難矣！彼齒宿意新，身老才壯，良史深致，誠有以夫！吾友月塢先生張子愈光，自少以詩名振於天京。南充少海任子常有愈光詩名滿天地之贈，論篤君子悉以爲然。〔（清）羅綸等原修，（清）宣世濤等重修《（乾隆）永昌府志》卷二五《藝文志》，乾隆五十年刻本，第15頁〕

（明）熊過《熊南沙先生文集》卷五《題日者休生卷》：林生翳雙瞳子，行必待相，然善談星，猶挹注也。嗜禄命者爭趣之。顧生尚玄，客滿坐徹厭，至或反關謝之。《陰符》稱瞽者以爲絶利一源，生豈將有意耶？則生固多藝者。其將别去，乃曰："我方窮蜀之地，益游賢豪間，庶幾進於是。"凡言星命之説者，悉原本婆羅門。其後乃有耶律等，胥出異域。然皆言十一曜，疇人可按天地索之。生言顛倒河圖，以爲出金、元時，其神之飛宫，乃非若羅睺、計都、蝕神，首尾可校核矣。異哉！故蜀時言星命者，洛下閎、李淳風最著，而大初、麟德之曆，皆不能行久。或不陪歲差法，即有若罔其實矣。生行將何之？倘遇二子之徒，尚不足以益生，況下二子者哉！然且爲生姑言之。昔者師曠瞽人也，卜曆算不減淳風等，尤善占於天人之感。其言王子上賓，得於聲氣之間，不待於星命也。豈王子上賓别有隱道曠神瞽絶利，故知之而不言耶？意生有得於玄，其言禄命亦姑假星命炎之辭耶？東海唐應德頃問高公次、任少海之學於予，以二君皆蜀人尚玄也。予未有以答生，倘過而問焉，得所以自作元命者，則

生信進乎技，而予亦有以復唐君矣。（《四庫全書存目叢書》集部第91册，第623—624頁）

（明）陳以勤《韓士英傳》：公諱士英，字廷延，號石谿，其先鳳州河池人也……嘉靖三十五年，公年滿七十，上疏乞休。至河間府，得俞旨。公志喜詩云："伏天冒雨至河間，忽報君恩賜我閒。三十年來真忝竊，八千里外久思還。廟廊自有人籌國，草野何嫌我在山。鹿夢假真都莫問，鴻泥南北有誰攀。"居林下十六年。是時太子司直任瀚、刑部尚書王廷、憲副文衡、楊麗等十人皆公之後輩，從公游，詩話往來，徜徉山水，享泉石之安。（《（民國）新修南充縣志》卷一三《藝文志·傳》，第18頁）

（明）趙貞吉《趙文肅公文集》卷二三《周南留著圖録序》：嘉靖辛酉嘉平之月，貞吉以賜休還山，道經周南。時友人德清蔡君子木領鎮撫節鉞駐此，相見甚歡。頃之，即示予以任君少海近日薄游函崤間留著四圖並贊詩。予亟讀一過，歎曰："逸哉！其老氏之流風乎？"蔡君曰："觀子殆將從此隱矣，可不爲我稍著書若任君耶？"予即欣然諾之，既而悔其嫌於掠名也，遂辭避去。乃蔡君使人索諸尉氏曰："不得書，不可空還矣。"予感其勤意，爲述七圖，略加序説，命兒曹録寄蔡君如左。夫予是七圖者，雖有所授，然徒抱空文，未踐實事，心知意義，而口不能言，聊爲蔡君傾囊，似與任君鬬博，誠不知其爲可，第予意則有説矣。予西極鄙人，行將掩其聲光，與竈兒田畯爲伍，愈與世落落。中原有道，何以知予名姓而一開度之哉！萬一因此淺陋之迹，附任君之掞藻，藉蔡君之延聲，俾具眼老作家人，稍喜予之亦能窺取一斑，庶飄然御風而西，爲予啓重關之鑰，決剖瓜之疑，則予之此舉也，偶因蝕木之文，遂種投針之芥矣，豈非因緣幸事也哉！蔡君處東溟，予還西海，萬里雲山，從此別矣。是書也，其爲予置之笥中，遇擇法之人，試爲一展乎！予日望之俟之，勿謂予開眼作寐語也。（《四庫全書存目叢書》集部第100册，第

604—605頁）

（明）陳文燭《二酉園文集》卷二《〈秦苑吟編〉後序》：中丞曾公有詩名在海内，兹乃督學關西所作。任司直少海先生題爲《秦苑吟編》。余過南充，任先生誦公詩，評其在建安六七子間，犂然有當于心。余謂昔子美在秦中，其詩如曲江渼陂，與其山川爭雄。三甫天才本高，又歷秦漢故都，何怪其多驚人語哉！任先生與余論文，俯視百氏，乃推轂于公，非佞也。太守林廷翰又言公詩頗多，願請益而梓之。余謂公弱冠登進士，尹富順，往來中巖、凌雲，多所題詠。頃保釐于蜀，西戎即敘，軍中凱歌，道路碑焉。好奇之士，比于夔州以後諸詩，此則蜀人所未見，何先布之？太守唯唯退。未幾，任先生寓書梓且成，燭宜有言。語曰："嘗鼎一臠，可知其味。"因述其語于司直、太守者如此。嗟乎！襄郢詞人并著于秦，非異代奇事與？余以鄉人記之，斯又奇矣。（《四庫全書存目叢書》集部第139册，第34—35頁）

（明）陳文燭《二酉園續集》卷二《白華樓稿序》：《白華樓藏稿》《續稿》《吟稿》，鹿門茅先生所著也。先生文章爾雅，雄視宇内，謂余可聞斯旨，曾序其文。先生以全集寄豫章，屬余序焉。先生嘗謂："天地萬物之情，各有其至。世之能言者，當於六籍中求吾心之至者，而深於其道，然後爲文，有物有則是也。屈、宋以來，渾渾噩噩，藴藉百家，包括萬代，有周、秦之遺者，非司馬子長乎？閎深典雅若劉向，斟酌經緯若班固，西京之文猶爲近古；累數百年得韓子，而宗元與之名于唐；又三百年得歐陽子，而三蘇、曾、王與之名于宋：皆得古六籍之遺而言之者。漢之崔駰、蔡邕；晉之左思、陸士衡；齊、梁、陳、隋以下，非無龍驤虎鬪之士，視諸家有間焉。"先生立論，蓋自羲、文、周、孔而千載流衍，真文章之統云。今觀先生之作，雄才逸思得於天性，勿論矣，而六藝之外，如天文地考、山經海圖、浮屠老氏、稗官方技、湯盤孔鼎、岐陽嶧山、科斗漆書、籀篆分隸之文，深造而自得焉；發之筆端，因物付物，求其所至者而造化焉。摹畫古人，濬發巧心，其神氣本于龍門令，而恢張變化，莫可窺測。或謂書似昌黎，而不知爲《報任少卿》之遺也；記似柳州，而不知爲《世家》之遺也；紀戰功似子瞻，而不知爲《八書》之遺也；贈送似永叔，而不知爲《列傳》之遺也；雜著似介甫，而不知爲《贊詞》之遺也。觀先生之形者，諸大家；觀先生之神者，太史公；而原則六藝，盡之矣。昔人言，文如“萬斛之珠，取之不竭”，“根之茂者，其實遂多；膏之沃者，其光曄”，又如“千兵萬馬，風恬雲霽，寂無人聲”。此不可品先生哉？往在蜀中，南充任少海以文示余，曰：“此可傳後世否?”余曰：“文章如日月，終古常見，而光景常新，駕淩古人，便可傳後世矣。”少海首肯焉。茅先生之文，差等千百世之上矣，又何論於百世之下哉！先生近移書，言欲毀平生覆瓿者之稿，而深求六籍以自娱。夫“天行健，君子以自强不息”“謙受益”，時乃天道。先生老健而謙，其文日益，兹編在天壤，與日月而並遠也！〔《四庫全書存目叢書》集部第139册，第442—443頁；(明) 茅坤《茅坤集·茅鹿門先生文集》卷首，杭州：浙江古籍出版社，1993年，第189—190頁〕

(明) 陳文燭《二酉園續集》卷八《送花先生之内江序》：南充任少海、内江趙孟靜兩學士皆先大夫厚友也。文肅公業修文地下，而司直公今八十，玄髮未素。先生能爲李委壽、蘇長公乎？能爲所忠收司馬遺書乎？斯蜀中故事也，亦先大夫遺意也，不佞安敢文。(《四庫全書存目叢書》集部第139册，第102頁)

(明) 茅坤《茅坤集·茅鹿門先生文集》卷八《復陳五嶽方伯書》：任少海所意，不可于世，而自負其奇，且謂世無柳宗元，或然或否，公又且一笑而謝之矣。僕非閑文者，第其所自好者在此，故僕幾欲燬去生平所爲覆瓿者之稿。倘及秘蹤石室者之深，而囊六籍以深求心之所至，而因自老焉，或庶幾其仰窺什一

也。(杭州：浙江古籍出版社，1993年，第361—362頁)

(明)陳子龍《陳子龍全集·詩詞典文補輯》：(唐順之)《寄周中丞備禦關口》：任少海有一聯云："老去自吹秦爵策，西征會比漢嫖姚。"悲涼歷落，不減少陵，而全首不甚稱，附見于此。少海名瀚，應德同年也。(北京：人民文學出版社，2011年，下册第1603頁)

(明)李選《荆州府知府中谿李先生元陽行狀》：先生既遷户部主事，與翰林常州唐順之，浙陳束、屠應埈，吏部郎山東李開先、蜀任瀚、熊過、閩王慎中作詩會，時號十才子。時選宫僚，大學士夏公招之，皆不赴。吏部亞卿霍公韜門無私謁，知先生作縣有賢聲，改監察御史。(焦竑《焦太史編輯國朝獻徵録》卷八九《湖廣二》，《四庫全書存目叢書》史部第105册，第84頁)

(明)冼桂奇《〈羅司勳集〉序》：《原子》者，司勳羅子熙載之所著也。羅子初號吾溪，又號華穀，復號華原，嘗著書自稱《原子》，故人亦咸稱爲原子云……居亡何，出補建昌推官……三載，征拜刑部主事，尋改吏部。與李子中麓、任子五嶽二人者，皆以文章氣節相高，而原子尤剛腸疾惡，面斥人短，以故人多忌之。〔(清)屈大均輯，陳廣恩點校《廣東文選》卷九，廣州：廣東人民出版社，2008年，上册第340頁〕

(明)葉向高《蒼霞草》卷一三《司徒林公(應亮)行狀》：公諱某，字某，號肖峰，福州侯官人也。……少好稱詩，爲古文詞，與西蜀任少海、温陵王道思、吴興蔡子木、長洲皇甫子安最相善，以詩文相切劘。詩得王、孟、陶、韋之趣，文倣歐陽文忠公，皆爲藝林所膾炙。徒以入仕後，雅稱經世之學，遂不究其業。莫年有所論撰，多削稾，其存者十僅二三，然斯已足傳矣。(《四庫禁燬書叢刊》集部第124册，第339—342頁)

(明)王世貞《弇山堂别集》卷二七《史乘考誤八》：公(徐階)之締姻實在洗馬後，及世廟南幸，立皇太子，備宫僚，非出閣也。内閣前後薦辟多私人，爲給事、御史所糾劾。上特委吏部推舉，時許文簡公讚虚心博訪，所舉霍韜、吕柟、鄒守益、薛蕙、任瀚、黄佐及公等，皆天下知名士。上斥蕙不用，餘俱召入。夏公大不懌，而無如之何。（《景印文淵閣四庫全書》第409册，第361頁）

（明）王世貞《弇山堂别集》卷八二《科試考二》：八年己丑，命少傅太子太傅吏部尚書謹身殿大學士張孚敬，詹事府詹事翰林院學士霍韜爲考試官，皆大禮貴人也。張距登進士八年耳。初變文格，以簡勁爲主，其程式文僅三百言云。取中唐順之等，廷試賜羅洪先、程文德、楊名及第。先是，大學士楊一清等以洪先、文德、名及唐順之、陳束、任瀚六卷進覽。上一一品題首卷，各御批，於洪先曰："學正有見，言讜而意必忠，宜擢之首者。"於文德曰："探本之論。"於名曰："能守聖學，以爲此知要之説。"於順之曰："條論精詳殆盡。"於束曰："仁智之用，著之吾心，此不易之説。"於瀚曰："勉吾敬一之爲主，忠哉!"六策以有御批，刻録中。是歲，大學士楊一清等考庶吉士，以唐順之、任瀚、陳束三名爲上御批，取首列，而盧淮、諸邦憲、汪大受、郭宗皋、蔡雲程、楊祐、汪文淵、王表、曹忭、王穀祥、熊過、安如山、鄭大同、李實、孫光輝、吴子孝次之。居數日，有旨："邇年以來，每爲大臣徇私選取，市恩立黨。唐順之等一體除用。有才行卓異，學問優正者，吏部舉奏，收之翰林，以備擢用。"（《景印文淵閣四庫全書》第410册，第255頁）

（明）王世貞《弇州山人四部續稿》卷一八九《文部書牘·陳玉叔》：蜀地固多文士，如相如、子雲、王、李、大小蘇，近時用修、少海輩雅已彬彬作者，後進得公一陶鑄，勃興之士，當不復讓數君也。（《景印文淵閣四庫全書》第1284册，第693頁）

（明）王世貞《弇州山人四部續稿》卷一九八《文部·答吴明卿》：弟素不解度世家言，自奉曇陽仙師法誨，始謂天地大矣，神仙於其中亦一事之小涉奇者，要當有之，於是頗亦好焉。而十年以來，所接見卓然稱名家者亡慮數十，若小道傍門，却微微有所證，而無益於大道。然其道逾大，則愈無實其說；逾玄，則愈無效；其貶剥愈精，則其受擿者愈幻眇而不可詰。蘇長公猪龍肉之辨，政謂此也。邇年道人灾，朱青霞死，葉仙死，任少海死，皆了無奇獨。閻希言死而無疾，且不腐。雲仙中尉雖未死，兩目盲矣，去死何幾。且仙師以弟與元馭世緣尚未斷，故不示以大道，恐生泄慢。弟至來春决懇乞骸骨歸，歸則王君當過我，與噱語而别，亦未敢便伸外護之諾也。（《景印文淵閣四庫全書》第 1284 册，第 801—802 頁）

（明）孫之益《重刻南沙先生文集序》：吾蜀地纏井絡，世載英於江漢之炳靈。其挺發而特傑者，則文園。淵、雲之賦於漢，射洪、青蓮之詩于唐，眉山父子之文於宋。本朝則新都氏地負海涵，淹博極矣。近梁山以正學待詔紫闕，南充以淵詣著聲詞林，皆千載一驅。……泰昌庚申孟冬浙江道監察御史西蜀孫之益書。〔（明）熊過《南沙先生文集》卷首，《四庫全書存目叢書》集部第 91 册，第 512—514 頁〕

（明）胡應麟《詩藪》續編卷二《國朝下・正德、嘉靖》：嘉靖初，爲初唐者，唐應德、袁永之、屠文升、王汝化、任少海、陳約之、田叔禾等；爲中唐者，皇甫子安、華子潛、吴純叔、陳鳴野、施子羽、蔡子木等，俱有集行世。就中古詩沖淡，當首子潛；律體精華，必推應德。（上海：上海古籍出版社，1979 年，第 363 頁）

（明）郭孔建《垂楊館集》卷八《讀書二・莊子》：任少海作《環中圖》，"環中"出《莊子》。《莊子》曰："冉相氏得其環中以隨成。"（《明別集叢刊》第三輯第 94 册，合肥：黄山書社，2015 年，第 775 頁）

（明）俞憲編《盛明百家詩》前編總目：任少海集。名

瀚，字少海，號忠齋。七葉。（《四庫全書存目叢書》集部第304册，第406頁）

（明）俞憲編《盛明百家詩》前編：任少海名瀚，别號忠齋，四川南充縣人，嘉靖己丑進士，嘗爲文選郎，罷歸。昔者唐荆川數向予言其人并及其詩，今刻二十餘首，寔從荆川抄本得之。嘉靖甲子夏，無錫俞憲識。（《四庫全書存目叢書》集部第306册，第89頁）

（明）周仲士《（枝江）山水記》：蜀人任少海曾云："千古此江山，問漢社楚祠安在？"若爲此長太息者。竊謂寰海之大，微獨四嶽五湖十洲三島稱雄長，但不得名人粧點其中，湮寂無聞者不知何限。〔（清）王世爵修，（清）鍾彝纂《（乾隆）枝江縣志》卷九《藝文志》，清乾隆五年刻本，第21頁；（清）查子庚修，（清）熊文瀾纂《（同治）枝江縣志》卷一〇《學校志下》，清同治五年刻本，第43頁；（清）倪文蔚修，（清）李廷鉽纂《（光緒）荆州府志》卷七九《紀文》，清光緒六年刻本，第20頁〕

（明）李開先《李中麓閑居集》卷五《吕江峰集序》：古有"建安七子""大曆十才子"，今嘉靖十年後更有"八才子"之稱。八人者，遷轉憂居，聚散不常，而相守不過數年，其久者亦止八九年而已，不知天下何以同然有此稱。詳其所作，任忠齋以奇警，熊南沙以簡古，唐荆川以明暢，而陳後岡之精細，王遵岩之委曲，趙浚谷之雄渾，各隨其材力。吕江峰獨以雅致擅名。七子所長，果是不可及，但任失之靡麗，熊失之怪啬，唐失之軟弱，而失之深晦者陳，失之疏蕩與纏繞者乃趙與王也。吕亦自謂有方板之失，其短處自不可掩……任有《考功集》，熊有《内外集》并《周易象旨决録》，唐集十二卷，陳集不分卷二册，王有《家居》《玩芳堂》二集各七卷，而趙集十五卷。予自雜著外，集亦不分卷，凡十二厚册。（《續修四庫全書》第1340册，第655頁）

（明）李開先《李中麓閑居集》卷七《中憲大夫思州府知府

梧岡王君墓誌銘》：君諱儀鳳，字應和，號梧岡，姓王氏。遠祖徙自薊州，世爲章丘縣人……嘉靖乙西，舉鄉試前列，試録刻其禮經文。四次會試不第……以戊戌授真定府通判，管倒馬、龍泉兩關……壬寅秩滿，贈父爲承德郎，封母爲太安人。推陞定州知州，即同母之任……乙巳，陞順慶府同知，以道遠不能奉母同往，將解任歸田。母乃止之曰："近則赴，而遠則辭，臣子道當如是耶？無論叨饗大夫禄爵，雖勅命恩，亦圖報難盡。"遂洒淚别母，星馳上任。值西番不靖，朝廷數遣大將征討未服，衹因松潘險遠，糧運難通，以致師出無功耳。撫按自相謂曰："此事惟王同知可辦，以其在北有名，豈有在南而不勝任者乎？"遂以督糧事總委之。君至江油等處，訪知舊弊，乃官取羡餘，賣放大户，以貧民充作總領，糧竟難完。今則原封銀兩，使之自分，餘則悉任民得之。又以大户作總領，民無督責之勞，糧無不足之患矣。吏有告，以官銀十扣其一，自來如此，民得對半，已出望外，况十分之一乎！君即杖其人，而逐之曰："大凡猾吏陷官害民，惟先以利誘之，中其誘則售其奸，何所不至！"竟以糧餘克敵，蒙欽賞銀幣。省元王纘宗被盗，聞盗中有一童子聲音，捕者誤以節兒爲盗。幼童不勝刑逼，妄招同盗三十人，斃於獄者十餘人矣。按臺疑其枉，屬君一問，果皆非盗。死者已矣，釋者尚有十六七人。有中書索汝賢者，持改字勅書，稱説封王乘傳，沿途騷擾，君獨疑而執之。巡按憚，不肯行，以其假作嚴内閣門下人也。府有樊檢校，新自中書改官，原未嘗見有此人。疏上，果詐僞者，竟抵於法。陞任思州府知府。思領四長官司，地連曲洞，居接重山，乃東南雄勝之地，而蠻夷雜處之所也。曩時苗民作梗，曾破城殺人，而舊守李允簡遇害。順人多勸君弗就者，獨忠齋任考功促之往，曰："君乃利器也，不遇盤根錯節，何以别焉！"（《續修四庫全書》第1341册，第106—108頁）

（明）李開先《李中麓閑居集》卷九《湖東費相國（宏）

傳》：嘉靖乙未，湖東費翁再入相之次月，偶問吏部員外郎林春曰："久居林下，與仕路人有如隔世，晚進中孰爲善文者?"林曰："有任生瀚、李生開先，文方有名。"翁曰："擬之太白、孫山人何如?"林曰："問文以文對，若太白則詩人也。"翁喜，即欲見之，林即各抄一册，兩及門，值其兩入朝，竟未一見，而奄忽升仙矣……翁費姓，宏諱，子充字，而東湖號也。(《續修四庫全書》第1341册，上海：上海古籍出版社，2002年，第218—219頁)

(明）張時徹《交游書翰》："任瀚，南充人，號忠齋，春坊司直。"(《北京圖書館古籍珍本叢刊》第120册，北京：書目文獻出版社，1998年，第895頁)

(明）張時徹《芝園别集·奏議》卷四《薦揚境内遺賢疏》：原任左春坊左司直兼翰林院檢討任瀚，學窮墳典，匪徒窺測緒餘；文逼古人，誠宜藻潤鴻業；廬草野以誦讀，而蓬蒿滿門；謝塵鞅以夷猶，而公府絶跡；雖齟齬於流俗，足風厲乎簪紳……稟賦既邁於等夷，修爲無間於少壯。況或自其不爲也，而可以知其有爲；或自其已試也，而可以知其大受。蓋非獨愚臣知之，凡有識者宜莫不知矣。如得揚聲紫微，振翼霄漢，則其所建樹，必足以黼黼皇猷，恢張太平之化，蓋不止於墨丈尋常之間而已也。伏望聖慈憫其沉淪之久，施以甄録之恩，特勅吏部，再加詢訪。有如臣言不謬，將諸臣以時起廢，遇缺推用，則山林之璞玉，皆得爲清廟之瑚璉，在位者益勸於爲善，而退處者亦不至於自廢矣。此斯世斯民之幸，亦宗社無疆之休也。臣無任惓惓願望之至，爲此具本謹題請旨。(《四庫全書存目叢書》集部第82册，第454頁)

(明）朱國楨輯《皇明大政記》卷二九：嘉靖十九年庚子……二月甲子朔……司直郎兼檢討任瀚黜爲民。告歸未報，擅出城，復入，被劾，責自陳，語侵掌詹霍韜，坐黜。(《四庫全書存目叢書》史部第16册，第438頁)

(明）劉文徵纂《(天啓）滇志》卷一四《人物志·李元陽》：

李元陽，字仁甫，太和人。嘉靖丙戌進士，改庶吉士，文譽甚都。會以永嘉指出翰林，習吏事，知江陰縣，有循良績。召入爲御史，遇事敢言，如止輦承天，詰奸東朝，每每爲士林稱重。巡按閩中，墨吏望風解綬。遇文人墨士，雖布衣與抗禮，薦舉耆逸林富、馬明衡等。都試監臨，所得士皆一時之選。程文一一出其手，至今爲制藝家正鵠。以持正不阿，當事銜之。會以扈從出公知荆州府，築堤捍江，民鐫碑誌德。尋罷歸，家居四十餘年，精研理學。所著《心性圖説》，與羅念庵洪先、王龍溪畿相印可。至擒爲詩文，森爽瀟灑，有塵外致。南充任忠齋瀚謂："中溪晚年之學，如霜清歲晏，萬象森嚴，長松在壑，剥落英華，收斂神氣，復歸乎其根也。"聞者以爲知言。壽九十，無病而終。所著有《中溪漫稿存稿》《豔雪臺詩》等書，行於世。〔（明）劉文徵纂，古永繼點校《滇志》，昆明：雲南教育出版社，1991 年，第 472 頁〕

（明）温純《温恭毅公文集》卷七《歸來漫興序》：夫詩豈不關切世教哉？純聞之劉勰矣，詩者持也。古以詩持性情，即以性情持世教。後業詩者乃往往離去本質，即所模擬唐矣，漢魏矣，然令當官事事不啻弁髦土梗焉，卒乃使用世君子諱談之。夫詩病我耶？我自病耶？吾師淮海先生故喜爲詩已，在蜀登峨眉，陟汶嶺，眺錦江、玉壘，盡發爲詩，何減工部夔府以後諸什？然先生深於性命者，自謂詩之一道，雕情繪物，故禁不爲已。自鄖中歸，又爲之，不必爲，不必不爲，先生深於詩可知已。初先生自弱冠學道，以默識尋孔顔真樂，又往來武陵，與道林蔣先生相印証。久之，忘形宇宙，收春肺腑，興至景值，性觸情流，吟咏成聲，無斧鑿痕，即造化可與通，庶物可與偕，學術治理可與該。純既得先生《歸來稿》，卒業頜之矣。會先生拜上命，再撫鄖中，純當以職事奉約束。乃所部諸大夫即以純故先生弟子，知先生。即先生至，純以職事奉約束，將安所從事？純以先生官禁中、官藩臬、官中丞往事，一一爲諸大夫郎告，大都先生治状，大者在以數言收平薛、蔡二寇功，詳具南充任太史敘中，不論。論督關中學，一時關中博士弟子事先生如山斗，乃闡明道妙，揭示默識本旨，即世世可師承矣。日先生不以純不佞，目爲國士，既入官，視向所聞於先生，然且如弁髦土梗，純大懼焉。第侍先生久，知先生精神所綜該，意脉所流貫，一切注措，即其發爲咏歌者，今以往以詩理我，以我理民，是純與諸大夫郎所奉先生約束者也。諸大夫郎唯唯，乃付程郎遜梓布之。（《明别集叢刊》第三輯第79册，合肥：黄山書社，2015年，第331頁）

（明）康海《對山文集》卷三《送白貞夫序》：翊日，予病小瘳，方能以醴酒酌貞夫，則南充任少海氏適至，遂同坐夜分而去，約以明日同過滸西。值雨大作，弗果，夜仍同宴世爵堂焉。貞夫、少海，世之二儁，又爾相值，誠亦奇矣！（《明代論著叢刊》本，臺北：偉文圖書出版社有限公司，1976年，第139頁）

（明）吕潛《高愓菴語録序》：讀《愓菴語録》而不勝斯道盛衰之感也。鄒魯既遠，言人人殊，惟河汾濂洛諸君子起，頗得千載已墜之緒。繼是名儒輩出，皋比日新。明三百年間，河東姚江最著，沿及末流，不無龐雜之譏，迄於今而遂成絶響矣。夫道學之敝也，名盛而實已衰，吾甚疑乎其實；亦實亡而名且並廢，吾又惜乎其名。至於名廢而世遂不知講學爲何事，輒相與非而笑之。人心之不醇，風俗之不古，由此其故也。梁山高子愓菴有憂之，於是毅然以講學爲己任，捐鏹葺屋，日與二三門人講習其中。遠近向風，駸駸有昔賢之遺軌焉。李子仙根録其答問之語，顔曰《愓菴語録》，余得受而卒業焉。見其迎機導窾，則庖丁之無全牛也；芟繁黜異，則迅風之掃秋籜也；抑且單詞隻語，居要不煩，則又對東郭順子，而令人之意消也。雖愓菴之學不盡於問答，即當時之問答亦不盡於此録，而此其類著矣。吾蜀固多君子，伊川客涪而易學愈進。嘉靖南充少海任公瀚，倡道經筵，已而乞休，講學五十餘年，著述甚富。梁邑瞿塘来公知德，早領隆慶壬子鄉薦，中年著有《易注》《日録》諸書。惕菴生来公之鄉，宜其後先競美也夫！〔《（雍正）四川通志》卷四七《皇清藝文》，第71—72頁；《（乾隆）遂寧縣志》卷九《人物上》，第54—55頁；（清）符永培纂修《（嘉慶）梁山縣志》卷一五《藝文志》，清嘉慶十三年刻本，第21—22頁；（清）朱言詩等纂修《（光緒）梁山縣志》卷一〇《藝文志》，清光緒二十刻本，第45—46頁〕

（明）曹學佺《石倉十二代詩選・四集》卷四六《畏齋集》附：任瀚，别號忠齋，南充縣人。（日本内閣文庫藏明崇禎年間刻本，第9頁）

（明）游居敬《翰林修撰升庵楊公墓誌銘》：先生居滇，泛昆池，登泰華，游點蒼，並洱水，探奇挹勝，所在有述，人争寶之。又工書法，片紙隻字，相傳摹榻殆遍宇内。名碩諭德任君少海、方伯孔君文谷輩率千里神交，郵書相訊，述古好文，至於臨歿無雜思焉，其庶幾古之所謂豪傑者乎！（《明文海》卷四三四，第4567頁）

（明）斯美《修程真祠記》：吾鄉古稱忠義，振古豪傑，鄉先生間世而出。焚身死國，在大漢則有紀將軍，事功與日月爭光；文章華國，在昭代則有宗伯馬紫巖、右春坊任霞父，脱凡名世，卓乎不可尚已。其與徑超青冥、丹台不老之仙何異哉！（《（光緒）西充縣志》卷一四《藝文下》，第9—11頁）

（清》費經虞撰、（清）費密補《劍閣芳華集》卷四《張鑑》：鑑號江泉，南充人。嘉靖庚戌進士，除會稽知縣，南京監察御史，出守建寧，升臨清兵憲，轉山西按察使，以副都御史巡撫山東，引疾歸。再起總督糧儲，卒於官。人比之趙清獻云。《飛仙石次韻》：“掃雲來上飛仙石，風舞岩沙寒露滴。閲世經過幾千秋，去天不盈三五尺。誰騎白鶴度方壺，我向揚州吹鐵笛。長嘯一聲煙霧深，空山月映游人跡。”（四川大學圖書館藏舊抄本，第13—14頁）

（清）費經虞撰、（清）費密補《劍閣芳華集》卷六《張文運》：文運字□□，閬中舉人。博奥善古文辭，邑中有進士侮之，遂作一聯書，懸閬郭外觀音寺中。文運二子，皆進士。聞於閬中御史張注慶。近謁爲任瀚作，非也。集，亂後失傳。《寺聯》："秦皇、漢武盡英雄，直欲駕凌千古，登泰山，臨瀚海，更希神藥仙桃，至於今，煙消霧滅總成空，何處填還圓滿債；鄭子、嚴君同寂寞，不求聞達諸侯，耕谷口，卜成都，尚有餘錢賸粟，想當年，月白風清俱是樂，到頭結煞喜歡緣。"（四川大學圖書館藏舊抄本，第26—27頁）

（清）費經虞撰、（清）費密補《劍閣芳華集》卷八《陳于陛》：于陛，字元忠，號玉壘，南充人。太傅以勤子也。隆慶二年進士，入翰林，遷修撰，充日講官。太傅年七袠，于陛請歸省。上念太傅先帝舊人，詔有司存問。故事，大臣里居，八十始賜存問。太傅七十得之，稱異數云。于陛歸，集里中耆舊如司直任瀚，僉事文衡、王節，都御史王廷，十餘人，與太傅游燕。于陛身行酒炙，極歡乃罷。王廷年八十，蒙存問，而他亦皆七十餘。任瀚詩所謂"過從幸接園黄履"者是也。太傅喜黛玉山，構樓游焉。于陛集唐人詠江樓詩，命童子歌以侑觴，其恂恂于鄉如此。還朝，仍爲講官，累遷吏部右侍郎，與諸臣固請策立東宫。雖不許，然並封中止。萬曆二年册立皇太子，于陛之力居多。擢禮部尚書，以疾乞歸，上慰留，命兼東閣大學士。明興二百年，父子相繼入閣者，自于陛始。時上方深拱，群臣希得進見，以言斥者衆，南北臺司幾空，吏治惰窳，兵食消耗。于陛條奏六事，上採行之。于陛性悃欵，遇大事，議論切至。少從任瀚學，見世儒多惑，作《正意見》及《道術辨》。隨太傅習聞國家訓故，又該覽《實録》《寶訓》《會典》諸書，涣不相屬，奏請纂修國朝正史，備一代紀載。上從之。日夜編摩鈎校。丙申冬卒，天子哀悼賜祭，又詔皇太子往賻之，遣官持節護喪歸葬。贈少保，謚文憲。所著有《萬卷樓集》。錢謙益曰："于文定公《應制題畫詩序》云：'萬曆戊寅正月上日，上出内府畫册二十六幅，命日講六臣分題奏上，各賜銀豆一包。同事者，吴門時行中公、信陽何公、新都許公、武林陳公、南充陳于陛陳公也。"（四川大學圖書館藏舊鈔本，第3—4頁）

（清）費經虞《蜀詩》卷三：任瀚字少海，南充人，成化進士，官至春坊司直。少海深于易學，乞休時年甫四十，從學者甚衆，詩亦成家，著有《逸草》若干卷，今録詩十八首。（清道光十三年鵝溪孫氏古棠書屋刻本，第6頁）

（清）梁清遠《雕丘雜録》卷三《情話記》：明弘、德間，顧華玉、劉元瑞、陳魯南、王欽佩號江東四傑，唐伯虎、楊君謙、徐昌穀、祝允明、文徵仲號吴門五儁；嘉、隆間，屠文升、袁永之、唐應德、王道思、陳約之、白貞夫、任少海、王紹甫號八才子，後王元美、李于鱗、梁公實、宗子相、吴明卿、謝茂秦、徐子與號七才子；萬曆間，李本寧、屠緯真、馮元成、邢子愿、董玄宰、陳仲醇、王衡亦號七才子。（《四庫全書存目叢書》子部第113册，第711頁）

（清）趙燮元《楊愧庵（甲仁）先生傳》：康熙三十四年四月，以明經奉部文至京，考取中書，與天下英傑之士同集吏部……在都數目，與行人羅西溪、翰林樊悔庵、部郎高惕庵友好。惕庵爲趙容庵門人，西溪爲任少海門人，少海曾游姚江之門，皆有志聖賢之學者……歸蜀後，其學益進，其功益密。晚更獨嗜易學，不復作出山想……公家居十餘載，教授以終。著有《易學驗來録》《下學録》及《北游芙蓉》等，録付其子。（《新修潼川府志》卷二二《後賢》，第15—21頁）

（清）劉聲木《萇楚齋四筆》卷九《明詩社名氏·嘉靖八才子》：李開先字伯華，章邱人，嘉靖己丑進士，官太常寺少卿，撰《中麓閒居集》十二卷。王慎中字道思，晉江人，嘉靖丙戌進士，官河南參議，撰《遵巖集》四十卷。唐順之字應德，武進人，嘉靖己丑進士，官僉都御史，謚文襄，撰《荆川先生集》十二卷。陳束字約之，鄞縣人，嘉靖己丑進士，官河南提學副使，撰《后岡集》二卷。趙時春字景仁，平凉人，嘉靖丙戌進士，官右僉都御史，撰《浚谷集》十七卷。任瀚字少海，南充人，嘉靖己丑進士，官春坊司直，撰《忠齋集》□卷。熊過字叔仁，富順人，嘉靖己丑進士，官禮部郎中，撰《南沙集》八卷。吕高字山甫，丹徒人，嘉靖己丑進士，官太僕寺少卿，撰《江峰漫稿》□卷。〔（清）劉聲木《萇楚齋隨筆續筆三筆四筆五筆》下册，北京：中華書局，1998 年，第 865 頁〕

（清）陳鶴《明紀》卷三二《世宗紀五》：（嘉靖）十九年……二月，左春坊左司直任瀚拜疏引疾，出郭戒行。疏再上，不報，復自引還。給事中周（來）〔采〕劾瀚，帝令自陳，瀚語侵掌詹事霍韜。帝怒，勒爲民。（《四庫未收書輯刊》陸輯第 6 册，第 487 頁）

（清）孫承澤《春明夢餘録》卷七《策士》：嘉靖己丑廷試，上閲諸卷，於羅洪先卷批曰："學正有見，言讜而意必忠，宜擢之首。"於程文德卷批曰："探本之論。"於楊名卷批曰："能守聖學以爲本，此知要之説。"於唐順之卷批曰："條論精詳殆盡。"於陳束卷批曰："仁智之用，本諸吾心，此不易之説。"於任瀚卷批曰："勉吾敬一之爲主，忠哉！"羅洪先，一代大儒，上首拔之，時稱得人。（北京：北京古籍出版社，1992 年，第 115 頁）

（清）錢謙益《列朝詩集》丁集第一《吕少卿高》：嘉靖末，王、李諸人號七才子，八才子之名遂爲所掩。然而八才子者，通經史，諳世務，往往爲通儒魁士，以實學有聞，以後七子方之，則瞠乎其後也。（北京：中華書局，2007 年，第 4000 頁）

（清）朱彝尊《明詩綜》卷三四《李夢陽》：任少海云："獻

吉詩，如媧皇鍊石補天，奔走百靈，雷電、日月、星辰，悉躔爐冶。”（《景印文淵閣四庫全書》第1459册，第829頁）

（清）梁維樞《玉劍尊聞》卷三：任少海任瀚字少海，南充人，官吏部郎，有文名。意不可於世，而自負其奇。一日謂陳玉叔曰：“吾文可傳於千百世之下乎?”陳曰：“卿能追古人於千百世之上，自可傳於千百世之下。”陳文燭字玉叔，沔陽人。父栢，井陘兵備副使。文燭舉進士，好文學，有風流，官至大理卿。（上海：上海古籍出版社，1986年，第187頁）

（清）儲大文《存研樓文集》卷一六《釋嫉》：語曰：“入朝見嫉，入宫見妬。”其要具于《尚書·泰誓》四言。顧娼嫉有二，或以權勢，或以文藝。權勢雖極，文藝軋之，文藝雖工，尤工者軋之，而紛態百變矣。蓋若騶衍之于公孫龍，唐勒之于宋玉，李斯之于韓非……李賢之于岳正，傅瀚之于程敏政，都穆之于唐寅，李東陽之于李夢陽、康海、王九思、朱曰藩，張孚敬之于趙時春、王慎中，夏言之于黄佐，霍韜之于任瀚，嚴嵩之于趙貞吉、王世貞、吴國倫，徐階之于茅坤，申時行之于湯顯祖，郭正域之于焦竑，張問達之于李贄，李三才之于湯賓尹、饒伸，高桂之於王衡、孫振基、劉策，于玉立之于韓敬，馮銓之于繆昌期，温體仁之于張溥、鄭鄤，錢謙益之于陳子龍，張志發之于黄道周，楊嗣昌之于楊廷麟，張捷之于夏允彝。此胥載諸史册，灼灼在人耳目間者也，而椒蘭、絳灌曁殊塗，雜流不具列焉。萬世士觀此，忮才之念，倘不覺涣然冰釋，而鴻鈞庶其永準乎！（《景印文淵閣四庫全書》第1327册，第368—369頁）

（清）佚名《陳氏族譜·庠生開祥重撰二公履歷》：文端公諱以勤，字逸甫，號松谷，又稱青居山人。及致仕後，修青居寺，作《青居賦》。重修西橋，名廣濟橋，作《西橋賦》。建金泉書院，請任太史掌院。常與太史瀚、王御史廷之諸公游，好觀嘉陵玉黛之勝，攜酒詠詩暢飲，名爲蜀耆英會。文憲公曰：“任太史是吾師，王御史是吾舅，諸公既喜游焉，何不見樓望之，命童子運舟，歌唐詩以暢情?”即今人訛傳過江樓是也，名爲英會樓。（廣安市岳池縣西板橋陳國蒡藏舊抄殘本）

（清）丁治棠《仕隱齋涉筆》卷二《先達遺事》：有友言：順慶八屬，不知何縣。明時有先達某公，家屢空，年少附館讀，樵蘇自爨，不輟披吟。學爲文，翹異不凡，塾師以英物譽之。父某翁，習羽士教，以術鳴。凡瘟火大醮，皆主壇政。是年疫病爲災，衆醵金作會，延翁禳解，擇日謝天拜表。翁跪壇，踰兩時不起。衆視之，睡熟矣，摇之始覺。衆大嘩，謂：“表達通明殿，何等鄭重，竟偷惰乃爾，未免褻尊。此會虚設，須償醮費方休。”翁慰衆曰：“非敢貪眠，爲衆虔禱，覺元神出舍，直上天門，見一榜，皆來科舉子名也。初醒猶記大半，開眼都忘卻，記第三名而已。”問：“三名伊誰?”翁笑不言，衆復鼓噪，以爲飾詞。翁曰：“天道不可洩，無已，爲衆言之，即吾子也。”時某公雖擅文名，嘗未擢秀。衆曰：“徐俟之，事真便了，否則，不能卸責也。”閲數月，學使按臨，公果游庠，次年捷鄉闈，名次不虚。衆始服其高術。公既中式，家素窘，入京路資，無從措辦。有疏戚某，遠居别縣，富而好士，見公文，屢加歎異，因有知己感。往拜其家，籌借京費，以背筐盛衣冠，自負之，踽踽行，不知爲新孝廉也。戚家隔兩日程，不當孔道，多行鄉曲小路，無旅店。天晚，借宿鄉村，疑暴客，皆不納。有老父指小廟，示之宿。廟逼仄，孤殿巋然，中祀土神，龕下差可容身。倚龕假寐，至中夜，大聲出殿後，來一怪，高與屋齊，兩目如燈，張牙伸爪，直撲而前。公大驚，舉背筐格之。怪視公久，跪地稽首曰：“始猶不識，審睇之，乃知銀主到此。吾爲守藏數十年，今交卸矣。”問：“銀安在?”答以“桃花樹下”，遂去。公驚定，念急迫，未審端的，怪言桃花下有銀，時當冬節，何處覓得桃花?直妄語耳！天明啓行，見龕石雕桃花一枝，觸其機，意銀或在此乎？手拍石，砉然中空，折荆條撥之，應手石開，滿龕皆朱提子也，數以萬計。公謂儻來之物，非義不取，果爲我有，儲作後用可也，掩銀去。至戚家，果適願，慷慨贈數百金，資斧遂足。火色速上，聯捷入詞垣，揀放某省巡按。公事畢，便道還鄉，過戚家酬貺。仍到小廟，遍召里人發窖鏹，大修土神殿宇，餘銀作善果福田，修路成梁之用，不一毫私己。有惜其浪費者，公曰："天爲我聚之，我爲天散之公，作善舉可也，何敢貪天之功爲己有乎！"於是，人不多公之貴，而多公之貴且廉也。後轉内職，歷宰輔，以直聲清名震天下。而道士某翁，誥封一品，享高壽終。此事，前與唐之葉天師拜表觀榜同，後與李景讓之母得錢仍掩同。其術之神，節之高，均不可及。惜忘其姓氏，或云即南充翰林任瀚事，未知確否。（成都：四川人民出版社，1985 年，第 42—44 頁）

（清）魏方泰輯《行年録》：明任瀚，由庶吉士歷侍經筵，寵眷甚渥，爲當國者所忌，乞休，杜門，年甫四十，絶跡公庭，惟以靜養著書爲事。互見生日。《四川志》。（《四庫全書存目叢書》子部第 231 册，第 821 頁）

（清）許重熙《憲章外史續編》卷七：（隆慶六年）十一月……四川撫臣劉斯潔奏薦司直任瀚潛心著述，削迹城府。（《續修四庫全書》第 353 册，第 127 頁）

（清）李調元《制義科瑣記》卷二《改部》：嘉靖五年丙戌，張、桂用事，故庶常盡令改部。又己丑科廷試，上親擢羅洪先（吉水人）、程文德（永康人）、楊名（遂寧人）於一甲，而置唐順之（武進人）、陳束（鄞人）、任瀚（南充人）於二甲首，皆手批其卷。無何，考庶吉士，得胡經等二十人，以唐等三人曾奉御批，列經等之首。座主張璁、霍韜以前科館選悉改他曹，引嫌，亦議改，乃寢前命，以唐等改部。（《叢書集成初編》本，上海：商務印書館，1936 年，第 61—62 頁）

（清）羅惇衍《集義軒詠史詩鈔》卷五六《羅虞臣》：剛性：虞臣好剛疾惡，與李開先、任瀚等以文章氣節相高，而虞臣尤甚，面斥人短，以故多忌之者。會大猾劉東山繫獄，上告張延齡有不軌，憾前主事羅虞臣笞己，因訐及沈椿等。帝震怒，命執，先後提牢主事三十七人，付詔獄榜掠，誣詞獄具，當輸贖還職。帝命杖之廷，盡謫外任，而斥虞臣爲民。俱見《明史·劉世龍傳》。（《清代詩文集彙編》第 657 册，上海：上海古籍出版社，2010 年，第 649 頁）

（清）李調元《蜀雅》卷三《費密小傳》：費密字此度，號燕峰，新繁人。經虞子。有《鹿峰》《燕峰》等集。王漁洋《池北偶談》："此度少遇逆獻之亂，竄身西域不毛之地。已乃溯漢江，下游吴越，居淮南老焉。常流寓泰州，州守爲除徭役。予曾見友人几上一卷，偶取視之，其首篇云：'大江流漢水，孤艇接殘春。'問之，乃密句也。遂賦詩與訂交。"密跛一足，後往蘇門謁孫重元先生，稱弟子。吾蜀詩人自楊升庵、趙文肅、任少海、熊南沙四大家後，古學幾凌遲。費氏父子起而振之，其詩以漢魏爲宗，遂爲西蜀巨靈手。（《叢書集成初編》本，上海：商務印書館，1939 年，第 19 頁）

（清）陳田輯《明詩紀事》己籤卷一一《孫應鰲》：任瀚《忠齋逸稿》："山甫詩如七十二君封泰山，望見滄海，有無中蜃氣樓閣盤薄煙扉，景光萬狀，翛然起僊靈霞外之思。"（《續修四庫全書》第 1711 册，第 182 頁）

（清）彭遵泗纂輯《蜀故》卷一一：陳宗虞字于紹，保寧千户所人，進士。由郎署出領憲閩中，時有倭驚，廓清之力居多。稍遷江浙，皆以兵事著奇勳。初與銅梁張佳（膺）〔胤〕等結社王臺，續七子之業。南充任瀚序其詩"格力類建安，宫商激越類江左，長句近體類中唐諸大家"，吴中王世貞尤稱之云。（《四庫未收書輯刊》第 1 輯第 27 册，第 629 頁）

（清）萬斯同《明史》卷三〇五《張鑒傳》：張鑒，南充人。受業同邑任瀚，學行著稱。舉嘉靖二十三年進士，授會稽知縣。清釐民田，削豪猾侵占，流庸復業者五千家。擢南京御史，督視屯田，持法峻厲，貴要所隱奪輒没入之。累遷山東左參政。四十一年，超拜右僉都御史，巡撫其地。鑒悃愊無華，而持行高潔，居官砥節首公，務去民害，不顧毁譽。爲參政時，行縣督賦，見滕、嶧、沂、費、郯城、泗水、蒙陰間荒田彌望，欲講求墾治。方旱蝗未暇，及受命巡撫，歲適告稔，遽上墾闢事宜，請假之歲月，優復三年，除其宿負，禁有司苛擾。又言滕嶧諸縣，窮民三日傭作，僅得一日僱牛，或手自耕鋤，終歲勤動，不得一飽。請流民還者，官給田器牛種，庶農事有濟。帝悉從之。因命兼督理營田。山東巡撫之兼督理營田自鑒始也。鑒既大墾荒萊，因令州縣行均田保甲法。大姓不便，騰謗於朝。吏科都給事中趙灼等遂劾其煩苛，詔令還籍。鑒在事未二期遽罷去，小民莫不失望。隆慶三年春，起督南京糧儲，涖以公嚴，奸吏無所牟利。踰年以病乞歸，未行卒。（《續修四庫全書》第 329 册，第 343 頁）

（清）張廷玉等《明史》卷二八七《文苑三・陳束傳》：嘉靖八年廷對，世宗親擢羅洪先、程文德、楊名爲一甲，而置唐順之及束、任瀚於二甲，皆手批其卷。無何，考庶吉士，得胡經等二十人，以束及順之、瀚曾奉御批，列經等首。座主張璁、霍韜以前此館選悉改他曹，引嫌，亦議改，乃寢前命，束授禮部主事。時有“嘉靖八才子”之稱，謂束及王慎中、唐順之、趙時春、熊過、任瀚、李開先、吕高也。（北京：中華書局，1974 年，第 7370 頁）

（清）羅爲賡《諸家圖説》：予少也有志於學，而苦於衆説之紛歧，茫無從入。年十三，奮然欲脱其樊籬，而靡所取資。從姪宗魯少學於先叔佐明先生，知其邃於性學。其原本之任司直少海，且言：“《易》道在蜀，代不乏人，何不虚心從事乎？”於是入城肄業，朝夕與居者四載。先生嘗夜坐，予每侍，竊聞其所稱任公嘗爲蔡中丞子木留著四圖並贊詩，未免漏洩太盡，於是殷勤請問。先生引而不發，疑情莫釋，得來瞿塘《易注》圓圖觀之，與周子少異，質之先生，終莫得其肯綮。及閱趙大州所傳華山舊本，其《太極》與周濂溪圖相綜，《河圖》即今之《洛書》也。其後南游江左，復觀藏書之家所傳《古河圖》即今之《太極圖》，云本龍馬之皮，其旋毛黑白相間而成，周之天球河圖是也。藏之天府，歷晉元康間，武庫有紅衣之厄，乃與往代異寶同時灰燼。《洛書》即今之《河圖》，龜之背文是也，謂今之《洛書》乃後人牽合爲之，與章潢所著之古圖不類焉。夫一圖也，而彼此互異若是，宜乎按圖索駿者之貿貿也，因思先生當日不明言之意，其爲予也深且切。子輿氏云："盡信書則不如無書。"學者能自得夫畫前之《易》，洗心退藏於密，則有圖無圖，總成剩義，先聖豈欺我哉！〔《（嘉慶）南充縣志》卷五《藝文志》七之十二《説》，第63—64頁；（清）范鄗鼎輯《理學備考》卷一六《續補三》題作"河圖説"，《四庫全書存目叢書》史部第122册，第146頁〕

（清）羅爲賡《與陳秀才書》：明任少海先生當嘉、隆間，與趙文肅公齊名。先生穎異夙成，然學亦經三變而後抵於醇。其始以詞章自雄；後入青城，遇異人，授以鴻寶修煉訣，既參少室大意，遂留心二氏；居官翰林，及與鄒守益輩相往復，從王氏門人得陽明的旨，始復一意聖賢之學。其門人之最著者李華池竹，著《皇極經世發明》；大中丞張鑑，著《經世衍義目》，陳文憲著《正意見》及《道術辯》。先叔祖諱仲先，入室最久，潛孚默契，盡得其秘，授之先叔諱世信。予齠年頗竊聞其義，然非心思言量之可及，至今弗克負荷焉。于時其子太守任元康、給事杜翼所、僉事文衡、孝廉索僑，或見之文學，或施之政事，皆卓有可觀，而文肅之後無聞焉，其故何歟？〔《（康熙）順慶府志》卷一〇《藝文》，第54頁；《（嘉慶）南充縣志》卷五《藝文志》七之八《書》，第

45—46 頁；《（民國）新修南充縣志》卷一五《藝文志·書》，第 19—20 頁；《（光緒）岳池縣志》卷一九《藝文志下》，第 66—68 頁〕

（清）羅爲賡《寄費此度》：吾蜀鄒汝愚、任少海、趙文肅、陳文憲，當代共推，遺文可考，曾不得一掛名于簡末焉，先生亦嘗言之否邪？曩與安陽許西山論及此事，而不以愚言爲非。先生他日著述，幸留意。見繼起之有人，苟有未盡，幸賜教勿棄。〔（清）范鄗鼎輯《理學備考》卷一六《續補三》，《四庫全書存目叢書》史部第 122 册，第 146 頁〕

（清）羅爲賡《王恭節公傳》：公諱廷，字子正，號北崖，別號南岷，四川南充人，賦性淡泊，一無所嗜，惟留心經濟，與同邑任司直瀚、内江趙文肅公相友善……居鄉恂恂，從不一刺入公庭，日與陳文端公父子徜徉山水間，子弟科第相望，惟忠孝是訓。公長子王績之，嘉靖壬戌進士，官江西布政，從任司直講學，能世其家。〔（清）范鄗鼎輯《理學備考》卷一六《續補三》，《四庫全書存目叢書》史部第 122 册，第 150—151 頁。〕

（清）羅爲賡《西溪考》：溪至棲樂山，爲謝自然昇仙往來跡。唐袁天罡宅於此山之下。在昔晉陳壽嘗隱於此，亦曰西羅山，或即此山之異名。明有李青霞、王道人，時與任少海往還，亦嘗居此山，能前知，有道術。（《（嘉慶）南充縣志》卷六《雜識志》八之一《雜著》，第 77—78 頁）

（清）羅爲賡《杜氏族譜序》：南充杜氏始祖杜公沂明，初登韓克忠榜進士。永樂七年，任順慶府知府。五載入覲，轉本省廉憲。以蜀士多僑嘉陽，山水清遠，土曠人稀，且惠政在人，士大夫請之，遂家焉。六傳而至成人公，績學力行。其子錦吾，諱日章，中萬曆壬辰進士，與黄（輝）〔煇〕、楊松年同登，主考陳文憲公即文端公子，師事少海任先生，濂洛之傳，賴以不墮。父子繼登三事，人文之盛，幾與宋埒。錦吾公由承天節推行，取補工部主事，歷郎中，陞貴州畢節道副使。先是，以廣文應聘分校，所得皆名下士。季子斗一可樞中崇禎庚午鄉試，皆公之教也。公官京師時過北直武邑縣王曹村，掃遠祖仁卿公墓，刻其誥命，豎二碑，不使其兩地子孫遺志本支，可謂孝思不匱矣。〔《（嘉慶）南充縣志》卷五《藝文志》七之六《序》，第24—25頁；《（民國）新修南充縣志》卷一四《藝文志·序》，第19—20頁〕

（清）范鄗鼎輯《理學備考》卷一六《續補三》：《寄費書》《河圖説》，羅西溪先生所著也。西溪，四川南充人，順治甲午鄉試，見任行人司。康熙丁卯春夏之交，一惠予《任少海傳》，再惠予《苕西日録》，且有遍搜西蜀理學諸集續寄之論，知西溪以繼往開來爲事。予既録《任傳》，復録其著作若此。易道在蜀，企予望之。（《四庫全書存目叢書》史部第122册，第147頁）

（清）李兆襄《重建舞鳳山文昌宫記》：因歷言所鍾諸大老，而感治亂興廢之在乎人也。宋之游仲鴻父子皆大拜。明陳公松谷父子相神宗皇帝。輔少主，攝國政，則大總憲王南岷。太子司直任忠齋則遠紹聖學。慎軒爲儒林宗，文冠當時，書法獨絶。秉節鉞，專征伐，後騎箕報主，忠烈如生，則總督楊斗望。志氣才華錚錚表見者，不下數百人，豈非邦有老成人，固宜其海晏河清哉！（《（康熙）順慶府志》卷八《藝文》，第83—85頁）

（清）李清馥《閩中理學淵源考》卷四四《侍郎林熙載先生應亮》：亮少好稱詩，爲古文詞，與西蜀任少海、温陵王道思、吴興蔡子木、長洲皇甫子安最相善，徒以雅志經世，不究其業云。（《景印文淵閣四庫全書》第460册，第508—509頁）

（清）李清馥《閩中理學淵源考》卷六七《參政王遵巖先生慎中》：王慎中字道思，晉江人。幼稟異質，日誦數千言。年十八，舉嘉靖五年進士，授户部主事，尋改禮部祠祭司。時四方名士唐順之、陳束、李開先、趙時春、任瀚、熊過、屠應峻、華察、陸銓、江以達、曾汴輩咸在部曹，慎中與之講習，學大進。（第654頁）

（清）宋時濂《重葺總真山觀音禪院碑記》：總真禪院舊有禪院，昔有明太史任公瀚曾讀書於後，因重修其殿，報本也。（《（民國）新修南充縣志》卷二《輿地志·山脈》，第25頁）

（清）唐鼎元《唐荆川先生年譜》卷一：任瀚字少海，四川南充人。王鳳洲筆記云："嘉靖乙丑廷試，大學士楊一清等以羅洪先、程文德、楊名、唐順之、陳束、任瀚六卷進覽。上一一品題卷首，各御批。於洪先曰：'學正有見，言讜而意必忠，宜擢之首者。'於文德曰：'探本之論。'於名曰：'能守聖學以爲本，此知要之説。'於順之曰：'條論精詳殆盡。'於束曰：'仁智之用，本諸吾心，此不易之説。'於翰曰：'勉吾敬一之爲主，忠哉！'"前此未有異説，李彦和《見聞雜記》亦載之。（《北京圖書館藏珍本年譜叢刊》第47册，北京：北京圖書館出版社，1998年，第449頁）

（清）王培荀《聽雨樓隨筆》卷三：關帝廟聯少佳者。南充縣城内武廟懸一聯云："才兼文武，義重君臣，恥與漢賊同天，戮力遠開新帝業；威震華夷，氣吞吴魏，能使奸雄破膽，忠魂長繞舊神京。"傳爲前明任太史瀚所作。夜夢神致謝曰："承贈佳聯，將某平生心跡，傳播人閒，幸甚！但某終身所自矢者忠耳，懇以'忠'字易'精'字。"蓋原作"精魂"也。任驚覺，猶恍惚如見，明日遂改之。太史英才卓犖，善爲長聯。别墅自題云："大江東去浪淘盡，千古英雄，問樓外青山，山外白雲，何處是秦宫漢闕；小院春來鶯唤起，一簾風月，看溪邊緑樹，樹邊紅雨，此中有舜日堯天。"此類甚多，不具録。（成都：巴蜀書社，1987年，第171頁）

（清）王培荀《聽雨樓隨筆》卷六：南充任太史瀚《題清泉寺》云："水國中孤峰倒影，似青螺浮鏡，雄劍插空，此江山天南第一；烟霞外萬事忘機，但短笛吹雲，素琴彈月，這漁樵海内無雙。"（第351—352頁）

（清）王培荀《聽雨樓隨筆》卷八：南充任太史瀚值春闈，與群友北上，舟次赤壁，夜月朗然，慕東坡故事，與諸友狂歌劇飲。黄州守禦某聞喧呼聲徹署内，晨遣走卒，持牌行拘。任於牌背書一律覆之云：“舟泊蘆花淺水溪，友人約我泛金巵。因歌赤壁兩篇賦，正是黄州半夜時。城上將軍原有禁，江邊士子總無知。君侯若問真消息，曾有芳名到鳳池。”乃躬謝而厚禮之。（第481頁）

（清）費冕《費燕峰先生年譜》卷二：“（康熙）二十五年……三月，作《任少海傳》。”（《北京圖書館藏珍本年譜叢刊》第76册，北京：北京圖書館出版社，1998年，第643頁）

（清）高賡恩《續刻蜀學編序》：竊維蜀學之脈凡四五：漢則傳經，重大師，取其有行誼，如張叔文一流，而揚子大儒，不敢誣，李唐附之，是謂洙泗之脈；宋初諸儒漸啓周、程之緒，中葉以來，聖學昌明，則取謝、譙、范一流，而蘇子名儒，不敢擯，是謂伊洛之脈；南軒爲晦翁畏友，鶴山乃紫陽再傳，一時承學翕然，知術無二，則取張、魏兩門，而虞子偉儒，不敢外，是謂湖閩之派；元承宋學，明初承元學，嘉靖以還，少海似薛、吕，大洲宗陳、王，學者趨之，是謂津會姚涇之派；國朝名儒宗派雖殊，淵源自合。據是爲斷，其他有不能不罷者，天下其諒我哉！〔（清）方守道初輯，（清）高賡恩覆輯，邛州伍肇齡同訂《蜀學編》卷首，光緒二十七年錦江書局重刊本〕

（清）李成林總裁，（清）張鳳翮總修《（康熙）順慶府志》卷二《山川》：浮橋，治東白塔寺渡，知府沈橋建，郡人任瀚有記，見《藝文》。（第9頁）

《（康熙）順慶府志》卷二《山川》：總真山，治西三里，山勢巍峨，峰巒窍屼，環山皆拱，面峙若屏。舊傳一夕風雨，飛觀音石像於此，郡人爲之建菴，祈禱響應。太史任瀚讀書處。《通志》未載。（第10頁）

《（康熙）順慶府志》卷五《人物》：任瀚，南充人。嘉靖己丑進士，對策稱旨，御批云："勉朕求敬一之爲主，忠哉！"由庶吉士歷時經筵，寵眷甚渥，爲當國者所忌，乞休，杜門，年甫四十，絶跡公庭，惟以靜養著書爲事。工於文，尤善自祕，海内慕其高，徵文者踵至。當路薦剡三十餘次，竟不出家。居五十餘年，所著《春坊集》《釣臺集》《河關留著録》《任文逸稿》《任詩逸草》《海鶴雲巢對聯》諸書行於世。公生平講性命之學，及終之日即其生之日，譚笑而逝，聞者莫不稱奇。（第 24 頁）

《（康熙）順慶府志》卷六《陵墓》：司直任公瀚墓，南克治西棲樂山後。（第 28 頁）

《（康熙）順慶府志》卷六《寺觀》：棲樂寺，治西二里，任瀚讀《易》處。（第 29 頁）

《（康熙）順慶府志》卷一〇《外紀》：先正如韓石溪、王南岷、任少海、陳文端、文憲五君子，或嚴氣正性，或樸實謹密，或端凝簡重，資質不凡。（第 57 頁）

《（康熙）順慶府志》卷一〇《外紀》：李青霞嘗稱王壘相公有仙骨，少海太史有仙眼。（第 58 頁）

《（康熙）順慶府志》卷一〇《外紀》：李華池名竹，過目成誦，博雅好古，性嗜酒外，不涉世務，如李青（連）〔蓮〕之爲人。太夫人生先生時，夢一道人跨龍而下。師事任太史瀚，不宦不娶，人以爲謫仙云。（第 58 頁）

（清）黄廷桂等監修《（雍正）四川通志》卷八《人物・保寧府》：陳宗虞字于詔，閬中人，進士。由郎署出憲閩中。有倭警，宗虞著廓清功。屢任江浙，亦以兵事見奇，海疆賴之。嘗與銅梁張佳（印）〔胤〕等結社玉臺，續七子之業。南充任瀚序其詩。又精墨妙，喜獎掖後進，執經問字者履錯户外。後祀鄉賢。（第 51 頁）

（清）方鼎等修，（清）朱升元等纂《（乾隆）晉江縣志》卷一二《人物志六·文苑》：莊一俊字君斐，嘉靖己丑進士，授户部主事，調吏部，擢驗封司員外。與唐荆川、任忠齋、王西室諸君頡頏，文辭稱同調。歷官浙江參議。嘗陟清源絶頂，酒劇興發，睨青衣行酒者髮鬒長可筆也，令背立，而捉髮濡墨汁，大書"清源洞"三字，旁署曰"天台學道山人"，作龍攫螭走狀，至今懸洞門。一俊文慕韓愈，詩好李、杜，其不撓不羈，斗酒百篇類李白，故人咸呼爲"謫仙"，自號亦曰"初仙"。常有詩曰："一春中酒非關病，半日無詩便覺哀。"寄興遠矣。著有文集、詩集若干卷。子望槐、望棟，孫履豐、履朋。（清乾隆三十年刊本，第12頁）

（清）顧文曜等編訂《（嘉慶）内江縣志》卷三七《政績志》：花向春，南充人，質樸端重，學問宏博，每接談，如探淵海蓋山，爲任少海同志友也。任六載，却贄儀，乞休歸。祖餞於途者絡繹不絶，追思者以爲有古君子之風。（清嘉慶間稿本）

（清）袁鳳孫修，（清）陳榕等纂《（嘉慶）南充縣志》卷一《輿地志》一之六《古碑》：棲霞洞任瀚《讀易記》石刻，在棲樂山側。（第12頁）

《（嘉慶）南充縣志》卷一《建置志》二之十一《寺觀》：棲樂寺，在治西十里，中有池，相傳與西溪通。唐時建，國朝康熙十六年邑舉人羅爲賡、蒲再虞、庠生張馨募衆重建。周繞百餘石洞。明太史黄輝書"飛仙洞"三字，太史任瀚讀書於此。（第24—25頁）

《（嘉慶）南充縣志》卷一《建置志》二之十二《塋墓》：司直任瀚墓，治西棲樂山下。（第27頁）

《（嘉慶）南充縣志》卷三《人物志》六之一《行誼》：任瀚，嘉靖己丑進士，對策稱旨，御批云："勉朕求敬一之爲主，忠哉！"由庶吉士歷侍經筵，寵眷甚渥。爲當國者所忌，乞休，杜門，年甫四十，絶跡公庭，惟以靜養著書爲事。工於

文，尤善自秘。海内慕其高，徵文者踵至。薦剡三十餘次，竟不出。家居五十餘年，惟講性命之理。詳《藝文志》。（第 54 頁）

《（嘉慶）南充縣志》卷三《人物志》六之七《仙釋》：李青霞，眉州人，瞽目而步履如飛，常與王恭節、陳文端、任太史、黄鐵庵游，而莫測其端，人以爲仙，著有《諸家贊》。（第 84 頁）

《（嘉慶）南充縣志》卷六《雜識志》八之三《外紀》：先正如韓石溪、王南岷、任少海、陳文端、文憲五君子，或嚴氣正性，或樸實謹密，或端凝簡重，資質不凡。（第 90 頁）

《（嘉慶）南充縣志》卷六《雜識志》八之三《外紀》：余餘虹云："曾讀陳文端、文憲兩相文字，氣度春容，與任、黄二太史迥别。"（第 90 頁）

《（嘉慶）南充縣志》卷六《雜識志》八之三《外紀》：李青霞嘗稱玉壘相公有仙骨，少海太史有仙眼。（第 91 頁）

《（嘉慶）南充縣志》卷六《雜識志》八之三《外紀》：李華池名竹，過目成誦，博雅好古，性嗜酒，不涉世務，如李青蓮之爲人。太夫人生先生時，夢一道人跨龍而下。師事任太史，不宦不娶，人以爲謫仙云。（第 91 頁）

《（嘉慶）南充縣志》卷六《雜識志》八之三《外紀》：任少海工詩文，尤善自秘。海内慕其文者接踵於路，與楊升菴、趙大洲、熊南沙稱蜀四大家。（第 98 頁）

（清）郭光澍總修，李旭春贊修《（光緒）盧氏縣志》卷九《人物》：任（翰）〔瀚〕字少海，四川成都人，官至考功司郎中，遨游盧氏，遂寓居焉。後赴召入京。（清光緒十八年刻本，第 7 頁）

（民國）李良俊修，（民國）王荃善等纂《（民國）新修南充縣志》卷二《輿地志·山脈》：小方山，又名乳泉山，又名紫雲塞，在西興場東三里馬路旁。巍峨峻險，與大方同，而秀峭過之。上有廟曰紫府觀，創自明時，爲任瀚隱居悟道處。原有丹

池、石洞與南北二觀，明末兵亂，南觀燹燬，北觀僅存。（第 22 頁）

《（民國）新修南充縣志》卷二《輿地志·山脈》：總真山在治西五里二郎岬後，爲二郎廟山之尾峰。舊志云：山勢巍峨，峰巒突兀，環山皆拱面峙若屏。舊傳一夕風雨，飛觀音石像於此，郡人爲之建庵，祈禱響應。明太史任瀚讀書處。今爲大叢林觀音殿，係順治六年重建。前殿，康熙四十八年建。上殿，乾隆五十二年建。任瀚有聯云："山靜鳥鳴，上下雲移，樹影參差，有色有聲，一片畫圖妙景；風吟竹韻，淒清月照，溪流淺淡，無垢無住，到處天竺禪機。"（第 24 頁）

《（民國）新修南充縣志》卷二《輿地志·山脈》：棲樂山，在治西北五里。謝自然飛昇日，仙樂振響于峰頂，故名。舊有御風亭，今圮。棲樂池，已涸。棲樂觀，建於明時，爲任瀚侍童所棲，後爲道觀。環峰石壁鑿洞穴無數，皆元明時羽士靜修之室。任瀚所居曰"棲霞洞"，一名"飛仙洞"，旁有石刻《讀易記》，并詳《古蹟》。相傳此山祖師甚靈，又有聖燈之異，每年上巳前後，日登山禮拜者數萬人。（第 26 頁）

《（民國）新修南充縣志》卷二《輿地志·山脈》：清泉山，在治北十五里雙女石江岸，憑江直上數百尺，與龍門相望，風景甚佳。任瀚祖塋在此。有清泉寺，創於明時。寺側半里有清泉井，山下陶父釣臺，爲瀚隱居游釣處。（第 39 頁）

《（民國）新修南充縣志》卷三《輿地志·山脈》：浮橋，明嘉靖中知府沈橋創建，連船鋪水板，一端繫於朱公石梁，一端繫鶴鳴山下木柱。邑太史任瀚爲記，并撰聯云："江關雄棧，聯屯畫舫千尋，直穿雲霧通三峽；天塹長虹，鎖斷滄波萬頃，不放春光下五湖。"聯係木刻，黄輝書字。清時有俗儒剜木，改嵌"春"字爲"文"字。又云："閬苑南來第一橋，看烏鵲橫江，夾岸煙花迎使節；神京西下八千里，象螭龍飲渭，中天雲霧擁仙槎。"明末廢爲津渡。清道光時，河東文生李彬恨舟子乘危索值，發憤積貲，圖復浮梁。歷三十餘年，至道光庚子，得蓄錢千緡，復倡義募化，獨力經修。計用不敷，改舊制，代連船以木架，凡九十餘架，中鋪平板，旁護木欄，兩端木栅，仍用太史舊聯。以餘款爲浮橋會，訂於每歲九月下旬搭橋，三月下旬拆。清末，浮橋會款寖絀。民國以來，不復搭橋。十七年，與上渡同創義渡，將浮橋會基金有穀六百餘挑在龍門壩者，撥歸義渡。（第 5 頁）

《（民國）新修南充縣志》卷四《輿地志·名勝》：飛仙洞，亦稱棲霞洞，亦稱隱仙洞，在棲樂山頂右側，爲任瀚參悟之室，額鐫“飛仙洞”三字，傳係黄輝書。左下約半里爲瀚墓。（第 37 頁）

《（民國）新修南充縣志》卷四《輿地志·名勝》：讀易洞，在蜚仙洞左側，任瀚手書《讀易記》，字兼隸篆，各大六方寸，舊有庇覆，故三百餘年，歷經摩搨不壞。清中葉以後，漸露立風化，牧豎敲剥，壞者過半。民國十七年，知事李良俊撥款建修石室護之。有《讀易記》，見《藝文》。（第 38 頁）

《（民國）新修南充縣志》卷四《輿地志·名勝》：龍門寺，在龍門場山上，古名安福寺，爲宋代舊刹。現爲龍門鄉高小校校地。寺内石池曰天池，方廣四丈。池底有井，名玉泉，天旱不涸，俗傳與嘉陵江通。池緣石欄，舊鐫山水花鳥及詩文，甚工細，今亡，僅一蓮座石幢一座，雕鏤龍文，式甚古。大殿側石鐫任瀚、周光鎬詩，並其手蹟。寺外嵌“龍門”二大字。（第 52 頁）

《（民國）新修南充縣志》卷四《輿地志·名勝》：紫府觀，在小方山頂，創於明代。任瀚悟道於此。世爲道觀。清初圮壞。康熙時重修。瀚裔任爾瓊獲解後增修。側殿迴廊，道光時道士孫合瑞募款更新，植樹滿山，爲治西名觀。近爲豪强侵毁。詳小方山。（第 58 頁）

《（民國）新修南充縣志》卷四《輿地志·古蹟》：北津

樓，原在外城魚翅堤内，俗名過江樓。明初徙治時，建臨北津渡，故名。劇臺有任瀚撰聯云："小樓外萬古此江山，問漢闕秦宫安在？大塊中一夢如風雨，不燕歌趙舞何爲？"民國十七年修河街馬路，撤毁。（第 84 頁）

《（民國）新修南充縣志》卷四《輿地志·古蹟》：任瀚故廬，在大北街任公祠外，有碑。（第 84 頁）

《（民國）新修南充縣志》卷四《輿地志·古蹟》：陶父釣臺，在治北清泉山下雙女石江岸，任瀚常垂釣於此。今湮。（第 84 頁）

《（民國）新修南充縣志》卷五《輿地志·祠》：關岳廟，在大西街，舊祠關壯繆侯，稱關帝廟。明太史任瀚曾撰聯。見《外紀》。清初列入祀典，稱武廟。民國四年，部令合祀岳忠武王，稱關岳廟，仍列祀典。（第 4 頁）

《（民國）新修南充縣志》卷五《輿地志·祠》：任公祠，有二：其一在大北街獅子壩，明萬曆末即任瀚故廬建；一在文明門内，清中葉分建。俱祀瀚及任氏先祖，門刻瀚遺聯云："修身齊家而治國，存心養性以事天。"（第 12 頁）

《（民國）新修南充縣志》卷五《輿地志·祠》：金城寺，在治東金城山上，祀土主。亦云何忠靖公祠。故老相傳爲縣人何滔，值安史亂，死義某山下，封忠靖廣祐王。任瀚曾辨之云："據唐至德丁酉，滔執其郡帥防禦使楊齊魯叛境上，劍南節度使盧元裕討平之。是叛賊，不聞有靖難功，乃百世後居然蒙王者號稱，食其宇下，是淫祀也。"近人有《土主實行記》，或謂唐時道士隱居潛修此山土主洞内，功成飛昇，人稱土主，祈雨甚靈。餘詳《山脈》。（第 21 頁）

《（民國）新修南充縣志》卷五《輿地志·墓》：任瀚祖塋，在治北清泉山。（第 31 頁）

《（民國）新修南充縣志》卷五《輿地志·墓》：任瀚墓，在

治西棲樂山，人呼太史墳。（第 32 頁）

《（民國）新修南充縣志》卷五《圖書館·書目表》：南池書院，任瀚題。（第 84 頁）

《（民國）新修南充縣志》卷一〇《人物志·耆舊》：韓士英字石谿，成化進士。……歸居林下十六年，時司直任瀚、尚書王廷、憲副文衡、楊麗等皆屬後輩，從公游，詩話往來，徜徉山水，得泉石之樂。（第 80—81 頁）

《（民國）新修南充縣志》卷一〇《人物志·耆舊》：任瀚字少海，官左司直兼翰林院檢討，以病辭歸，性好恬退，雖負經濟實學，不樂顯仕。居林下五十餘年，以著書賦詩自樂，至九十二歲卒。（第 81 頁）

《（民國）新修南充縣志》卷一〇《物産志·林林》：棲樂山，舊林甚茂，被團鄰盜賣。民國九年，經任瀚子孫呈請，縣署立案保護，殘林獲保。（第 77 頁）

《（民國）新修南充縣志》卷一五《藝文志·典籍》：《春坊集》《釣臺集》《河關留著集》《任文逸藁》《任詩逸草》《海鶴雲巢對聯》《少海文集》，俱任瀚撰。天啓時，四川學使王振奇選刻《少海文集》，有策、疏、賦、書、記、序辨、題説、墓志銘、祭文各名目，今行於世。（第 38—39 頁）

《（民國）新修南充縣志》卷一五《藝文志·金石》：龍門寺碑，詩見《藝文》，嘉靖甲午春二月望日，任瀚草書，今存。棲霞洞任瀚《讀易記》石刻，在棲樂山。記見《藝文》，今存，磨滅約十之二。（第 44 頁）

（民國）陳步武等纂，（民國）鄭國翰等修《（民國）大竹縣志》卷九《人物志上·儒林》：王嘉旦字楠梁，旌之子也。由明經任直隸永平府教授，遷國子助教。生平以經濟自負。值權璫弄柄，陷害正人，公率國學生數百叫閽午門，疏劾惡璫，不報，遂掛冠歸，與弟嘉鼎閉門相師友，以文章自娱。所爲詩古文詞高渾藻麗，直追漢唐，與郡中任太史瀚往來贈答甚夥，長樂律，書法亦工妙。卒年八十七，三赴鄉飲正賓。（民國十七年鉛印本，第19頁）

（民國）謝開來等修，（民國）王克禮、羅映湘纂《（民國）重修廣元縣志稿》第一編第三卷《輿地志·古蹟》："任瀚晚次千佛巖洞漫書，正書共六行，七律一首。"（《中國地方志集成·四川府縣志輯》第19册，第93頁）

（民國）吴景洲《蜀西北紀行》：任瀚晚次千佛巖洞，漫書七律一首，共六行，真書。（上海：中華書局，1944年，第53頁）

任瀚集校注附録卷四

著録

（明）焦竑《國史經籍志》卷五《集類·别集》：《任瀚逸稿》六卷……索僑《春坊集》二卷。（馮惠民等選編《明代書目題跋叢刊》，北京：書目文獻出版社，1993 年，第 426 頁）

（明）張萱（明）孫能傳等撰《内閣藏書目録》卷三：《任文逸稿》四册，全，嘉靖間太史固陵任瀚撰。（《叢書集成續編》第 67 册，上海：上海書店，1994 年，第 855 頁）

（明）祁承㸁《澹生堂藏書目》集部上總集：《盛明百家詩》……《任少海集》。（《中國歷代書目題跋叢書》第四輯，上海：上海古籍出版社，2015 年，下册第 640 頁）

（明）朱睦㮮《萬卷堂書目》卷四：《春坊集》二卷。索僑。（馮惠民等選編《明代書目題跋叢刊》，北京：書目文獻出版社，1993 年，第 1099 頁）

（清）范邦甸等撰《天一閣書目》卷四之三集部：《孫山甫督學集》八卷。刊本，前四卷缺。明湖廣巡撫如皋孫應鰲著。俱督學關西時詩。翰林南充任瀚評。末附嘉靖六年任瀚《淮海操并序》及《送淮海孫公陞觀察使序》、隆慶元年御史慈谿顔鯨《贈孫淮海拜大中丞節制三藩序》。（《中國歷代書目題跋叢書》第三輯，上海：上海古籍出版社，2010 年，下册第 481 頁）

（清）黄虞稷撰《千頃堂書目》卷二三：《任瀚逸稿》六卷。

字少海，南充人，春坊司直郎兼翰林檢討。一作《忠齋稿》。（上海：上海古籍出版社，2001年，第571頁）

（清）萬斯同《明史》卷一三七《藝文五·集部下》：《任瀚逸稿》六卷。字少海，南充人。嘉靖乙丑進士，春坊司直郎。（《續修四庫全書》第326册，第522頁）

（清）萬斯同《明史》卷一三七《藝文五·集部下》：索儁《春坊集》二卷。（《續修四庫全書》第326册，第570頁）

（清）張廷玉等《明史》卷九九《藝文志》：《任瀚逸稿》六卷。（北京：中華書局，1974年，第2478頁）

（清）徐乾學《傳是樓書目》稱字三格别集：《熊南沙任少海文集》，熊過、任瀚，八本。〔清道光八年（1828）味經書屋傳鈔本，第61頁〕

（清）常明修，（清）楊芳燦等纂《（嘉慶）四川通志》卷一八六《經籍·集部》：《春坊集》《釣臺集》《任文逸稿》《任詩逸稿》《忠齋稿》，無卷數，任瀚撰。（成都：巴蜀書社，1984年，第5414頁）

（清）袁鳳孫修，（清）陳榕等纂《（嘉慶）南充縣志》卷六《藝文志》七之十《典籍》：《春坊集》《釣臺集》《河關留著集》《任文逸藁》《任詩逸草》《海鶴雲巢對聯》《少海文集》。俱任瀚撰。天啓時，四川學使王振奇選刻《少海文集》，有策、疏、賦、書、記、序、辨、題、説、墓志銘、祭文各名目，今行於世。（第40頁）

（清）高培穀修，（清）劉藻纂《（光緒）西充縣志》卷一二《藝文志·書籍》：《忠齋稿》《海鶴雲巢》《春坊集》《釣臺集》《河東留著録》《任文逸稿》《任詩逸稿》。以上俱任瀚著。（第2—3頁）

［日］山根幸夫編《增訂日本現存明人文集目録》："任（翰）〔瀚〕《春坊集》二卷，2（册），嘉靖刊，尊466。任（翰）〔瀚〕

《任少海集》，隆慶五序，内 400，《盛明百家詩》。”（東京：汲古書院印、東京女子大學東洋史研究室發行，1978 年，第 143—144 頁）

王國維《王國維全集》第十卷《傳書堂藏善本書志下·集部·明别集》：《孫山甫督學詩集》四卷（明刊本）。如皋孫應鰲著，南充任瀚批評。任瀚序。喬因羽序（嘉靖乙丑）。起五卷至八卷，蓋前四卷爲他集也。門人喬因羽刊於關中正學書院，末附任瀚《淮海操序》《送淮海孫公陞觀察使序》、顏鯨《贈淮海先生拜大中丞節制三藩序》。天一閣藏書。（杭州：浙江教育出版社，2010 年，第 523 頁）

王重民《中國善本書提要》集部别集類：《孫山甫督學詩集》四卷，二册（北圖），明嘉靖間刻本〔校十行二十字（18.1 12.7)〕。原題：“如皋孫應鰲著，南充任瀚批評。”是集始卷五，終卷八，凡四卷，正與喬因羽序所記卷數相合。此本爲因羽刻於關中正學書院者，所刻當僅有此數；然其何以自卷五開始，則必因接續前一詩集編卷數者。《存目》卷一百二十八著録應鰲所撰《學孔精舍彙稿》，此《督學詩集》四卷，後來當亦編入《彙稿》中，余尚未見《彙稿》也。任瀚序、喬因羽序〔嘉靖四十四年（一五六五)〕、附贈序〔校三篇〕。（上海：上海古籍出版社，1983 年，第 632 頁）

中國古籍善本书目编輯委员会编《中國古籍善本書目·集部上》：《任少海先生文集》不分卷，明任瀚撰，明天啓刻本。（上海：上海古籍出版社，1998 年，第 672 頁）

翁連溪編校《中國古籍善本總目》第肆册《集部上》：《任少海先生文集》不分卷，明任瀚撰，明天啓刻本。九行十九字。白口，四周單邊。（北京：綫裝書局，2005 年，第 1415 頁）

［日］靜嘉堂文庫、諸橋轍次《靜嘉堂文庫漢籍分類目録》集部别集類明代：《孫山甫督學文集》四卷，明孫應鰲撰，任瀚評，明嘉靖刊。林家舊藏。同，同，《詩集》四卷。〔東京：單式印

刷株式會社，日本昭和五年（1930）十二月十五日印刷，第 732 頁〕

嚴紹璗《日藏漢籍善本書録》集部别集類：《春坊集》二卷，（明）任翰撰，明嘉靖年間（1522—1566 年）刊本，共二册，尊經閣文庫藏本，原江户時代賀藩主前田綱紀舊藏。（北京：中華書局，2007 年，第 1698 頁。按，原文中“任翰評”當爲“任瀚評”之訛。）

嚴紹璗《日本藏漢籍善本書録》集部别集類：“《（孫山甫）督學文集》四卷，（明）孫應鰲撰，任澣評，明嘉靖年間（1522—1566 年）刊本，靜嘉堂文庫藏本。按：靜嘉堂文庫藏此同一刊本兩部。一部原係江户時代林氏大學頭家舊藏，後歸中村敬宇，共四册。一部共八册。”（北京：中華書局，2007 年，第 1700 頁。按，原文中“任澣評”當爲“任瀚評”之訛。）

沈津《中國珍稀古籍善本書録》：明萬曆刻任文逸稿。任文逸稿六卷，明任瀚撰。明萬曆刻本。二册。半頁九〔行〕十九字，四周雙邊，白口，單魚尾，書口下有刻工。〔框高 23.3 厘米，寬 14.7 厘米。〕題“明宫坊太史任瀚少海著”。前有萬曆十九年（1591）陳文燭序、萬曆十八年（1590）王九德序。任瀚，字少海，號忠齋，四川南充人。少穎敏，性方嚴。嘉靖八年進士。選庶吉士，除吏部考功主事、文選郎中。歷侍經筵，帝寵眷甚渥，爲當國者所忌，意有不合，常以病辭。改春坊左司直兼翰林院檢討，曾分校禮闈，扈蹕巡楚。後乞休杜門，年甫四十，絶跡公庭。既家居，研究六經，闡明聖學，惟以靜養著書爲事。當道薦剡三十餘次，竟不出。家居五十餘年，未嘗通謁時貴，晚年耄勤不倦，潛心於易，惟講性命之理，深有所得，年九十三而卒。（咸豐）《南充縣志》“人物志”有傳。又見“藝文志”。瀚少懷用世志，凡百家二氏之言罔不蒐討，工於文，亦高簡，尤善自秘。海内慕其高，徵文者踵至，與陳束、唐順之、熊過輩均以文名，時人謂之“八子”。此本編排甚亂，明人文集中甚少如此者。卷一已丑廷試策、乙未會試策、戊戌武舉會試策、衛甸行宫火災疏、辭免服色俸級疏、庚子養病疏、庚子乞休疏。卷二書三通、賦一篇、碑一篇、記一篇、序六篇、祠記一篇、序一篇。卷三記一篇、壽序二篇、七引一篇、詩序一篇、碑一篇、壽卦一篇、贈言一篇、辨一篇、題一篇、序一篇。卷四贈序一篇、雜説一篇、壽序一篇、小引二篇、序十二篇、記一篇。卷五題稿一篇、詩引一篇、詩序一篇、碑一篇、墓誌銘二篇、題辭一篇、序九篇、傳一篇。卷六記一篇、墓誌銘二篇、序三篇、題辭一篇、書一通、祭文二篇、賀序一篇、記一篇。王九德序云："任先生在世宗朝以清修方正著聞，初從翰林，改吏部，爲考功大夫，骨鯁自持，不與權貴人通關節。其考察去者多勢力門下人，或嘗先事以姓名相請托者，切皆罷去不問，以故權門多按劍，疾之如仇。及皇太子出閣講學，先生奉廷推，稍遷宫坊司直兼史館經筵官，時號得人，獨按劍者馮藉寵靈，悒悒不能釋，常欲嗾私人持公短奏上，竟無所得……遂毅然抗疏，乞骸骨，辭甚懇，至疏三上，然後賜歸。居無何，聞前怙寵者就刑西事，先生猶函辭數千里，使人投鄱湖水上弔之。有謂'智侔秦相，適逢上蔡之悲；才近中郎，偶蹈承家之恨'，其渾厚如此。先生還山四十年間，前後經中外薦剡者三十餘疏，凡以高明見忌，孤介難容，終與世圜方不相入，不能用也。嘉陵江上有山田數畝，釣臺一區，不足資口食，而先生唯日坐草廬中，彈琴著書，淡然忘老。德自出守兹土，既嘗慕先生之高節，而又篤愛其文章可以雄峙百代，因命諸生就隱所求之，見先生題其户曰：'寵德公衣掛漢江雲，已知身在風塵表；魯仲連腳踏滄海水，何用名垂天地間。'既無所用名，則又安所用詩文爲也。諸生但得其漁蓑中逸稿數篇，皆應世之作。德不敢自私，因敘而傳之行於世，時先生年九十，不減丁壯云。"刻工爲馬興忠、楊厚、鑾、用、上、信、劉、柳、黄、和、宣、朝、位、李。瀚生平著作甚富，然蜀亂散亡略盡，清咸豐間《南充縣志》即云“惟任詩逸草僅存”。此任集流傳甚少，今藏臺北“中研院”歷史語言研究所傅斯年圖書館。《千頃堂書目》卷二十三别集類著録。明隆慶間刻《盛明百家詩》前編中收有《任少海集》一卷。《四庫全書總目》《續修四庫全書總目提要》（稿本）未收。其他各家公私藏目皆鮮有著録。《中國古籍善本書目》著録僅有《任少海先生文集》不分卷，爲明天啓刻本，半頁九行十九字，四周單邊，白口。藏吉林大學圖書館。鈐印有“古潭州袁卧雪廬收藏”。〔沈津《中國珍稀古籍善本書録》，桂林：廣西師範大學出版社，2006年10月，第472—473頁。按，該文初見於沈津《傅斯年圖書館善本書志》，《國家圖書館館刊》1999年第2期（12月），第100—101頁，方括符内文字據此補。〕

黄仁生《日本現藏稀見元明文集考證與提要》：任瀚撰【春坊集二卷】明嘉靖間刻本，尊經閣文庫藏。二册（28.3×17.2），每半葉八行，行十七字，有欄，版框20.8×13.3。四周雙邊，版心白口。卷内有“晉安謝氏家藏圖書”長方印及“學”字圓印，知是集原爲明人謝肇淛家故物，後傳入日本爲尊經閣文庫收藏。卷首有序，僅存首葉，無落款，故不知撰人。序曰：“固陵先生始舉進士，奉大對，今上親題其文，直詞絶識，名冠海内，士莫不延頸願托末交。余辛卯春再登上國，首奉款曲，宴語闌宵，相得甚真，乃投贈詩云：‘文章知汝在，交誼爲誰深？’既遂别去。其後余遷守邊垂，世故相系，親交日疏，疑莫與匹。乙未春得以覲事祗役闕下，先生猶敦夙好，不薄厭之，感《穀風》之誼，誦同人之言，君子於是知友道存焉。時則唐子應德、陳子約之咸相與綜理文事，啓發微言，一朝大振。余拘以外寮，不得久侍，遂録先生詩歌文賦總若干首，用著矜式。余觀先生制行以周孔爲師，陳詞與詩書比軌，不激而高，不刻而工，弘麗精微，至矣哉治世之音，於世以備明王之佐，舍是焉適？世有心賞之士得覯斯事，其必讚歎愉悦，犂然（下缺）”。正文各卷頭題“春坊集上（下）”，第二至三行署“門花端明”“李俊校録”“臨江府推官蘭溪陸體仁同校刻”。從第四行起有識語——“門端明曰：《春坊集》首刻策何？重王言，重始遇也。其繫以春坊何？崇簡命之故也。先生所著，别有《考功》《釣臺》諸集，所論皆究極理道，根源乎性命，玄微深遠，當自有知之者。此集乃端明輩所藏録也。劍東宜真知先生者，望不吝珠玉，揭在簡端，使先生心事萬一不至落莫，此劍東之賜，亦劍東之責也。”上下書口無字，中書口刻“春坊集上（下）卷”及葉次。卷上所録皆爲文，卷下則有賦一首、詩若干首、文若干篇，且詩文混編無次序。書末有二跋，其一，署“乙巳秋八月中秋前三日劍東山人李時達跋”。跋曰：“此作爲任聘君五嶽先生作也。先生所著作，别有《考功集》《釣臺集》。平生磊落多大節，《釣臺集》具見，且多道德性命之言，未易刊載，此集特其居常酬應之作耳。某前過梁州，得之元康舅氏篋笥中，爲先生門弟子花端明、李俊所校録，愛而傳之，知先生不罪也。”其二署“嘉靖乙巳中秋浙蘭溪陸體仁書”。跋曰：“體仁往在燕山，得識五嶽，且見公之文古樸渾雅，而變化闔張殆不可測。至其堅直之守，光大之心，忠愛之意，俱然可見，不獨以其文而已。”按任瀚，字少悔，號五嶽，四川南充人。嘉靖八年進士，選庶吉士，歷吏部主事、員外、郎中，改春坊司直，兼翰林簡討，限職教太子。同時與唐順之、陳束、李開先等肆力爲詩文，年四十以“恃才矜名”被譴去（參見《列朝詩集小傳》丁集上及本集有關自敍）。花端明、李時達皆謂瀚著别有《考功集》《釣臺集》等，而清初黄虞稷《千頃堂書目》卻著録爲《任瀚逸稿》六卷，並注明“一作《忠齋稿》”。是集乃花端明、（李俊）〔索僞〕、陸體仁等編校，刊行于嘉靖二於四年（1545）。以上各集中國大陸皆未見，僅有天啓刻本《任少海先生文集》（藏吉林大學圖書館）和民國初鉛印本《任司直詩抄》一卷《文抄》二卷傳世，但臺北“中央”研究院歷史語言研究所傅斯年圖書館尚存明萬曆刊本《任瀚逸稿》六卷。上録尊經閣文庫所藏《春坊集》二卷，乃現存最早且惟一僅有的善本。（長沙：嶽麓書社，2004 年，第 135－137 頁。按：據《春坊集》原書，文中"李俊校録"當爲"索儁校録"。）

崔建英輯，賈衛民、李曉亞整理《明別集版本志》：1136《任少海先生文集》不分卷，明任瀚撰。明天啓刻本，九行十九字，白口，四周單邊，版心鎸"任集"。刻工：富（1～7 頁），輝（8 頁），羊（9～10 頁）等。卷端題："安成王振奇選"。天啓丁卯王振奇《選任少海先生文集敘》。任瀚，字少海，南充人，嘉靖己丑（八年）進士，官翰林院檢討。（吉大）。（北京：中華書局，2006 年）

遼寧省圖書館、吉林省圖書館、黑龍江省圖書館主編《東北地區古籍綫裝書聯合目録（二）》：《任少海先生文集》不分卷，（明）任瀚撰，明天啓七年王振奇刻本。吉大。（瀋陽：遼海出版社，2003 年，第 2601 頁）

國家文物局主編《中國文物地圖集四川分册》：17－B_{11}任瀚墓〔新建鎮抹馬堂村・明代〕任瀚（1501－1591），字少海，號忠齋，南充名人，明嘉靖進士。歷官吏部主事、考功郎中、左春坊右司直兼翰林院檢討。2001 年發現任瀚家世墓碑。碑高 0.52 米，寬 0.465 米，厚 0.062 米。碑文共 248 字，記載任瀚父母、妻子、子孫姓名、名號、誥封、遷徙、婚姻等。（北京：文物出版社，2009 年，中册第 636 頁）

國家文物局主編《中國文物地圖集四川分册》：38－D_1任瀚"讀易記"石刻。〔新建鎮馬塘村西 2 公里・明代・市文物保護單位〕題刻鑿于西山棲樂山，高 2.25 米，寬 3.66 米，字徑 0.1 米，字距 0.03 米，行距 0.06 米。該字爲明嘉靖年間太史任瀚在此讀《易》時寫的學習心得，故又名"讀易記"。在題刻右側 3 米外，有一石室，乃係任瀚居室，門楣上刻有飛仙洞 3 字，真書

陰刻，係明萬曆年間黄輝所書。（北京：文物出版社，2009 年，中册第 637 頁）

中國古籍總目編纂委員會《中國古籍總目·集部》：集 20208558　任司直詩鈔一卷文鈔二卷　明任瀚撰　民國初鉛印任黄合抄本　天津　南京　復旦　集 20208559　任少海集一卷　明任瀚撰　明俞憲輯　盛明百家詩本（嘉靖隆慶刻）　任 20208560　任文逸稿六卷　明任瀚撰　明萬曆間刻本　傅斯年圖　集 20208561　任少海先生文集不分卷　明任瀚撰　明天啓間刻本　吉大。（北京：中華書局，2012 年，第 2 册第 711 頁）

存疑

棲霞洞

蓬瀛必海島，接武亦難臻。白雲日月看，葛洪乘之如飛輪。誰復知此山，且有陳真人。丹竈罥荒葛，吐焰沖霄旻。巖洞絶塵映，遐踪重可循。今爲擴之增數椽，鑿去雕鏤刻劃垠。坐我石踦蹬，設我石牀茵。《黄庭》養我性，《南華》悦我神。爲校古來之謫仙，半出絶世之文人。不假燒丹汞，無事效熊伸。煉出五色五章之絲綸，吐出丹山如鳳麟。携來蜀江濯西湑，艷艷霞彩絢莫倫。世謂百道絳綃天上有，豈知此山洞中别有真。

輯録

（清）李成林總裁，張鳳翮總修《（康熙）順慶府志》卷七《藝文》，第 22 頁。又見於《（嘉慶）南充縣志》卷四《藝文志》七之三《詩》，第 20—21 頁；《（民國）新修南充縣志》卷一二。

存疑

《（康熙）順慶府志》注“南充”，未署名。其前一篇爲《西溪》，注“南充”，署“明王美中”，注“浙人”；其後一篇《題白雲觀壁》，注“南充”，不署名，據明任瀚《春坊集》卷下，爲任瀚所作。《（嘉慶）南充縣志》《（民國）新修南充縣志》，署名王美中，蓋據《（康熙）順慶府志》，按慣例，以爲承前省也。據《（康熙）順慶府志》卷首《凡例》，其依收録詩多依“斷碑殘碣”，“悉遵本文輯入”，而保留“闕文之遺意”，故文未署名者，非承前而省，乃原詩文未署名。據此例，《棲霞洞》當與《書白雲觀壁》同源，很可能爲任瀚之作。考詩文内容，正是任瀚改造擴建棲霞洞以讀《易》的真實寫照，故録此存疑。

寄任少海〔校一〕

（明）歐陽德

意外之厄，君子所不免，惟不易其志，則反身内省，莫非進德之地。《傳》稱“困而不失其所亨”〔注一〕，亨非自外也，處險而説者也。説非有假於物，吾心不自欺，而獨知常慊焉。所謂“遁世無悶，不見是而無悶”者也〔注二〕。往歲固常與少海切磋此學，别雖久，知少海用功加密矣，豈以外至者爲輕重哉？

世道日降，爲治者不務於遏惡揚惡之實，而行其苟且驩虞之私；有志之士又往往加以憤世嫉邪之心，而少哀矜勿喜之意。是二者均之不得爲中道，然皆學之不講，道之不明之故。少海山林優游，力明此學，自當有聞風而起者；蕩蕩平平之化，且將身親見之矣。少海幸自愛，身雖遭抑，名無所損，異時士大夫想望風采，且將爲少海伸屈，況區區素愛者乎？脩身以俟，無任拳切。

輯録

（明）歐陽德《歐陽南野先生文集》卷二〇，《四庫全書存目叢書》集部第80册，第413頁。又見於（明）歐陽德著，陳永革編校整理《歐陽德集》卷三，南京：鳳凰出版社，2007年，第115至116頁。

校勘

〔一〕任少海：原本作“柯少海”。按：歐陽德與任瀚有密切交往，并爲任瀚集作序，即《任宫坊集序》；從本文内容看，與任瀚事迹相類，或因作序而及者；柯少海，考無其人；歐陽德與鄒守益《贈任子西歸》皆以“遯世無悶”論説，意合。據此，疑“柯少海”爲“任少海”之訛。

注釋

〔一〕“《傳》稱”句：見《周易·困·彖傳》：“困，剛揜也。險以説，困而不失其所亨，其唯君子乎！貞，大人吉，以剛中也。有言不信，尚口乃窮也。”

〔二〕“所謂”句：見《周易·乾·文言》：“初九曰：‘潛龍勿用，何謂也?’子曰：‘龍德而隱者也。不易乎世，不成乎名，遯世无悶，不見是而无悶，樂則行之，憂則違之，確乎其不可拔，潛龍也。”

辨誤

碧窗小坐

環堵翛然一畝宫，交加竹樹暎編蓬。移將渭上篔簹谷，乞得淮南芳桂叢。冉冉空青飄枕簟，霏霏嵐翠入簾櫳。玻瓈盌暎槐芽餅，竹葉還傾象鼻筒。

輯録

（明）朱之蕃選《盛明百家詩選》卷二二，《四庫全書存目叢書》集部第331册，第616頁。

辨誤

此詩見於明薛章憲《鴻泥堂小稿》卷四（明嘉靖間刻本），當爲明薛章憲之作。

鶴樊

休論華表與華亭，要共花間作伴行。邈矣遠從三島至，戛然時向九皋鳴。丹砂作頂霞爭炫，纖縞裁衣雪鬬明。折柳殷勤與樊圃，未須辛苦念曾城。

輯録

（明）朱之蕃選《盛明百家詩選》卷二二，《四庫全書存目叢書》集部第331册，第616頁。

辨誤

此詩見於明薛章憲《雪泥堂小稿》卷四（明嘉靖間刻本），當爲明薛章憲之作。

嘉遯山居

枳籬茆屋并山椒，入郭都無十里遥。拂曙閒擕桃竹簟，臨流仍榜木蘭橈。雲間穫稻留遺秉，月下烹茶拾隋樵。擬卜幽棲定僑札，超然肥遯絶紛囂。

輯録

（明）朱之蕃選《盛明百家詩選》卷二二，《四庫全書存目叢書》集部第331册，第616頁。

辨誤

此詩見於明薛章憲《鴻泥堂續稿》卷七（明嘉靖間刻本），當爲明薛章憲之作。

閒適

習性從來但好閒，衡門無事晝常關。終朝洗耳臨流水，竟日支頤對遠山。絶似安仁居洛涘，恰同黄綺住商顔。差科不動饔飱給，心與浮雲共往還。

輯録

（明）朱之蕃選《盛明百家詩選》卷二二，《四庫全書存目叢書》集部第331册，第616頁。

辨誤

此詩見於明薛章憲《鴻泥堂續稿》卷七，明嘉靖間刻本；（清）顧季慈輯、謝鼎容補輯《江上詩鈔》卷一四，署爲明薛章憲之作，上海：上海古籍出版社，2003年，第180頁。此當爲明薛章憲之作。

外紀一則

題總真山觀音殿聯云："山静鳥鳴，上下雲移，樹影参差，有色有聲，一片畫圖妙境；風吟竹韻，淒清月照，溪流淺淡，無垢無住，到處天竺禪機。"題太霄觀三清殿長聯云："那畔消息，見半點兒，有甚巴鼻，若非是千了萬了，説不盡百樣難當，因此上雪山中，忙倒了釋迦，喫麻喫麥，受苦耽饑，生怕放逸麽，花費眼前日子；這般事情，到十全處，猶未趁心，忽地便七旬八旬，看原來一場扯淡，只落得漆園裏，笑煞箇莊周，應牛應馬，逍遥散蕩，都將順逆境，交付頭上天公。”

輯録

《（民國）新修南充縣志》卷二《輿地志·山脈》。又見於《（民國）新修南充縣志》卷一六《外紀》。

辨誤

據明萬曆間人王同軌、蔣一葵的記載，後一長聯并非任瀚所爲，而是袁宗道、黄輝之作。明王同軌《耳談》卷一四《五十七字對》：“袁伯修、黄平倩二太史，寒夜集朱静甫侍中維摩室，作禪語、莊語，兩相倡和，以捷爲勝，頓成五十七字對，空達二義，如起二公地下，字字證印。今載於此，曰：‘那半消息見半點兒，有甚巴鼻，若非是千了萬了，説不盡百樣郎當，因此上雪山中，忙倒了釋迦，喫麻喫米，受苦擔饑，生怕放逸魔，花費了眼前日子；這邊事情到十全處，還未稱心，忽地便七旬八旬，嘆原来一場扯淡，只落得漆園裏笑殺箇壯周，應馬應牛，逍遥散誕，都將逆順境，交付與頭上天公。”（孫順霖校注本，鄭州：中州古籍出版社，1990年，第319頁）明蔣一葵《堯山堂外紀》卷九八《國朝·袁宗道（字伯修，萬曆丙戌會元）》所載與此略異：“袁伯修、黄平倩二太史寒夜集朱静甫侍中維摩室，作禪語、莊語，兩相倡和，以捷爲勝，頓成五十七字對。禪語曰：‘那畔消息見半點兒，有甚巴鼻，若非是千了萬了，説不盡百樣郎當，因此上雪山中，忙倒了釋迦，喫麻喫米，受苦擔饑，生怕放逸魔，花費了眼前日子。’莊語曰：‘這邊事情，到十全處，還未稱心，忽地便七旬八旬，嘆原来一場扯淡，只落得漆園裏，笑殺箇莊周，應馬應牛，逍遥散誕，都將逆順境，交付與頭上天公。’”（《四庫全書存目叢書》子部148册，第481—482頁）

主要參考文獻

（明）過庭訓《本朝分省人物考》，《續修四庫全書》第 536 册，上海：上海古籍出版社，2002 年

（明）焦竑《焦太史編輯國朝獻徵録》，《四庫全書存目叢書》史部第 100—106 册，濟南：齊魯書社，1997 年

（明）焦竑《國史經籍志》，馮惠民等選編《明代書目題跋叢刊》，北京：書目文獻出版社，1993 年

（明）張萱、孫能傳等撰《内閣藏書目録》，《叢書集成續編》第 67 册，上海：上海書店，1994 年

（明）祁承㸁《澹生堂藏書目》，《中國歷代書目題跋叢書》第四輯，上海：上海古籍出版社，2015 年

（清）范邦甸等撰《天一閣書目》，《中國歷代書目題跋叢書》第三輯，上海：上海古籍出版社，2010 年

（清）黄虞稷撰，瞿鳳起、潘景鄭整理《千頃堂書目》，上海：上海古籍出版社，2001 年

（清）徐乾學《傳是樓書目》，清道光八年（1828）味經書屋傳鈔本

（明）鄭履淳《鄭端簡公年譜》，上海圖書館藏明嘉靖萬曆間刻《鄭端簡公全集》本

（明）穆氏編輯《關帝歷代顯聖志傳》，國家圖書館藏明刻本

（明）鄭曉《吾學編餘》，《續修四庫全書》第 425 册，上海：上海古籍出版社，2002 年

（明）徐學謨輯《世廟識餘録》，《續修四庫全書》第 433 册，上海：上海古籍出版社，2002 年

（明）方弘靜《千一録》，《續修四庫全書》第 1126 册，上海：上海古籍出版社，2002 年

（明）佚名《嘉靖八年進士登科録》，明嘉靖刻本；寧波天一閣博物館《天一閣藏明代科舉録選刊·登科録》，寧波：寧波出版社，2006年

（明）張治《嘉靖八年會試録》，明嘉靖刻本

（明）佚名《明嘉靖十七年戊戌科武舉録》，明嘉靖刻本

（明）官修《明實録》，臺北：臺灣“中央研究院”歷史語言研究所校印，1962年

（明）李默《吏部職掌》，《四庫全書存目叢書》史部第258册，濟南：齊魯書社，1997年

（明）黄景昉《國史唯疑》，《續修四庫全書》第432册，上海：上海古籍出版社，2002年

（明）雷禮《皇明大政記》，《四庫全書存目叢書》史部第8册，濟南：齊魯書社，1997年

（明）朱國楨輯《皇明大政記》，《四庫全書存目叢書》史部第16册，濟南：齊魯書社，1997年

（清）陳鶴《明紀》，《四庫未收書輯刊》陸輯第6册，北京：北京出版社，1998年

（明）李樂《見聞雜記》，《四庫全書存目叢書》子部第242册，濟南：齊魯書社，1997年

（明）徐學聚《國朝典彙》，《四庫全書存目叢書》史部第264－266册，濟南：齊魯書社，1997年

（明）佚名《任瀚墓志碑》，南充市文物管理所藏，藏品登記號7393

（明）王兆雲《皇明詞林人物考》，《明代傳記叢刊》第17册，台北：明文書局，1991年

（明）陳懋學輯《事言要玄地集》，《四庫全書存目叢書》子部202册，濟南：齊魯書社，1997年

（明）凌迪知《萬姓統譜》，《景印文淵閣四庫全書》第956－957册，臺北：臺灣商務印書館股份有限公司，1986年

（明）周光鎬《周氏宗乘》，光緒舉人周一士民國三年（1914）手抄本，1995年泗水周氏宗乘編修委員會重編《泗水周氏宗乘》本

（明）蔣一葵《堯山堂外紀》，《四庫全書存目叢書》子部148册，濟

南：齊魯書社，1997 年

（明）王同軌著，孫順霖校注《耳談》，鄭州：中州古籍出版社，1990 年

（清）張廷玉等《明史》，北京：中華書局，1974 年

（清）萬斯同《明史》，《續修四庫全書》第 324－331 册，上海：上海古籍出版社，2002 年

（清）曹溶輯《明人小傳》，董光和、張國喬編輯《孤本明代人物小傳》第二册，全國圖書館文獻縮微中心，2003 年

（清）陳樹德輯，朱瑞熙標點《安亭志》，上海：上海古籍出版社，2003 年

（清）許重熙《憲章外史續編》，《續修四庫全書》第 353 册，上海：上海古籍出版社，2002 年

（清）李清馥《閩中理學淵源考》，《景印文淵閣四庫全書》第 460 册，臺北：臺灣商務印書館股份有限公司，1986 年

（清）范鄗鼎輯《理學備考》，《四庫全書存目叢書》史部第 122 册，濟南：齊魯書社，1997 年

（清）李調元《制義科瑣記》，《叢書集成初編》本，上海：商務印書館，1936 年

（清）梁清遠《雕丘雜録》，《四庫全書存目叢書》子部第 113 册，濟南：齊魯書社，1997 年

（清）劉聲木《萇楚齋隨筆續筆三筆四筆五筆》，北京：中華書局，1998 年

（清）孫承澤著，王劍英點校《春明夢餘録》，北京：北京古籍出版社，1992 年

（清）孫承澤纂《天府廣記》，北京：北京古籍出版社，1982 年

（清）梁維樞《玉劍尊聞》，上海：上海古籍出版社，1986 年

（清）丁治棠《仕隱齋涉筆》，成都：四川人民出版社，1985 年

（清）唐鼎元《唐荆川先生年譜》，《北京圖書館藏珍本年譜叢刊》第 47 册，北京：北京圖書館出版社，1998 年

（清）魏方泰輯《行年録》，《四庫全書存目叢書》子部第 231 册，濟

南：齊魯書社，1997 年

（清）彭遵泗纂輯《蜀故》，《四庫未收書輯刊》第壹輯第 27 册，北京：北京出版社，2000 年

（清）陳夢雷編纂《古今圖書集成》，揚州：廣陵書社，2011 年

（清）王培荀《聽雨樓隨筆》，成都：巴蜀書社，1987 年

（清）費冕《費燕峰先生年譜》，《北京圖書館藏珍本年譜叢刊》第 76 册，北京：北京圖書館出版社，1998 年

（清）李伯元《南亭四話》，上海：上海書店，1985 年

（清）佚名《陳氏族譜》，廣安市岳池縣西板橋陳國秀藏舊抄殘本

（明）任瀚《春坊集》，日本東京尊經閣文庫藏明嘉靖二十四年（1545）跋刻本

（明）任瀚《任文逸稿》，臺灣傅斯年圖書館藏明萬曆年間（1573－1619）刻本

（明）任瀚《任少海先生文集》，吉林大學圖書館藏明天啓七年（1627）四川學使王振奇選刻本

（明）任瀚《任少海集》，（明）俞憲輯《盛明百家詩》，國家圖書館藏明嘉慶隆慶刻本，《四庫全書存目叢書》集部第 306 册，濟南：齊魯書社，1997 年

（明）孫應鰲著，（明）任瀚批評《孫山甫督學集》（含《孫山甫督學文集》《孫山甫督學詩集》），日本静嘉堂文庫藏明隆慶元年（1567）刻本

（明）孫應鰲《學孔精舍詩鈔》，《四庫全書存目叢書》集部第 129 册，濟南：齊魯書社，1997 年

（明）李開先《李中麓閑居集》，《續修四庫全書》第 1340－1341 册，上海：上海古籍出版社，2002 年

（明）李開先著，卜鍵箋校《李開先全集》，北京：文化藝術出版社，2004 年

（明）熊過《南沙先生文集》，《四庫全書存目叢書》集部第 91 册，濟南：齊魯書社，1997 年

（明）薛章憲《鴻泥堂小稿》，《四庫全書存目叢書》集部第 78 册，濟南：齊魯書社，1997 年

（明）張時徹《芝園定集》，《四庫全書存目叢書》集部第81册，濟南：齊魯書社，1997年

（明）張時徹《芝園别集》，《四庫全書存目叢書》集部第82册，濟南：齊魯書社，1997年

（明）張時徹《交游書翰》，《北京圖書館古籍珍本叢刊》第120册，北京：書目文獻出版社，1998年

（明）張含《張愈光詩文選》，《叢書集成續編》第115册，上海：上海書店，1994年

（明）張含《重刊張愈光先生詩集》，清道光十三年（1833）陸仕義重刻本

（明）張含《升菴選禺山七言律詩》，明嘉靖三十九年（1560）錫山華雲刻本

（明）康海《對山文集》，《明代論著叢刊》本，臺北：偉文圖書出版社有限公司，1976年

（明）楊慎《升菴集》，《景印文淵閣四庫全書》第1270册，臺北：臺灣商務印書館股份有限公司，1986年

（明）朱廷立《重鎸兩崖集》，《四庫全書存目叢書》集部第84册，濟南：齊魯書社，1997年

（明）劉天民《函山先生文集》，《四庫全書存目叢書》集部第70册，濟南：齊魯書社，1997年

（明）劉天民《游蜀吟稿》，國家圖書館藏明嘉靖十六年（1537）曳寧司馬泰刊本

（明）胡松《胡莊肅公文集》，《四庫全書存目叢書》集部第91册，濟南：齊魯書社，1997年

（明）李元陽《中谿家傳彙稿》，《叢書集成續編》第115册，上海：上海書店，1994年

（明）歐陽德《歐陽南野先生文集》，《四庫全書存目叢書》集部第80册，濟南：齊魯書社，1997年

（明）歐陽德著，陳永革編校整理《歐陽德集》，南京：鳳凰出版社，2007年

（明）鄒守益《東廓先生文集》，《四庫全書存目叢書》集部第66冊，濟南：齊魯書社，1997年

（明）鄒守益著，董平編校整理《鄒守益集》，南京：鳳凰出版社，2007年

（明）唐順之《重刊荆川先生文集》，《明别集叢刊》第二輯第74冊，合肥：黄山書社，2015年

（明）唐順之著，馬美信、黄毅點校《唐順之集》，杭州：浙江古籍出版社，2014年

（明）陳束《陳后岡詩集》，《四庫全書存目叢書》集部第90冊，濟南：齊魯書社，1997年；《叢書集成續編》第116冊，上海：上海書店，1994年

（明）高叔嗣《蘇門集》，《景印文淵閣四庫全書》第1273冊，臺北：臺灣商務印書館股份有限公司，1986年

（明）呂高《江峰漫稿》，民國二十三年（1934）國學圖書館影印明刊本

（明）熊過《熊南沙先生文集》，《四庫全書存目叢書》集部第91冊，濟南：齊魯書社，1997年

（明）李默《群玉樓稿》，《四庫全書存目叢書》集部第77冊，濟南：齊魯書社，1997年

（明）皇甫汸《皇甫司勳慶曆稿》，國家圖書館藏明萬曆間刻本

（明）皇甫汸《皇甫司勳集》，國家圖書館藏明萬曆二年（1574）刻本；《景印文淵閣四庫全書》第1275冊，臺北：臺灣商務印書館股份有限公司，1986年

（明）趙彦復輯《梁園風雅》，清康熙四十三年（1704）刻本

（明）朱孟震《朱中丞全集》，《明别集叢刊》第三輯第77冊，合肥：黄山書社，2015年

（明）朱孟震《朱秉器全集》，《北京圖書館古籍珍本叢刊》第79冊，北京：書目文獻出版社，1998年

（明）朱孟震《朱秉器詩集》，《四庫全書存目叢書補編》第57冊，濟南：齊魯書社，1997年

（明）朱孟震《朱秉器文集》，《四庫全書存目叢書補編》第57册，濟南：齊魯書社，1997年

（明）薛應旂《方山薛先生全集》，《續修四庫全書》第1343册，上海：上海古籍出版社，2002年

（明）薛應旂《方山先生文録》，《叢書集成續編》第116册，上海：上海書店，1994年；《四庫全書存目叢書》集部第102册，濟南：齊魯書社，1997年

（明）蔡汝楠《自知堂集》，《四庫全書存目叢書》集部第97册，濟南：齊魯書社，1997年

（明）姜寶《姜鳳阿文集》，《四庫全書存目叢書》集部第127册，濟南：齊魯書社，1997年

（明）陳文燭《二酉園詩集》，國家圖書館藏萬曆間刻本；《四庫全書存目叢書》集部第139册，濟南：齊魯書社，1997年

（明）陳文燭《二酉園文集》，《四庫全書存目叢書》集部第139册，濟南：齊魯書社，1997年

（明）陳文燭《二酉園續集》，《四庫全書存目叢書》集部第139册，濟南：齊魯書社，1997年

（明）陳文燭《二酉園尺牘選》，《明别集叢刊》第三輯第92册，合肥：黄山書社，2015年

（明）周光鎬《明農山堂彙草》，《明别集叢刊》第三輯第88册，合肥：黄山書社，2015年

（明）丁自申《三陵集》，吴海鷹主編《回族典藏全書》第174册，蘭州：甘肅文化出版社，銀川：寧夏人民出版社，2008年

（明）王三省《潼谷集》，《明别集叢刊》第三輯第100册，合肥：黄山書社，2015年

（明）駱問禮《萬一樓集》，《明别集叢刊》第三輯第45册，合肥：黄山書社，2015年

（明）駱問禮《續羊棗集》，《續修四庫全書》第1127册，上海：上海古籍出版社，2002年

（明）陳察《都御史陳虞山先生集》，明萬曆四十五年（1617）陳玉陛

刻《兩陳公文集》本，《明別集叢刊》第一輯第90册，合肥：黄山書社，2013年

（明）王希旦《石谿文集》，明天啓元年（1621）序刊本

（明）陳懿典《陳學士先生初集》，《明别集叢刊》第四輯第76册，合肥：黄山書社，2015年

（明）吴國倫《甔甀洞續稿文部》，《明别集叢刊》第三輯第26册，合肥：黄山書社，2015年

（明）歐大任《歐虞部集十五種》，《四庫禁燬書叢刊》集部第47－48册，北京：北京出版社，1998年

（明）宗臣《宗子相集》，《景印文淵閣四庫全書》第1287册，臺北：臺灣商務印書館股份有限公司，1986年

（明）趙貞吉《趙文肅公文集》，《四庫全書存目叢書》集部第100册，濟南：齊魯書社，1997年

（明）莊履豐《梅谷莊先生文集》，《四庫全書存目叢書》集部第166册，濟南：齊魯書社，1997年

（明）陳子龍《陳子龍全集》，北京：人民文學出版社，2011年

（明）葉向高《蒼霞草》，《四庫禁燬書叢刊》集部第124册，北京：北京出版社，1998年

（明）王世貞《弇山堂别集》，《景印文淵閣四庫全書》第409－410册，臺北：臺灣商務印書館股份有限公司，1986年

（明）王世貞《弇州山人四部續稿》，《景印文淵閣四庫全書》第1279－1284册，臺北：臺灣商務印書館股份有限公司，1986年

（明）陸深《儼山集》，《景印文淵閣四庫全書》第1268册，臺北：臺灣商務印書館股份有限公司，1986年

（明）茅坤《茅坤集·茅鹿門先生文集》，杭州：浙江古籍出版社，1993年

（明）郭孔建《垂楊館集》，《明别集叢刊》第三輯第94册，合肥：黄山書社，2015年

（明）温純《温恭毅公文集》，《明别集叢刊》第三輯第79册，合肥：黄山書社，2015年

（清）鄭相如《涇川文載》，清道光十四年（1834）蘭石鄭氏刻本

（清）熊文舉《雪堂先生文集》，《北京圖書館古籍珍本叢刊》第112冊，北京：書目文獻出版社，1998年

（清）儲大文《存研樓文集》，《景印文淵閣四庫全書》第1327冊，臺北：臺灣商務印書館股份有限公司，1986年

（清）譚宗俊《蜀秀集》，光緒五年（1879）成都試院刊本

（清）方守道初輯，（清）高賡恩重輯《蜀學編》，清光緒二十七年（1901）錦江書局重刊本

（民國）曾世禮輯《任黃合鈔》（含任瀚《任司直文鈔》《任司直詩鈔》），民國九年（1920）南充盛克勤鉛印本

（民國）傅增湘輯鈔《明蜀中十二家詩鈔》，成都：巴蜀書社，1986年

（明）俞憲編《盛明百家詩》，《四庫全書存目叢書》集部第306冊，濟南：齊魯書社，1997年

（明）朱之蕃《盛明百家詩選》，《四庫全書存目叢書》集部第331冊，濟南：齊魯書社，1997年

（明）何喬遠《皇明文徵》，《四庫全書存目叢書》集部第329冊，濟南：齊魯書社，1997年

（明）張時徹《皇明文範》，《四庫全書存目叢書》集部第303冊，濟南：齊魯書社，1997年

（明）胡應麟《詩藪》，上海：上海古籍出版社，1979年

（明）凌迪知《國朝名公翰藻》，《四庫全書存目叢書》集部第313冊，濟南：齊魯書社，1997年

（明）賀復徵《文章辨體彙選》，《景印文淵閣四庫全書》第1402—1410冊，臺北：臺灣商務印書館股份有限公司，1986年

（明）屠隆編《歷朝翰墨選注》，《四庫全書存目叢書》集部第324冊，濟南：齊魯書社，1997年

（清）黄宗羲《明文海》，北京：中華書局，1987年

（清）黄宗羲《明文授讀》，《四庫全書存目叢書》集部第401冊，濟南：齊魯書社，1997年

（清）費經虞撰，（清）費密補《劍閣芳華集》，四川大學圖書館藏舊

鈔本

（清）費經虞輯，（清）孫澍校訂《蜀詩》，清道光十三年（1833）鵝溪孫氏古棠書屋刻本

（清）薛熙《明文遠》，《四庫全書存目叢書》集部第407册，濟南：齊魯書社，1997年

（清）錢謙益輯《列朝詩集》，北京：中華書局，2007年

（清）陳田輯《明詩紀事》，《續修四庫全書》第1711册，上海：上海古籍出版社，2002年

（清）朱彝尊編《明詩綜》，《景印文淵閣四庫全書》第1459－1460册，臺北：臺灣商務印書館股份有限公司，1986年

（清）朱彝尊《靜志居詩話》，北京：人民文學出版社，1990年；《明代傳記叢刊》第9册

（清）屈大均輯，陳廣恩點校《廣東文選》，廣州：廣東人民出版社，2008年

（清）羅惇衍《集義軒詠史詩鈔》，《清代詩文集彙編》第657册，上海：上海古籍出版社，2010年

（清）李調元《蜀雅》，《叢書集成初編》本，長沙：商務印書館，1939年

（清）郭柏蒼、楊浚録《全閩明詩傳》，（清）鄭杰等輯録《全閩詩録》（二），福州：福建人民出版社，2011年

（清）彭孫貽《茗齋集》附《明詩鈔》，《四部叢刊續編》第604册，北京：中央編譯出版社，2015年

（清）范與良《詩苑天聲館課集》，《四庫全書存目叢書補編》第38册，濟南：齊魯書社，1997年

（清）張豫章等奉敕編《御選宋金元明四朝詩·御選明詩》，《景印文淵閣四庫全書》第1444册，臺北：臺灣商務印書館股份有限公司，1986年

（明）朱篚修《（嘉靖）順慶府志》，國家圖書館藏明嘉靖年間刻本膠卷

（明）翁相修修，（明）陳棐纂《（嘉靖）廣平府志》，《天一閣藏明代

方志選刊》第5册，上海：上海古籍書店，1981年

（明）虞懷忠、（明）郭棐等纂修《（萬曆）四川總志》，《四庫全書存目叢書》史部第200册，濟南：齊魯書社，1997年

（明）王廷稷等修，（明）李彭年等纂《（萬曆）重修營山縣志》，《天一閣藏明代方志選刊續編》第67册，上海：上海書店，1990年

（明）吴之皥、（明）杜應芳纂修《（萬曆）四川總志》，明萬曆四十七年（1619）刻本，中國國家圖書館編《原國立北平圖書館甲庫善本叢書》第356册，北京：國家圖書館出版社，2010年

（明）杜應芳、（清）胡承詔輯《補續全蜀藝文志》，國家圖書館藏明萬曆四十七年（1619）刻本，《續修四庫全書》第1677册，上海：上海古籍出版社，2002年

（明）劉文徵纂《（天啓）滇志》，明天啓五年（1625）纂清抄本

（明）馮任修，（清）張世雍等纂《（天啓）新修成都府志》，明天啓年間刻本

（清）蔡毓榮等修，（清）錢受祺等纂《（康熙）四川總志》，清康熙十二年（1673）刻本

（清）李成林總裁，（清）張鳳翩總修《（康熙）順慶府志》（附嘉慶增續），清嘉慶十二年（1807）王銑補鐫本

（清）蔣旭修，（清）陳金珏纂《（康熙）蒙化府志》，清康熙三十七年（1698）刻本

（清）黄廷桂等修《（雍正）四川通志》，《景印文淵閣四庫全書》第559—561册，臺北：臺灣商務印書館股份有限公司，1986年

（清）王世爵修，（清）鍾彝纂《（乾隆）枝江縣志》，清乾隆五年（1740）刻本

（清）羅綸等原修，（清）宣世濤等重修《（乾隆）永昌府志》，乾隆五十年（1755）刻本

（清）黄克顯纂修《（乾隆）岳池縣志》，清乾隆二十一年（1756）刻本

（清）王炯等修《（乾隆）邯鄲縣志》，清乾隆二十一年（1756）刻本

（清）張賡謨纂修《（乾隆）廣元縣志》，清乾隆二十二年（1757）

刻本

（清）陳覲光修，（清）楊爾式等纂《（乾隆）鄰水縣志》，清乾隆二十二年（1757）刻本

（清）方鼎等修，（清）朱升元等纂《（乾隆）晉江縣志》，清乾隆三十年（1765）刊本

（清）佚名纂《（乾隆）纂集仁壽全志》，《四川歷代方志集成》第一輯第2册，北京：國家圖書館出版社，2015年

（清）王聿修纂修《（乾隆）珙縣志》，清乾隆三十八年（1773）刻本

（清）張松孫修，（清）朱紉蘭纂《（乾隆）安岳縣志》，乾隆五十一年（1786）刻本，《故宫珍本叢刊》第208册，海口：海南出版社，2001年

（清）張松孫修，（清）寇賚言等纂《（乾隆）遂寧縣志》，乾隆五十二年（1787）刻本

（清）黄仁主持，（清）童巒、（清）郝遴等纂修《（乾隆）當陽縣志》，乾隆五十九年（1794）刻本

（清）常明修，（清）楊芳燦等纂《（嘉慶）四川通志》，成都：巴蜀書社，1984年

（清）張寧陽等主修，（清）陳獻瑞等纂修《（嘉慶）井研縣志》，嘉慶元年（1796）刻本

（清）符永培纂修《（嘉慶）梁山縣志》，清嘉慶十三年（1808）刻本

（清）袁鳳孫修，（清）陳榕等纂《（嘉慶）南充縣志》，清咸豐七年（1857）增刻本

（清）顧文曜等編訂《（嘉慶）内江縣志》，清嘉慶間稿本

（清）黎學錦、徐雙桂等修，（清）史觀等纂《（道光）保寧府志》，清道光元年（1821）刻本、道光二十三年（1843）補刻本

（清）蒲瑗修，（清）周國頤纂《（道光）安岳縣志》，清道光十六年（1836）刻本

（清）曾燦奎、劉光第、甘家斌等修《（道光）鄰水縣志》，道光十八年（1838）刻本

（清）馬百齡修，（清）魏崧等纂《（道光）仁壽縣新志》，清道光十八年（1838）刻本

（清）羅廷權等修，（清）馬凡若纂《（同治）仁壽縣志》，清同治五年（1866）刻本

（清）敖立榜修，（清）曾毓佐纂《（同治）高縣志》，清同治五年（1866）刻本

（清）阮恩光纂《（同治）當陽縣志》，清同治五年（1866）刻本

（清）查子庚修，（清）熊文瀾纂《（同治）枝江縣志》，清同治五年（1866）刻本

（清）阿麟修，（清）王龍勳等纂《（光緒）新修潼川府志》，《中國地方志集成・四川府縣志輯》第15册，成都：巴蜀書社，1992年

（清）何其泰等修，（清）吴新德纂《（光緒）岳池縣志》，清光緒元年（1875）刻本

（清）劉炯原本，（清）羅廷權續修《（光緒）資州直隸州志》，光緒二年（1876）增刻本

（清）高培穀修，（清）劉藻纂《（光緒）西充縣志》，清光緒二年（1876）刻本

（清）倪文蔚修，（清）李廷釴纂《（光緒）荆州府志》，清光緒六年（1880）刻本

（清）翁植等修，（清）陳韶湘纂《（光緒）補纂仁壽縣原志》，清光緒七年（1881）刻本

（清）冉瑞桐修，（清）郭肇林等纂《（光緒）珙縣志》，清光緒九年（1883）刊本

（清）何慶釗主修《（光緒）宿州志》，光緒十五年（1889）刊本

（清）郭光澍總修，（清）李旭春贊修《（光緒）盧氏縣志》，清光緒十八年（1892）刻本

（清）朱言詩等纂修《（光緒）梁山縣志》，清光緒二十（1894）刻本

（清）王麟祥修，（清）邱晉成等纂《（光緒）敘州府志》，清光緒二十一年（1895）刻本

（民國）陳步武等纂，（民國）鄭國翰等修《（民國）大竹縣志》，民國十七年（1928）鉛印本

（民國）李良俊修，（民國）王荃善等纂《（民國）新修南充縣志》，民

國十八年（1929）刻本

（民國）謝開來等修，（民國）王克禮等纂《（民國）重修廣元縣志稿》，民國二十九年（1940）鉛印本，《中國地方志集成・四川府縣志輯》第19册

（民國）李仲陽、（民國）何鴻亮等纂修《（民國）興文縣志》，民國三十二年（1943）排印本

（民國）吴景洲《蜀西北紀行》，上海：中華書局，1944年

（民國）趙芹署《蒙化范氏族譜》，楊世鈺、趙寅松主編《大理叢書・族譜篇》，昆明：雲南民族出版社，2009年

（民國）王國維《王國維全集》，杭州：浙江教育出版社，2010年

［日］山根幸夫編《增訂日本現存明人文集目録》，東京：汲古書院印、東京女子大學東洋史研究室發行，1978年

［日］静嘉堂文庫，［日］諸橋轍次《静嘉堂文庫漢籍分類目録》，東京：單式印刷株式會社，日本昭和五年（1930）十二月十五日印刷

陳光唐、李青鋒、梁辰選編《邯鄲名勝古迹歷代詩文選》，河北省邯鄲市文物保管所、圖書館，1979年

王重民《中國善本書提要》，上海：上海古籍出版社，1983年

陳光唐、謝立新、梁辰選注《趙都詩詞選注》，石家莊：河北人民出版社，1988年

中國古籍善本书目编輯委员会编《中國古籍善本書目》，上海：上海古籍出版社，1989年

高文、文成剛編《四川歷代碑刻》，成都：四川大學出版社，1990年

南充市地方志編纂委員會編纂《南充市志》，成都：四川科學技術出版社，1994年

梁辰選注《歷代名人詠邯鄲》，北京：國際文化出版公司，1996年

沈津《傅斯年圖書館善本書志》，《國家圖書館館刊》1999年第2期

梁辰、張志東選注《黄粱夢詩詞精選》，北京：中國文聯出版公司，1999年

中國文物研究所、陝西省古籍整理辦公室編《新中國出土墓誌銘・陝西〔壹〕》，北京：文物出版社，2000年

楊剛編著《中國名勝詩詞大辭典（增補本）》，杭州：浙江大學出版社，2000年

上海圖書館編《上海圖書館藏明代尺牘》，上海：上海科學技術出版社，2002年

遼寧省圖書館、吉林省圖書館、黑龍江省圖書館主編《東北地區古籍綫裝書聯合目録》，瀋陽：遼海出版社，2003年

徐才安《棲樂山石刻》，蔣小華主編《南充文物旅游攬勝》，成都：四川大學出版社，2003年

黄仁生《日本現藏稀見元明文集考證與提要》，長沙：嶽麓書社，2004年

翁連溪編校《中國古籍善本總目》，北京：綫裝書局，2005年

沈津《中國珍稀古籍善本書録》，桂林：廣西師範大學出版社，2006年

崔建英輯，賈衛民、李曉亞整理《明别集版本志》，北京：中華書局，2006年

嚴紹璗《日藏漢籍善本書録》，北京：中華書局，2007年

陳文新主編《明代科舉與文學編年》，武漢：武漢大學出版社，2009年

國家文物局主編《中國文物地圖集四川分册（中）》，北京：文物出版社，2009年

中山大學中國古文獻研究所編《全粵詩》，廣州：嶺南美術出版社，2009年

楊惠玲、趙春寧《明史文苑傳箋證》，南京：鳳凰出版社，2012年

中國古籍總目編纂委員會《中國古籍總目·集部》，北京：中華書局，2012年

文廷海《南充新發現〈任瀚墓志碑〉考釋》，《四川文物》2001年第3期

後　記

本書是在廣泛彙集、輯佚明代南充學者任瀚著述作品及相關資料基礎上，加以校勘、注釋而成，力圖整理出一部完整的任瀚著作合集。自2007年從事於此，2012年以《任瀚集輯校與研究》申請獲立四川省哲學社會科學重點研究項目（SC12E013），并於2016以優秀等級結題。2018年，南充歷史名人研究中心成立，進一步推進了相關的整理研究工作。2021年，《任瀚集校注》入選“2021年度國家古籍整理出版資助項目”，使本書得以順利完成出版。在任瀚集的整理研究上，艱難行進，光陰荏苒，歲月如梭，不知不覺已十五年之久。

本書得以整理完成，全賴無數師友和相關單位的幫助，回想起來，感慨萬端，感激不已。從任瀚著作的搜集來說，尊師四川大學舒大剛研究員、師尹波研究員、同門王小紅研究員，特别是原四川大學古籍所特聘副研究員、現東洋大學文學部東洋思想文化學科準教授白井順女士，協助搜集了日本所藏孤本《春坊集》、全本《孫山甫督學集》；所帶碩士研究生肖永貴同學就讀湖南大學嶽麓書院博士時訪學臺灣，特意幫助搜訪校改《任文遺稿》；所帶碩士研究生文建剛同學就讀四川大學古籍所博士時，幫助搜求《劍閣芳華集》鈔本及明清别集等稀見古籍資料；同事黎春林副教授攻讀碩士時，在周斌教授指導下以任瀚爲研究對象，曾親往吉林訪閱《任少海先生文集》，撰就碩士論文，爲本人的整理和研究鋪奠了基礎，并提供了不少幫助；在西華師大本科畢業後赴吉林攻讀碩士的張萬東同學，幫助再訪并校改《任少海先生文集》，助益不少；考古專業研究生邱瑞强同學碩士畢業之初一度就職南充文管部門，幫助搜求任瀚碑志等資料；南充市圖書館古籍部友好接待，爲查閱利用《任黄合鈔》提供了極大便利。在整理過程中，於任瀚文中疑惑等事，曾請益過四川大學彭邦本教授、粟品孝教授、周斌教授等人。在尊師四川大學舒大剛研究員、四川師範大學蔡方鹿教授、西華大學潘殊閑教授、貴陽學院陽明學與黔學研究院陸永勝教授、華夏國際易道研究院馬寶善先生、湖南大學嶽麓書院、山東大學易學與中國哲學研究中心等組織的學術會議中，曾多次交流相關研究成果，也得到與會學者的支持和鼓勵。以上種種，真誠感謝各位老師、同學、同事、朋友、專家學者的無私幫助。

四川省社科聯項目規劃辦公室、全國古籍整理出版規劃領導小組辦公室、學校英才基金的項目資助，南充市社科聯批准成立南充市歷史名人研究中心，都極大地推動了本書的完成，在此一并致謝！

本書得以出版，得益於西華師範大學特别是歷史文化學院的長期支持和資助，巴蜀書社侯安國等先生的鼓勵和幫助，以及國家古籍整理出版項目的資助。

十五年彈指一揮間，本書在時輟時進中緩步完成。以上所言諸位師友、專家教授僅作特别感謝，而學術之成，并非一朝一夕之功，在此還要感謝更多的家人、領導、同事和朋友，以及所帶研究生，難以一一枚舉，感恩在心，無以言表。也望本書之成，能不失大家所望。書中的疏漏，是本人疏懶之故，與師友等無關，敬請賢達批評指正，以期改版提陞。關於任瀚的相關研究雖然之前曾完成省社科項目結題，原意也一并出版，現在因故未能付梓，自當加倍努力，完善後儘早出版。